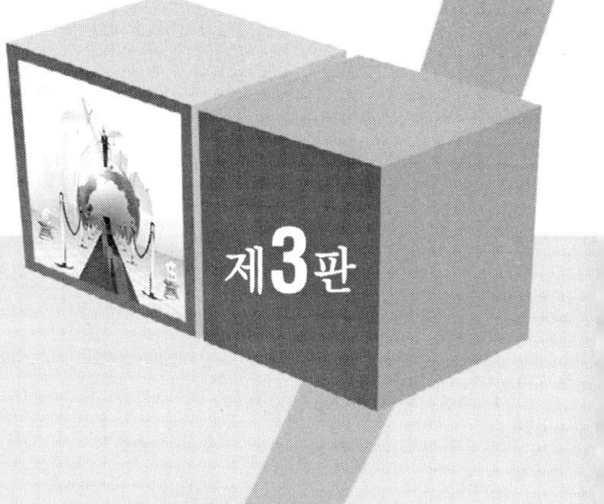

제3판

MINITAB을 이용한
통계적 품질관리

안성진 저

자유아카데미

제3판 머리말

둘째 판을 오 년 만에 개정할 수 있게 되어서 다행으로 생각합니다. 저는 셋째 판의 개정 목표를 다음과 같이 잡았습니다.

- 오자와 탈자를 잡자.
- 내용과 용어를 최신화하고 일관성을 높이자.
- 미니탭 16에 추가된 내용을 반영하자.

둘째 판에 비해 매장마다 조금씩 내용이 보강되었는데, 비교적 크게 보완된 내용은 다음과 같습니다:

5.1.3 Laney p' 관리도—신설
5.2.3 Laney u' 관리도—신설
6.4.5 미니탭 실습: 공정능력분석—군내/군간(B/W) 분석 추가
6.7.4 공정 시그마 수준 계산—Z Bench에 대한 상세한 설명 추가
6.7.9 계수형 계측기 능력—신설

"6장 능력분석" 은 이외에도 상당한 부분을 보강하였습니다. 미니탭 16의 " Control Charts"와 "Quality Tools"의 내용은 어느 정도 반영을 하였으나 " Reliability/Survival"의 내용은 채 반영을 하지 못한 점을 아쉽게 생각합니다.

이 책을 재개정할 기회를 주신 자유아카데미사에 다시 한 번 감사를 드리며 ...

2012년 2월 8일
경상대학교 월천재에서 안성진 드림

* 이 책에서 사용된 모든 데이터와 미니탭 매크로는 자유아카데미의 홈페이지(www.freeaca.com)에서 얻을 수 있습니다.

개정판 머리말

첫 판을 삼 년 만에 개정할 수 있게 되어서 다행으로 생각합니다. 저는 둘째 판의 개정 목표를 다음과 같이 잡았습니다.

- 오자와 탈자를 최소화하자.
- 미니탭 14와 일치시키자.
- 미니탭 매크로를 가능한 한 지역매크로로 교체하자.
- 실습을 하기가 용이하도록 하자.
- 연습문제를 보완하자.

이 가운데 처음 네 개의 목표는 어느 정도 달성했지만 마지막 목표는 거의 달성하지 못했습니다. 이 부분은 다음 개정 기회로 미룰까 합니다.

첫째 판에 비해 매 장마다 조금씩 내용이 보강되었는데, 비교적 크게 보완된 내용은 다음과 같습니다.

1.7.6 기업의 사회적 책임에 대한 국제표준 — 신설
3.2.5 비정규분포를 위한 변환 — 존슨변환 추가
6.2.3 공정능력지수들에 대한 추론 — 신뢰구간들 추가
6.5.1 공정 시그마 수준 계산 — 시그마 계산기 매크로와 용례 추가
7.2 다변량 관리도 — 세 가지 관리도 추가
12.5 다구찌 강건설계의 사례연구 — 동적문제를 추가

이 책을 개정할 기회를 주신 자유아카데미사에 다시 한 번 감사를 드리며...

2007년 1월
경상대학교 월천재에서 안성진 드림

* 이 책에서 사용된 모든 데이터와 미니탭 매크로는 자유아카데미의 홈페이지(www.freeaca.com)에서 얻을 수 있습니다.

초판 머리말

이 책은 품질관리의 통계적 측면을 소개하기 위한 것이다. 품질의 중요성은 누구나 인식하고 있다. 그러나 품질개선은 인식만으로 달성되는 것이 아니다. 품질 데이터에 대한 체계적 분석이 없이는 품질개선은 결코 달성될 수 없다.

이 책은 크게 네 부로 나누어져 있다. 즉, 품질관리 개관, 통계적 공정 관리(제I부), 합격판정 샘플링(제II부), 그리고 공정 밖의 통계적 품질관리(제III부)이다. 이 책은 한 학기용 통계적 품질관리 강의록을 묶은 것이다. 따라서 이 네 부가 동일한 비중으로 다루어지고 있지는 않다.

제I부의 통계적 공정관리 가운데 누적합(cusum) 관리도는 그 효용성에 비해 널리 사용되고 있지 않다. 누적합 관리도가 더욱 자주 사용되어야 한다는 생각에서 누적합 관리도에 대해서 비교적 상세히 서술하였다. 그리고 "6. 능력분석" 에서는 공정능력, 식스 시그마 측도들, 그라고 측정시스템 능력에 대해 비교적 자세히 해설하려고 하였다.

제II부의 합격판정 샘플링에서는 여러 통계적 공식들의 유도 과정을 밝히려고 하였다. 제III부 공정밖의 통계적 품질관리 가운데 "11. 실험의 설계와 분석" 에서는 평균분석에 관한 내용을 제외한 다른 내용들은 간단히 언급만 하였다. 그 이유는 실험의 설계와 분석은 대개 별개의 과목에서 강의가 이루어지고 있다고 보았기 때문이다. 또 "14. 신뢰성 분석" 은 그 반대의 이유로 비교적 상세히 해설하려 하였다.

컴퓨터 소프트웨어

품질관리 현장이나 교육에서 컴퓨터는 중요한 역할을 수행한다. 이 책은 주로 Minitab (윈도우용 Release 12)을 사용하여 실습이나 데이터 분석 결과를 예시하고 있다. Minitab 은 특히 미국 자동차 산업과 식스 시그마를 추구하는 기업들에서 널리 사용되고 있다. 그 밖에 통계적 품질관리 모듈을 가지고 있는 소프트웨어나 통계적 품질관리 애드-인을 설치한 Excel도 사용될 수 있을 것이다.

이 책의 출판을 기다려 주신 자유아카데미사에 감사를 드린다. 그리고 이 책의 편집과 교정에 수고를 아끼지 않은 경상대학교 대학원 통계학 전공의 정연선씨와 도표를 도맡아 준 학부 통계정보학 전공의 백지현, 정성권 군들에게도 감사를 드린다. 여러 미진한 점들을 다음 기회로 넘기며...

2003년 가을
경상대학교 연구실에서 안성진 드림

차 례

제 II 부 합격판정 샘플링

1 Chapter

통계적 품질관리란?

1.1 품질의 중요성

소비자가 제품을 선택할 때 품질은 기본적인 의사결정인자가 되고 있다. 이런 현상은 제품이 자동차, 컴퓨터, 의류, 식품과 같은 제조물/가공품이건, 또는 전기, 교통, 은행과 같은 서비스이건 관계없이, 그리고 소비자가 개인이건 조직이건 관계없이 두루 관찰된다. 따라서 품질은 기업이 성공하고, 성장하고, 경쟁력을 높이기 위한 핵심적인 요소이다. 이런 의미에서 21세기는 3C—customer(고객), competition(경쟁), change(변화)—시대라고 불린다.

- 소비자가 요구하는 품질 수준은 점점 높아지고 있다. 기업은 고객만족 없이는 고객을 유지(retention)할 수 없으며 따라서 살아남을 수 없다.
- 고객만족을 위해서 기업은 효과적인 품질보증(quality assurance) 프로그램을 운영해야 한다.
- 기업은 살아남으려면 지속적인 품질개선(quality improvement)을 통해 제품의 경쟁력을 높여야 한다.

품질보증이란 소비자가 요구하는 품질을 확보하는 것을 뜻하며, 품질개선이란 제품과 공정의 변동성을 감축하는 것을 뜻한다. 품질개선 활동과 품질보증 활동의 기술적인 측면이 통계적 품질관리이며, 바로 이것이 우리가 이 책에서 다루려고 하는 분야이다.

1.2 품질이란?

1.2.1 품질의 정의

품질관리의 개념과 방향 그리고 결정은 품질에 대한 정의에 의존하게 된다. 품질에 대한 정의는 시대가 변함에 따라 함께 변화하고 있다. 어떤 이들은 품질을 고객 만족(customer satisfaction) 또는 고객 환희(customer delight)라고 정의한다. 그러나 고객 만족이 달성되었는지 여부를 확인한 후에 어떤 결정을 내리게 된다면, 이것은 너무 늦은 것인지도 모른다. 이런 어려움을 해결하기 위해 다음과 같은 품질에 대한 실용적인 정의들이 사용되고 있다:

- Juran(1974)은 소비자 관점에서 품질을 "사용 적합성(fitness for use)"이라고 정의하였다.
- Crosby(1979)는 생산자 관점에서 품질을 "요구조건들이나 규격들에 대한 합치성(conformance to requirements or specifications)"이라고 정의하였다.
- Taguchi(1988)는 사회적 관점에서 품질을 "제품이 출하된 때부터 사회에 끼치는 손실"이라고 정의하였다. 이 정의에 의하면, 목표로부터 변동성이 작은 제품은 변동성이 큰 제품보다 더 좋은 품질을 가지고 있고 사회적 손실을 더 적게 끼친다.
- 국제표준화기구(ISO 8402)는 품질을 "명시적이거나 묵시적인 요구사항들을 충족시키는 제품이나 서비스의 특징들의 총체(the totality of features and characteristics of a product or service that bear on its ability to satisfy a stated or implied needs)"라고 정의하고 있다.
- 한국공업규격(KS A 3001)에서는 품질을 "물품 또는 서비스가 사용 목적을 충족시키고 있는지를 결정하기 위한 평가대상이 되는 고유의 성질, 성능의 전체"이라고 정의하고 있다.

이런 정의들이 공통적으로 말하는 것은, 품질이 좋은 제품은 제품 사용자들의 요구사항들—또는 규격들(specfications)—을 충족시켜야 하며 변동성이 적어야 한다는 것이다. [도표 1.1]는 이를 시각적으로 나타내고 있다. 여기서 USL은 규격상한(upper specification limit)을 나타내고 LSL은 규격하한(lower specification limit)을 나타낸다. 규격은 1.7절에서 다루어질 것이다.

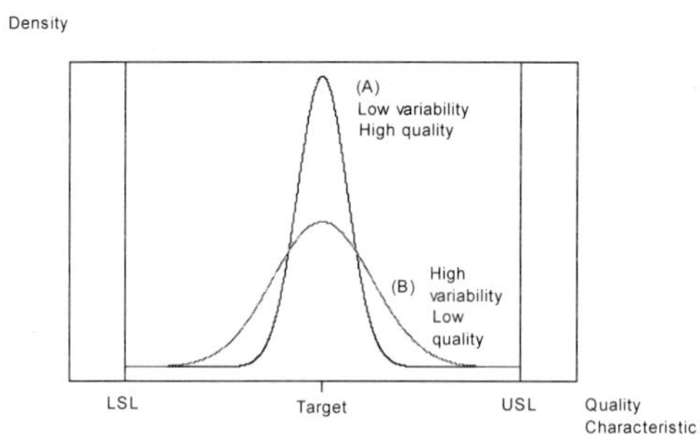

[도표 1.1] 품질특성의 분포: (A) 높은 품질—낮은 변동성과
(B) 낮은 품질—높은 변동성

1.2.2 품질의 측면들

일반적으로, 품질이란 제품품질(quality of products)과 사전-사후 서비스품질(quality of services or processes)을 아우른 개념이다. 그리고 제품 품질은 제품 개발단계에 따라 설계 품질과 제조품질 등의 측면들을 가진다.

(1) **소비자 요구품질.** 시장조사로부터 획득된 소비자들의 품질 요구사항들에 의해 드러난 품질수준이다.

(2) **목표품질.** 소비자 요구품질과 기업의 전략에 의해 설정된 품질수준이다.

(3) **설계품질(quality of design).** 모든 제품이나 서비스는 품질의 다양한 등급이나 수준을 가지고 있다. 이런 품질 수준은 의도적인 것이며, 따라서 설계 품질이라고 불린다. 설계 품질은 소비자 요구, 생산능력, 기술 수준, 경제성 등을 종합적으로 고려하여 결정된다. 이런 설계 차이들은 원재료, 규격, 허용차, 신뢰성 등을 포함한다. [도표 1.2]는 시장성과 생산능력을 고려하여 최적 설계품질수준이 결정되는 과정을 나타내고 있다.

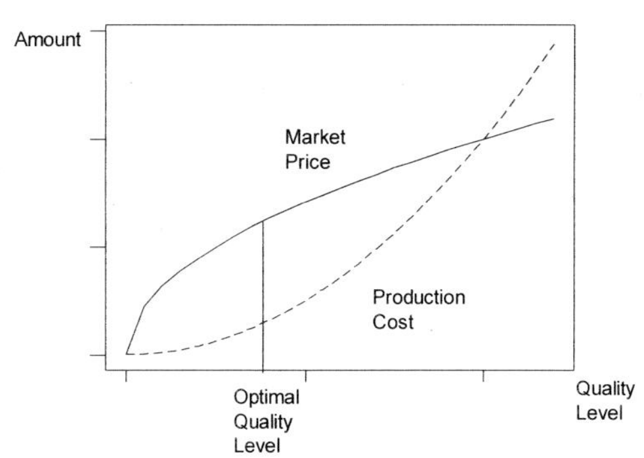

[도표 1.2] 시장성과 생산능력을 고려한 최적 설계품질수준

(4) **제조품질(quality of manufacturing)** 또는 **합치품질(quality of conformance).** 설계 품질에 의해 요구되는 규격에 합치되도록 제조된 제품의 품질 수준을 말한다. 제조품질은 공정능력과 품질평가에 대한 고려를 거쳐서 그 제품의 보증품질로 표현된다. 제조품질은 여러 인자들에 영향을 받는다: 선택된 제조공정, 작업자, 품질보증 시스템(통계적 공정 관리, 시험, 검사활동 등) 등. 이런 인자들로 인해 제조품질에는 변동이 발생하게 된다. 공정 품질관리의

목적은 흔히 기술적, 경제적으로 타당한 범위 안에서 이런 변동을 줄이려는 것이며, 더 나아가 품질관리 비용과 불량에 따른 손실을 고려하여 제조품질의 최적 수준을 결정하려는 것이다. 제조품질의 향상은 종종 품질보증 시스템을 변경함으로써 이루어진다. 그리고 이렇게 향상된 제조품질은 또 종종 총 품질 비용을 감축시키게 된다 — 폐기처분과 재작업의 감소, 불량률의 감소 등으로 인해.

국내의 저작들에서는 대개 "quality of conformance"를 "적합 품질"이란 용어로 번역하고 있다. "적합"이라는 용어는 "fitness"나 "suitability"의 번역어로 굳어 있고 conformance라는 용어는 어떤 기준이나 규정에 맞는다는 것이 일차적인 뜻이므로, 우리는 이 책에서 "conformance"'라는 용어를 "합치" 또는 "합치성"이라고 번역할 것이다.

---

(5) **사용품질(quality of use).** 사용품질이란 제품의 사용자(소비자)가 그 제품을 사용하면서 느끼는 품질 수준을 말한다. 사용품질은 제품 자체의 품질에 뿐 아니라 그 제품에 대한 서비스 품질에도 의존한다.

(6) **사전-사후 서비스 품질(quality of services, QoS).** 사전-사후 서비스 품질이란 제품 사용 설명서와 교육, 고장에 대한 수리, 예방 점검 실시, 문의 창구 접근성 등 제품 사용과 관련된 서비스의 질을 말한다.

우리는 지금까지의 논의로부터 품질이란 여러 측면을 가지는 복합적인 실체라는 것을 알 수 있다. 요약하면,

품질 = 제품 품질 + 사전-사후 서비스 품질
제품 품질 = 설계 품질 + 제조품질

이 밖에 Garvin(1987)은 다음과 같은 품질의 여덟 가지 차원을 언급하고 있다:

① 성능(performance): 이 제품이 의도된 일을 수행하는가?
② 신뢰성(reliability): 이 제품은 얼마나 자주 고장이 나는가?
③ 내구성(durability): 이 제품은 얼마나 오래 가는가?
④ 보전성(serviceability): 이 제품은 수리/보전하기(repair/maintain)가 얼마나 쉬운가?
⑤ 심미성(aesthetics): 이 제품은 무엇처럼 보이는가?

⑥ 특징들(features): 이 제품은 부가적으로 무슨 특징들(기능들)을 가지고 있는가?
⑦ 평판(perceived quality): 이 제품의 평판은 어떤가?
⑧ 규격에의 합치성(conformance to standards): 이 제품은 설계대로 만들어졌는가?

1.2.3 품질 특성, 품질 변수, 그리고 품질 데이터

품질 특성(quality characteristics)이란 제품 유용성의 측정 기준이 되는 지표들이다. 품질 특성은 품질 변수(quality variables)로 구체화된다. 품질관리에서 사용하는 데이터 즉 품질 데이터는 이 품질 변수들을 측정한 값들 즉 품질 특성값들로 구성된다.

(1) 측정성질에 따른 품질 특성의 구분

품질 특성은 그 유형에 따라 다음과 같이 나뉠 수 있다:

- 물리적 특성(physical characteristics). 치수, 길이, 무게, 인장강도, 점성, 순도, 성능 등과 같이 물리적으로 측정될 수 있는 특성을 가리킨다. 물리적 특성들에 대한 품질관리는 이 책의 2부(통계적 공정관리)와 3부(샘플링 검사)에서 다루어질 것이다. 인간공학은 인간을 고려한 관점에서 이런 물리적 특성들에 접근한다.
- 감각적 특성(sensory characteristics). 색, 외관, 맛, 냄새 등과 같이 우리의 감각기관에 의해 지각되는 특성을 말한다. 감성공학은 인간을 고려한 관점에서 이런 감각적 특성에 접근한다.
- 시간적 특성(time-oriented characteristics) 또는 신뢰성(reliability). 수명, 신뢰도, 가용도, 보전도, 대기시간, 기능완수시간, 연속사용시간 등 시간과 관련된 특성을 가리킨다. 시간적 특성들은 4부(공정 밖의 통계적 품질관리)에서 "신뢰성 분석"이란 제목으로 다루어질 것이다.

이로부터 품질이란 제품의 성능과 디자인(design) 그리고 신뢰성 등 제품의 종합적 가치를 나타내는 용어라고 풀이된다.

(2) 측정수준에 따른 품질 특성의 구분

품질 특성은 또 측정수준에 따라 변수(variables)와 속성(attributes)으로 구분된다.

□ 변수

- 변수란 베어링의 지름이나 무게와 같이 수치적 측정값으로 표현될 수 있는 양적 품질 특성들을 가리킨다. 우리는 이런 양적(또는 연속형) 품질 특성들을 국내 저작들의 관례에 따라 계량형 품질 특성이라고 부를 것이다. 우리는 계량형 품질 데이터에서 중심위치나 산포에 관심을 가진다.
- 계량형 품질 특성은 특정한 목표값에 가까울수록 좋은 망목(nominal-the-best) 특성, 클수록 바람직한 망대(greater-the-better) 특성, 그리고 작을수록 바람직한 망소(smaller-the-better) 특성으로 구분될 수 있다. 이런 구분은 합격판정 샘플링에서 계량형 계획들을 설계하는데, 그리고 Taguchi 품질공학에서 품질비용과 신호-잡음비를 계산하는데 관련된다.

□ 속성

- 속성이란 "합치 또는 불합치"와 같이 분류값으로 표현될 수 있는 질적 품질 특성들을 가리킨다. 우리는 이런 질적(또는 이산형) 품질 특성들을 국내 저작들의 관례에 따라 계수형 품질 특성이라고 부를 것이다. 우리는 계수형 품질 데이터에 대해서 각 속성의 빈도(count)나 비율에 관심을 가진다.

※ 여기서 특성, 변수, 그리고 속성이란 용어들을 다시 정리할 필요가 있다.

- 품질관리분야에서는 특성(characteristic)과 변수가 거의 같은 뜻으로 사용되고 있다.
- 계량형 특성들은 변수(variable)라고 지칭되고, 계수형 특성들은 속성(attribute)이라고 지칭되고 있다.

※ 인간공학(Human factors engineering 또는 ergonomics). 인간공학의 요체는 ' '인간을 위한 설계"이다. 구체적으로, McCormick(1976)의 정의를 빌리면,

- 인간공학의 초점은 사람들이 다양한 상황에서 사용하는 물건들, 설비들, 환경들을 설계할 때 인간을 고려하는 것에 있다.
- 그런 것들을 설계할 때 인간공학의 목적은 두 가지이다: 첫째, 사람들이 그 것들을 사용해서 얻는 기능적인 효과(기능성)를 높이는 것이다. 둘째, 그 사용 과정에서 바람직한 인간 가치들(건강, 안전, 만족감 등)을 유지하거나 높

이는 것이다. 이 두 번째 목표는 본질적으로 인간의 복지와 연결된다.

- 인간공학의 접근법은 인간의 특성들과 행동에 대한 관련 정보들을 체계적으로 그런 물건들, 설비들, 환경들의 설계에 적용하는 것이다.

※ 감성공학(Human sensibility ergonomics). 감성(sensibility)이란 외부의 물리적 자극(제품이나 환경)에 의한 감각이나 지각으로부터 초래되는 인간의 복합적(지적, 감각적, 심리적) 체험(쾌감/불쾌감, 고상함/저급함, 안락함/불편함, 안전감/불안감, 참신함/진부함 등)을 말한다.

- 감성공학이란 인간의 감성을 정성적·정량적으로 측정·평가하고 이를 토대로 인간의 감성에 맞는 제품이나 환경을 설계하고자 하는 기술을 가리킨다.
- 감성공학은 다음과 같은 기반 기술들을 활용한다: 인간감각계측, 인지공학, 산업디자인 기술, 인간공학, 생체역학, 심리학 등

1.3 품질관리란?

1.3.1 품질시스템

관리(control, 통제, 제어, 조절)의 일반적인 뜻을 살펴보기 위해서 [도표 1.3]의 시스템을 고려하자. 시스템이란 공통의 목표를 달성하기 위해 유기적으로 작용과 상호작용을 하는 개체들의 모임이다. 시스템 연구의 관점에서 세 가지 문제가 제기될 수 있다. 먼저, 분석(analysis)이란 인풋과 시스템이 주어져 있을 때 아웃풋을 정해주는 절차를 가리킨다. 관리 또는 통제(control)란 시스템과 아웃풋이 주어져 있을 때 인풋을 정해주는 절차를 말한다. 끝으로, 설계(design)란 인풋과 아웃풋이 주어져 있을 때 시스템을 정해주는 절차를 가리킨다.

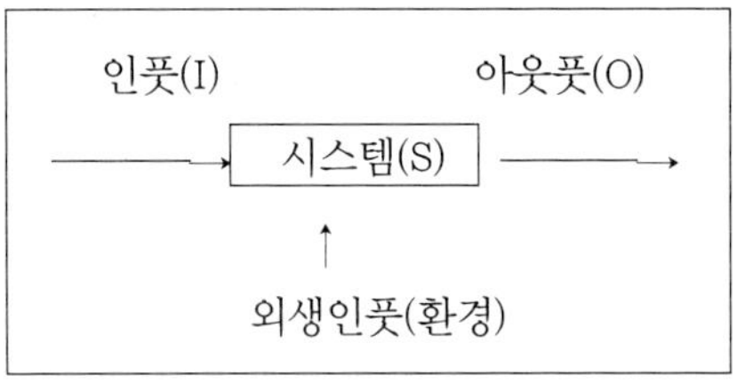

[도표 1.3] 시스템 연구의 대상

품질관리에서의 관리(control)도 기본적으로 시스템 연구에서의 관리와 같은 맥락에서 사용되고 있다. 다만 약간의 차이가 있다면, 시대가 변함에 따라 관리가 경영(management)의 뜻도 함께 가지게 되었다는 것뿐이다. 이런 맥락에서 우리는 품질관리의 뜻을 자연스럽게 끌어낼 수 있을 것이다. 즉 품질관리란 품질 시스템(quality system)과 아웃풋이 주어져 있을 때 인풋을 정해주는 과정이다. "좁은 의미의" 품질 시스템이란 제품생산을 위한 공정을 가리키는 것으로 볼 수 있으며, "넓은 의미의" 품질 시스템이란 기업 자체를 가리키는 것으로 볼 수 있다. 품질 시스템에서 아웃풋은 기본적으로 요구사항들(규격)을 만족시키는 제품이며, 인풋은 원재료(부품)와 운영상의 기법과 활동이다. 이로부터 "좁은 의미의, 또는 글자 그대로의" 품질관리란 주어진 품질시스템에서 목표 규격을 만족하는 제품을 생산할 수 있도록 원재료와 운영 기법과 활동들의 수준을 정해주는 것임을 알 수 있다.

요약하자면, 품질 경영은 품질전략과 품질문화에 관한 것이고, 좁은 의미의 품질관리는 품질기법에 관한 것이다. 이 책은 주로 후자에 관해서 다룰 것이다.

참고 품질관리와 관련된 ISO 8402와 9004의 용어 정의들을 살펴보자.

- **품질경영**(quality management). "품질방침, 목표와 책임을 결정하고 품질시스템 내에서 품질계획, 품질관리, 품질보증 그리고 품질개선과 같은 수단에 의해 그것을 수행하는 전반적인 경영기능의 모든 활동"이다.
- **품질시스템**(quality system). "품질 경영활동을 수행하기 위해 필요한 기업의 조직, 업무절차, 그리고 활동과 자원"이다.
- **품질방침**(quality policy). "최고경영자에 의해 공식적으로 표명된 품질에 관한 조직의 전반적인 의도와 방향"이다.
- **품질보증**(quality assurance). "어떤 제품이 품질요구사항을 충족시킨다는 적절한 신뢰감을 주기 위하여 품질시스템 내에서 실시되고 필요에 따라 실증되는 모든 계획적이고 체계적인 활동"이다.
- **품질관리**(quality control). "품질요구사항을 충족시키는데 사용되는 운영상의 기법과 활동"이다.
- **품질계획**(quality planning). "품질목표와 품질요구사항 그리고 품질시스템 요소의 적용을 위해 요구사항을 확립하는 활동"이다.
- **품질개선**(quality improvement). "조직과 고객에게 부가적인 이익을 제공하기 위한 활동과 공정의 효과와 효율을 높이기 위해 조직 전반에 걸쳐 취해진 조치"이다.

- 품질목표(quality goal). "품질과 관련하여 추구하거나 목표로 하는 것"이다. 보다 구체적으로, 품질목표는 사용 적합성, 성능, 안전 그리고 의존성과 같은 품질의 주된 요소들에 대한 목표를 뜻한다.

1.4 품질비용

1.4.1 품질비용

품질비용(cost of quality, CoQ)이란 품질요구조건들에 맞지 않는 제품들을 제조하고, 찾아내고, 회피하고, 또는 수리하는 것과 관련되는 비용이다. Feigenbaum(1983)이 제시한 품질비용 요소들을 중심으로 품질비용들을 살펴보자. 품질비용은 크게 통제비용과 통제실패비용으로 나뉠 수 있다.

(1) 통제비용(cost of control)

통제비용(관리비용) 또는 합치비용(cost of conformance)이란 규격에 맞는 제품을 산출하기 위해 들어가는 품질비용이다. 통제비용은 예방비용과 평가비용으로 나뉠 수 있다.

- 예방비용(prevention costs). 예방비용은 불량을 예방하기 위하여 설계나 제조단계에서 들어가는 통제비용이다.
  [예] 품질계획, 신제품 검토, 제품/공정 설계, 공정관리, 품질교육 훈련, 품질 데이터 획득과 분석 등에 들어가는 비용
- 평가비용(appraisal costs). 평가비용은 규격에 맞는가를 확인하기 위하여 원자재, 반제품, 또는 완제품들을 측정하고, 평가하고, 감사하는데 들어가는 통제비용이다.
  [예] 인수(수입)/공정/제품 검사, 기술/제품 시험, 시험/검사 장비유지, 감사(auditing), 시장 품질 수준 파악 등을 위한 비용

(2) 통제실패비용(cost of failure of control; cost of poor quality, COPQ)

통제실패비용(관리실패비용) 또는 불합치비용(cost of nonconformance)이란 제품이 규격에 맞지 않아서 초래되는 품질비용이다.

- 내부실패비용(internal failure costs). 내부실패비용은 규격미달제품이 소비자에게 넘겨지기 전에 발견되었을 때 초래되는 통제실패비용이다.
  [예] 폐기처분(scrap), 재작업(rework), 재검사, 실패(고장) 분석, 수리, 비가동시간, 수율 손실(yield loss), 등급저하, 대책 연구, 설계변경, 공정 변경 등으로 인한 비용
- 외부실패비용(external failure costs). 외부실패비용은 규격미달제품이 소비자에게 넘겨진 후에 발견되었을 때 초래되는 통제실패비용이다.
  [예] 불평처리 비용, 반품처리비용, 보장비용(warranty charges), 그리고 제품책임비용(보상 위자료) 등의 직접비용; 평판 저하, 시장지분 상실, 그리고 기회상실(opportunity loss) 등으로 인한 간접비용

이와 같은 품질비용 모형은 [도표 1.4]와 같이 표현될 수 있으며, 흔히 PAF 모형이라고 불린다.

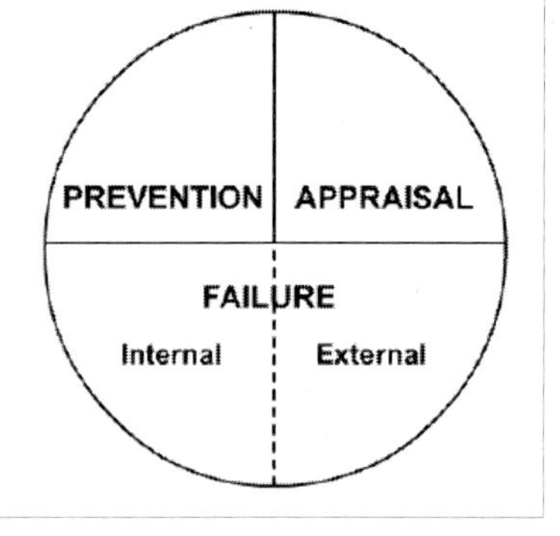

[도표 1.4] PAF 품질비용모형

1.4.2 품질비용 분석

품질비용은 업종에 따라 전체 매출액의 4-5%로부터 35-40%에 이르는 것으로 알려져 있다(Juran & Gryna(1980), Montgomery(2001)). 대부분의 조직들에서 품질비용이 필요이상으로 높기 때문에 품질비용분석을 통해서 품질비용을 줄일 수 있는 실마리를 찾아내야 한다.

품질비용의 유용성은 지렛대 효과(leverage effect)로 설명된다. 지렛대 효과란 통제비용(특히 예방비용)을 늘림으로써 줄어드는 통제실패비용이 늘어난 통제비용을 상쇄하고도 남는 현상을 말한다. "한 특정한 정도"의 고객만족이나 이

윤을 위해 제조단계에서 들어가는 품질개선 노력을 100%라고 할 때, 공정설계 단계에서는 10%의 노력으로 그리고 제품설계 단계에서는 1%의 노력으로 동일한 효과를 거둘 수 있다고 일컬어진다. 즉 품질비용에 관한 한 다음과 같은 속담은 진리이다: "처음에 제대로 하라"("Make it right the first time"). Malcolm Baldrige 상의 1990년도 수상자인 Fedex도 설계단계, 출하검사단계, 그리고 고객사용단계에서의 문제해결비용이 1:10:100이라는 경험적 법칙을 제시하고 있다.

[도표 1.5]는 통제 비용과 통제실패 비용의 합으로 이루어지는 총 품질비용이 최소가 되는 점이 최적 품질수준으로 결정되는 과정을 보이고 있다. 이런 최적 품질수준은 경제적 품질수준(economic quality level)이라고 불린다.

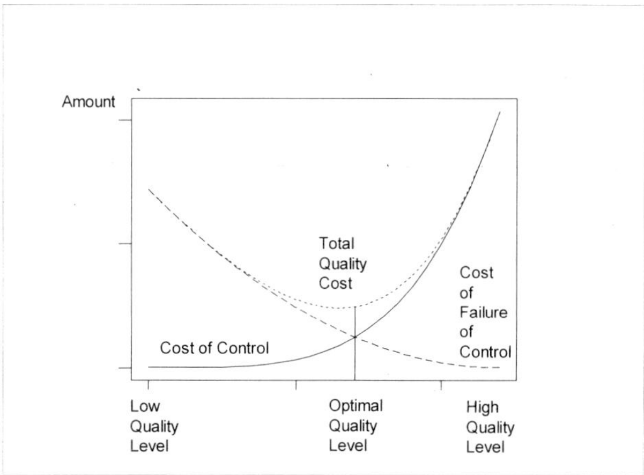

[도표 1.5] 품질비용을 고려한 최적품질수준

❋ [도표 1.5]에서는 품질수준이 높아질수록 통제비용은 급격히 증가하고 통제실패 비용은 완만하게 감소하므로 최적품질수준이 가장 높은 품질수준보다 낮은 수준에서 결정되고 있다. 그러나 특히 식스 시그마 진영은 기술의 발전으로 인해 품질수준이 높아질 때 초래되는 통제비용의 증가 속도가 통제실패비용의 감소속도보다 더 낮아지므로 가장 높은 품질수준에서 총 품질비용이 최소가 된다는 입장을 취하고 있다.

품질 비용은 품질관리 활동의 효과와 효율성(경제성)을 평가하는 토대가 된다. 우리는 품질비용 분석을 통해서 좋은 품질의 제품을 경제적으로 생산하기 위한 방법을 찾아 나갈 수 있다. 이런 관점에서 품질비용은 품질 측정의 수단으로도 기능할 수 있다. 즉 품질 불합치(즉 불량)로 인한 비용이 종래의 불량률이나 반품수 등 보다 더 직접적인 품질 측정 지표가 될 수 있다. 이런 점에서 효과적인 품질개선은 생산성을 높이고 비용을 줄이는데 있어서 결정적인 역할을 할 수 있다. 다음 예는 품질, 비용, 그리고 생산성의 관계를 잘 나타내고 있다.

예제 1.1 한 복사기에 사용되는 어떤 기계적 부품을 고려하자. 이 부품은 한 가공 공정에서 대략 하루에 100개의 율로 제조된다. 여러 가지 이유로 이 공정은 약 75%의 일차 수율(first-time yield, FTY; first-pass yield)로 가동되고 있다－즉, 이 공정의 아웃풋 가운데 약 75%가 규격에 합치되고 25%는 규격에 합치되지 않는다. 이 불합치품들 가운데 약 60%는 재작업을 통해 합격품으로 다시 태어날 수 있으며 그 나머지는 폐기처분되어야 한다. 이 생산단계를 통한 이 부품의 직접제조비용은 약 ₩20,000이다. 그리고 재작업을 위해서 각 부품이 추가로 초래하는 비용은 ₩4,000이다. 따라서 이 부품의 합격품 당 제조비용은 다음과 같이 계산된다: 재작업 후에 이 공정을 통해 나오는 합격품의 수는 하루에 90개이므로,

$$\frac{₩20,000(100) + ₩4,000(15)}{90} = ₩22,890$$

이 공정에 대한 통계적·공학적 검토를 통해서 지나치게 낮은 일차 수율은 과도한 공정변동성 때문이라는 것이 밝혀졌다. 공정의 변동성을 줄이기 위해 새로운 통계적 공정관리 절차가 시행되었고 그 결과로 공정의 불합치품의 비율이 25%에서 5%로 감소하였다. 그리고 5%의 불합치품들 가운데 약 60%는 재작업될 수 있고 나머지는 폐기처분되어야 한다. 공정관리 프로그램이 시행된 후에 이 부품의 합격품 당 제조비용은 다음과 같이 계산된다: 재작업후에 이 공정을 통해 나오는 합격품의 수는 하루에 98개이므로,

$$\frac{₩20,000(100) + ₩4,000(3)}{98} = ₩20,530$$

통계적 공정관리를 실시하고 이로 인해 변동성이 감축됨으로써 제조비용이 10.3%만큼 줄어들었다. 더욱이 생산성도 거의 10%만큼 증가하였다. 이것은 설비, 인력, 또는 간접비에 대한 아무런 추가 투자 없이 생산용량을 거의 10%만큼 높인 것에 해당한다. 과도한 변동성이라는 기본적인 문제를 해결하지 않고 다른 방법들에 의해 이 공정을 개선하려고 했다면, 거의 아무런 효과를 보지 못했을 것이다. ¶

위 예에서 보듯이, 우리는 품질비용 분석을 통하여 품질관리 활동상의 문제점을 발견하고, 발견된 문제점에 대한 개선 대책을 강구함으로써 품질관리 활동의 경제성과 효과를 높일 수 있다. 품질비용 분석의 주목적은 품질개선의 실마리를 찾아서 품질비용을 줄이는 것이다. 이런 작업은 흔히 파레토 분석(Pareto analysis)을 통해 이루어진다. 품질 비용에 대한 파레토 분석은 품질 비용을 비용의 범주별, 제품별, 또는 불량 유형별로 식별해내는 것으로 구성된다. 파레토 분석은 2.6절에서 상세히 다루어질 것이다.

[도표 1.6]은 회로기판을 조립하는 공정에서 결함들과 관련된 월간 품질비용에 대한 파레토 분석 결과이다. 불량부품이 전체 결함들 가운데 42%를 차지하고 있고, 총 폐기처분/재작업 비용의 52%를 차지하고 있다. 따라서 불량부품에 대한 개선이 이루어지면 품질비용이 상당히 줄어들게 될 것이다.

[도표 1.6] 회로기판 조립공정의 월간 품질비용 정보

결함의 종류	총 결함수의 백분율	폐기처분과 재작업 비용 (단위는 천원, ()안은 백분율을 나타낸다)
불량부품	42	4,500 (51.9)
불충분한 납땜	21	1,440 (16.6)
고장 부품	15	960 (11.1)
지나친 납땜	10	612 (7.1)
빠진 부품	7	600 (6.9)
기타 원인들	5	552 (6.4)
총	100	8,664(100.0)

그러면 품질비용은 어느 정도나 감축될 수 있는가? 많은 조직들에서 품질비용이 상당히 감축될 수는 있겠지만, 품질비용이 영으로 줄어들리라고 기대할 수는 없다. 그런 성능수준에 도달하기 전에 예방비용과 평가비용의 증가가 비용감축보다 더욱 빠르게 일어날 것이다. 그러나 품질비용에 대한 관심과 변동성 감축에 대한 관심이 결합되면 상당한 정도로 품질비용을 줄일 수 있을 것이다. 위 예에서도 보았듯이 이런 비용감축은 파레토 원리를 따른다: 비용 감축의 대부분은 품질비용의 대부분(흔히, 80%)을 차지하는 소수의 항목들(흔히, 20%)을 집중적으로 공략함으로써 달성될 것이다.

□ 품질비용 계산

품질비용을 정확히 계산하는 것은 쉬운 일이 아니다. 왜냐하면 대부분의 품질비용 범주들이 조직의 회계 기록들에 정확히 반영되는 것은 아니기 때문이

다. 조직들의 회계시스템은 제품 시험이나 평가와 같은 통상적인 업무 회계와 일치하는 품질비용 범주들에 대한 정보를 제공할 수 있다. 더욱이 많은 기업들은 다양한 실패비용 범주들에 대한 상세한 정보를 가지고 있다. 정확한 회계정보를 얻기가 힘든 비용범주들에 대한 정보는 추정치를 이용해서, 또는 경우에 따라서는, 품질비용분석 연구기간에 걸쳐서 그런 비용들을 축적하기 위한 감시/감독 절차들을 생성함으로써 획득할 수 있을 것이다.

우리가 이 절에서 살펴본 품질비용은 주로 생산자 관점의 품질 정의를 토대로 한 품질비용에 사용자 관점의 품질비용을 약간 가미한 것이라고 할 수 있다. 사용자나 사회적 관점의 품질 정의에 기반을 둔 품질비용은 12장에서 Taguchi 방법을 다룰 때 논의될 것이다.

1.5 품질관리의 역사

1.5.1 구미의 품질관리 역사

Feignbaum(1983)에 의한 구분을 중심으로 구미의 품질관리의 변천과정을 살펴보자. Feigenbaum은 품질관리의 변천과정을 다섯 단계로 구분하고 있다: 작업자 품질관리, 감독 품질관리, 검사 품질관리, 통계적 품질관리, 종합적 품질관리. 여기서 시대별 연대 구분은 개략적인 것임을 밝혀둔다.

- 13C 후기 : 장인들이 길드(guilds)라고 불리는 동업조합을 결성하였다.

(1) 1700~1899 : 작업자 품질관리(craftsman QC) 시대

19세기 말까지는 공장의 규모가 작고 생산에 참여하는 작업자의 수가 한 명이나 수명에 불과하므로 작업자 스스로가 품질에 책임을 지는 형태였다.

- 1750~1830: 산업혁명기
- 1776 영국의 Adam Smith는 그의 저서 국부론(The Wealth of the Nations)에서 분업(division of labor)의 경제적 이익을 다음과 같이 세 가지로 제시하였다: ① 기술습득 ② 시간 절약 ③ 기구의 발명.
- 1798 미국의 Eli Whitney가 조립을 단순화하기 위해 표준화된 부품을 도입함으로써 대량생산 시대를 열었다.

분업에 의한 전문화와 부품의 표준화는 생산성과 품질을 동시에 개선하는 효과를 가져왔다.

(2) 1900~1914 : 감독 품질관리(foreman QC) 시대

1900년대 초에 비교적 큰 규모의 공장들이 나타나면서 유사한 작업들을 단위로 감독(foreman)이 작업을 감독하고 품질을 관리하게 되었다.

- 1903 미국의 Frederick W. Taylor가 그의 저서 "Shop Management" 에서 과학적 경영 원칙들을 제시하였다. 그는 1911년에 "Principles of Scientific Management" 를 발간하였다. 그의 경영 원칙들은 다음과 같은 네 가지로 요약된다: ① 인간 작업의 모든 요소에 적용할 과학을 개발해야 한다. ② 과학적으로 작업자를 선발하고 훈련해야 한다. ③ 노동자와 경영진이 협조적인 관계를 유지해야 한다. ④ 노동자와 경영진간에 합리적인 업무분담이 이루어져야 한다.
- 1911 Frank Gilbreth는 그의 저서 "Motion Study" 에서 동작 연구(motion study)를 통해 어떤 작업 동작이라도 기본적인 인간의 동작들(therbligs)의 조합으로 이루어진다고 주장하였다. 그는 그의 아내 Lillian과 함께 한 작업을 수행하기 위한 "가장 좋은 방법"을 추구하였다.
- 1900년대 초기 Henry L. Gantt는 훌륭한 작업에 대한 보상체계의 중요성을 강조하였다. 그가 1917년에 여러 생산활동들의 일정계획을 작성하기 위해 고안한 Gantt 도표는 지금도 사용되고 있다.

작업방법들의 표준화, 작업표준, 그리고 동작 연구 등은 품질보다는 생산성에 중점을 두고 있다.

(3) 1913~1923(1차 세계대전 전후) : 검사 품질관리(inspection QC) 시대

1차 세계대전이 일어날 무렵부터 생산규모가 커지고 작업자들의 수가 늘어나게 되자 검사만을 전담하는 검사부서가 설치되었다.

- 1913 Henry Ford(미국)가 연속이동 조립라인—공정검사(in-process inspection) 개념과 더불어—을 도입하였다.
- 1차 세계대전을 전후한 시기에 검사에 의해 품질을 "관리"할 목적으로 전수검사가 널리 시행되었다.
- 영국 정부가 공급자인증 프로그램을 시작하였다.

(4) 1924~1959 : 통계적 품질관리(statistical QC, SQC) 시대

(4-1) 1924~1945 : 통계적 품질관리 성장기

Shewhart에 의한 관리도 개발과 Dodge와 Romig에 의한 샘플링 검사 개발을 계기로 1920년대 중반부터 통계적 품질관리 시대로 접어들게 되었다.

- 1924 미국 AT&T Bell 연구소의 W. A. Shewhart가 관리도(control chart) 개념을 도입하였다. 그는 1931년에 그의 저서 "Economic Control of Quality of Manufactured Products"에서 품질관리를 위한 통계적 방법들과 관리도법의 원리를 밝혔다. quality control이라는 용어는 그가 이 책에서 처음으로 사용한 것으로 믿어지고 있다. 그의 품질철학은 Deming에 의해 계승되었다.
- 1928 미국 AT&T Bell 연구소의 H. F. Dodge와 H. G. Romig가 샘플링 검사(sampling inspection) 개념을 도입하였다.
- 1930년대 통계적 품질관리 기법들이 Bell System의 생산 부서인 Western Electric에서 널리 사용되었다.
- 1939~1945(이차세계대전) 통계적 품질관리 기법들이 군수산업에 적용되었다.
- 1940 미국 전쟁부(War Department)가 관리도를 사용하여 공정 데이터를 분석하기 위한 지침을 발표하였다.
- 1940~1943 Bell 연구소가 미국 육군을 위해 군사규격 샘플링 계획들의 시안을 개발하였다.

(4-2) 1946~1959: 통계적 품질관리 확산기

이차 세계대전에서 통계적 기법들이 품질개선과 관리에 성공적으로 적용된 후 통계적 품질관리 개념은 제조산업에서 널리 수용되었다.

- 1946 미국품질관리학회(ASQC, American Society for Quality Control)가 결성되었다.
- 1950 미국 국방부가 MIL-STD-105A(계수 조정형 샘플링 검사)를 발표하였다. 이는 1963년에 MIL-STD-105D로 개정되었다. MIL-STD-105D는 1971년에 ANSI Standard Z1.4로, 그리고 1974년에 ISO Std. 2859로 채택되었다. 1989년에 MIL-STD-105E가 발표되었다(그러나 1995년 2월에 공군에 의해 철회되었다).
- 1950년 미국 국방부가 전자장비신뢰성 자문위원회(Advisory Group on the Reliability of Electronic Equipment, AGREE)를 발족시켰다.
- 1951년 미국 General Electric사의 A. V. Feigenbaum 박사가 그의 저서

"Total Quality Control" 초판을 발간하였다. 이 책에서 그는 전사적 품질관리(company-wide quality control, CWQC, 또는 TQC)라는 개념을 처음으로 도입하였다. 그가 제안한 TQC 개념은 "고객이 충분히 만족하는 품질의 제품을 가장 경제적으로 생산할 수 있도록 사내 각 부문의 품질 개발, 유지, 개선 노력을 조정하고 통합하는 효과적인 시스템"이다. 이 책은 1960년대 초에 일본이 전사적 품질관리 시대를 여는데 큰 영향을 미쳤다. Feigenbaum 박사는 통계적 방법보다는 조직의 구조와 시스템 접근법에 더욱 큰 관심을 가지고 있었다. 그는 처음에 기술적 능력의 대부분은 한 특정한 부서에 집중되어야 한다고 제안하였다. 이런 견해는 통계적 지식과 도구는 전사적으로 확산되어야 한다는 입장과는 대조적인 것이다. 그러나 그가 조직적 측면을 강조한 점은 중요하다—왜냐하면 품질개선은 풀처럼 돋아나는 것이 아니라 경영진의 확고한 의지와 노력이 있어야만 하는 것이므로. Feigenbaum은 나중에 그의 견해를 수정하고 통계적 지식과 도구는 전사적으로 확산되어야 한다는 입장에 동의하였다.

- 1954 영국의 E. S. Page가 cusum(cumulative sum) 관리도를 개발하였다.
- 1957 Joseph Juran과 F. M. Gryna가 "Quality Control Handbook" 초판을 발간하였다. Juran 박사는 AT&T Bell 연구소에서 Shewhart 박사를 위해 일하였다. 그는 품질을 개선하기 위해서는 경영진의 행동이 필요하다는 굳은 신념을 가졌으며, Deming 박사보다는 통계적 기법들을 덜 강조했다.
- 1957 미국 국방부가 MIL-STD-414(계량 조정형 샘플링 검사)를 발표하였다.
- 1957 AGREE 보고서가 발간되었다. 이 보고서는 신뢰성 운동의 기폭제가 되었다.
- 1958 미국항공우주국(NASA)이 설립되었다. 이 후 NASA는 신뢰성 분야에 많은 업적을 남기고 있다. 예컨대, FMEA나 FTA 등은 NASA에 의해 개발된 기법들이다.
- 1950년대 실험설계가 화학산업에서 제품과 공정 개선을 위해 도입되었다.

(5) 1960~1979 : 전사적 품질관리(TQC)/사회적 품질관리(social QC) 시대

- 일본에서 1950년대에 태동한 전사적 품질관리는 이 시기에 구미로 확산되었다.
- 1962 무결함(zero defect) 운동이 미국에서 Martin-Marietta 사 등에 의해 시작되었다.
- TQC가 널리 시행되었다.
- 1960년대 소비자 제일주의 의식이 보편화되면서 품질보증(quality assurance)

과 제품 책임(product liability)이 시행되었다.

- 1970년대 제품사용으로 인한 공해와 같은 사회적 안정성 문제가 대두되었다.

(6) 1980~1999 : 전사적 품질경영(total quality management, TQM) 시대

TQM은 전사적으로 품질개선 활동들을 구현하고 관리하기 위한 전략이다. TQM은 1980년대 초에 Deming과 Juran의 품질철학들을 토대로 시작되었다.

- 1975~1978 미국에 품질 분임조가 도입되고, 이것이 TQM으로 발전되었다.
- 1970년대 후기에서 1980년대 초기 실험설계가 제품과 공정 개선을 위해 산업 전반에 도입되었다. 구미의 기업들은 일본의 경쟁기업들이 1960년대 이래로 공정문제 해결, 새로운 공정개발, 새로운 제품설계의 평가, 제품들의 신뢰성과 현장성능 개선, 그리고 부품과 시스템 공차(tolerances) 선택을 포함한 다른 많은 제품설계 측면들을 위해서 실험설계를 체계적으로 사용해온 것을 발견하였다. 이런 발견은 구미에서 실험설계에 대한 관심과 적용을 촉발시켰다.
- 1980년대 Taguchi의 품질공학이 구미에 소개되었다.
- 1987 미국의 Motorola 사가 식스 시그마(Six Sigma) 운동을 시작하였다. Motorola의 식스 시그마 개념은 규격한계들이 평균으로부터 육 표준편차만큼 떨어진 위치에 오도록 공정의 변동성을 줄이자는 것이다. 이런 품질수준에서, 불량은 10억개 당 두 개(즉 0.002 ppm)가 발생한다. 그리고 그들의 가정대로 평균이 1.5 표준편차만큼 이동하는 것을 허용한다면, 불량은 100만개 당 3.4개(즉 3.4 ppm)가 발생하게 된다. 모토롤라는 Malcolm Baldrige 상의 제정년도인 1988년의 수상자이다.
- 1988 미국의회가 Malcolm Baldrige National Quality Award를 제정하였다.
- 1990년대 미국에서 ISO 9000 인증활동이 증가하였다.
- 1992 유럽품질경영재단(EFQM)에서 TQM을 장려하기 위해 유럽품질상(European Quality Award)을 제정하였다.
- 1997 식스 시그마 접근법이 산업 전반으로 확산되었다.
- 1998 미국 품질관리학회(ASQC)가 미국품질학회(ASC)로 개명하였다.
- 2000 기업시민정신(corporate citizenship) 개념이 확산되기 시작하였다. 이 개념은 미국에서는 윤리경영(business conduct management, BCM) 운동으로, 유럽에서는 기업의 사회적 책임(Corporate Social Responsibility, CSR) 운동으로 정착되었다.
- 2000 지속가능경영(Corporate Sustainability Management, CSM)의 개

념이 확산되기 시작하였다. 이 개념은 경제적 수익성, 환경적 건전성, 그리고 사회적 책임성—이들은 지속가능경영의 3대축(Triple Bottom Line, TBL)이라고 불린다—의 관점에서 기업의 모든 경영활동과정을 통합적으로 고려하여 지속 가능한 소비와 생산을 바탕으로 기업의 지속적인 성장을 추구함으로써 인류의 발전을 위해 기업이 책임 있는 역할을 실천하겠다는 새로운 경영패러다임이다.

※ TQM

TQM은 여러 가지 이유로 그저 그런 정도의 성공 밖에는 거두지 못하였다(Montgomery, 2001). 그 중 가장 큰 이유는 변동성 감축을 위한 기술적(통계적) 도구들을 폭넓게 사용하려는 노력이 부족하였다는 점이다. 많은 조직들은 TQM의 임무를 훈련이라고 간주했으며, 따라서 많은 TQM 노력들이 품질개선에 대한 철학과 몇몇 기초적 방법들을 교육시키는데 모아졌다. 이런 훈련은 대개 인적 자원부서의 손에 맡겨졌고, 대개는 비효과적이었다.

TQM이 큰 성공을 거두지 못한 다른 한 중요한 이유는 많은 경영자들이 그것을 품질을 개선시키기 위한 또 하나의 프로그램으로 간주했다는 것이다. 1950년대와 1960년대에 무결함(zero defects, ZD)이나 가치공학(value engineering, VE)과 같은 프로그램들이 성행하였지만, 그것들은 품질과 생산성 개선에는 거의 실질적인 영향을 끼치지 못하였다. 1980년대에 TQM이 한창인 때에 유행한 한 가지 프로그램은 "품질은 무료(quality is free)" 운동이었다. 이 운동에서 경영진은 품질비용을 밝혀내기 위해 노력했다. 물론 품질비용을 밝혀내는 작업은 매우 유용한 일이다. 그러나 "품질은 무료" 실천가들은 종종 여러 종류의 복잡한 산업과정을 개선시키기 위해 구체적으로 무엇을 해야할지를 잘 알지 못하였다. 실제로 이 운동의 선도자들은 대개 통계적 방법론들에 대한 지식이 부족하였고, 품질개선에서 통계적 방법론의 역할을 이해하지 못하였다. TQM도 이와 같은 비효과적인 프로그램으로 포장된다면, 결과는 비관적이다.

TQM이 품질개선에서 성공적인 입지를 구축하려면, 경영진은 우선 품질이 여러 차원들을 가지고 있다는 점을 인식해야 한다. 그리고 그 기업이 성공적으로 경쟁할 수 있는 품질의 차원들을 선택하고 개발하여야 한다. 품질경영에서 공급자 역할의 중요성도 간과되어서는 안 된다. 많은 기업들은 공식적인 공급자 품질개선 프로그램을 그들의 내부적 품질개선 노력의 부분으로 제도화하고 있다.

경영진은 또 품질개선은 모든 조직 단위가 적극적으로 참여해야 하는 총체적이고 전사적인 활동이라는 것을 인식해야 한다. Deming, Juran, 그리고 Feigenbaum의 철학은 품질에 대한 책무는 전체 조직에 걸쳐있다는 것을 시사한다. 그러나 우리가 이를 "품질은 모든 사람의 일이다" 라는 식으로 받아들이면, 품질은 아무의 일도 아니게 될 것이다. 경영진은 다양한 부서들의 품질 책무를 식별해내고 모든 구성원들의 품질개선에 대한 명확한 역할을 규명해 내어야 한다.

품질에 대한 전략적 경영은 조직의 모든 구성원들이 품질개선의 기본적 도구들에 대해 이해하고 있을 때 효과적이 된다. 이런 도구들 가운데 중심이 되는 것은 공정관리의 핵심을 이루고 공정데이터 분석에 사용되는 기본적인 통계적 개념들이다. 통계적 방법론은 품질에 대한 문제점을 발견하고 해결책을 찾아나가는데 없어서는 안될 의사소통 수단이다.

※ 식스 시그마

Motorola사는 식스 시그마를 기업의 목표로 뿐 아니라 공정과 제품품질 개선 노력의 초점으로 확립하였다. 근래에 식스 시그마는 Motorola를 넘어서 여러 기업으로 확산되었다. 이것은 품질 개선과 비용 감축 양자에 주의를 기울임으로써 기업체의 영업성능을 개선하는 프로그램이 되었다. 식스 시그마에 참여한 기업들은 품질과 경제성 모두에 현저한 영향력을 가지는 프로젝트들을 수행하기 위해 팀을 운영하고 있다. 이번에는 이전의 TQM에서 보다 초점이 잘 맞추어져 있으며, 경영진의 참여를 얻는데 보다 성공적이었다. 그러나 "구호를 제거하라"는 Deming의 10번째 지침을 상기해 볼 필요가 있다: 우리는 무결함, 가치공학, 품질은 무료, 그리고 TQM 등 많은 프로그램들을 겪었고 이들은 대부분 실패하였다. 성공적인 품질개선의 열쇠는 적절한 통계적·공학적 도구들을 적소에서 사용하도록 도모하는 것이다. 산업을 토대로 하는 프로그램들은 이런 면에서 결코 완전히 성공적이기가 어렵다: 대학 수준에서의 공학, 과학, 그리고 경영교육이 중요한 역할을 수행하여야 한다.

1.5.2 일본의 품질관리 역사

- 1946 일본과학기술자연맹(Japanese Union of Scientists and Engineers, JUSE)이 결성되다.
- 1948 G. Taguchi 교수가 실험설계연구를 시작하였다.
- 1950 W. E. Deming 박사가 일본에서 QC 세미나와 교육을 시작하였다. Deming 박사는 이차세계대전 기간에 미국의 전쟁부와 인구국(Census Bureau)을 위해 일했으며, 전후에는 일본산업의 상담역이 되었다. Deming 박사는 일본 기업가들에게 통계적 방법들의 가능성과 경쟁을 헤쳐나갈 무기로서 품질의 중요성을 확신시켰다. 그는 품질에 대한 책임이 경영진에 있다는 것을 굳게 확신하였다.

- 1950 K. Ishikawa 교수가 특성요인도(cause-and-effect diagram, 인과관계도)를 개발하였다.
- 1951 일본과학기술연맹이 Deming의 공적을 기리고 품질관리와 품질 방법론 개발을 장려하기 위해 Deming 상을 제정하였다.
- 1954 Joseph M. Juran 박사가 품질경영과 품질개선에 관한 강의를 위해 초청되었다.
- 1960 K. Ishikawa 교수가 품질관리 분임조(QC Circle) 개념을 제안하였다. 품질관리 분임조는 다음 네 가지 활동지침을 가진다: ① 자발적 모임 ② 자기 계발 ③ 상호 계발 ④ 전원참가.
- 1960년대 품질관리 분임조 활동을 기반으로 전사적 품질관리 운동이 벌어졌다.
- 1960년대 실험설계가 공정개선과 개발, 제품설계, 그리고 신뢰성 개선 등을 위해 사용되었다.
- 1970년대 전사적 품질관리가 확산되었다.
- 1980년대 G. Taguchi 교수의 품질공학이 널리 적용되었다.

※ Deming의 품질 철학

Deming의 품질철학은 다음과 같은 14가지로 요약된다:

① 제품과 서비스 개선에 초점을 맞춘 목적의 일관성 유지
② 낮은 기술, 불량품, 또는 낮은 서비스를 배척하는 철학 확립
③ "품질"을 관리하기 위한 대량검사에의 의존성 탈피
④ 가격 뿐 아니라 품질도 고려한 공급자 선정
⑤ 통계적 기법들을 토대로 한 제품과 서비스 개선
⑥ 모든 피고용인들에 대한 훈련과 교육에 대한 투자
⑦ 작업자들이 작업시스템과 제품을 개선하는 것을 도와주기 위한 감독
⑧ 피고용인들이 품질이나 생산성과 관련된 질문, 문제제기, 또는 지적을 쉽게 할 수 있는 대화분위기 조성
⑨ 품질과 생산성 개선을 위한 팀웍을 위해 부서간의 장벽 제거
⑩ 구체적 실행계획이 결여된 목표들, 구호들, 또는 수치 목표들 제거
⑪ 품질에 대한 고려가 없이 설정된 수치적 할당과 작업표준 제거
⑫ 피고용인들의 제안이나 불평을 수용하여 피고용인들의 직무 수행에 걸림돌이 되는 장벽들 제거
⑬ 모든 피고용인들에게 관리도와 같은 단순하면서도 강력한 통계적 기법들에 대한 교육 제도화
⑭ 위 13가지 사항들을 과감하게 실천해 나갈 경영구조 확립.

1.5.3 우리나라의 품질관리 역사

- 1883(고종20년) 전환국 소속의 분석시험소 설치
- 1959 한국산업표준규격협회가 창설되었다.
- 1961 공업표준화법이 제정되었다.
- 1962 한국표준규격협회가 창설되어 공업표준화와 품질관리를 지도하고 계몽하였다. 한국표준규격협회는 1977년에 한국공업표준협회로, 그리고 1993년에 한국표준협회로 개명하였다.
- 1965 한국품질관리학회가 창립되엇다. 한국품질관리학회는 1994년에 대한품질경영학회로, 그리고 1999년에 다시 한국품질경영학회로 개명하였다.
- 1967 KS표시제도가 제정되었다.
- 1973 공업진흥청이 발족되어 산업표준화와 품질관리활동을 관장하였다. 공업진흥청은 1996년에 산업자원부 산하의 중소기업청으로 통폐합되었다.
- 1975 품질관리상이 제정되었다. 품질관리상은 1989에 품질경영상으로 개명되고, 2000년에 국가품질상으로 다시 개명되었다.
- 2002 제조물 책임법이 시행되었다(7월). 이 법은 제조물—제조되거나 가공된 동산—이 제조상, 설계상, 또는 표시상의 결함으로 인해 소비자가 신체나 재산에 손해를 입었을 경우 완성품 제조자와 결함요인을 제공한 원재료와 부품의 제조자가 책임을 지도록 하고 있다.
- 2008 서비스 분야에 KS 인증제 도입(기술표준원)

※ 제품책임(product liability)

제조자와 판매자가 결함이 있는 제품들에 의해 초래되는 부상이나 손상을 보상해야 한다는 법적 의무는 최근의 현상이 아니다. 제품 책입법은 미국에서는 판례—주로 1960년대 이후—에 의해 확립되어 있고, 산업 선진국들에서는 1980년대 후반부터 시행되기 시작하였다—영국(1988), 덴마크(1989), 독일(1990), 그리고 일본(1995) 등. 우리나라에서는 앞에서 언급되었듯이 제조물 책입법이라는 이름으로 2002년 7월부터 시행되었다. 제품책임은 오래된 개념이지만, 그 강조점이 최근에 바뀌었다. 최초의 제품책임에 대한 소송은 1916년에 미국에서 발생하였다. 법원은 판매계약은 구입자와 제 3자 즉 자동차 판매자(dealer) 간에 맺어졌지만, 자동차 제조자는 차 구입자에 대한 제품책임 의무가 있다고 판결하였다. 법의 방향은 항상 제조자나 판매자가 그들이 설계하거나, 제조하는 것에 있어서, 또는 그들이 그것을 제조하는 방법에 있어서 비합리적으로 부주의하거나 소홀히 하였을 때 책임을 초래하리라는 것이었다.

최근에 미국 법원은 엄격한 책임(strict liability)이라고 불리는 더욱 엄중한 규

칙을 실행하였다. 엄격한 책임은 두 가지 특징을 가진다. 첫 번째는 제조자와 판매자 측의 강한 책무이다: 불량품에 대한 제품 서비스, 수리, 또는 교환을 통한 불만족스러운 품질에 대한 즉각적인 반응을 요구한다. 이것은 고객에 의한 실제 사용기간으로 확장된다. 한 제품을 생산함으로써, 제조자와 판매자는 그 제품의 궁극적인 사용에 대한 책무를 받아들여야 한다 – 그의 성능에 대해서 뿐만 아니라 그의 환경적 영향 등에 대해서도.

엄격한 책임의 두 번째 특징은 그 제품의 광고와 판매촉진에 관한 것이다. 모든 광고 문구들은 근거가 있는 품질이나 인증 데이터에 의해 뒷받침되어야 한다 – 이는 자동차와 같은 제품들에 대해서 규정 아래에 있는 제품 식별에 대해 현재 유지되고 있는 것과 비교된다.

이런 엄격한 제품 책임 원칙들은 제조자들, 배포자들, 그리고 판매자들에게 그들의 제품의 성능과 안전성에 관하여 사실에 기반을 둔 증거를 개발하고 유지하도록 하는 강한 압박으로 작용하고 있다. 이 증거는 제품이 고객에게 인도될 때의 제품 품질 뿐 아니라, 그것의 내구성이나 신뢰성, 있을 수 있는 부작용들로부터의 보호나 환경적 위험, 그리고, 실제 사용에 있어서 안전성 측면들을 포괄해야 한다. 강력한 품질보증 프로그램은 경영진에게 이 정보가 필요할 때 확보될 수 있으리라는 것을 납득시키는데 도움이 될 것이다.

1.6 품질개선/보증 활동체계와 통계적 방법의 활용

1.6.1 품질개선/보증을 위한 통계적 기법들

품질을 확보하기 위해 사용되는 주된 통계적 기법들은 다음과 같이 분류될 수 있다: 합격판정 샘플링, 통계적 공정관리, 통계적으로 설계된 실험, 그리고 신뢰성 분석.

- 합격판정 샘플링(acceptance sampling). 품질을 통제하는 기능을 담당한다. 이것은 제품에 대한 검사와 시험에 밀접하게 관련되어 있다. 제품에 대한 검사와 시험은 품질개선을 위한 통계적 기법들이 개발되기 전에도 시행된 품질관리의 초기 형태이다. 합격판정 샘플링은 한 공정이나 랏(lot)으로부터 랜덤하게 선택된 단위들에 대한 검사와 시험을 토대로 그 공정이나 랏에 대한 궁극적인 처분(합격 또는 불합격)을 내린다.
- 통계적 공정관리(statistical process control, SPC). 품질변동을 안정시키고 더

나아가 불량률을 낮추는 기능을 담당한다. 관리도(control chart)는 통계적 공정관리의 주된 기법들 중의 하나로서 공정감시와 변동성 감축(variability reduction)에 매우 유용하다.

- 설계된 실험(designed experiment). 관심을 가지고 있는 품질특성에 영향을 미치는 변수들을 찾아내는데 효과적이다. 설계된 실험은 더 나아가 품질특성의 변동을 줄이는데 그리고 공정성능을 최적화하는 통제변수들(controllable variables)의 수준들을 결정하는데 필수적이다. 품질특성에 영향을 미치는 변수들을 찾는데는 인자들의 모든 수준조합에서 실험이 실시되는 요인실험(factorial experiment)과 부분요인실험이 널리 사용되고 있다. 공정최적화를 위해서는 반응표면방법론(response surface methodology)이 개발되어 있다.
- 신뢰성 분석(reliability analysis). 제품의 시간적 품질특성을 보증하고 개선하는 기능을 담당한다. 신뢰성 분석은 신뢰성 데이터를 토대로 이루어지는데, 신뢰성 데이터의 특성을 고려한 여러 기법들이 개발되어 있다.

현대적 품질보증 시스템들은 합격판정 샘플링보다는 공정관리와 설계된 실험에 더욱 큰 비중을 두고 있다. 합격판정 샘플링이 "규격에의 합치"라는 품질 개념을 위한 절차라면, 통계적 공정관리와 설계된 실험은 변동성 감축을 통한 품질개선 절차이다. [도표 1.7]은 한 조직에서 품질개선/보증 시스템이 성숙함에 따라 적용되는 통계적 품질관리 기법들이 달라지는 모습을 나타내고 있다. 미숙기에는 경영진이 품질문제를 거의 의식하지 못하며, 따라서 조직화된 품질개선 노력을 볼 수 없다. 품질 시스템이 성숙하기 시작함에 따라 합격판정 샘플링 기법들이 인수검사를 시작으로 점진적으로 사용된다. 샘플링 검사의 사용은 검사나 시험을 통해서 제품의 품질이 개선되는 것이 아니라는 사실을 깨닫게 되어서야 증가를 멈추게 된다.

이 시점에서 경영진은 공정개선에 초점을 맞추게 된다. 통계적 공정관리와 실험설계가 제조, 제품설계, 그리고 공정 개발에 영향을 확대해 나간다. 이 결과로 품질, 비용, 그리고 생산성이 개선되기 시작한다. 품질 시스템이 완숙기에 들어서면, 통계적 품질관리 기법들 가운데 실험설계와 통계적 공정관리가 중심적 위치를 차지하고 합격판정 샘플링은 보조적으로만 사용된다.

이런 통계적 품질개선/보증 활동들은 그 적용시기에 따라 온라인과 오프라인 활동으로 나누어 볼 수 있다. 온라인(On-line, or in-process) 품질관리활동은 제조과정에서의 품질관리활동을 가리킨다. 온라인 품질관리활동의 주된 도구들은 샘플링 검사와 공정관리(관리도)이다. 오프라인(Off-line) 품질관리활동은 개발이나 초기 제조단계에서 사용되는 품질관리활동이다. 오프라인 품질관리활동의 주된 도구들은 실험 설계와 신뢰성 분석이다.

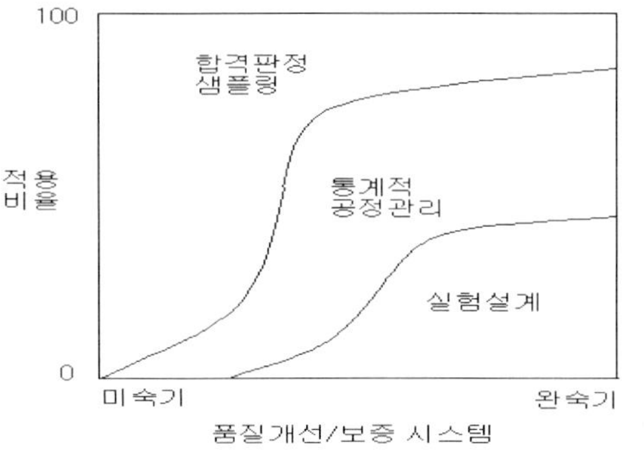

[도표 1.7] 품질개선/보증 시스템의 성숙단계에 따른 통계적 품질관리 기법들의 적용형태

1.6.2 단계별 품질개선/보증 활동

품질개선/보증 활동의 단계별로 적용되는 품질관리활동과 통계적 방법들은 [도표 1.8]과 같이 요약될 수 있다.

[도표 1.8] 품질개선/보증 활동의 단계별 통계적기법

활동단계	품질관리활동과 통계적 방법
시장품질 조사단계 ↓	: 표본조사와 데이터분석(검정, 추정)을 통해 시장품질을 파악한다.
연구와 개발단계 ↓	: 실험설계와 데이터분석(분산회귀 분석)을 통해 품질특성에 영향을 크게 미치는 인자들과 이들의 최적조건을 찾아내는 기능을 수행한다.
품질 설계단계 ↓	: 신뢰성, 공정능력, 공차 등에 대한 분석을 통해 품질을 설계한다.
표준품질 결정단계 ↓	: 제품의 품질목표를 구체적으로 기술한 품질표준을 작성함으로써 표준품질이 결정된다.
표준작업 결정단계 ↓	: 표준품질을 달성하기 위한 표준작업을 분야별로 기술하여 기술표준, 작업표준, 검사표준, 관리표준을 결정한다.
제조 단계 ↓	: 관리도법 등을 이용하여 공정을 해석하고 적절한 조치를 취한다. 이 정보는 곧바로 표준작업 결정단계로 되먹임된다.
검사 단계 ↓	: 샘플링 검사를 통해 품질을 평가하고 해석한다. 이 정보는 곧바로 표준품질 결정단계로 되먹임된다.
판매 단계	: 사후서비스(after-service, A/S)에 대한 정보는 시장품질 조사단계로 되먹임된다.

1.7 표준과 규격

일반적으로 표준(standards)은 원활한 의사소통을 위해서 존재한다. 표준은 공존과 편의를 위한 최소한의 기본 규격으로서 과학기술지식의 질서체제를 유지하고 효과적인 공동인식과 객관적 판단을 하기 위한 기준이 된다. 우리는 이런 표준을 측정표준과 산업표준으로 나누어 볼 수 있다.

1.7.1 측정표준

측정표준은 상거래를 위한 도량형표준과 과학적 측정을 위한 단위표준으로 나뉜다. 국가적으로 공인된 측정표준을 국가측정표준이라 하며, 국제적 합의에 의하여 공인된 측정표준을 국제측정표준이라 한다. 우리나라의 측정표준기관은 한국표준과학연구원이다. 국제측정표준기관으로는 국제도량형국(BIPM)이 있으며, 이는 국제도량형총회(CGPM)와 국제도량형위원회(CIPM)의 지휘를 받는다. 측정표준은 통계적 품질관리에서 측정시스템 분석과 연결된다.

1.7.2 산업표준

산업표준은 규격을 통해서 전반적인 SQC 활동과 연결된다. 산업표준은 기술경쟁시대에서 산업기술발전을 선도하는 역할을 한다. 산업표준은 한 나라 산업기술의 근간이 되고 기술수준의 척도가 된다. 산업표준이 세계무역기구(WHO), 경제협력개발기구(OECD), 아시아태평양경제협력기구(APEC) 등에서 새로운 기술장벽으로 등장함으로써 세계는 산업표준의 선점이 기술과 시장에서 우위를 점할 수 있다는 시각에서 산업표준개발과 국제화에 박차를 가하고 있다.

우리나라의 산업표준 제정기관은 기술표준원이며, 한국표준협회, 한국산업표준원, 한국전산원 등이 산업표준을 보급하고 연구하는데 참여하고 있다. 국제표준제정기관으로는 ITU(국제전기통신연합)의 산하기관인 WTSC(세계전기통신표준화회의, 이는 CCITT(국제전신전화 자문위원회)의 후신이다), IEC(국제전기기술위원회), 그리고 ISO(1942년, 국제표준화기구) 등이 있다. 산업표준은 적용되는 범위에 따라 단체표준, 국가표준, 권역표준, 국제표준 등으로 분류된다.

- 국제표준은 ISO나 IEC와 같은 국제적인 표준기구들에 의해 제정된 표준이다.
- 권역표준이란 EC나 APEC과 같은 한정된 권역에서 적용되는 표준을 말한다.

- 국가표준이란 우리나라의 KS 규격, 일본의 JIS 규격, 미국의 ANSI 규격 등과 같이 한나라에서 통용되는 표준이다.
- 단체표준이란 특정 기관 내에서만 적용되는 표준으로서 사내표준, 작업표준, 조달청의 구매규격 등을 예로 들 수 있다.

이러한 표준들은 상위수준으로 갈수록 범용성이 커지고 권고적인 성격을 띠는 반면, 하위수준으로 갈수록 기능성이 커지고 의무적인 성격을 띤다. 그리고 하위수준의 표준은 상위수준의 표준과 호환성을 유지할 필요가 있다.

1.7.3 규 격

규격이란 용어는 크게 두 가지 뜻으로 사용되고 있다. 첫째는 앞 소절에서 언급한 표준(standards)과 동일한 뜻으로 사용되는 것이고, 다른 한 가지는 좁은 의미의 규격으로서 제품 치수에 대한 규격한계(specifications 또는 specification limits)를 가리킨다.

우리는 규격이란 용어를 좁은 의미로 사용할 것이다. 품질특성값이 규격한계를 벗어나는 제품은 불량품으로 판정된다. 규격한계는 제품의 성격에 따라 규격상한(upper specification limit, USL)과 규격하한(lower specification limit, LSL)이 모두 존재할 수도 있고, 어느 하나만 존재할 수도 있다. 규격한계와 관련해서 명목 규격, 명목 치수, 그리고 공차와 허용차란 용어의 뜻을 명확히 해 둘 필요가 있다:

- 엄밀하게는, 공차(tolerance)란 규격폭을 뜻하고 허용차(허용오차, allowance)란 규격폭의 반을 뜻한다. 그러나 공차나 허용차를 용어를 통해 구별하지 않고 문맥을 통해 구별하기도 한다. 예컨대, 규격이 1.500 ± 0.005cm일 때, 엄밀하게 말하면 ± 0.005는 허용차이고 +0.010은 공차이다. 그러나 공차가 ± 0.005라거나 허용차가 +0.010라는 표현이 사용되기도 한다.
- 명목 규격(nominal specification)은 규격의 목표값을 가리킨다. 규격하한과 규격상한이 모두 존재할 때 명목규격은 대개 규격하한과 규격상한의 중심이 된다.
- 명목(또는 공칭) 치수(nominal size)는 확인의 목적으로 쓰이는 치수를 말한다. 예컨대, 강선의 실제 두께는 1.496 cm이지만, 명목 치수로 이것을 1.5cm 강선이라고 부른다. 또는 명목 치수가 17"인 TV의 실제 크기는 15.9"이다.

1.7.4 품질경영에 대한 국제표준

(1) ISO 9000 개관

ISO 9000 계열은 품질경영과 품질보증에 대한 국제표준규격이다.

- ISO 9000 계열은 제품자체의 적용규격이 아니라 기업의 품질경영 시스템에 대한 요구사항을 규정한 국제규격이다.
- ISO 9000 계열은 제 3자(인증기관)가 제품/서비스를 제공하는 공급자(기업)의 품질시스템을 객관적으로 평가하여 해당규격 요건에 적합하면 이를 공표함으로써 구매자가 품질에 대한 신뢰감을 갖도록 하는 제도이다.
- QS 9000 계열은 미국 자동차 산업의 품질경영과 품질보증에 대한 규격으로서 ISO 9000보다 조금 더 엄격하다.

ISO는 ISO 9000 계열을 포함하여 일련의 품질표준들을 개발하였다. 이런 표준들의 초점은 품질시스템이며, 다음과 같은 내용들을 포함한다:

① 품질에 대한 경영진의 책임
② 설계 관리
③ 문서와 데이터 관리
④ 구매와 계약 관리
⑤ 제품 식별과 추적가능성
⑥ 검사와 시험 – 측정과 검사 장비에 대한 관리를 포함하여
⑦ 공정관리
⑧ 불량품에 대한 취급, 교정과 예방 조치
⑨ 제품의 취급, 보관, 포장, 배달 – 서비스 활동들을 포함하여
⑩ 품질기록들에 대한 관리
⑪ 내부 감사
⑫ 훈련
⑬ 통계적 방법론

ISO 9000 계열은 이런 활동들에 대한 표준을 설정한다. 많은 기관들은 공급자들에게 ISO 9000 계열이나 QS 9000 계열과 같은 ISO 9000 계열의 파생 표준들을 인증 받으라고 요구하고 있다. 따라서 많은 조직들은 적절한 표준을 인증 받기 위해 상당한 노력을 기울이고 있다. 제삼자(third-party) 등록기관(인증기관)들이 인증을 담당한다. ISO의 2009년 조사 결과에 의하면, 우리나라에서 ISO 9000 계열을 인증 받은 수는 23,400으로 미국의 28,935(9위)에 이어 세계에서 상위 10위를 기록하고 있다.

(2) ISO 9000 계열의 내용과 인증

ISO 규격에 대한 심의는 5년마다 이루어진다. ISO 9000 계열은 1987년에 제정된 이래로 1994년과 2000년에 전면적으로 개정되었고 20008년에는 ISO 9001만 소폭으로 개정되었다. 먼저 1994년 판을 중심으로 ISO 9000 계열의 내용을 살펴보자.

□ 참고규격

- ISO 9000 규격의 선택과 사용을 위한 지침서
- ISO 9004 품질경영과 품질시스템에 대한 지침서
- ISO 8402 용어해설

□ 인증대상규격

- ISO 9001: 설계/개발, 제조/설치, 검사/시험, 사후서비스에 대한 품질보증 규격
- ISO 9002: ISO 9001에서 설계/개발 항목이 빠진 규격
- ISO 9003: ISO 9001에서 검사/시험 항목만 있는 규격

□ 인증심사

ISO 9000 계열의 인증을 위해서는 규격에 정해진 요구사항대로 기업의 품질시스템을 구축하고 품질문서를 작성해야 한다.

- 품질문서는 품질 매뉴얼, 품질 절차서, 그리고 작업지시서로 이루어진다.
- 인증은 각 생산품목별로 그리고 각 사업장 별로 이루어진다. 인증의 관건은 문서화된 요구사항을 준수하고 있는지 여부이다.
- 인증심사는 품질문서 심사와 현장심사로 이루어진다.
- 사후관리로는 6개월마다 사후관리심사가 있고, 3년마다 인증갱신이 있다.

□ 2000년판 ISO 9000 계열에서 바뀐 내용

1994년판 ISO 9000 계열에서는 규격을 적용하는 조직의 형태에 따라 9001/ 9002/9003으로 나누어서 적용하도록 규정하고 있다. 그러나 2000년 12월 15일부터 시행한 2000년판 에서는 모든 조직이 ISO 9001 규격을 적용하되 일부 적용이 되지 않는 항목은 제외할 수 있도록 규정하고 있다.

□ 2008년판 ISO 9001에서 바뀐 내용

2008년 11월에 발표된 ISO 9001:2008에서는 ISO 9001:2000의 기존 요구사항들을 더욱 명확하게 규정하고 있고, ISO 14001:2004와의 일관성을 증진시켰다. 그 이외에 새로운 요구사항을 규정하고 있지는 않다.

(3) ISO 9000에 대한 비평

ISO 9000의 초점은 주로 품질시스템에 대한 공식적인 문서화에 모아지고 있다. 기관들은 이 표준들의 요구사항에 맞추기 위하여 문서화 작업에 큰 노력을 기울여야 하는데, 바로 이것이 ISO 9000의 아킬레스건이다. 변동성을 줄이고 공정과 제품을 개선하는데 보다는 문서업무와 부기에 막대한 노력이 부어진다. 더욱이 이 분야에 종사하는 제삼자 등록기관, 감사, 그리고 상담자들의 대부분이 품질개선의 기술적 도구들에 대해 충분히 교육을 받거나 경험을 가지지 못하였다. 그들은 종종 현대의 공학적·통계적 기술수준에 보다는 가장 기본적인 기법들에만 친숙하다. 따라서 그들은 주로 인증의 부기, 기록, 그리고 문서업무 측면들에 집중한다.

ISO 등록 활동은 전 세계적으로 대략 연간 400억 달러 규모의 사업이라고 추산된다. 이 돈의 대부분은 등록기관, 감사, 그리고 상담자들에게 흘러들어 간다. 이는 "광부들을 캐라!"("Mine the miners!")는 문구를 연상시킨다. 이 액수는 기관들이 등록을 완수하기 위해 사용하는 내부적 비용을 포함하지 않은 것이다. 많은 품질공학 전문가들은 ISO 등록업무의 대부분이 노력의 낭비라고 생각한다. 기관들은 "ISO에게 아니오"라고 말하고 그 400억 달러 중의 일부를 그들의 품질시스템에 투자하고, 다른 일부를 의미 있는 변동성 감축 노력에 쓰고, 그들 자신의 내부적(또는 산업) 품질표준들을 개발하여 과감히 그것들을 시행하고, 그 차액을 챙기는 것이 훨씬 나을 것이다. 이런 표준들의 초점은 변동성 감축과 생산성 향상 노력에 모아져야 하며 시스템과 문서업무는 보조적인 역할에 머물러야 한다.

결론적으로, 인증 그 자체가 기업의 마케팅 계획들에 중요한지 여부가 판단의 관건이 된다. 만일 중요하지 않다면, 인증을 서두를 필요가 없을 것이다. 기업들은 이러한 인증이 없더라도 ISO 9000을 하나의 벤치마크로 사용하여 품질 프로그램들의 타당성을 평가해 볼 수 있을 것이다.

1.7.5 환경경영에 대한 국제표준

인간은 생산-유통-소비로 이루어지는 경제활동의 모든 과정에서 자연환경에 나쁜 영향을 미친다. 그 중에서도 생산과정에서의 환경오염은 그 양과 질이 막대하므로 우선적인 관심의 대상이 된다. ISO 14000 계열은 환경경영에 대한 국제표준규격(1996)이다.

- 이 규격은 상품의 설계 및 원자재 구입에서부터 수명이 다해 폐기될 때까지 전 과정에 대하여 환경보호를 염두에 두고 지구환경을 보호하려는 데 그 목적이 있다.

- 미국이나 유럽연합 등의 선진국은 점차 자동차, 전기전자제품, 그리고 화학제품을 시작으로 ISO 14000 등의 환경인증을 받도록 의무화하고 있다. 따라서 환경 규제는 통제 받지 않은 무역장벽이나 기술적 무역장벽이 되고 있다.
- 기업의 환경신용등급은 기업의 윤리성 평가에 머무르는 것이 아니라 점차 증권시장에서 투자를 결정하는 중요한 요소가 되고 있다. 환경지속성지수(ESI), 녹색경쟁력지수 등이 이미 시장에 나와 있다.

1.7.6 기업의 사회적 책임에 대한 국제표준

미국, 프랑스, 영국, 스페인, 이스라엘 등은 기업의 사회적 책임(corporate social responsibility, CSR)에 관한 자국 표준을 제정해 두고 있으며, 일본, 독일 등은 이에 관한 민간표준을 가지고 있다. ISO는 기업의 사회적 책임에 관한 각 나라의 표준이 무역장벽화되는 것을 막기 위하여 2002년부터 국제표준을 제정하려는 노력을 하고 있다. ISO는 2010년 11월에 ISO 26000 계열을 발표하였다. ISO 26000에서 언급하고 있는 기업의 사회적 책임의 범위는 ① 뇌물수수와 부패 방지 등 공정한 업무관행, ② 환경 친화기술 개발 등 환경 보전 노력, ③ 어린이 노동 착취 금지 등 노동권 보장, ④ 근로자 건강 보호 등 인권 보호, ⑤ 지배구조, ⑥ 소비자 이슈, 그리고 ⑦ 지역사회참여 등을 포함하고 있다.

※ DJSI(Dow Jones Sustainability Indexes): 미국의 금융정보회사인 Dow Jones와 스위스의 자산관리회사인 SAM이 1999년부터 공동으로 선정해 발표하고 있는 사회적 책임투자(Social Responsibility Investment, SRI) 지수로서 매년 전세계 대형 상장기업 2500여개를 대상으로 기업성과를 조사하여 59개 산업부문에서 320여개 기업을 선정한다. 이 지수는 기업의 재무적 성과와 함께 사회적, 윤리적, 환경적인 가치까지 평가해 해당 기업이 얼마나 지속가능한 성장을 할 수 있을 지를 나타내려 하고 있다. 우리나라 기업으로는 포스코, 삼성S야, SK텔레콤, 삼성전자, 롯데쇼핑이 이 지수에 편입되어 있다(2009년 9월 현재).

우리는 앞에서 Taguchi가 사회적 관점에서 품질을 "제품이 출하된 때부터 사회에 끼치는 손실"이라고 정의한 것을 보았었다. 우리는 이러한 Taguchi의 사회적 관점을 더욱 확장하여 품질을 "제품이 구상된 때부터 사회에 끼치는 손실"이라고 정의할 수도 있을 것이다. 이런 품질에 대한 정의 아래서만 제품과 공정 설계단계에서부터 사회적 손실이 적은 좋은 품질의 제품을 구상하고 생산할 수 있을 것이다.

1.8 연습문제

01 다음을 설명하라.

(1) 품질비용과 지렛대 효과

(2) on-line QC와 off-line QC

(3) 규격한계와 관리한계

02 ISO 9000 계열과 ISO 14000 계열에 대해 설명하라.

03 우리나라의 제조물 책임법과 현황에 대해 조사해 보자. 그리고 기업들이 이에 대해 어떤 예방(prevention)과 방어(defence) 대책을 가지고 있는지 조사해 보자.

04 지속가능경영(CSM)과 이를 위한 국제표준에 대해 조사해 보자.

05 생태경제효율성(ecoefficiency)과 배출권 거래제에 대해 조사해 보자.

06 우리나라의 SRI, DJSI Korea 등 각 국의 SRI 펀드들(Social Responsibility Investment Funds)에 대해 조사해보자.

Chapter 2

품질관리의 기초적 방법들

2.1 품질개선 활동을 위한 접근법들

2.1.1 PDCA 사이클

기업에서 모든 것은 프로세스(process)이다. 프로세스는 흔히 "한 주어진 결과를 낳기 위해 함께 작용하는 조건들의 집합"으로 정의된다. Deming은 기업 프로세스(business processes)는 제품들을 고객의 요구사항들로부터 벗어나게 하는 변동의 원인들을 식별하기 위해 진단되고 평가되어야 한다고 제안하였다. 그는 또 기업 프로세스는 관리자들이 개선이 필요한 부분들을 식별하고 변경할 수 있도록 연속적인 되먹임 회로(feedback cycle)에 놓여 있어야 한다고 제안하였다. 그는 그의 이러한 제안을 [도표 2.1]에서와 같은 PDCA 사이클로 나타내었다.

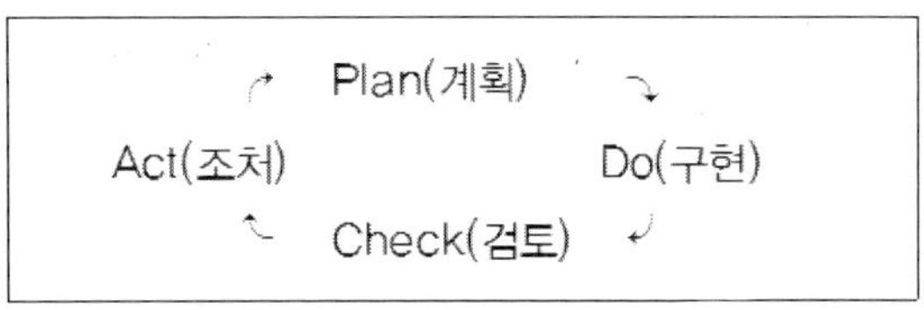

[도표 2.1] PDCA 사이클

여기서 Plan, Do, Check, Act는 각각 다음과 같은 뜻을 가진다:

- Plan(계획): 결과를 개선하기 위해 기업 프로세스의 요소들을 설계하거나 개정한다.
- Do(구현): 계획을 구현하고 그 성능을 측정한다.
- Check(검토): 측정을 평가/분석하고 그 결과를 의사결정자에게 보고한다.
- Act(조처): 프로세스를 개선하는데 필요한 조처를 취한다.

Deming은 기업 프로세스들 가운데 특히 생산 프로세스 즉 생산공정에 초점을 맞추었고, 그가 일차적으로 추구한 개선은 생산공정의 개선이었다. 그러나 PDCA 사이클은 더 포괄적인 기업 프로세스에 적용될 수 있다. 품질개선 관점에서 PDCA 사이클은 "설계 품질 계획→제조품질 구현→제조품질 검사, 고객의견 조사→개선 사항 반영"이라는 사이클로 해석될 수 있을 것이다.

PDCA 사이클은 흔히 데밍 사이클(Deming cycle)이라고 불리는데, Deming 자신은 PDCA 사이클을 그의 스승의 이름을 따서 Shewhart 사이클이라고 불렀다. 그는 후에 이 사이클에서 Check(검토)를 Study(연구)라는 용어로 교체하였는데, 이는 그가 이 단계에서 의도한 "평가와 분석"을 더욱 명시적으로 드러내기 위해서였다. 따라서 Deming 사이클은 PDSA 사이클이라고 불리기도 한다.

□ 프로세스의 진단과 평가

프로세스는 성과로 표현되는 가치가 생성되는 과정이다. 아인슈타인은 "결과를 바꾸려면 프로세스를 바꾸어야 한다" 고 했고, Deming은 "만약 당신이 지금 하고 있는 일을 프로세스로 기술하지 못하면, 당신은 당신이 지금 무엇을 하고 있는지 모르는 것이다" 라고 하였다. 프로세스의 진단과 평가는 흔히 다음과 같은 세 단계로 진행된다:

① **진단과 평가를 해야 할 프로세스 식별.** 이 단계는 손대지 아니해야 할 것에 잘못 손을 대는 우를 범하지("Do the wrong thing right!") 아니하고 제대로 번지수를 찾고자 하는 단계이다.

② **프로세스가 갖추어야 할 핵심요소들을 얼마나 잘 갖추고 있는지를 평가.** 프로세스의 핵심요소로는 흔히 다음과 같은 4C가 거론된다. (또다른 사씨도 생각해 보자.)

- Compact(간결성): 돌고래쇼
- Clear(명료성): 개미군락
- Connective(연계성): 기러기떼의 이동
- Corresponsive(유연성): 아메바의 반응

③ **실제 측정과 결과해석.** 이는 해석된 결과에 따라 개선과제를 도출하고 이를 기반으로 프로세스 혁신을 실행하는 단계이다. 이 때 각 부서간의 소통(communication)이 성공의 관건이 된다.

2.1.2 DMAIC 사이클

품질관리 과정에 대한 다른 접근법은 MAIC 또는 DMAIC라고 불리는 접근법이다. DMAIC는 품질관리를 특히 품질관리 시스템의 문제해결 관점에서 "고객의 요구사항과 프로젝트를 정의→문제와 관련된 데이터를 측정→데이터를 질적으로 또는 양적(통계적)으로 분석→개선→관리" 단계들을 거쳐서 목표품질 수준에 도달하려는 과정으로 파악한다. 이 DMAIC 과정은 특히 기존 프로세스를 개선하여 식스 시그마를 달성하기 위한 접근법으로 널리 받아들여지고 있다.

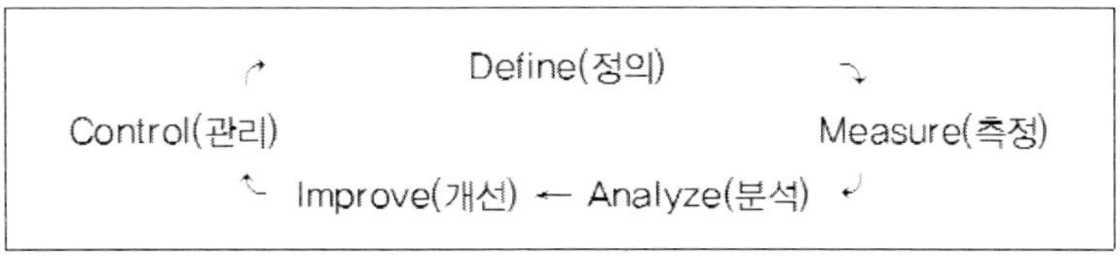

[도표 2.2] DMAIC 사이클

여기서 Define, Measure, Analyze, Improve, Control(IC, 개선과 관리)은 각각 다음과 같은 뜻을 가진다:

- Define(정의) : 프로젝트의 목적, 범위, 자원, 제약조건 등을 정한다.
- Measure(측정) : CTQ(Critical To Quality, 품질에 결정적인) 특성들과 Gage R&R들을 정하고, 공정성능을 계량화하기 위한 데이터를 수집한다.
- Analyze(분석) : 결함들의 근본적 원인들을 찾아내기 위해 데이터를 분석한다.
- Improve(개선) : 성능을 개선하기 위해 프로세스에 개입한다.
- Control(관리) : 장기적으로 성능을 유지하기 위해 관리시스템을 구현한다.

즉 처음 세 단계인 DMA는 문제의 본질을 파악하기 위한 단계이고, 나중 두 단계인 IC는 문제를 해결하기 위한 단계이다.

2.1.3 DFSS

식스 시그마 품질성능은 기존의 방법으로는 도달하기가 어렵다. DFSS(Design For Six Sigma, 식스 시그마를 위한 설계)는 식스 시그마 성능에 도달하기 위한 방법론으로 개발되었다. DFSS는 흔히 다음과 같은 상황에서 사용이 고려된다:

- 새로운 공정이 도입될 때
- 현 공정이 지나치게 불안정할 때
- 현 공정이 거의 최상의 상태에 도달하여 더 이상 개선이 어려울 때
- 실패의 대가가 높을 때

DFSS를 위한 접근법들은 다음과 같이 나뉠 수 있다:

(1) DMAIC

앞에서 소개한 DMAIC는 프로세스 개선을 위한 DFSS 접근법으로 분류될 수 있다.

(2) DMADV-DFSS for Commercial Quality

DMADV는 프로세스 재설계를 위한 DFSS 접근법이다.

↗ Define(정의) ↘
Verify(검증) Measure(측정)
↖ Design(설계) ← Analyze(분석) ↙

[도표 2.3] DMADV 사이클

여기서 Define, Measure, Analyze, Design, Verify는 각각 다음과 같은 뜻을 가진다:

- Define(정의) : 프로젝트의 목적, 범위, 자원, 제약조건 등을 정한다.
- Measure(측정) : CTQ들과 Gage R&R들을 정한다.
- Analyze(분석) : 설계 개념들과 고수준 설계를 개발한다.
- Design(설계) : 상세설계와 관리계획을 개발한다.
- Verify(검증) : 파일럿(pilot)과 전면적 구현을 통해 설계를 시험한다.

(3) DIDOV - DFSS for Product Quality

DIDOV는 새로운 프로세스 설계를 위한 DFSS 접근법이다.

↗ Define(정의) ↘
Verify(검증) Identify(확인)
↖ Optimize(최적화) ← Design(설계) ↙

[도표 2.4] DIDOV 사이클

여기서 Define, Identify, Design, Optimize, Verify는 각각 다음과 같은 뜻을 가진다:

- Define(정의) : 프로젝트의 목적, 범위, 자원, 제약조건 등을 정한다.
- Identify(확인) : CTQ들과 측정시스템과 공정 능력을 확인하고 품질목표를 정한다.
- Design(설계) : 상세설계와 관리계획을 개발한다.
- Optimize(최적화) : 강건설계에 의해 여러 CTQ들을 동시에 최적화한다.
- Verify(검증) : 파일럿(pilot)과 전면적 구현을 통해 설계를 시험한다.

2.1.4 품질기능전개

품질기능전개(quality function deployment, QFD)란 고객의 요구나 필요성을 품질특성으로 변환하여 완성품의 설계품질을 정하고 이것을 각종 기능부품의 품질, 더욱이 개개의 부품의 품질이나 공정의 요소에 이르기까지 이들 사이의 관계를 체계적으로 전개해나감으로써 고객의 만족을 극대화하기 위한 방법론이다. QFD는 신제품 개념정립, 설계, 부품계획, 공정계획, 생산계획, 그리고 판매에 이르는 모든 단계에서 사용될 수 있다. 즉 품질기능전개란 고객의 소리(Voice of Customers, VoC)를 특정한 제품이나 서비스의 특성으로 전환하기 위한 구조화된 방법론이다.

QFD는 1972년에 일본의 미쓰비시 고베 조선소에서 개발되었으며, 1977년에 도요타 자동차에 성공적으로 도입이 된 후, 미국에서는 1983년에 포드 자동차 회사를 시작으로 널리 도입되었다. 우리나라에는 LG 등을 중심으로 보급이 시작되었다.

- **QFD.** 앞에서 소개한 DFSS의 접근법들—DMAIC, DMADV, DIDOV—의 각 단계에서 사용된다.
- **QFD 프로세스의 단계들.** QFD 프로세스는 일반적으로 제조공정인 경우에는 네 단계를, 그리고 서비스인 경우에는 세 단계를 거쳐서 진행된다. 그리고 각 단계는 적절한 품질주택(House Of Quality, HoQ)을 구성하는 것으로 이루어진다.

  – 제조공정인 경우
    ① 고객요구들을 기능요구들과 연결시킨다.
    ② 기능요구들 부품특성들과 연결시킨다.
    ③ 부품특성들을 제조공정들과 연결시킨다.
    ④ 제조공정들을 공정변수들과 연결시킨다.

  – 서비스인 경우
    ① 고객요구들을 프로젝트 인도물(project deliverables, 프로젝트에 의해 산출된 무형 또는 무형의 결과물들로서 내부 또는 외부의 고객에게 인도될 것들)과 연결시킨다.
    ② 프로젝트 인도물들을 공정단계들과 연결시킨다.
    ③ 공정단계들을 과업(task)들과 연결시킨다.

- **품질주택(HoQ).** HoQ는 QFD의 핵심적 수단으로서 고유한 업무영역을 가지

고 있는 관련 부서들간에 효과적이고 체계적인 커뮤니케이션을 가능하게 해주는 시각적 도구이다. 여기서는 제품계획단계에서의 HoQ를 중심으로 논의를 진행할 것이다.

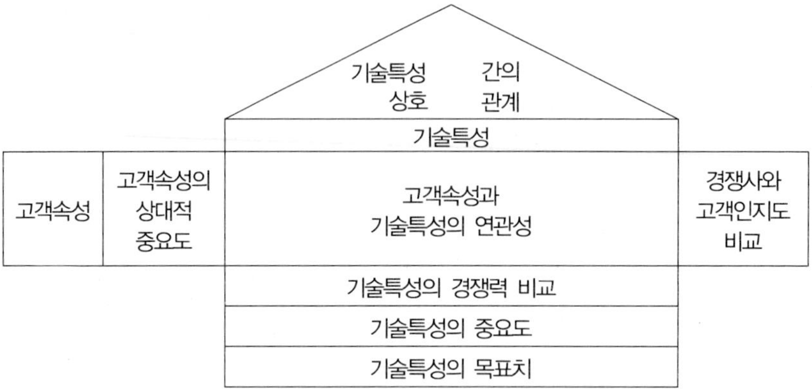

[도표 2.5] 품질주택(HoQ)의 일반적인 형태

① 고객 속성들(Customer Attributes, CA) 파악

설문조사, 면담, 관찰, 머리 맞대기(brainstorming) 등을 통해 파악한 고객의 소리(VoC)로부터 고객이 요구하는 속성들—이들은 고객 속성들이라 불린다—을 파악하는 것이 HoQ의 첫 단계이다. 고객 속성들은 흔히 언어로 표현된다.

② 각 고객 속성에 상대적 중요도 부과

각 고객속성이 고객들에게 얼마나 중요한지를 파악하기 위해 흔히 5점 척도로 점수를 부과한다. 이런 중요도 점수는 기업의 경영전략과 기업의 달성능력 등을 고려하여 부과해야 한다.

- 이는 식스 시그마 프로젝트를 위한 CTQ 특성들을 선정하는데 도움이 된다.

③ 경쟁사와 고객인지도 비교

자사가 경쟁사와 비교해서 각 고객속성을 얼마나 잘 만족시키고 있는가를 파악한다. 이 때 주의할 점은 이런 비교가 반드시 고객의 입장에서 이루어져야 한다는 것이다. 흔히는 고객의 소리를 조사할 때 고객들이 각 고객속성에 대해 자사와 경쟁사의 제품들을 5점 척도로 평가하도록 한다.

④ 기술특성(Engineering Characteristics, EC) 선정

고객속성과 관련되는 제품의 측정 가능한 기술특성들을 찾고 고객만족을

위해 이런 특성들을 어떻게 변화시켜야 하는지를 결정한다. 이를 위해서는 관련된 모든 부서의 전문가들이 모여서 머리 맞대기를 해야 한다.

- 고객속성과 관련되는 기술적 특성을 직접 측정하는 것이 어려울 때는 대용특성(substitute, or alternative, characteristic)을 사용할 수 있다. 예컨대, 특정한 고객속성을 반영하는 기술특성은 용접강도이지만, 용접강도는 측정이 어려우므로 용접강도와 높은 상관관계를 가지며 측정이 용이한 용접전류를 대용특성으로 사용할 수 있다.

⑤ 고객속성과 기술특성간의 연관성

고객속성과 기술특성간의 연관성의 정도를, 예컨대, [보기 1]과 같이 적절한 기호나 가중치로 표시한다.

[보기 1] ◉(5) ○(4) ▣(3) □(2) △(1)

⑥ 기술특성의 경쟁력 비교

고객속성을 반영하는 기술특성들에 대해 경쟁사와 자사의 경쟁력을 비교한다. 이를 위해서는 경쟁사의 제품이나 서비스에 대한 데이터를 수집하여 중요한 측정항목들에 대한 경쟁력 평가를 개발하여야 한다.

- 이를 통해 고객속성을 만족시키기 위한 성능표준(performance standard)을 명확히 함으로써 기술특성의 목표치를 설정하고 기술특성의 중요도를 파악할 수 있다.

⑦ 기술특성간의 상호관계

한 기술특성을 향상시키는 것이 다른 특성에 긍정적인 영향(즉 상승관계)을 미치기도 하지만 흔히는 부정적인 영향(즉 상충관계)을 미친다. 기술특성들간의 이런 상승관계나 상충관계를 파악하여, 예컨대, [보기 2]와 같은 형태로 나타낸다.

[보기 2] ǂ(강한 상승관계) †(상승 관계) —(상충관계) =(강한 상충관계)

예제 2.1 자동차 문 설계를 위한 품질기능전개를—각 단계는 생략하고 그 결과만—[도표 2.6]의 품질주택으로 나타내었다.

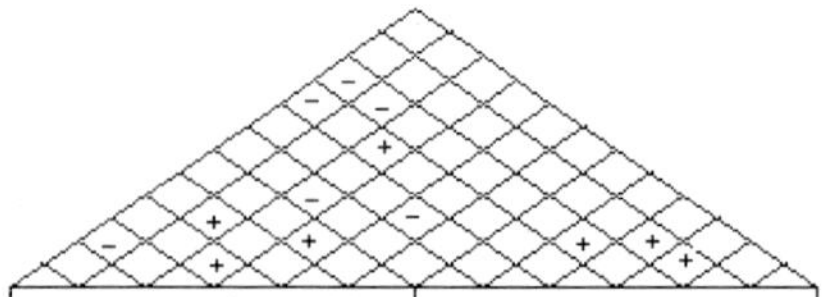

고객속성		중요도	차문을 여닫는데 드는 힘						밀폐성과 차단성						고객인지도				
			문을 닫는데 드는 힘	평지 제어력	십도 경사 제어력	문을 여는데 드는 힘	최대 지착력	…	문 밀폐성	창문의 음향 투과량	도로소음 감소량	방수성	방습성	…	1	2	3	4	5
여닫기	밖에서 닫기 쉬움	7	╪				╪		—						자		A	B	
	언덕에서 열림 유지	5		╪	╪										A	자	B		
	밖에서 열기 쉬움	3				╪											B	자	A
	문이 되튀어 나오지 않음	3		+	+	+			—							자	A	B	
	⋮	⋮																	
차단성	비 차단	3							╪			╪				자	B	A	
	도로소음 차단	2							+	+	╪						B	자	A
	⋮	⋮																	
경쟁력	측정단위		ft/lb	lb	lb	ft/lb	lb		ft/lb	db	psi								
	자사 차		11	12	6	10	13		3	.1	9	70							
	A사 차		9	12	6	9	13		2	.1	5	60							
	B사 차		10	11	7	11	14		2	.1	6	60							
기술특성의 중요도			10	6	4	9	1		6	2	4	3							
기술특성의 목표치			3	9	6	3	12		3	.1	9	70							

[도표 2.6] 자동차 문 설계를 위한 품질주택(HOQ)

※ HoQ 단순화 문제 : 고객속성과 기술특성 행렬은 일반적으로 차원이 높다. 따라서 이를 저차원으로 단순화시킬 필요가 있다.

2.1.5 고장방식과 영향분석(FMEA)

고장(failure)이란 품목이 요구되는 기능이나 능력을 상실한 것을 가리키는 일상적인 용어이다. 고장방식(failure mode)이란 고장상태의 형식에 따른 분류로서 기술적인 용어이다. 한 품목에 고장이 발생하였을 때, 흔히 부품과 시스템에는 다수의 고장상태가 존재한다. 예를 들어, CRT에서 "화면이 어둡다"는 고장에 대해 고장방식으로는 "저진공," "전자총의 노화" 등을 들 수 있다.

※ 고장 매커니즘(failure mechanism)은 고장을 일으키는 물리적·화학적·기계적·인간적 구조나 과정을 가리킨다. 흔히 고장 메커니즘이 밝혀지지 않아도 고장 방식은 관찰이 가능하다.

고장분석(failure analysis)이란 품목의 잠재적 또는 현재적 고장의 고장 메커니즘 발생률과 고장 영향을 검토하여 시정조치를 취하기 위한 체계적인 연구를 가리킨다. 고장분석의 목적은 고장으로 인한 위험수준을 설계특성으로 고려함으로써 고장으로 인한 위험을 사전에 예측하고 대책을 세워두는 것이다.

고장방식과 영향분석(Failure Mode and Effects Analysis, FMEA)은 설계상의 불완전함이나 잠재적인 결함을 찾아내기 위해 품목(item)의 고장방식과 그것이 상위 품목에 미치는 영향을 해석하려는 기법이다. FMEA는 고장의 원인을 제품개발의 초기단계에서 미리 제거하기 위한 목적으로 활용된다. FMEA 기법은 1950년대에 제트기 개발을 위해 고안되었으며 그 후 NASA의 우주개발계획에서 신뢰성 평가와 안전성 평가에 성공적으로 사용되었다.

FMEA는 적용범위에 따라 설계(Design) FMEA, 공정(Process) FMEA, 그리고 설비(Facility) FMEA 등으로 분류될 수 있다. QS 9000에서는 설계아웃풋 항목에서 DFMEA 사용을 요구하고 있으며, 생산부품 승인절차(PPAP) 중에 PFMEA 기록을 제출하도록 요구하고 있다.

- 사건나무분석(Event Tree Analysis, ETA). FMEA를 위한 데이터 수집도구로 사용된다.
- 결함나무분석(Fault Tree Analysis, FTA). FMEA 실시 이전에 고장 메커니즘을 파악하기 위한 시각적 도구로 활용된다.

FMEA에 대해서는 박경수(1993)을 참조하라.

2.2 품질데이터의 분포

한 제조공정에서 생산되는 어떤 두 제품도 변동을 피할 수 없으며, 따라서 동일하지 않다. 예컨대, 음료수 한 병의 내용물은 병마다 약간씩 차이가 나며, 전원장치의 아웃풋 전압은 장치마다 미세하게 차이가 난다. 이 절에서는 한 품질특성에 대한 표본 데이터(즉 일변량 데이터)가 주어졌을 때 이 품질데이터의 변동을 시각적으로 또는 수치적으로 표현하는 방법들을 다룰 것이다.

2.2.1 품질데이터의 시각적 표현

다음은 한 반도체 조립설비로부터 주별 수율을 40주간 기록한 데이터이다. (이 반도체 수율 데이터는 sqcdata₩fabrication.mtw에 week(주)와 yield(수율)라는 이름으로 저장되어 있다.)

[도표 2.7] 반도체 수율 데이터

주	수율	주	수율	주	수율	주	수율
1	39	11	50	21	59	31	66
2	44	12	45	22	56	32	76
3	40	13	38	23	64	33	72
4	43	14	40	24	79	34	68
5	42	15	36	25	60	35	73
6	43	16	55	26	74	36	67
7	54	17	70	27	69	37	66
8	51	18	56	28	72	38	82
9	44	19	53	29	77	39	64
10	55	20	51	30	83	40	83

(1) 줄기 그림(stem-and-leaf plot, 또는 stem plot)

줄기그림은 이름 그대로 데이터를 나무의 줄기와 잎 모양으로 나타낸 것이다. 줄기그림은 데이터의 중심, 변동성 또는 산포, 그리고 분포의 형상 등에 대한 정보를 제공한다. 반도체 수율 데이터에 대한 한 줄기그림은 아래와 같다:

```
Stem-and-leaf of yield      N  = 40
Leaf Unit = 1.0

   3    3 689
  11    4 00233445
 (10)   5 0113455669
  19    6 04466789
  11    7 02234679
   3    8 233
```

```
# File > Open Worksheet
MTB > cd s:\sqcdata
MTB > wopen fabrication.mtw

# Stat > EDA > Stem and Leaf
MTB > Stem-and-Leaf  'yield';
SUBC>   Increment 10.
```

[도표 2.8] 줄기그림 - 반도체 수율 데이터

여기서 각 가로줄은 줄기를 나타내고 가로줄의 숫자는 잎을 나타낸다. 첫 열은 각 줄기의 깊이(depth)를 나타낸다. 그리고 ()가 있는 줄기는 중위수를 포함하는 줄기이며, ()안에 있는 값은 그 줄기의 빈도를 나타낸다. 한 값의 깊이란 그 값의 상향순위와 하향순위 중 작은 값을 뜻한다. 이 줄기그림은 줄기의 폭을 10으로 가지는 여섯 개의 줄기들로 구성되어 있다. 우리는 줄기 폭을 조절하여 줄기그림이 적절한 특징을 드러내도록 할 수 있다. 줄기그림에서 줄기 폭은 항상 2, 5, 또는 10—적절한 단위를 감안하여—이 되어야 한다.

우리는 깊이를 이용해서 데이터의 백분위수들(percentiles)을 쉽게 구할 수 있다. 주어진 데이터로부터 백분위수를 구하는 방법은 여러 가지가 있으나 우리는 다음과 같은 미니탭 방법을 사용할 것이다: 데이터의 크기가 n일 때, 제c 백분위수 P_c는 $(n+1)\frac{c}{100}$ 번째 값이다. 즉 $(n+1)c/100 = i + f$로 나타내면(i : 정수부분, f: 소수부분),

$$P_c = (1-f)x_{(i)} + f\,x_{(i+1)} = x_{(i)} + f(x_{(i+1)} - x_{(i)}),$$

여기서, 그리고 앞으로도, $x_{(i)}$는 오름차순으로 정렬된 데이터에서 i 번째 값을 나타낸다.

- 제50백분위수 즉 중위수(median) $\tilde{x}$는 $(41)(0.5) = 20.5$번째 값이다:

$$P_{50} = \tilde{x} = = \frac{x_{(20)} + x_{(21)}}{2} = \frac{56+59}{2} = 57.5$$

- 제25백분위수 즉 제1사분위수(the first quartile) Q_1는 $(41)(0.25) = 10.25$ 번째 값이다:

$$\begin{aligned} P_{25} = Q_1 &= (1-0.25)x_{(10)} + (0.25)x_{(11)} \\ &= (0.75)(44) + (0.25)(45) = 44.25 \end{aligned}$$

- 제75백분위수 즉 제3사분위수(the third quartile) Q_3는 $(41)(0.75) = 30.75$ 번째 값이다:

$$\begin{aligned} P_{75} = Q_3 &= (1-0.75)x_{(30)} + (0.75)x_{(31)} \\ &= (0.75)(70) + (0.25)(72) = 70.5 \end{aligned}$$

제3사분위수와 제1사분위수의 차로 정의되는 사분위수 범위(interquartile range) IQR는 변동성의 한 측도로 사용된다: $IQR = Q_3 - Q_1$. 반도체 수율 데이터에서 사분위수 범위는 $IQR = 70.5 - 44.25 = 26.25$이다.

(2) 시계열 그래프

시계열 그래프(time series plot) 또는 런 그래프(run chart)는 관측을 시간순으로 표현하기 위해 사용된다. 우리는 시계열 그래프로부터 관측들의 추세, 순환, 군집 등을 관찰할 수 있다. [도표 2.9]에 전시된 반도체 수율 데이터에 대한 시계열 그래프는 20주 근방에서 수율이 증가한 것을 시사하고 있다.

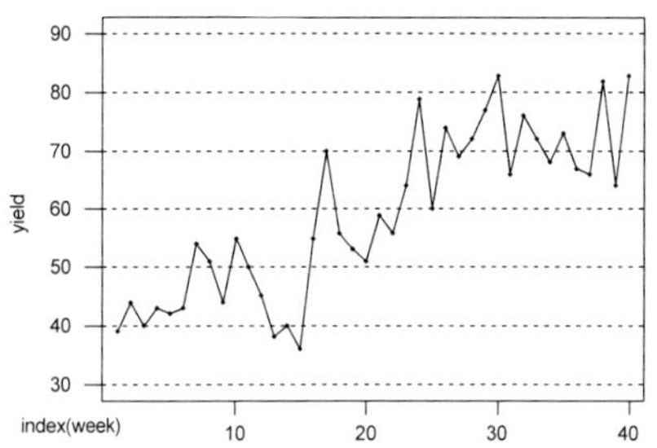


```
# Stat > Time Series > Time Series Plot

MTB > TSPlot 'yield';
SUBC>   Index;
SUBC>   TDisplay 11;
SUBC>   Symbol;
SUBC>   Connect;
SUBC>   Scale 1;
SUBC>     Tick 10:40/10;
SUBC>   Scale 2;
SUBC>     Tick 30:90/10;
SUBC>     Grid.
```

[도표 2.9] 시계열 그래프 – 반도체 수율 데이터

(3) 디지닷(Digidot) 그래프

줄기그림은 시간순서를 고려하고 있지 못하며, 시계열 그래프나 런 그래프는 데이터의 변동성을 효과적으로 나타내주지 못한다. 데이터의 변동성 정보와 시간 정보를 동시에 표현할 수 있다면, 데이터의 전모를 이해하는데—따라서 문제를 이해하는데—매우 도움이 될 것이다. 디지닷 그래프(digidot plot)는 바로 이런 필요에 의해 Hunter(1988)에 의해 고안되었다. 디지닷 그래프는 [도표 2.10]과 같이 시계열 그래프와 줄기그림(또는 히스토그램)을 결합한 것이다. 우리는 반도체 시계열 데이터에 대한 디지닷 그래프로부터 처음 20주의 수율의 분포—대략 45를 중심으로 변동을 보이고 있다—와 나중 20주의 수율의 분포—대략 70을 중심으로 변동을 보이고 있다—가 분포의 중심은 다르지만 유사한 변동패턴을 나타냄을 알 수 있다.

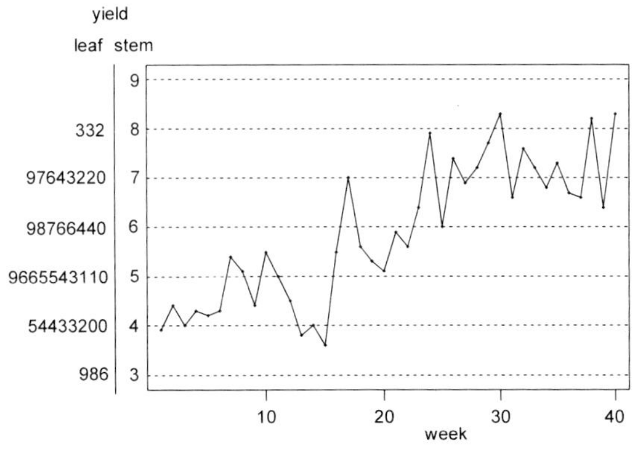

[도표 2.10] 디지닷 그래프-반도체 수율 데이터

(4) 빈도분포표와 히스토그램/막대그래프

품질 데이터는 일차적으로 빈도분포표로 정리될 수 있다. 빈도분포표란 품질 특성의 각 값이 출현한 횟수를 기록한 표이다.

예제 2.2 다음은 브레이크의 접촉부 주물(shoe cast)의 경도(hardness) 데이터이다. 이 데이터는 다섯 관측들로 구성된 50 표본들이다. 이 경도 데이터가 정규분포를 따른다고 할 수 있는지를 검토해보자. (이 데이터는 sqcdata₩ hardness.mtw에 measure1-measure5라는 이름으로 저장되어 있다.)

[도표 2.11] 경도 데이터

표본	measure1	measure2	measure3	measure4	measure5
1	40.1336	39.6755	40.8390	41.5238	38.8044
2	39.5353	39.8681	40.2506	40.4746	41.4090
			(중략)		
49	40.9594	41.2946	40.5196	40.8007	41.2524
50	39.8681	41.4212	40.4721	40.7142	39.9222

경도 데이터는 [도표 2.12]와 같은 빈도분포표로 요약될 수 있다. 이 빈도분포표는 [도표 2.13]의 미니탭 에섹 매크로 tab2_13.mtb을 수행한 결과이다. (이 매크로는 sqcmacro₩others에 저장되어 있다.)

```
MTB > wopen s:\sqcdata\hardness.mtw
MTB > cd sqcmacro\others
MTB > exec 'tab2_13'
```

[도표 2.12] 빈도분포표: 경도 데이터

구간	중간값	빈도	누적빈도	백분율	누적백분율
36.25≤x<36.75	36.5	1	1	0.40	0.40
36.75≤x<37.25	37.0	2	3	0.80	1.20
37.25≤x<37.75	37.5	3	6	1.20	2.40
37.75≤x<38.25	38.0	11	17	4.40	6.80
38.25≤x<38.75	38.5	17	34	6.80	13.60
38.75≤x<39.25	39.0	36	70	14.40	28.00
39.25≤x<39.75	39.5	27	97	10.80	38.80
39.75≤x<40.25	40.0	47	144	18.80	57.60
40.25≤x<40.75	40.5	38	182	15.20	72.80
40.75≤x<41.25	41.0	30	212	12.00	84.80
41.25≤x<41.75	41.5	20	232	8.00	92.80
41.75≤x<42.25	42.0	13	245	5.20	98.00
42.25≤x<42.75	42.5	3	248	1.20	99.20
42.75≤x<43.25	43.0	2	250	0.80	100.00
계		250		1.00	

[도표 2.13] [도표 2.12]의 빈도분포표를 위한 미니탭 프로그램(Tab2_13.mtb)

```
MTB > wopen s:\sqcdata\hardness.mtw
MTB > name c8 'hardness' c9 'subg' c10 'midvalue'  ┐
MTB > stack 'measure1'-'measure5' 'hardness';       │ 이 부분은 이미 수행되어 있음
SUBC>   subs 'subg'.                                ┘
MTB > Code (36.25:36.749) 36.5 (36.75:37.249) 37.0 (37.25:37.749) 37.5 (37.75 &
CONT>     :38.249) 38.0 (38.25:38.749) 38.5 (38.75:39.249) 39.0 (39.25:39.749) &
CONT>     39.5 (39.75:40.249) 40.0 (40.25:40.749) 40.5 (40.75:41.249) 41.0 &
CONT>    (41.25:41.749) 41.5 (41.75:42.249) 42.0 (42.25:42.749) 42.5 (42.75:43.249)&
CONT>     43.0 (43.25:43.749) 43.5 'Hardness' 'midvalue'
MTB > Tally 'midvalue';
SUBC>   Counts;
SUBC>   CumCounts;
SUBC>   Percents;
SUBC>   CumPercents.
```

히스토그램은 빈도분포표를 시각적으로 나타낸 것이다. 우리는 [도표 2.13]에 전시된 히스토그램으로부터 경도 데이터의 형상이 대략 대칭적이라는 것, 분포의 중심위치가 40 근방이라는 것, 그리고 변동성이 비교적 높다는 것을 볼 수 있다. ¶

※ 막대그래프와 히스토그램의 차이점은 무엇인가? (막대그래프에 대해서는 2.6.4절(파레토그림)을 참조하라.)

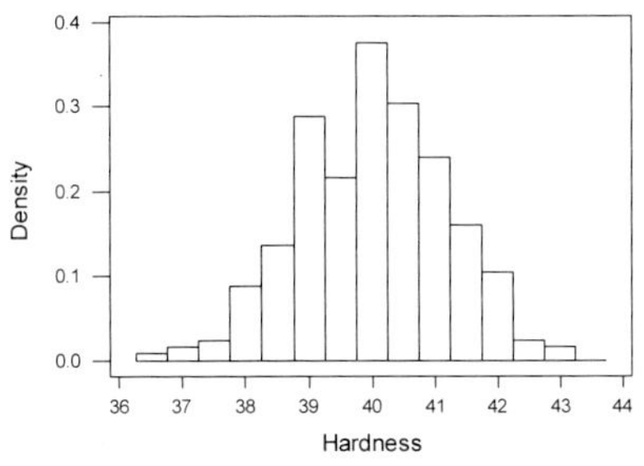


```
# Graph > Histogram

MTB > Histogram 'Hardness';
SUBC>   Density;
SUBC>   MidPoint 36.5:43.5/0.5;
SUBC>   Bar.
```

[도표 2.14] 히스토그램: 경도 데이터

2.2.2 품질데이터의 수치적 표현

우리는 앞 소절에서 품질 데이터를 시각적으로 표현하는 몇몇 그래프들을 살펴보았다. 이제 통계적 품질관리에서 널리 사용되는 수치적 요약 측도들을 살펴볼 차례이다.

■ 중심위치

일변량 데이터의 중심위치의 측도로 가장 널리 사용되는 두 가지 측도는 평균과 중위수이다.

(1) 평균(sample mean), $\bar{x}$

평균은 모든 값에 같은 가중값을 부여한 가중평균이다:

$$\bar{x} = \sum \frac{1}{n} x_i .$$

- 평균은 분포의 무게중심이다.
- 데이터값이 0-1이면 표본평균은 특히 표본비율(sample proportion)이라 불리며 $\bar{p}$ (또는 $\hat{p}$)로 표기된다.

(2) 중위수(median), $\tilde{x}$

중위수는 순서화된 데이터에서 가운데 위치하는 값이다.

$$\tilde{x} = x_{\left(\frac{n+1}{2}\right)} .$$

■ 중위수는 분포의 면적중심이다.

▌산포

데이터의 산포 또는 변동의 측도로는 흔히 분산, 표준편차, 또는 범위가 사용된다.

(1) **분산**(variance)

분산은 편차제곱의 평균이다:

$$s'^2 = \sum \frac{1}{n}(x_i - \bar{x})^2.$$

■ 분산에서 표본크기 n 대신 자유도(degrees of freedom) $n-1$를 사용한 식은 특히 표본분산(sample variance)이라고 일컬어진다:

$$s^2 = \sum \frac{1}{n-1}(x_i - \bar{x})^2.$$

(2) **표준편차**(standard deviation)

(표본)표준편차는 (표본)분산의 양의 제곱근이다:

$$s' = \sqrt{s'^2}\ ;\ s = \sqrt{s^2}.$$

■ 분산의 단위는 원래의 측정단위의 제곱이므로 해석상 어려움이 있다. 표준편차는 분산에 제곱근을 취함으로써 이런 어려움을 해소한 것이다.

---

* 우리는 표준편차를 s' 으로, 그리고 표본표준편차를 s로 나타내고 있다.

---

(3) **변동계수**(coefficient of variation, CV)

변동계수는 (표본)표준편차와 평균의 비로 정의된다:

$$CV = \frac{s}{\bar{x}}\ ;\ CV' = \frac{s'}{\bar{x}}.$$

변동계수는 표준편차를 정규화시킨 것으로, 값의 규모가 현저히 다른 데이터 집단들의 산포를 비교하거나 다른 측정단위를 사용한 데이터 집단들의 산포를 비교할 때 유용하다.

※ 변동계수는 모든 값들이 양수일 때 상대적 변동의 측도로서 의미를 가진다.

※ 변동계수는 단위가 없음에 유의하라. 변동계수는 흔히 100을 곱하여 %로 표현되기도 한다. 이때는 "표준편차가 평균의 몇 %에 해당한다"는 식으로 해석이 된다.

(4) 표본범위(sample range)

표본범위는 데이터의 최대값과 최소값의 차이이다:

$$R = x_{(n)} - x_{(1)}.$$

(5) 사분위수 범위(interquartile range, IQR)

앞 소절에서 언급하였듯이 사분위수 범위는 제3사분위수와 제1사분위수의 차이이다:

$$IQR = Q_3 - Q_1.$$

왜도(skewness)

왜도 또는 비대칭도의 측도의 전통적인 측도는 적률왜도(moment measure of skewness)이다. 먼저 k차 중심적률(the k-th moment about the mean)은 다음과 같이 편차의 k제곱들의 평균으로 정의된다:

$$m'_k = \frac{\sum (x_i - \bar{x})^k}{n}.$$

※ 분산 s'^2 은 2차 중심적률 m'_2 이다.

그러면 적률왜도 α_3 는 3차 중심적률과 표준편차 세제곱의 비로 정의된다:

$$\alpha_3 = m'_3 / s'^3.$$

α_3 는 $-\infty < \alpha_3 < \infty$ 를 만족한다. 단봉 분포에서 $\alpha_3 > 0$ 이면 꼬리를 오른쪽으로 뻗은 분포를 시사하고 $\alpha_3 < 0$ 이면 꼬리를 왼쪽으로 뻗은 분포를 시사한다. 물론 α_3 가 0에 가까우면 대칭분포를 시사한다.

관 찰 α_3는 표준화된 편차 세제곱의 평균으로 해석될 수 있다:

$$\alpha_3 = \sum_{i=1}^{n} \left[(x_i - \bar{x}) / s' \right]^3 / n.$$

참고 위에서 정의된 α_3는 실상 모집단에 대해 적용될 수 있는 것이다. 따라서 표본 데이터에 대해서는 불편성을 위해 흔히(미니탭에서도) 다음과 같이 보정된 식이 사용된다:

$$\alpha_3 = \frac{n}{(n-2)} \sum_{i=1}^{n} \left[(x_i - \bar{x}) / s \right]^3 / (n-1).$$

▌첨도(kurtosis)

첨도 또는 꼬리가 두꺼운 정도에 대한 전통적인 측도는 적률첨도(moment measure of kurtosis)이다. 적률첨도 β_4는 4차 중심적률과 표준편차의 네제곱의 비로 정의된다:

$$\beta_4 = m_4' / s'^4.$$

관 찰 β_4는 표준화된 편차 네제곱의 평균으로 해석될 수 있다:

$$\beta_4 = \sum_{i=1}^{n} \left[(x_i - \bar{x}) / s' \right]^4 / n.$$

정규분포에 대해 β_4는 3이다. 따라서 우리는 흔히 다음과 같이 초과첨도(excess kurtosis) 형태로 정의된 적률 첨도 α_4를 선호하게 된다:

$$\alpha_4 = m_4' / s'^4 - 3.$$

α_4는 $-2 < \alpha_4 < \infty$를 만족한다. 대칭적인 단봉 분포에서 $\alpha_4 > 0$이면 꼬리가 정규분포보다 더 두꺼운 분포를 시사하고 $\alpha_4 < 0$이면 꼬리가 정규분포보다 더 가는 분포를 시사한다. 물론 α_4가 0에 가까우면 정규분포를 시사한다.

참고 위에서 정의된 α_4는 실상 모집단에 대해 적용될 수 있는 것이다. 따라서 표본 데이터에 대해서는 불편성을 위해 흔히(미니탭에서도) 다음과 같이 보정된 식이 사용된다:

$$\alpha_4 = \frac{n(n+1)}{(n-2)(n-3)} \sum_{i=1}^{n} \left[(x_i - \bar{x}) / s \right]^4 / (n-1) - 3 \frac{(n-1)^2}{(n-2)(n-3)}.$$

예제 2.3 앞 절의 경도 데이터에 대한 요약측도들은 [도표 2.9]로부터 다음과 같이 계산된다: $\bar{x}=40.0016$; $\tilde{x}=40.0381$; $s^2=1.39585$; $s=1.1815$; $CV=2.95353(\%)$; $R=6.32050$; $IQR=0.6709$; $\alpha_3=-0.13$; $\alpha_4=-0.16$. 이로부터 이 경도데이터는 평균이 40, 표준편차가 1.18인 정규분포에 가까운 분포를 보인다고 판단되며, 우리는 이를 [도표 2.15]에서 정규곡선을 덧그린 히스토그램으로부터 확인할 수 있다.

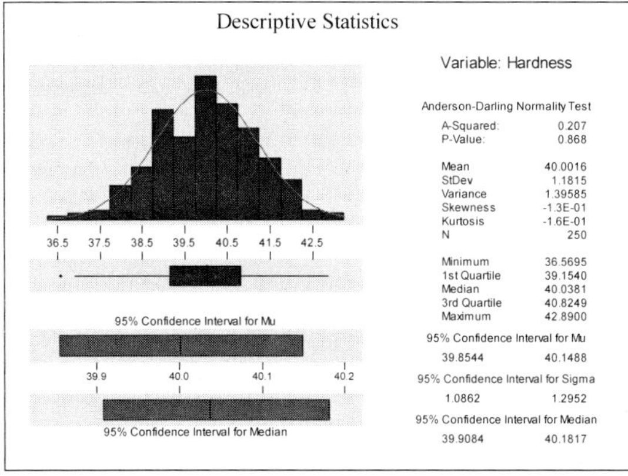


```
# Stat > Basic Statistics >
Graphical Summary

MTB >  Gsummary 'hardness';
SUBC>  Confidence 95.0.
```

[도표 2.15] 요약측도들과 히스토그램: 경도데이터

¶

상자그림

상자그림(box plot)은 데이터의 사분위수들(quartiles)과 인접값들(adjacent values)을 상자와 수염으로 나타낸 것이다. 인접값은 사분위수에서 한발(one step, IQR의 1.5배) 더 나간 위치에 가장 가까운 데이터 값—그 위치를 벗어나지 않는 데이터 값들 가운데—이다. 인접값을 벗어난 값들은 외딴점(outlier)으로 판정될 수 있다. 여러 분포 유형에 따라 외딴점이 발견될 확률이 어떻게 변하는지에 대해서는 안(2003)을 참고하라.

[도표 2.15]의 히스토그램 바로 밑에 있는 그래프는 경도 데이터에 대한 상자그림이다. 이 상자그림으로부터, 아래쪽에 외딴점(outlier)으로 보이는 값이 하나 관찰되는 것을 제외하면, 데이터가 전체적으로 대칭적인 분포를 하는 것처럼 보인다.

[도표 2.16]은 경도 데이터에 대한 측정집단별 상자그림이다. 이로부터 우리는 다음과 같은 관찰을 할 수 있다:

- 각 측정집단에 외딴점이 보이지 않는다. 따라서 각 측정집단의 인접값들은 최소값과 최대값이다.
- 다른 집단에 비해 두 번째 측정집단의 중위수가 조금 작다.
- 상자의 길이(즉 데이터의 50%에 해당하는 가운데 토막)가 비슷하므로 각 측정집단의 변동이 비슷하다.
- 다섯 번째 측정집단은 약간 꼬리를 왼쪽으로 뻗고 있다.

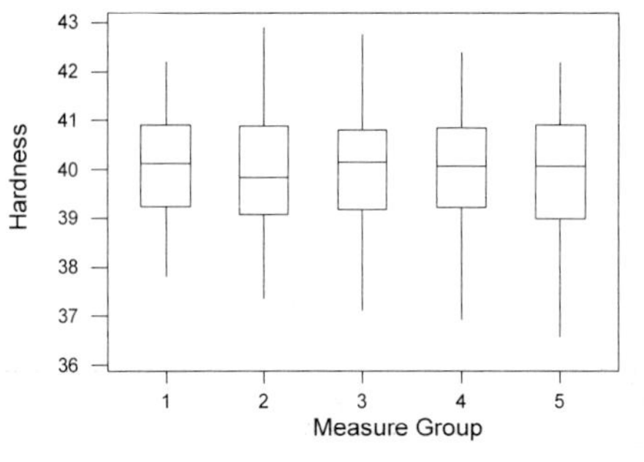


```
# Graph > Boxplot
MTB > Boxplot 'hardness'*'subg'

# Alternative 1
MTB > Boxplot 'hardness';
SUBC>    Panel 'subg';
SUBC>      Rc 1 5. # 행,열의 수

# Alternative 2
MTB > Boxplot 'measure1'- &
               'measure5';
SUBC>    Panel;
SUBC>      Rc 1 5.
```

[도표 2.16] 측정집단별 상자그림: 경도 데이터

2.2.3 품질데이터의 이론적 분포

우리는 지금까지 품질특성에 대한 표본데이터의 분포 즉 표본분포(sample distribution)를 그래프나 수치로 표현하는 방법을 다루었다. 그런데 우리가 실제로 관심을 가지고 있는 것은 모집단 데이터의 분포 즉 모분포(population distribution)이다. 그런데 표본은 모집단에서 랜덤하게 선택된 변수의 값들로 이루어진다. 이런 맥락에서 표본은 랜덤표본(random sample)이 되고, 변수는 랜덤변수(random variable, 확률변수)가 된다. 모분포는 흔히 확률분포(probability distribution)라고 불리는데, 이는 모분포가 표본 데이터의 확률모형이 되기 때문이다—즉 확률분포는 랜덤변수의 값을 모집단에서 그 값의 발생확률과 관련짓는 한 수학적 모형이다. 따라서 우리는 확률분포를 랜덤변수의 분포라고 부를 수 있다.

확률분포는 랜덤변수의 치역(range)에 걸쳐서 확률이 어떻게 분포되어 있는지를 나타낸다. 우리는 랜덤변수의 확률분포를 논리적으로, 경험적으로, 또는 주관적으로 확정할 수 있다. 랜덤변수는 그 치역의 특성에 따라 이산형(discrete)과 연속형(continuous)으로 나누어진다. 이산형 랜덤변수는 치역이 유한(finite)하거나 가산적(countable)이며, 연속형 랜덤변수는 치역이 불가산적(uncountable)이다.

이산형 랜덤변수와 연속형 랜덤변수는 확률분포를 기술하는 수단이 서로 다르다. 데이터 분포를 기술할 때와 마찬가지로 우리는 흔히 이산형 확률분포의 확률함수(probability function)는 막대그래프 형태로, 그리고 연속형 확률분포의 밀도함수(density function)는 밀도곡선 형태로 나타낸다.

우리는 이 소절에서 통계적 공정관리나 합격판정 샘플링에서 널리 사용되는 확률분포들을 소개할 것이다. 신뢰성 분석에서 사용되는 확률분포들은 12장에서 소개될 것이다. 확률분포 모형에 대한 논의는 Johnson & Kotz(2000)를 참고하라.

이산 분포들

먼저 베르누이 시행(Bernoulli trial)을 정의하자. 베르누이 시행이란 시행 결과가 둘 뿐이다—하나는 성공이라 불리고 다른 하나는 실패라 불리는. 많은 이산분포 모형들은 성공 확률 p가 일정한 베르누이 시행을 되풀이 시행하는 여러 상황과 관련된다.

(1) 베르누이(Bernoulli) 분포 $X \sim BER(p) \equiv B(1, p)$

- 한 번의 베르누이 시행(성공확률 p)에서 성공의 횟수
- 확률함수 $p(x) = p^x (1-p)^{1-x}$, $x = 0, 1$
- 기대치와 분산 $E[X] = p$; $V[X] = p(1-p)$

(2) 초기하(hypergeometric) 분포 $X \sim HG(n, N, D)$

- 확률함수

$$p(x) = \frac{\binom{D}{x}\binom{N-D}{n-x}}{\binom{N}{n}}, \quad x = \max\{0, n-(N-D)\}, 1, 2, \cdots, \min\{n, D\}$$

- 기대치와 분산 $E[X] = \frac{nD}{N}$; $V[X] = \frac{nD}{N}\left(1-\frac{D}{N}\right)\left(\frac{N-n}{N-1}\right)$

(3) 이항(binomial) 분포 $X \sim B(n, p)$

- n 번의 베르누이 시행(성공확률 p)에서 성공의 횟수
- 확률함수 $p(x) = \binom{n}{x} p^x (1-p)^{n-x}$, $x = 0, 1, 2, \cdots, n$
- 기대치와 분산 $E[X] = np$; $V[X] = np(1-p)$

(4) 프아송(Poisson) 분포 $Y \sim POI(\lambda)$

- 확률함수 $p(x) = e^{-\lambda}\dfrac{\lambda^x}{x!}$, $x = 0, 1, \cdots,$
- 기대치와 분산 $E[X] = \lambda$; $V[X] = \lambda$

(5) 음이항(negative binomial) 분포

① 음이항분포의 한 형태는 되풀이되는 베르누이 시행(성공확률 p)에서 s 번째 성공까지의 시행횟수—여기서 s는 정수일 필요가 없다—를 나타낸다: $X \sim NB_t(s, p)$. 이 때

- 확률함수 $p(x) = \binom{x-1}{s-1} p^s (1-p)^{x-s}$, $x = s, s+1, s+2, \cdots$
- 기대치와 분산 $E[X] = \dfrac{s}{p}$; $V[X] = \dfrac{s}{p^2}$
- 음이항분포의 다른 이름은 이항대기시간 분포(binomial wating time distribution)와 극한 Pólya 분포이다. s가 정수일 때 음이항분포는 파스칼(Pascal) 분포라고도 불린다. 특히 s가 1일 때 음이항분포는 기하분포가 된다.

② 음이항분포의 다른 한 형태는 되풀이되는 베르누이 시행(성공확률 p)에서 s번째 성공까지의 실패횟수—여기서 s는 정수일 필요가 없다—를 나타낸다: $Y \sim NB_f(s, p)$. 이 때

- 확률함수 $p(y) = \binom{s+y-1}{s-1} p^s (1-p)^y$, $y = 0, 1, 2, \cdots$
- 기대치와 분산 $E[Y] = s\dfrac{1-p}{p}$; $V[Y] = s\dfrac{1-p}{p^2}$
- 음이항분포는 과산포된(overdispersed) 프아송 분포로 간주될 수 있다: $\lim_{s \to \infty} NB_f\left(s, \dfrac{s}{\lambda + s}\right) \equiv POI(\lambda)$. 따라서 음이항분포는 분산이 기대치를 초과하는 양의 무계(unbounded positive) 이산형 데이터에 대해 프아송 분포의 한 강건한 대안이 된다.

(6) 기하(geometric) 분포

① 기하분포의 한 형태는 되풀이되는 베르누이 시행(성공확률 p)에서 첫 성공 때까지의 시행횟수를 나타낸다: $X \sim GEO_t(p)$. 이 때

- 확률함수 $p(x) = p(1-p)^{x-1}$, $x = 1, 2, \ldots$

- 기대치와 분산 $E[X] = \frac{1}{p}$, $V[X] = \frac{1}{p^2}$

② 기하분포의 다른 한 형태는 되풀이되는 베르누이 시행(성공확률 p)에서 첫 성공 때까지의 실패횟수를 나타낸다: $Y \sim GEO_f(p)$. 이 때

- 확률함수 $p(y) = p(1-p)^y$, $y = 0, 1, 2, \cdots$
- 기대치와 분산 $E[Y] = \frac{1-p}{p}$, $V[Y] = \frac{1-p}{p^2}$
- s개의 서로독립인 $GEO(p)$ 랜덤변수들의 합은 $NB(s, p)$를 따른다.

(7) 이산균일(discrete uniform) 분포 $X \sim DU(1, N)$

- 확률함수 $p(x) = \frac{1}{N}$, $x = 1, 2, \cdots, N$
- 기대치와 분산 $E[X] = \frac{N+1}{2}$, $V[X] = \frac{N^2-1}{12}$

연속 분포들

(1) 균일(Uniform) 분포 $X \sim U(\alpha, \beta)$

- 밀도함수 $f(x; \alpha, \beta) = \frac{1}{\beta - \alpha}$, $\alpha < x < \beta$, $\alpha < \beta$
- 분포함수 $F(x; \alpha, \beta) = \frac{x - \alpha}{\beta - \alpha}$, $\alpha < x < \beta$

(2) 정규(normal) 분포 $X \sim N(\mu, \sigma^2)$, μ: 위치모수, σ: 척도모수

- 밀도함수 $f(x; \mu, \sigma) = \frac{1}{\sqrt{2\pi}\,\sigma} e^{-(x-\mu)^2/2}$, $-\infty < x < \infty$
- 분포함수 $F(x; \mu, \sigma) = \Phi\left(\frac{x-\mu}{\sigma}\right)$,

  여기서 $\Phi(z)$는 표준정규분포 $N(0, 1)$의 분포함수를 나타낸다:

$$\Phi(z) = \int_{-\infty}^{z} \frac{1}{\sqrt{2\pi}} e^{-z^2/2} dz$$

- 기대치와 분산 $E[X] = \mu$; $V[X] = \sigma^2$
- 정규분포는 선형결합에 닫혀 있다: 즉 서로 독립인 정규랜덤변수들의 선형결합도 정규랜덤변수이다.

(3) 베타(Beta) 분포 $X \sim BETA(\alpha, \beta)$, $\alpha(>0), \beta(>0)$: 형상모수

- 밀도함수 $f(x;\alpha,\beta) = \dfrac{1}{B(\alpha,\beta)} x^{\alpha-1}(1-x)^{\beta-1}, 0 \leqq x \leqq 1,$

여기서 $B(\alpha,\beta)$는 베타함수를 나타낸다.

- 분포함수 $F(x;\alpha,\beta) = \dfrac{B_x(\alpha,\beta)}{B(\alpha,\beta)} = I_x(\alpha,\beta),$

여기서 $B_x(\alpha,\beta) = \int_0^x y^{\alpha-1}(1-y)^{\beta-1}dy$는 불완전 베타함수(incomplete beta function)를 나타내고, $I_x(\alpha,\beta)$는 정규화된 베타함수(regularized beta function)를 나타낸다.

- 기대치와 분산 $E[X] = \dfrac{\alpha}{\alpha+\beta}$; $V[X] = \dfrac{\alpha\beta(\alpha+\beta)^{-2}}{\alpha+\beta+1}$
- 최빈수 $\breve{x} = \dfrac{\alpha-1}{\alpha+\beta-2}, \alpha > , \beta > 1$

□ 수명분포 모형들

(4) 지수(exponential) 분포 $X \sim EXP(\beta)$, β: 척도모수

- 밀도함수 $f(x;\beta) = \dfrac{1}{\beta}\exp\{-x/\beta\}, x > 0, \beta > 0$
- 분포함수 $F(x;\beta) = 1 - \exp\{-x/\beta\},\ x > 0$
- 기대치와 분산 $E[X] = \beta$; $V[X] = \beta^2$
- 폐포성(closure property): 서로 독립인 지수 랜덤변수들의 최소값은 지수분포를 따른다.

(5) 감마(Gamma) 분포 $X \sim GAM(\alpha, \beta)$, α: 형상모수, β: 척도모수

- 밀도함수 $f(x) = \dfrac{x^{\alpha-1}e^{-x/\beta}}{\Gamma(\alpha)\beta^{\alpha}},\ x > 0,\ \alpha > 0,\ \beta > 0$
- 기대치와 분산 $E[X] = \alpha\beta$; $V[X] = \alpha\beta^2$
- $GAM(1,\beta) = \mathrm{EXP}(\beta)$
- $GAM(\nu/2, 2) = \chi^2(\nu)$: ν 차원 공간상에 있는 한 목표—각 좌표축의 오차는 표준정규분포를 따른다—를 때릴 때 수반되는 오차의 분포모형
- $X \sim GAM(\alpha,\beta)$일 때, $rX \sim GAM(\alpha, r\beta)$.

  특히 $X \sim GAM(\nu/2, \beta)$일 때, $2X/\beta \sim GAM(\nu/2, 2) \sim \chi^2(\nu)$.

(6) 극단값 분포 – 제1종(extreme value distribution – Type 1)

- $X \sim XV(\nu, \beta)$, ν: 위치모수, β: 척도모수
- 밀도함수 $f(x) = \dfrac{1}{\beta} e^{(x-\nu)/\beta} \exp\{-e^{(x-\nu)/\beta}\}$
- 분포함수 $F(x) = 1 - \exp\{-e^{(x-\nu)/\beta)}\}, \ -\infty < x < \infty$
- 기대치와 분산

$$E[X] = \nu - \gamma\beta = \nu - 0.57722\beta\ ;\ V[X] = \frac{1}{6}\pi^2\beta^2 = 1.64493\beta^2$$

(여기서 γ는 오일러 상수를 나타낸다.)

- 여기서 정의된 극단값 분포는 동일한 분포를 따르는 많은 "상하한이 없는" 랜덤변수들의 최소값의 극한분포로서 Gumbel 분포라고도 불린다.
- 표준 극단값 분포($\nu=0$, $\beta=1$)의 밀도함수 $f(x) = e^x \exp\{-e^x\}$
- $Y = \exp[(X-\nu)/\beta] \sim EXP(1)$

(7) 와이블(Weibull) 분포 $X \sim WEI(\alpha, \beta)$, α: 형상모수, β: 척도모수

- 밀도함수 $f(x) = \dfrac{\alpha}{\beta}\left(\dfrac{x}{\beta}\right)^{\alpha-1} \exp\{-(x/\beta)^\alpha\}, \ x > 0, \ \alpha > 0, \ \beta > 0$
- 분포함수 $F(x) = 1 - \exp\{-(x/\beta)^\alpha\}, \ x > 0$
- 기대치와 분산

$$E[X] = \beta\Gamma\left(1 + \frac{1}{\alpha}\right);\ V[X] = \beta^2\left[\Gamma\left(1 + \frac{2}{\alpha}\right) - \Gamma\left(1 + \frac{1}{\alpha}\right)^2\right]$$

- 와이블 분포도 극단값 분포의 한 형태이다. 즉 와이블 분포는 동일한 분포를 따르는 많은 "하한이 있는" 랜덤변수들의 최소값의 극한분포이다. 따라서 와이블 분포는 "가장 약한 고리" 모형이 적절한 개체의 수명분포로 흔히 사용된다.
- 와이블 랜덤변수의 자연로그는 극단값 랜덤변수이다: $X \sim WEI(\alpha, \beta)$이면, $\log X \sim XV(1/\alpha, \ln\beta)$.
- $WEI(1, \beta) = EXP(1/\beta)$
- $WEI(2, \beta)$는 Rayleigh 분포라고 불린다. 레일리이 분포는 x 좌표와 y 좌표의 오차들이 서로 독립이고 평균이 0이고 동일한 표준편차를 가지는 정규분포들 일 때 반경 오차(radial errors)의 크기의 이론적 분포가 된다. 레일리이 분포의 변동계수는 다음과 같이 주어진다:

$$CV = \sqrt{(4-\pi)/\pi} = 0.522723\,.$$

(8) (2-모수) 로그정규(lognormal) 분포 $X \sim LN(\mu, \sigma^2)$, μ: 위치모수, σ^2: 척도모수

- 밀도함수 $f(x) = \dfrac{e^{-(\log x - \mu)^2/(2\sigma^2)}}{x\sqrt{2\pi}\,\sigma}$, $x \geqq \mu;\ \sigma > 0$
- 기대치와 분산 $E[X] = e^{\mu} e^{\sigma^2/2}$; $V[X] = e^{2\mu} e^{\sigma^2}(e^{\sigma^2} - 1)$
- 중위수 $\tilde{x} = e^{\mu}$
- 최빈수 $\breve{x} = e^{-\sigma^2}$
- $Y = \log X \sim N(\mu, \sigma^2)$
- 로그의 밑으로는 e나 10이 사용된다.

(9) 로지스틱(logistic) 분포 $X \sim LOGI(\alpha, \beta)$, α: 위치모수, β: 척도모수

- 밀도함수 $f(x) = \dfrac{e^{-(x-\alpha)/\beta}}{\beta[1 + e^{-(x-\alpha)/\beta}]^2}$
- 기대치와 분산 $E[X] = \alpha$; $V[X] = \beta^2 \dfrac{\pi^2}{3}$

(10) 로그로지스틱 분포 $X \sim LLOGI(\alpha, \beta)$, α: 위치모수, β: 척도모수

- 밀도함수 $f(x) = \dfrac{e^{-(\ln x-\alpha)/\beta}}{\beta[1 + e^{-(\ln x-\alpha)/\beta}]^2}$
- 기대치와 분산 $E[X] = e^{\alpha}\Gamma(1+\beta)\Gamma(1-\beta)$;

  $V[X] = e^{2\alpha}\Gamma(1+2\beta)\Gamma(1-2\beta) - \Gamma^2(1+\beta)\Gamma^2(1-\beta)$

(11) 파레토(Pareto) 분포 $X \sim PAR(k, \alpha)$

- 밀도함수 $f(x) = \dfrac{\alpha k^{\alpha}}{x^{\alpha+1}} \exp\{-(x/\beta)^{\alpha}\}$, $x \geqq k > 0,\ \alpha > 0$
- 분포함수 $F(x) = 1 - \left(\dfrac{k}{x}\right)^{\alpha}$, $x \geq k > 0$

(12) 세-모수 역 가우스(inverse Gausssian) 분포 $X \sim IG(\mu, \lambda, \theta)$

- 척도모수 $\lambda > 0$, 위치모수 $\delta > 0$, 문턱모수 $0 < \theta < \infty$
- 밀도함수 $f(x) = \left(\dfrac{\lambda}{2\pi(x-\theta)^3}\right)^{1/2} \exp\left(-\dfrac{\lambda(x-\theta-\delta)^2}{2\delta^2(x-\theta)}\right)$, $x > \theta$.
- 기대치와 분산: $E[X] = \delta + \theta$; $V[X] = \delta^3/\lambda$
- 두-모수 역 가우스 분포는 문턱모수가 θ=0인 경우로서, 이 분포는

Wald 분포라고도 불린다.

□ 표집분포 모형들

(13) χ^2–분포 $X \sim \chi^2(\nu)$

- 밀도함수 $f(x) = \dfrac{1}{2^{\nu/2}\Gamma(\nu/2)} x^{(\nu-2)/2} e^{-x/2}, \ x > 0$
- 기대치와 분산 $E[X] = \nu$; $V[X] = 2\nu$
- $\chi^2(2) = \mathrm{EXP}(2)$
- 서로 독립인 표준정규 랜덤변수들 k 개의 합은 $\chi^2(k)$를 따른다.

(14) t–분포 $X \sim t(\nu)$

- 밀도함수

$$f(x) = \frac{1}{\sqrt{\pi\nu}} \frac{\Gamma([\nu+1]/2)}{\Gamma(\nu/2)} (1 + x^2/\nu)^{-(\nu+1)/2}, \ -\infty < x < \infty$$

- 기대치와 분산 $E[X] = 0, \ \nu > 1$; $V[X] = \nu(\nu-1), \ \nu > 2$

(15) F–분포 $X \sim F(\nu_1, \nu_2)$

- 밀도함수 $f(x) = \dfrac{\Gamma([\nu_1+\nu_2]/2)\nu_1^{\nu_1/2}\nu_2^{\nu_2/2}}{\Gamma(\nu_1/2)\Gamma(\nu_2/2)} \cdot \dfrac{x^{n_1/2-1}}{(\nu_2+\nu_1 x)^{(\nu_1+\nu_2)/2}}, \ x > 0$
- 기대치 $E[X] = \nu_2/(\nu_2 - 2)$

왜도–첨도 공간상의 확률분포들의 위치

[도표 2.17]은 (왜도, 첨도) 공간에서 여러 분포들의 위치를 나타내고 있다.

- 균일분포는 (α_3, α_4) 좌표가 (0, −1), 정규분포는 (0, 0), 지수분포는 (4, 6)이다.
- 로그정규분포는 (α_3, α_4) 좌표가 정규분포점 (0, 0)으로부터 (4, 8) 점을 지나는 직선—로그정규분포선—위에 존재한다.
- 감마분포는 (α_3, α_4) 좌표가 정규분포점 (0, 0)으로부터 지수분포점 (4, 6)을 잇는 직선—감마분포선—상에 존재한다.
- 감마분포선 위쪽은 언덕모양의 분포들(즉 단봉 분포들)이 온다.
- (0, −2)점으로부터 (4, 2)점을 잇는 직선—불가능선—의 아래 부분에는 어떤 확률분포도 올 수 없다.
- 베타분포의 (α_3, α_4) 좌표 영역은 감마분포선과 불사능선 사이의 모든 영역이다.

- 균일분포점 (0, −1)으로부터 지수분포점(4, 6)을 잇는 직선—균일-지수분포선—과 (0, −2) 점과 (4, 2) 점을 잇는 직선—J 분포선—사이에는 J자 모양의 분포들이 온다.
- J 분포선과 불가능선 사이에는 U자 모양의 분포들(즉 쌍봉 분포들)이 온다.

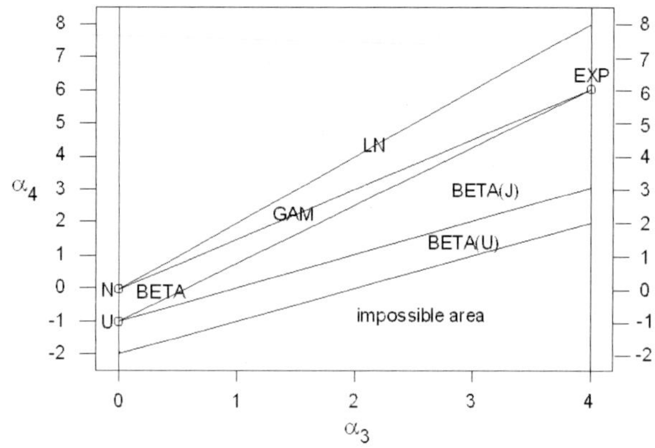

[도표 2.17] (α_3, α_4) 공간상의 분포들의 위치

확률분포들간의 근사적 관계

SQC에서 자주 사용되는 초기하분포, 이항분포, 프아송 분포, 그리고 정규분포 간의 근사적 관계는 [도표 2.18]로 요약될 수 있다.

- $X \sim B(n, p) \dot{\sim} N(np, np(1-p))$; $P = X/n \dot{\sim} N(p, p(1-p)/n)$

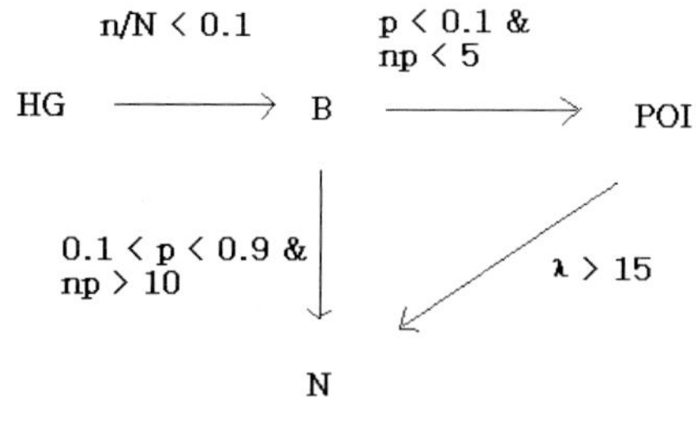

[도표 2.18] 확률분포들간의 근사적 관계

2.2.4 품질데이터와 이론적 분포의 비교: 확률도

많은 품질공학 문제들에서 분석가는 그 문제들에 내재하는 확률분포들을 알지 못한다. 확률도는 한 모집단을 기술하는 확률분포를 선택하는데 도움을 주

는—그리고 더 나아가 모수를 추정하는데 도움을 주는—시각적 도구이다.

- 확률도로부터 모수 추정
- 적합도 검정

(1) 확률도의 원리

순서화된 데이터 $x_{(1)}, \cdots, x_{(n)}$를 고려하자. 이 데이터가 어떤 이론적인 분포, 예컨대 정규분포 $N(\mu, \sigma^2)$, 로부터 랜덤하게 뽑힌 것이라면, 이 데이터로부터 얻어진 경험적 분포함수(empirical distribution function, EDF) 또는 층계함수 오자이브(step-function ogive)는 이론적 분포함수와 비슷한 양상을 보일 것이다. 즉 이론적 백분위수와 경험적 백분위수 또는 이론적 백분위(percentile rank)와 경험적 백분위는 서로 유사한 값을 가지게 될 것이다. 바로 이런 점에 착안해서 확률도(probability plot)를 작성하여 데이터와 확률모형을 비교할 수 있다.

- **Q-Q 확률도**(quantile-quantile probability plot). 이론적 백분위수와 경험적 백분위수의 산점도이다.
- **P-P 확률도**(percentage-percentage probability plot). 이론적 백분위와 경험적 백분위의 산점도이다.
- **밀도 확률도**(density probability plot, DP plot). 이론적 밀도와 경험적 분위수의 산점도이다.

여기서는 Q-Q 확률도에 대해서만 언급할 것이다. 확률도에 대한 상세한 논의는 안(2010)을 참고하라.

(2) 타점 위치

순서화된 데이터 $x_{(1)}, \cdots, x_{(n)}$에서 $x_{(i)}$까지의 (경험적) 누적확률 p_i는 다음과 같이 정의된다:

$$p_i = i/n. \tag{2.2.1}$$

확률도에서 p_i는 타점위치(plotting positions)라 불린다. 그런데 i/n은 $(-\infty, \infty)$를 치역으로 가지는 분포에 대해서 가장 큰 값을 타점할 수 없기 때문에 타점위치로는 바람직하지 않다. $(i-1)/n$도 가장 작은 값을 타점할 수 없으므로 타점위치로는 바람직하지 않다. 어떤 타점 위치가 적절한지는 확률도의 사용 용도와 비교하려는 분포 등에 좌우될 것이다. 주로 사용되는 타점위치는

Blom(1958)이 제안한바 다음과 같은 형태를 띤다:

$$p_i = \frac{i - \alpha}{n - 2\alpha + 1}, \tag{2.2.2}$$

여기서 α는 상수로서 대개 $0 \le \alpha \le 1$인 값이 사용된다. 이러한 타점위치는 모두 대칭성을 가진다.

※ Q-Q 확률도를 그려주는 미니탭의 Pplot 명령에서 제공하는 타점위치들

M Tools > Options > Individual Graphs > Probability Plot의 Method for Calculating Plot Points 항목에서 지정할 수 있다. 여기서 Y-축의 유형이나 그래프의 방향도 지정할 수 있다.

- Median rank(Benard) $p_i = \dfrac{i - 0.3}{n + 0.4}$: 이는 완전 데이터에 대한 미니탭의 기본 타점위치로서, 중위수 타점위치 $Median[F(x_{(i)})] = F(Median[x_{(i)}])$ 의 좋은 근사가 된다.
- Mean rank(Herd-Johnson) $p_i = \dfrac{i}{n + 1}$: 이는 Weibull 타점위치라고도 불린다.
- Modified Kaplan-Meier(Hazen) $p_i = \dfrac{i - 1/2}{n}$: 이는 중단 데이터(censored data, 14.2절 참조)에 대한 미니탭의 기본 타점위치이다.
- Kaplan-Meier $p_i = \dfrac{i}{n}$

그 밖에 정규성 검정과 정규확률도를 위한 Normtest 명령과 정규점수를 구해주는 Nscore 명령에서는 버전 12까지는 다음과 같은 Blom 타점위치를 사용하였으나 버전 14에서는 Pplot 명령에서와 동일한 타점위치를 사용한다:

- Blom $p_i = \dfrac{i - 3/8}{n + 1/4}$

(3) Q-Q 확률도

우리가 확률모형으로 고려하고 있는 이론적 분포함수를 F라 하고, 이론적 p_i 분위수를 q_i라 하면, q_i는 다음과 같이 주어진다:

$$q_i = F^{-1}(p_i). \tag{2.2.3}$$

물론 경험적 p_i 분위수는 $x_{(i)}$이다. 경험적 분위수 대 이론적 분위수의 산점도 즉, $(q_i,\ x_{(i)})$, $i = 1, \cdots, n$의 산점도는 Q-Q 확률도라 불린다. 만일 확률모형이 적절하다면 Q-Q 확률도는 원점을 지나는 기울기 1인 직선형태를 보여줄 것이다. 확률도는 확률지에 작성할 수도 있고 보통용지에 작성할 수도 있다.

※ 확률지를 만드는 원리에 대해 생각해 보자.

---

(4) 정규분포에 대한 Q-Q 확률도

▮ 정규분포의 모수가 주어져 있는 경우

만일 정규분포 $X \sim N(\mu, \sigma^2)$의 모수들인 μ와 σ^2가 주어져 있다면 이론적 p_i 분위수 q_i는 다음과 같이 주어진다:

$$q_i = F^{-1}(p_i), \tag{2.2.4}$$

여기서 F는 $N(\mu, \sigma^2)$의 분포함수이다. 따라서 Q-Q 확률도는 [도표 2.19]와 같이 $(q_i, x_{(i)})$들의 산점도로 나타난다.

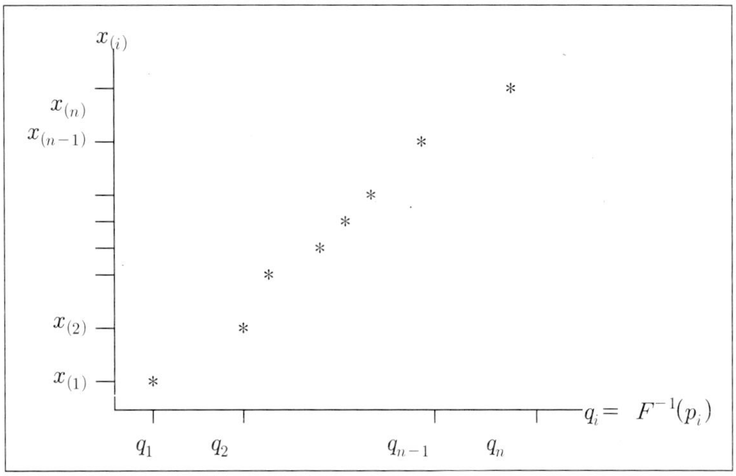

[도표 2.19] Q-Q 확률도

▮ 정규분포의 모수가 주어져 있지 않은 경우

□ 모수를 추정하여 Q-Q 확률도를 작성하는 방법

만일 정규분포의 모수 μ, σ^2가 주어져 있지 않다면 데이터로부터 모수를 추정하여 이용하는 것을 생각해 볼 수 있다. 즉, 이론적 p_i 분위수 q_i의 추정값 $\hat{q}_i$는 다음과 같이 주어진다:

$$\hat{q}_i = F^{-1}(p_i) \tag{2.2.5}$$

여기서 F는 $N(\hat{\mu}, \hat{\sigma}^2)$의 분포함수이다. 따라서 Q-Q 확률도는 $(\hat{q}_i,\ x_{(i)})$들의 산점도로 나타난다.

□ 정규확률도 작성

그러나 정규분포와 같이 위치-척도 분포족에 속하는 분포의 경우에는 모수를 추정하지 않고도 (간이) Q-Q 확률도를 그릴 수 있다. 구체적으로

$$q_i = F^{-1}(p_i) = \mu + \sigma\Phi^{-1}(p_i) = \mu + \sigma z_i \tag{2.2.6}$$

또는

$$z_i = \frac{1}{\sigma} q_i - \frac{\mu}{\sigma} \tag{2.2.7}$$

의 관계가 있으므로 $(q_i, x_{(i)})$의 산점도 대신에 $(z_i,\ x_{(i)})$의 산점도를 그리는 것이다. 여기서 Φ는 표준정규분포의 분포함수를 나타내며, $z_i = \Phi^{-1}(p_i)$는 표준정규분포의 p_i 분위수를 나타낸다. z_i는 흔히 $x_{(i)}$의 정규점수(normal score)라 불린다. 만일 정규분포가 적절한 확률모형이라면 이 산점도는 세로축과 μ에서 만나며 기울기 σ인 직선형태를 보여줄 것이다. 바로 이 산점도가 정규확률도(normal probability plot)이다. 참고로, 확률도를 작성할 때 무엇이 가로축에 오는가는 고정되어 있지 않으므로 축의 이름을 잘 살펴보아야 한다.

예제 2.4 한 화학반응에 사용되는 촉매의 수명(단위: 분)에 대한 10개의 관측들이 다음과 같이 얻어졌다: 1176, 1191, 1214, 1220, 1205, 1192, 1201, 1190, 1185. 이 촉매의 수명이 정규분포를 따른다고 할 수 있는 지 검토하여 보자. (이 촉매수명 데이터는 sqcdata₩catalyst.dat에 저장되어 있다.)

풀이 블롬 타점위치를 사용하여 정규점수를 구하는 과정과 이를 이용하여 작성된 정

규확률도가 [도표 2.20]과 [도표 2.21]에 제시되어 있다.

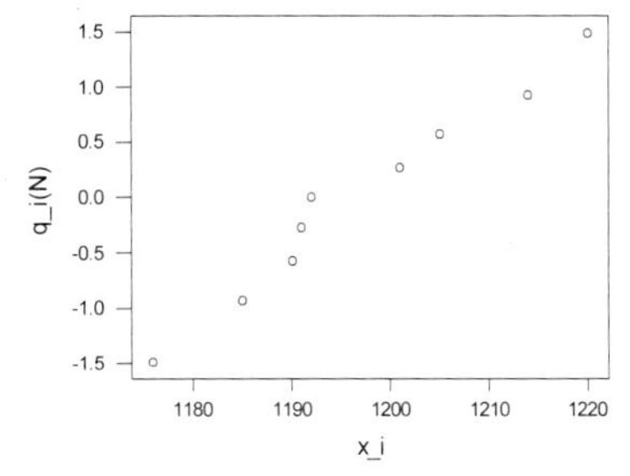


```
MTB > cd s:\sqcdata
MTB > read 'catalyst.dat' c1
MTB > name c1 'x_i' c2 'nscore_i'&
CONT> c3 '(i)' c4 'p_i' c5 'q_i(N)'
MTB > Let 'nscore_i' = NSCOR(x_i)
MTB > Plot 'nscore_i'*'x_i';
SUBC>   Symbol;
SUBC>     Type 1;
SUBC>     Color 2.
MTB > Rank 'x_i' '(i)'.
MTB > let 'p_i'=('(i)'-3/8)/(n('x_i')+1/4)
MTB > InvCDF 'p_i' 'q_i(N)';
SUBC>   Normal 0.0 1.0.
MTB >  Gsummary 'x_i';
SUBC>  Confidence 95.0.

MTB > Plot 'q_i(N)'*'x_i';
SUBC>   Symbol;
SUBC>     Type 1.
```

[도표 2.20] 정규확률도 : 촉매수명 데이터

[도표 2.21] 정규점수 계산과정: 촉매수명 데이터

x_i	(i)	p_i	q_i(N)	x_(i)	nscore_i
1176	1	0.067568	-1.49415	1176	-1.49513
1191	4	0.391892	-0.27439	1185	-0.27322
1214	8	0.824324	0.93197	1190	0.93004
1220	9	0.932432	1.49415	1191	1.49513
1205	7	0.716216	0.57164	1192	0.56961
1192	5	0.500000	0.00000	1201	0.00000
1201	6	0.608108	0.27439	1205	0.27322
1190	3	0.283784	-0.57164	1214	-0.56961
1185	2	0.175676	-0.93197	1220	-0.93004

[도표 2.22]는 미니탭의 Pplot 명령에 의한 정규확률도이다.

※ 평균과 표준편차에 대한 최우(ML) 추정값 1197.11과 13.3037은 어떻게 계산된 것인가?

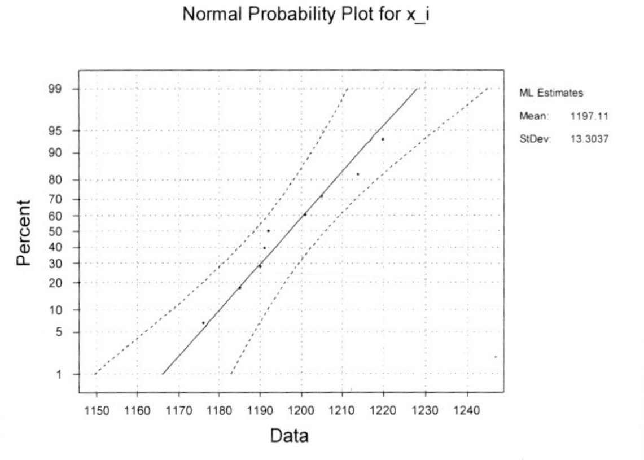


```
# Graph > Probability Plot
MTB > Pplot 'x_i';
SUBC>   Normal;
SUBC>   Allpts;
SUBC>   Ptiles 84.13;
SUBC>    Percent; # Default
SUBC>   Table;
SUBC>   Conf 95;
SUBC>   Ci.
```

[도표 2.22] 미니탭 Qqplot 명령에 의한 정규확률도: 촉매수명 데이터

[도표 2.23]은 미니탭의 Normtest 명령에 의한 정규확률도이다.

※ 평균과 표준편차에 대한 추정값 1197.11과 14.1107은 어떻게 계산된 것인가?

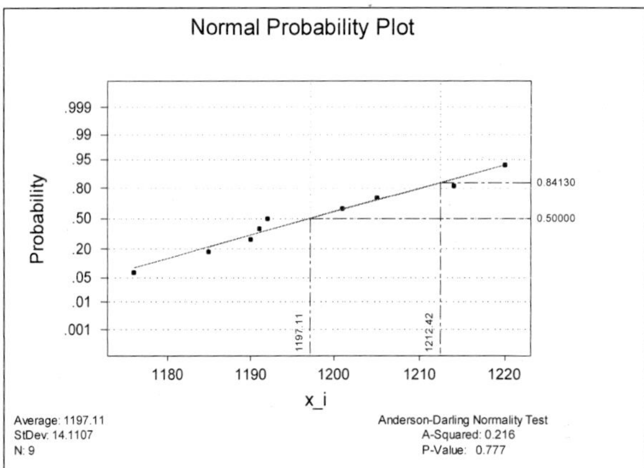


```
MTB > name c6 'prob'
MTB > set 'prob'
DATA> 0.5 0.8413
DATA> end

# Stat > Basic Statistics >
#        Normality test
MTB > Normtest 'x_i';
SUBC>   Ptiles 'prob';
SUBC>   Probability.
```

[도표 2.23] 미니탭 Normtest 명령에 의한 정규확률도: 촉매수명 데이터

이번에는 정규확률도로부터 평균과 표준편차를 구해보자. 정규확률도로부터 평균과 표준편차를 추정하는 방법은 두 가지로 나뉜다: 분위수를 이용하는 방법과 적합선을 이용하는 방법. 이런 방법은 기본적으로 정규점수를 구할 때 사용한 타점위치에 종속적이다. 우리의 타점위치는 미니탭의 기본 타점위치인 블

롬 타점위치이다.

- 분위수를 이용하는 방법에서 평균은 50 백분위수로, 표준편차는 84.13 백분위수와 50 백분위수의 차로 추정된다. 이 방법은 분위수를 구하는 방법에 따라 추정값이 달라지는 문제가 있다. 미니탭 방법을 사용하여 백분위수를 구하면 [도표 2.24]에서와 같이 평균은 1192.00으로, 표준편차는 24.4780으로 추정된다. ([도표 2.24]에서 %percentile은 미니탭 방법으로 백분위수를 구해주는 미니탭 매크로이다. 이 매크로는 sqcmacro₩qqplot₩percentile.mac으로 저장되어 있다.)

[도표 2.24] 정규확률도로부터 평균과 표준편차 추정 : 백분위수를 이용한 방법 – 촉매수명 데이터

```
MTB > cd s:\sqcmacro\qqplot
MTB > name c7 'perc_rank'
MTB > let 'perc_rank' = 100*'prob'
MTB > %percentile 'x_i' 'perc_rank' c8
MTB > name c8 'perc_tile' k1 'sigma_hat'
MTB > let 'sigma_hat' = 'perc_tile'(2) - 'perc_tile'(1)
MTB > print 'sigma_hat'
```

```
The 50.00th percentile is   1192.00000.
The 84.13th percentile is   1216.47800.

sigma_hat    24.4780
```

- 적합선을 이용하는 방법. 가로축을 경험적 분위수로, 세로축을 정규점수로 한 정규확률도에서 평균의 추정값은 절편이고, 표준편차의 추정값은 기울기이다. 이 방법은 적합기준에 따라 추정값이 달라지는 문제가 있다. 최소제곱기준을 사용하면 평균은 1197.11로, 표준편차는 14.8640으로 추정된다.

[도표 2.25] 정규확률도로부터 평균과 표준편차 추정: 적합선을 이용한 방법 – 촉매수명 데이터

```
# 저항성 직선
MTB > RLine 'x_i' 'nscore_i';
SUBC>   MaxIterations 10;
SUBC>   Brief 1.

Resistant Line Fit

Slope = 14.5297 Level = 1197.7237
Half-slope ratio =   3.143
```

```
# 최소제곱 회귀선
MTB > Regress 'x_i' 1 'nscore_i';
SUBC>   Constant;
SUBC>   Brief 2.

The regression equation is
x_i = 1197.11 + 14.8640 nscore_i

R-Sq = 97.1%     R-Sq(adj) = 96.7%
```

(5) 와이블 분포에 대한 확률도

와이블 분포 $X \sim W(\alpha, \beta)$의 이론적 p_i 분위수 q_i는 다음 관계로부터 구할 수 있다:

$$p_i = 1 - \exp\{-(q_i/\beta)^{\alpha}\}$$

$$\log(1 - p_i) = -(q_i/\beta)^{\alpha}$$

$$\log\{-\log(1 - p_i)\} = \alpha\log(q_i/\beta) = \alpha\log q_i - \alpha\log\beta$$

즉,

$$\log q_i = \log\beta + \frac{1}{\alpha} log\{-\log(1 - p_i)\}$$

또는

$$\log\{-\log(1 - p_i)\} = \alpha\log q_i - \alpha\log\beta$$

따라서, 표본데이터가 와이블분포를 따르는 경우 $(\log\{-\log(1 - p_i)\}, \log x_{(i)})$ 들의 산점도를 그리면 직선적인 경향선이 나타날 것이다. 우리는 이 경향선으로부터 다음과 같이 와이블분포의 형상모수 α와 척도모수 β를 추정해 낼 수도 있다: $\hat{\alpha} = 1/\text{기울기}$, $\hat{\beta} = e^{\text{절편}}$

예제 2.5 다음은 전압 데이터이다. 이 데이터를 와이블 확률지에 타점하여 분포의 적합성을 검토하고 형상모수와 척도모수를 추정하라. (이 데이터는 sqcdata₩voltage.dat에 저장되어 있다.)

79.4	80.0	86.7	87.9	87.9	87.9	88.5	89.7	89.7	90.9
91.5	92.7	92.7	92.7	93.3	95.2	97.0	97.6	98.2	101.2

풀이 미니탭의 Pplot 명령과 Weibull 부명령을 사용한 프로그램과 아웃풋이 [도표 2.26]과 [도표 2.27]에 전시되어 있다. 와이블 확률도 옆에 제시된 모수들의 최우추정값 19.0864와 93.5091은 어떻게 계산된 것인지 확인해 보자. 직접 와이블 확률도로부터 형상모수와 척도모수를 구하기 위한 프로그램과 결과가 [도표 2.28]에 전시되어 있다.

[도표 2.26] 미니탭 프로그램

```
MTB > cd s:\sqcdata
MTB > read 'voltage.dat' c1
MTB > name c1 'Kv_mm'
MTB > PPlot 'kv_mm';
SUBC>   Weibull;
SUBC>   Symbol;
SUBC>   FitD;
SUBC>   Grid 2;
SUBC>   Grid 1;
SUBC>   MGrid 1;
SUBC>   PTile 1 99.
```

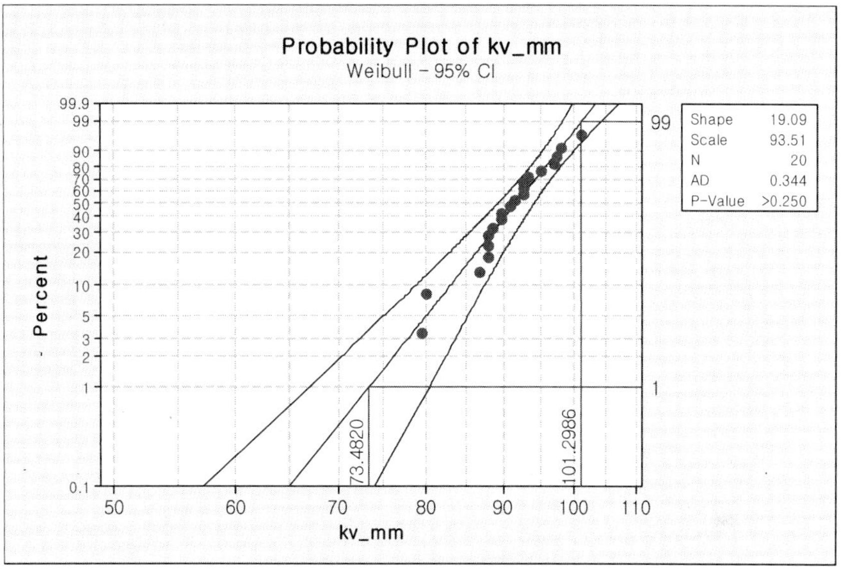

[도표 2.27] 와이블 확률도

[도표 2.28] 와이블 분포의 형상모수와 척도모수를 구하기 위한 프로그램

```
Data Display

K1      1.52718
K2      -4.60015
K3      4.61808
K4      4.29704
shape   19.0861
scale   93.5093
```

```
[형상모수 확인을 위한 프로그램]
MTB > let K1 = LOGE(-loge(1-0.99))
MTB > let K2 = LOGE(-loge(1-0.01))
MTB > let K3 = log(101.299)
MTB > let K4 = log(73.482)
MTB > name k5 'shape' k6 'shape'
MTB > let 'shape' = (k1-k2)/(k3-k4)
MTB > let 'scale' = expo(-k1/'shape' + k3)
MTB > print k1-k6
```

¶

| 과제 | 전압 데이터에 대해서, 직접 분위수를 구하여 와이블 확률도를 작성하라.

(6) 몇몇 분포들의 간이 Q-Q 확률도 작성을 위한 좌표들

[도표 2.29]는 몇몇 분포들의 간이 Q-Q 확률도 작성을 위한 좌표들을 보여주고 있다.

[도표 2.29] 몇몇 분포들의 간이 Q-Q 확률도 작성을 위한 좌표들

분 포	가로축 좌표	세로축 좌표
정규분포	$x_{(i)}$	$\Phi^{-1}(p_i)$
로그정규분포	$\ln(x_{(i)})$	$\Phi^{-1}(p_i)$
로지스틱 분포	$x_{(i)}$	$\ln\left(\frac{p_i}{1-p_i}\right)$
로그로지스틱 분포	$\ln(x_{(i)})$	$\ln\left(\frac{p_i}{1-p_i}\right)$
지수분포	$x_{(i)}$	$-\ln(1-p_i)$
극단값 분포	$x_{(i)}$	$\ln(-\ln(1-p_i))$
와이블 분포	$\ln(x_{(i)})$	$\ln(-\ln(1-p_i))$

(7) 이항확률지(binomial probability paper)

이항확률지는 Mosteller & Tukey(1949)에 의해 고안된 도구로서 지금까지 다루어온 확률지들과는 성격이 다르다. 이항확률지는 통계분석과 통계적 품질관리에서 여러 용도로 사용될 수 있다.

이항확률지에서 주어진 모형에 대응되는 모선(universe line)과 표본점과의 거리는 표준편차 단위로 측정될 수 있다. 이런 성질은 안정화된 p 관리도를 쉽게 작성할 수 있도록 해주며, 표준정규분포표를 이용하여 주어진 표본의 확률이나 P-값을 쉽게 구할 수 있도록 해주고, 또 신뢰구간을 쉽게 구할 수 있도록 해준다.

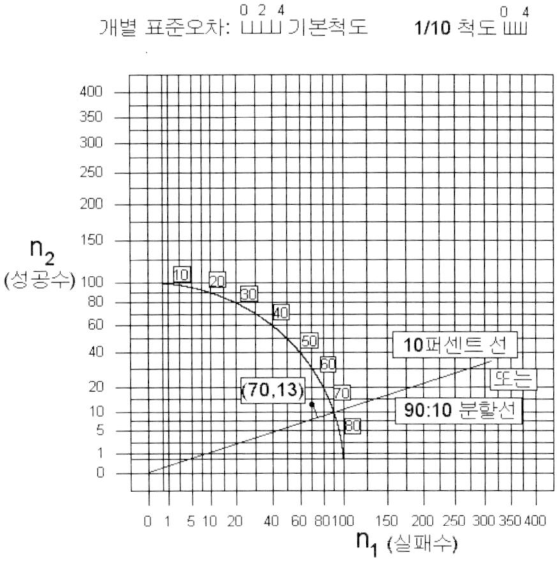

[도표 2.30] 이항확률지

이항확률지에서 성공확률 p' 에 대응되는 모선은 [도표 2.30]에서와 같이 원점을 지나는 직선이다. 이 때 각도는 $100(1-p')$, $100p'$ 분할(split)로 정해진다. [도표 2.30]은 $p'=0.1$인 모선 즉 10퍼센트 선을 나타내고 있다. ([도표 2.30]에서 원호 주변의 숫자는 세로축을 기준으로 잡았을 때의 각도를 나타내고 있다.)

표본 결과 (n_1, n_2)는 이항확률지 위에 같이 다음과 같은 세 점을 잇는 삼각형으로 타점된다: (n_1, n_2), (n_1+1, n_2), 그리고 (n_1, n_2+1). 만일 n_1 이나 n_2 가 크다면 1/10 척도로 타점될 수도 있다.

예제 2.6 불량률이 $p'=0.1$인 공정에서 뽑은 크기 $n=83$인 랜덤표본에서 불량품수가 13이었다. 동일한 크기의 랜덤표본에 불량품이 13개 이상 들어갈 확률을 구해보자. (이는 p' 이 0.1보다 증가했는지에 대한 유의확률(P-값)에 다름이 아니다.)

풀이 표본 결과 $n_1=70$, $n_2=13$에 대응되는 삼각형은 거의 한 점으로 타점된다: (70, 13). 이 표본점과 모선(10퍼센트 선)과의 거리(3mm)를 이항확률지 위에 제시된 기본척도(표준편차단위)로 환산하면 약 1.7이 된다. 즉 이 표본점은 모선으로부터 약 $1.7\sigma'$ 만큼 떨어져 있다. 우리는 표준정규분포표에서 이에 대응되는 확률이 0.0446임을 알 수 있다. ¶

참고 이항확률지의 통계적 원리는 다음과 같이 서술될 수 있다. $n = n_1 + n_2$, $\hat{p} = n_2 / n$로 나타내자. 그러면 라디안으로 표현된 각도 θ와 표본비율 $\hat{p}$는 다음과 같은 관계를 가진다.

$$\theta = \sin^{-1}\sqrt{\hat{p}} \overset{\cdot}{\sim} N\left(\sin^{-1}\sqrt{p'}\,,\ \frac{1}{4n}\right).$$

2.3 품질데이터 수집

통계적 품질관리는 품질 특성값들로 이루어진 데이터를 통해서 품질을 관리한다. 따라서 통계적 품질관리를 위하여 우리는 공정, 제품, 또는 원자재 등으로부터 데이터를 수집해야 한다. 데이터 수집법은 관찰연구를 위한 표집설계(sampling design)와 실험연구를 위한 실험설계(experimental design)로 나누어진다. 실험설계는 11장에서 소개하기로 하고, 이 절에서는 통계적 공정관리와 합격판정 샘플링에서 주로 사용되는 표집설계를 다룰 것이다.

2.3.1 표집설계의 단계

우리는 대개 다음과 같은 단계로 표집설계를 실시하게 된다:

⓪ 조사목적들을 구체화시킨다.
- 우리는 표집(sampling, 샘플링)의 기본적인 용도로서 공정 관리나 해석, 검사, 랏의 특성 파악 등을 들 수 있다.

① 목표 모집단(target population)과 기본 단위(개체)를 특정한다.
- 특정 연구를 위해 이론적으로 설정된 모집단을 목표 모집단이라 한다.

② 측정할 변수들을 특정하고, 측정도구를 준비한다.

③ 표집단위(sampling unit)를 선정한다.
- 실제로 표집이 이루어지는 단위 또는 개체를 표집단위라 한다.
- 다단표집에서는 최종단계의 표집단위 즉 조사가 이루어지는 모집단 단위와 중간단계의 표집단위가 서로 다르다.

④ 표집틀(sampling frame 또는 sampled population)을 확보한다.

- 우리가 실제로 표본을 뽑을 개체들의 목록을 표집틀이라 한다.
- 현실에서 표집틀이 목표모집단과 정확히 일치하기는 어렵다. 따라서 조사 결과를 해석할 때는 신중을 기해야 하며 이를 포함범위 문제(coverage problem)라 한다.
- 흔히 다단표집을 실시하는 중요한 이유가운데 하나는 목표모집단을 반영하는 표집틀을 구하기가 어렵기 때문이다.

⑤ 표본에 대한 통계적 설계와 분석방법을 특정한다.

- 가용한 자원(시간, 돈, 인력 등)과 요구되는 정밀도를 고려하여 표집법과 표본크기를 결정한다.

⑥ 표집 실시를 위한 세부사항을 정한다.

- 조사원 훈련 일정과 조사시기 등을 정하고, 조사 지침서를 마련한다.

2.3.2 표집 대상과 표집단위

표집단위를 결정할 때 고려해야 할 사항들로는 표집 목적, 표집 대상, 표집 비용(경제적 측면), 데이터 산포(통계적 측면), 기술적인 정보나 시험 방법(기술적 또는 공학적 측면) 등을 들 수 있다.

표집 대상은 크게 이산체(discrete materials), 연속체(continuous materials), 그리고 집합체(collective materials)로 분류될 수 있다. 이산체란 라디오, 타이어, 전구, 자동차 등 낱낱으로 이루어진 제품을 가리킨다. 연속체란 전선, 실, 압연 중인 철판 등 연속되어 있는 제품을 가리킨다. 끝으로, 집합체란 LPG, LNG, 석유, 황산 등과 같은 가스나 액체(gasses or liquids), 그리고 석탄, 코크스, 광석, 비료, 점토, 시멘트 등과 같은 분괴 혼합물(bulk materials)을 가리킨다. 물론 같은 대상이라도 포장 상태 등에 따라서 분류가 달라질 수 있다.

표집대상이 이산체인 경우에는 각 이산체가 표집단위가 될 수 있다. 연속체인 경우에는 시장(특정 길이)이나 시편(특정 면적이나 체적)이 표집단위가 될 수 있다. 그리고 집합체인 경우에는 한번에 취하는 분량이나 용기 즉 증분(increment, 인크레먼트)이 표집단위가 될 수 있다.

2.3.3 표집설계의 기본 원리들

우리는 표집설계의 기본 원리들로서 랜덤화, 층화, 그리고 군집화를 들 수 있다.

(1) 랜덤화(randomization)

개체들을 랜덤하게 선택함으로써 선택 편향(selection bias)을 줄일 수 있다.

(2) 층화(stratification)

조사하려는 변수의 입장에서 유사한 개체들끼리 집단화(층화)함으로써 표집 변동을 줄일 수 있다. 층화의 기준으로 사용되는 변수를 층화 변수(stratifying variable)라 부른다. 이렇게 형성된 각 부분집단을 층(stratum)이라고 하는데, 층내 변동은 최소화되고 층간 변동은 최대화되도록 층화하는 것이 바람직하다.

(3) 군집화(clustering)

개체들을 공간적 또는 시간적으로 묶어 줌으로써 조사비용을 줄일 수 있다. 이렇게 형성된 부분집단들을 군집(cluster) 또는 집락이라고 하는데, 군집간 변동은 최소화되고 군집내 변동은 최대화되도록 군집화하는 것이 바람직하다.

여기서 랜덤화는 연구목적을 효과적으로 달성하기 위해서 반드시 지켜야 할 근본적 원리라고 할 수 있고, 층화와 군집화는 연구목적을 효율적으로 달성하기 위해 필요한 선택적 원리라 할 수 있다.

2.3.4 기본적인 표집법들

표집법은 크게 확률표집(probability sampling)과 비확률표집(nonprobability sampling)으로 나누어진다.

(1) 확률표집

확률표집이란 어떤 표본이 가능한지, 그리고 가능한 각 표본이 선택될 확률이 얼마인지를 미리 알 수 있는 표집법을 말하며, 이런 방법으로 뽑힌 표본은 확률표본(probability sample)이라 불린다. 이런 확률표본은 모집단과 확률적인 연결고리를 가지고 있으며, 이를 통해서 모집단에 대한 통계적인 추론을 할 수 있는 것이다. 아래에 흔히 사용되는 기본적인 확률표집법들을 소개한다. 여기서 N은 모집단 크기를 나타내고, n은 표본크기를 나타낸다고 하자.

- **단순랜덤 표집**(simple random sampling)
  단순랜덤 표집은 크기 n인 모든 표본이 표본으로 선택될 수 있으며, 이들 각각이 표본으로 선택될 확률이 동일한 표집법이다. 이 때 각 개체가 표본에 들어갈 확률은 동일하게 n/N이 된다. 이 방법은 개념적으로는 단순하지만 표집틀을 구하거나 측정값을 얻는데 어려움이 따를 수 있다. 단순랜덤표집에 의해 뽑힌 표본은 단순랜덤표본(simple random sample, SRS)라 불린다.

- **계통 표집**(systematic random sampling)

  계통 표집이란 표집틀에 어떤 자연스런 순서—예컨대, 공간적인 순서나 시간적인 순서—가 존재할 때 일정한 간격으로 표집을 해나가는 방법이다. 이 때 각 개체가 표본에 들어갈 확률은 단순랜덤 표집에서와 같이 n/N이 되지만, 크기 n인 모든 표본이 표본으로 선택될 수 있는 것은 아니다. 이 방법은 실시하기가 간편하다는 이점이 있지만 표집틀의 순서에 어떤 주기성이 나타난다면 편향된 표본이 선택될 수 있다는 점에 주의해야 한다.

- **층화 표집**(stratified random sampling)

  층화 표집을 실시하려면 일단 모집단을 종속변수의 입장에서 유사한 개체들끼리 묶어서 부분집단들—즉 층들(strata)—로 분할해야한다. 층화 표집이란 각 층으로부터 단순랜덤표본이나 계통표본을 뽑아서 표본을 형성하는 표집법이다. 이렇게 함으로써 표집변동을 줄일 수 있고 보다 정밀한 추론을 할 수 있게 된다.

- **군집 표집**(cluster sampling)

  군집(또는 집락) 표집을 실시하려면 일단 모집단을 각 부분집단이 유사해지도록 부분집단들—즉 군집들(clusters)—로 분할해야 한다. 군집표집이란 군집들의 목록으로부터 군집들을 랜덤하게 선택한 후 선택된 각 군집의 모든 개체들로 표본을 형성하는 표집법이다.

- **다단 표집**(multistage sampling)

  다단 표집이란 군집 표집을 세련화한 것이다. 위에서 설명한 군집 표집에서는 선택된 군집의 모든 개체들로 표본을 형성하였다. 그런데 1차 군집내에서 하위 군집들—이를 2차 군집이라고 부를 수 있다—이 존재한다면, 우리는 선택된 1차 군집내에서 2차 군집들의 일부를 랜덤하게 선택한 후, 이렇게 선택된 2차 군집들의 모든 개체들로 표본을 형성할 수 있을 것이다. 이를 2단 표집이라 부른다. 이런 과정을 일반화한 것이 다단표집이다.

- **순차적 표집**(sequential sampling)

  순차적 표집이란 표본 크기를 미리 정하지 않고 어떤 기준이 만족될 때까지 표집을 계속해 나가는 표집법이다. 이는 통계적 품질관리 등에서 널리 쓰이는 방법이다.

(2) 비확률 표집

확률 표집이 아닌 모든 표집법들은 비확률표집이라 할 수 있는데 이런 비확률 표집은 통계적으로 설계된 표집법이 아니므로 사용을 피해야 한다. 때로 이런 비확률 표집이 사용되기도 하는데 이렇게 얻어진 표본과 모집단을 확률적으로 연결시킬 수 있는 방법이 (적어도 아직까지는) 없으므로 통계적 추론이 가능하지 않다. 비확률 표집으로는 다음과 같은 표집법들을 열거할 수 있다.

- **편이 표집**(convenience or accidental sampling)
  편이 표집이란 쉽게 접할 수 있는 개체들을 표본으로 선택하는 표집법이다.
- **판단 또는 목적 표집**(judgement or purposive sampling)
  조사자가 주관적으로 판단하여 표본을 선택하는 표집법이다. 아래에 열거하는 할당 표집과 전형 표집은 이 범주에 들어간다.
- **할당 표집**(quota sampling)
  할당 표집은 모집단을 층화한다는 점에서 층화 표집과 같다. 그러나 층화 표집은 각 층에서 주어진 크기의 표본을 랜덤하게 뽑는 반면에, 할당 표집은 층별로 표본크기를 할당하고 개체 선택은 조사자에게 일임한다.
- **전형 표집**(representative sampling)
  전형 표집이란 모집단을 잘 대표하리라고 판단되는 개체들을 표본으로 선택하는 표집법이다.

2.3.5 데이터 수집과 관련된 오차

데이터 수집과정은 흔히 오차들을 수반한다. 우리는 이런 오차들을 표집오차(sampling error)와 비표집오차(nonsampling error)로 나누어 볼 수 있다.

(1) 표집오차

표집오차란 모집단에서 표본을 뽑는 행위에 의해 초래되는 오차이다. 표집오차는 다시 랜덤 표집오차(random sampling error)와 비랜덤 표집오차(nonrandom sampling error)로 나누어 볼 수 있다.

- **랜덤 표집오차**
  랜덤 표집오차란 랜덤 표본을 선택하는 과정에서 우연(chance)에 의해 초래되는 오차이다. 이 오차의 통계적 양상 즉 표집분포를 파악하는 것이 통계적 추론의 시발점이 된다.

▪ **비랜덤 표집오차**

비랜덤 표집오차는 편향된 표집법을 사용하거나 모집단과 다른 표집틀(sampling frame)을 사용하는 것과 같은 부적절한 표집에 의해 초래된다. 이런 오차는 통계 외적인 문제이므로 여기서는 더 이상 다루지 않을 것이다.

(2) 비표집오차

비표집오차란 모집단에서 표본을 뽑는 행위와 관련되지 않는 오차로서, 총조사(census)와 같은 전수조사에서도 존재할 수 있다. 비표집오차는 대개 인간의 행동특성에 기인한다. 여기서는 기록을 위해 다섯 가지 비표집 오차에 대해 언급할 것이다.

- **측정 오차**(measurement error): 측정계기의 부정확이나 측정기술 부족 등으로 인한 오차
- **결측 데이터**(missing data): 결측 데이터는 조사 대상자를 접촉할 수 없거나 조사 대상자가 응답하지 않음으로써 발생한다. 흔히 결측 데이터는 어떤 방향성을 가진다. 따라서 이런 결측 데이터를 데이터 분석 시에 고려에 넣는 방법에 따라 결과는 큰 차이를 보이게 된다.
- **반응 오차**(response error): 반응 오차는 응답자가 부정직하게 또는 부정확하게 응답함으로서 초래된다.
- **처리 오차**(processing error): 처리오차는 데이터를 다루는 과정에서 발생하는 오차로서, 대개 각 과정을 세밀히 검토함으로써 충분히 줄일 수 있다.
- **데이터 수집 절차에 의한 영향**: 응답자 접촉 방법(우편, 전화, 직접면담 등), 설문 문구, 조사 시기 등에 따라 응답이 달라질 수 있다.

이런 비표집오차들 가운데 품질 데이터 표집과 관련해서 특별히 고려해야 할 것은 측정오차이다. 측정오차에 대한 상세한 논의는 6.8절(측정시스템 능력)에서 다루어질 것이다.

2.4 관리 통계량들의 표집분포

단순랜덤표집에서 모집단이 무한히 크거나 복원을 하는 경우에 뽑힌 표본은 랜덤표본(random sample)이라 불린다. 랜덤표본 x_1, x_2, $\cdots$, x_n 은 서로 독립이고 동일한 분포를 따른다. 우리는 앞으로 랜덤표본을 주로 다루게 될 것이다.

모집단의 수치적 특성은 모수(parameters)라 불리고 랜덤표본의 수치적 특성은 통계량(statistics)이라 불린다. 통계량은 표본을 뽑기 전에는 랜덤변수이고 뽑은 후에는 상수이다. 우리는 통계량을 이용하여 모수에 대한 추론을 하게 되는데, 불행히도 통계량의 값은 표본이 바뀔 때마다 변한다. 이런 통계량의 변화는 표집변동(sampling fluctuation)이라 불리며, 표집분포(sampling distribution)란 통계량 값들의 분포를 말한다. 표집분포는 표본과 모집단의 연결고리이다: 즉 통계적 추론은 이 표집분포를 토대로 이루어진다.

이제 품질관리에서 자주 사용되는 "관리" 통계량들의 표집분포를 살펴보자.

2.4.1 한 모집단을 위한 추론의 토대

$x \sim N(\mu, \sigma^2)$ 로부터 뽑은 크기가 n 인 랜덤표본 x_1, x_2, $\cdots$, x_n 을 토대로 한 표집분포들을 살펴보자. (이 절에서는 랜덤변수를 나타내기 위해 굳이 대문자를 사용하지는 않을 것이다.)

- 개체 i, $i = 1, \cdots, n$ (n: 부분군 크기)
- 부분군 j, $j = 1, \cdots, g$ (g: 부분군 수)

모평균 μ에 대한 추정

① **평균 $\bar{x}$**

- $\bar{x}$ 의 분포 : $\bar{x} \sim N(\mu, \sigma^2/n)$
- $\dfrac{\bar{x}-\mu}{\sigma/\sqrt{n}} \sim N(0,1)$
- 표준정규분포표는 부록의 [도표 A.1]에 제시되어 있다.
- 서로 독립인 표준정규 랜덤변수를 수정된 카이제곱 랜덤변수로 나눈 비는 t 분포를 따른다. 따라서

$$\frac{\bar{x}-\mu}{s/\sqrt{n}} \sim t(n-1),\ \text{자유도가 } n-1 \text{ 인 } t \text{ 분포}$$

- t 분포표는 부록의 [도표 A.3]에 제시되어 있다.

② 중위수 $\tilde{x}$

- $E[\tilde{x}] = \mu$, $D[\tilde{x}] = m_3\sigma/\sqrt{n}$ ($D[]$는 표준편차를 의미한다.)
- m_3는 ASTM 상수로서 부록의 [도표 A.5]에 제시되어 있다.

모분산 σ^2이나 모표준편차 σ에 대한 추정

① 표본분산 s^2

- $s^2 \equiv \sum \frac{(x_i - \bar{x})^2}{n-1}$
- $T \equiv \frac{(n-1)s^2}{\sigma^2} \sim \chi^2(n-1) \equiv GAM\left(\frac{n-1}{2}, 2\right)$ 이므로

  $E[T] = n-1$, $V[T] = 2(n-1)$, 그리고 $D[T] = \sqrt{2(n-1)}$
- $s^2 = \frac{\sigma^2}{n-1} T$ 이므로

$$E[s^2] = \sigma^2 \text{ 이고, } D[s^2] = \sqrt{\frac{2}{n-1}\sigma^4} = \sqrt{\frac{2}{n-1}}\sigma^2$$

  따라서 s^2은 모분산의 한 불편추정량이다.

② 표본표준편차 s와 표준편차 s'

- $E[s] = c_2^*\sigma$, $D[s] = \sqrt{1 - c_2^{*2}}\,\sigma = c_3^*\sigma$,

$$c_2^* = \sqrt{\frac{2}{n-1}}\,\Gamma\left(\frac{n}{2}\right)/\Gamma\left(\frac{n-1}{2}\right),\quad c_3^* = \sqrt{1 - c_2^{*2}}$$

- $E[s'] = c_2\sigma$, $D[s'] = c_3\sigma$, 여기서

$$c_2 = c_2^*\sqrt{(n-1)/n},\quad c_3 = \sqrt{1 - c_2}\quad (c_2^* > c_2)$$

- σ의 불편추정량: $\frac{s}{c_2^*}$ 또는 $\frac{s'}{c_2}$
- c_2, $c_2^*(=c_4)$, c_3, $c_3^*(=c_5)$는 ASTM 상수로서 부록의 [도표 A.5]에 제시되어 있다.

③ 표본범위 R를 토대로 한 모표준편차 추정

- 상대범위 또는 표준화된 범위 $W = R/\sigma$: $E[W] = d_2$, $D[W] = d_3$
- $W = R/\sigma$의 분포표가 부록의 [도표 A.9]에 제시되어 있다.
- R의 분포: $E[R] = d_2\sigma$, $D[R] = d_3\sigma$

- σ의 한 불편추정량 $\hat{\sigma}_1 = \overline{R}/d_2$: $E[\overline{R}/d_2] = \sigma$,
  여기서 평균범위 $\overline{R} = \sum R_j / g$
- d_2, d_3는 ASTM 상수로서 부록의 [도표 A.5]에 제시되어 있다.

④ 표본범위 R를 토대로 한 모분산 추정

- $U \equiv \nu(\overline{R}/d_2^*)^2/\sigma^2 \overset{\cdot}{\sim} \chi^2_\nu$, $\nu = 1/\left(-2+2\sqrt{1+2(d_3/d_2)^2/g}\right)$
  여기서 제곱근 기호안의 d_3/d_2는 R의 변동계수이다.
- 평균범위분포 관련표가 부록의 [도표 A.6]에 제시되어 있다.)
- σ^2의 한 불편추정량 $\widehat{\sigma_2^2} = (\overline{R}/d_2^*)^2$: $E[(\overline{R}/d_2^*)^2] = \sigma^2$
- 스튜던트화 범위 $R/\hat{\sigma}$, 여기서 $\widehat{\sigma^2}$은 σ^2의 한 불편추정량이다.

참고 d_2^*와 d_2^*의 극한값 d_2(즉 $g \to \infty$ 이면 $d_2^* \to d_2$)는 근사적으로 다음 관계를 가진다: $d_2^* = d_2(1+1/4\nu)$

[주의] 범위를 이용하여 모분산이나 모표준편차를 추정할 때, $\widehat{\sigma_1} = \overline{R}/d_2$은 모표준편차의 한 불편추정량이고, $\widehat{\sigma_2^2} = (\overline{R}/d_2^*)^2$은 모분산의 한 불편추정량이다. 따라서 모분산을 추정해야 할 때는 d_2^*를 사용해야 하고 모표준편차를 추정할 때는 d_2를 사용해야 한다.

참고 여기서 d_2, d_3 등의 상수들은 ASTM 상수들을 나타낸다. 통계적 공정관리(SPC) 현장에서 관리도들의 관리한계선들은 대개 ASTM 상수들을 담고 있는 공식들에 의해 계산된다. 이 상수들은 ASTM(the American Society for Testing Materials)에 의해 1951년에 처음 발행되었다. 부록의 [도표 A.5]에는 ASTM 표가 실려 있다.

2.4.2 두 모집단을 위한 추론의 토대

$x \sim N(\mu_x, \sigma_x^2)$로부터 뽑은 크기가 n인 랜덤표본 $x_1, x_2, \cdots, x_n$과 $y \sim N(\mu_y, \sigma_y^2)$로부터 뽑은 크기가 m인 랜덤표본 $y_1, y_2, \cdots, y_m$을 토대로 한 표집분포들을 살펴보자. 이 랜덤표본들은 서로 독립적으로 뽑혔다고 간주될 것이다.

▮ 두 모평균차에 대한 추론

- $\bar{x}-\bar{y}$ 의 분포: $\bar{x}-\bar{y} \sim N\left(\mu_x-\mu_y,\ \dfrac{\sigma_x^2}{n}+\dfrac{\sigma_y^2}{m}\right)$
- $\dfrac{\bar{x}-\bar{y}-(\mu_x-\mu_y)}{\dfrac{\sigma_x^2}{n}+\dfrac{\sigma_y^2}{m}} \sim N(0,1)$
- $\dfrac{\bar{x}-\bar{y}-(\mu_x-\mu_y)}{\dfrac{s_x^2}{n}+\dfrac{s_y^2}{m}} \sim t(n+m-2)$

▌두 모분산비에 대한 추정

- 서로 독립인 두 "수정된" 카이제곱 랜덤변수—카이제곱 랜덤변수를 자신의 자유도로 나눈 랜덤변수—들의 비는 F 분포를 따른다. 따라서

$$\frac{(n-1)\,s_x^2/\sigma_x^2/(n-1)}{(m-1)\,s_y^2/\sigma_y^2/(m-1)}=\left(\frac{\sigma_y^2}{\sigma_x^2}\right)\frac{s_x^2}{s_y^2} \sim F(n-1,m-1)$$

- 부록의 [도표 A.4]에 F 분포표가 제시되어 있다.

2.5 QC 7가지 도구

여기서 소개하는 QC 7가지 도구들(the seven basic QC tools)은 일본과학기술자연맹(JUSE)에 의해 연속적인 개선활동을 위한 도구로 선정된 것이다. 이들은 주로 PDCA 사이클의 검토(Check)와 조처(Act) 단계와 관련되는 도구들로서 수치 데이터를 분석하는데 효과적이다. 이들은 생산현장의 분임조 활동에서 널리 쓰인다. QC 7가지 도구들은 다음과 같다: 대조용지(check sheet), 층별, 히스토그램, 파레토그림, 특성요인도, 산점도, 관리도와 각종 그래프.

2.5.1 대조용지(check sheet)

대조용지는 현장에서 자료를 수집·정리하기 위해 사용되는 양식이다. 더 나아가 대조용지는 품질개선 프로세스를 감시하기 위한 기본적인 도구이다. 대조용지의 양식은 필요에 따라 자유롭게 작성하여 사용할 수 있다. 예를 들자면,

- 불량항목 대조용지(defective item check sheet)는 불량이 발생할 때마다 해당항목에 표시하여 각 항목별로, 예컨대, 일간 불량횟수분포를 파악하기 위한 것이다. [도표 2.31]은 한 불량항목 대조용지를 나타내고 있다.
- 불량원인 대조용지(defective cause check sheet)는, 예컨대, 요인(기계, 작업자 등)별, 불량유형별, 요일별, 그리고 작업시간대별로 발생하는 불량유형과 불량요인을 파악하기 위한 것이다. [도표 2.32]는 한 불량원인 대조용지이다.
- 불량위치 대조용지(defective location check sheet)는 불량(또는 결함)이 발생할 때마다 해당위치에 표시하여 불량(또는 결함)이 발생하는 위치를 파악하기 위한 것이다. 대개 이런 종류의 대조용지는 제품의 그림위에 작성된다. [도표 2.33]은 불량위치 대조용지의 한 예이다.
- 공정분포 대조용지는 품질특성값을 측정할 때마다 표시하여 측정이 끝나면 바로 공정의 분포가 히스토그램의 형태로 나타날 수 있도록 고안된 대조용지이다.
- 그밖에 점검 대조용지(checkup confirmation check sheet, 또는 간단히 check list)는 활동들이 수행될 때 점검표시를 할 활동들의 목록 또는 활동들의 결과들의 목록을 담는다. 이 완전한 대조목록은 과업완수의 보증이 된다.

[도표 2.33] 모터사이클 속도계의 불량항목 대조용지

Defects	Checks	Counts
Missing Screws	///// ///// ///// ////	19
Missing Clips	///	3
Defective Housing	////	4
Leaky Gasket	///// /	6
Scrap	//	2
Unconnected Wire	///// ///	8
Missing Studs	///// /	6
Incomplete Part	///// /////	10
Item: Speedometer	Day: 9/10/2003	
Number of Items inspected: 1000	Inspector: Joseph	

[도표 2.34] 불량원인 대조용지

		기계 1	기계 2
작업자 A	오전	/	/
	오후	//	///// /
작업자 B	오전	/	//
	오후	//	///// ////

[도표 2.35] 젤 제조공정의 불량위치 대조용지

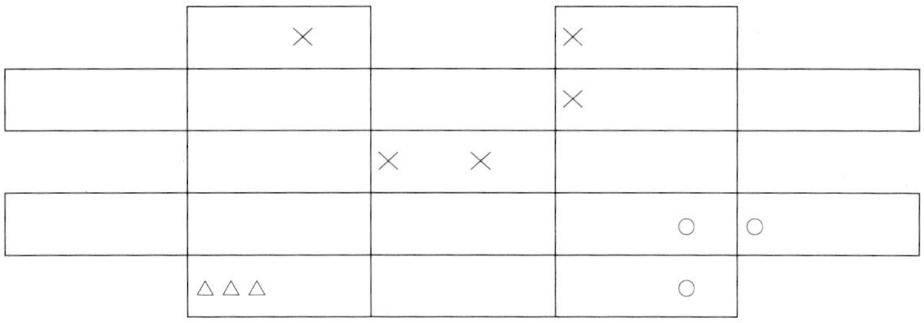

Item: SP101	Day: 9/10/2003
Number of Items inspected: 50	Inspector: Joseph
×: wt ○: pH △: staining	

※ [과제] 현장에서 사용되는 다양한 대조용지들을 수집하여 보자.

2.5.2 층별(층화, stratification)

층별이란 전체 데이터를 몇 개의 부분집단들로 나누는 것이다. 우리는 층별로 데이터를 분석함으로써 전체 데이터에서는 볼 수 없었던 양상들을 볼 수 있기를 기대한다. 즉 우리는 층별을 통해서 데이터 변동의 원인을 규명할 수 있기를 기대하는 것이다. 흔히 4M이나 시간별 집단들이 자연스런 층이 된다.

※ [과제] 심프슨의 역설(층별 양상이 전체 양상과 상반되는 현상)의 예를 찾아보자.

2.5.3 히스토그램

히스토그램은 양적 데이터의 계급별 빈도를 막대형태로 나타낸 그림이다. 우리는 히스토그램을 통해서 품질특성분포의 중심과 변동을 파악할 수 있다. 우리는 히스토그램 대신 줄기그림을 사용할 수도 있다. 히스토그램에 대한 상세한 해설은 2.2.1절과 안(2003)을 참조하라.

2.5.4 파레토 그림(Pareto chart)

파레토 그림은 품질 문제(불량품이나 결함, 사고 등)를 원인별로 분류하고 이를 불량건수나 손실금액의 크기순으로 나타낸 막대그래프(bar chart)이다. 우리는 파레토 그림을 통해서 품질개선을 위해서 무엇에 역점을 두어야 할지를 파악할 수 있다. 흔히 불량건수나 손실금액은 대부분 소수의 불량항목에 기인한다. Joseph Juran은 1950년대에 대부분의 품질 문제들은 소수의 원인들로부터 유래한다는 것을 관찰하게 되었다. 그는 이 현상이 소득분포에 대한 파레토 곡선과 닮은 것에 착안하여 이런 접근법을 제안하였다.

- 파레토 그림의 분류항목을 나타내는 가로축에는 불량항목, 결함내용, 공정, 기계, 재료, 치공구, 작업자, 작업방법, 시간 등이 올 수 있다.
- 파레토 그림의 세로축에는 금액(손실금액, 인건비), 품질척도(불량건수, 결함수, 반품수), 시간(작업시간, 고장시간), 사고건수, 결근율, 제안건수 등이 올 수 있다. 그러나 가급적이면 이를 금액으로 환산하여 나타내는 것이 바람직하다.
- 파레토 그림을 그릴 때 백분율보다는 실제 양으로 나타내는 것이 바람직한데, 이는 개선전과 개선 후를 올바로 비교하기 위해서이다.

파레토 그림을 토대로 항목들을 분석하는 절차는 흔히 파레토 분석 또는 ABC 분석이라고 불린다. 특히 ABC 분석에서는 항목(또는 품목)들을 비중(빈도, 금액 등)에 따라 A, B, C의 세 층이나 A, B, C, D의 네 층으로 나누어 층별로 관리한다. 이 때 경험적으로 관찰되는 현상(Pareto Principle)은 "80% 정도의 비중을 차지하는 A 집단을 20% 정도의 항목이 담당한다"는 것이다. ABC 분석은 재고관리, 물류관리 등 층별 관리가 필요한 분야에서 널리 활용되고 있다.

※ ABC(activity-based costing, 활동기준 원가계산)

제품 설계, 개발, 품질, 제조, 분배, 고객확보, 서비스와 고객지원 등에 이르는 기본적인 기업 활동들의 원가를 정밀하게 추정하고 이를 토대로 기업의사결정을 내리려는 시스템.

- 부가가치 창출이 많은 활동과 적은 활동이 드러난다. 예컨대, 제품별 원가 뿐 아니라 공정별, 라인별 원가도 드러난다. 이를 통해 기업이 안고 있는 문제점들을 정확하게 진단할 수 있다.
- 기업자원이 효율적으로 사용될 수 있도록 통제할 수 있다.

※ 파레토 곡선. 파레토는 소득분포에 대해 다음과 같은 현상을 발견하였다: x를 소득의 크기라 하고, y를 소득이 x 이상인 사람들의 누적백분율이라 할 때,

$$y = P\{X > x\} = kx^{-a}.$$

이 관계를 그래프로 표현한 것이 [도표 2.34]에서 보는 바와 같은 파레토 곡선이다.

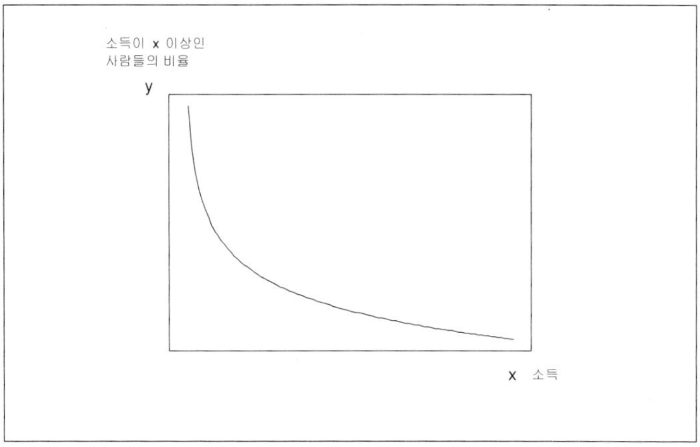

[도표 2.34] 파레토 곡선

▌미니탭 실습: 파레토 분석

미니탭에서는 원데이터나 빈도분포표로 정리된 데이터에 대해서 파레토그림을 그릴 수 있다. 여기서는 sqcdata₩exh_qc.mtw를 사용할 것이다.

① 원데이터에 대한 파레토그림

예제 2.7 당신이 일하는 회사는 철제 책장을 제작한다. 최종 검사 중에 일정한 수의 책장들이 긁힘(scratch), 이빠진 자국(chip), 우그러짐(bend), 또는 움푹 패임(dent)으로 인해 불합격되었다. 당신은 Damage라는 열에 결함들을 기록하였다. 파레토 그림을 작성하여 어떤 결함이 가장 문제가 되는지 검토하라.

Damage: Scratch Scratch Bend Chip Dent Scratch Chip Scratch

풀이 [도표 2.3]의 파레토 그림에서 보듯이, 첫 번째 항목(Scratch)이 50%의 비중을 차지하고 있으며, 처음 두 항목(scratch와 Chip)이 75%의 비중을 차지하고 있다.

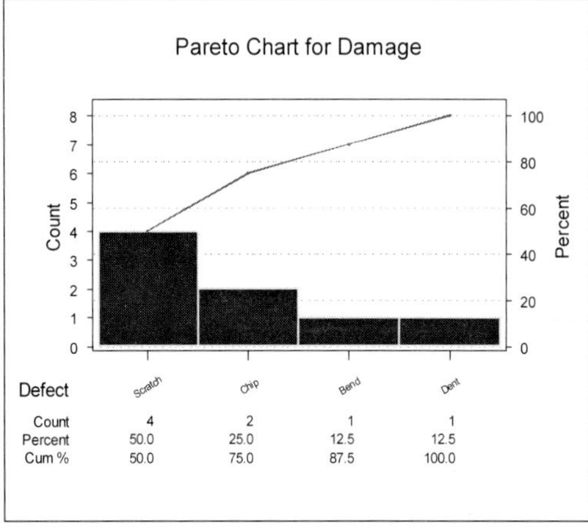


```
MTB > cd s:\sqcdata
MTB > wopen exh_qc.mtw

# Stat > Quality Tools > Pareto Chart
MTB > Pareto 'Damage';
SUBC>  Others 95;
SUBC>  Title "Pareto Chart for
Damage".
```

[도표 2.35] 파레토분석 – 원데이터

¶

② 빈도분포표로 정리된 데이터에 대한 파레토그림

예제 2.8 당신이 일하는 회사는 모터 싸이클을 생산한다. 당신은 결함이 있는 속도계로 인해 발생하는 품질 비용을 줄이고 싶다. 일주일간의 검사 중에 [도표 2.36]에서와 같이 일정한 수의 속도계들이 불합격되었다. 당신은 Defects라는 열에 결함의 이름들을 기록하고 Counts라는 열에 대응되는 빈도들을 기록하였다. 파레토 그림을 작성하여 어떤 결함이 가장 문제가 되는지 검토하라.

[도표 2.36] 모터 사이클 속도계의 일별, 결함별 결함수

Defects \ Days	9/10	9/11	9/12	9/13	9/14	9/15	Counts
Missing Screws	44	52	41	48	40	49	274
Missing Clips	10	9	9	12	11	8	59
Defective Housing	3	2	3	4	4	3	19
Leaky Gasket	7	5	8	8	6	9	43
Scrap	0	1	0	0	1	1	4
Unconnected Wire	1	2	1	1	2	1	8
Missing Studs	1	0	2	1	1	1	6
Incomplete Part	1	2	2	2	1	2	10

풀이 [도표 2.37]의 파레토 그림에서 보듯이, 첫 번째 항목(Missing Screws)이 매우 큰 비중(약 65%)을 차지하고 있다.

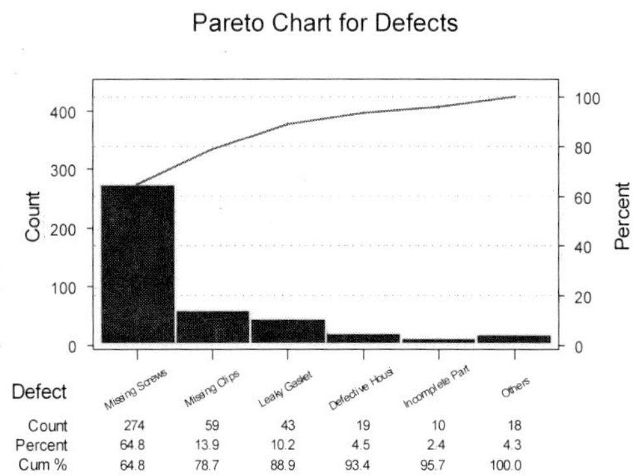


```
MTB > Pareto 'Defects';
SUBC> Counts 'Counts';
SUBC> Others 95;
SUBC> Title "Pareto Chart for
Defects".
```

[도표 2.37] 파레토분석－빈도데이터

¶

③ 원데이터에 대한 집단별(층별) 파레토그림

예제 2.9 당신이 일하는 회사는 인형을 생산한다. 최근에 당신은 최종검사에서 페인트의 긁힘, 벗겨짐, 그리고 얼룩으로 인해 불합격되는 인형들의 수가 점점 증가하고 있다는 것에 주목해왔다. 당신은 결함들의 유형과 발생 회수가 인형을 생산하는 근무교대조와 관계가 있는지 알고 싶어 한다. 당신은 Flaws라는 열에 결함의 이름들을 기록하고 Period라는 열에 대응되는 근무교대조를 기록하였다. 파레토 그림을 작성하여 어떤 결함과 근무교대조 간의 관련성을 검토하라.

Flaws	Period	Flaws	Period	Flaws	Period	Flaws	Period
Scratch	Day	Peel	Evening	Peel	Night	Other	Night
Scratch	Day	Peel	Evening	Peel	Night	Scratch	Night
Peel	Day	Scratch	Evening	Other	Night	Scratch	Night
Peel	Day	Scratch	Evening	Other	Night	Peel	Weekend
Smudge	Day	Peel	Night	Scratch	Night	Peel	Weekend
Scratch	Day	Scratch	Night	Scratch	Night	Peel	Weekend
Other	Day	Smudge	Night	Peel	Night	Smudge	Weekend
Other	Evening	Scratch	Night	Scratch	Night	Smudge	Weekend
Peel	Evening	Peel	Night	Smudge	Night	Smudge	Weekend
Peel	Evening	Peel	Night	Scratch	Night	Other	Weekend

풀이 [도표 2.38]의 파레토 그림에서 보듯이, 근무교대조별로 파레토 그림이 다른 양상을 보이고 있다.

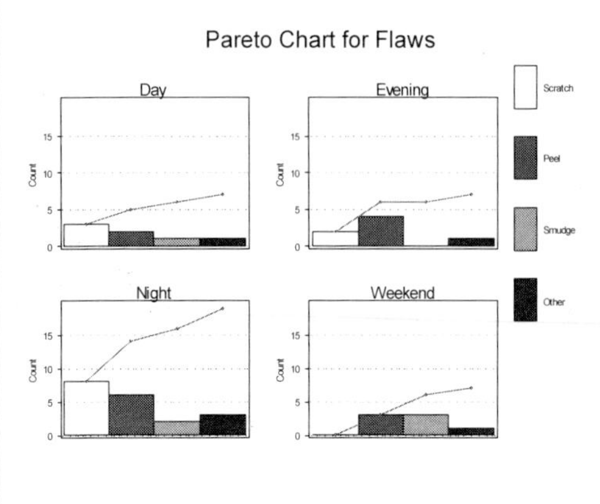


```
MTB > Pareto 'Flaws';
SUBC> By 'Period';
SUBC> Others 95;
SUBC> Title "Pareto Chart for
Flaws".
```

[도표 2.38] 파레토분석 - BY 집단별(층별)

¶

2.5.5 특성요인도(cause-and-effect, or fishbone, diagram)

특성요인도란 한 품질특성에 영향을 주는 요인들(원인들)과 그 품질특성과의 관계를 나타낸 그림이다. 우리는 특성요인도를 변동의 원인을 중심으로 작성해 나갈 수도 있고, 공정의 순서를 중심으로 작성해 나갈 수도 있다. 전자는 변동분석형 또는 요인열거형이라 불리고, 후자는 공정분류형이라 불린다.

- 변동분석형(요인열거형)에서 자주 사용되는 요인들은 작업자(men), 기계(machines), 원자재(materials), 작업방법(methods), 측정(measurement), 환경(environment), 정보(information) 등이다. 이 중 처음 네 가지는 흔히 4M이라고 불린다.
- 공정분류형에서는 대개 요인들로 공정이름들을 사용한다.
- 특성요인도를 그릴 때는 품질과 관련된 사람이 모두 참여하는 것이 바람직하다. 예컨대, 분임조원들이 한자리에 모여서 머리 맞대기(brainstorming)를 하면서 특성요인도를 작성할 수 있을 것이다. 이렇게 함으로써 중요한 요인들을 빠짐없이 나타낸 수 있을 것이며, 이런 과정 자체가 분임조원에게 교육이 되고, 문제 해결의 실마리를 제공한다.

▌미니탭 실습: 특성요인도 작성

여기서는 sqcdata₩SurfaceFlaws.mtw를 사용할 것이다. 미니탭에서는 특성요인도 전체를 그릴 수도 있고 뼈대만 그릴 수도 있다.

① 특성요인도 – 뼈대

파레토 그림을 통해서 당신은 부품들이 주로 표면의 흠들 때문에 불합격된다는 것을 발견하였다. 오늘 오후에 당신은 여러 부서의 사람들과 이런 흠들의 잠재적인 원인들을 머리 맞대기 할 예정이다. 그 전에 당신은 그 회의 동안에 당신의 메모를 조직화하는 것을 돕기 위해 특성요인도를 인쇄하기로 하였다. 이렇게 뼈대만을 전시한 특성요인도가 [도표 2.39]이다.

② 특성요인도 – 빈 가지

표면 흠들의 잠재적인 원인들을 머리 맞대기 한 결과 다음과 같은 여섯 가지 요인들로 묶을 수 있었다: Men, Machine, Materials, Methods, Measurement, Environment. [도표 2.40]은 특성요인도의 빈 가지에 이름만을 기록한 것이다.

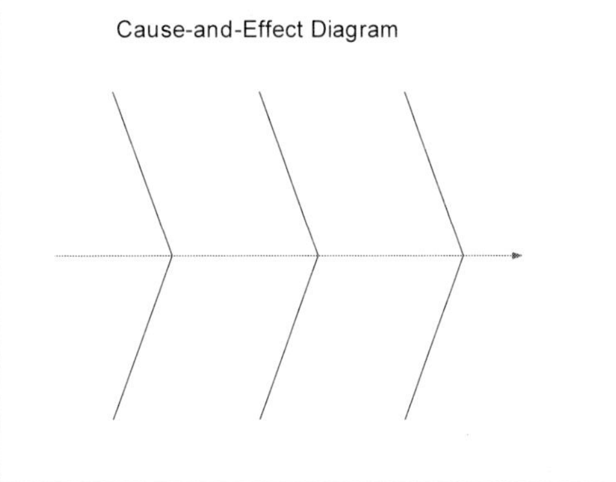


```
# Stat > Quality Tools
       > Cause-and-Effect

MTB > Fishbone;
SUBC>   Nolabels.
```

[도표 2.39] 특성요인도 – 뼈대

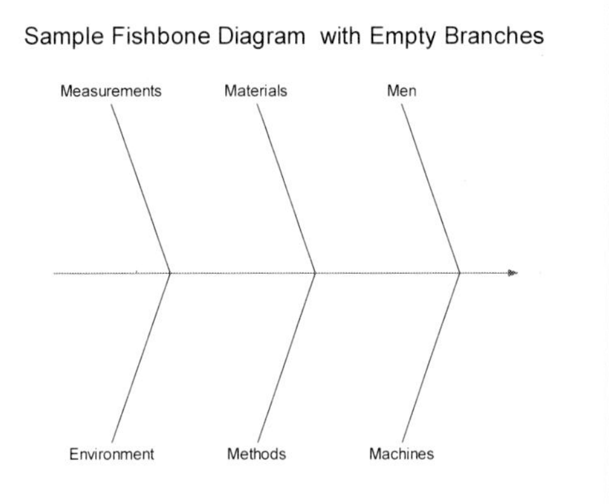


```
MTB > Fishbone;
SUBC>   Nam1 "Men"; # 요인 이름
SUBC>   Nam2 "Machines";
SUBC>   Nam3 "Materials";
SUBC>   Nam4 "Methods";
SUBC>   Nam5 "Measurements";
SUBC>   Nam6 "Environment";
SUBC>   Title "Sample Fishbone &
CONT> Diagram  with Empty Branches".
```

[도표 2.40] 특성요인도 – 빈 가지

③ 특성요인도–전체

표면 흠들을 발생시키는 여섯 가지 요인들의 항목들이 다음과 같이 파악되었다:

열이름	Man	Machine	Material	Method	Measure	Enviro
요인별 항목들	Shifts Supervisors Training Operators	Sockets Bits Lathes Speed	Alloys Lubricants Suppliers	Angle Engager Brake	Micrometers Microscopes Inspectors	Moisture% Condensation

요인들의 항목까지 기록한 완전한 특성요인도는 [도표 2.41]에 전시되어 있다.

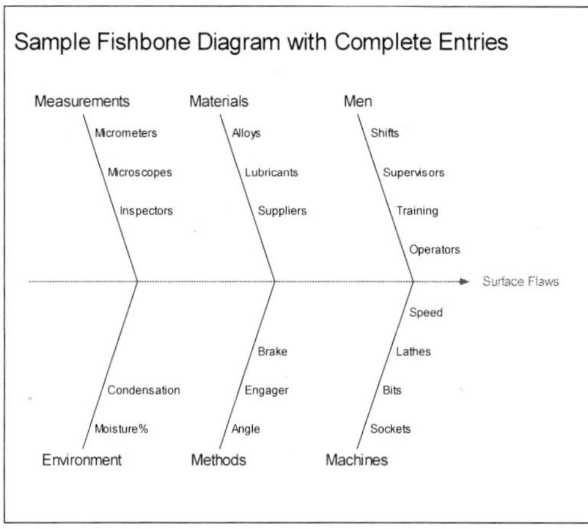


```
MTB > Fishbone;
SUBC> Br1 'Man';  # 요인별 데이터
SUBC> Br2 'Machine';
SUBC> Br3 'Material';
SUBC> Br4 'Method';
SUBC> Br5 'Measure';
SUBC> Br6 'Enviro';
SUBC> Nam1 "Men";
SUBC> Nam2 "Machines";
SUBC> Nam3 "Materials";
SUBC> Nam4 "Methods";
SUBC> Nam5 "Measurements";
SUBC> Nam6 "Environment";
SUBC> Effect "Surface Flaws"; # 특성
SUBC> Title "Sample Fishbone &
CONT> Diagram with Complete Entries".
```

[도표 2.41] 특성요인도–전체

④ 특성요인도 – 세부가지

머리 맞대기를 계속해보니 요인 Man의 항목 Training, 요인 Machine의 항목 Speed, 그리고 요인 Measure의 항목 Micrometers에 대한 세부항목들이 아래와 같이 파악되었다. 이들을 세부가지로 표현해 보자.

열이름	Training	Speed	Micrometers
항목별 세부항목들	Mentors Testing	Tooslow Erratic	Accuracy Condition

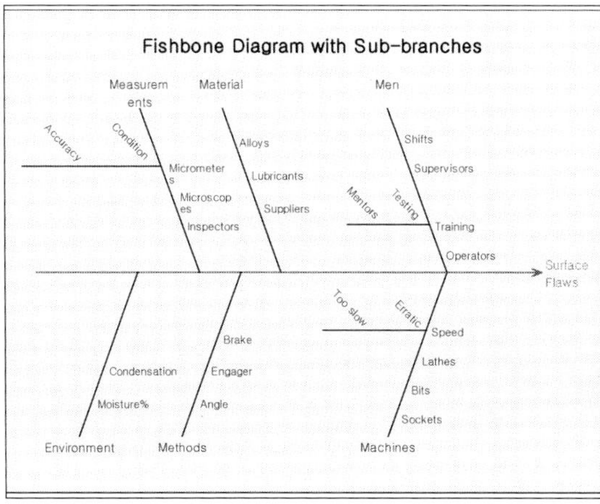


```
MTB > Fishbone;
SUBC>  Branch 1 'Man';
SUBC>    Subbranch 3 'Training';
SUBC>  Name 1 "Men";
SUBC>  Branch 2 'Machine';
SUBC>    Subbranch 4 'Speed';
SUBC>  Name 2 "Machines";
SUBC>  Branch 3 'Material';
SUBC>  Name 3 "Material";
SUBC>  Branch 4 'Method';
SUBC>  Name 4 "Methods";
SUBC>  Branch 5 'Measure';
SUBC>    Subbranch 1 'Micrometers';
SUBC>  Name 5 "Measurements";
SUBC>  Branch 6 'Enviro';
SUBC>  Name 6 "Environment";
SUBC>  Effect "Surface Flaws";
SUBC>  Title "Fishbone Diagram &
CONT>         with Sub-branches".
```

[도표 2.41] 특성요인도 – 전체

2.5.6 산점도(scatter plot)

산점도란 이변량 양적 데이터를 x-y 좌표 위에 점으로 나타낸 그림이다. 우리는 산점도에서 분포형태, 군집, 외딴점, 두 변수간의 연관성 등을 파악할 수 있다.

예제 2.10 다음은 두 공정(Process) a, b로부터 생산된 막대의 두께(Thickeness)와 무게(Weight)간의 관계를 알고 싶다. (이 데이터는 sqcdata₩exh_qc.mtw에 저장되어 있다.)

풀이 [도표 2.42]는 막대의 두께와 무게간의 산점도이다. 두 변수는 별 다른 관계가 없는 것처럼 보인다. [도표 2.43]은 공정별로(층별로) 다른 기호를 사용하여 나타낸 산점도이다. 우리는 각 공정 내에서 두께와 무게가 양의 상관을 나타내는 것을 볼 수 있다.

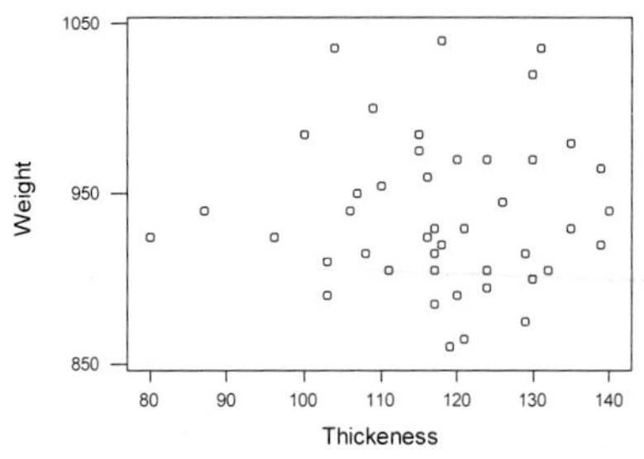


```
MTB > Plot 'Weight'*'Thickeness';
SUBC>   Symbol;
SUBC>     Type 1.
```

[도표 2.42] 산점도-전체

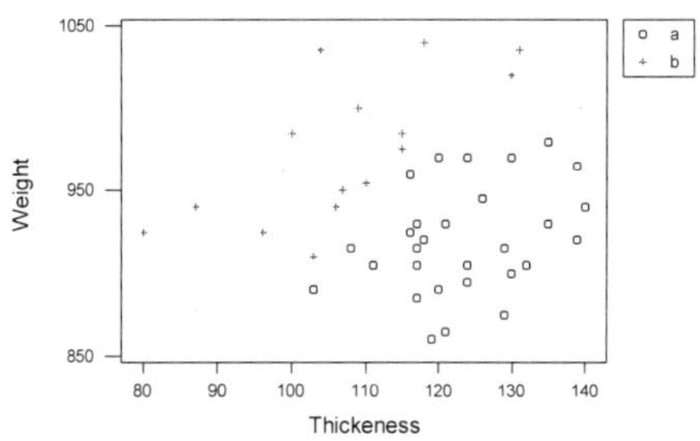


```
MTB > Plot 'Weight'*'Thickeness';
SUBC>   Symbol 'Process';
SUBC>     Type 1 2;
SUBC>     Color 1 2.
```

[도표 2.43] 산점도-공정별(층별)

¶

2.5.7 관리도와 각종 도표

우리는 각종 도표(관리도, 런그래프, 결함집중도(defect concentration diagram), 흐름도, 계통도표, 예정도표, 기록도표, 통계도표 등)를 작성함으로써 현상을 쉽게 파악할 수 있으며, 때로는 데이터에 숨어있는 특성을 찾아내기도 한다.

[도표 2.44]는 품질관리 도구들의 효과와 활용정도를 나타내고 있다(Hosotani. 1992).

[도표 2.44] 7 QC 도구들의 효과와 활용

	문제이해	원인분석	개선효과파악	관리(통제)확립
특성요인도	**			
파레토그림	**			
대조용지	*	*	*	*
히스토그램	*	**	**	*
산점도		**		
각종 도표	*	*	*	*
관리도		**	**	**

(**: 매우 효과적이다, *: 자주 사용된다)

※ **QC 7가지 신도구**(the seven management, or new QC, tools)

QC 7가지 신도구들은 일본과학기술연맹(JUSE)에 의해 복잡한 상황을 이해하고 개선기회를 찾아내고 상세한 실행계획을 개발하는데 유용한 도구로 선정된 것이다. 이 QC 7가지 신도구들은 주로 PDCA 사이클의 계획(Plan) 단계에서 쓰이는 도구들로서, 언어 데이터를 분석하는데 효과적이다. QC 7가지 신도구들은 다음과 같다. 이들에 대한 상세한 해설은 배 등(1999)을 참고하라.

① **친화도**(affinity diagram)
친화도는 주로 문제를 드러내기 위해 사용된다.

② **연관도**(relationship diagram)
연관도는 주로 문제의 원인을 드러내기 위해 사용된다.

③ **나무그림**(tree diagram 또는 systematic diagram)
나무그림은 주로 문제해결을 위한 가능한 방안들을 드러내기 위해 사용된다.

④ **행렬도**(matrix diagram)
행렬도는 요소간의 관련성을 파악하기 위해 사용된다. 행렬도는, 예컨대, 품질기능전개(QFD)에서 요구품질과 대용특성의 관련성을 파악하는데, 대용특성과 공정관리항목의 관련성을 파악하는데, 또는 불량현상과 원인의 관련성을 파악하는데 효과적이다.

⑤ **행렬데이터분석**(matrix data analysis, MDA)
행렬도에서 요소간의 관련성이 정량화된 경우에 이를 이차원 산점도로 나타낸 것이 MDA이다.

⑥ **과정의사결정계획도**(process decision program chart, PDPC)
PDPC는 주로 특정한 작업 과정이 어떤 상황에서도 제대로 진행될 수 있도록 대비책을 세우기 위해 사용된다.

⑦ **화살그림**(arrow diagram)
화살그림은 주로 작업 순서와 시간배분을 나타내기 위해 사용된다.
[예] PERT

2.6 연습문제

01 다음을 설명하라.

(1) QC의 7가지 기초적 방법들

(2) DFSS

(3) PDCA 사이클

(4) 품질기능전개

(5) 품질주택

02 어떤 랏이 $N = 10$개의 제품으로 구성되어 있고 이중에서 불량품이 3개라고 한다.

(1) 이 랏으로부터 복원으로 6개를 랜덤하게 뽑을 때 불량품이 한 개 이상 뽑힐 확률을 구하라.

(2) 이 랏으로부터 비복원으로 6개를 랜덤하게 뽑을 때 불량품이 한 개 이상 뽑힐 확률을 구하라.

03 어느 공정에서 제조되는 제품의 불량률이 $p = 0.3$이라고 한다. 이 제품중 랜덤하게 $n = 10$개를 뽑을 때 그 가운데 들어있는 불량품의 수를 X라 하자. 다음을 구하라.

(1) $P\{X \geq 1\}$

(2) 이 문제에서 $p = 0.001$, $n = 2000$이라고 할 때 $P\{X \geq 1\}$를 근사적으로 구하라. (도움말: 이항분포의 프아송 근사를 이용하라 (왜?).)

(3) 이 문제에서 $p = 0.1$, $n = 100$이라고 할 때 $P\{X \geq 1\}$를 근사적으로 구하라. (도움말: 이항분포의 정규근사를 이용하라.)

04 어떤 제품의 한 품질특성 X가 $\mu = 65$, $\sigma = 5$인 정규분포를 따른다고 한다.

(1) 그 품질특성값이 70이하인 제품은 전체의 몇 % 인가?

(2) 64개의 제품을 랜덤하게 뽑아 그 품질특성값을 관찰할 때

① 무게가 65보다 큰 제품의 수가 20보다 클 확률은 얼마인가?

② 이 표본의 평균이 66.35보다 클 확률은 얼마인가?

05 금형을 제작하는 어느 공장에서는 4대의 압연기 A, B, C, D가 각각 전체 생산량의 20%, 30%, 15%, 35%를 생산한다. 또한 각 압연기에서 생산된 금형의 불량률은 각각 1%, 2%, 3%, 4%라고 한다. 하나의 금형을 랜덤하게 뽑을때

(1) 그것이 A기계 제품일 확률을 구하라.

(2) 검사결과 불량품으로 판명될 확률을 구하라.

(3) 검사결과 불량품으로 판명되었을 경우 그것이 A기계 제품일 확률을 구하라.

06 아래 도표는 회로 기판을 조립하는 공정에서 발견된 결함수를 주별, 유형별로 정리한 데이터이다. 두 번째 주의 주말에 공정에 변화가 있었다. 처음 두 주와 나중 두 주의 불량 유형별 파레토 그림을 분석하여 품질 개선이 이루어 졌는지 확인하라.

[도표] 회로기판 공정의 결함수 데이터

defects \ week	1	2	3	4	All
DefePart(불량부품)	120	132	91	88	431
ExceSold(지나친 납땜)	18	29	31	42	120
FailPart(고장부품)	57	31	61	34	183
InsuSold(불충분한 남땜)	24	42	39	27	132
MissPart(빠진 부품)	93	81	62	57	293
All	312	315	284	248	1159

07 자신의 평균평점을 개선하기 위한 특성용인도를 작성하라.

08 자신의 사회진출을 위한 특성요인도를 작성하라.

제1부
통계적 공정관리

품질관리를 연구하는 데에는 공정(process, 프로세스)이란 개념이 토대가 된다. 공정은 한 주어진 결과를 낳기 위해서 함께 작용하는 조건들의 집합이다. 예컨대, 자동차가 생산될 때 제조라인의 각 단계는 [도표 I.1(A)]에서와 같이 그 자신의 투입과 산출을 가지는 한 공정으로 간주될 수 있다. 따라서 문들과 휀더(fender)와 같은 차체의 부품들을 차체의 틀에 부착하는 것은 각각 한 개별적인 공정을 구성하며, 마찬가지로 도색을 위해 차체를 준비하는 것, 애벌칠을 하는 것, 그리고 그것을 말리는 것들도 각각 개별적인 공정을 구성한다. 그러면 자동차를 생산하는 것은, [도표 I.1(B)]에서 보는 대로, 제조 라인을 구성하는 개별적인 상호 관련된 일련의 공정들이라고 간주될 수 있다. 이런 공정들의 아웃풋의 품질은 통계적 방법을 사용하여 감시(monitor)될 수 있다. 통계적 공정관리(statistical process control, SPC)란 이와 같이 통계적 방법을 사용하여 공정 아웃풋의 품질과 생산성을 감시하고 개선하는 활동을 가리킨다.

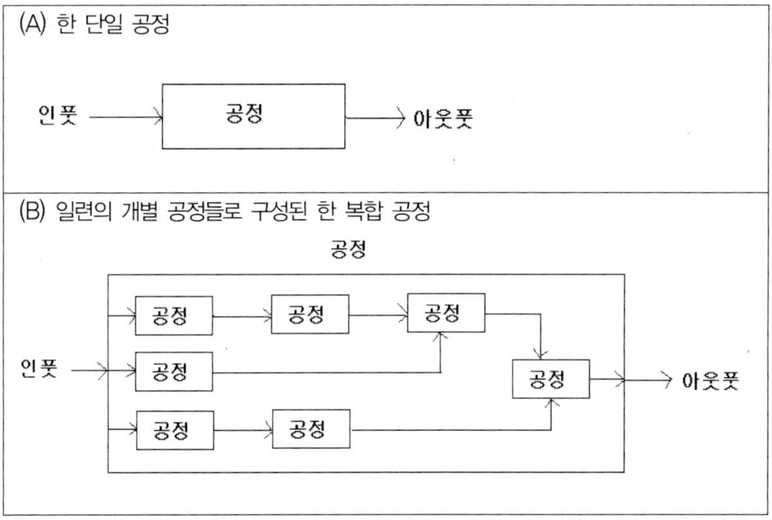

[도표 I.1] 단일 공정과 복합 공정

한 공정으로부터의 아웃풋의 품질을 감시하는 데에는 두 가지 기본적인 접근법이 있다. 첫 번째 접근법은 탐지(detection)이다. [도표 I.2]에 도시된 바와 같이, 이 접근법에서는 규격에 맞지 않는 제품들을 걸러내기 위해 최종 제품에 대한 검사가 실시된다. 불량품들의 결함들은 공정개선의 방향을 제시하기 위한 데이터로 사용된다. 탐지법은 완수된 공정의 아웃풋에 초점을 두고 있기 때문에, 그런 데이터는 공정의 문제점들을 식별하는데 있어서 제한적인 역할을 하는데 머무르기 쉽다. 예를 들어, 완제품으로부터 사용된 원재료들의 품질, 가담한 작업자들, 사용된 장비 등을 식별해 내기는 어려운 일이다. 따라서 어떤 인자들이 결함들에 책임이 있는지를 정확히 가려내는 것은 거의 불가능하다. 더욱이, 이 접근법은 사용될 수 없는 제품들에 노력과 재료들을 투입한다는 점에서 낭비적이고 비경제적이다.

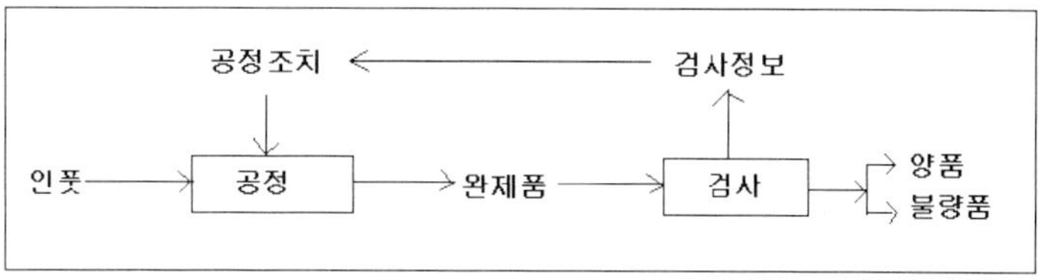

[도표 I.2] 품질 감시를 위한 탐지법

공정 아웃풋의 품질을 감시하기 위한 다른 접근법은 예방(prevention)이다. 이 접근법에서는, [도표 I.3]에서 보는 바와 같이, 한 공정의 핵심적인 변수들이 공정이 가동되는 동안에 감시된다 – 불량품이 제조되기 전에 잠재적인 문제점들을 식별해 내려는 목적으로. 이 때 검사는 보조적인 역할에 머물거나 생략된다. 이 접근법의 목표는 불량품들의 생산을 예방하는 것이다.

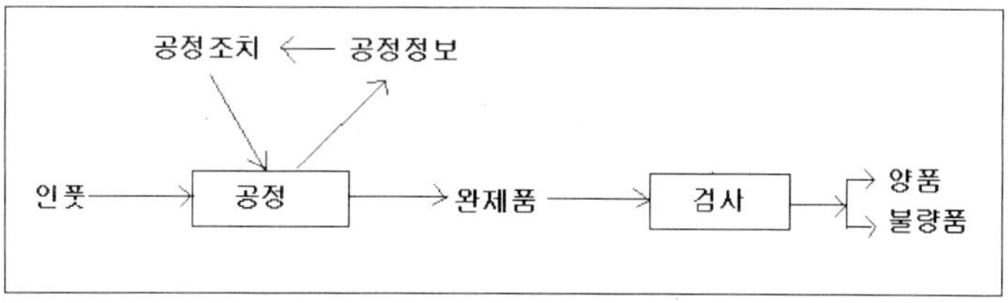

[도표 I.3] 품질 감시를 위한 예방법

제조에 대한 전통적인 접근법은 탐지법 즉 최종 제품을 검사해서 규격에 맞지 않는 제품들은 걸러내는 것이었다. 그러나 기업들은 품질관리 프로그램의 근간을 예방법으로 옮기고 있다. 예방법에서 한 공정은 그 공정에 영향을 미치는 핵심적인 변수들의 측정값들을 추적함으로써 정기적으로 감시된다. 기본적인 원리는 한 제품의 생산에 관련되는 모든 공정들을 개별적으로 감시하는 것이다. 만일 아무 공정의 관측들이 정상적인 조건 아래에서 예상되는 값들의 범위를 크게 벗어나면, 그 공정은 문제가 식별되고 개선될 때까지 정지된다.

검사나 시험으로 제품의 품질을 높인다는 것은 불가능하다 – 제품은 처음부터 제대로 만들어져야 한다. 이것은 제조 공정이 안정적이고 생산된 거의 모든 제품들이 규격에 합치되어야 한다는 것을 의미한다. 온-라인 통계적 공정관리는 제품을 처음부터 제대로 만드는데 사용되는 주된 도구이다. 관리도는 단순하면서도 효과적인 온-라인 통계적 공정관리 절차이다. 우리는 관리도를 중심으로 온-라인 통계적 공정관리를 다루어 나갈 것이다.

[비교] 통계적 공정관리(SPC), 공학적 공정관리(Engineering Process Control, EPC), 그리고 통합적 공정관리(Integrated Process Control, IPC)

(1) **통계적 공정관리**(Statistical Process Control, SPC)란 통계적 방법을 사용하여 공정 아웃풋의 품질과 생산성을 감시하고 개선하려는 활동이다. SPC의 목표는 관측된 편차 감시를 통해서 특정원인을 관리함으로써 공정변동을 줄이는 것이다. SPC는 탐지(detection)와 예방(prevention)이 주된 기능이며, 조립공정에 주로 적용된다. SPC는 공정의 관리상태 이탈 여부를 신속히 파악하기 위한 공정감시와 관리이탈조치계획(Out-Of-Control-Action-Plan, OCAP)으로 구성된다.

(2) **공학적 공정관리**(Engineering PC, EPC)의 목표는 예측된 편차 조정을 통해서 내재적 요동(disturbance)을 관리함으로써 공정변동을 줄이려는 것이다. EPC는 장치산업의 연속공정(예컨대, 화학공정)이나 공정평균이 연속적으로 이동하는 공정에 주로 적용된다. EPC는 공정의 품질특성치가 목표와 일치하도록 관련 인자들을 실시간으로 보정하는데 중점을 둔다.

(3) **통합적 공정관리**(Integrated PC, IPC)는 SPC와 EPC를 결합하여 공정변동을 줄이려는 노력이다. SPC가 사람, 방법, 절차 등에 초점을 두고 있는 전략적(strategic) 도구로서 높은 비용과 긴 반응시간을 요구하는 반면, EPC는 공정 자체에 초점을 두고 있는 전술적(tactical) 도구로서 특정원인에 대처하는 능력이 부족하다. 따라서 이 둘을 통합한 IPC는 특정원인과 내재적 요동을 동시에 관리함으로써 더욱 효과적으로 공정변동을 줄이는데 적용되고 있다. EPC와 IPC에 대해서는 Montegomery(2005)의 11장을 참고할 수 있을 것이다.

3 Chapter

관리도의 원리들

3.1 관리도의 기본개념

모든 공정의 품질 데이터는 변동을 보인다. 이런 변동들은 크든 작든 항상 존재한다. 품질 데이터의 변동원인으로는 원재료의 변동, 작업환경의 변화, 기계작동상의 변화, 사람들이 일하는 방식의 변화 등을 들 수 있다. 이와 같은 공정의 실제적 변동에 더하여 측정시스템의 변동도 품질 데이터의 변동에 기여한다. 공정관리에서 변동은 우연원인(chance causes)—또는 공통원인(common cause)—에 의한 것이거나, 특정 원인(special or assignable causes)에 의한 것으로 분류된다. 우연원인에 의한 변동은 공정의 인풋들이나 운용조건의 자연적 변동성으로부터 유래하는 공정의 내재적 특성으로서 모든 공정에 어느 정도는 존재한다. 특정원인에 의한 변동은 이례적 변동으로서 데이터에서 외딴점들(outliers)이나 이례적인 패턴들로 나타난다.

통계적 공정관리의 목적은 공정이동(process shifts)을 유발한 특정원인의 발생을 즉시 탐지하여 불합치품들이 제조되기 전에 공정조사와 시정조치가 이루어질 수 있도록 하는 것이다. 관리도는 이런 목적으로 널리 사용되는 온라인 공정감시 기법이다. 관리도란 공정에서 추출된 부분군들(subgroups)에서 계산된 관리통계량(control statistic)들의 시계열 산점도로서, 우리는 이로부터 공정에 특정원인이 발생하여 공정이 관리상태로부터 벗어났는지(out of control) 아니면 관리상태에 머물러 있는지(under control)를 시각적으로 파악할 수 있다.

통계적 공정관리의 궁극적 목적은 공정의 변동을 제거하는 것이다. 공정변동을 완전히 제거하는 것은 가능하지 않지만, 관리도는 변동을 가능한 한 최대로 줄이는데 효과적이다. 또한 우리는 관리도로부터 공정해석, 공정능력, 또는 공정개선을 위한 정보들을 수집할 수도 있다.

참고 우연원인에 의한 변동을 감축시키는 것도 매우 중요한 작업이지만 관리도는 이런 목적으로 위해 고안된 것이 아니다. 이런 작업을 위해서는 다른 도구들이 필요하며 우리는 3부에서 이 주제를 다룰 것이다.

3.1.1 관리도의 일반적 형태와 특성

관리도는 대개 중심선(central line)과 관리한계선들(control limits)을 바탕으로 관리통계량들의 시계열 산점도를 작성해 나간다. 이 때 이런 기준선들은 관리상태(또는 안정상태)에 들어간 공정의 품질 데이터들을 기초로 작성된다.

[도표 3.1]의 관리도에서 보듯이 대개 중심선은 평균선이고, 관리한계선들은 이로부터 3σ만큼 떨어진 3σ 관리한계선들이다. 이렇게 작성된 관리도는 흔히 슈하르트(Shewhart) 관리도라고 불린다. 이런 3σ 관리한계선은 공정의 자연스런 변동성, 즉 자연공차(natural tolerance)로부터 유도된 것이다. 자연공차한계(natural tolerance limits)는 흔히 관리상태에 있는 공정의 중심으로부터 3σ에 위치하는 것으로 간주된다. 자연공차에 대해서는 6장을 참고하라.

우리는 관리도에 2σ 경고선들(warning limits, WL)을 덧붙여 관리도의 민감성을 높일 수도 있다. 우리는 관리한계선을 벗어난 점들이 나타나면 공정이 관리상태를 벗어났다고 판정하게 된다. 이 외에도 점들이 특정한 양상(추세나 주기성 등)을 보이면 공정에 특정원인이 발생했다고 판정한다.

[도표 3.1]은 3σ 관리한계선 뿐 아니라 0.001 확률한계선들(probability limits)도 보여주고 있다. 예컨대, 0.001 UCL은 랜덤하게 뽑힌 한 부분군의 관리통계량이 그 선을 돌파할 확률이 0.001이 되도록 정해진다.

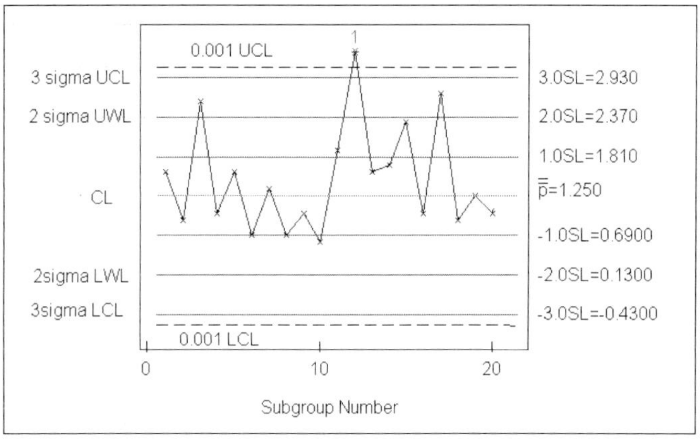

[도표 3.1] 관리도와 관리한계선

3.1.2 관리도의 용도

관리도는 통계적 관리가 무엇을 뜻하는가를 정확히 보여준다. 이런 점 때문에 관리도는 다양하게 사용된다. 무엇보다도, 관리도는 온라인 공정 감시를 위해 사용된다: 즉 표본 데이터를 뽑아서 관리도를 작성한다. 이 때 모든 관리 통계계량값이 관리한계선 안에 떨어지고 아무 특정한 양상이 나타나지 않으면, 우리는 공정이 그 관리도가 시사하는 수준에서 관리상태에 있다고 말한다.

관리도의 다른 중요한 용도는 공정개선이다. 공정이 통계적 관리상태에서 운용되고 있지 않을 때 관리도는 특정원인들을 식별해내는데 효과적이다. 이런 원인들이 공정에서 제거될 수 있다면 변동성은 줄어들 것이고 공정은 개선될 것이다. 관리도에 의해 공정이 관리상태를 벗어날 때마다 특정원인을 찾아 제거함으로써 생산공정을 관리상태로 유지할 수 있게 되면 공정 개선, 품질 예측, 검사량 감소, 품질 보증 등이 가능해지며 따라서 소비자와의 협상에서도 좋은 입장을 유지할 수가 있다.

그러나 관리도는 특정원인들을 탐지해 낼뿐이다. 따라서 이런 특정원인들을 제거하는데 필요한 조치들 또는 활동들을 조직화하기 위한 계획 즉 관리이탈조치계획(Out-Of-Control-Action-Plan, OCAP)이 필요하다. OCAP은 관리이탈신호와 같은 활성화 사건(activating events)이 발생하면 순차적으로 실행해야 할 활동들에 대한 서술이다. OCAP은 잠재적 특정원인들을 나타내는 확인점들(checkpoints)과 특정원인을 제거함으로써 그 관리이탈 조건을 해소시키기 위해 취해야 할 조치들을 나타내는 해결책들(terminators)로 구성된다. OCAP은 가능한 한 확인점들과 해결책들을 빠짐없이 갖추어야 하며, 이들은 공정진단활동이 용이하도록 배치되어야 한다. 공정이나 제품의 사전고장양식 분석은 이런 배치에 도움을 줄 수 있다. 더욱이 OCAP은 공정에 대한 지식과 이해가 커짐에 따라 수정될 것이라는 점에서 살아있는 문서이다. 따라서 한 공정에 관리도가 처음 도입될 때 초기 OCAP이 수반되어야 한다. OCAP이 없는 관리도는 공정개선도구로서 그다지 유용하지 않을 것이다. 한마디로, OCAP은 두 번째에는 제대로 하기(Doing it the second time)위해서 필수적이다.

＊ OCAP의 사례를 찾아보자. 그리고 확인점들과 해결책들에 대한 베이즈 망(Bayesian network) 분석에 대해 연구해 보자.

우리는 또 관리도를 추정도구로 사용할 수 있다. 즉 통계적 관리 상태를 보여주는 관리도로부터 평균, 표준편차, 불량률 등과 같은 모수들이 추정될 수 있다. 이런 추정치들은, 예컨대, 공정의 능력을 평가하는데 사용될 수 있다. 이런 공정능력 연구는 제조/구입 결정, 공정 개선 방법, 제품 품질에 관한 고객이나 공급자와의 계약 등과 같은 경영의사결정에 큰 영향을 미친다.

이제 우리는 관리도가 널리 사용되고 있는 이유를 다음과 같이 정리해볼 수 있다:

첫째,　관리도는 생산성 향상을 위해 입증된 기법이다.
둘째,　관리도는 결함 예방에 효과적이다.
셋째,　관리도는 불필요한 공정 조정을 예방한다.

넷째, 관리도는 공정에 대한 진단 정보를 제공한다.

다섯째, 관리도는 공정능력에 대한 정보를 제공한다. 관리상태에 있는 한 공정의 관리한계선이 규격한계선(specification limits)의 훨씬 안쪽에 있다면, 그 공정은 능력이 있다고 일컬어진다.

✻ 거짓경보에 대한 반응(responding to a false alarm) 또는 부당 변경(tampering)은 흔히 관리한계선을 2 시그마 경고선과 같이 자연공차의 내부로 좁히거나 중심위치를 변경하는 것으로 나타난다. 그리고 당연하게 이런 조치는 장기적으로 공정 아웃풋의 변동을 증가시키는 것으로 귀결된다. Deming의 깔때기 실험은 이런 부당 변경의 폐해를 잘 드러내 준다.

✻ Deming의 깔때기 실험(funnel experiment)은 우연원인이 존재하는 안정적인 공정에 대한 부적절한 대응이 어떻게 사태를 악화시키게 되는지를 잘 보여준다. 관리도를 통해서 이런 공정의 성능이 파악되고 적절한 개선책이 마련될 수 있다.

[도표 3.2(b)] 데밍의 깔때기 실험의 네 가지 규칙들

규칙 1: 깔때기를 목표점(0,0)에 고정
규칙 2: 깔때기를 이전 위치로부터 현재의 오차만큼 반대방향으로 이동(조정, 교정)
규칙 3: 깔때기를 목표점으로부터 현재의 오차만큼 반대방향으로 이동(형평성 유지를 위한 보상: 나비넥타이 효과)
규칙 4: 깔때기를 마지막 공깃돌이 떨어진 위치로 이동(난보)

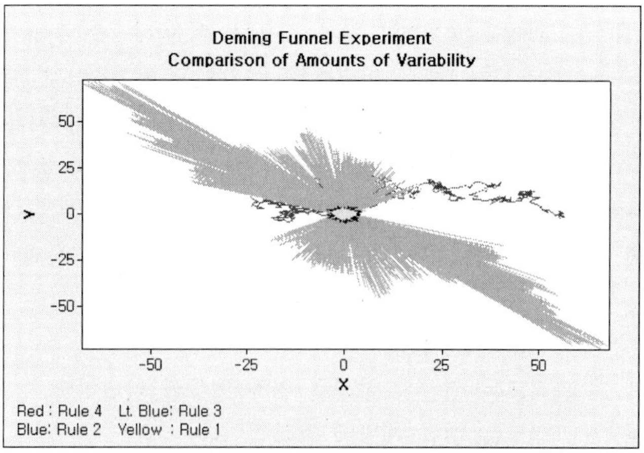

[도표 3.2(a)] 데밍의 깔때기 실험 결과

3.1.3 관리도의 성능

관리도는 기본적으로 두 가지 목표를 가진다: 공정이 관리상태에 있을 때는 신호(거짓 경보)를 가능한 한 "드물게" 발하는 것이고, 공정이 관리상태를 벗어나면 가능한 한 "빨리" 신호를 발하는 것이다. 이런 목표와 관련하여 관리도의 성능을 나타내는 측도로는 흔히 OC(operating characteristic, 운용특성) 곡선, 평균 런 길이(average run length, ARL), 또는 평균 신호시간(average time to signal, ATS)이 사용된다.

(1) OC 곡선

공정에 변화가 생겨서 공정 품질수준이 변화하였는데도 관리도가 이를 탐지하지 못할 확률은 관리도의 제2종 오류의 크기를 나타내며 소비자 위험(consumer's risk, 흔히 β로 표기된다)이라고 불린다; 반면에 공정에 변화가 없는데도 타점이 관리한계선을 벗어날 확률은 관리도의 제1종 오류의 크기를 나타내며 생산자 위험(producer's risk, 흔히 α로 표기된다) 또는 거짓경보율(false alarm rate, FAR)이라고 불린다. 우리는 이로부터 관리도와 가설검정의 유사성을 관찰할 수 있다.

구체적인 예를 들어서 관리도와 가설검정의 유사성을 살펴보자. 한 볼트 제조공정에서 중요한 품질특성은 볼트의 안지름이다. 이 공정은 평균 안지름 1.382 mm에서 관리될 수 있으며, 볼트 안지름의 표준편차는 0.0518 mm라고 알려져 있다. [도표 3.2]는 이 볼트의 평균 안지름을 관리하기 위한 한 관리도이다. 매 시간마다 다섯 볼트들의 랜덤표본이 뽑히고, 그 표본의 평균 안지름 $\overline{x}$가 이 관리도에 타점된다. 이 관리도는 표본평균 $\overline{x}$를 이용하여 공정평균을 감시하기 때문에 흔히 $\overline{x}$ 관리도라고 불린다. [도표 3.3(a)]에서 모든 점들이 관리한계선 안에 들어오므로 이 관리도는 공정이 통계적 관리상태에 있음을 시사한다.

관리한계선을 선택하는 것은 다음과 같은 가설쌍을 검정하기 위해 기각역을 설정하는 것과 동일한 작업이다: 공정 평균을 μ'로 나타내면,

$$H_0: \ \mu' = 1.382 \ \text{대} \ H_1: \ \mu' \neq 1.382$$

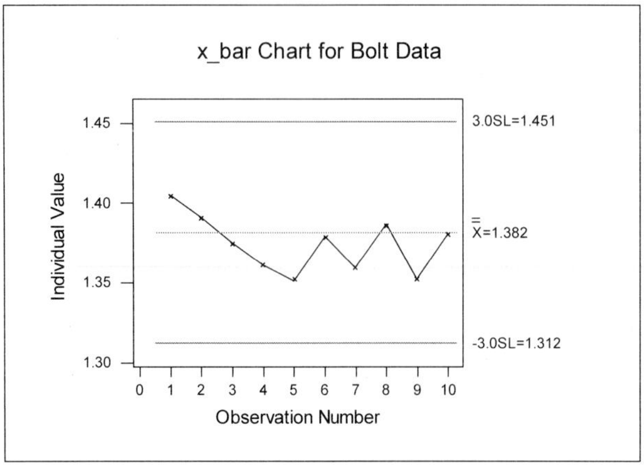

[도표 3.3(a)] 볼트 안지름에 대한 $\bar{x}$ 관리도

그리고 관리도를 운용하는 것은 다른 시점에서 반복적으로 이 가설쌍을 검정하는 것에 다름 아니다. 슈하르트 관리도에서는 전형적으로 "3 시그마" 관리한계선들을 사용한다. 따라서 이 경우에 관리한계선들은 다음과 같이 주어진다:

$$UCL = 1.382 + 3(0.0518/\sqrt{5}) = 1.451$$
$$LCL = 1.382 - 3(0.0518/\sqrt{5}) = 1.312$$

즉 위 가설쌍을 검정하기 위한 기각역은 다음과 같이 주어진다:

$$\bar{x} > UCL = 1.451 \text{ 또는 } \bar{x} < LCL = 1.312$$

이로부터 이 $\bar{x}$ 관리도의 제1종 오류의 크기(생산자 위험)와 제2종 오류의 크기(소비자 위험)는 다음과 같이 주어진다:

$$\alpha = P\{\bar{x} > UCL \text{ 또는 } \bar{x} < LCL\} = 0.0027$$
$$\beta(\mu) = P_a(\mu) = P\{LCL < \bar{x} < UCL | \mu' = \mu\}$$

※ 여기서, 그리고 앞으로도, $P_a()$ 는 주어진 모수값에서 관리통계량이 관리한계선 안에 들어갈 확률을 나타내는 기호이다.

관리도의 OC 곡선은 관리도의 판별력 즉, 공정에 변화가 있을 때 관리도가 이를 얼마나 민감하게 잡아낼 수 있는가를 나타내는 한 측도이다. 보다 구체적으로 말하자면, OC 곡선은 공정의 변화를 변화 후의 첫 부분군이 탐지하지 못할 확률을 나타낸다: 즉,

$$P_a(\theta) = P\{\text{공정 변화 후의 첫 점이 관리한계선 내에 위치} | \theta\} \quad \textbf{(3.1.1)}$$

여기서 θ는 품질 특성의 모수를 나타낸다. 그러면 k개의 연속된 부분군들로부터도 여전히 공정의 변화를 탐지하지 못할 확률은 P_a^k가 될 것이다.

위 볼트 안지름에 대한 $\bar{x}$ 관리도에서, OC 곡선은 공정평균 μ'에 따라 제2종 오류의 크기 $P_a(\mu)$를 그래프로 표현한 것이다. [도표 3.3(b)]는 이 $\bar{x}$ 관리도의 OC 곡선을 보여주고 있다. 이 OC 곡선은 공정평균이 이상적인 공정평균(이 경우에는 1.3816)으로부터 멀어질수록 소비자 위험이 낮아지는 전형적인 모습을 보여주고 있다.

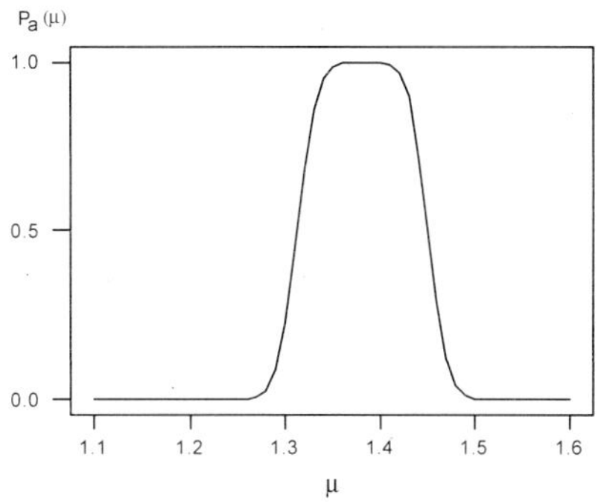

[도표 3.3(b)] 한 $\bar{x}$ 관리도의 OC 곡선

관 찰 $\bar{x}$ 관리도에서 관리한계선들의 폭은, 공정 표준편차가 주어져 있을 때, 표본크기에 반비례한다.

- 과제. 검정력 곡선과 OC 곡선은 어떤 관계인가?
- 과제. 이상적인 OC 곡선의 형태를 그려보아라.

(2) 평균 런길이와 평균 신호시간

평균 런길이(average run length, ARL)는 관리도 위의 점이 관리한계선을 벗어날 때까지의 평균 타점 수(즉 부분군들의 수)를 말한다. 공정관측들이 상관되어 있지 않다면, 아무 슈하르트 관리도의 ARL은 다음과 같이 주어진다: L을 처음으로 관리한계선을 벗어날 때까지의 타점수라 하고, 앞에서와 같이 아무 한 점이 관리한계선 안에 떨어질 확률을 로 나타내자. 그러면 $L \sim GEO_t$ $(1-P_a)$. 따라서

$$ARL = E[L] = \sum_{l=1}^{\infty} l(1-P_a)P_a^{l-1} = 1/(1-P_a). \quad (3.1.2)$$

그런데 런길이의 분포가 기하분포를 따른다는 점에서 ARL은 관리도의 성능을 서술하는 데 다소 부적절한 면이 있다. 그 이유는 첫째, P_a가 매우 클 때 기하분포는 전혀 대칭적이 아니므로 평균은 중심위치로서 대표성이 떨어진다는 점이다. 둘째, 런길이의 표준편차가 평균과 같아서 매우 크다는 것이다.

예제 3.1 $\bar{x}$ 관리도에서 3σ 관리한계선을 사용할 때 P_a=0.9973이다. 이 때 평균 즉 ARL과 표준편차는 모두 1/0.0027=370.37이다. ¶

※ 그 밖의 관리도에 대한 ARL은 그래프나 표를 이용하여 근사적으로 구한다.

관 찰 부분군 크기가 커지면 공정 변화를 탐지해내기 위한 ARL이 작아진다.

평균신호시간(average time to (false) signal, ATS)도 때때로 관리도의 성능 측도로 사용된다. 부분군의 표집 간격이 h 시간이라면 ATS는 다음과 같이 주어진다:

$$ATS = ARL \times h. \quad (3.1.3)$$

위 예에서 우리가 매시간 표본을 뽑아서 타점한다면(즉 h=1), 우리는 평균적으로 약 370 시간마다 한 번씩 거짓 경보신호를 보게 될 것이다.

3.1.4 관리도의 종류

관리도는 품질특성에 따라 크게 계수형 관리도(control charts for attributes)와 계량형 관리도(control charts for variables)로 나누어진다. 계수형 관리도는 표본 불량률(fraction defective or nonconforming)이나 결함수(the number of defects or nonconformities) 등을, 계량형 관리도는 표본 평균이나 분산 등의 통계량값들을 타점한다.

여기서 결함, 불량품, 불량률의 뜻을 간단히 살펴보자. 결함(defect)이란 요구사항에 합치되지 않거나 바람직하지 않은 어떤 결과이다. 불량품(defective)은 합격기준을 충족시키지 못하는 한 전체 단위를 가리킨다. 대개 한 단위는 한 개 또는 여러 개의 결함들 때문에 불량품이 된다. 한 단위는 측정되거나 평가될 수 있는 어떤 제품이나 프로세스 또는 서비스를 가리킨다. 불량률은 불량품의 비율을 가리킨다. 이들의 상세한 뜻에 대해서는 6.6절을 참조하기 바란다.

3.1.5 부분군 형성

관리도에 한 점(즉 관리통계량값)을 찍기 위해 되풀이 추출되는 표본을 부분군(subgroup)이라 한다. 대부분의 관리도들은 "합리적 부분군(rational subgroup)"을 토대로 공정의 단기적 변동을 추정하도록 설계되어 있다. 관리한계선에 의해 정의되는 장기적 변동은 이런 단기적 변동들로부터 추정된다.

Nelson(1988)에 의하면, 합리적 부분군이란 "랜덤 효과들만이 존재하는 공정에서 생산된 품목들로 이루어진 표본"이다. 이 정의는 다음과 같은 성질들을 내포하고 있다:

첫째, 부분군을 이루는 관측들은 독립적이어야 한다. 만일 부분군 안의 관측들이 자기상관되어 있다면 흔히 부분군내 변동이 매우 작게 되고 이는 관리한계선을 지나치게 좁게 만든다. 이는 또 빈번하게 거짓 경보에 의한 반응을 초래하게 된다. 자기상관성을 위해서 더빈-왓슨 검정이나 자기상관함수(autocorrelation function, ACF) 분석을 실시해 볼 필요가 있다.

둘째, 한 부분군 안에 있는 관측들은 한 안정된(stable) 단일 공정의 아웃풋이어야 한다. 만일 각 부분군이 여러 공정들로부터 유래한 품목들로 구성된다면, 또는 각 부분군내에 빈번하게 다른 특정원인들이 존재한다면, 부분군내 변동은 부분군 평균들간의 변동에 비해 상대적으로 커지게 된다. 이는 관리한계선들의 폭을 지나치게 넓게 만들 것이며 따라서 관리도의 민감성을 매우 낮게 만들 것이다. 다음 절의 런규칙 7은 이런 현상을 대비하기 위한 것이다.

셋째, 부분군은 시간에 걸쳐서 얻어진 관측들로 구성되어야 한다. 즉 부분군들은 한 데이터 집합으로부터 랜덤하게 형성되어서는 안된다; 한 부분군을 이루는 데이터는 한 작은 시간창에 걸쳐서 얻은 공정의 단편이어야 한다. 시간창의 크기는 부분군내에 한 특정원인이 발생할 확률이 최소가 되도록 결정되어야 한다.

종합적으로, 특정원인이 존재할 때 부분군간의 변동은 최대가 되고 부분군내의 변동이 최소가 되도록 부분군을 형성한다면—즉 부분군내 변동은 우연원인에 의한 변동이 되도록, 그리고 부분군간 변동은 특정원인에 의한 변동이 되도록 부분군을 형성한다면—그 관리도는 특정원인을 찾아내는데 매우 효과적일 것이다. 물론 현실적으로 합리적 부분군을 형성하는 것은 거의 불가능하다. 이런 관점에서 생산순서, 작업조, 생산설비 등을 층화하여 동질적인 품질 수준의 제품들로 부분군을 형성하는 것이 바람직하다고 할 수 있다.

공정관리를 목적으로 관리도를 작성하려면 공정관리자가 부분군의 크기와 추출빈도를 미리 정해야 한다. 일반적으로 부분군의 크기가 클수록 관리도의 민감도는 더 높아지며, 따라서 공정의 변화를 탐지하지 못할 확률은 감소한다. 즉 부분군의 크기가 커지면 [도표 3.4]에서와 같이 OC 곡선의 기울기는 더 가파르게 된다. 마찬가지로, 부분군의 추출빈도가 높을수록 공정 변화를 신속히 파악할 수 있다. 그러나 큰 부분군을 자주 추출하는 정책은 비용 문제로 제한을 받는다. 따라서 부분군의 크기와 추출빈도는, 공정 변화를 탐지하지 못함으로써 입게되는 손실 비용, 검사비용, 그리고 공정 변화에 관한 확률분포 등을 고려하여 결정하게 된다.

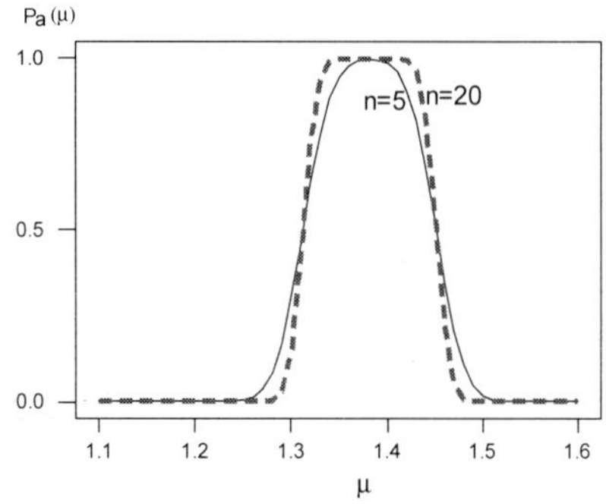

[도표 3.4] 부분군 크기별 OC 곡선: $\bar{x}$ 관리도

3.1.6 관리도에서 볼 수 있는 패턴들

관리도는 프로세스를 반영한다. 따라서 우리는 관리도가 보여주는 변동성의 패턴을 통해 프로세스를 진단할 수 있다. [도표 3.5(a)]와 [도표 3.5(b)]는 정상(定常, stationary) 패턴을 나타내고 있다: 즉 이 프로세스 데이터는 한 고정된 평균을 중심으로 시간에 걸쳐 안정적인(또는 예측 가능한) 변화를 보이고 있다. 이런 행동 패턴은 관리 상태에 있는 프로세스에 의해 산출된다. 두 프로세스의 차이는 (a)는 상관되어 있고 (b)는 상관되어 있지 않다는 것이다. 즉 (b)는 정상이지만 자기상관된(autocorrelated) 프로세스로부터 나온 것이다.

자기상관된 정상 프로세스 데이터는 평균의 아래나 위 쪽에 비교적 긴 런들을 형성하는 경향이 있다. [도표 3.5(c)]는 시간에 걸쳐서 프로세스 평균이 불안정하게 변하는 비정상 프로세스(nonstationary process)를 나타내고 있다. 이런 프로세스 데이터는 흔히 화학 산업과 같은 일관 산업(continuous industry)에서 생성된다. 이런 프로세스 패턴은, 예컨대, EPC(engineering process control)와 같은 프로세스 보정 기법을 사용하여 안정화시킬 수 있다. EPC에 대해서는 Montgomery(2005)를 참조하라.

슈하르트 관리도는 관리상태에 있는 프로세스가 정상이고 자기상관이 없을 때 안정된 성능을 보인다. 즉 슈하르트 관리도는 이럴 때 관리 이탈 상태를 효과적으로 탐지해 내도록 설계된 것이다. 슈하르트 관리도나 다른 관리도들은 자기 상관된 정상 프로세스에도 적용될 수 있다.

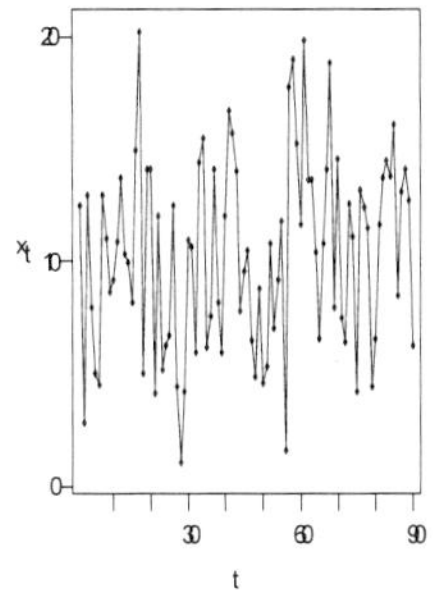

[도표 3.5(a)]
정상–무상관 프로세스

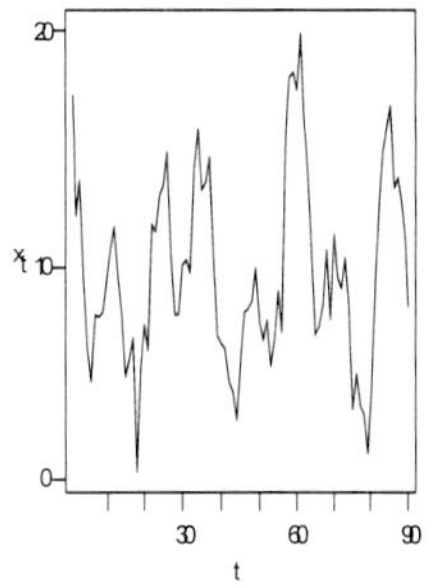

[도표 3.5(b)]
정상–상관 프로세스

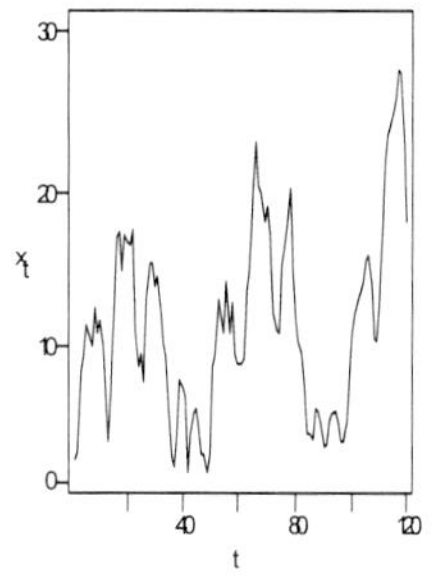

[도표 3.5(c)]
비정상 프로세스

3.2 런 규칙

런 규칙들(runs rules)은 슈하르트 관리도에서 점들의 양상들을 토대로 품질의 작은 변화에 대한 탐지능력을 높이는데 도움을 준다. 런(run, 연)이란 같은 성질을 가지는 연이은 데이터를 말한다.

[예] 양호품 런과 불량품 런, 중위수(또는 평균) 상위 런과 하위 런, 상향 런과 하향 런

런 검정은 한 데이터셋이 특정한 랜덤과정으로부터 생성되었는지를—주어진 데이터의 순서가 랜덤한지를—검정하는데 사용된다. 우리는 런의 두 가지 특성, 즉 런수와 런길이에 대한 확률분포를 이용하여 관리도 상에 나타난 품질 변동이 랜덤하지 않은가를 통계적으로 검정할 수 있다. 최장 런길이가 너무 길거나 너무

짧으면 우리는 품질변동이 랜덤한가를 의심하게 된다. 마찬가지로, 런수가 너무 적거나 또는 너무 많은 것도 품질변동이 랜덤하지 않음을 시사한다.

※ 런수나 런길이를 계산할 때 동점(ties)이 발생하면 런수가 많아지도록 또는 짧은 런들의 길이가 길어지도록 보수적인 조치를 취하는 것이 안전하다.

3.2.1 런수에 의한 검정

한 관리도를 고려하자. 우리는 관리도의 런들을 기준이 되는 성질에 의해 두 집단으로 분류할 수 있다. 우리는 두 집단 중에서 더 적은 점들을 담고 있는 집단을 집단 1로, 나머지 집단을 집단 2로 나타낼 것이다. 집단 1에 속하는 점들의 수와 런 수를 각각 k_1과 R_1로 나타내고, 집단 2에 속하는 점들의 수와 런 수를 각각 k_2와 R_2로 나타내자. 그러면 이 관리도의 런수 R는 $R = R_1 + R_2$이다.

[도표 3.6]의 런수 분포표는 주어진 k_1, k_2, α에 대해 $P\{R > r_\alpha\} = 1 - \alpha$를 만족하는 하한 r_α를 나타내고 있다. (점들의 수가 20이상일 때는 흔히 런수의 분포로 정규분포근사를 사용한다.) 따라서 우리는 주어진 관리도에서 런수가 r_α보다 작거나 같으면 유의수준 α에서 점들이 랜덤하지 않다고 즉 공정이 관리상태에서 이탈되었다고 판정한다. (런수가 지나치게 많은 것도 랜덤성을 의심하게 만들며, 이도 검정의 대상이 되어야 한다. 이 부분은 런 검정에 대한 미니탭 실습에서 상세히 다루어질 것이다.) 부록의 [도표 A.8]에도 런수 분포표가 전시되어 있다.

참고 주어진 k_1, k_2, α에 대해 $P\{R < r_\alpha^u\} = 1 - \alpha$를 만족하는 상한 r_α^u는 하한 r_α와 근사적으로 다음 관계를 가진다: $r_\alpha^u \doteq k_1 + k_2 + 1 - r_\alpha$. 우리는 [도표 A.8]로부터 이 근사적 관계를 확인할 수 있다.

[도표 3.6] 런수 분포표

		주어진 k_1, k_2, α에 대해 $P\{R>r_\alpha\}=1-\alpha$를 만족하는 하한 r_α																	
k_2	α \ k_1	3	4	5	6	7	8	9	10	11	12	13	14	15	16	17	18	19	20
3	0.005	0																	
	0.05	0																	
4	0.005	0	0																
	0.05	0	2																
5	0.005	0	0	0															
	0.05	2	2	3															
6	0.005	0	0	2	2														
	0.05	2	3	3	3														
7	0.005	0	0	2	2	3													
	0.05	2	3	3	4	4													
8	0.005	0	2	2	3	3	3												
	0.05	2	3	3	4	4	5												
9	0.005	0	2	2	3	3	3	4											
	0.05	2	3	4	4	5	5	6											
10	0.005	0	2	3	3	3	4	4	5										
	0.05	3	3	4	5	5	6	6	6										
11	0.005	0	2	3	3	4	4	5	5	5									
	0.05	3	3	4	5	5	6	6	7	7									
12	0.005	2	2	3	3	4	4	5	5	6	6								
	0.05	3	4	4	5	6	6	7	7	8	8								
13	0.005	2	2	3	3	4	5	5	5	6	6	7							
	0.05	3	4	4	5	6	7	7	8	8	9	9							
14	0.005	2	2	3	4	4	5	5	6	6	7	7	7						
	0.05	3	4	5	5	6	7	7	8	8	9	9	10						
15	0.005	2	3	3	4	4	5	6	6	7	7	7	8	8					
	0.05	3	4	5	5	6	7	8	8	9	9	10	10	11					
16	0.005	2	3	3	4	5	5	6	6	7	7	8	8	9	9				
	0.05	3	4	5	6	6	7	8	8	9	10	10	11	11	11				
17	0.005	2	3	3	4	5	5	6	6	7	7	8	8	9	9	10			
	0.05	3	4	5	6	7	7	8	9	9	10	10	11	11	12	12			
18	0.005	2	3	4	4	5	6	6	7	7	8	8	9	9	10	10	11		
	0.05	3	4	5	6	7	8	8	9	10	10	11	11	12	12	13	13		
19	0.005	2	3	4	4	5	6	6	7	8	8	9	9	10	10	10	11	11	
	0.05	3	4	5	6	7	8	8	9	10	10	11	12	12	13	13	14	14	
20	0.005	2	3	4	4	5	6	7	7	8	8	9	9	10	10	10	11	12	12
	0.05	3	4	5	6	7	8	9	9	10	11	11	12	12	13	13	14	14	15

예제 3.2 런수를 이용하여 [도표 3.1]에 전시된 관리도의 상향 런과 하향 런이 랜덤한지를 유의수준 5%에서 검정하라.

풀이 상향 런수와 하향 런수가 각각 8과 9이므로 총 런수는 17이다. 그리고 [도표 3.6]으로부터 k_1=9(하향 런에 속하는 점들의 수), k_2=10(상향 런에 속하는 점들의 수), 그리고 α=0.05일 때, 기각하한은 r_α=6이다. 더 구체적으로, 우리는 [도표 A.8]로부터 다음 확률들을 읽을 수 있다: $P\{R \leqq 6\}$=0.029, $P\{R \geqq 14\}$=0.024. 즉 α=0.05일 때 r_α=6이고, r^u_α=14이다. 총 런수 17이 상한을 초과하므로 우리는 5% 유의수준에서 이 관리도상의 점들이 랜덤하다는 영가설을 기각

할 수 있다. ¶

3.2.2 런길이에 의한 검정

한 관리도의 최장 런길이를 L로 나타내자. [도표 3.7]의 런길이 분포표는 주어진 점들의 수 k와 유의수준 α에 대해 $P\{l_{\alpha/2} < L < l_{1-\alpha/2}\} = 1-\alpha$를 만족하는 하한과 상한 $(l_{\alpha/2}, l_{1-\alpha/2})$을 나타내고 있다. 우리는 주어진 관리도에서 최장 런길이가 구간 $(l_{\alpha/2}, l_{1-\alpha/2})$의 밖에 있으면(경계점들을 포함하여) 점들이 랜덤하지 않다고 판정한다.

[도표 3.7] 최장 런길이 분포표

점들의 수(k)	유의 수준 α = 0.05		유의수준 α = 0.01	
	하한($l_{\alpha/2}$)	상한($l_{1-\alpha/2}$)	하한($l_{\alpha/2}$)	상한($l_{1-\alpha/2}$)
10	1	–	–	–
12	1	6	1	–
14	1	7	1	7
16	1	7	1	8
18	1	7	1	8
20	1	8	1	9
22	1	8	1	9
24	2	8	1	9
26	2	8	1	10
28	2	9	1	10
30	2	9	1	10
32	2	9	2	10
34	2	9	2	11
36	2	9	2	11
38	2	9	2	11
40	2	10	2	11
42	2	10	2	11
44	2	10	2	11
46	2	10	2	11
48	2	10	2	12
50	2	10	2	12
52	2	10	2	12
54	3	10	2	12
56	3	10	2	12
58	3	10	2	12
60	3	10	2	12

예제 3.3 최장 런길이를 이용하여 [도표 3.1]에 전시된 관리도의 상향 런과 하향 런이 랜덤한지를 유의수준 5%에서 검정하라.

풀이 k=19이고, α=0.05일 때 최장 런길이의 기각하한과 기각상한은 각각 1과 7 또는 8로 주어진다. 그런데 [도표 3.1]에서 최장 런길이는 2이므로 이 관리도 상의 점들이 랜덤하다는 영가설을 기각할 수 없다. ¶

3.2.3 미니탭 실습: 런 검정

방사능 측정장비를 생산하는 한 회사를 고려하자. 우리는 막장비가 일관성있게 방사능의 양을 측정하는 능력에 관심을 가지고 있다. 우리는 한 실험실에서 수집된 20 장비들(부분군크기는 2)의 시험 데이터를 분석하려고 한다. 매 시험 후에 각 장비가 측정한 방사능 양이 기록되었다. 측정값들의 변동을 평가하기 위한 탐색 측도로서 런그래프(run chart)를 작성해보고, 특정원인을 시사하는 특정양상을 인식할 수 있는지 조사해보자. (이 막 데이터는 sqcdata₩radon.mtw에 membrane라는 이름으로 저장되어 있다.)

45	33	26	46	25	32	33	22	30	26
37	34	44	43	35	38	38	45	39	39

명령 RUNCHART

□ 구문규칙

Stat 〉 Quality Tools 〉 Run Chart

RUNCHART C E

RSUB C...C [K] # 부분군 데이터가 행들 C...C에 저장되어 있음을 지정한다. 여기서 옵션인 K는 모형의 수를 나타낸다.

MEDIANS # 부분군 평균 대신에 중위수를 타점하도록 지정한다

SORT 부분군 ID 열에 의해 데이터를 정렬하도록 지정한다.

TITLE "text" # 제목을 지정한다

GSAVE "file" # 런차트를 mgf 파일형식으로 저장하도록 지정한다

□ 해설

명령 RUNCHART는 부분군 데이터가 열 C에, 부분군 번호가 E에 저장되어 있을 때 부분군 평균에 대한 런그래프를 작성해주고 두 가지 런수검정을 수행한다.

① 런그래프 또는 공차그래프(tolerance chart)

RUNCHART는 부분군 크기에 관계없이 모든 개별값 대 부분군 번호를 타점한다. 부분군 크기가 1보다 클 때는 부분군 평균(기본값)이나 중위수도 타점하며, 이 점들을 연결시킨다. 수평 참조선은 모든 관측값들에 대한 중위수를 나타낸다. (중위수 상위런과 하위런에 대한 런수검정에서 말하는 중위수는 바로 이 수평 참조선이다.)

② 두 가지 런수 검정

RUNCHART의 런 검정은 중위수 상위런과 하위런에 대한 런수 검정과, 상향 또는 하향 런수 검정으로 이루어진다. 두 가지 런수 검정들은 모두 부분군 평균들(기본)이나 부분군 중위수들을 기초로 한다.

- 중위수 상위런과 하위런에 대한 런수 검정에서, 기대값보다 런수가 많은 것은 여러 모집단으로부터 데이터가 혼합되었음을 시사하는데(mixture), 이때 중심선 근처에는 점들이 거의 오지 않는다. 한편 기대값보다 런수가 적은 것은 데이터의 군집을 시사하는데(clustering), 이는 중심수준이 갑작스럽게 이동한 결과로 해석될 수 있다.
- 상향 또는 하향 런수 검정에서, 기대값보다 런수가 많을 때는 데이터가 진동하고 있음을 시사하며(oscillation), 기대값보다 런수가 적을 때는 데이터가 경향선을 따라 이동하고 있음을 시사한다(trend).
- 참고로, 평균 상위런과 하위런에 대한 런수 검정은 명령 RUNS로 수행할 수 있다. RUNS 명령은 기본적으로 평균 상위런과 하위런에 대한 런수 검정을 실시하며, 중위수 상위런과 하위런에 대한 런수 검정을 실시하려면 먼저 중위수를 구한 후 이를 명시해야 한다.

명령 RUNS

□ 구문규칙

Stat 〉 Nonparametrics 〉 Runs Test

RUNS test [above and below K] on C...C

□ 해설

RUNS 명령은 열거된 각 열에 대해 양측 런검정을 실시한다. 여기서 런은 K를 초과하는, 또는 K에 미달하는, 연이은 관측들이다. K의 기본값은 평균이다. 결측값(*)은 데이터의 맨 앞이나 맨 뒤에만 허용된다.

예제 3.4 [도표 3.8]은 막 데이터에 대한 런그래프와 런검정 결과이다. 중위수 상하위 런수가 기대값보다 작다. 군집에 대한 런검정의 P-값이 매우 작으므로, 우리는 데이터에 군집이 있다고 판단을 내릴 수 있다.

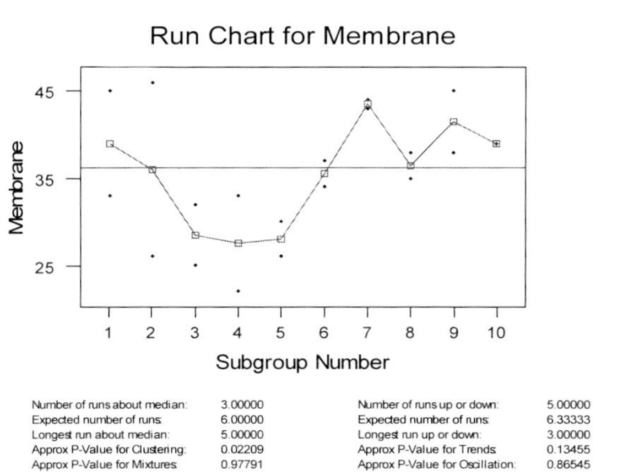


```
# Stat > Quality Tools >
#        Run Chart
MTB > Runchart &
Cont>   'Membrane' 2;
SUBC>  Means.
```

[도표 3.8] 런그래프와 런 검정-막 데이터(부분군 크기 2)

예제 3.5 [도표 3.9]는 같은 막 데이터에 대해 부분군크기를 1로 하여 작성한 런그래프이다. 이번에는 아무 특정양상도 인식되지 않는다.

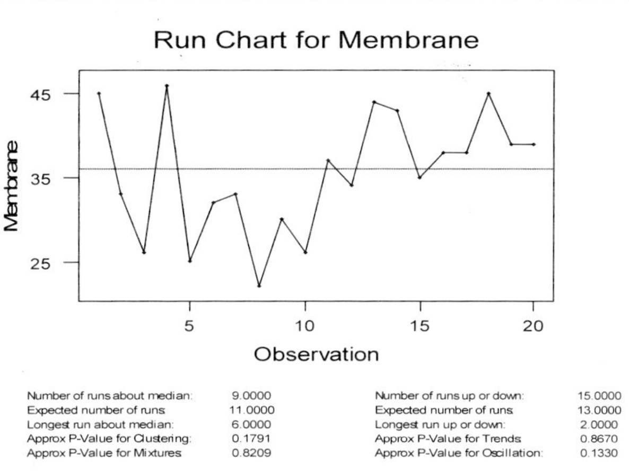


```
# Stat > Quality Tools
#      > Run Chart
MTB > Runchart &
Cont>   'Membrane' 1;
SUBC>  Means.
```

[도표 3.9] 런그래프와 런 검정-막 데이터(부분군 크기 1)

예제 3.6 막 데이터에 대해 RUNS 명령을 이용하여 런검정을 실시해보자. [도표 3.10]의 (a)와 (b)에서 보듯이, 중위수나 평균 상하위 런 검정의 P-값은 모두 0.3583 이므로 점들이 랜덤한 공정으로부터 나왔다는 영가설을 기각할 수 없다.

[도표 3.10(a)] 중위수 상하위 런수검정: 명령 RUNS – 막데이터(부분군크기 1)

Runs Test Membrane K = 36.0000 The observed number of runs = 9 The expected number of runs = 11.0000 10 Observations above K 10 below * N Small -- The following approximation may be invalid The test is significant at 0.3583 Cannot reject at alpha = 0.05	MTB > name k1 'median' MTB > let 'median' = & CONT> median('membrane') # Stat > Nonparametrics # > Runs Test MTB > Runs 'median' 'Membrane'.

[도표 3.10(b)] 평균 상하위 런수 검정: 명령 RUNS – 막데이터(부분군크기 1)

Runs Test Membrane K = 35.5000 The observed number of runs = 9 The expected number of runs = 11.0000 10 Observations above K 10 below * N Small -- The following approximation may be invalid The test is significant at 0.3583 Cannot reject at alpha = 0.05	# Stat > Nonparametrics # > Runs Test MTB > Runs 'Membrane'.

우리는 관리이탈패턴의 유형과 그 원인을 다음과 같이 정리해 볼 수 있다:

첫째, 중위수 상하위 런수 검정에서, 군집 패턴은 흔히 공정평균의 급격한 이동에 기인한다. 혼합 패턴은 상이한 모집단들이 혼합되었음을 시사한다.

둘째, 상하향 런수 검정에서, 추세 패턴은 대개 공정평균의 점진적 변화를 시사한다. 순환 패턴은 데이터가 진동하고 있음을 시사한다.

3.2.4 관리 상태 이탈 판정을 위한 런 규칙들

기본적으로 관리도는 공정이 관리상태에 있으면 관리 통계량값들이 관리한계선 안에 머무르도록 고안되었다. 그런데 일반적으로 슈하르트 관리도들은 공정의 작은 변화에는 그다지 민감하지 못한 것으로 알려져 있다. 런 규칙들(runs rules)은 슈하르트 관리도에서, 관리 통계량값들이 관리 한계선 안에 머무르고 있더라도, 점들의 양상을 토대로 품질의 작은 변화에 대한 탐지능력을 높이는 데 도움을 준다.

▮ 미니탭에 구현된 런 규칙들

미니탭은 특정원인에 의한 예외적 양상을 검정할 수 있는 명령(DEFTEST)을 제공하고 있다. 더욱이 이 명령은 검정의 민감도를 사용자가 직접 정의할 수 있도록 허용하고 있다.

□ 명령 DEFTEST의 구문구조

Tools 〉 Options 〉 Control Charts and Quality Tools 〉 Define Tests

DEFTEST for test number K test element is K, …, K K

- DEFTEST는 부명령 TEST를 지원하는 아무 관리도에나 적용된다. 그리고 이 지정은 미니탭을 다시 시작할 때까지 유효하다.
- 여기서 K들은 쌍으로 나타나는데, 각 쌍에서 첫 번째 K는 검정번호이고, 두 번째 K는 검정의 내용(즉, 민감도)을 나타내는 숫자이다.
- 참고로, RCHART, SCHART, MRCHART는 검정 1에서 4까지만 지원한다.
- 두 번째 K의 가능한 값들은 첫 번째 K에 따라 다음과 같이 달라진다:

[도표 3.11(1)] 명령 DEFTEST의 런 규칙들

첫 번째 K	검정내용	두 번째 K의 범위(기본값)	확률 예(기본값에 대한)	
			$\bar{x}$ 관리도	R 관리도 (n=5) 위 쪽, 아래 쪽
1	중심선으로부터 K 시그마 밖에 한점	1-6(3)	0.0013×2	0.0046, 0.0000
2	중심선으로부터 한쪽에 연이은 K점들	7-11(9)	0.0020×2	0.0011, 0.0034
3	증가 또는 감소하는 연이은 K점들	5-8(6)		
4	상하향을 교대하는 연이은 K점들	12-14(14)		
5	중심선으로부터 2 시그마 밖에 연이은 K+1점들 중 K점 (같은 쪽)	2-4(2)	0.0015×2	0.0033, 0.0009
6	중심선으로부터 1 시그마 밖에 연이은 K+1점들 중 K점 (같은 쪽)	3-6(4)	0.0027×2	0.0026, 0.0054
7	중심선으로부터 1 시그마 내에 연이은 K+1점들 중 K점 (아무 쪽)	12-15(15)		
8	중심선으로부터 1 시그마 밖에 연이은 K+1점들 중 K점 (아무 쪽)	6-10(8)		

※ 이 여덟 가지 런 규칙들은 Western Electric(1956)과 Nelson(1984)에 유래한다.

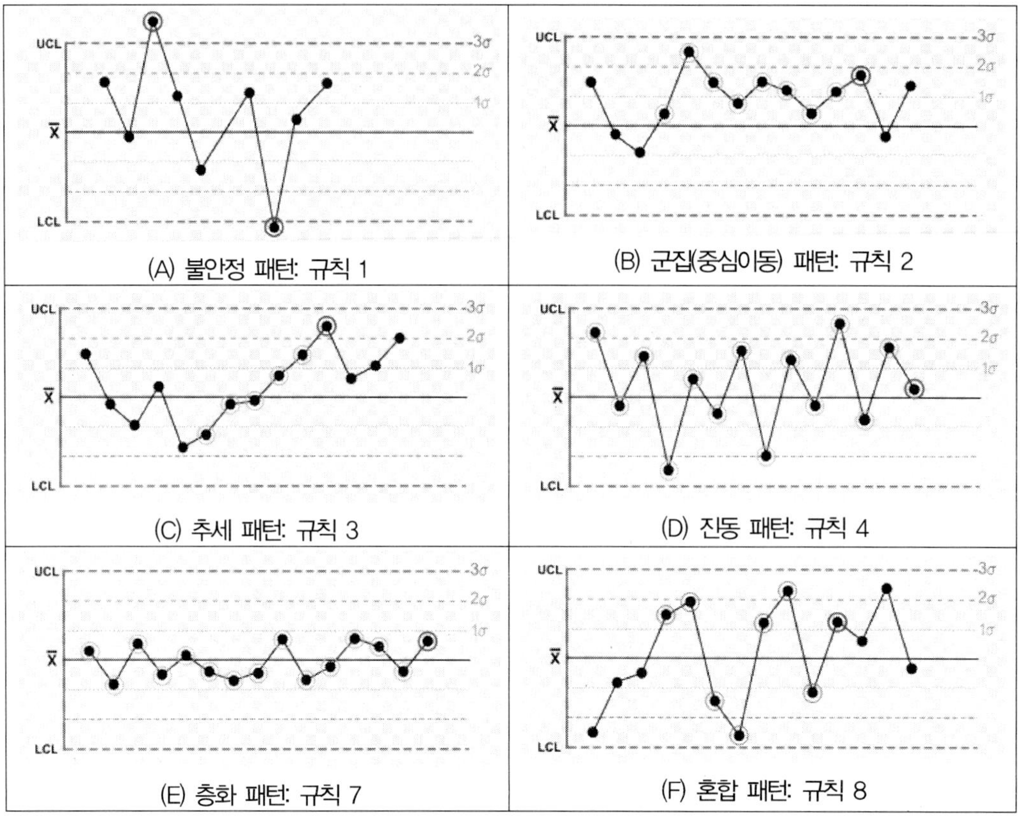

[도표 3.11(2)] 관리도의 특정 패턴들

(A) 불안정 패턴: 관리한계선의 밖에 점들이 존재함(규칙 1)	(B) 군집 패턴: 공정평균의 갑작스런 변화(규칙 2) ■ 공정세팅의 변화 ■ 원자재들의 차이 ■ 한 기계 부품의 경미한 고장
(C) 추세 패턴: 공정평균의 점진적 변화(규칙 3) ■ 도구 마모 ■ 설비 노후화(deterioration)	(D) 진동 패턴: 주기적인 고저 점들을 가짐(규칙 4) ■ 도입 자재의 계절적/주기적 변동 ■ 되풀이 되는 온도와 습도의 효과 ■ 매일/매주의 화학적, 기계적, 또는 심리적 사건들 ■ 작업자들의 주기적 교체
(E) 층화 패턴: 관리한계선에 가까운 점들의 부재(규칙 7), 관리한계선에 비해 변동이 작음 ■ 관리한계선을 작성할 때의 층화보다 더욱 세분된 층화를 적용함	(F) 혼합 패턴: 중심선에 가까운 점들의 부재(규칙 8). 중심선을 피하는 경향 ■ 다른 공급자들, 기계들, 또는 작업자들에 기인한 제품들을 하나의 관리도에 타점함

[도표 3.11(3)] 관리도의 특정 패턴별 원인들

예제 3.7 다음은 p 관리도를 위해 계산된 관리통계량값들(즉 불량률)이다. 이들을 관리도에 타점하고 런 검정과 런 규칙들에 의해 공정의 관리상태를 판정하라. 이 공정의 평균불량률은 1.25%로 알려져 있고, 부분군 크기는 모두 400으로 동일하다. (이 데이터는 sqcdata₩percent.mtw에 저장되어 있다.)

1.60	0.90	2.60	1.00	1.60	0.70	1.35	0.70	1.00	0.60	
1.90	3.30	1.60	1.70	2.30	1.00	2.70	0.90	1.25	1.00	2.60

풀이 (1) 평균 상하위 런수 검정에 의한 판정: 아래 결과 상자에서 보듯이 평균 상하위 런수에는 아무런 특정 양상이 보이지 않는다.

```
Runs Test

 K =      1.2500

   The observed number of runs =  13
   The expected number of runs =  11.4762
   11 Observations above K    10 below
 * N Small -- The following approximation may be invalid
             The test is significant at  0.4940
             Cannot reject at alpha = 0.05
```

```
# Stat > Nonparametric
# > Runs Test

MTB > Runs  1.25 'p'.
```

(2) 런 관리도에 의한 판정: 아래 결과에서 보듯이 상향 또는 하향 런수가 지나치게 많으므로 공정이 진동하고 있다고 판정된다.

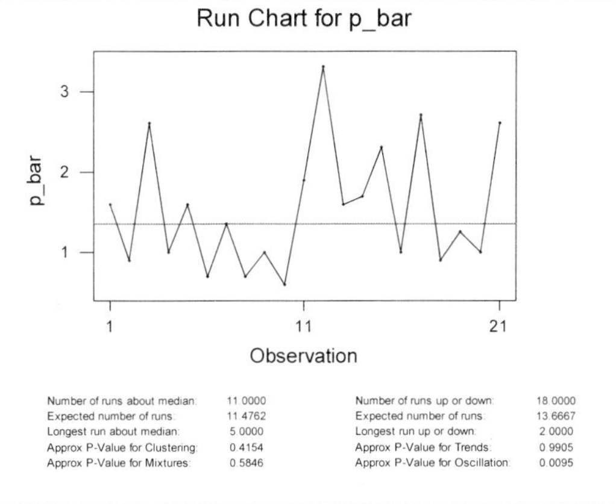


```
# 위 데이터를 'p_bar'에 넣은 후
# Stat > Quality Tools
#  > Run Chart

MTB > Runchart 'p_bar' 1;
SUBC>   Means.
```

(3) 런 규칙에 의한 판정: 이미 부분군에서 관리통계량값들이 계산되어 있으므로 런 규칙에 의한 판정을 위해서 개별값을 위한 ICHART 명령을 사용할 수 있을 것이다. 아래 결과에서 보듯이 한 점이 3시그마 관리한계선을

넘었다는 것 말고는 다른 특정 양상은 발견되지 않는다.

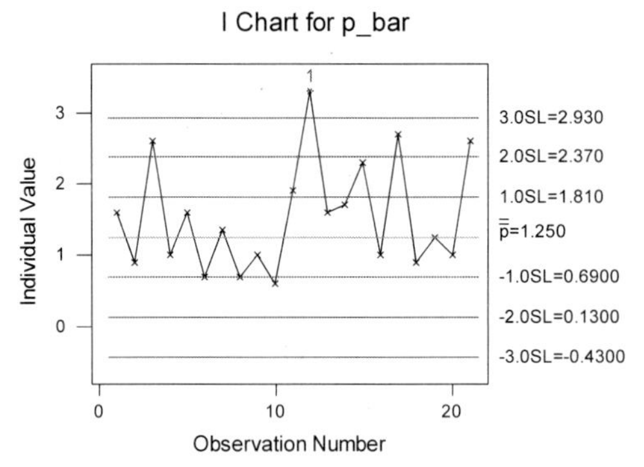


```
# Stat > Control Charts
#  > Variables Charts for
# Individuals > Individuals

MTB > Ichart 'p_bar';
SUBC>    Mu 1.25;
SUBC>    Sigma 0.56;
SUBC>    Slimits 1 2 3;
SUBC>    Symbol;
SUBC>    Connect;
SUBC>    Test 1 2 3 4 5 6 7 8.
```

```
TEST 1. One point more than 3.00 sigmas from center line.
Test Failed at points: 12
```

¶

3.2.5 비정규분포를 위한 변환

통계적 품질관리에서 계량형 품질데이터에 대해 널리 사용되고 있는 절차들(관리도나 샘플링 검사 등)은 대부분 정규분포를 토대로 하고 있다. 품질특성의 분포가 정규분포를 따르지 않는 경우에 우리는 먼저 정규분포로의 변환을 시도할 수 있다. 이 때 흔히 고려되는 변환은 박스-칵스 변환(Box-Cox transform)과 존슨 변환(Johnson transformation)이다.

(1) 박스-칵스 변환

박스-칵스 변환은 다음과 같이 주어진다:

$$x^{(p)} = \begin{cases} (x^p - 1)/p, & p \neq 0 \\ \log x, & p = 0 \end{cases}$$

데이터의 분포를 대칭화시키는 최적 변환차수 p를 찾는 알고리듬은 미니탭의 명령 BOXCOX에 구현되어 있다. (이에 대한 상세한 논의는 안(2003)을 참고하기 바란다.) 박스-칵스 변환은 공정데이터의 비정규성이나 불안정한 공정변동에 기인한 문제를 바로잡는데 유용하다.

□ 구문규칙

Stat 〉 Control Charts 〉 Box-Cox Transformation

BOXCOX C E

RSUB C...C # 부분군 데이터가 행 단위로 저장되어 있음을 지정한다
LAMBDA K...K or C...C # 변환에 사용할 값들을 지정한다
OVERALL # 최적 램다를 구할 때 사용할 전체 표준편차를 지정한다.
STORE C...C # 변환된 데이터를 저장할 열들을 지정한다.

□ 해설

명령 BOXCOX는 특히 관리도에서 사용되는 공정데이터에 대한 박스-칵스 진단을 수행한다. BOXCOX 명령은 양수데이터와 함께 사용해야 한다.

- BOXCOX 명령은 황금분할(golden section) 탐색으로 −5에서 5까지의 범위에서 최적변환차수 λ를 찾는다. 이 때 최적 기준은, 표준화된 변환 데이터 $x^{(p)} / G^{p-1}$의 표준편차가 최소가 되도록 하는 것이다. 여기서 G는 원 데이터의 기하평균이다: 즉 $G = \left(\prod_i^n x_i\right)^{1/n}$

※ Minitab 14 이전에는 황금분할 대신에 휘보나찌(Fibonacci) 탐색을 사용했었다.

참고 SAS에서는 우도비 검정을 통해 추정된 최적 변환이 무 변환과 유의하게 다른지를 판정한다.

(2) 존슨 변환

존슨 변환은 표준정규분포로 쉽게 변환될 수 있는 세 가지 분포족에 대한 변환시스템을 말한다: 유계(bounded) 분포족(SB), 로그정규(lognormal) 분포족(SL), 그리고 무계(unbounded) 분포족(SU). 이 세 분포족에 대한 존슨 변환 $J(x)$은 각각 다음과 같이 주어지며 이들은 함께 존슨 시스템(Johnson system)을 구성한다:

- 유계 분포족(SB)에 대해,
$J(x) = \gamma + \eta \ln[(x-\varepsilon)/(\lambda + \varepsilon - x)]$, $\eta, \lambda > 0$, $-\infty < \gamma < \infty$, $-\infty < \varepsilon < \infty$, $\varepsilon < x < \varepsilon + \lambda$
- 로그정규 분포족(SL)에 대해,
$J(x) = \gamma + \eta \ln(x - \varepsilon)$, $\eta > 0$, $-\infty < \gamma < \infty$, $-\infty < \varepsilon < \infty$, $\varepsilon < x$
- 무계 분포족(SU)에 대해,
$J(x) = \gamma + \eta \mathrm{Sinh}^{-1}[(x-\varepsilon)/\lambda]$, $\eta, \lambda > 0$, $-\infty < \gamma < \infty$

$-\infty < \varepsilon < \infty$, $-\infty < x < \infty$

여기서 $\mathrm{Sinh}^{-1}(x) = \ln(x + \sqrt{1+x^2})$.

Minitab 14은 존슨 변환을 위한 명령 JOHNSON을 제공한다.

명령 JOHNSON

□ 구문구조

Stat 〉 Quality Tools 〉 Johnson Transformation

JOHNSON [C]

RSUB C...C # 부분군 데이터가 행들에 저장되어 있음을 지정한다.

STORE C # 변환된 부분군 데이터를 한 열에 저장하도록 지정한다

STORE C...C # 변환된 부분군 데이터를 행들에 저장하도록 지정한다

SPARAMETERS C # 데이터 변환함수로 선택된 변환함수의 모수추정값들을 저장할 열을 지정한다

PVALUE K # 데이터 변환에 사용할 P-값을 지정한다

□ 해설

명령 JOHNSON은 데이터 C에 대해 존슨 시스템으로부터 가장 적합한 변환함수를 선택한다(추정한다).

- 명령 JOHNSON은 존슨 시스템의 각 변환함수족에 대해 최적 모수들을 추정한다.
- 선택된 분포에 대한 모수 추정치들을 계산할 때 몇 개의 표본 백분위수들이 사용된다. 미니탭은 이 백분위수들을 선택하기 위해 네 개의 대칭적 표준정규 분위수들을 사용한다: $-3z$, $-z$, z, $3z$. (여기서 z는 아무 양수이다.) 각 z에 대해 미니탭은 표준정규분포를 사용하여 네 개의 대칭적 편차들에 대한 확률들을 계산한다. 그리고 이 확률들을 사용하여 주어진 데이터셋에 대한 표본 백분위수들을 구한다. 미니탭은 이 표본백분위수들을 토대로 한 분포를 선택하고 그의 모수들을 추정한다. 미니탭은 z의 값으로 0.25와 1.25 사이의 값들을 사용한다.
- 추정된 각 변환함수를 사용하여 데이터를 변환시킨 뒤 정규성 검정을 위한 Anderson-Darling(A-D) 통계량과 이에 대한 P-값을 계산한다. P-값 기준(기본은 10%)을 초과하는 변환함수 가운데 가장 큰 P-값을 가지는 변환함수를 선택한다.

예제 3.8 [도표 3.12]는 sqcdata₩boxcox.mtw에 있는 변수 skewed에 대한 시각적, 수치적 요약이다. 이 요약에서 보듯이 이 데이터는 심하게 오른쪽으로 꼬리를 뻗고 있다. [도표 3.13]는 적합한 박스-칵스 변환차수가 0임을 나타내고 있다. [도표 3.14]는 원 데이터에 로그변환을 한 데이터의 시각적, 수치적 요약이다. 분포의 대칭성(또는 정규성)이 비교적 잘 달성된 것처럼 보인다. (이 데이터는 크기가 5인 50 부분군으로 구성되어 있다.)

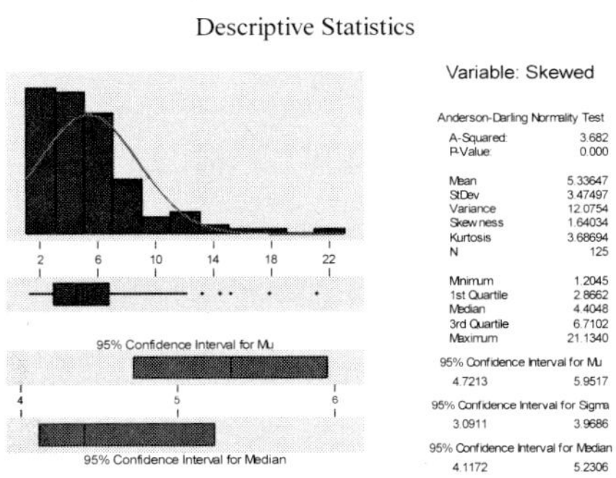


```
# Stat > Basic Statistics
#  > Graphical Summary
MTB > Gsummary 'skewed';
SUBC>   Confidence 95.0.
```

[도표 3.12] 원 데이터에 대한 요약

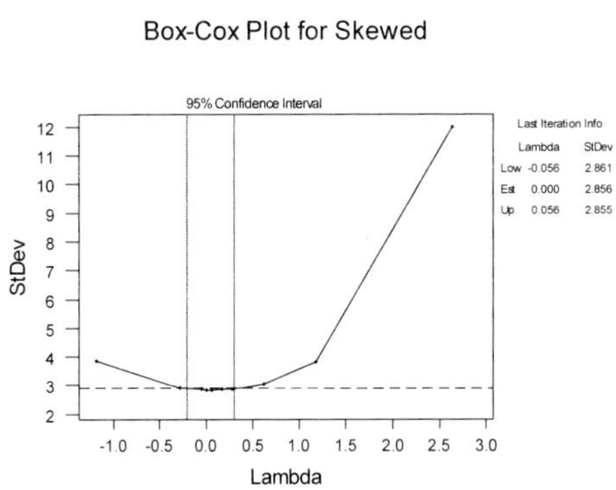


```
MTB > Name c2 = 'reexpressed'
# Stat > Control Charts >
# Box-Cox Transformation
MTB > Boxcox 'Skewed' 5;
SUBC>   Store 'reexpressed';
SUBC>   Lambda 0.
```

[도표 3.13] 원 데이터에 대한 박스-칵스 진단

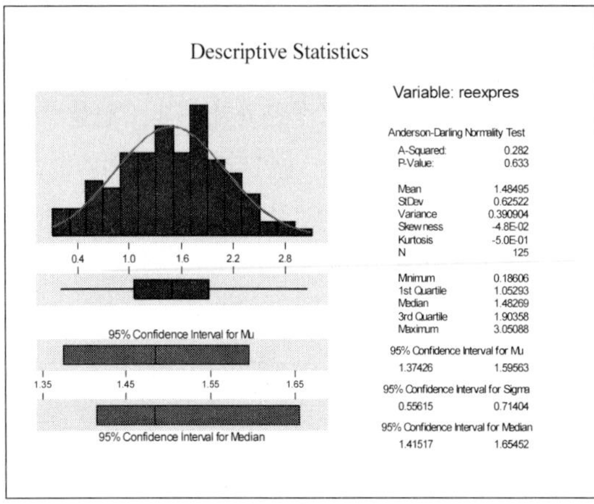


```
# Stat > Basic Statistics
#       > Graphical Summary
MTB > Gsummary 'reexpressed';
SUBC>   Confidence 95.0.
```

[도표 3.14] 재표현된 데이터에 대한 요약

[도표 3.15]에서 정규확률도와 Anderson-Darling 정규성 검정은 모두 원 데이터가 정규분포와는 거리가 멀다는 것을 시사한다. 그리고 표준정규분포로의 변환을 위한 최적 변환족은 유계분포족(SB)이고, 추정된 최적 변환함수를 보여주고 있다:

$$J(x) = 2.956 + 1.338 \ln[(x - 0.023)/(45.674 - x)].$$

이렇게 변환된 데이터에 대한 정규확률도와 Anderson-Darling 검정은 변환된 데이터가 정규분포로부터의 표본으로 간주될 수 있음을 시사한다. P-값과 z의 산점도는 최적 변환함수가 z=0.48에서 선택되고 있음을 보여준다.

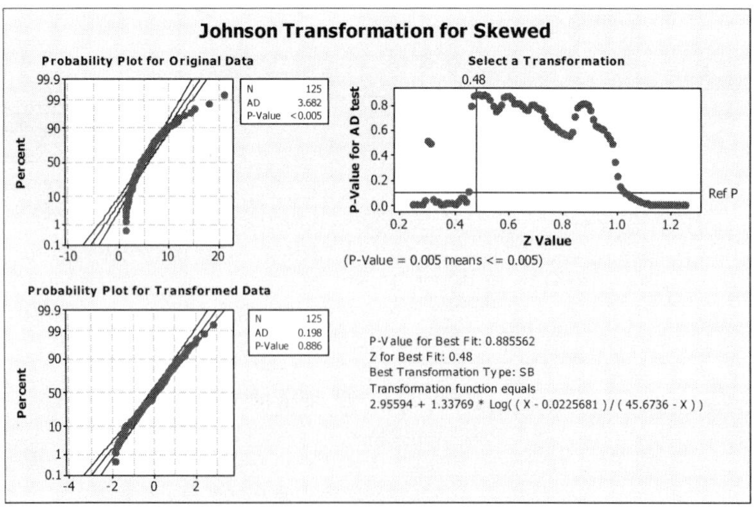

[도표 3.15] 존슨 변환에 의한 결과

3.3 연습문제

01 아래 $\bar{x}$ 관리도들의 관리 통계량값이 랜덤하다고 할 수 있는지 검토하라.

(a)

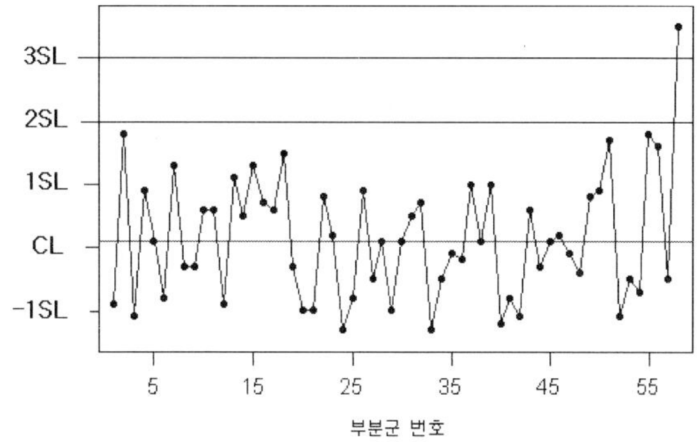

참고로, 위 관리도의 관리통계량값들은 아래와 같다:(sqcdata₩exer3_1에 저장되어 있다.)

−0.9	1.8	−1.1	0.9	0.1	−0.8	1.3	−0.3	−0.3	0.6
0.6	−0.9	1.1	0.5	1.3	0.7	0.6	1.5	−0.3	−1.0
−1.0	0.8	0.2	−1.3	−0.8	0.9	−0.5	0.1	−1.0	0.1
0.5	0.7	−1.3	−0.5	−0.1	−0.2	1.0	0.1	1.0	−1.2
−0.8	−1.1	0.6	−0.3	0.1	0.2	−0.1	−0.4	0.8	0.9
1.7	−1.1	−0.5	−0.7	1.8	1.6	−0.5	3.5		

(b)

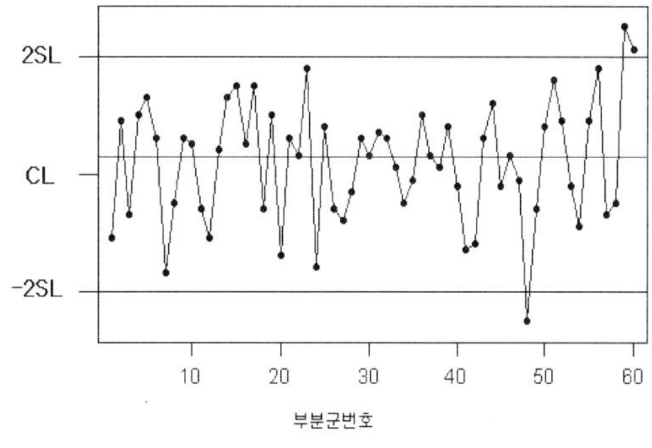

참고로, 위 관리도의 관리통계량값들은 아래와 같다:(sqcdata₩exer3_1에 저장되어 있다.)

−1.1	0.9	−0.7	1.0	1.3	0.6	−1.7	−0.5	0.6	0.5
−0.6	−1.1	0.4	1.3	1.5	0.5	1.5	−0.6	1.0	−1.4
0.6	0.3	1.8	−1.6	0.8	−0.6	−0.8	−0.3	0.6	0.3
0.7	0.6	0.1	−0.5	−0.1	1.0	0.3	0.1	0.8	−0.2
−1.3	−1.2	0.6	1.2	−0.2	0.3	−0.1	−2.5	−0.6	0.8
1.6	0.9	−0.2	−0.9	0.9	1.8	−0.7	−0.5	2.5	2.1

02 아래 $\bar{x}$ 관리도들의 관리 통계량값이 랜덤하다고 할 수 있는지 검토하라.

(a)

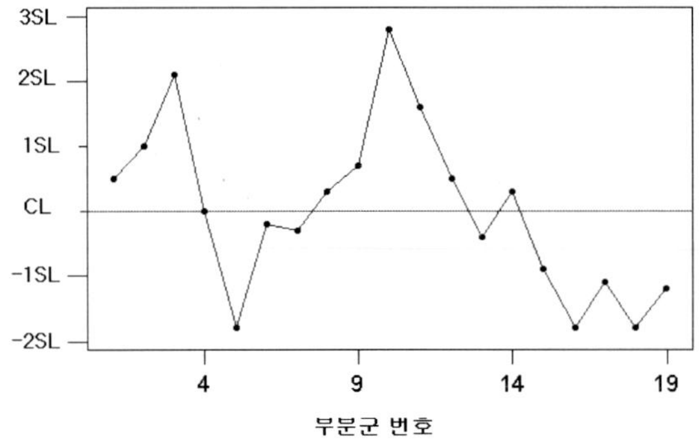

참고로, 위 관리도의 관리통계량값들은 아래와 같다:(sqcdata₩exer3_2에 저장되어 있다.)

0.5	1.0	2.1	0.0	-1.8	-0.2	-0.3	0.3	0.7	2.8
1.6	0.5	-0.4	0.3	-0.9	-1.8	-1.1	-1.8	-1.2	

(b)

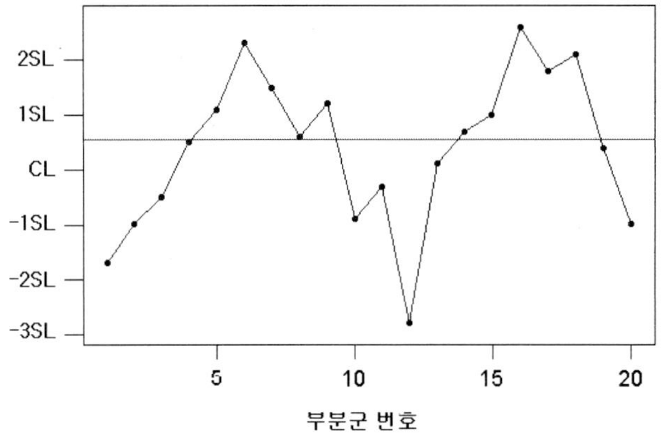

참고로, 위 관리도의 관리통계량값들은 아래와 같다:(sqcdata₩exer3_2에 저장되어 있다.)

-1.7	-1.0	-0.5	0.4	1.1	2.3	1.5	0.7	1.2	-0.9
-0.3	-2.8	0.1	0.7	1.0	2.6	1.8	2.1	0.4	-1.0

03 공정의 평균과 표준편차가 각각 0과 1이라고 알려져 있는 한 공정으로부터 19 부분군들을 뽑아서 아래와 같은 $\bar{x}$ 관리도를 얻었다. 이 공정이 랜덤하다고 할 수 있는지 다음 단계를 따라 검토하라.

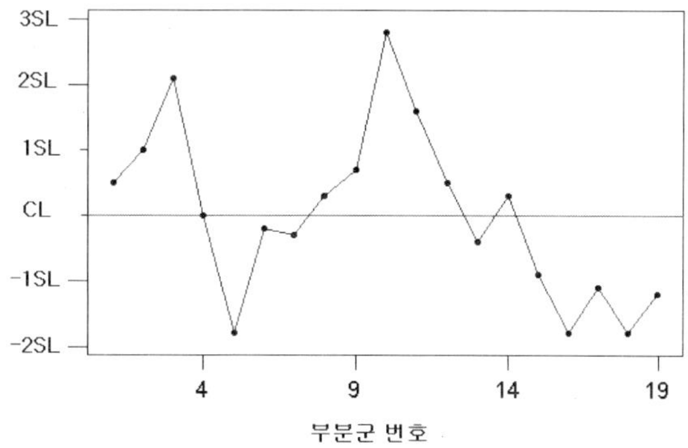

(1) 중위수 상하위 런수 r_{med}를 구하라. (참고로, 이 데이터의 중위수는 0이다.)

상위런수=(　　), 하위런수=(　　), 상하위 총런수=(　　)

(2) 상하향 런수 r_{ud}를 구하라.

상향런수=(　　), 하향런수=(　　), 상하향 총런수=(　　)

(3) $P\{R_{med} \geqq r_{med}\} = 0.9829$ 이고 $P\{R_{ud} \geqq r_{ud}\} = 0.7772$ 이다. 이들을 이용하여 다음 P-값들을 계산하라:

① 군집성(clustering) 검정을 위한 P-값

② 추세성(trends) 검정을 위한 P-값

③ 혼합성(mixtures) 검정을 위한 P-값

④ 진동성(oscillation) 검정을 위한 P-값

(4) 유의수준이 0.05일 때 (3)의 네 가지 검정에 대한 결론을 내리고, 이를 종합하여 공정을 진단하라.

04 한 Shewhart 관리도에서 공정에 일정한 변화가 생긴 이후의 첫 부분군에서 이를 탐지해내지 못할 확률을 P_a 라 하자.

(1) k 개의 연속된 부분군들로부터도 여전히 공정변화를 탐지해내지 못할 확률을 구하라.

(2) 이 변화를 탐지해낼 평균 부분군 추출수 즉 ARL(평균 런길이)을 구하라.

05 다음을 설명하라.

(1) 공정 아웃풋의 품질을 감시(monitoring)하기 위한 두 가지 접근법

(2) 합리적 부분군

06 부분군 크기가 4인 $\bar{x}$ 관리도에서 공정 중심의 관리이탈상태를 파악하기 위하

여 다음과 같은 규칙들을 고려하고 있다:

규칙 A: 3-시그마 관리한계선 밖에 한 점

규칙 B: 중심선으로부터 한 쪽에 연이은 8점들

(1) 규칙 A, B에 대한 제1종 오류의 크기(생산자 위험 또는 거짓 경보 확률) α_A, α_B를 각각 구하라.

(2) 이 품질특성의 평균이 1σ만큼 증가하였을 때, 규칙A, B에 대한 제2종 오류의 크기(즉 소비자 위험) β_A, β_B를 각각 구하라.

(3) 규칙 A와 B를 동시에 적용할 때 전체적인 제1종 오류의 크기 α_{AB}를 α_A와 α_B를 이용하여 나타내어라.

07 부분군 크기가 4인 $\overline{x}$ 관리도에서 공정 중심의 관리이탈상태를 파악하기 위하여 다음과 같은 규칙들을 고려하고 있다:

규칙 A: 증가 또는 감소하는 연이은 6점들

규칙 B: 상하향을 교대하는 연이은 14점들

(1) 규칙 A, B에 대한 제1종 오류의 크기(생산자 위험 또는 거짓 경보 확률) α_A, α_B를 각각 구하라.

(2) 이 품질특성의 평균이 1σ만큼 증가하였을 때, 규칙A, B에 대한 제2종 오류의 크기(즉 소비자 위험) β_A, β_B를 각각 구하라.

(3) 규칙 A와 B를 동시에 적용할 때 전체적인 제1종 오류의 크기 α_{AB}를 α_A와 α_B를 이용하여 나타내어라.

08 부분군 크기가 4인 $\overline{x}$ 관리도에서 공정 중심의 관리이탈상태를 파악하기 위하여 다음과 같은 규칙들을 고려하고 있다:

규칙 A: 연속 7점 중 한 개 이상이 3-시그마 관리한계선 밖

규칙 B: 연속 7점이 모두 중심선의 한 쪽

(1) 규칙 A, B에 대한 제1종 오류의 크기(생산자 위험 또는 거짓 경보 확률) α_A, α_B를 각각 구하라.

(2) 이 품질특성의 평균이 1σ만큼 증가하였을 때, 규칙 A, B에 대한 제2종 오류의 크기(즉 소비자 위험) β_A, β_B를 각각 구하라.

(3) 규칙 A와 B를 동시에 적용할 때 전체적인 제1종 오류의 크기 α_{AB}를 α_A와 α_B를 이용하여 나타내어라.

Chapter 4

계량형 관리도

계량형 관리도는 각 관리 항목에 대하여 상세한 정보를 제공하므로 공정의 변화를 민감하게 탐지할 수 있으며, 적은 데이터로부터 많은 정보를 얻을 수 있다는 점에서 경제적이다. 계량형 관리도들 가운데 흔히 사용되는 관리도들이 [도표 4.1]에 열거되어 있다.

[도표 4.1] 흔히 사용되는 계량형 관리도들

관리도 구분	미니탭 메뉴명령(세션 명령)
부분군 데이터에 대한 관리도	
평균($\bar{x}$) 관리도	Xbar Chart(XBARCHART)
중위수($\tilde{x}$) 관리도	--
범위(R) 관리도	R Chart(RCHART)
평균범위($\bar{R}$) 관리도	--
표준편차(s) 관리도	S Chart(SCHART)
평균-범위($\bar{x}-R$) 관리도	Xbar-R Chart(XRCHART)
평균-표준편차($\bar{x}-s$) 관리도	Xbar-S(XSCHART)
최대값-최소값($L-S$) 관리도	--
개별 관측값들에 대한 관리도	
개별값(x) 관리도	I Chart(ICHART)
이동범위(MR) 관리도	Moving Range Chart(MRCHART)
개별값-이동범위($x-MR$) 관리도	I-MR Chart(IMRCHART)
부분군 조합을 사용하는 시간-가중 관리도	
이동평균 관리도	Moving Average Chart(MACHART)
지수가중(또는 기하) 이동평균 관리도	EWMA Chart(EWMACHART)
지역(Zone) 관리도	Zone Chart(CUSUM)
누적합(Cusum) 관리도	Cusum Chart(ZONE)
짧은 런 공정들에 대한 관리도	
표준화된 개별값-이동범위($z-MR$) 관리도	Z-MR Chart(ZMRCHART)
명목(nominal) 관리도	--

※ 슈하르트의 정규상자(normal bowl). 슈하르트의 정규상자는 정규분포를 하는 공정에서 우연변동에 따라 관리도의 점들이 어떻게 움직이는가를 실험하는데 사용되었었던 도구이다. 이 상자에는 근사적으로 $N(30, 100)$를 따르도록 0-60 사이의 숫자가 적혀있는 998개의 칩들이 들어있다.

▮ 미니탭 실습 : 계량형 관리도를 위한 데이터 구조

미니탭의 계량형 관리도에 관한 명령을 사용하기 위한 데이터 구조는 작업표에서 전체 부분군 데이터가 한 열을 차지할 수도 있고, 한 부분군 데이터가 한 행을 차지하도록 할 수도 있다. 그러나 우리는 데이터 보존과 일관성을 위해

한 열은 부분군 데이터를 다른 한 열은 부분군 번호를 가지는 데이터 구조를 주로 사용할 것이다. 다음 [예 4.1]은 계량형 관리도에서 우리가 사용할 데이터 구조의 전형적인 예이다.

예제 4.1 다음 데이터 구조에서 C1은 부분군 데이터를, C2는 부분군 번호를 담고있다.

C1	C2
39.68	1
40.84	1
41.52	1
40.02	2
39.54	2
39.87	2
40.25	2
40.47	2
41.41	2
39.20	3
38.72	3
39.39	3

- 예컨대 $\bar{x}$ 관리도를 작성하려면 주명령에 부분군 데이터열과 부분군 번호열을 나열한다:

```
MTB > XBAR C1 C2
```

- 이때 부분군 크기가 일정한 경우에는 C2 대신 부분군 크기(예컨대, 4)를 써 넣을 수도 있다.

```
MTB > XBAR C1 4
```

참고 여러 관리도 명령들에서 부분군 크기가 다른 경우에 중심선이나 관리한계선을 일정하게 하려면 SUBCGROUP 부명령을 사용할 수 있다. 예를 들면,

```
MTB > XBAR 'LENHTH' 'GROUP';
SUBC> SUBGROUP 5.
```

4.1 부분군이나 개별값 데이터에 대한 Shewhart 관리도

4.1.1 평균-범위 $(\bar{x}-R)$ 관리도

계량형 관리도에서 품질특성은 대개 정규분포를 따른다. $\bar{x}-R$ 관리도는 품질특성이 정규분포를 따를 때 평균과 표준편차가 분포를 완전히 결정한다는 데

서 착안하여 이 둘을 동시에 관리하려고 하는 것이다. 즉, $\bar{x}$ 관리도는 평균을 관리하고, R 관리도는 변동성을 관리한다. $\bar{x}-R$ 관리도는 가장 널리 쓰이는 계량형 관리도이다. 일반적으로 우리는 $\bar{x}$ 관리도를 통하여 부분군들 간에 차이(differences between the subgroups)가 있는지를 검토할 수 있고, R 관리도를 통하여 부분군들 내에 일관성(consistency within the subgroups)이 유지되고 있는지를 검토할 수 있다.

$\bar{x}-R$ 관리도를 작성하기 위해서는 먼저 크기가 3-5인 표본을 20-25군 뽑아서 품질특성을 측정한다. 이로부터 예비 R 관리도와 예비 $\bar{x}$ 관리도를 작성하여 검토한 후 이를 토대로 실제로 사용할 $\bar{x}-R$ 관리도를 작성한다. 예비관리도에서 관리이탈이 탐지되고 특정원인이 식별되었다면, 해당되는 점들이 제거되고 중심선과 관리한계선들이 다시 작성될 수 있다. 이와 같이 과거 데이터로부터 예비 관리도를 작성하여 공정이 관리상태에 접어들었는지를 검토하는 단계는 흔히 단계 1(Phase 1)이라 불리고, 본 관리도를 운용하면서 공정이 관리상태에 머물러 있는지를 감시하는 단계는 단계 2(Phase 2)라 불린다.

□ 기호약속

x : 한 부분군의 개별 측정값 $(x_1, x_2, \ldots, x_n)$

$\bar{x}$: 한 부분군의 평균

$\bar{\bar{x}}$: 부분군 평균들의 평균, $\bar{\bar{x}} = \sum_{i=1}^{g} \bar{x}_i / g$

R : 한 부분군의 범위 $(R_1, R_2, \ldots, R_n)$

$\bar{R}$: 부분군 범위들의 평균, $\bar{R} = \sum_{i=1}^{g} R_i / g$

g : 부분군들의 개수

n (또는 n_i): 한 부분군(또는 부분군 i)의 크기

---

* 앞에서도 언급하였듯이, 이하에서 d_2, d_3, A, A_2, D_1-D_4 등은 모두 ASTM 상수들로서 부록의 [도표 A.5]에 제시되어 있다.

□ $\bar{x}$ 와 R 의 표집분포

(우리는 랜덤변수를 굳이 대문자로 표기하지는 않을 것이다.)

- $\bar{x}$ 의 분포: $\bar{x} \sim N(\mu, \sigma^2/n)$
- R 의 분포: $E[R] = d_2\sigma$, $D[R] = d_3\sigma$

이로부터 $\hat{\sigma} = \frac{\overline{R}}{d_2}$, $\hat{\sigma}_R = \frac{\overline{R}}{d_2}$, $\hat{\sigma}_{\overline{x}} = \frac{\hat{\sigma}}{\sqrt{n}} = \frac{\overline{R}}{d_2\sqrt{n}}$.

□ $\overline{x}-R$ 관리도의 사용 목적

- 공정관리
- 공정분석
- 품질보증수단

□ R 관리도의 관리한계선

R 관리도는 부분군의 범위인 R 값을 타점하며, 공정의 안정성 또는 변동성에 대한 정보를 준다.

- 공정의 표준편차 σ를 알 때

  $UCL = d_2\sigma + 3d_3\sigma = (d_2 + 3d_3)\sigma = D_2\sigma$

  $CL = d_2\sigma$

  $LCL = d_2\sigma - 3d_3\sigma = (d_2 - 3d_3)\sigma = D_1\sigma$

- 공정의 표준편차 σ를 모를 때

  R 관리도에서는 공정 표준편차를 흔히 R 들로부터 추정하여 사용한다:

  $\hat{\sigma} = \overline{R}/d_2$

  $UCL = \overline{R} + 3d_3(\overline{R}/d_2) = (1 + 3d_3/d_2)\overline{R} = D_4\overline{R}$

  $CL = d_2\hat{\sigma} = \overline{R}$

  $LCL = \overline{R} - 3d_3(\overline{R}/d_2) = (1 - 3d_3/d_2)\overline{R} = D_3\overline{R}$

□ $\overline{x}$ 관리도의 관리한계선

$\overline{x}$ 관리도는 부분군의 평균인 $\overline{x}$ 값을 타점하며, 공정 평균수준의 변동에 대한 정보를 준다.

- 공정의 평균 μ와 표준편차 σ를 알 때

  $UCL = \mu + 3\sigma/\sqrt{n} = \mu + A\sigma$

  $CL = \mu$

  $LCL = \mu - A\sigma$

- 공정의 평균과 표준편차를 모를 때

  $\overline{x} - R$ 관리도의 $\overline{x}$ 관리도에서는 공정 표준편차를 흔히 R로부터 추정하

여 사용한다:

$$\hat{\mu} = \overline{\overline{x}}\,,\ \hat{\sigma} = \overline{R}/d_2$$

$$UCL = \overline{\overline{x}} + 3\hat{\sigma}/\sqrt{n} = \overline{\overline{x}} + 3(\overline{R}/d_2)/\sqrt{n} = \overline{\overline{x}} + A_2\overline{R}$$

$$CL = \overline{\overline{x}}$$

$$LCL = \overline{\overline{x}} - A_2\overline{R}$$

□ $\overline{x} - R$ 관리도의 운용

- 공정에 실질적인 변화가 발생하였다면, 중심선과 관리한계선을 수정해 나간다.
- 관리도에 의해 공정변화가 탐지되면 OCAP에 따라 적절한 조치를 수행한다.

□ x 관리도에 비한 $\overline{x}$ 관리도의 이점

- 품질특성이 정규분포를 따르지 않더라도 중심극한 정리에 의해 품질특성들의 평균은 정규분포에 가까워지므로 그대로 정규분포를 이용할 수 있다.
- $\overline{x}$ 관리도는 x 관리도에 비해 공정평균의 변화에 대한 민감도가 훨씬 더 크다.

▌미니탭 실습: 평균-범위 관리도(XRCHART 명령)

Stat 〉 Control Charts 〉 Variable Charts for Subgroups 〉 Xbar-R
XRCHART C E

- 열 C에 있는 부분군 데이터에 대해 E를 부분군 크기로 사용하여 평균-범위 관리도를 작성하라.
- XRCART의 부명령들 가운데 Rbar는 범위를 사용하여 공정표준편차를 추정하라는 지정으로서 XRCART의 기본 설정이다. 합동표준편차를 사용하여 공정표준편차를 추정하려면 Pooled 부명령을 지정한다.
- Stamp 부명령은 가로축에 찍어줄 소인을 지정한다. 기본값은 index 즉 일련번호이다.

예제 4.2 4교대로 운영되는 한 자동차 조립공장에서 품질관리를 위해 하루에 20번씩 각 교대별로 5개의 캠축들을 측정하였다. 'Length'에는 그 공장에서 사용되는 모든 캠축들로부터의 측정값들이 들어있다. 'Supp1'에는 공급자 1로부터의 캠축 측정값들이 들어있으며, 'Supp2'에는 공급자 2로부터의 캠축 측정값들이 들어

있다. (이 캠축 데이터는 sqcdata₩camshaft.mtw에 저장되어있다.) 품질변수 'Supp2'에 대해 평균-범위 관리도를 작성하여 공정상태를 판정하고 [도표 4.4]의 미니탭 전역매크로 oc_xbar.mac를 이용하여 $\bar{x}$ 관리도의 OC 곡선을 작성하라. (이 매크로는 sqcmacro₩ocforxbar-chart에 저장되어 있다.)

Supp2의 값들(열기준)

601.6	598.4	600.8	600.4	599.4	602.2	599.8	600.8	601.6	601.4
600.4	599.6	598.6	598.2	598.0	599.8	602.8	600.2	603.4	599.2
598.4	603.4	600.0	598.6	597.6	599.8	600.0	600.4	597.0	601.6
600.0	600.6	600.4	599.6	598.0	601.0	599.6	600.2	599.8	600.4
596.8	598.4	600.8	599.0	597.6	601.6	602.2	602.2	597.8	598.0
602.8	598.2	600.8	598.2	601.2	601.6	603.8	598.0	602.4	601.2
600.8	602.0	597.2	599.4	599.0	600.2	603.6	598.4	602.2	604.2
603.6	599.4	600.4	599.4	600.4	601.8	601.8	600.8	600.6	600.2
604.2	599.4	599.8	600.2	600.6	601.2	602.0	602.8	596.2	600.0
602.4	600.8	596.4	599.0	599.0	597.6	603.6	597.6	602.4	596.8

풀이 [도표 4.2]의 평균-범위 관리도에서 여덟 가지 시험들(런 규칙)을 다 지정하여 검사한 결과 $\bar{x}$ 관리도는 시험 1과 시험 6을 통과하지 못했으나, R 관리도는 모든 시험을 다 통과하였다. 이는 공정의 산포는 비교적 안정돼 있지만, 공정평균이 불안정함을 시사한다.

이 관리도에서 공정표준편차의 추정값은 $\hat{\sigma} = \bar{R}/d_2(5) = 3.720/2.326 = 1.59931$이므로 $\bar{x}$ 관리도와 R 관리도의 관리한계선이 각각 다음과 같이 계산되었음을 확인해 보자:

$\bar{x}$ 관리도: $\bar{\bar{x}} \pm 3\hat{\sigma}/\sqrt{5} = 600.2 \pm 3\times1.59931/\sqrt{5}$

R 관리도: $\bar{R} \pm 3d_3(5)\hat{\sigma} = 3.720 \pm 3\times0.864\times1.59931 = [D_3(5)\bar{R},\ D_4(5)\bar{R}]$

```
MTB > XRCHART 'Supp2' 5;
SUBC>   Rbar;
SUBC>   Stamp 'Supp2';
SUBC>   Title "Xbar-R Chart for Supp2 in CamShaft Data";
SUBC>   Test 1 2 3 4 5 6 7 8.
```

```
Test Results for Xbar Chart
TEST 1. One point more than 3.00 sigmas from center line.
Test Failed at points: 2 14
TEST 6. 4 out of 5 points more than 1 sigma from center line
        (on one side of CL).
Test Failed at points: 9

Test Results for R Chart
```

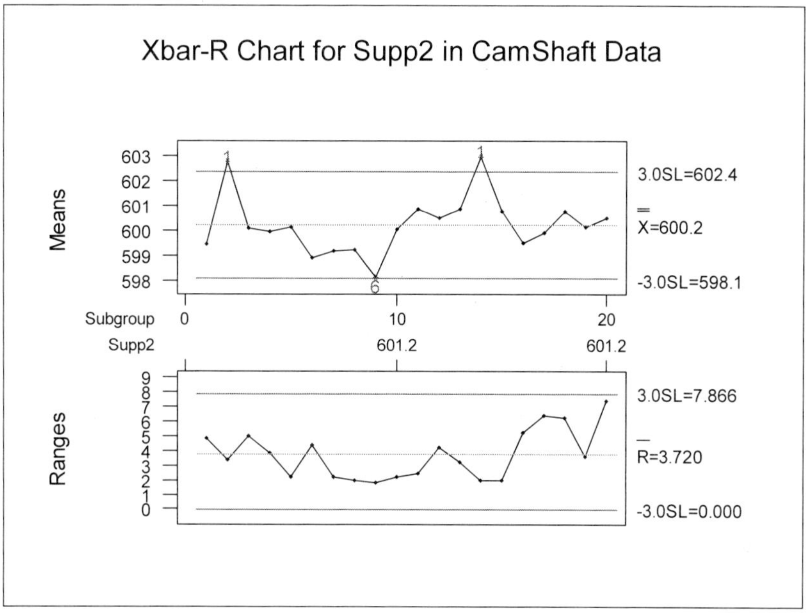

[도표 4.2] 평균-범위 관리도

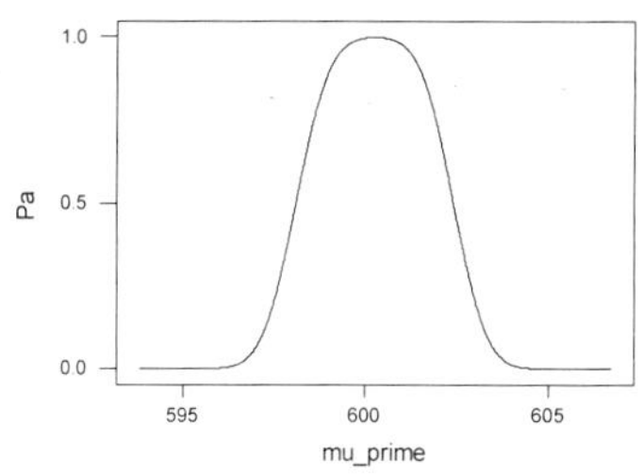


```
Data Display

LCL         598.100
UCL         602.400
n           5.00000
pr_mu       600.000
pr_sigma    1.60000
stderr      0.715542
```

```
MTB > cd s:\sqcmacro\ocforxbar-chart
MTB > %oc_xbar
Executing from file: oc_xbar.MTB

Enter LCL and UCL for xbar control chart:
DATA> 598.1 602.4

Enter the size of subgroup:
DATA> 5

Enter the process mean and sigma:
DATA> 600 1.6
Executing from file: Pa_normal.MTB
```

[도표 4.3] $\bar{x}$ 관리도의 OC 곡선 – 미니탭 전역매크로 Oc_xbar.mac 이용

[도표 4.4] 미니탭 매크로 – $\bar{x}$ 관리도의 OC 곡선 작성

```
Gmacro
OC_xbar # main routine
name c1 'mu_prime' c2 'z_U' c3 'z_L' c4 'P<LCL' c5 'P<UCL' c6 'Pa'
name K1 'UCL' K2 'LCL' K3 'n' K4 'pr_mu' K5 'pr_sigma' K6 'stderr'
name K7 'Lbound' K8 'Ubound'
note
note Enter UCL and LCL for xbar control chart:
set c100;
  file 'terminal';
  nobs 2.
let 'UCL' = c100(1)
let 'LCL' = c100(2)
erase c100
let 'Lbound' = 'LCL' - ('UCL' - 'LCL')
let 'Ubound' = 'UCL' + ('UCL' - 'LCL')
set 'mu_prime'
'Lbound':'Ubound'/0.01
end
note
note Enter the size of subgroup:
set c100;
  file 'terminal';
  nobs 1.
let 'n' = c100(1)
note
note Enter the process mean and sigma:
set c100;
  file 'terminal';
  nobs 2.
let 'pr_mu' = c100(1)
let 'pr_sigma' = c100(2)
let 'stderr' = 'pr_sigma'/sqrt('n')
Call Pa_normal
print K1-K6
plot 'Pa'*'mu_prime';
connect.
Endmacro

Gmacro
Pa_normal # subroutine
let 'z_U' = ('UCL' - 'mu_prime') / 'stderr'
let 'z_L' = ('LCL' - 'mu_prime') / 'stderr'
cdf 'z_U' 'P<UCL';
   normal 0 1.
cdf 'z_L' 'P<LCL';
   normal 0 1.
let 'Pa' = 'P<UCL' - 'P<LCL'
Endmacro
```

4.1.2 개별값-이동범위(x-MR) 관리도

공정에서 부분군을 뽑을 때 공정의 특성이나 생산 속도 때문에 한 번에 한 제품밖에 뽑을 수 없는 경우가 있다. 이런 경우에는 부분군의 크기가 $n = 1$ 이다. 이 때 범위로는 인접한 두 측정값의 차, 즉 이동범위(moving range, MR)를 사용한다. 따라서 g 개의 측정값들을 이용하여 공정 평균과 표준편차를 추정

하면, $\hat{\mu} = \bar{x} = \sum_{i=1}^{g} x_i / g$ 이고, $\hat{\sigma} = \overline{MR} / d_2$ 이다. (여기서 $\overline{MR}$ 는 $g-1$ 개의 이동범위들의 평균이다.)

□ x 관리도의 관리한계선

- 공정의 평균 μ 과 표준편차 σ 를 알 때

$UCL = \mu + 3\sigma$

$CL = \mu$

$LCL = \mu - 3\sigma$

- 공정의 평균과 표준편차를 모를 때

$\hat{\mu} = \bar{x} = \sum_{i=1}^{g} x_i / g$

$\hat{\sigma} = \overline{MR} / d_2 = \overline{MR} / 1.128$

$UCL = \bar{x} + 3\hat{\sigma} = \bar{x} + 3(\overline{MR} / 1.128) = \bar{x} + 2.66\overline{MR}$

$CL = \bar{x}$

$LCL = \bar{x} - 2.66\overline{MR}$

□ MR 관리도의 관리한계선

- 공정의 표준편차 σ 를 알 때

$UCL = D_2 \sigma = 3.686\sigma$

$CL = d_2 \sigma = 1.128\sigma$

$LCL = D_1 \sigma = 0$

- 공정의 표준편차 σ 를 모를 때

$UCL = D_4 \overline{MR} = 3.27\overline{MR}$

$CL = \overline{MR}$

$LCL = D_3 \overline{MR} = 0$

▮ 미니탭 실습 : 개별값-이동범위 관리도(IMRCHART 명령)

Stat 〉 Control Charts 〉 Variable Charts for Individuals 〉 I-MR
IMRCHART C...C

- 열들 C...C에 있는 부분군 데이터들에 각각 개별값-이동범위 관리도를 작성하라.

예제 4.3 원재료 한 뱃치(batch)당 무게(단위: 파운드)를 측정하여 'Weight'에 기록하였다. (이 데이터는 sqcdata₩exh_qc.mtw에 저장되어있다.) 이 품질변수에 대해 개별값-이동범위 관리도를 작성하여 공정상태를 판정하라.

Weight 값들

905	930	865	895	905	885	890	930	915
910	920	915	925	860	905	925	925	905
915	930	890	940	860	875	985	970	940
975	1000	1035	1020	985	960	945	965	940
900	920	980	950	955	970	970	1035	1040

풀이 [도표 4.5]의 개별값-이동평균 관리도에서 보듯이 공정산포보다는 공정평균 쪽에 문제가 있는 듯이 보인다. 개별값 관리도는 시험 1, 2, 5, 6을 통과하지 못하였고, 이동범위 관리도는 시험 1을 통과하지 못하였다.

```
MTB > Retrieve 's:\sqcdata\Exh_qc.mtw'.
MTB > # Stat > Control Charts > Variable Charts for Individuals > I-MR
MTB > Imrchart 'Weight';
SUBC>   RSpan 2;
SUBC>   Stamp 'Weight';
SUBC>   Title "I and MR Chart for Weight in EXH_QC Data";
SUBC>   Test 1 2 3 4 5 6 7 8.
```

```
Test Results for I Chart
TEST 1. One point more than 3.00 sigmas from center line.
Test Failed at points: 14 23 30 31 44 45

TEST 2. 9 points in a row on same side of center line.
Test Failed at points: 9 10 11 12 13 14 15 16 17 18 19 20 21 33 34 35 36

TEST 5. 2 out of 3 points more than 2 sigmas from center line
        (on one side of CL).
Test Failed at points: 24 30 31 45

TEST 6. 4 out of 5 points more than 1 sigma from center line
        (on one side of CL).
Test Failed at points: 5 6 7 29 30 31 32 45

Test Results for MR Chart
TEST 1. One point more than 3.00 sigmas from center line.
Test Failed at points: 25
```

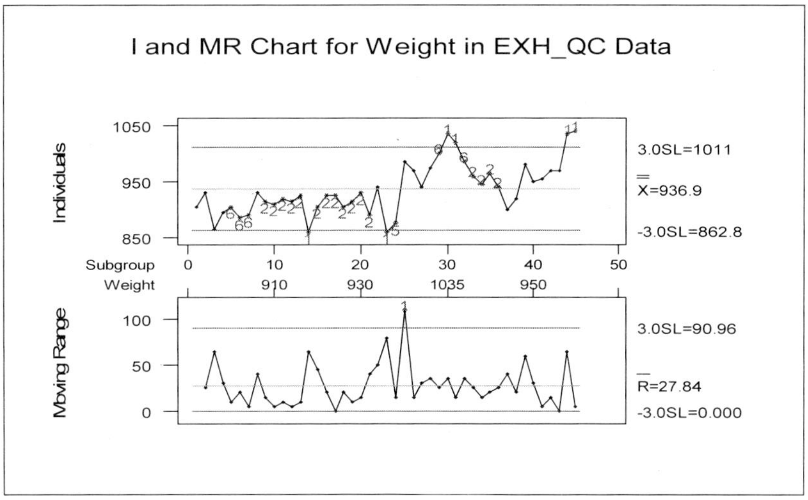

[도표 4.5] 개별값-이동범위 관리도

4.1.3 중위수-범위($\tilde{x}-R$) 관리도

정규분포에서 뽑은 랜덤 표본의 중위수는 표본평균에 비해 효율성이 약간 떨어지지만 역시 모평균의 불편추정량이 된다. 또한 표본크기를 홀수로 잡으면 중위수 계산은 매우 손쉬워진다. (참고로, 정규분포보다 더 두꺼운 꼬리를 가지는 분포인 경우—이중지수분포나 커시분포와 같이—에 중위수가 평균보다 더 효율적인 추정량이 될 수 있다.)

□ $\tilde{x}$ 의 표집분포의 특성

$E[\tilde{x}] = \mu$, $D[\tilde{x}] = m_3\sigma/\sqrt{n}$

□ R 관리도의 관리한계선

$\bar{x}-R$ 관리도에서와 같다.

□ $\tilde{x}$ 관리도의 관리한계선

$\tilde{x}$ 관리도는 부분군의 중위수인 $\tilde{x}$ 값을 타점하며, 공정 평균수준의 변동에 대한 정보를 준다. 일반적으로, 품질특성이 정규분포를 따를 때 $m_3 > 1$ 이므로 $\bar{x}$ 관리도에 비해 $\tilde{x}$ 관리도의 관리한계선의 폭이 더 넓다.

- 공정의 평균 μ 와 표준편차 σ 를 알 때

$UCL = \mu + 3m_3\sigma/\sqrt{n}$

$CL = \mu$

$LCL = \mu - 3m_3\sigma / \sqrt{n}$

■ 공정의 평균과 표준편차를 모를 때

$\tilde{x} - R$ 관리도의 $\tilde{x}$ 관리도에서는 공정 표준편차를 흔히 R로부터 추정하여 사용한다:

$\hat{\mu} = \overline{\tilde{x}}$, $\hat{\sigma} = \overline{R} / d_2$

$UCL = \overline{\tilde{x}} + 3m_3\hat{\sigma} / \sqrt{n} = \overline{\tilde{x}} + 3m_3(\overline{R} / d_2) / \sqrt{n} = \overline{\tilde{x}} + m_3 A_2 \overline{R}$

$CL = \overline{\tilde{x}}$

$LCL = \overline{\tilde{x}} - m_3 A_2 \overline{R}$

□ $\tilde{x} - R$ 관리도의 운용

$\tilde{x} - R$ 관리도의 운용은 $\overline{x} - R$ 관리도의 운용과 다를 것이 없다.

4.1.4 평균-표준편차($\overline{x} - s$) 관리도

$\overline{x} - R$ 관리도에서 부분군의 크기가 클 때는, 예컨대 $n > 10$, 공정의 변동성을 관리하는데 R 관리도 대신 s 관리도를 사용하는 것이 더 효율적이다.

□ s 의 표집분포의 특성

s 는 σ 의 과소추정량이다.

■ $E[s] = c_2^* \sigma$, $D[s] = \sqrt{1 - c_2^{*2}}\, \sigma = c_3^* \sigma$

□ s 관리도의 관리한계선

s 관리도는 부분군의 표본표준편차인 s 값을 타점하며, 공정의 안정성 또는 변동성에 대한 정보를 준다.

■ 공정의 표준편차 σ 를 알 때

$UCL = c_2^* \sigma + 3c_3^{*2} \sigma = B_6 \sigma$

$CL = c_2^* \sigma$

$LCL = c_2^* \sigma - 3c_3^{*2} \sigma = B_5 \sigma$

■ 공정의 표준편차 σ 를 모를 때

s 관리도에서는 공정 표준편차를 흔히 s 들로부터 추정하여 사용한다:

$\hat{\sigma} = \overline{s} / c_2^*$, $\overline{s} = \sum_{i=1}^{k} \frac{s_i}{k}$

$$UCL = B_6 \hat{\sigma} = B_6 \bar{s} / c_2^* = B_4 \bar{s}$$
$$CL = \bar{s}$$
$$LCL = B_5 \hat{\sigma} = B_5 \bar{s} / c_2^* = B_3 \bar{s}$$

□ $\bar{x}$ 관리도의 관리한계선

공정의 평균 μ 와 표준편차 σ 를 알 때는 $\bar{x} - R$ 관리도에서와 같이 $\bar{x}$ 관리도의 관리한계선과 중심선을 잡는다. 공정의 평균과 표준편차를 모를 때 흔히 s 로부터 공정표준편차를 추정하여 사용한다:

$$\hat{\mu} = \bar{\bar{x}}, \ \hat{\sigma} = \bar{s} / c_2^*$$
$$UCL = \bar{\bar{x}} + 3\hat{\sigma} / \sqrt{n} = \bar{\bar{x}} + 3(\bar{s} / c_2^*) / \sqrt{n} = \bar{\bar{x}} + A_3 \bar{s}$$
$$CL = \bar{\bar{x}}$$
$$LCL = \bar{\bar{x}} - A_3 \bar{s}$$

▌미니탭 실습: 평균-표준편차 관리도(XSCHART 명령)

Stat 〉 Control Charts 〉 Variables Charts for Subgroups 〉 Xbar-S
XSCHART C...C E

- 열들 C...C에 대해 E를 부분군 크기로 사용하여 평균-표준편차 관리도를 작성하라.
- XSCART의 부명령들 가운데 Sbar는 부분군 표준편차들의 평균을 사용하여 공정표준편차를 추정하라는 지정이다. 기본 설정은 Pooled는 합동표준편차를 사용하여 공정표준편차를 추정한다.

예제 4.4 [예 4.2]에 제시된 캠축 데이터에 대해 평균-표준편차 관리도를 작성하여 공정상태를 판정해보자.

풀이 [도표 4.6]의 평균-표준편차 관리도에서 여덟 가지 시험들(런규칙)을 다 지정하여 검사한 결과 $\bar{x}$ 관리도는 시험 1과 시험 6을 통과하지 못했으나, s 관리도는 모든 시험을 다 통과하였다. 이는 공정의 산포는 비교적 안정돼 있지만, 공정평균이 불안정함을 시사한다.

```
MTB > # Stat > Control Charts > Xbar-s
MTB > XSCHART 'Supp2' 5;
SUBC>   Sbar;
SUBC>   Stamp 'Supp2';
SUBC>   Title "Xbar-s Chart for Supp2 in CamShaft Data";
SUBC>   Test 1 2 3 4 5 6 7 8.
```

```
Test Results for Xbar Chart
TEST 1. One point more than 3.00 sigmas from center line.
Test Failed at points: 2 14

TEST 6. 4 out of 5 points more than 1 sigma from center line
        (on one side of CL).
Test Failed at points: 9

Test Results for S Chart
```

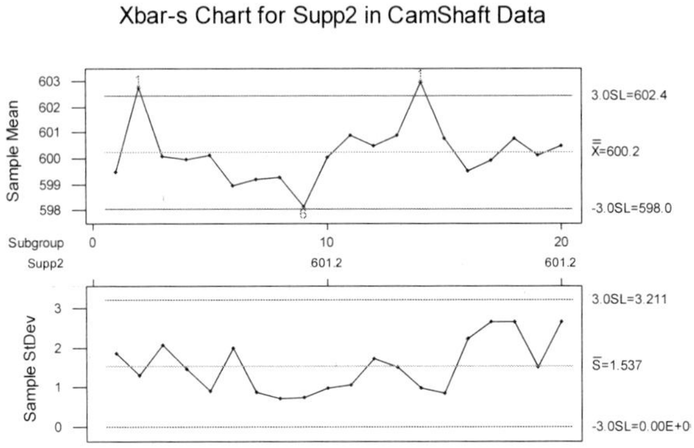

[도표 4.6] 평균-표준편차 관리도

4.1.5 부분군 크기가 일정하지 않을 때의 현상과 조치

□ 현상

- 모든 Shewhart 관리도에서 관리 한계선이 변한다.
- 범위 관리도와 표준편차 관리도에서는 중심선도 변한다.

□ 조치

- 원래의 부분군 크기를 그대로 사용하여 관리도를 작성한다.
- 부분군 크기가 크게 변하지 않을 경우에는 동일한 부분군 크기(예컨대, 부분군 크기들의 평균)를 사용하여 관리한계선과 중심선을 구하기도 한다.

수치적 예제는 5.1절의 예를 참조하라.

4.2 부분군 조합을 사용하는 시간-가중 관리도

4.2.1 이동평균(MA) 관리도

이동평균(moving average, MA) 관리도는 작은 변동에 대한 민감성을 높이기 위해 Montgomery(1985)에 의해 제안되었다. 이동평균 관리도는 부분군 평균들이나 개별값들의 이동평균을 타점하며, 공정 평균수준의 변동에 대한 정보를 준다.

현시점(t) 까지 관찰된 크기가 n 인 부분군들의 평균을 $\bar{x}_1, \bar{x}_2, \ldots, \bar{x}_t$ 라 하면, 길이(length 또는 span)가 w 인 (최근값)이동평균 $m_w(t)$ 는 다음과 같이 정의된다:

$$m_w(t) = \left(\bar{x}_t + \bar{x}_{t-1} + \cdots + \bar{x}_{t-w+1}\right)/w.$$

$t < w$ 일 때는 그때까지 관찰된 값들의 평균을 사용한다:

$$m_w(t) = \left(\bar{x}_1 + \cdots + \bar{x}_t\right)/t.$$

| 과제 | 이동평균 $m_w(t)$ 를 갱신식으로 표현하여 보자.

□ $m_w(t)$ 의 표집분포의 특성

- $E[m_w(t)] = \mu$
- $D[m_w(t)] = \sigma / \sqrt{nw}$

□ 이동평균 관리도의 관리한계선

- 공정표준편차를 알 때 ($t \geq w$)

  $UCL = \mu + 3\sigma / \sqrt{nw}$

  $CL = \mu$

  $LCL = \mu - 3\sigma / \sqrt{nw}$

- 공정표준편차를 모를 때

  공정표준편차를 부분군 표준편차들이나 범위들로부터 추정하여 사용한다.

관 찰 $t < w$ 인 경우에, 관리한계선의 폭은 t 가 작을수록 커진다.

□ 이동평균 관리도의 운용

- 이동평균 관리도의 민감성은 이동평균의 길이 w가 길어질수록 커진다.
- 이동평균 관리도는 $\bar{x}$ 관리도와 함께 사용하면 더욱 효과적이다. 두 관리도 가운데 어느 하나에서라도 관리한계선을 벗어나는 점이 있으면 특정원인이 발생했다고 판정한다.

▌미니탭 실습 : 이동평균 관리도(MACHART 명령)

Stat 〉 Control Charts 〉 Time-weighted Charts 〉 Moving Average

MACHART C...C E

- 열 C...C에 있는 부분군 데이터에 대해 E를 부분군 크기로 사용하여 이동평균 관리도를 작성하라.
- MACHART 명령에 고유한 부명령 가운데 SPAN K는 이동평균의 길이를 특정한다. 기본값은 3이다.

예제 4.5 작동중인 엔진에서 크랭크축의 부품들은 위아래로 움직인다. AtoBDist는 크랭크축상의 한 점의 실제위치(A)로부터 기준선(B)까지의 거리이다. 생산품질을 보증하기 위해 한 매니저는 한 자동차 조립공장에서 9월 28일부터 10월 15일까지 매 작업일에 다섯 개의 측정값들을 얻었고, 10월 18일부터 25일까지는 하루에 열 개의 측정값들을 얻었다. 여기서는 편의상 모든 부분군 크기를 5로 사용할 것이다. (이 크랭크축 데이터는 sqcdata₩cranksh.mtw에 저장되어 있다.) 이동평균 관리도를 작성하여 공정상태를 판정하라.

AtoBdist의 값들(열기준)

-0.44025	0.56182	1.99825	8.02322	-4.57793	3.72977	0.15676	-0.10379	-3.09574	-2.05086
5.90038	-3.18960	0.01028	4.75466	-3.17924	3.77141	-0.05666	2.21033	5.16744	-3.10319
2.08965	7.93177	-0.24542	1.14240	-2.44537	-4.04994	3.81341	5.13041	0.29748	-1.83001
0.09998	3.72692	2.08175	0.93790	1.36225	3.89824	-3.78952	-1.89455	-4.66858	5.03945
2.01594	3.83152	-4.86937	-7.30286	0.92825	1.76868	-3.81635	0.95119	-2.13787	1.96583
4.83012	-2.17454	-2.69206	-5.22516	-0.24151	2.27310	-4.88820	-5.15414	-0.00450	-0.21026
3.78732	2.81598	-3.02947	-4.06527	-0.83762	-3.82297	-3.24534	4.82794	0.18096	0.27517
4.99821	4.52023	2.99932	-1.91314	-1.99674	-2.26821	-0.27272	0.13001	4.30247	-5.32797
6.91169	3.95372	3.50123	2.04590	4.90024	-2.07973	-4.33095	-0.09911	-2.21708	
1.93847	7.99326	-1.99506	4.93029	1.28079	0.01739	-1.83547	-1.15453	7.17603	
-3.09907	4.98677	-1.62939	0.03095	2.87917	3.71309	-3.98876	2.29868	5.86525	
-3.18827	-2.03427	2.14395	-2.80363	1.83867	1.72573	-4.97431	5.15847	0.95699	
5.28978	3.89134	-1.90688	-3.12681	-0.75614	3.07264	-5.14050	0.08558	-4.03441	

풀이 [도표 4.7]의 이동평균 관리도에서 공정이 가까스로 관리한계선에 머물러 있으

므로 공정에 대한 면밀한 감시가 요구된다.

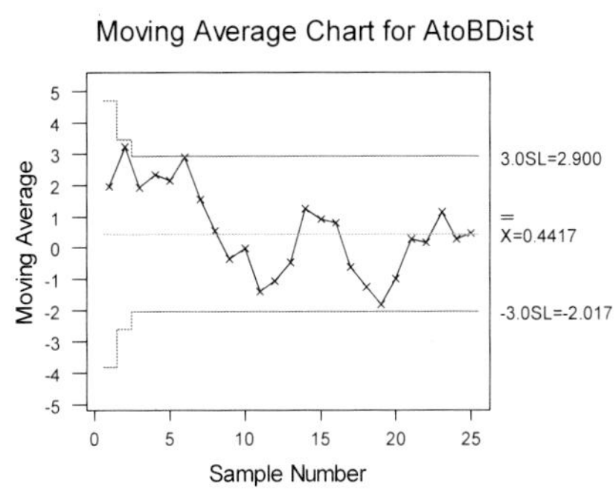


```
MTB > # Stat > Control Charts >
MTB > # Time-Weighted Charts >
MTB > # Moving Average
MTB > Machart 'AtoBDist' 5;
SUBC>   Span 3;
SUBC>   Slimits;
SUBC>   Symbol;
SUBC>   Connect.
```

[도표 4.7] 이동평균 관리도

¶

4.2.2 지수가중 이동평균(EWMA) 관리도

지수가중 이동평균(exponentially weighted moving average, EWMA) 또는 기하 이동평균(geometric moving average, GMA) 관리도는 이동평균 관리도를 더욱 일반화한 형태이다. 지수가중 이동평균 관리도는 부분군평균들이나 개별값들의 지수가중 이동평균을 타점하며, 공정 평균수준의 변동에 대한 정보를 준다. 이동평균 관리도가 지난 w 개의 부분군 평균들에 동일한 가중값들을 부여한 가중평균을 타점하는 반면, 지수가중 이동평균 관리도는 지난 모든 부분군 평균들에 지수적으로 감소하는 가중값들을 부여한 가중평균을 타점한다.

현시점(t)까지 관찰된 크기가 n 인 부분군들의 평균을 $\bar{x}_1, \bar{x}_2, \ldots, \bar{x}_t$ 라 하면, 가중값(weight)이 α $(0 \leq \alpha \leq 1)$ 인 지수가중 이동평균 $z_\alpha(t)$ 는 다음과 같이 정의된다:

$$\begin{aligned} z_\alpha(t) &= \alpha \bar{x}_t + (1-\alpha) z_\alpha(t-1) \\ &= \alpha \sum_{j=0}^{t-1} (1-\alpha)^j \bar{x}_{t-j} + (1-\alpha)^t z_\alpha(0), \quad z_\alpha(0) = \mu \end{aligned}$$

□ $z_\alpha(t)$ 의 표집분포의 특성

- $E[z_\alpha(t)] = \mu$

- $V[z_\alpha(t)] = \frac{\sigma^2}{n}\frac{\alpha}{2-\alpha}\left[1-(1-\alpha)^{2t}\right]$

  $\doteq \frac{\sigma^2}{n}\frac{\alpha}{2-\alpha}$, t가 클 때

□ EWMA 관리도의 관리한계선

- 공정표준편차를 알 때 (t가 큰 경우)

$$UCL = \mu + 3\sigma / \sqrt{\frac{\alpha}{n(2-\alpha)}}$$

$$CL = \mu$$

$$LCL = \mu - 3\sigma / \sqrt{\frac{\alpha}{n(2-\alpha)}}$$

- 공정표준편차를 모를 때

공정표준편차를 부분군 표준편차들이나 범위들로부터 추정하여 사용한다.

관 찰 t가 어느 정도로 크지 않은 경우에, t가 작을수록 관리한계선의 폭은 작아진다.

□ 지수가중 이동평균 관리도의 운용

- 지수가중 이동평균 관리도의 민감성은 가중값 α가 작을수록 커진다.
- 가중값 α와 관리한계선의 시그마수를 변화시킴으로써 우리는 매우 특정한 성질들을 가지는 관리도를 작성할 수 있다. 이런 두 모수들의 조합은 흔히 ARL 표를 이용하여 선택된다.

▌미니탭 실습: 지수가중 이동평균 관리도(EWMACHART 명령)

Stat 〉 Control Charts 〉 Time-weighted Charts 〉 Moving Average
EWMACHART C...C E

- 열 C...C에 있는 부분군 데이터에 대해 E를 부분군 크기로 사용하여 지수가중 이동평균 관리도를 작성하라.
- EWMACHART 명령에 고유한 부명령 가운데 WEIGHT K는 지수가중 이동평균에 사용되는 가중값을 특정한다. 이 값은 0과 1사이에 있어야 하며, 기본은 0.2이다.

예제 4.6 [예 4.5]를 다시 고려하자. EWMA 관리도를 작성하여 공정상태를 판정하라.

풀이 [도표 4.8]의 EWMA 관리도에서 일부 점들이 관리한계선을 벗어났으므로 공정

이 관리상태를 벗어났다고 판정된다.

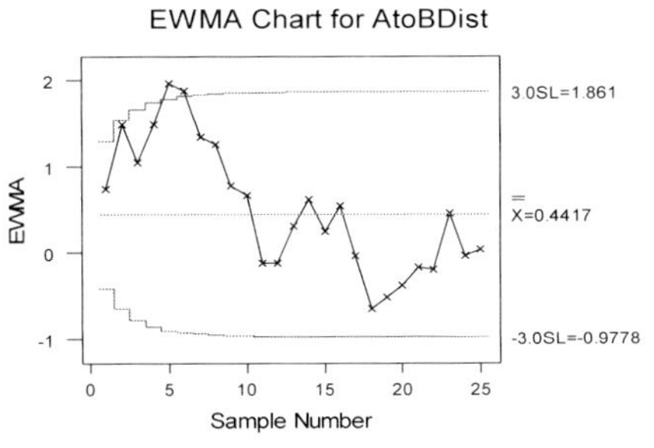


```
MTB > # Stat > Control Charts >
MTB > # Time-Weighted Charts >
MTB > # Moving Average

MTB > Ewmachart 'AtoBDist' 5;
SUBC>   Weight 0.2;
SUBC>   Slimits;
SUBC>   Symbol;
SUBC>   Connect.
```

[도표 4.8] EWMA 관리도

¶

4.2.3 누적합(Cusum) 관리도: 공정 평균 관리용

지금까지 다룬 관리도들은 모두 3σ 관리한계선에 기초를 둔 Shewhart 관리도라고 할 수 있다. 여기서 다룰 cusum 관리도는 Shewhart 관리도와는 발상을 달리한다. cusum 관리도는 cusum 통계량들을 타점한다. cusum 통계량들은 어떤 기준값으로부터의 누적편차들이다. 따라서 cusum 관리도는 공정의 작은 변화를 Shewhart 관리도보다 더 민감하게 탐지해낼 수 있다—그러나 큰 변화에 대해서는 오히려 늦을 수도 있다. 그리고 점들의 추세변화를 관찰함으로써 공정에 변화가 일어난 시점까지 알 수 있다. cusum 관리도는 부분군들이나 개별관측값들 모두에 대해 적용될 수 있다. 공정의 산포나 결함수들을 관리하기 위한 cusum 관리도들을 고안하는 것도 가능하지만 여기서는 공정평균을 관리하기 위한 cusum 관리도만을 다룰 것이다.

cusum 관리도에는 두 가지 유형이 있다: 하나는 양측 cusum(또는 V-마스크) 관리도이고, 다른 하나는 단측(또는 표-형식) cusum 관리도이다. V-마스크 관리도는 V-마스크를 사용하여 관리이탈여부를 판정한다. 단측 cusum 관리도 중 상향 cusum 관리도는 공정수준의 상향이동을 탐지하기 위한 것이고, 하향 cusum 관리도는 하향이동을 탐지하기 위한 것이다. 이런 단측 cusum 관리도들에서는 의사결정구간을 사용해서 관리이탈상황이 발생했는지를 판정한다. 운용의 편리성 면에서 V-마스크 절차보다는 표-형식(tabular-form) 절차가 선호된다.

※ 엄밀히 말하면, 누적합 관리도는 관리한계선이 결여되어 있기 때문에 '관리도' 라기 보다는 상태도(status chart)라고 부르는 것이 정확한 표현이다.

예제 4.7 아래 데이터에서 처음 20 관측은 N(10, 1)으로부터의 랜덤표본이고, 나중 10 관측은 N(11, 1)로부터의 랜덤표본이다. 이 데이터에 대해 개별값(x) 관리도와 누적합 관리도를 작성하여 관리상태—N(10, 1)—로부터의 이탈에 대한 탐지능력을 비교하여 보자. (이 데이터는 sqcdata₩NormalMix.mtw에 Mixture라는 이름으로 저장되어 있다.)

```
12.2524   8.5637  10.0259   9.7489   7.9476  10.1916   9.7559   9.8030  10.0613   9.5039
10.9240   8.8343   8.9405  12.0161  10.9997  10.3141   8.9948  11.4927   8.2992  10.7573
11.5460   9.7047  11.6014  11.1518   9.9838  10.7366  11.2369  12.3519  10.1665  10.7561
```

풀이 [도표 4.9]에서 보듯이, x 관리도는 관리이탈 상태를 탐지하지 못하고 있지만 누적합 관리도는 탐지해내고 있다. (주: 이것은 누적합 관리도가 x 관리도 보다 더 잘 탐지해 낸 하나의 사례일 뿐이다. 이와 유사한 모든 경우에 누적합 관리도가 슈하르트 관리도보다 더 좋은 탐지 능력을 보이는 것은 아니다.)

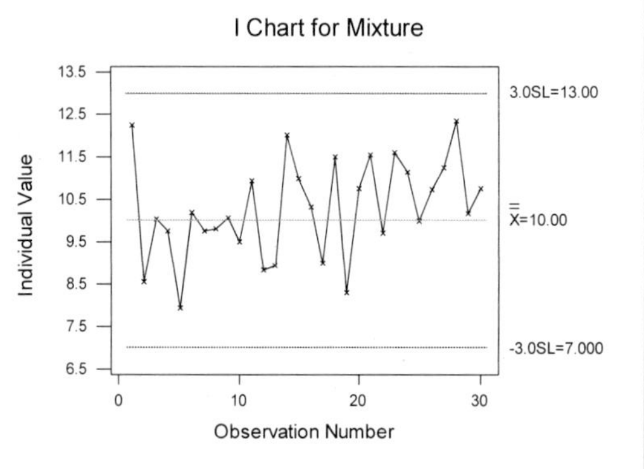


```
MTB > Random 20 c1;
SUBC>   Normal 10.0 1.0.
MTB > Random 10 'N(11,1)';
SUBC>   Normal 11.0 1.0.
MTB > Stack 'N(10,1)' 'N(11,1)' &
CONT>       'Mixture';
SUBC>   Subscripts 'Group'.

MTB > Ichart 'Mixture';
SUBC>   Mu 10;
SUBC>   Sigma 1;
SUBC>   ScFrame;
SUBC>   ScAnnotation;
SUBC>   Slimits;
SUBC>   Symbol;
SUBC>   Connect;
SUBC>   Test 1 2 3 4 5 6 7 8.
```

[도표 4.9(A)] 개별값 관리도

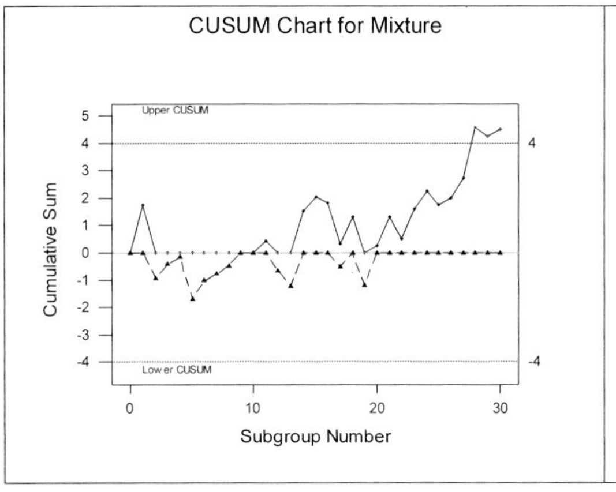


```
# Stat > Control Charts >
 Time-weighted Charts > CUSUM

MTB > Cusum 'Mixture' 1;
SUBC>   Sigma 1;
SUBC>   Target 10;
SUBC>   Plan 4.0 0.5.
```

[도표 4.9(B)] 단측 누적합 관리도

¶

(1) 단측 cusum 관리도 (H, K, n) 또는 (h, k, n)

cusum 관리도는 처음에 단측 관리도로 출발하였다(Page, 1954). 공정평균의 상향이동(또는 하향이동)을 탐지하기 위한 단측 cusum 관리도는 t 번째 부분군에 대해서 $\left(t, \sum_{i=1}^{t} (\overline{x}_i - K)\right)$를 타점한다. 그리고 cusum이 0보다 작아질 때마다 (또는 커질 때마다) cusum을 0으로 재설정한다. 여기서 K는 참조값(reference value)으로서, 목표규격(target, or nominal, specification) T에 허용여유(allowable slack) δ를 더한(또는 뺀) 값이다.

구체적으로, 단측 상향 cusum 관리도는 단측 상향 cusum C^U를 타점하고, 단측 하향 cusum 관리도는 단측 하향 cusum C^L를 타점한다:

$$C_t^U = \max\{0,\ \overline{x}_t - (T + \delta) + C_{t-1}^U\},\ C_0^U = 0.$$
$$C_t^L = \min\{0,\ \overline{x}_t - (T - \delta) + C_{t-1}^L\},\ C_0^L = 0.$$

합격품질에 해당하는 공정평균을 μ_0로 나타내고, 불합격품질에 해당하는(또는 관리이탈에 해당하는) 공정평균을 μ_1으로 나타내자. 즉 우리가 탐지해내려는 변화량의 크기는 $|\mu_0 - \mu_1|$이다. 흔히 목표규격(T)으로는 μ_0가 사용되며, 허용여유(δ)로는 탐지해내려는 변화량의 크기의 반이 사용된다:

$$T = \mu_0,\ \delta = |\mu_0 - \mu_1| / 2.$$

이 경우 참조값 K는 목표규격과 불합격규격의 중간값이 된다:

$$K = T + \delta = (\mu_0 + \mu_1)/2.$$

허용여유는 또 다음과 같이 표준오차 단위로 표현된다:

$$\delta = k\frac{\sigma}{\sqrt{n}}.$$

이 경우 참조값 K는 다음과 같이 표현된다:

$$K = T + \delta = T + k\frac{\sigma}{\sqrt{n}}.$$

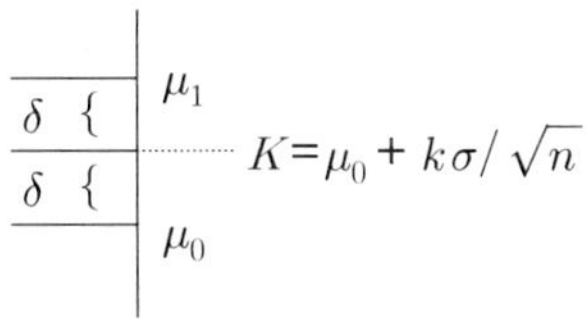

우리는 cusum이 의사결정 구간(decision interval) H 위로 올라가면 (또는 $-H$ 아래로 내려가면) 공정평균이 K보다 커졌다고(또는 작아졌다고) 판정한다. 의사결정 구간 H도 흔히 표준오차 단위로 표현된다:

$$H = h\frac{\sigma}{\sqrt{n}}.$$

[도표 4.9(B)]는 단측 cusum 관리도의 한 전형적인 형태이다. 흔히 단측 cusum 관리도는 이와 같이 두 단측 cusum—상향 cusum과 하향 cusum—절차를 동시에 적용시키는 형태로 운용된다.

예제 4.8 [예 4.7]에서 소개된 정규랜덤 데이터를 다시 고려하자. 우리는 이 데이터를 이용하여 단측 누적합 관리도의 운용과정을 보일 것이다. 이 '공정'의 목표값은 $T=\mu_0=10$이고, 부분군 크기는 $n=1$이며, 공정 표준편차는 $\sigma=1$이다. 우리가 탐지해내고 싶은 공정중심의 이동거리는 $1\sigma=1$이라고 가정하자. 그러면 불합격수준에 해당하는(즉 관리이탈에 해당하는) 공정평균은 $\mu_1=10+1=11$(상향 이동인 경우) 또는 $\mu_1=10-1=9$(하향 이동인 경우)이다. 허용여유가 $\delta=0.5\sigma$이므로 $k=0.5$로 잡을 수 있다. 우리는 또 $h=4$를 사용할 것이다. (h의 값으로는 4나 5가 권장되는데 이에 대한 설명은 곧 이어질 것이다.) 그러면 상향 이동과 하향 이동을 탐지하기 위한 누적합들은 [도표 4.10]과 같이 계산된다. [도표 4.10]에서 LCusum은 C_t^L 을 나타내고 UCusum은 C_t^U 를 나타낸다. [도표 4.11]에서 하향 Cusum은 LCusum를 타점한 것이고, 상향 Cusum은 UCusum을 타점한 것이다. ([도표 4.10]과 [도표 4.11]은 [도표 4.12]의 미니탭 지역 매크로 sqcmacro₩controlchart₩Tcusum.mac을 수행한 결과이다.)

[도표 4.10] 단측 누적합들의 계산 과정

Row	Mixture	LShift	LRawCusum	LCusum	Rshift	URawCusum	UCusum
1	12.2524	2.7524	2.7524	0.0000	1.7524	1.7524	1.7524
2	8.5637	-0.9363	-0.9363	-0.9363	-1.9363	-0.1839	0.0000
3	10.0259	0.5259	-0.4104	-0.4104	-0.4741	-0.4741	0.0000
4	9.7489	0.2489	-0.1615	-0.1615	-0.7511	-0.7511	0.0000
5	7.9476	-1.5524	-1.7139	-1.7139	-2.5524	-2.5524	0.0000
6	10.1916	0.6916	-1.0223	-1.0223	-0.3084	-0.3084	0.0000
7	9.7559	0.2559	-0.7664	-0.7664	-0.7441	-0.7441	0.0000
8	9.8030	0.3030	-0.4634	-0.4634	-0.6970	-0.6970	0.0000
9	10.0613	0.5613	0.0979	0.0000	-0.4387	-0.4387	0.0000
10	9.5039	0.0039	0.0039	0.0000	-0.9961	-0.9961	0.0000
11	10.9240	1.4240	1.4240	0.0000	0.4240	0.4240	0.4240
12	8.8343	-0.6657	-0.6657	-0.6657	-1.6657	-1.2417	0.0000
13	8.9405	-0.5595	-1.2252	-1.2252	-1.5595	-1.5595	0.0000
14	12.0161	2.5161	1.2909	0.0000	1.5161	1.5161	1.5161
15	10.9997	1.4997	1.4997	0.0000	0.4997	2.0158	2.0158
16	10.3141	0.8141	0.8141	0.0000	-0.1859	1.8299	1.8299
17	8.9948	-0.5052	-0.5052	-0.5052	-1.5052	0.3247	0.3247
18	11.4927	1.9927	1.4875	0.0000	0.9927	1.3174	1.3174
19	8.2992	-1.2008	-1.2008	-1.2008	-2.2008	-0.8834	0.0000
20	10.7573	1.2573	0.0565	0.0000	0.2573	0.2573	0.2573
21	11.5460	2.0460	2.0460	0.0000	1.0460	1.3033	1.3033
22	9.7047	0.2047	0.2047	0.0000	-0.7953	0.5080	0.5080
23	11.6014	2.1014	2.1014	0.0000	1.1014	1.6094	1.6094
24	11.1518	1.6518	1.6518	0.0000	0.6518	2.2612	2.2612
25	9.9838	0.4838	0.4838	0.0000	-0.5162	1.7450	1.7450
26	10.7366	1.2366	1.2366	0.0000	0.2366	1.9816	1.9816
27	11.2369	1.7369	1.7369	0.0000	0.7369	2.7185	2.7185
28	12.3519	2.8519	2.8519	0.0000	1.8519	4.5704	4.5704
29	10.1665	0.6665	0.6665	0.0000	-0.3335	4.2369	4.2369
30	10.7561	1.2561	1.2561	0.0000	0.2561	4.4930	4.4930

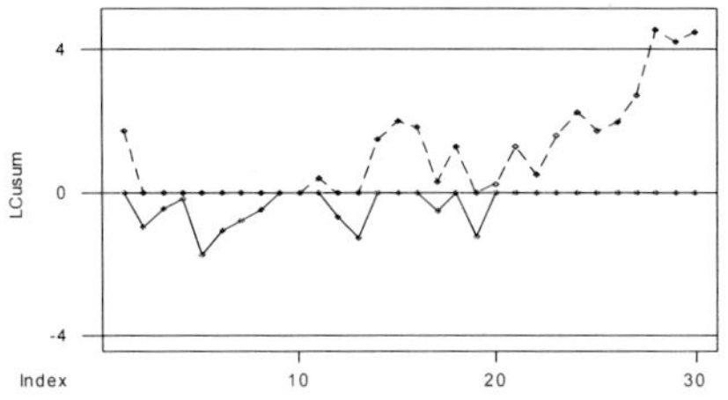


```
MTB > %Tcusum 'Mixture' c2-c7;
SUBC>   SUBGRP 1;
SUBC>   TARGET 10;
SUBC>   SIGMA 1;
SUBC>   REFER 0.5;
SUBC>   DECISION 4.
```

[도표 4.11] 두 단측 cusum 절차로 구성된 누적합 관리도

물론 cusum 관리도를 한 단측 cusum 절차만으로 구성하는 것이 더 바람직한 경우도 있다. 예컨대, 공정평균이 목표보다 커지는 것은 품질에 문제를 일으키지만 목표보다 작아지는 것은 아무런 해를 끼치지 않는 경우라면, 한 단측 상향 cusum 절차만으로 구성되는 cusum 관리도를 운용하는 것이 이상적인 공정 감시 계획이 될 것이다.

그리고 상향 cusum과 하향 cusum의 민감도가 다르도록 cusum 관리도를 설계하는 것도 가능하다. 이런 비대칭적 cusum 관리도는 공정평균이 목표에서 어느 방향으로든 이동하는 것이 해를 끼치지만, 예컨대, 상향 이동이 하향 이동보다 더 중대할 때 유용할 것이다.

[도표 4.12] 미니탭 지역 매크로 Tcusum.mac

```
MACRO
# This macro generates the calculations for Tabular Cusum Chart.
#
# Written for Minitab 12.23, Nov. 1. 2002
# Modified for Minitab 14.20, Dec. 1. 2006
# By Sung Jin Ahn, Professor of Statistics, GyeongSang National University, Korea
#

TCusum x y.1-y.6;
  SUBGRP g; # subgroup size
  TARGET T;
  SIGMA sd;
  REFER k;
  DECISION h.
#  SHIFT d:  -1: lower shift, 0: both shifts, 1: upper shift
MCOLUMN x xbar y.1-y.6 w cssq
MCONSTANT a g T sd k h i u v LCL UCL
DEFAULT g=1 T=0.0 sd=1 k=0.5 h=4
#
NAME y.1 'LShift' y.2 'LRawCusum' y.3 'LCusum' y.4 'Rshift' y.5 'URawCusum' y.6 'UCusum'
NAME LCL 'LowerH' UCL 'UpperH' T 'TargetVal'
LET a = COUNT(x)/g # No. of subgroups
#
DO i = 1:a
```

```
  LET u = (i-1)*g+1
  LET v = i*g
  COPY x w;
    USE u:v.
  LET xbar(i) = MEAN(w)    # subgroup mean
  LET cssq(i) = SSQ(w-MEAN(w)) # subgroup corrected ssq, if n > 1
ENDDO
IF SIGMA = 0
  LET sd = sqrt(sum(cssq)/(a*(g-1))) # Pooled estimate of process sigma
ENDIF
#
LET y.1(1) = xbar(1) - (T - k*sd/sqrt(g))
LET y.2(1) = y.1(1) # For lower shift detection
LET y.3(1) = RMIN(0, y.1(1))
DO i=2:a
  LET y.1(i) = xbar(i) - (T - k*sd/sqrt(g))
  LET y.2(i) = y.1(i) + y.3(i-1) # Raw cusum
  LET y.3(i) = RMIN(0, y.2(i))                              # Modified cusum
ENDDO
#
LET y.4(1) = xbar(1) - (T + k*sd/sqrt(g))
LET y.5(1) = y.4(1) # For upper shift detection
LET y.6(1) = RMAX(0, y.5(1))
DO i=2:a
  LET y.4(i) = xbar(i) - (T + k*sd/sqrt(g))
  LET y.5(i) = y.4(i) + y.6(i-1) # Raw cusum
  LET y.6(i) = RMAX(0, y.5(i))                             # Modified cusum
ENDDO
LET LCL = -h*sd/sqrt(g)
LET UCL = h*sd/sqrt(g)
TSPlot y.3 y.6;
  Index;
  TDisplay 11; # Display the smallest time unit axis(11)
  Symbol;
    Type 1 1;
    Color 2 1;
    Size 0.5;
  Connect;
  Overlay;
#  Scale 1;
#    Tick 1;
  Scale 2;
    Tick LCL 0 UCL;
  AXLABEL 1 "Subgroup Number";
  AXLABEL 2 "Cusum";
  Reference 2 LCL 0 UCL.
PRINT LCL UCL T
ENDMACRO
```

(2) V-마스크 관리도 (θ, d, n) 또는 (h, k, n)

V-마스크 관리도 또는 양측 cusum 관리도는 처음부터 공정평균의 상향이동과 하향이동을 동시에 탐지해내기 위해 고안되었다(Barnard, 1959). V-마스크 관리도는 t 번째 부분군에 대해서 $\left(t, \sum_{i=1}^{t}(\bar{x}_i - T)\right)$를 타점한다. 여기서 T는 목표규격으로서 흔히 μ_0가 사용된다. 구체적으로, 양측 cusum 관리도는 양측 cusum C^D를 타점한다:

$$C_t^D = (\bar{x}_t - T) + C_{t-1}^D,\ C_0^D = 0.$$

[도표 4.12]에서 보는 바와 같이, 이 관리도에서는 V-마스크가 수평을 유지한 채로 V-마스크의 원점(O)을 현 부분군과 일치시켰을 때 앞서 타점된 점들 가운데 하나라도 V-마스크에 가려지면 공정에 변화가 발생했다고 판정한다. V-마스크 관리도의 성능은 부분군 크기 n과 V-마스크의 모수들인 d와 θ에 의해 정해진다: [도표 4.12]에서 보는 바대로,

- d는 V-마스크의 꼭지점 V와 원점 O간의 길이로서 흔히 선도길이(the lead distance)라고 불린다.
- θ는 각 OVA 또는 각 OVB를 말하며 팔의 기울기각(the angle of the lower arm)이라고 불린다.

일반적으로 선도길이 d가 길어지면 관리도의 민감도가 떨어지고, 팔의 기울기각 θ가 커지면 관리도의 탐지력이 떨어진다.

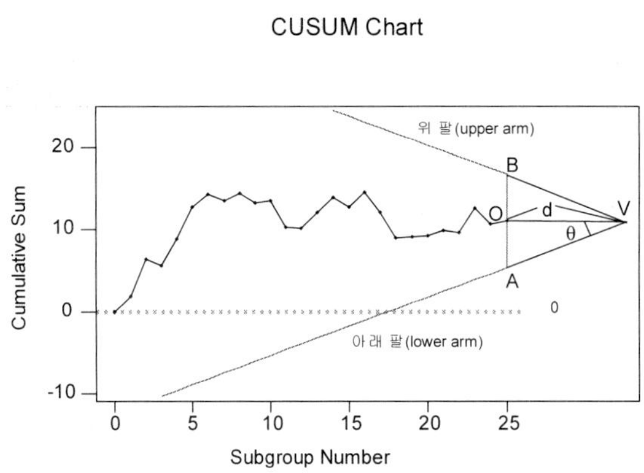

[도표 4.12] V-마스크 관리도

(3) V-마스크와 단측 cusum 절차의 비교

대부분의 cusum 관리도 사용자들은 V-마스크보다는 단측 cusum 절차를 선호한다. 실제로 V-마스크는 컴퓨터 이전 시대의 유산이다.

□ V-마스크 관리도와 두 단측 누적합 관리도의 동일성

공정평균의 증가경향과 감소경향을 탐지하기 위한 두 단측 누적합 관리도를 각각 (H, K_U, n)과 (H, K_L, n)이라 하자. 여기서 K_U와 K_L는 각각 공정평균

의 증가경향과 감소경향을 탐지하기 위한 참조값이며, 앞에서 살펴본 바와 같이 $K_U - T = T - K_L = \delta = k\frac{\sigma}{\sqrt{n}}$ 이다. 그러면 다음 두 관계를 만족하는 V-마스크 관리도 (θ, d, n) 는 이 두 단측 누적합 관리도와 동일하다:

- 아래쪽 팔의 기울기(부분군 번호가 하나 바뀔 때 허용되는 변동폭) $= kw$
- 원점에서 V-마스크의 반폭(즉 $\overline{OB}$) $= hw$

여기서 w 는 [도표 4.13]에서와 보는 바와 같이 가로축눈금(부분군 번호간의 간격) 대 세로축눈금(단위: $\sigma / \sqrt{n}$)의 축척비율이다:

$$w = \frac{\text{세로축눈금 간격}}{\text{가로축눈금 간격}}.$$

w 값으로는 $1\sigma / \sqrt{n}$ 에서 $2\sigma / \sqrt{n}$ 사이의 값이 적당하며, 주로 $1\sigma / \sqrt{n}$ 나 $2\sigma / \sqrt{n}$ 가 사용된다.

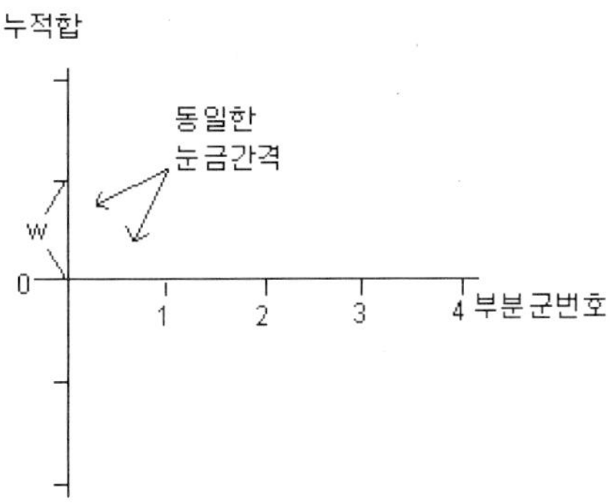

[도표 4.13] V-마스크 관리도의 축척

위의 두 관계를 관리도의 모수들로 표현하면,

$$kw = \tan\theta, \tag{4.2.1}$$
$$hw = d\tan\theta. \tag{4.2.2}$$

예제 4.9 [예 4.8]에서 작성된 단측 cusum 관리도와 동등한 V-마스크 관리도를 작성하여 보자. 그 단측 관리도에서 사용된 모수들은 다음과 같았다: $k=0.5$, $h=4$, $n=1$. 가로축 눈금간격 대 세로축 눈금간격의 축척비율을 $w=1\sigma / \sqrt{n}=1$로 잡자. 그러면 식(4.2.1)과 (4.2.2)로부터

$$0.5=\tan\theta \quad \text{그리고} \quad 4=d\tan\theta .$$

따라서

$$\theta=\tan^{-1}0.5=26.5651^\circ \quad \text{그리고} \quad d=4/0.5=8.$$

즉 가로축 눈금간격 대 세로축 눈금간격의 축척비율을 1로 정하고, V-마스크의 선도거리 d를 8 타점위치가 되도록 잡고 팔의 기울기각을 26.57로 잡으면 [예 4.8]의 단측 cusum 관리도와 동등한 성능을 가지는 V-마스크 관리도가 될 것이다. 이렇게 작성된 [도표 4.14]의 V-마스크 관리도는 28번째 부분군에서 V-마스크를 벗어나는 점을 찾아내고 있다. (이 V-마스크 관리도의 선도거리와 팔의 기울기각을 직접 확인하여 보기 바란다.)

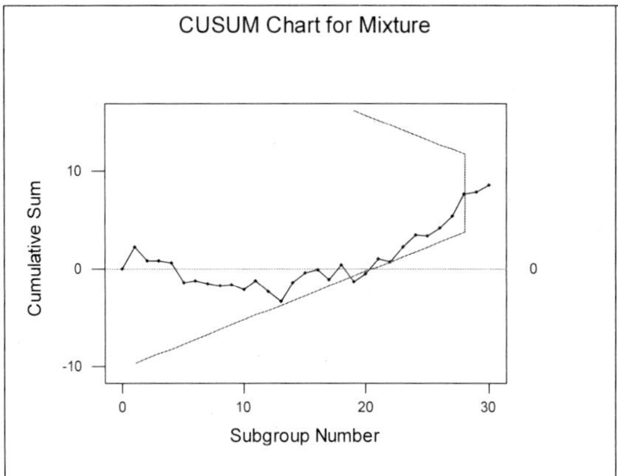


```
# Stat > Control Charts >
# Time-weighted Charts > CUSUM

MTB > Vmask 'Mixture' 1;
SUBC>   Sigma 1;
SUBC>   Target 10;
SUBC>   Plan 4.0 0.5;
SUBC>   VMask 1.
```

[도표 4.14] V-마스크 관리도: 정규 혼합데이터

예제 4.10 아래 데이터는 공정목표값이 $\mu_0=150.1$인 철봉 절단 공정에서 $n=4$인 부분군을 30번 뽑아서 얻은 부분군의 평균들이다. (이 철봉데이터는 sqcdata₩SteelRod.mtw에 저장되어 있다.) 이들 30개 부분군들의 범위의 평균은 $\overline{R}=10.8$mm이다. $k=0.5$, $h=4$, $n=4$인 단측 누적합 관리도와 동등한 성능을 가지는 V-마스크 관리도를 그려보자.

148.50	151.50	152.50	146.00	147.75	151.75	151.75	149.50	154.75	153.00
155.00	159.00	150.00	154.25	151.00	150.25	153.75	154.00	157.75	153.00
157.50	157.50	157.50	152.50	155.50	159.00	154.50	153.75	155.00	158.50

이번에는 가로축 눈금간격 대 세로축 눈금간격의 축척비율을 $w=2\sigma/\sqrt{n}$로

잡아보자. 공정표준편차는 $\hat{\sigma}=\overline{R}/d_2$=10.8/2.059=5.245로 추정되며, 따라서 가로축과 세로축의 축적비율은 $w=2\hat{\sigma}/\sqrt{n}$=5.245이다. 그러면 식 (4.2.1)과 (4.2.2)로부터

$$(0.5)(5.245)=\tan\theta \quad \text{그리고} \quad (4)(5.245)=d\tan\theta.$$

따라서

$$\theta=\tan^{-1}2.6225=69.1274^{\circ} \quad \text{그리고} \quad d=4/2.6225=1.5253.$$

즉 가로축 눈금간격 대 세로축 눈금간격의 축척비율을 5.245로 정하고, V-마스크의 선도거리 d를 1.5253 타점위치가 되도록 잡고 팔의 기울기각을 69.1247로 잡으면 k=0.5이고 h=4인 단측 cusum 관리도와 동등한 성능을 가지는 V-마스크 관리도가 될 것이다. 이렇게 작성된 [도표 4.15]의 V-마스크 관리도는 12번째 부분군에서 V-마스크를 벗어나는 점을 찾아내고 있다.

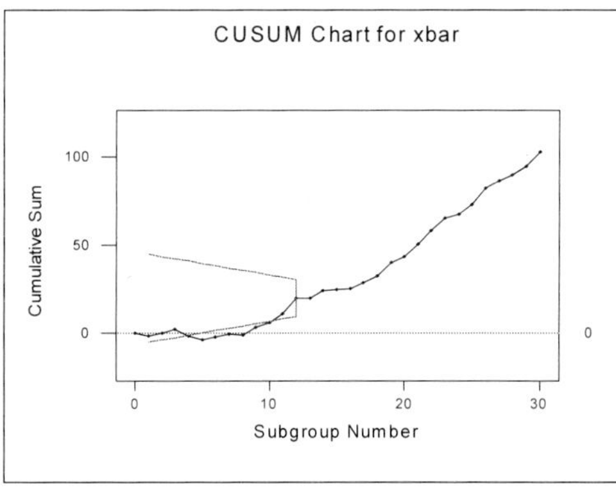


```
MTB > Vmask 'Mixture' 1;
SUBC>   Sigma 2.6225;
SUBC>   Target 150.1;
SUBC>   Plan 4.0 0.5;
SUBC>   VMask 12.

Test Results for Vmask Chart of xbar

TEST. One point beyond control
limits.
Test Failed at points: 4, 5, 6, 7, 8,
9, 10

* WARNING * If graph is updated with
new data, the results above may no
longer be correct.
```

[도표 4.15] V-마스크 관리도: 철봉 데이터

(4) Cusum 관리도의 성능

관리도의 한 가지 성능특성은 α(제1종오류의 크기)와 β(제2종오류의 크기)이다. 관리도의 다른 한 가지 성능특성은 관리한계선을 벗어날 때까지의 평균 부분군수 즉 평균 런길이(average run length, ARL)이다. 일반적으로, 우리는 공정이 관리상태에 있을 때는 ARL이 길기를 바라고, 공정이 관리이탈상태에 있을 때는 ARL이 매우 짧기를 바란다.

단측 cusum 관리도의 성능은 (H,K,n) 또는 (h,k,n)에 의해 정해진다. 여기서 n은 부분군 크기이다. ARL 관점에서 k의 값으로는 0.5가 권장되며, h

의 값으로는 4나 5가 권장된다. 이런 값들은 [도표 4.16]에서 보는 바와 같이 공정평균이 약 $1\sigma/\sqrt{n}$ 만큼 이동하는 것에 대해 좋은 ARL 성능을 보여준다.

[도표 4.16] 단측 cusum 관리도에서 k=0.5일 때 공정평균의 이동거리에 대한 ARL들

공정평균의 이동거리 (표준오차 단위로 표현된)	ARL	
	h=4	h=5
0.00	168	465
0.25	74.2	139
0.50	26.6	38.0
0.75	13.3	17.0
1.00	8.38	10.4
1.50	4.75	5.75
2.00	3.34	4.01
2.50	2.62	3.11
3.00	2.19	2.57
4.00	1.71	2.01

Hawkins(1993)는 다음 표와 같이 공정목표에서 ARL=370이 되는 (k, h) 값들을 구하였다.

k	0.25	0.5	0.75	1.0	1.25	1.5
h	8.01	4.77	3.34	2.52	1.99	1.61

(5) 단측 cusum 관리도의 ARL 계산

Cusum 관리도의 ARL을 정확히 계산하는 것은 쉬운 일이 아니다. 그래서 ARL의 근사값을 구하기 위한 다양한 방법들이 제안되어 왔다. 여기서는 Siegmund (1985)의 근사식과 Kemp(1962)의 계산도표(nomogram)를 소개할 것이다.

Siegmund의 근사식

한 단측 cusum 관리도 (h, k, n)에 대해,

$$ARL(\mu) = \begin{cases} \dfrac{e^{-2\triangle b} + 2\triangle b - 1}{2\triangle^2}, & \triangle \neq 0 \\ b^2, & \triangle = 0 \end{cases}$$

여기서 $\triangle = \dfrac{|\mu - \mu_0|}{\sigma/\sqrt{n}} - k$ 이고, $b = h + 1.166$ 이다. $\triangle$는 ARL을 구하고 싶

은 μ가 합격품질 수준의 공정평균 μ_0로부터 이동한 거리가 탐지해 내려는 이동거리(k)를 초과하는 양(표준오차 단위)이다.

예제 4.11 [예 4.10]에서 $(h,k,n)=(4,\ 0.5,\ 4)$, $\sigma=5.245$, $\mu_0=150.1$이었다. $\mu_0=150.1$와 $\mu=152.7225$일 때의 ARL을 구해보자.

풀이 $b=4+1.166=5.166$이고, $\mu_0=150.1$일 때 $\Delta=-0.5$이므로

$$ARL(150.1)=[e^{-2\times(-0.5)\times 5.166}+2\times(-0.5)\times 5.166-1]/[2\times(-0.5)^2]$$
$$=338.09$$

또 $\mu=152.7225$일 때 $\Delta=1-0.5=0.5$이므로

$$ARL(152.7225)=[e^{-2\times 0.5\times 5.166}+(2\times 0.5\times 5.166)-1]/(2\times 0.5^2)$$
$$=8.33.$$

¶

■ cusum 관리도의 ARL 계산을 위한 계산도표 사용법

□ 주어진 단측 cusum 관리도의 ARL 계산

먼저 단측 상향 cusum 관리도 (H,K,n)를 고려하자: 합격품질수준은 μ_0, 불합격품질수준은 $\mu_1(>\mu_0)$, 그리고 참조값 K는 μ_0와 μ_1의 사이에 있다. [도표 4.17]에서 주어진 H와 n에 의해 얻어진 $h=H\sqrt{n}/\sigma$ 선상의 점을 A라 하자. μ_0에서의 ARL을 구하려면, $\mu=\mu_0$에 의해 구해지는 $k^*=|K-\mu|\sqrt{n}/\sigma$ 선상의 점 B를 찾는다. AB를 이은 직선은 $ARL(\mu_0)$ 선과 교차한다. 이 교차점이 μ_0에서의 ARL이다. μ_1에서의 ARL을 구하려면, $\mu=\mu_1$에 의해 구해지는 $|K-\mu|\sqrt{n}/\sigma$ 선상의 점 C를 찾는다. AC를 이은 직선은 $ARL(\mu_1)$ 선과 교차한다. 이 교차점이 μ_1에서의 ARL이다.

이와 같은 절차가 ARL을 구하기 위해 다른 μ들에 대해서도 적용될 수 있다. —μ가 K보다 작을 때는 $ARL(\mu_0)$선을 이용하여, 그리고 μ가 K보다 클 때는 $ARL(\mu_1)$선을 이용하여. 그리고 이와 유사한 절차가 하향 cusum 관리도 $(-H,K,n)$에 대해서도 적용될 수 있다: 합격품질수준은 μ_0, 불합격품질수준은 $\mu_1(<\mu_0)$, 그리고 참조값 K는 μ_0와 μ_1의 사이에 있다.

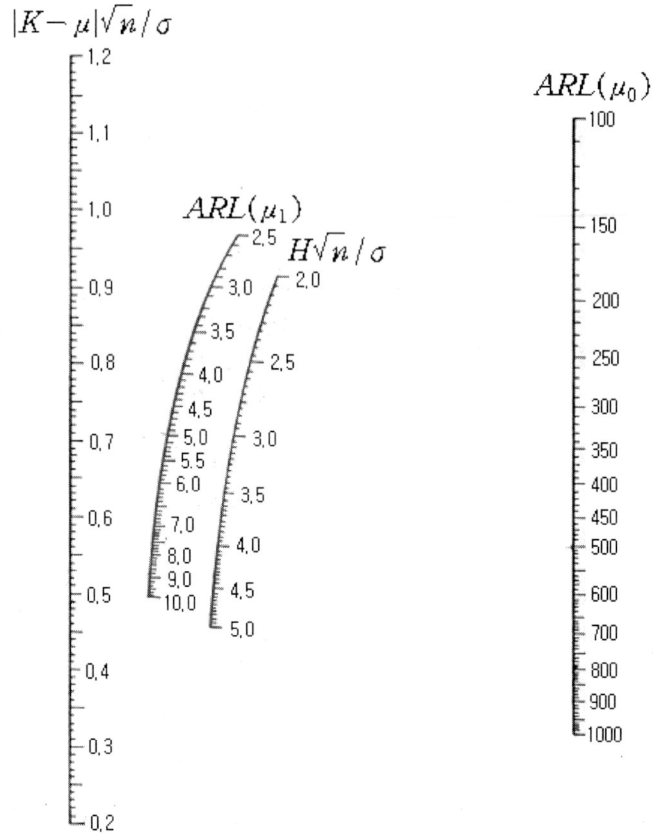

[도표 4.17] Cusum 관리도의 ARL 계산도표

예제 4.12 μ_0=100, μ_1=110, σ'=10; K=105, H=13, n=4일 때 ARL(μ_0)와 ARL(μ_1)을 구해보자.

풀이 $h=H\sqrt{n}/\sigma$=13(2)/10=2.6; μ_0=100와 μ_1=110에서 k^*=1; [도표 4.17]의 계산도표에서 k^*=1과 h=2.6을 연결하면 ARL(100)=830, ARL(110)=3.5. ¶

□ ARL 곡선

[예 4.12]에서 다룬 cusum 관리도에 대한 ARL 곡선을 구해보자. [도표 4.17]의 계산도표로부터 다음과 같은 ARL들을 얻을 수 있다.

k^*	1		0.8		0.6		0.4	
μ	100	110	101	109	102	108	103	107
ARL	830	3.5	270	4.0	104	5.2	–	7

[도표 4.18]의 ARL 곡선은 이를 그래프로 표현한 것이다.

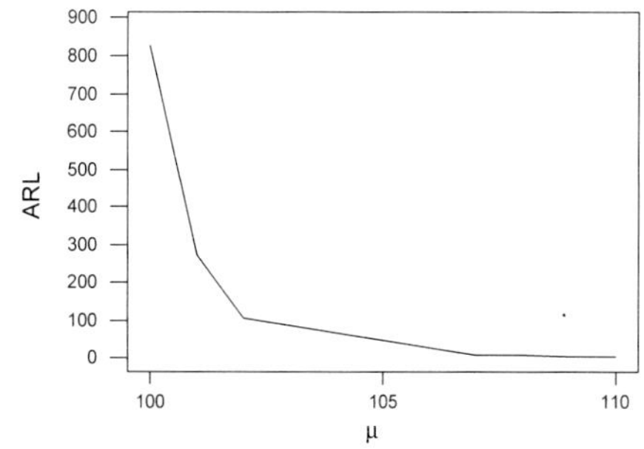

[도표 4.18] 한 cusum 관리도의 ARL 곡선

□ 한 양측 누적합 관리도 ARL

한 양측 누적합 관리도의 ARL은 두 단측 누적합 관리도의 ARL들로부터 바로 유도될 수 있다. 공정평균이 μ일 때 두 단측 누적합 관리도 (H, K_U, n)과 (H, K_L, n), 그리고 이와 동등한 양측 누적합 관리도의 ARL들을 각각 $ARL_U(\mu)$, $ARL_L(\mu)$, 그리고 $ARL_D(\mu)$라 하자. 그러면 $ARL_D(\mu)$는 다음 관계로부터 얻을 수 있다:

$$\frac{1}{ARL_D(\mu)} = \frac{1}{ARL_U(\mu)} + \frac{1}{ARL_L(\mu)}.$$

우리는 이 관계식을 이용하여 특정한 d와 θ를 가지는 V-마스크 관리도의 ARL 곡선을 스케치할 수 있다.

예제 4.13 μ_0 =150.1이고 σ =5.245인 공정에서 공정평균의 상향이동과 하향이동을 동시에 판정하기 위해 n =1, h =4(즉 H=4×5.245), k =0.5(즉 K_1 =1501+0.5×5.245, K_2 =150.1−0.5×5.245)인 두 개의 단측 cusum 관리도를 동시에 운용하고 있다. (또는 한 양측 관리도를 운용하고 있다.) Siegmund의 근사식을 이용하여 ARL을 구해보자.

풀이 먼저 상향이동을 탐지하기 위한 단측 cusum 관리도의 ARL을 구해보자:

b =4+1.166=5.166이고, μ_0 =150.1일 때 Δ =−0.5이므로

$$ARL_U(150.1) = [e^{-2\times(-0.5)\times 5.166} + 2\times(-0.5)\times 5.166 - 1]/[2\times(-0.5)^2]$$
$$= 338.09.$$

하향이동을 탐지하기 위한 단측 cusum 관리도의 ARL도, 대칭성을 이용하여, 동일하게 계산된다: $ARL_L(150.1)$ =338.09.
따라서 두 단측 관리도를 동시에 운용할 때 또는 양측 관리도를 운용할 때 μ_0 =150.1에서 ARL은 다음과 같이 계산된다:

$$\frac{1}{ARL_D(150.1)} = \frac{1}{ARL_U(150.1)} + \frac{1}{ARL_L(150.1)}$$

$$= 1/338.09 + 1/338.09.$$

즉

$$ARL_D(150.1) = 168.045.$$

이 값은 [도표 4.16]에 주어진 ARL 값 168에 매우 근사하다. ¶

(6) Cusum 관리도의 설계

슈하르트 관리도에서는 일반적으로 합리적 부분군들의 평균을 사용하는 것이 관리도의 성능을 향상시킨다. 그러나 누적합 관리도에서는 대부분의 경우에 부분군 크기를 n =1로 두는 것이 더 바람직하다. 예컨대, 두 시간마다 n =4인 합리적 부분군을 뽑는 것과 반시간마다 n =1인 부분군을 뽑는 것이 모두 허용된다면, 누적합 관리도는 대개 반시간마다 n =1인 부분군을 뽑는 경우에 더 좋은 성능을 보인다. 따라서 규모의 경제나 그 외의 타당한 이유가 있을 때에만 $n>1$ 인 부분군 사용을 고려해야 한다.

단측 cusum 계획 (H,K,n)의 설계 : 특정한 ARL 곡선을 얻기 위해

여기서는 ARL을 토대로 [도표 4.17]의 계산도표를 이용하여 누적합 관리도를 설계하는 방법을 소개하겠다. μ_0 에서의 평균 런길이가 ARL_0 이고, μ_1 에서의 평균 런길이가 ARL_1 이 되기 위한 단측 cusum 관리도의 모수들은 다음과 같이 얻을 수 있다:

① 먼저 $K = (\mu_0 + \mu_1)/2$ 로 설정한다.

② 계산도표에서 ARL_0 과 ARL_1 를 연결한 연장선상의 $|K-\mu|\sqrt{n}/\sigma$ 값으로부터 n 을 구한다. (n 을 정수화하는 과정에서 n 값으로 위 관계식에서 얻어진 n 보다 큰 정수를 택하면 보수적인 계획을 얻게 된다. 왜?)

③ 정수화된 n 을 사용하여 $|K-\mu|\sqrt{n}/\sigma$ 값을 다시 계산한 후, 도표에서 이 값과 ARL_0 을 연결한다.

④ 도표에서 새로운 $|K-\mu|\sqrt{n}/\sigma$ 값과 ARL_0를 연결한 연장선상의 $H\sqrt{n}/\sigma$ 값으로부터 H값을 계산한다. (이 때 새로운 ARL_1도 구한다.)

⑤ 위 과정을 통해 주어진 조건을 (지나치게) 만족시키는 (H,K,n)가 얻어진다.

예제 4.14 $\mu_0=100$에서 $ARL_0=500$, $\mu_1=110$에서 $ARL_1=5$이고, $\sigma=10$일 때 단측 cusum 관리도를 설계하여 보자.

풀이 ① 먼저 추천대로 $K=105$로 정하자. ② 계산도표에서 $ARL_0=500$과 $ARL_1=5$를 연결하면 $|K-\mu|\sqrt{n}/\sigma=0.742$와 만난다. $\mu=\mu_0$나 μ_1에서 $|K-\mu|=5$이므로 $\sqrt{n}=1.484$ 또는 $n=2.20$ ③ 보수적인 입장에서 $n=3$으로 잡자. 그러면 $|K-\mu|\sqrt{n}/\sigma=0.866$. ④ 이 값과 $ARL_0=500$을 연결하면 $H\sqrt{n}/\sigma=2.72$ 또는 $H=15.7$. 이 때 $ARL_1=3.9$. ⑤ 따라서 (H, K, n) = (15.7, 105, 3)는 $\mu_0=100$에서 정확하게 ARL_0를 달성하고 $\mu_1=110$에서 ARL_1를 초과 달성하는 단측 cusum 계획이다.

이번에는 ④에서 $|K-\mu|\sqrt{n}/\sigma=0.866$과 $ARL_1=5$를 연결해보자. 그러면 우리는 (H, K, n)=(21.1, 105, 3)를 얻는다. 이 계획은 $\mu_0=100$에서 ARL_0를 초과달성하고(실제 값은 계산도표의 범위를 벗어날 정도로 1000보다 훨씬 크다) $\mu_1=110$에서 ARL_1를 정확히 달성해준다.

다시 이번에는 ③에서 $n=2$로 잡아보자. 그러면 $|K-\mu|\sqrt{n}/\sigma=0.707$을 만나고 이 값과 $ARL_0=500$을 연결하면 $H\sqrt{n}/\sigma=3.35$ 또는 $H=23.7$을 얻는다. 이 때 $ARL_1=5.5$이고 이는 ARL_1의 의도한 값 5와 가깝다. 따라서 (H, K, n)=(23.7, 105, 2)는 $n=3$인 계획들보다 더 근사한 계획이라고 볼 수 있다. ¶

| 과제 | $\mu_0=2$에서 $ARL_0=800$, $\mu_1=3$에서 $ARL_1=3$, $\sigma=1$일 때 단측 cusum 관리도를 설계하여 보자.

＊ Siegmund의 근사식을 이용하여 단측 cusum 관리도를 설계하는 방법에 대해 생각해보자.

■ V-마스크 관리도의 설계 (θ, d, n) 또는 (H, k, n)

[방법 1] 특정된 제1종오류와 제2종오류를 만족시키는 설계

n (부분군 크기), σ (공정표준편차), δ (허용여유 또는 탐지해 내려는 변화량), w (가로축눈금 대 세로축눈금의 축척비율)들이 주어졌을 때 α (제1종오류의 크기)와 β (제2종오류의 크기)를 만족시키는 d와 θ는 다음과 같이 주어진다:

$$d = 2\left(\frac{\sigma/\sqrt{n}}{\delta}\right)^2 \ln\left(\frac{1-\beta}{\alpha/2}\right),$$

$$\theta = \tan^{-1}\left(\frac{\delta}{2w}\right).$$

흔히 α로는 0.0027—표준적인 슈하르트 관리도의 3 시그마 관리한계선에 대응되는 유의수준—이 사용되고, β로는 0.01이 사용된다. 허용여유 δ로는 흔히 $0.5\sigma/\sqrt{n}$ (즉 k=0.5)나 $1\sigma/\sqrt{n}$ (즉 k=1)가 사용된다.

예제 4.15 $\delta=\sigma/\sqrt{n}$, α=0.0027, β=0.01일 때 cusum 관리도의 두 모수 d와 θ를 구해보자.

풀이 $w=\sigma/\sqrt{n}$를 사용하기로 하자. 그러면

$$d = 2(1)^2\ln\left(\frac{1-0.01}{0.0027/2}\right) = 8.59,$$

$$\theta = \tan^{-1}\left(\frac{\delta}{2w}\right) = \tan^{-1}(0.5) = 26.565^\circ.$$

[방법 2] 특정한 ARL 곡선을 얻기 위한 설계

$$\theta = \tan^{-1}(kw),\ k = \frac{\delta}{\sigma/\sqrt{n}},\ \delta = |\mu_0 - \mu_1|/2,$$

$$d = hw/\tan\theta.$$ ¶

예제 4.16 μ_0=100에서 ARL=500, μ_1=110에서 ARL=5이고 σ=10일 때 V-마스크 관리도를 설계하라.

풀이 $w=0.5\sigma/\sqrt{n}$로 잡자; δ=5; 계산도표로부터 $k=5/(\sigma/\sqrt{n})=0.742$, $\sqrt{n}$ =10/(5/0.742), n=2.2; n=2로 잡으면, k=0.707; h=3.35. ([예 4.14]를 참조하라.)

$$\tan\theta = kw = 2.5,\ \theta = \tan^{-1}(2.5) = 68.1986,$$

$$hw = 1.675\sigma / \sqrt{n} = 11.84, \quad d = 11.84/2.5 = 4.736.$$ ¶

(7) 큰 변화에 대한 반응을 증진시키기 위한 방법

▌조기출발(head start) 또는 FIR(fast initial response)

조기출발이란 공정 초기에 누적합의 민감도를 높이기 위해 C_0^U 나 C_0^L 에 0인 아닌 값을 할당하는 것이다. 초기 누적값으로 흔히 $C_0^U = H/2$ 와 $C_0^L = -H/2$ 가 사용되는데, 이는 50% 조기출발(head start)이라고 불린다. 수정조치가 평균을 목표값으로 재설정하는 것이 아닐 때, 공정초기의 민감도 증가가 바람직할 것이다.

이 밖에도 큰 변화에 대한 반응을 증진시키기 위해 V-마스크 관리도에 Shewhart 관리한계선이나 포물선구역을 덧붙이기도 한다.

(8) 미니탭 실습: 누적합 관리도(CUSUM과 VMASK 명령)

두 종류의 cusum 관리도는 모두 두 모수 h 와 k 에 의해 특정된다. 이들은 흔히 cusum 계획이라고 불린다. 그리고 미니탭의 기본 cusum 관리도는 두 단측 관리도이다.

▌두 단측 cusum 관리도(h, k, n)

두 단측 관리도에서 h 는 중심선과 관리한계선 사이의 표준오차수이고, k 는 공정에서 변동이 허용되는 표준오차수로서 공정의 허용여유를 나타낸다:

참조값 $K = T + k\dfrac{\sigma}{\sqrt{n}}$ $\left(\text{또는 } K = T - k\dfrac{\sigma}{\sqrt{n}}\right)$

관리한계선 $UCL \equiv H = h\dfrac{\sigma}{\sqrt{n}}$ $\left(\text{또는 } LCL \equiv -H = -h\dfrac{\sigma}{\sqrt{n}}\right)$

중심선 $CL = 0$

□ 단측 cusum 관리도를 위한 명령과 부명령들

CUSUM C...C E

열들 C...C에 대해 부분군 크기 E를 사용하여 단측 cusum관리도를 작성하라.

- PLAN K K: (h, k)를 지정한다. 기본 설정은 (4, 0.5)이다.
- TARGET K: 목표값 T를 지정한다. 기본 설정은 0이다.

- FIR K: 초기 관리이탈상태를 탐지하기 위해 시점 0에서의 누적편차 초기값을 0보다 몇 시그마 위(또는 아래)에서 시작할지를 지정한다. 기본 설정은 0이다.

예제 4.17 [예 4.5]의 크랭크축 데이터(AToBDist)를 다시 고려하자. AtoBdist에 대해 단측 누적합 관리도를 작성하여 공정상태를 판정하라.

풀이 이 공정의 목표값은 $T = 0$이고 부분군 크기는 5이다. $h = 4$, $k = 0.5$인 단측 누적합 관리도를 작성하여 보자. [도표 4.19]에서 일부 점들이 상위 cusum 관리도의 관리한계선을 벗어났으므로 공정수준이 상향이동을 했다고 판정된다.

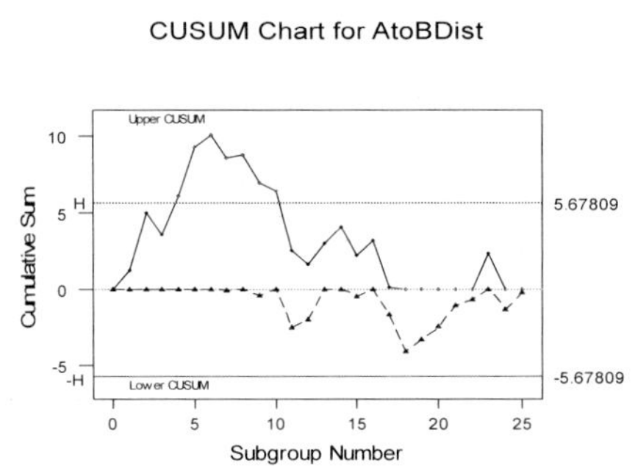


```
MTB > Cusum 'AtoBDist' 5;
SUBC>   Plan 4.0 0.5.
```

[도표 4.19] 두 단측 cusum 관리도

▌V-마스크 관리도 (h, k, n)

V-마스크 관리도에서, h는 원점에서 V-마스크의 반폭의 표준오차수이고, V-마스크 팔의 기울기는 k배의 표준오차로 정의된다:

$$\text{원점에서 V-마스크의 반폭 } H = h\frac{\sigma}{\sqrt{n}},$$

$$\text{V-마스크 팔의 기울기 } \tan\theta = k\frac{\sigma}{\sqrt{n}}.$$

이로부터 선도거리는 다음과 같이 얻어진다:

$$d = \frac{h}{k}.$$

□ 양측 cusum 관리도를 위한 명령과 부명령들

VMASK C...C E

열들 C...C에 대해 부분군 크기 E를 사용하여 양측 cusum 관리도를 작성하라.

- PLAN K K: (h, k)를 지정한다. 기본 설정은 (4, 0.5)이다.
- TARGET K: 목표값 T를 지정한다. 기본 설정은 0이다.
- VMASK K: 원점에 맞출 부분군 번호와 함께 V-마스크 cusum 관리도를 작성하도록 지정한다.

예제 4.18 [예 4.17]을 다시 고려하자. AtoBdist에 대해 양측 누적합 관리도를 작성하여 공정상태를 판정하라.

풀이 V-마스크의 원점을 바꾸어 가면서 관찰해 보면, [도표 4.20]에서와 같이 원점을 5번째 부분군에 두었을 때 일부 점들이 V-마스크에 가려지므로 공정에 (상향)변화가 발생했다고 판정된다.

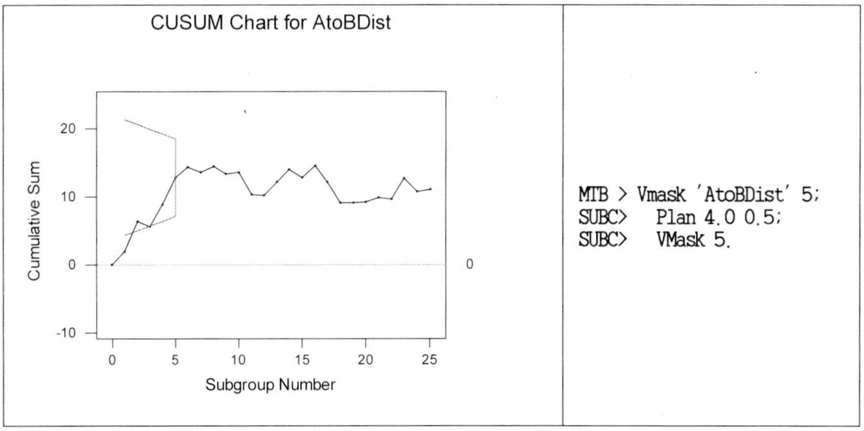

[도표 4.20] V-마스크 관리도(원점 5)

¶

[보충] 미니탭 12에서는 대화식으로 V-마스크의 원점을 선택할 수 있었으나 미니탭 14 이후에서는 부명령 VMASK에서 하나의 원점을 지정하도록 하였다. [도표 4.20(B)]에 제시된 매크로 RVmask는 대화식으로 원점을 선택할 수 있도록 작성된 것이고, [도표 4.20(A)]는 이를 수행한 결과이다.

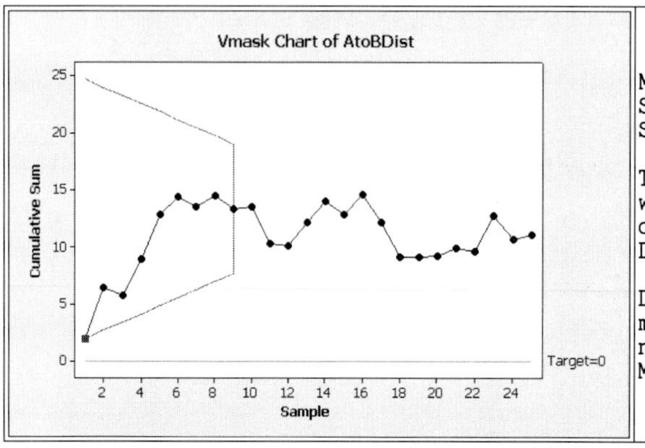


```
MTB > %rvmask 'AtoBDist' 5;
SUBC> Target 0;
SUBC> Plan 4 0.5.

Type the subgroup number on
which you want to put the
origin of the V mask.
DATA> 9

Do you want examine more V
masks?(yes,no)
no
MTB >
```

[도표 4.20(A)] 미니탭 매크로 RVMask의 수행 결과

[도표 4.20(B)] 매크로 RVmask

```
Macro

# This macro generates the Two-sided(V mask) Cusum Chart repeatedly.
#
# Written for Minitab 14.2, Nov. 19. 2008
# By Sung Jin Ahn, Professor of Statistics, GyeongSang National University, Korea

RVmask c n;
  Target t;
  Sigma s;
  Plan h k.

# c: the data column
# n: the subgroup size
# t: the target value of the process
# s: the process sigma
# h: the decision interval
#    the number of sd's between the center line and the control limits(one-sided),
#    the half-width of the V-mask at the point of origination(two-sided)
# k: the shift of the mean to be detected
#    the allowable "slack" in the process(one-sided),
#    the slope of the V-mask arms(two-sided)

Mconstant n t s h k y v
Mcolumn c x
Default h=4 k=0.5 t=0

Let y = 1
While y > 0
Note Type the subgroup number on which you want to put the origin of the V mask.
Set x;
 File "terminal";
 Nobs 1.
Let v = x(1)
Vmask c n;
 Target t;
 Sigma s;
 Vmask v;
 Plan h k.
Note Do you want examine more V masks?(yes,no)
Yesno y
Endwhile

Endmacro
```

4.2.4 지역 관리도

지역 관리도(zone chart)는 부분군이나 개별관측값 모두에 적용될 수 있는 계량형 관리도로서 부분군 (또는 개별값) 조합을 사용하여 공정상태를 판정한다. 부분군 크기가 다를 때에는 표준화된 (또는 안정화된) 지역관리도를 사용한다.

□ 지역 관리도의 특징

- 지역 관리도는 하나의 기준에 의해 공정이 관리이탈상태인지 또는 특정양상이 존재하는지를 판정한다. 누적점수가 지역 4에 할당된 점수이상이면, 그 공정은 관리이탈상태라고 판정된다. 우리는 슈하르트 관리도에서와 같이 랜덤하지 않은 양상들을 인식해낼 필요가 없다. 이는 지역 관리도를 해석하기 쉽게 만드는 요소이다.
- 우리는 지역 관리도의 가중값 체계를 수정함으로써 한 특정 공정에 요구되는 민감도를 제공할 수 있다. 예컨대, 초기 SPC 단계에서는 특정원인들을 찾기 위해 한 가중값 체계를 사용할 수 있다. 그리고 공정이 관리상태에 있을 때에는 공정수준의 이동을 찾기 쉽도록 가중값 체계를 바꿀 수 있을 것이다.

□ 지역 관리도의 운용

- 지역 관리도는 부분군 평균이나 개별값들을 중심선으로부터의 거리에 따라 분류한다.
  - 지역 1: 중심선으로부터 거리가 1 시그마 미만인 지역
  - 지역 2: 중심선으로부터 거리가 1 시그마 이상, 2 시그마 미만인 지역
  - 지역 3: 중심선으로부터 거리가 2 시그마 이상, 3 시그마 미만인 지역
  - 지역 4: 중심선으로부터 거리가 3 시그마 이상인 지역
- 각 지역에는 가중값이 할당된다.
- 지역 관리도는 각 개별값 또는 부분군 평균에 해당하는 지역에 누적점수를 원으로 둘러싸서 나타낸다: 중심선으로부터 같은 쪽에 있는 점들의 가중값들은 누적된다. 점이 중심선을 건널 때 누적점수는 0으로 설정된다.
- 누적점수가 지역 4에 할당된 가중값 이상이 되면 관리이탈상태로 판정한다.

▌미니탭 실습: 지역 관리도(Zone 명령)

Stat 〉 Control Charts 〉 Variable Charts for Individuals 〉 Z-MR...
ZONE C...C E;

부품지표들이 E일 때 열들 C...C에 대해 지역 관리도를 작성하라.

□ 부명령들

① 모수들(Parameters)에 대한 부명령들
MU K...K or C; # 평균을 지정한다.
SIGMA K...K or C; 표준편차를 지정한다.

② 추정치(Estimate)
OMIT K...K or C; # 지정된 부분군들을 계산에서 생략하라.
ESTIMATE K...K or C # 지정된 부분군들을 계산에 사용하라.
POOLED; # 합동표준편차를 구하여 표준편차를 추정하라.
RBAR; # 부분군 범위들의 평균을 이용하여 표준편차를 추정하라.
SBAR; # 부분군 표준편차들의 평균을 이용하여 표준편차를 추정하라.
MMR; # 이동평균들의 평균을 이용하여 표준편차를 추정하라.
AMR; # 이동평균들의 중위수를 이용하여 표준편차를 추정하라.
SRMSSD; # MSSD의 제곱근을 이용하여 표준편차를 추정하라.
BIASED; # 표준편차의 편향 추정치를 구하라.
UNBIASED; # 표준편차에 대한 불편 추정치를 구하라.
RSPAN K; # 이동범위를 계산하는데 사용할 관측들의 수를 지정한다.

③ Weights/Reset
RESET; # 각 관리신호를 따라서 누적점수를 0으로 재설정하라.
WEIGHT K K K K; # 네 지역에 할당할 점수들을 지정한다.

예제 4.19 실린더를 생산하는 한 공장에서 하루에 10번 실린더 5개씩을 뽑아서 길이를 측정하였다. 지역 관리도를 작성하여 관리이탈여부를 판정하여라. (이 데이터는 sqcdata₩exh_qc.mtw의 'length'에 저장되어 있다.)

풀이 [도표 4.21]에서 보는 바와 같이 부분군 6에서 누적지역점수가 8이므로 관리이탈발생 신호를 발해야한다. 그리고 누적점수를 0으로 재설정한다. 그런데 부분군 10에서 누적점수가 10이 되어 다시 관리이탈이 발생했음을 보여준다. 이는 운영자가 부분군 6에서 발견된 문제에 대해 과도하게 반응한 결과일 수도 있다.

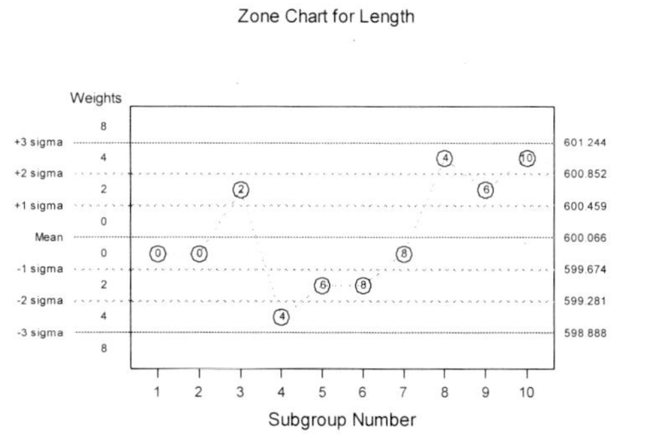


```
MTB > Zone 'Length' 5;
SUBC>   Weights 0 2 4 8;
SUBC>   Reset;
SUBC>   Display 25.
```

¶

[도표 4.21] 지역 관리도

4.3 짧은 런 공정들에 대한 관리도

지금까지 살펴본 바와 같이 표준적인 관리도들은 공정평균이나 공정표준편차 등의 공정모수들을 신뢰성 있게 추정하기 위해 충분히 큰 데이터에 의존하고 있다. 짧은 런 공정들에서는 공정모수들에 대한 좋은 추정치를 제공하기에 충분할 만큼 큰 표본을 얻을 수 없다. 예컨대, 한 기계나 공정이 여러 다른 부품들이나 제품들을 생산하는데 사용될 수도 있다. 또 각 런들이 좋은 추정치들이 얻어질 수 있을 만큼 충분히 긴 경우에도 우리는 그 공정에 의해 생산되는 각 부품에 대해서 별도의 관리도를 필요로 할 수도 있다. 왜냐하면 모든 부품들이 동일한 평균과 동일한 표준편차를 가지지는 않을 것이기 때문이다.

짧은 또는 작은 런 공정들에 대한 관리도는 다양한 방법으로 데이터를 합치고 표준화함으로써 이런 문제들에 대한 한 가지 해결책을 제시한다.

4.3.1 표준화된 개별값-이동범위(z-MR) 관리도

$z-MR$ 관리도는 짧은 런 공정들로부터 측정된 데이터에 대한 표준화된 개별값(z)과 이동범위(MR) 관리도이다. 우리는 표준화를 통해서 다른 런들로부터 수집된 데이터를 한 단일 관리도로 평가할 수 있게 된다.

□ 공정평균 추정

공정평균은 각 부품이나 제품별로 추정된다.

□ 공정표준편차 추정

공정표준편차는 공정변동에 대한 가정이나 정보에 따라 추정방식이 달라진다:

① 모든 아웃풋이 동일한 공정 분산을 가진다—모든 데이터를 합쳐서 추정한다.

② 공정표준편차가 측정값의 크기에 따라 비례적으로 증가한다—모든 데이터를 합쳐서 로그 변환한 뒤 추정한다.

③ 한 특정 부품이나 제품의 모든 런들은 동일한 표준편차를 가진다—동일한 부품이나 제품의 런들을 합쳐서 추정한다.

④ 한 특정 부품이나 제품의 모든 런들이 동일한 표준편차를 가지는지 알 수 없다—런별로 추정한다.

| 과제 | 공정 분산이 측정값의 크기에 따라 증가한다면, 어떻게 공정표준편차를 추정해야 할까?

□ z 관리도의 관리한계선

z 관리도는 표준화된 개별값들 z_i을 타점한다:

$$z_i = (x_i - \mu)/\sigma ,$$

여기서 x_i는 i번째 개체의 관측값이고, μ와 μ는 각각 i번째 개체가 속한 집단의 평균과 표준편차이다.

- 공정표준편차를 모를 때는 공정표준편차를 부분군 표준편차들이나 범위들로부터 추정하여 사용한다: 즉

$$\hat{\mu} = \bar{x} \; ; \; \hat{\sigma} = \bar{R}/d_2(2) .$$

이 때 z 관리도의 관리한계선은 다음과 같이 주어진다:

$$UCL = 3$$
$$CL = 0$$
$$LCL = -3$$

□ MR 관리도의 관리한계선

MR 관리도는 각 집단에 속하는 z_i 값들의 이동범위 MR_i를 타점한다:

- 이때 MR 관리도의 관리한계선은 다음과 같이 주어진다:

$$UCL = D_2(2) = 3.686$$
$$CL = \overline{MR}$$
$$LCL = D_1(2) = 0$$

▌미니탭 실습: 표준화된 개별값-이동범위 관리도(Zmrchart 명령)

\# Stat 〉 Control Charts 〉 Variable Charts for Individuals 〉 Z-MR...

ZMRCHART C...C E;

부품지표들이 E일 때 열들 C...C에 대해 Z-MR 관리도를 작성하라.

□ 부명령들

① 모수들(Parameters)에 대한 부명령들

CENTER C...C or K...K; # 데이터를 표준화하는데 사용할 평균값들을 지정한다.

SPREAD C...C or K...K; # 데이터를 표준화하는데 사용할 표준편차값들을 지정한다.

② 표준편차에 대한 추정치(Estimate)를 구하기 위한 방법

SEPARATE # 각 런에 대해 개별적으로 표준편차를 추정하라.

POOLED # 동일한 부품의 런들을 결합하여 부품별로 표준편차를 추정하라.

EQUAL # 모든 데이터를 통합하여 공통표준편차를 추정하라.

PROP # 모든 데이터에 자연로그를 취하여 변환시킨 뒤 이 변환된 데이터로부터 표준편차를 추정한다.

AMR # 이동범위들의 평균을 이용하여 표준편차를 추정하라.

MMR # 이동범위들의 중위수를 이용하여 표준편차를 추정하라.

RSPAN K # 이동범위의 폭을 지정한다. 기본값은 2이고 최대값은 99이다.

예제 4.20 짧은 런으로 종이를 생산하는 한 제지공장을 고려하자. 이 공정의 표준편차는 생산되는 종이의 두께에 따라 비례적으로 증가한다고 알려져 있다. 세 개의 서로 다른 등급의 종이들을 생산하기 위한 다섯 런들로부터 데이터가 수집되었다. (이 데이터는 sqcdata₩exh_qc.mtw에 'thickness'와 'grade'라는 이름으로 저장되어 있다)

번호	Thicknes	Grade
1	1.435	B
2	1.572	B
3	1.486	B
4	1.883	A
5	1.715	A
6	1.799	A
7	1.511	B
8	1.457	B
9	1.548	B
10	1.768	A
11	1.711	A
12	1.832	A
13	1.427	C
14	1.344	C
15	1.404	C

풀이 [도표 4.22]의 표준화된 개별값-이동범위 관리도에서 공정중심수준을 나타내는 z(여기서는 표준화된 로그(데이터)) 관리도에는 관리이탈에 대한 아무런 조짐이 보이지 않는다. 그리고 공정변동수준을 나타내는 MR 관리도에도 모든 점들이 관리한계선 안에 머물러 있으므로 공정변동수준에 변화가 없었음을 시사한다.

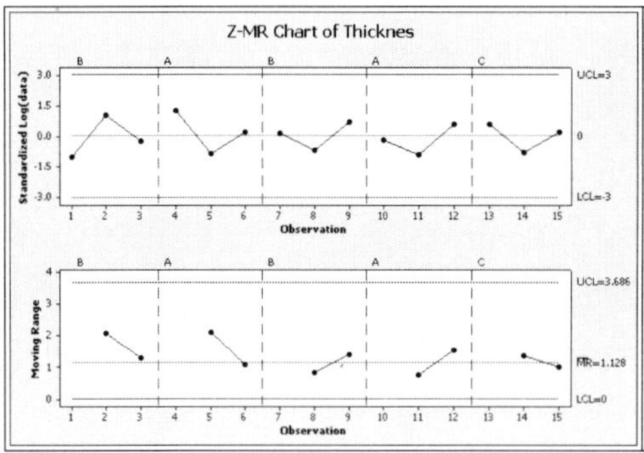


```
MTB > Zmrchart 'Thicknes' 'Grade';
SUBC>   Prop;
SUBC>   Display 25.
```

¶

[도표 4.22] 표준화된 개별값-이동범위($z-MR$) 관리도

4.3.2 명목 관리도

명목 관리도(nominal control chart)는 단순히 관측으로부터 런의 명목값(nominal value)을 뺌으로써 작성된다. 명목값은 대개 규격한계의 중간값, 목표값, 또는 과거 데이터의 평균이 된다. 명목 관리도는 각 런의 변동이 동일하다는 가정을 할 수 있을 때 사용하는 것이 적절하다.

예컨대, 명목 $\overline{x}$ 관리도와 R 관리도는 다음과 같이 작성될 수 있다:

① 각 개체에 대해 동일한 부분군 크기를 사용하여 데이터를 수집한다.

② 각 개체의 명목 규격을 구한다.

③ 측정값에서 명목값을 빼서 데이터를 변환시킨다: 즉

변환값(code, or coded, value) = 측정값 - 명목값

④ 변환된 부분군들의 평균들과 범위들을 관리도에 타점해 나간다.

⑤ 부분군들의 수가 20 이상이 되면 변화된 데이터를 사용하여 다음과 같이 관리한계선을 구한다:

- 명목 $\overline{x}$ 관리도

CL = 변환된 부분군 평균들의 평균

$UCL = CL + A_2 \overline{R}$

$LCL = CL - A_2 \overline{R}$

- 명목 R 관리도

CL = 변환된 부분군 범위들의 평균

$UCL = D_4 \overline{R}$

$LCL = D_3 \overline{R}$

⑥ 관리도를 해석한다.

관 찰 명목 $\overline{x}$ 관리도와 R 관리도는 $z-MR$ 관리도의 특수한 경우에 해당한다.

4.4 연습문제

01 어떤 전자제품의 잡음 정도를 관리하기 위하여 생산된 제품들의 랏들로부터 하루에 세 번씩 5개의 제품들을 랜덤하게 뽑아서 잡음을 측정하여 아래와 같은 품질데이터를 얻었다. 이 데이터를 이용하여 $\bar{x}-R$ 관리도를 작성하고 관리이탈여부를 판정하여라. (이 데이터는 sqcdata₩noise.mtw에 한 열로 저장되어 있다.)

날짜	군번호	측정값					합계	평균값	범 위
		x_1	x_2	x_3	x_4	x_5	$\sum x$	$\bar{x}$	R
3/31	1	11.1	9.4	11.2	10.4	10.1	52.2	10.44	1.8
	2	9.6	10.8	10.1	10.8	11.0	52.3	10.46	1.4
	3	9.7	10.0	10.0	9.8	10.4	49.9	9.98	0.7
4/1	4	10.1	8.4	10.2	9.4	11.0	48.1	9.82	2.6
	5	12.4	10.0	10.7	10.1	11.3	54.5	10.90	2.4
	6	10.1	10.2	10.2	11.2	10.1	51.8	10.36	1.1
4/4	7	11.0	11.5	11.8	11.0	11.3	56.6	11.32	0.8
	8	11.2	10.0	10.9	11.2	11.0	54.3	10.86	1.2
	9	10.6	10.4	10.5	10.5	10.9	52.9	10.58	0.5
4/5	10	8.3	10.2	9.8	9.5	9.8	47.6	9.52	1.9
	11	10.6	9.9	10.7	10.4	11.4	52.8	10.56	1.5
	12	10.8	10.2	10.5	8.4	9.9	49.8	9.96	2.4
4/6	13	10.7	10.7	10.8	8.6	11.4	52.2	10.44	2.8
	14	11.3	11.4	10.4	10.6	11.1	54.8	10.96	1.0
	15	11.4	11.2	11.4	10.1	11.6	55.7	11.14	1.5
4/7	16	10.1	10.1	9.7	9.8	10.5	50.2	10.04	0.8
	17	11.7	12.8	11.2	11.2	11.3	57.2	11.44	2.1
	18	11.9	11.9	11.6	12.4	11.4	59.2	11.84	1.0
4/8	19	10.8	12.1	11.8	9.4	11.6	55.7	11.14	2.7
	20	12.4	11.1	10.8	11.0	11.9	57.2	11.44	1.6

02 한 볼트 생산공장에서는 시간당 350에서 400개 사이의 볼트를 생산하고 있다. 이 볼트의 안지름의 규격한계는 1.30~1.60이다. 공정관리를 위해 하루에 30번씩 15분에서 20분 간격으로 다섯 개의 볼트들을 뽑아서 바깥지름을 측정하고 있다. 볼트의 안지름의 분포는 관리상태 아래에서 정규분포를 따른다고 알려져 있다. 아래 데이터는 어느 특정한 날에 기록된 부분군 데이터들에서 계산된 관리 통계량값들이다. (이 데이터는 sqcdata₩bolt.mtw에 저장되어 있다.)

부분군	$\bar{x}$	R	부분군	$\bar{x}$	R	부분군	$\bar{x}$	R
1	1.402	0.15	11	1.360	0.11	21	1.392	0.06
2	1.390	0.18	12	1.402	0.07	22	1.378	0.08
3	1.448	0.18	13	1.332	0.08	23	1.362	0.16
4	1.432	0.06	14	1.356	0.17	24	1.348	0.09
5	1.428	0.08	15	1.314	0.10	25	1.338	0.05
6	1.382	0.10	16	1.362	0.15	26	1.366	0.14
7	1.358	0.11	17	1.380	0.19	27	1.346	0.09
8	1.440	0.19	18	1.350	0.08	28	1.374	0.15
9	1.366	0.10	19	1.378	0.11	29	1.339	0.24
10	1.368	0.11	20	1.384	0.09	30	1.368	0.14

(1) 처음 20개의 부분군들로부터 $\bar{x}-R$ 관리도의 중심선과 관리한계선들을 정하고, 나머지 10개의 부분군들을 타점하여 공정이 관리상태에 있는지 판정하라.

(2) $\bar{x}$ 관리도의 OC 곡선을 작성하라.

(3) (2)에서 구한 관리도의 OC 곡선을 토대로 아래 물음에 답하여라.

(a) 이 공정에서 생산되는 제품 가운데 규격을 벗어나가 될 제품의 비율, 즉 공정불량률은 얼마인가?

(b) 공정평균을 변화시킨다면, 공정불량률이 0이 될 수 있는가?

(c) 공정평균이 1.315로 변하면,

① 불량률이 어떻게 변하겠는가?

② 이 변화 후의 첫 번째 부분군으로부터 이 변화를 탐지할 확률은 얼마인가?

③ 이 변화 후의 첫 번째 부분군으로부터 이 변화를 탐지할 확률이 0.95이상이 되려면 부분군 크기가 얼마가 되어야 하는가?

④ 이 변화가 8번째 부분군에서까지 발견되지 않는다면, 그 동안 어느 정도의 불량품이 생산되겠는가? 또 그럴 확률은 얼마인가?

03 평균($\bar{x}$) 관리도와 개별값(x) 관리도의 공정평균이동에 대한 민감도를 다음 단계를 따라 비교하라. 품질특성이 $N(\mu_0, \sigma^2)$를 따르던 공정에 변화가 생겨 공정평균이 $\mu_1 = \mu_0 + 2\sigma$로 증가하였다고 하자.

(1) 부분군 크기가 4인 $\bar{x}$ 관리도에서 한 부분군으로 이를 탐지할 확률은 약 (   )이다.

(2) x 관리도에서 한 점으로 이를 탐지할 확률은 약 (   ) 이므로 연속된 4점으로 이를 탐지할 확률은 약 (   ) 이다.

(3) 우리는 위 결과로부터 같은 표본크기를 사용할 때 (   ) 관리도가 공정평균이동에 더 민감함을 알 수 있다.

04 공정평균의 증가경향을 탐지하기 위한 단측 누적합 관리도 (K, H, n) = (참조값, 의사결정구간, 표본크기) 를 고려하자.

(1) $\mu_0 = 100$, $\mu_1 = 110$, $\sigma = 10$ 이고, (K, H, n) = (105, 10, 4) 일 때, $ARL(\mu_0)$와 $ARL(\mu_1)$를 각각 구하라.

(2) $\mu_0 = 100$, $\mu_1 = 110$, $\sigma = 10$ 이고, $ARL(\mu_0)$ = 500, $ARL(\mu_1)$ = 10일 때 (K, H, n)를 구하라.

05 다음은 한 품질특성 X를 관리하기 위해 20 부분군들을 뽑은 결과이다. (부분군 크기는 모두 n = 4)

$\sum_i \overline{x_i}$ = 600, $\sum_i R_i$ = 40

(1) R 관리도를 위한 CL, LCL, UCL를 구하라.

(2) $\overline{x}$ 관리도를 위한 CL, LCL, UCL를 구하라.

(3) 위 $\overline{x}-R$ 관리도에 점을 찍어보니 X의 평균수준과 변동성이 모두 관리상태에 있었다. 그런데 X에 대한 품질규격은 규격상한 USL = 32.9142, 규격하한 LSL = 27.0858로 정해져 있다. (2)에서 구한 $\overline{x}$ 관리도를 기준으로 판단할 때 어느 정도가 규격을 벗어나겠는가?

06 다음은 8 부분군들의 평균이다.

부분군	1	2	3	4	5	6	7	8
평균	14.0	9.0	7.0	9.0	13.0	4.0	9.0	11.0

(1) 길이가 3인 이동평균 관리도의 처음 4점을 구하라.

(2) 가중값 α = 0.3인 지수가중이동평균 관리도의 처음 4점을 구하라.

07 $\overline{x}-R$ 관리도 등의 슈하르트 관리도와 이동평균 관리도나 누적합 관리도와 같이 부분군 조합을 사용하는 관리도의 특징이나 장단점을 비교하여라.

08 아래 데이터에서 처음 20 관측은 $N(10,1)$으로부터의 랜덤표본이고, 나중 10 관측은 $N(11,1)$로부터의 랜덤관측이다.
(이 데이터는 sqcdata₩NormalMix2.mtw에 저장되어 있다.)

9.45	7.99	9.29	11.66	12.16	10.18	8.04	11.46	9.20	10.34
9.03	11.47	10.51	9.40	10.08	9.37	10.62	10.31	8.52	10.84
0.90	9.33	12.29	11.50	10.60	11.08	10.38	11.62	11.31	10.52

(1) $N(10,1)$에 대한 개별값(x) 관리도를 작성하여 공정 중심의 이동을 탐지해 보아라.

CL = (　　　), UCL = (　　　), LCL = (　　　)

(2) 두 단측 누적합 관리도를 작성하여 $\mu=10$으로부터 공정 중심의 이동을 탐지해 보아라. (h = 5, k = 0.5, n = 1을 사용하여)

CL = (　　　), UCL = (　　　), LCL = (　　　)

(3) 위 (1)과 (2)로부터 슈하르트 관리도와 누적합 관리도를 비교해 보아라.

09 공정평균의 "하향이동"을 탐지하기 위한 "단측" 누적합 관리도를 고려하자. 관리상태에 있을 때 이 공정의 평균은 μ_0 = 10 이고 표준편차는 σ = 1로 알려져 있다. 우리는 이 공정의 평균이 μ_1 = 9 로 하향이동하는 것을 탐지해 내려고 한다. (즉 μ_1은 불합격품질에 해당하는 공정평균이다.) 누적합 관리도의 모수로 (h, k, n) = (4, 0.5, 1)을 사용할 때 다음 물음에 답하라.

(1) 의사결정구간(decision interval) H

(2) 참조값(reference value) K

(3) t 번째 타점

Chapter 5

계수형 관리도

계수형 관리도의 장점으로는, 데이터 수집이 용이하고, 비용과 시간이 적게 들며, 공정 전반의 품질수준을 파악하는데 효과적이라는 점과 여러 항목들을 동시에 관리할 수 있다는 점을 들 수 있다. 단점으로는 공정 변화를 민감하게 탐지하지 못한다는 점을 들 수 있다. 계수형 관리도로는 다음 관리도들이 흔히 사용된다.

[도표 5.1] 흔히 사용되는 계수형 관리도들

관리도 구분	미니탭 메뉴명령(세션명령)
불량품들(defectives)에 대한 관리도	
불량률(p) 관리도 불량개수(np) 관리도 레이니 p' 관리도	P Chart (PCHART) NP Chart (NPCHART) Laney P' Chart(PPRIMECHART)
결함들(defects)에 대한 관리도	
결함수(c) 관리도 단위당 결함수(u) 관리도 레이니 u' 관리도	C Chart (CCHART) U Chart (UCHART) Laney U' Chart(UPRIMECHART)

▌미니탭 실습: 계수형 관리도를 위한 명령과 데이터 구조

□ p 관리도

Stat 〉 Control Charts 〉 Attributes Charts 〉 P

PCHART C E

불량품수를 담고 이는 열 C 대해 부분군 크기 E를 사용하여 불량률 관리도를 작성하라.

□ np 관리도

Stat 〉 Control Charts 〉 Attributes Charts 〉 NP

NPCHART C E

불량품수를 담고 이는 열 C 대해 부분군 크기 E를 사용하여 불량개수 관리도를 작성하라.

□ c 관리도

Stat 〉 Control Charts 〉 Attributes Charts 〉 C

CCHART C

결함수를 담고 이는 열 C 대해 결함수 관리도를 작성하라.

□ u 관리도

\# Stat 〉 Control Charts 〉 Attributes Charts 〉 U

UCHART C E

결함수를 담고 이는 열 C 대해 부분군 크기 E를 사용하여 단위당 결함수 관리도를 작성하라.

PCHART와 NPCHART는 부분군의 불량품수를 담고있는 데이터열과 부분군 크기를 지정해야 한다. 부분군 크기가 동일하지 않을 때는 부분군 크기를 담고 있는 열을 지정해야 한다. PCHART와 UCHART는 불량품수나 결함수를 부분군 크기로 나누어서 불량률이나 단위당 결함수를 구한다. NPCHART와 CCHART는 원 데이터를 타점한다.

PCHART, NPCHART, 그리고 UCHART는 부분군 크기가 동일하지 않은 경우도 다룰 수 있다. PCHART와 UCHART에서는 중심선은 항상 일정한 반면, 관리한계선들은 부분군 크기의 함수이다. NPCHART에서는 중심선과 관리한계선들이 모두 부분군 크기에 영향을 받는다. 우리는 중심선과 관리한계선들이 일정하도록 강제할 수도 있다.

결측 데이터가 있으면, 그 부분군의 관리 통계량이 타점되었을 자리가 비이게 된다. CCHART와 UCHART는 각 부분군에 대해 하나의 값, 즉 결함수를 필요로 한다. CCHART에 대해서는 각 표본의 결함수를 담고있는 열을 지정해야 한다. UCHART에 대해서는 부분군 크기도 지정해야 한다. UCHART는 결함수들을 부분군 크기로 나누어서 단위당 결함수를 얻는다.

참고 미니탭은 계수형 관리도에 대해 DEFTEST 명령 중 검정 1에서 4까지만 지원한다.

예제 5.1 다음 데이터구조에서 C1은 불량품수를, C2는 부분군 크기를 담고 있다. (이 데이터는 sqcdata₩ex_pchart.txt에 저장되어 있다.)

C1	C2
8	968
13	1216
13	1004
16	1101
14	1076
15	995
13	1202
10	1028
24	1184
12	992

PCHART와 NPCHART 모두 주명령에 불량품수 열과 부분군 크기 열을 나열한다. 예를 들면,

```
MTB > PCHART c1 c2
MTB > NPCHART c1 c2
```
¶

5.1 불량품들에 대한 관리도

5.1.1 불량률(p) 관리도

불량률 관리도는 부분군의 불량률 p를 타점한다. 불량률 관리도는 분류값으로 나타낼 수 있는 품질특성에 대해 적용될 수 있다.

□ 기호약속

p' : 공정불량률 (미지의 참값)

p (또는 p_i): 한 부분군(또는 부분군 i)의 불량률, $p_i = \frac{x_i}{n_i}$

x : 한 부분군의 불량품수

g : 부분군들의 개수

n (또는 n_i): 한 부분군(또는 부분군 i)의 크기

N: 부분군들의 크기의 합, 총 표본크기

$\bar{p}$: 부분군들의 평균불량률, $\bar{p} = \sum_{i=1}^{g} \frac{x_i}{N} = \sum_{i=1}^{g} \frac{n_i}{N} p_i$

X: 한 부분군의 랜덤 불량품 수

P: 한 부분군의 랜덤 불량률, $P_i = \frac{X_i}{n_i}$

□ p 관리도의 사용목적

- 공정불량률 추정
- 품질수준의 변화 파악
- 공정 관리
- $\bar{x} - R$ 관리도 적용을 위한 예비 조사
- 샘플링검사의 엄격도 조정

□ p 관리도의 관리한계선

- X의 분포: $X \sim B(n, p') \dot{\sim} N(np', np'(1-p'))$

- P의 분포: $P \dot{\sim} N(p', p'(1-p')/n)$
- 공정불량률 p'를 알 때

$$UCL = p' + 3\sqrt{p'(1-p')/n}$$
$$CL = p'$$
$$LCL = p' - 3\sqrt{p'(1-p')/n}$$

- 공정불량률 p'를 모를 때

$$UCL = \bar{p} + 3\sqrt{\bar{p}(1-\bar{p})/n}$$
$$CL = \bar{p}$$
$$LCL = \bar{p} - 3\sqrt{\bar{p}(1-\bar{p})/n}$$

예제 5.2 [예 5.1]의 데이터에서 부분군 크기가 1077로 동일하다고 간주하자. 이에 대한 p 관리도가 [도표 5.2]에 전시되어 있다. ¶

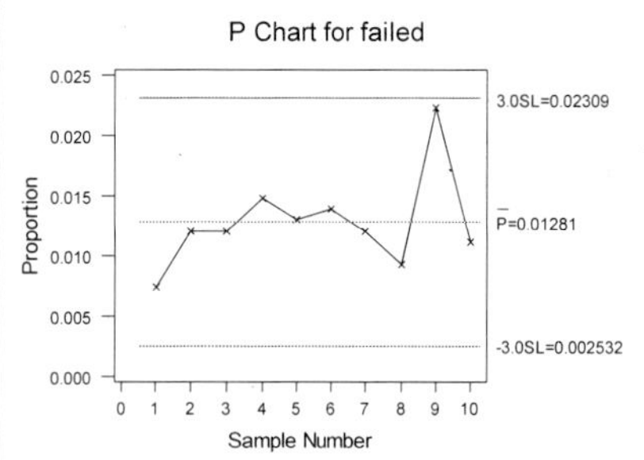


```
# File > Open Worksheet... 또는
# File > Other Files>Opeb Special Text...
MTB > Read "s:\sqcdata\pchart.txt" C1 C2;
SUBC>   Decimal ".".
MTB > name c1 'failed' c2 'inspected'
# Stat > Control Charts
#   > Attributes Charts > P
MTB > PChart 'failed' 1077
```

[도표 5.2] 부분군 크기가 동일한 p 관리도

□ p 관리도의 부분군의 크기가 서로 다를 때의 관리한계선

① 부분군마다 관리한계선을 달리 정한다.

② 표준화된 p 관리도(a standardized or stabilized p-chart)를 사용한다. 즉 p_i 대신 다음과 같은 표준점수 z_i를 타점한다:

$$z_i = (p_i - \bar{p}) / \sqrt{\bar{p}(1-\bar{p})/n_i}\,. \tag{5.1.1}$$

이때 관리한계선으로는 통상적으로 ±3을 사용한다(z 관리도). 이것은 p_i를 개별값으로 사용한 표준화된 개별값 관리도(4.3.1 절)에 다름이 아니다.

③ 부분군 크기의 평균을 사용하여 근사한계선을 정한다.

예제 5.3 [예 5.1]의 데이터(부분군 크기가 다른)에 대한 p 관리도가 [도표 5.3]에 전시되어 있다. ¶

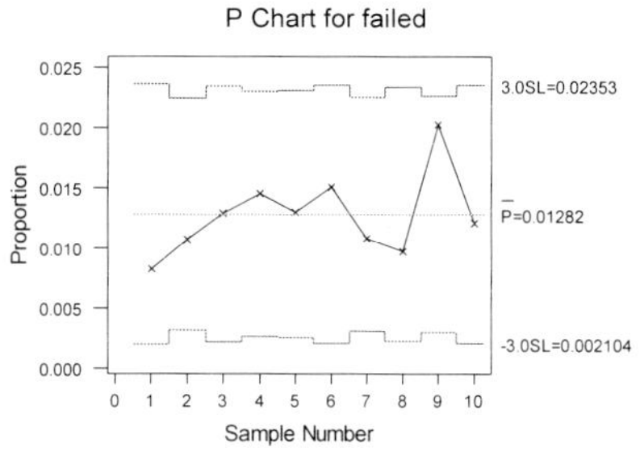


```
MTB > PCHART 'failed' 'inspected'
```

[도표 5.3] 부분군 크기가 다른 p 관리도

예제 5.4 부분군 크기가 다르지만 관리한계선을 바르게 하는데 사용할 부분군 크기—예컨대, 평균 부분군 크기 1077—를 지정할 수 있다. [도표 5.4]를 [도표 5.3]과 비교해 보면, 두 p 관리도에서 점들의 위치는 동일하고 단지 관리한계선만 바르게 된 것을 볼 수 있다. ¶

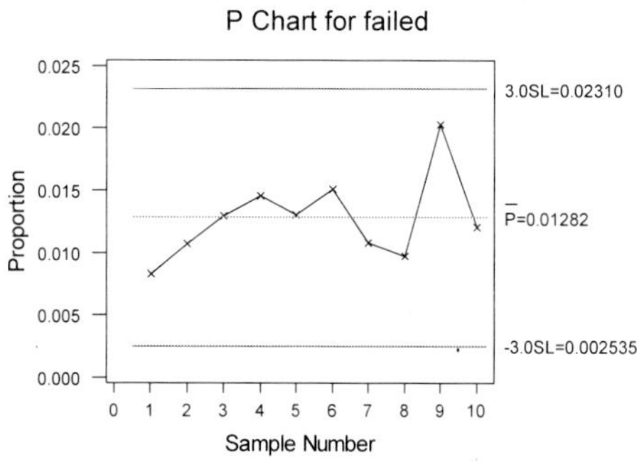


```
MTB > PChart 'failed' 'inspected';
SUBC>   Subgroup 1077;
```

[도표 5.4] 관리한계선을 바르게 한 p 관리도

□ p 관리도의 부분군 크기

부분군 크기를 결정하기 위해서는 경제적인 측면과 통계적인 측면이 다 함께 고려되어야 하지만, 여기서는 통계적인 측면만을 고려한 세 가지 기준들을 살펴보도록 하자.

① 기준 1

부분군을 100번 뽑을 때 불량품수가 한 개 이상인 부분군이 적어도 90번 정도는 나오도록 부분군의 크기를 정한다(Rice):

$$P\{X \geq 1\} \geq 0.9.$$

예제 5.5 공정불량률이 $p'=0.02$인 공정에서 부분군을 100번 뽑을 때 불량품수가 한 개 이상인 부분군이 적어도 90번 정도는 나오도록 하려면 부분군의 크기는 얼마가 되어야 하는가?

풀이 이항분포의 프아송 근사를 이용하면,

$$P\{X \geq 1\} = 1 - P\{X = 0\} = 1 - e^{-np'} \geq 0.9\,;\ np' \geq \log 10\,.$$

위 관계를 만족하는 프아송 분포의 평균 λ는 $\lambda = np' = 2.30258$이상이어야 한다. 이로부터,

$$n \geq 2.30258/p' = 2.30258/0.02 = 115.129\,.$$

또는 이항분포를 그대로 이용하면,

$$P\{X \geq 1\} = 1 - P\{X = 0\} = 1 - (1-p')^n \geq 0.9\,,$$

$$n \geq \log 0.1/\log(1-p') \approx \frac{\log 0.1}{-p'} = \frac{\log 10}{p'}\,.$$ ¶

② 기준 2

공정불량률이 d 만큼 증가하였을 때 1회의 표집으로 이를 탐지할 확률이 0.5이상이 되어야 한다:

$$P\{P + d \geq UCL\} \geq 0.5\,.$$

즉

$$P\{P \geq UCL - d\} \geq 0.5\,.$$

이 관계를 만족하려면 $UCL - d = CL$ 이어야 한다. 따라서

$$d = UCL - CL = 3\sqrt{p'(1-p')/n}.$$

이는 이동한 공정 평균불량률이 관리상한선이나 관리하한선과 일치한다.

이로부터

$$n = (3/d)^2 p'(1-p').$$

예제 5.6 공정 평균불량률이 $p' = 0.02$에서 0.05로 증가할 때, 1회의 표집으로 이를 탐지할 확률이 0.5이상이 되게 하려면, 부분군 크기는 얼마가 되어야 하는가?

풀이 $d = 0.03$ 이므로,

$$n = (3/d)^2 p'(1-p') = (3/0.03)^2(0.02)(1-0.02) = 196.$$ ¶

③ 기준 3

불량률 관리도에서 품질향상을 탐지할 수 있으려면 LCL 이 0보다 커야 한다. 즉

$$LCL = p' - 3\sqrt{p'(1-p')/n} > 0.$$

이로부터

$$n > 9(1-p')/p'.$$

예제 5.7 p'=0.02일 때 불량률 관리도에서 품질향상을 탐지할 수 있으려면 부분군 크기가 얼마가 되어야 하는가?

풀이 $n > 9(1-p')/p' = 9(1-0.02)/0.02 = 441.$ ¶

□ p 관리도의 운용방법

각 부분군의 불량률 p를 관리도에 타점한다.

□ p 관리도의 OC 곡선

n이 클 때($n > 30$) $np \leq 5$이면 프아송 근사를, 그리고 $np > 5$이면 정규근사를 사용한다.

예제 5.8 $LCL=0.064$, $UCL=0.43$이고 부분군 크기 $n=50$인 p관리도의 OC 곡선은 [도표 5.5]와 같이 주어진다.

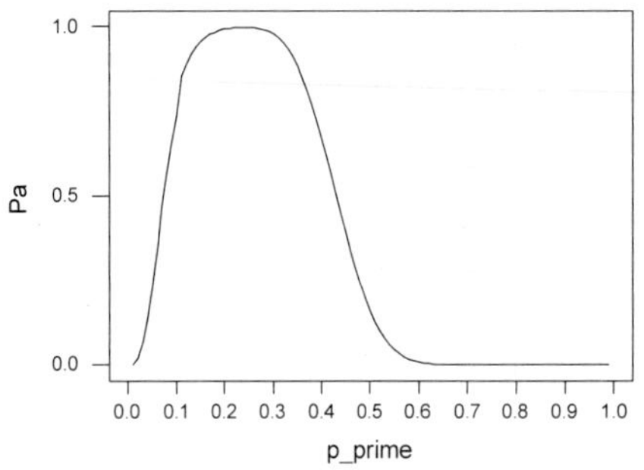


```
MTB > %oc_p

Enter the size of subgroup:
DATA> 50

Enter LCL and UCL:
DATA> 0.064 0.43
```

[도표 5.5] p 관리도의 OC 곡선($LCL=0.064$, $UCL=0.43$, $n=50$)

¶

[도표 5.6] p 관리도의 OC 곡선을 위한 미니탭 매크로

```
GMACRO
OC_p # main routine
new
name c1 'p_prime' c2 'mu_sigma_prime' c3 'P<LCL' c4 'P<UCL' c5 'Pa'
name k4 'LCL' k5 'UCL' k6 'n' k7 'p_pr' k8 'i'
note
note Enter the size of subgroup:
set c100;
 file 'terminal';
 nobs 1.
let 'n' = c100(1)
set c1
0.01:0.99/0.01
end
note
note Enter LCL and UCL:
set c100;
 file 'terminal';
 nobs 2.
let 'LCL' = c100(1)
let 'UCL' = c100(2)
let k1 = 1 # current row no.
let c98 = 'n'*'p_prime'
copy c98 c99;
  include;
    where "c98 <= 5".
let k2 = count(c99)
# note
# note Enter the number of times for Poisson approximations:
# set c100;
#  file 'terminal';
#  nobs 1.
# let k2 = c100(1) # no. of Poisson approxi.
let k14 = count(c1)
let k3 = k14 - k2 # no. of normal approxi.
```

```
DO 'i' = 1:k2
  CALL Oc_p_poi
ENDDO
DO 'i' = 1:k3
CALL Oc_p_nor
ENDDO

plot 'Pa'*'p_prime';
  title 'OC for p chart';
connect.
ENDMACRO

GMACRO
OC_p_POI # subroutain
let 'p_pr' = c1(k1)    # p'
let k8 = 'n'*'p_pr'    # mu' = n*p'
let k9 = 'n'*'LCL'     # n*lcl
let k10 = 'n'*'UCL'    # n*ucl
cdf k9 k11;
    poisson k8.
cdf k10 k12;
    poisson k8.
let k13 = k12 - k11
let c2(k1) = k8
let c3(k1) = k11
let c4(k1) = k12
let c5(k1) = k13
let k1 = k1 + 1
ENDMACRO

GMACRO
Oc_p_nor
let 'p_pr' = c1(k1) # p_prime
let k8 = 1 - 'p_pr' # q_prime
let k9 = 'p_pr'*k8/'n' # sigma^2
let k10 = sqrt(k9) # sigma
cdf 'LCL' k11;
    normal 'p_pr' k10.
cdf 'UCL' k12;
    normal 'p_pr' k10.
let k13 = k12 - k11
let c2(k1) = k10
let c3(k1) = k11
let c4(k1) = k12
let c5(k1) = k13
let k1 = k1 + 1
ENDMACRO
```

▌미니탭 전역 매크로 OC_P.MAC의 데이터 구조

x축에 사용할 p' 데이터를 c1에 넣으면, 그에 대응되는 Pa 확률들은 c5에 들어간다:

p'				Pa
c1	c2	c3	c4	c5

5.1.2 불량품수(np) 관리도

불량품수 관리도는 부분군의 불량률 대신에 불량품수를 타점한다. 불량품수 관리도는 부분군의 크기가 일정하여 불량품수를 직접 관리하고자 할 때 유용하다.

5.1.3 Laney p' 관리도

p 관리도에서 부분군의 크기가 다를 때의 접근법 가운데 한 가지로 제시되었던 표준화된 p 관리도를 다시 고려하자. 거기서는 식(5.1.1)에 제시된 z_i의 분포를 표준정규분포로 암묵적 가정을 하고 관리한계선으로 ±3을 사용하였었다.

그런데 z_i들의 분포를 표준정규분포라고 가정하는 대신에 z_i들의 이동범위 MR_i들로부터 z_i의 표준편차를 추정하여 수정된 관리한계선을 사용하는 것이 더욱 현실적인 대안이 될 것이다: 즉

- z_i의 표준편차: $\sigma_z = \overline{MR}/d_2(2) = \overline{MR}/1.128$
- 관리한계선: $\pm 3\sigma_z$

이와 같이 수정된 z 관리도(z' 관리도)—그리고 p' 관리도—는 부분군 크기가 다르거나 매우 큰 경우 뿐 아니라 부분군의 불량품수 x의 분포가 이항분포에 비해 과대산포(overdispersion)나 과소산포(underdispersion)를 보이는 경우에 적절하다. Laney(2002)는 z' 관리도로부터 다음과 같이 p' 관리도를 도출하고 있다: 식(5.1.1)로부터

$$p_i = \bar{p} + z_i\sigma_{p_i},$$

여기서 $\sigma_{p_i} = \sqrt{\bar{p}(1-\bar{p})/n_i}$. 이로부터 p_i의 표준편차는 다음과 같이 주어진다:

$$sd(p_i) = \sigma_{p_i}\sigma_z. \qquad \textbf{(5.1.2)}$$

즉 p' 관리도는 각 부분군의 불량률 $p_i = \dfrac{x_i}{n_i}$을 타점하고 중심선과 관리한계선은 다음과 같이 주어진다:

- $CL = \bar{p}$
- $UCL = \bar{p} + 3\sigma_{p_i}\sigma_z$
- $LCL = \bar{p} - 3\sigma_{p_i}\sigma_z$

식(5.1.2)에서 보듯이, p' 관리도에서 우연원인(공통원인)의 변동은 부분군 내 변동 뿐 아니라 부분군간 변동도 포함하고 있다. σ_z=1이면 p' 관리도는 p 관리도가 된다. 그리고 부분군 크기가 동일하면 p' 관리도는 개별값(x) 관리도

가 된다.

예제 5.9 한 작은 병원의 기록관리 담당자는 환자 기록들의 정확성과 완전성을 개선하였다. 이런 개선상태를 유지하기 위하여 이 담당자는 매일 제출되는 불완전하고 부정확한 기록들의 건수(Defectives)를 추적하고 있다. 기록들의 수(Total Records)는 평균 부분군 크기가 2500을 넘을 정도로 많다. 그리고 p 관리도 진단으로부터 이 데이터는 과대산포를 보이는 것으로 판정되었다. 레이니 p' 관리도를 사용하여 불완전하고 부정확한 기록들의 수가 예측할 만하게 움직이고 있는지를 검토하여라. (이 데이터는 DefectiveRecords.mtw에 저장되어 있다.)

불량수	기록수	불량수	기록수	불량수	기록수	불량수	기록수
31	3450	35	2806	18	2276	16	2501
34	2364	35	2653	11	2240	28	1939
27	2677	13	2128	18	2199	15	1757
5	1315	9	2119	28	1914	30	3087
28	3401	15	1321	12	2486	20	1542
29	3500	41	3212	34	2821	4	1800
17	2949	41	3437	19	2691	6	1639
3	1778	33	3018	36	3352	28	1968
16	2506	33	3129	29	2561	26	3418
45	2902	28	3080	33	1905	10	2280
17	2727	34	2833	18	2781	28	2668
26	2862	26	1447	18	3008	21	2818
27	3164	24	2470	45	3391	31	3363
23	2871	23	3284	24	2366	26	2063
30	3026	22	2671	20	2724	23	2596
21	1808	16	1986	8	1837	13	2066
25	2767	38	3212	16	2222	14	1322
18	2148	18	1543	11	2196	7	2402
40	3055	33	3073	26	2669	35	2616
24	2741	22	2772	24	3131	51	3368
22	2900	11	2533	29	1941	27	3292
29	2712	35	3109	24	1497	11	1655
28	3187	8	1712	30	2823	20	2842

풀이 [도표 5.7]의 p' 관리도를 볼 때, 관리통계량 값들이 모두 관리한계선 안에서 움직이고 있다. ¶

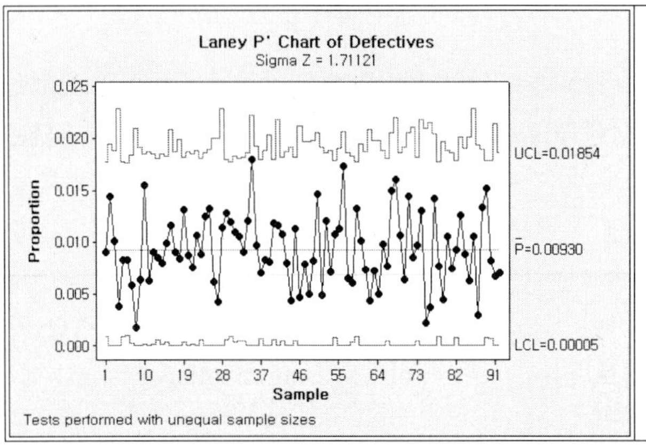


```
# Stat > Control Charts
#  > Attributes Charts >
#  > Laney P'
MTB >  PPrimeChart &
SUBC>   'Defectives'&
SUBC>   'Total Records'.
```

[도표 5.7] 레이니 p' 관리도

5.2 결함들에 대한 관리도

5.2.1 결함수(*c*) 관리도

결함수 관리도는 일정한 단위의 제품들에 나타나는 결함수를 관리하기 위해 사용한다. 결함수란, 예를 들면, 일정대수의 엔진이나 TV 등과 같은 조립제품에 나타나는 불량개소의 수나 일정단위의 유리제품이나 직물 등의 표면에 나타나는 흠의 수를 말한다. 여러 품질특성이 복합적으로 작용하여 나타나는 결함의 수를 관리함으로써 여러 관리항목을 c 관리도 하나로 관리할 수 있다.

| 과제 | 불량품과 결함은 어떤 관계를 가지는가?

□ 기호약속

c' : 검사단위의 공정 평균결함수 (미지의 참값)

c (또는 c_i): 한 검사단위 (또는 검사단위 i) 의 결함수

$\bar{c}$: 검사단위들의 평균 결함수 $\left(\bar{c} = \sum_{i=1}^{g} c_i / g\right)$

C: 한 검사단위의 랜덤 결함수

□ c 관리도의 사용 목적

- 공정관리
- 품질변동에 대한 단기적인 조사
- 결함수에 대한 샘플링검사

□ 검사단위

검사단위란 결함수를 관리하는데 기준이 되는 단위로서, 결함수의 계산, 기록 등 관리상의 편의를 고려하여 결정한다. c 관리도에서 각 표본은 동일하게 한 검사단위로 구성된다.

□ c 관리도의 관리한계선

- C의 분포: $C \sim POI(c')$
- 공정 평균결함수 c'를 알 때

$UCL = c' + 3\sqrt{c'}$

$CL = c'$

$LCL = c' - 3\sqrt{c'}$

- 공정 평균결함수 c'를 모를 때

$UCL = \bar{c} + 3\sqrt{\bar{c}}$

$CL = \bar{c}$

$LCL = \bar{c} - 3\sqrt{\bar{c}}$

▮ 미니탭 실습: 단위당 결함수 관리도(CCHART 명령)

예제 5.10 당신은 면제품을 생산하는 기업에서 일하고 있다. 각 100 제곱 야드의 천은 일정 수의 흠집들(blemishes)이 허용된다. 품질관리를 위해서 당신은 며칠 간 100 제곱 야드 당 흠집의 수를 추적해서 공정이 예측할 만하게 움직이고 있는지를 살피려고 한다. (이 데이터는 exh_qc.mtw에 'blemish'라는 이름으로 저장되어 있다.)

2	4	1	1	4	5	2	1	2	4	4	3	5	2
1	1	2	3	2	4	3	2	4	3	2	3	5	1
4	3	4	2	3	6	4	0	1	2	3	1		

풀이 [도표 5.7]을 볼 때, 관리통계량 값들이 모두 2 시그마 범위 안에서 움직이고 있다. ¶

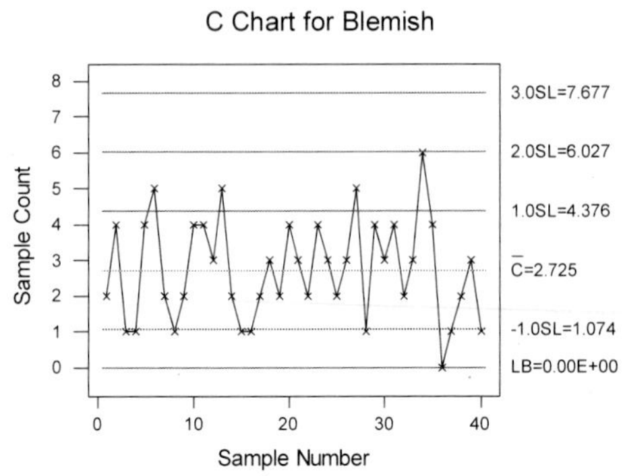


```
# Stat > Control Charts
#  > Attributes Charts > C

MTB > CChart 'Blemish';
SUBC>   Slimits 1 2 3;
SUBC>   Lower 0;
SUBC>   Symbol;
SUBC>   Connect;
SUBC>   Test 1.
```

[도표 5.8] c 관리도

[보충] 앞 예제의 blemish 데이터가 프아송분포를 따르는지 확인해 보자. 아래 부유루토그램과 DRR들의 제곱합에 대한 카이제곱 검정은 blemish 데이터가 프아송분포로 간주될 수 있음을 보여준다.

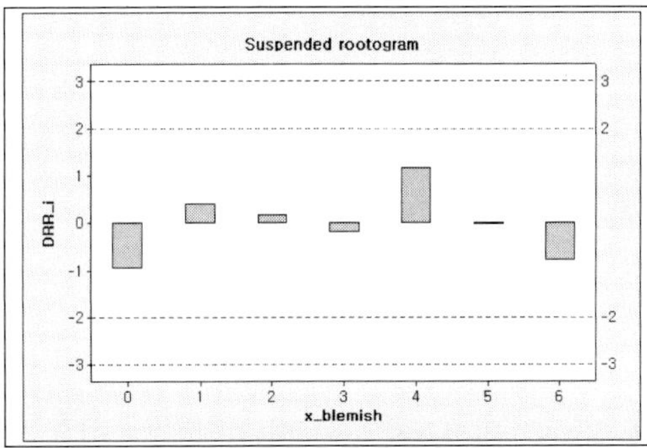


```
MTB > Name C31 'x_blemish' C32 'f_blemish'
MTB > Tally 'Blemish';
SUBC>   Counts;
SUBC>   Store 'x_blemish', 'f_blemish'.
MTB > %X:\EDAMacro\Rooto\rootopoisson c31 c32
```

행	x_blemish	f_blemish	p_i	E_i	DRR_i
1	0	1	0.065546	2.62185	-0.93982
2	1	8	0.178613	7.14454	0.39237
3	2	10	0.243361	9.73443	0.16111
4	3	8	0.221053	8.84211	-0.19967
5	4	9	0.150592	6.02369	1.15495
6	5	3	0.082073	3.28291	-0.01755
7	6	1	0.058762	2.35048	-0.77571

TotFreq	40.0000
x_bar	2.72500
k	7.00000
n_par_es	1.00000
DF	5.00000
SSQ_DRR	3.03898
P_value	0.693976

□ 결함들에 대한 추가 분석

우리는 결함들을 유형별로 분석함으로써 그 원인에 대한 통찰을 얻을 수 있다. 이 때 유용한 도구로서 파레토 그림, 특성요인도, 결함집중도(defect concentration diagram) 등을 들 수 있다.

| **과제** | 결함수의 분포가 프아송분포에 의해 잘 적합되지 않는 경우를 생각해 보자. 그 때의 대안 분포는 무엇인가?

□ 결함들이 군집을 이루어서 발생할 때

- 군집수의 분포가 프아송이고, 군집내 결함수의 분포가 아무 분포 -> 중복 프아송분포
- 군집수의 분포가 프아송이고, 군집내 결함수의 분포도 프아송 분포 -> 네이만 A형 분포
- 군집수의 분포가 감마이고, 군집내 결함수의 분포가 프아송 분포 -> 음이항분포

□ OC 곡선

우리는 프아송 분포를 이용하여 c 관리도의 OC 곡선을 작성할 수 있다.

예제 5.11 $LCL = 0.0$, $UCL = 7.677$인 c 관리도의 OC 곡선은 [도표 5.8]과 같이 주어진다. ¶

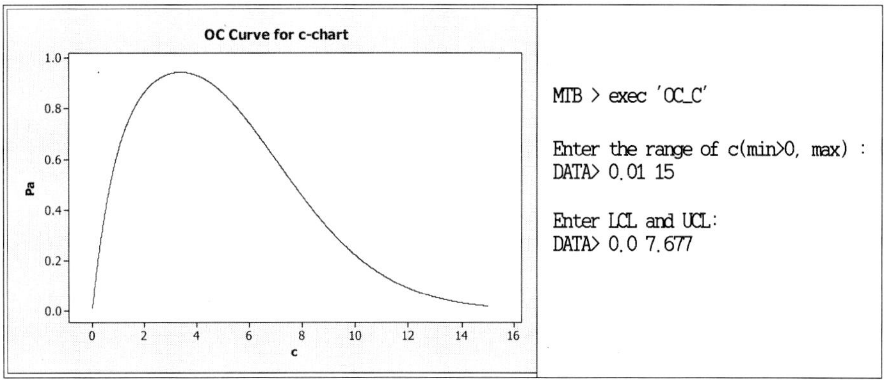

[도표 5.9] c 관리도의 OC 곡선(LCL=0.0, UCL=7.677)

[도표 5.10] c 관리도의 OC 곡선을 위한 미니탭 매크로

```
noecho # oc_c.mtb - 주프로그램
let k1 = 1 # current row no.
note
note Enter the range of c(min>0, max) :
set c100;
file 'terminal';
nobs 2.
let k5 = c100(1)
```

```
let k6 = c100(2)
set c1
k5:k6/0.01
end
let k4 = count(c1)
name c1 'c' c2 'c<LCL' c3 'c<UCL' c4 'Pa'
name k2 'LCL' k3 'UCL'
note
note Enter LCL and  UCL :
set c100;
file 'terminal';
nobs 2.
let 'LCL' = c100(1)
let 'UCL' = c100(2)
exec 'oc_c_poi' k4
plot 'Pa'*'c';
title 'OC Curve for c-chart';
connect.
echo

noecho # oc_c_poi.mtb
let k15 = c1(k1)
cdf k2 k10;
poisson k15.
cdf k3 k11;
poisson k15.
let k12 = k11 - k10
let c2(k1) = k10
let c3(k1) = k11
let c4(k1) = k12
let k1 = k1 + 1
```

5.2.2 단위당 결함수(u) 관리도

부분군크기가 한 검사단위로 제한될 필요는 없다. 실제로 흔히 한 부분군에 몇 개의 검사단위가 포함되곤 한다. 부분군크기는 통계적 고려(예컨대, 검사원의 능률저하를 탐지하기 위해 관리하한이 0이상이 되어야 한다던가, 또는 검사단위의 공정 평균결함수가 d 만큼 증가하였을 때 1회의 표집으로 이를 탐지할 확률이 0.5이상이 되어야 한다는 등)나 경제적 인자들에 의해 정해진다.

부분군크기가 일정하지 않을 때 결함수를 위한 관리도를 작성하는 방법은 두 가지로 나누어 볼 수 있다:

첫째, 수정된 검사단위당 결함수를 관리한다.

$$UCL = nc' + 3\sqrt{nc'}$$

$$CL = nc'$$

$$LCL = nc' - 3\sqrt{nc'}$$

둘째, 검사단위당 결함수를 관리한다. 이하에서는 검사단위당 결함수 관리도에 대해 다룰 것이다.

□ 기호약속

c (또는 c_i): 한 부분군(또는 부분군 i)의 결함수

g : 부분군들의 개수

n (또는 n_i): 한 부분군의 검사단위 개수

$\overline{u}$: 검사단위당 평균 결함수 $\overline{u} = \sum_{i=i}^{g} c_i / \sum_{i=1}^{g} n_i$

C: 한 부분군의 랜덤 결함수

u' : 검사단위의 공정 평균 결함수 (미지의 참값)

U: 한 검사단위의 랜덤 결함수, $U_i = \dfrac{C_i}{n_i}$

□ u 관리도의 관리한계선

단위당 결함수 관리도는 검사단위당 결함수를 타점한다.

- C와 U의 분포: n개의 검사단위로 이루어진 부분군의 결함수를 C라하고 검사단위당 결함수의 평균을 u'라 하면 $C \sim POI(nu') \rightarrow N(nu', nu')$이다. 따라서 한 검사단위의 결함수 U는 $U \equiv C/n \rightarrow N(u', u'/n)$이다.

- 검사단위당 평균결함수 u'를 알 때

$$UCL = u' + 3\sqrt{u'/n}$$
$$CL = u'$$
$$LCL = u' - 3\sqrt{u'/n}$$

- 공정 평균결함수 u'를 모를 때

$$\overline{u} = \sum_{i=i}^{k} c_i / \sum_{i=1}^{k} n_i$$
$$UCL = \overline{u} + 3\sqrt{\overline{u}/n}$$
$$CL = \overline{u}$$
$$LCL = \overline{u} - 3\sqrt{\overline{u}/n}$$

예제 5.12 동선의 결함(바늘구멍)을 조사하여 아래와 같은 결과를 얻었다. 여기서 부분군 크기(SampleSize)는 각 부분군의 검사단위수이고, 결함수(Defects)는 각 부분군에서 관찰된 결함수이다. 참고로, 검사단위는 100m이다. (이 데이터는 sqcdata₩ex_uchart.mtw에 저장되어 있다.)

부분군 번호	부분군크기	결함수
1	10	21
2	10	35
3	10	33
4	15	30
5	15	42
6	15	28
7	15	29
8	20	40
9	20	37
10	20	36
11	10	45
12	10	21
13	10	16
14	15	25
15	15	28

풀이 [도표 5.11]의 u 관리도에서 UCL 밖에 한 점이 나가 있고, 길이가 5인 평균 하위런이 관찰된다. ¶

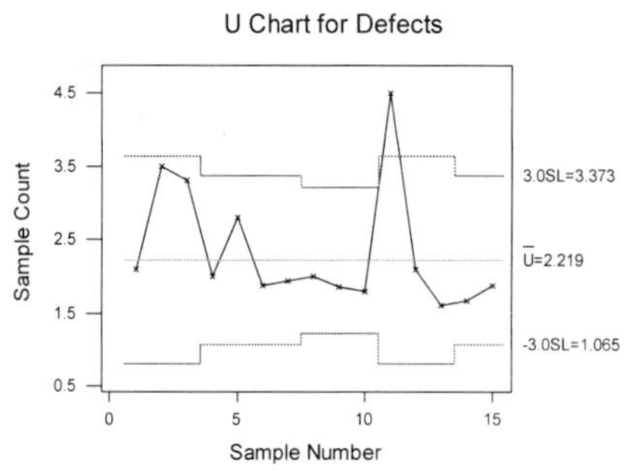


```
# Stat > Control Charts
#  > Attributes Charts > U

MTB > UChart 'Defects' 'SampleSize';
SUBC>   Slimits;
SUBC>   Symbol;
SUBC>   Connect;
SUBC>   Test 1 2 3 4.
```

[도표 5.11] u 관리도

□ 각 부분군의 검사단위수가 다를 때의 관리한계선

① 부분군 마다 다른 관리 한계선을 사용한다.

② 표준화된 u 관리도를 사용한다. 즉 u_i 대신 다음과 같은 표준점수 z_i를 타점한다:

$$z_i=(u_i-\bar{u})/\sqrt{\bar{u}/n_i}\,. \qquad (5.1.3)$$

이때 관리한계선으로는 통상적으로 ±3을 사용한다(z 관리도). 이것은 u_i를 개별값으로 사용한 표준화된 개별값 관리도(4.3.1 절)에 다름이 아니다.

③ 각 부분군의 검사단위의 평균을 사용하여 근사한계선을 정한다.

□ u 관리도의 OC 곡선

우리는 정규분포를 이용하여 c 관리도의 근사적 OC 곡선을 작성할 수 있다.

예제 5.13 $LCL = 1.065$, $UCL = 3.373$인 u 관리도의 OC 곡선은 [도표 5.12]와 같이 주어진다. ¶

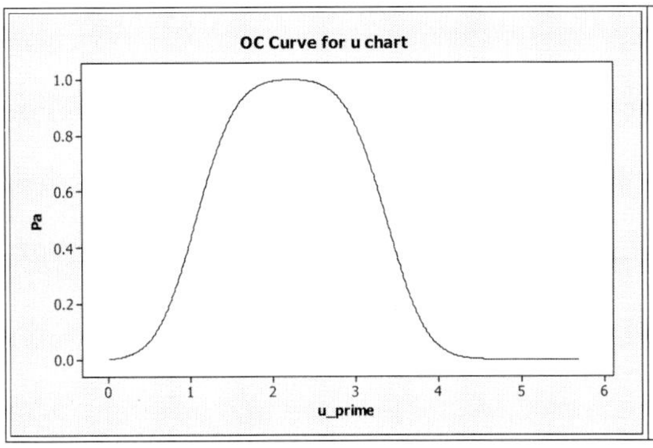


```
MTB > %oc_u

Enter UCL and LCL for u chart:
DATA> 1.065 3.373

Enter the size of subgroup:
DATA> 15

Enter the mean of u:
DATA> 2.219
```

[도표 5.12] c 관리도의 OC 곡선($LCL = 0.0$, $UCL = 7.677$)

[도표 5.13] u 관리도의 OC 곡선을 위한 미니탭 매크로

```
Gmacro
OC_u # main routine
noecho
new
name c1 'u_prime' c2 'z_U' c3 'z_L' c4 'P<LCL' c5 'P<UCL' c6 'Pa'
name k1 'LCL' k2 'UCL' k3 'n' k4 'u_mean' k5 'stderr'
name k7 'Lbound' k8 'Ubound'
note
note Enter LCL and UCL for u chart(LCL, UCL):
set c100;
 file 'terminal';
 nobs 2.
let 'LCL' = c100(1)
let 'UCL' = c100(2)
erase c100
let 'Lbound' = 'LCL' - ('UCL' - 'LCL')
let 'Lbound' = rmax(0.01, 'Lbound')
let 'Ubound' = 'UCL' + ('UCL' - 'LCL')
set 'u_prime'
'Lbound':'Ubound'/0.01
end
note
note Enter the size of subgroup(number of inspection units):
set c100;
 file 'terminal';
 nobs 1.
```

```
let 'n' = c100(1)
note
note Enter the mean of u(mean defects per inspection units):
set c100;
file 'terminal';
 nobs 1.
let 'u_mean' = c100(1)
let 'stderr' = sqrt('u_mean')/sqrt('n')
Call Pa_normal
print k1-k5
plot 'Pa'*'u_prime';
title 'OC Curve for u chart';
connect.
Endmacro

Gmacro
Pa_normal # subroutine
let 'z_U' = ('UCL' - 'u_prime') / 'stderr'
let 'z_L' = ('LCL' - 'u_prime') / 'stderr'
cdf 'z_U' 'P<UCL';
    normal 0 1.
cdf 'z_L' 'P<LCL';
    normal 0 1.
let 'Pa' = 'P<UCL' - 'P<LCL'
Endmacro
```

5.2.3 Laney u' 관리도

레이니 u' 관리도는 레이니 p' 관리도와 동일한 맥락에서 u 관리도를 일반화시킨 것이다. u 관리도에서 부분군의 크기가 다를 때의 접근법 가운데 한 가지로 제시되었던 표준화된 u 관리도를 다시 고려하자. 거기서는 식(5.1.3)에 제시된 z_i의 분포를 표준정규분포로 암묵적 가정을 하고 관리한계선으로 ±3을 사용하였었다.

그런데 z_i들의 분포를 표준정규분포라고 가정하는 대신에 z_i들의 이동범위 MR_i들로부터 z_i의 표준편차를 추정하여 수정된 관리한계선을 사용하는 것이 더욱 현실적인 대안이 될 것이다: 즉

- z_i의 표준편차: $\sigma_z = \overline{MR}/d_2(2) = \overline{MR}/1.128$
- 관리한계선: $\pm 3\sigma_z$

이와같이 수정된 z 관리도(z' 관리도)—그리고 u' 관리도—는 부분군 크기가 다르거나 매우 큰 경우 뿐 아니라 부분군의 결함수 c의 분포가 프아송분포에 비해 과대산포(overdispersion)나 과소산포(underdispersion)를 보이는 경우에 적절하다. Laney(2002)는 z' 관리도로부터 다음과 같이 u' 관리도를 도출하고 있다: 식(5.1.3)으로부터

$$u_i = \overline{u} + z_i\sigma_{u_i}.$$

여기서 $\sigma_{u_i} = \sqrt{\bar{u}/n_i}$. 이로부터 u_i의 표준편차는 다음과 같이 주어진다:

$$sd(u_i) = \sigma_{u_i}\sigma_z. \tag{5.1.4}$$

즉 u' 관리도는 각 부분군의 검사단위당 결함수 $u_i = \dfrac{c_i}{n_i}$ 을 타점하고 중심선과 관리한계선은 다음과 같이 주어진다:

- $CL = \bar{u}$
- $UCL = \bar{u} + 3\sigma_{u_i}\sigma_z$
- $LCL = \max\left\{\bar{u} - 3\sigma_{u_i}\sigma_z, 0\right\}$

식(5.1.4)에서 보듯이, u' 관리도에서 우연원인(공통원인)의 변동은 부분군 내 변동 뿐 아니라 부분군간 변동도 포함하고 있다. σ_z=1이면 u' 관리도는 u 관리도가 된다. 그리고 부분군 크기가 동일하면 u' 관리도는 개별값(x) 관리도가 된다.

예제 5.14 한 병원체인의 직원은 매주의 투약 오류들(예컨대, 잘못된 시간, 잘못된 복용량, 그리고 잘못된 약의 종류 등)의 건수(Errors)를 기록하고 있다. 이 병원체인은 주당 7400명 정도의 환자들(Patients)을 처치하고 있다. 그리고 u 관리도 진단으로부터 이 데이터는 과대산포를 보이는 것으로 판명되고 있다. 레이니 u' 관리도를 사용하여 투약 오류가 예측할 만하게 움직이고 있는지를 검토하여라. (이 데이터는 MedicationErrors.mtw에 저장되어 있다.)

오류수	환자수	오류수	환자수	오류수	환자수	오류수	환자수
71	5750	39	7537	91	8846	52	5593
15	9010	93	8957	42	6215	94	9550
84	7179	62	8330	31	4718	82	7589
56	6830	33	9810	13	4993	91	8520
18	7134	3	8645	68	9356	7	9606
69	8478	79	5716	15	7654	58	6808
12	8858	12	9240	147	4535	61	8876
20	7412	28	7243	67	5659	16	5355

풀이 [도표 5.14]의 u' 관리도를 볼 때, 23번째 주에서 관리통계량 값이 관리상한을 벗어나고 있다. ¶

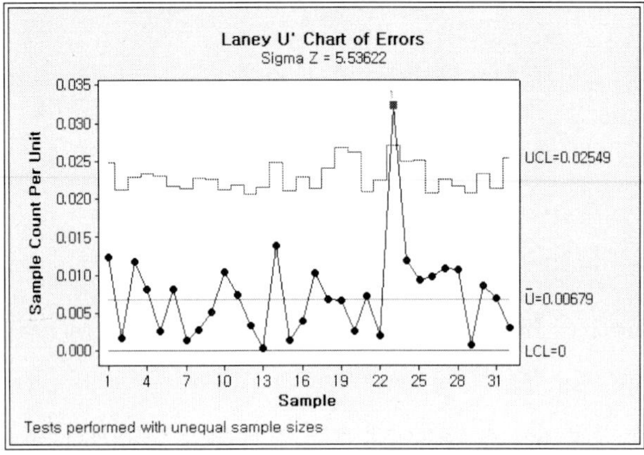


```
# Stat > Control Charts
#  > Attributes Charts >
#  > Laney U'
MTB >  UPrimeChart &
SUBC>    'Errors' &
SUBC>    'Patients'.
```

TEST 1. One point more than 3.00 standard deviations from center line.
Test Failed at points: 23

[도표 5.14] 레이니 u' 관리도

5.3 연습문제

01 당신은 모니터를 생산하는 업체에서 일하고 있다. 각 랏에 대해 당신은 표본을 뽑아서 시각적 검사를 한다. 내부에 긁힘이 있는 모니터는 불합격된다. 랏에 불합격품이 너무 많이 나오면, 당신은 전수검사를 실시할 것이다. 아래 품질데이터(불합격품수와 표본크기)로부터 p 관리도를 작성하여 전수검사가 필요한 시점을 판정하라. (이 데이터는 sqcdata₩exh_qc.mtw에 저장되어 있다.)

Row	Rejects	Sampled
1	20	98
2	18	104
3	14	97
4	16	99
5	13	97
6	29	102
7	21	104
8	14	101
9	6	55
10	6	48
11	7	50
12	7	53
13	9	56
14	5	49
15	8	56
16	9	53
17	9	52
18	10	51
19	9	52
20	10	47

02 $LCL=0.064$, $UCL=0.43$, 부분군 크기 $n=50$인 p 관리도의 OC 곡선을 작성하라.

03 Mini-Wafer사에서는 컴퓨터칩을 생산하고 있다. 이 회사에서는 품질관리 절차의 일환으로 검사자들이 모든 칩을 검사하고 있는데, 작동되지 않는 칩들은 폐기된다. 그리고 작동되는 칩들에 대해서는 결함들을 조사하여 그 수를 기록하는데, 결함수가 10 이상이면 또한 폐기된다. 아래 표는 어느 하루의 결함수 데이터이다. 이 데이터를 요약하고 프아송분포와 비교해 보아라. 이 데이터는 다음 단계로 c 관리도에 의해 분석될 것이다. (이 데이터는 sqcdata₩chips.mtw에 저장되어 있다.)

컴퓨터칩 데이터

결함수	칩수
0	125
1	220
2	370
3	320
4	290
5	180
6	90
7	66
8	15

04 (1) 25 부분군들의 결함수의 합이 $\sum_{i=1}^{25} c_i = 75$였다. 부분군 결함수의 분포가 프아송 분포를 따른다는 가정 아래에서 이 데이터로부터 결함수(c) 관리도의 중심선과 관리한계선들 CL, UCL, LCL을 정하라.

(2) $CL = 8$, $UCL = 15$, $LCL = 1$인 c관리도에서 공정의 검사단위당 평균 결함수가 $d = 2.5$만큼 증가하거나 감소할 때 이를 0.5의 확률로 탐지하려면 부분군의 크기는 몇 검사단위이어야 하는가?

05 (1) 다음과 같은 23회의 부분군 데이터로부터 p 관리도의 CL, UCL, LCL을 정하고 표본비율 P의 분포를 밝혀라. 부분군 크기는 모두 n=100이다.

(도움말: $\sum_{i=1}^{23} x_i = 69$)

불량품수(x_i): 3 3 5 6 3 4 3 6 2 3 4 3 1 1 2 3 2 1 3 1 1 6 3

(2) UCL=0.430, LCL=0.064, n=50인 p 관리도에서 공정불량률이 $p' = 0.2$일 때 OC 곡선의 값을 계산하여라.

(3) 공정불량률이 $p' = 0.04$인 공정에 부분군의 크기가 $n = 800$인 p 관리도를 적용하고 있다. 이 공정의 불량률이 갑자기 0.08로 증가했을 때 이 변화를 다음의 부분군으로써 탐지하지 못할 확률은 얼마가 되는가?

06 (1) 다음과 같은 25회의 부분군 데이터로부터 c 관리도의 CL, UCL, LCL을 정하고 (부분군 크기는 모두 n=5) 표본결함수 C의 분포를 밝혀라. (도움말: $\sum_{i=1}^{25} c_i = 175$)

결함수(c_i): 11 10 7 8 7 6 10 10 8 10 10 2 3 4 6 7 5 6 7 5 7 5 10 2 9

(2) UCL=61.1, LCL=22.3인 c 관리도에서 공정의 평균결함수가 $c' = 50$일때 OC곡선의 값을 계산하라.

(3) CL=8, UCL=15, LCL=1인 c 관리도에서 공정의 검사단위당 평균결함수가 $d = 2.5$만큼 증가하거나 감소할 때 이를 0.5의 확률로 탐지하려면 부분군의 크기는 얼마이어야 하는가? 검사단위는 5이다.

6 Chapter

능력분석

우리는 SQC에서 능력(capability)과 관련하여 다음과 같은 용어나 개념들과 만나게 된다: 제품능력, 공정능력, 그리고 측정시스템 능력. 제품능력(product capability)은 흔히 성능(performance)—의도된 기능을 수행해내는 능력—으로 측정된다. 공정능력(process capability)이란 관리상태에 있는 공정이 생산하는 제품의 품질을 가리킨다. 그리고 측정시스템 능력(measurement system capability)이란 제품을 측정하는데 사용되는 계측기나 측정시스템의 능력 즉 측정시스템 자체의 오차를 가리킨다. 우리는 이 장에서 공정능력과 측정시스템 능력에 대해 다룰 것이다.

6.1 공정능력분석이란?

통계적 공정관리(statistical process control, SPC)란 공정이 안정되고(즉 관리상태로 유지되고) 생산된 제품들의 대부분이 규격에 부합되도록 공정을 관리하는 활동이다. 전자 즉 공정 안정성(process stability)는 흔히 관리도에 의해 달성되고, 후자 즉 변동성 감축(variability reduction)는 흔히 공정능력분석(process capability analysis, PCA)에 의해 달성된다. 공정이 관리상태에 있다는 것이 공정이 규격에 맞는 제품을 생산할 수 있다는 것을 뜻하지는 않는다.

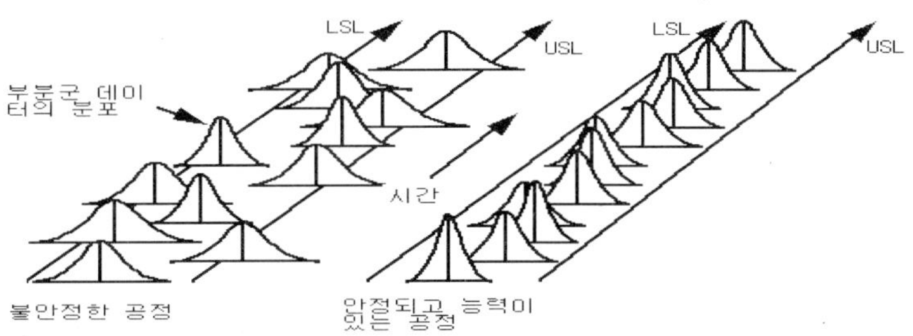

[도표 6.1] 공정의 안정성과 공정능력

공정능력분석이란 공정능력(process capability)을 추정하는 작업이다. 한마디로, 공정능력은 공정의 균일성(uniformity)을 가리킨다. 즉 공정능력이란 공정이 관리상태에 있을 때 그 공정에서 생산되는 제품의 품질이 어느 정도인가를 나타내는 양이다. 물론 공정이 관리상태에 있지 않다면 아무런 능력도 없다. 공정의 변동성은 품질 균일성의 한 측도이며, 우리는 이런 변동성을 다음과 같은 두 가지 면에서 생각해 볼 수 있다:

- 한 특정 시점에서 볼 수 있는 자연(또는 고유) 변동성, 즉 단기적 변동성
- 시간에 걸친 변동성, 즉 장기적 변동성

단기적 변동성은 공정의 잠재적 능력(potential, or inherent, capability)의 토대가 되고, 장기적 변동성은 공정의 실제적 능력(actual, or overall, capability)의 토대가 된다. 우리는 이제부터 공정능력의 두 가지 측면을 조사하고 평가하기 위한 방법들을 다룰 것이다.

예들 들어, 초콜릿 공장에서 일정 무게의 초콜릿을 용기들에 채우는 공정의 능력을 평가하기 위해서 일주일 동안 매일 용기들의 한 표본을 측정한다고 하자. 각 표본은 우리의 분석에서 하나의 부분군을 형성한다. 우리는 각 부분군 내의 변동(단기적 변동)은 작지만 부분군의 평균이 매일 이동하기 때문에 모든 용기 무게들의 총체적 변동(장기적 변동)은 훨씬 크다는 것을 관찰할 수 있다.
왼쪽의 그림에서 작은 분포들은 연속되는 일주일 중의 각 날에 대한 용기 무게의 분포를 나타내고 위쪽의 큰 분포는 일주일 전체의 용기 무게의 분포를 나타낸다.

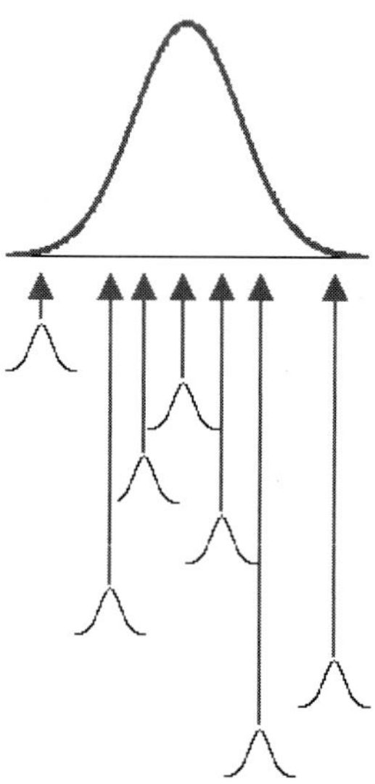

공정의 관리상태는 관리도를 사용하여 추정되고 판단될 수 있다. 그러나 제품의 품질 균일성은 관리도만으로는 정확히 판단하기가 어렵다. 공정능력을 측정하기 위한 측도들이 여럿 제안되어 있는데, 그런 능력 측도들은 공정이 관리상태에 있으며 품질특성의 측정값들이 정규분포를 따를 때 적절하게 사용될 수 있다. 이런 가정들이 타당한 경우라도 추정된 능력 측도들은 우리가 충분히 이해하지 못하는 분포상의 성질들을 가지기도 한다. 따라서 한 공정의 능력을 파악하기 위해 한 단일 능력 측도에 의존하는 것은 좋은 태도가 아니다.

※ 제품특성분석(product characterization analysis)은 제품의 공정이력이나 시간이력을 직접 관찰할 수 없을 때 실시된다. 제품특성분석은 품질특성의 분포나 공정수율—규격에 부합하는 비율—을 추정할 수 있도록 해줄 뿐, 공정의 동적 행태나 통계적 관리상태에 대해서는 아무런 정보도 제공해 주지 않는다.

6.2 공정능력 측도들

우리는 한 품질 특성에 관한 규격들과 무관하게 공정능력분석을 실시할 수도 있고, 공정능력을 규격을 벗어나는 비율로 표현할 수도 있다.

6.2.1 자연공차

자연공차(natural tolerance)는 공정의 자연스런 변동성의 측도이다. 자연공차로는 흔히 외부원인에 방해됨이 없이 조업되는 공정에서 생산되는 제품품질 분포의 6σ 폭을 사용한다.

- 자연공차 상한(upper natural tolerance limit, UNTL) $UNTL = \mu + 3\sigma$
- 자연공차 하한(lower natural tolerance limit, LNTL) $LNTL = \mu - 3\sigma$
- 자연공차(natural tolerance, NT) $NT = UTNL - LTNL = 6\sigma$

6.2.2 공정능력지수

공정능력지수(process capability index, PCI)는 규격폭과 자연공차의 비를 토대로 한 측도로서 공정이 규격을 충족시키는 제품들을 생산할 수 있는 능력을 가지고 있는지를 측정한다. 우리는 먼저 품질특성이 정규분포를 따르는 경우에 적용될 수 있는 능력지수들을 살펴볼 것이다.

▌품질특성분포의 산포(자연공차)를 고려한 능력지수

① 규격 상하한이 모두 존재하는 경우

$$C_P = \frac{USL - LSL}{6\sigma} \tag{6.2.1}$$

② 규격 상한만이 존재하는 경우

$$C_{PU} = \frac{USL - \mu}{3\sigma} \tag{6.2.2}$$

③ 규격 하한만이 존재하는 경우

$$C_{PL} = \frac{\mu - LSL}{3\sigma} \tag{6.2.3}$$

이들은 "1세대" 능력지수라고 불리는데, 공정의 잠재적 능력(potential capability)을 측정하는 것으로 해석될 수 있다. 이들은 품질특성 분포의 중심이 규격 중심과 일치하는 경우에 적절한 능력측도로 사용될 수 있을 것이다.

예제 6.1 어떤 공정이 식스 시그마 품질수준에 도달하였고, 이 공정의 중심 μ는 규격의 중심과 일치한다고 하자. 그러면

$$C_P = \frac{USL - LSL}{6\sigma} = \frac{12\sigma}{6\sigma} = 2.$$ ¶

품질특성분포의 중심을 고려한 능력지수

품질특성 분포의 중심 즉 공정평균 μ이 규격 중심 η과 일치하지 않을 때 C_P는 공정능력을 과장해서 평가하기 때문에 그대로 사용될 수는 없다. 이런 중심의 어긋남을 고려한 능력지수 C_{PK}는 다음과 같이 정의된다:

$$C_{PK} = \min\{C_{PU}, C_{PL}\}. \tag{6.2.4}$$

분포중심이 규격중심에서 어긋나는 정도를 나타내는 이동계수(shift factor) K는 분포중심과 규격중심 간의 거리를 규격폭의 반으로 나눈 값—즉 공차의 분수로 나타낸 중심이동—으로 정의된다:

$$K = \frac{|\mu - \eta|}{(USL - LSL)/2}, \tag{6.2.5}$$

여기서 η는 규격중심을 나타낸다: $\eta = (USL + LSL)/2$. 우리는 공정평균 μ가 규격한계를 벗어나는 상황은 고려할 필요가 없을 것이다(즉 우리는 $K \leq 1$라는 "합리적인" 가정을 할 것이다). 그러면 우리는 능력지수 C_{PK}와 C_P가 다음과 같은 관계를 가짐을 쉽게 보일 수 있다:

$$C_{PK} = (1 - K)\, C_P. \tag{6.2.6}$$

우리는 이로부터 분포중심이 규격중심과 일치하면(즉 $\mu = \eta$ 또는 $K = 0$ 이면), $C_{PK} = C_P$ 이고, 그렇지 않으면 $C_{PK} < C_P$ 임을 알 수 있다.

| 과제 | 식(6.2.6)을 증명하여 보자.

예제 6.2 (예 6.1, 계속) 그런데 이 공정의 중심이 위쪽으로 1.5σ 만큼 이동하였다. 즉 공정중심이 규격중심 η 와 일치했던 원래의 공정중심 μ 로부터 새로운 공정중심 $\mu' = \mu + 1.5\sigma$ 으로 이동하였다. 그러면

$$K = \frac{|\mu - \eta|}{(USL - LSL)/2} = \frac{1.5\sigma}{6\sigma} = 0.25.$$

이로부터

$$C_{PK} = (1 - K)\, C_P = 0.75 \times 2 = 1.5$$

또는

$$C_{PK} = \min\{C_{PU}, C_{PL}\} = \min\{4.5\sigma/3\sigma, 7.5\sigma/3\sigma\} = 1.5.$$ ¶

공정목표값을 고려한 능력지수

우리가 지금까지 고려한 능력지수들에서 사용한 표준편차는 모두 공정의 평균을 중심으로 얻어진 표준편차이다. 만일 공정의 목표값 T가 공정평균 μ 과 같지 않다면, 능력지수에 목표값을 중심으로 계산된 표준편차를 사용하는 것은 공정능력을 실제보다 과장하게 된다. 따라서 우리는 이에 대한 치유책을 찾아야 한다. (공정의 목표값 T는 규격중심 η 와 일치할 수도 있고 일치하지 않을 수도 있다.)

공정의 목표값으로부터의 평균제곱편차(mean squared deviation, MSD)는 다음과 같이 정의된다:

$$\tau^2 = E[(X - T)^2]. \tag{6.2.7}$$

그러면 공정 목표값을 고려한 능력지수 C_{PM} 은 C_P 에서 공정표준편차 σ 대신 평균제곱편차의 제곱근(root mean squared deviation, RMSD) τ 를 사용하여 다음과 같이 정의된다:

① 규격 상하한이 모두 존재하는 경우

$$C_{PM} = \frac{USL - LSL}{6\tau} \qquad \textbf{(6.2.8)}$$

② 규격 상한만이 존재하는 경우

$$C_{PMU} = \frac{USL - \mu}{3\tau} \qquad \textbf{(6.2.9)}$$

③ 규격 하한만이 존재하는 경우

$$C_{PML} = \frac{\mu - LSL}{3\tau} \qquad \textbf{(6.2.10)}$$

그런데 τ^2는 다음과 같이 분산과 제곱편향의 합으로 전개될 수 있다:

$$\tau^2 = \sigma^2 + (\mu - T)^2. \qquad \textbf{(6.2.11)}$$

우리는 위 전개식을 이용하여 C_{PM}과 C_P가 다음과 같은 관계를 가짐을 보일 수 있다:

$$C_{PM} = C_P / \sqrt{1 + (\mu - T)^2 / \sigma^2}. \qquad \textbf{(6.2.12)}$$

우리는 이로부터 편향이 없으면(즉 $\mu = T$이면) $C_{PM} = C_P$이고, 그렇지 않으면 $C_{PM} < C_P$임을 알 수 있다.

예제 6.3 (예 6.1, 계속) 이 공정의 목표값 T가 공정 중심 μ로부터 아래쪽으로 0.5σ만큼 내려간 위치에 있다고 하자. 그러면

$$C_{PM} = C_P / \sqrt{1 + (\mu - T)^2 / \sigma^2} = 2/\sqrt{1.25} = 1.7889. \qquad ¶$$

C_{PK}와 C_{PM}은 "2세대" 능력지수들이라고 불리는데, 이들 역시 "1세대" 능력지수들과 마찬가지로 공정의 잠재적 능력을 측정하는 것으로 해석될 수 있다.

▮ 품질특성 분포의 중심과 공정목표값을 함께 고려한 능력지수

품질특성 분포의 중심 즉 공정평균 μ이 규격 중심 η과 일치하지 않을 때 C_{PM}은 공정능력을 과장해서 평가하기 때문에 그대로 사용될 수는 없다. 이런 중심의 어긋남을 고려한 "3세대" 능력지수 C_{PMK}는 다음과 같이 정의된다:

$$C_{PMK} = \min\{C_{PMU}, C_{PML}\}. \tag{6.2.13}$$

우리는 능력지수 C_{PMK}가 C_{PM}, C_{PK}, 그리고 C_P와 다음과 같은 관계를 가짐을 쉽게 보일 수 있다:

$$C_{PMK} = (1-K)\,C_{PM} = \frac{C_{PK}}{\sqrt{1+(\mu-T)^2/\sigma^2}}. \tag{6.2.14}$$

또는

$$C_{PMK} = C_{PM}C_{PK}/C_P. \tag{6.2.15}$$

예제 6.4 (예 6.1, 계속) 이 공정의 목표값 T가 공정 중심 μ로부터 아래쪽으로 0.5σ 만큼 내려간 위치에 있다고 하자. 그리고 공정의 중심이 원래의 공정중심 μ로부터 새로운 공정중심 $\mu' = \mu + 1.5\sigma$ 으로 이동하였다. 그러면

$$C_{PMK} = C_{PM}C_{PK}/C_P = 1.7889 \times 1.5/2 = 1.34167.$$ ¶

우리는 이로부터 다음과 같은 관계들을 관찰할 수 있다:

- $C_{PMK} \leqq C_{PM}$ 이고 $C_{PMK} \leqq C_{PK}$. 특히,
- $\mu = \eta$이면 $C_{PMK} = C_{PM}$
- $\mu = T$이면 $C_{PMK} = C_{PK}$
- $\mu = \eta = T$이면 $C_{PMK} = C_P$

[도표 6.2]는 기존공정이나 새 공정에서 보통의 경우와 특별한 경우에 권장되는 공정능력지수의 최소값들을 보여주고 있다.

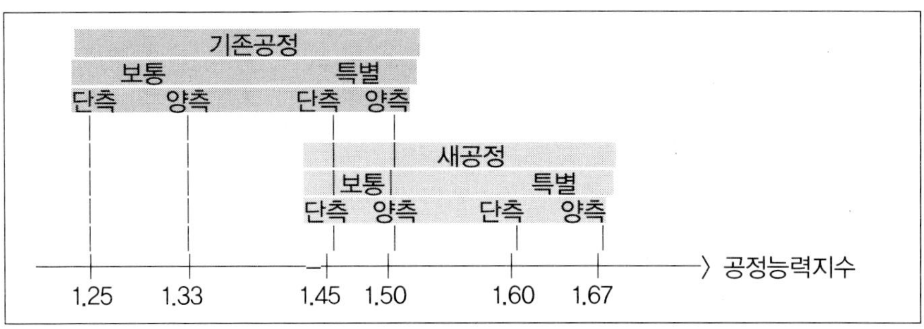

[도표 6.2] 권장되는 공정능력지수의 최소값

▮ 정규분포를 따르지 않는 품질특성에 대한 공정능력지수

우리가 지금까지 다루어 온 공정능력지수들은 모두 정규분포를 토대로 하는 것들이다. 따라서 그 지수들은 측정된 품질특성이 정규분포를 따를 때만 의미가 있다. (품질 데이터가 정규분포를 따르는지 여부를 확인하는 방법에 대해서는 2.1.4절을 참고하라.) 데이터가 정규분포를 따르지 않는 경우에 공정능력지수를 추정하기 위한 접근법은 두 가지로 나누어진다: 데이터를 정규분포로 변환하는 접근법과 직접 비정규분포 데이터에 적용할 수 있는 능력지수를 개발하는 접근법.

① 데이터를 정규분포로 변환하는 접근법

정규분포를 따르지 않는 품질특성의 분포를 정규분포로 변환하기 우리는 박스-칵스 변환이나 존슨 변환을 시도할 수 있다. (박스-칵스 변환이나 존슨 변환에 대해서는 3.2.5절을 참고하라.)

예제 6.5 [도표 6.3]은 한 부품의 두께에 대한 표본데이터의 분포를 나타내고 있다. (이 데이터는 sqcdata₩thickness.mtw에 저장되어 있다.) 히스토그램과 상자그림에서 보듯이 이 품질특성의 분포는 꼬리를 오른쪽으로 뻗고 있으며 정규분포라고 보기 어렵다. 이 데이터의 분포를 대칭화—더 나아가 정규분포화—할 수 있는 적절한 변환차수 p를 찾아보자.

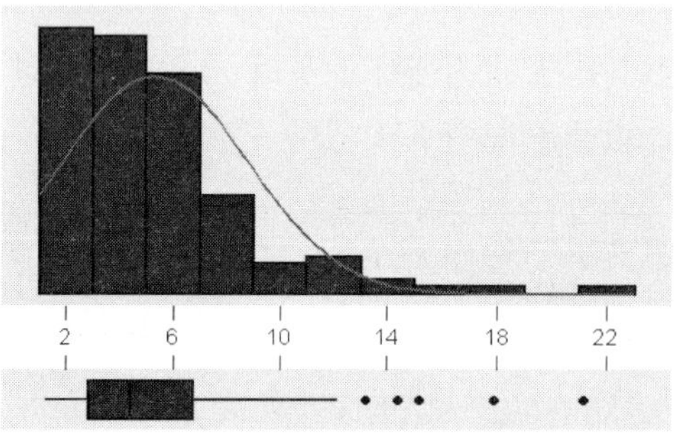


```
# Stat > Basic statistics
#      > Display Desc
MTB >  Gsummary 'Thickness'
```

[도표 6.3] 두께 데이터의 분포

풀이 두께 데이터에 대해 BOXCOX 명령을 실행한 결과가 [도표 6.4]이다. 여기서 대칭화를 위한 최적 변환차수로 p=0.0 즉 로그변환을 제안하고 있다.

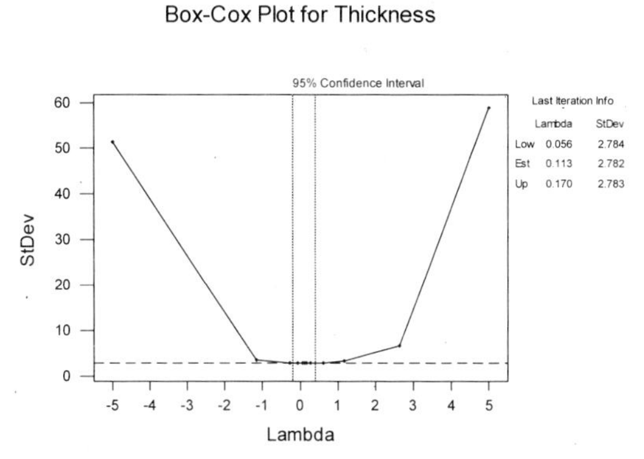


```
# Stat > Control Charts
#      > Box-Cox Transformation
MTB > Name c2 = 'LogThick'
MTB > Boxcox 'Thickness' 1.
```

[도표 6.4] BOXCOX 명령의 아웃풋: 두께 데이터에 대한 대칭화 변환차수

Boxcox 명령에 의해 제안된 결과를 확인하여 보자. [도표 6.5]의 히스토그램과 상자그림에서 보듯이 분포의 대칭화가 어느 정도 달성된 것처럼 보인다.

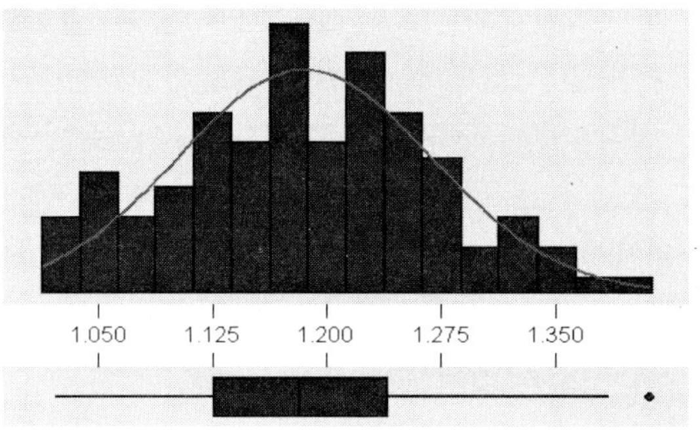


```
MTB > Let 'LogThick' = &
CONT>      loge('thickness')
# Stat > Basic statistics
#      > Graphical Summary
MTB >  Gsummary 'LogThick'
```

¶

[도표 6.5] 로그 변환된 두께 데이터의 분포

② 직접 비정규분포 데이터에 적용할 수 있는 능력지수

정규분포로의 변환이 여의치 않은 경우에 대해 Luceño(1996)는 직접 비정규분포 데이터에 적용할 수 있도록 다음과 같은 능력지수 C_{PC}를 제안하였다:

$$C_{PC} = \frac{USL - LSL}{6\sqrt{\frac{\pi}{2}E[|X - T|]}}, \quad \text{(6.2.16)}$$

여기서 공정목표값 T는 규격중심 η와 일치한다: $T = \frac{USL + LSL}{2}$. 분모에 들어있는 상수 $6\sqrt{\pi/2}$는 정규분포일 때 6σ와 일치하도록 정해진 값이다.

C_{PC}의 첨자들 가운데 C는 confidence(신뢰)를 나타내는데, Luceño는 C_{PC}를 토대로 한 신뢰구간이 신뢰할만하다는 것을 강조하기 위해 이런 기호를 사용하였다.

직접 비정규분포에 적용할 수 있는 다른 발상은 공정분포의 분위수들을 토대로 능력지수들을 정의하는 것이다(Clements, 1989):

$$C_{NP} = \frac{USL - LSL}{x_{0.99865} - x_{0.00135}} \tag{6.2.17}$$

$$C_{NPU} = \frac{USL - x_{0.5}}{x_{0.99865} - x_{0.5}} \tag{6.2.18}$$

$$C_{NPL} = \frac{x_{0.5} - LSL}{x_{0.5} - x_{0.00135}} \tag{6.2.19}$$

$$C_{NPK} = \min\{C_{NPU},\ C_{NPL}\} \tag{6.2.20}$$

여기서 x_p는 품질특성 x의 p-분위수를 나타내며, C_{NP} 등에서 하첨자 N은 Nonparametric(비모수적)을 나타낸다. 분위수를 토대로 한 이 능력지수들은 정규분포인 경우에 각각 C_P, C_{PU}, C_{PL}, C_{PK}가 된다—정규분포에서 $x_{0.5} = \mu$, $x_{0.00135} = \mu - 3\sigma$, 그리고 $x_{0.99865} = \mu + 3\sigma$이므로. 분위수들을 토대로 한 능력지수들은 아무 분포에 대해서도 사용될 수 있지만 특히 Pearson 분포족과 Johnson 분포족에 대해 적절한 측도가 된다. 분위수들을 구하는 다양한 방법에 대해서는 안(2010)을 참고하라.

※ 벡터 공정능력지수에 대해서는 Cho et al.(2001)를 참고하라.

6.2.3 공정능력지수들에 대한 추론

우리는 1세대 능력지수 C_P의 한 불편 추정량 $\hat{C}_P$로 다음과 같은 표본 능력지수를 사용할 수 있을 것이다:

$$\hat{C}_P = \frac{USL - LSL}{6s}, \tag{6.2.21}$$

여기서 s는 전체 표본의 표본표준편차이다:

$$s = \sqrt{\sum_{i=1}^{n} (x_i - \bar{x}) / (n-1)}\,.$$

관 찰 표본의 크기가 n 이라면, $\chi^2 \equiv (n-1)\dfrac{C_P^2}{\hat{C}_P^2} \sim \chi^2(n-1)$ 이다.

이 관찰로부터 C_P 의 $100(1-\alpha)\%$ 신뢰구간은 다음과 같이 주어진다:

$$\left(\hat{C}_P\sqrt{\frac{\chi^2_{(1-\alpha/2)}(n-1)}{n-1}},\ \hat{C}_P\sqrt{\frac{\chi^2_{(\alpha/2)}(n-1)}{n-1}}\right). \tag{6.2.22}$$

이 신뢰구간이 σ 를 추정하기 위해 $\bar{R}/d_2$ 대신에 s 를 사용한 것에 주목할 필요가 있다. 이는 공정능력지수들이 의미를 가지려면 공정이 통계적 관리상태에 있어야 한다는 것을 다시 강조하고 있는 것이다. 만일 공정이 통계적 관리상태에 있지 않다면, $\bar{R}/d_2$ 와 s 는 매우 다를 것이고 따라서 σ 의 추정방법에 따라 공정능력지수들의 값도 매우 달라질 것이다. (공정 표준편차의 추정치들에 대해서는 아래의 [참고]를 보라.)

2세대 능력지수들 C_{PK} 와 C_{PM} 에 대한 추정방법도 여러 사람에 의해 연구되어 왔다. C_{PK} 에 대한 한 불편추정량은 다음과 같이 주어진다:

$$\hat{C}_{PK} = \min\{\hat{C}_{PU}, \hat{C}_{PL}\}, \tag{6.2.23}$$

여기서

$$\hat{C}_{PU} = \frac{USL - \bar{x}}{3s},\quad \hat{C}_{PL} = \frac{\bar{x} - LSL}{3s}.$$

Kotz & Lovelace(1998)는 여러 공정능력지수들에 대한 (근사적인) 신뢰구간들을 제시하고 있다. 품질특성이 정규분포를 따른다면 C_{PK} 에 대한 $100(1-\alpha)\%$ 신뢰구간은 다음과 같이 주어진다: $n \geq 25$ 일 때

$$\hat{C}_{PK} \pm z_{\alpha/2}\sqrt{\frac{1}{9n} + \frac{\hat{C}_{PK}^2}{2(n-1)}}, \tag{6.2.24}$$

여기서 $z_{\alpha/2}$ 는 표준정규분포의 $1-\alpha/2$ 분위수를 나타낸다.

C_{PM} 의 한 불편 추정량은 다음과 같이 주어진다:

$$\hat{C}_{PM} = \frac{USL - LSL}{6\sqrt{\sum_{i=1}^{n}(x_i - T)^2/(n-1)}}. \qquad (6.2.25)$$

품질특성이 정규분포를 따를 때 C_{PM}에 대한 $100(1-\alpha)\%$ 신뢰구간은 다음과 같이 주어진다:

$$\left(\hat{C}_{pm}\sqrt{\frac{\chi^2_{(1-\alpha/2)}(v)}{v}},\ \hat{C}_{pm}\sqrt{\frac{\chi^2_{(\alpha/2)}(v)}{v}}\right), \qquad (6.2.26)$$

여기서 자유도 v는 다음과 같이 계산된다: $a = (\bar{x} - T)/s$로 둘 때

$$v = n(1+a^2)^2/(1+2a^2).$$

비정규분포인 경우에 Luce o(1996)에 의해 제안된 공정능력지수 C_{PC}의 한 불편추정량은 다음과 같이 주어진다:

$$\hat{C}_{PC} = \frac{USL - LSL}{6\sqrt{\frac{\pi}{2}\bar{c}}}, \qquad (6.2.27)$$

여기서 $\bar{c}$는 공정목표(또는 규격 중심)로부터의 평균편차를 나타낸다: 즉 $c_i = |x_i - T|$로 두면, $\bar{c} = \sum_{i=1}^{n} c_i / n$.

이제 C_{PC}의 신뢰구간을 구해보자. 먼저, $E[|X - T|]$에 대한 $100(1-\alpha)\%$ 신뢰구간은 다음과 같이 주어진다:

$$\bar{c} \pm t_{\alpha/2}(n-1)\frac{s_c}{\sqrt{n}}, \qquad (6.2.28)$$

여기서 s_c는 c_i들의 표본표준편차이다: $s_c^2 = \frac{1}{n-1}\sum_{i=1}^{n}(c_i - \bar{c})^2$. 이로부터 C_{PC}에 대한 $100(1-\alpha)\%$ 신뢰구간은 다음과 같이 주어진다:

$$\left[\frac{\hat{C}_{PC}}{1 + t_{\alpha/2}(n-1)[s_c/(\bar{c}\sqrt{n})]},\ \frac{\hat{C}_{PC}}{1 - t_{\alpha/2}(n-1)[s_c/(\bar{c}\sqrt{n})]}\right]. \qquad (6.2.29)$$

참고 미니탭에서는 공정표준편차 σ의 추정값으로 부분군내 변동을 고려한 군내 표준편차 $\hat{\sigma}_{within}$, 부분군내 변동과 부분군간 변동을 동시에 고려한 군내/군간 표준편차 $\hat{\sigma}_{B/W}$, 그리고 전체 데이터

의 변동을 고려한 총체적 표준편차 $\hat{\sigma}_{overall}$ (즉 s)를 제공한다. 이 가운데 $\hat{\sigma}_{within}$과 $\hat{\sigma}_{B/W}$은 단기 표준편차로 사용되고, $\hat{\sigma}_{overall}$은 장기 표준편차로 사용된다.

① 총체적 표준편차 $\hat{\sigma}_{overall}$은 다음과 같이 계산된다:

$$\hat{\sigma}_{overall} = s = \sqrt{\sum_{i=1}^{n}(x_i - \bar{x})/(n-1)}$$

② 군내 표준편차 $\hat{\sigma}_{within}$으로는 다음 세 가지가 가용하다:

- 합동표준편차를 이용한 추정값 $s_p / c_2^*(k(n-1))$,
- 부분군 범위들의 평균을 이용한 추정값 $\overline{R}/d_2(n)$,
- 부분군 표준편차들의 평균을 이용한 추정값 $\bar{s}/c_2^*(n)$.

③ 군내/군간 표준편차 $\hat{\sigma}_{B/W}$은 다음과 같이 계산된다:

$$\hat{\sigma}_{B/W} = \sqrt{\hat{\sigma}^2_{between} + \hat{\sigma}^2_{within}},$$

여기서 부분군들간의 변동을 고려한 군간 표준편차 $\hat{\sigma}_{between}$은 다음과 같이 정의된다:

$$\hat{\sigma}_{between} = \max\left[0, \sqrt{\frac{\hat{\sigma}^2_{\overline{X}} - \hat{\sigma}^2_{within}}{n}}\right],$$

또 여기서 부분군 평균들의 표준편차의 추정치 $\hat{\sigma}_{\overline{X}}$로는 다음 세 가지가 가용하다:

- 이동범위들의 평균을 이용한 추정값 $\overline{MR}/d_2(w)$, 여기서 w는 이동범위 계산에 사용된 관측들의 수로서 기본값은 2이다.
- 이동범위들의 중위수를 이용한 추정값 $\overline{MR}/d_4(w)$
- 부분군 범위들의 평균의 MSSD(mean squared successive differences, 평균제곱연속차이)의 제곱근을 이용한 추정값 $\sqrt{\sum_{i=1}^{n} d_i^2/(2(n-1))}/c'_4(n_i)$, 여기서 d_i는 연속차이들이다.

6.2.4 공정성능지수

$\bar{x}$ 관리도나 R 관리도를 이용해서 공정을 감시할 때 그 공정에 대한 능력지수들을 검토해 보는 것이 도움이 된다. 데이터가 여러 부분군들로 구성될 때는

두 가지 종류의 능력지수가 정의될 수 있다: 한 가지는 부분군내 변동을 토대로 계산된 능력지수이고, 다른 하나는 부분군들을 통합하여 얻어진 데이터의 변동을 토대로 계산된 능력지수이다. 부분군내 변동을 토대로 추정된 표준편차를 사용한 능력지수들이 공정의 내재적인 또는 잠재적인 능력을 기술하는 것으로 해석될 수 있으므로 공정능력지수라고 불린다. 이와 비슷하게, 통합된 데이터로부터 추정된 표준편차를 사용한 능력지수들은 공정의 실제적 성능(actual performance)을 기술하는 것으로 해석될 수 있으므로 공정성능지수들(process performance index, PPI)이라고 불린다.

미국 자동차 3사(Ford, General Motors, 그리고 Daimler/Chrysler)와 미국품질학회(American Society for Quality)에 의해 결성된 AIAG(Automative Industry Action Group)는 공정능력 보고서에 대해 다음과 같이 권고하고 있다:

- 공정이 관리상태(또는 안정상태)에 있을 때에는 부분군 데이터들로부터 추정된 공정표준편차 $\hat{\sigma}_{within} = \overline{R}/d_2$를 공정표준편차로 사용하여 추정한 공정능력지수들 C_P와 C_{PK}를 보고하라.
- 공정이 관리상태(또는 안정상태)에 있지 않을 때에는 부분군 데이터들을 통합한 전체 데이터의 표준편차 $\hat{\sigma}_{overall} = s = \sqrt{\sum_{i=1}^{n}(x_i - \overline{x})/(n-1)}$를 공정표준편차로 사용한 공정능력지수들 P_P와 P_{PK}를 보고하라. 이들은 과거의 성능을 나타낼 뿐 미래의 성능을 예측하는데 사용될 수는 없다.

그러나 공정이 관리상태에 있지 않다면 공정성능지수들 P_P와 P_{PK}가 공정능력에 대해 무엇을 말해주는지는 분명하지 않다. 더욱이 이들의 통계적 성질도 규명될 수 없기 때문에 공정의 능력에 관한 타당한 통계적 추론이 이루어질 수 없다. 아무튼, 이와 같이 부분군 데이터를 하나로 통합하여 표준편차를 추정하고 이를 토대로 공정능력을 분석하는 절차는 공정성능분석(process performance analysis)이라고 불린다.

6.2.5 공정능력비

공정능력비(process capability ratio, PCR)란 공정능력지수의 역수를 말한다. 즉

$$D_P = \frac{6\sigma}{USL - LSL}. \quad (6.2.30)$$

공정능력비는, 공정능력지수와는 반대로, 값이 작을수록 공정능력이 뛰어남을 뜻한다. 해석상에 별 차이점은 없으나, 모표준편차 σ를 몰라서 데이터로부터 추정해야할 경우에 일반적으로 C_P보다는 D_P가 통계적으로 다루기가 더 쉽다고 할 수 있다.

※ 문헌—예컨대, Montegomery(2005)—에 따라서는 공정능력지수(PCI)라는 용어 대신에 공정능력비(PCR)라는 용어를 사용하기도 한다.

6.2.6 공정의 시그마능력

공정시그마의 추정치는 공정능력에 대한 또 하나의 추정치가 된다. 이에 대해서는 6.5절에서 상세히 다룰 것이다.

6.3 한 공정의 자연공차 추정

1980년대 초에 공정능력지수들이 제안되어 널리 사용되기 전까지 공정의 특성을 추정하기 위해 사용된 보편적인 방법은 공정의 공차한계(tolerance limits)를 추정하는 것이었다. 공차한계란 일정한 신뢰수준에서 모집단의 일정한 비율을 포함할 구간의 하한과 상한을 가리킨다.

6.3.1 정규분포를 토대로 한 공차한계

□ 양측 공차한계를 가지는 경우

$100(1-\alpha)\%$ 자연공차 한계 $\mu \pm z_{\alpha/2}\sigma$를 추정하기 위한 한 논리적 절차는 μ를 $\bar{x}$로 그리고 σ를 s로 대체하는 것이다:

$$\bar{x} \pm z_{\alpha/2}\, s. \qquad (6.3.1)$$

$\bar{x}$와 s는 참값들이 아니라 추정값들이기 때문에 우리는 위 구간이 분포의 $100(1-\alpha)\%$를 담고 있다고 말할 수 없다. 그러나 우리는 반복된 표집에서 구간들 $\bar{x} \pm K_2 s$이 그 분포의 $100(1-\alpha)\%$ 이상을 포함할 확률이 γ가 되는 한 상수 K_2를 정할 수 있을 것이다. 즉

$$P\{\text{구간 } [\bar{x} \pm K_2 s] \text{가 적어도 } X\text{의 } 100(1-\alpha)\%\text{를 포함}\} = \gamma. \quad \textbf{(6.3.2)}$$

Howe(1969)는 K_2의 근사값을 다음과 같이 제시하고 있으며 미니탭은 이를 채택하고 있다:

$$K_2 = z_{\alpha/2}\sqrt{\frac{(n-1)(1+1/n)}{\chi_\gamma^2(n-1)}}\sqrt{1+\frac{(n-3)-\chi_\gamma^2(n-1)}{2(n+1)^2}}. \quad \textbf{(6.3.3)}$$

□ 단측 공차한계를 가지는 경우

한편 동일한 포함확률 $(1-\alpha)$와 신뢰수준 γ에 대해 단측 공차한계는 다음과 같은 형태를 가진다:

$$\text{공차 상한만 주어진 경우: } (-\infty,\ \bar{x} + K_1 s],$$

$$\text{공차 하한만 주어진 경우: } [\bar{x} - K_1 s,\ \infty).$$

Guttman(1970)은 다음과 같이 K_1의 정확한 값을 제시하였고 미니탭은 이를 채택하고 있다:

$$K_1 = t_{1-\gamma}(n-1;\delta)/\sqrt{n}, \quad \textbf{(6.3.4)}$$

여기서 δ는 t-분포의 비중심도로서 다음과 같이 주어진다:

$$\delta = z_\alpha \sqrt{n}.$$

한편 Natrella(1963)는 K_1의 근사값을 다음과 같이 제시하고 있다:

$$K_1 = \frac{z_\alpha + \sqrt{z_\alpha^2 - ab}}{a}, \quad \textbf{(6.3.5)}$$

여기서 $a = 1 - \frac{z_{1-\gamma}^2}{2(n-1)}$, $b = z_\alpha^2 - \frac{z_{1-\gamma}^2}{n}$. 부록의 [도표 A.10]에는 $1-\alpha$와 γ가 각각 0.9, 0.95, 그리고 0.99일 때 양측과 단측 공차한계 계산을 위한 K값들이 제시되어 있다. (참고로, [도표 A.10]은 K_2에 대해서는 식(6.3.3)의 우변에서 두 번째 제곱근 항을 제거한 값을, 그리고 K_1에 대해서는 식(6.3.5)의 Natrella의 근사값을 제공한다.)

예제 6.6 한 고체연료 로켓 추진체를 생산하고 있는 한 업체에서는 0.99의 확률로 연소율의 95%를 포함할 공차한계를 구하려고 한다. 과거경험으로부터 연소율은 정규분포를 따른다고 알려져 있다. 크기가 25인 랜덤 표본에서 $\bar{x}$ =39.25와 s =1.37이 계산되었다. α =0.05이고, γ =0.99이므로 [도표 A.10(b)]로부터 K_2 = 2.972. 따라서 구하려는 공차한계는 $\bar{x} \pm 2.972\, s$ =39.25 ± 4.06 =[35.19, 43.31]. ¶

※ 공차한계와 신뢰한계(confidence limits). 신뢰한계는 모수가 들어 있으리라고 기대되는 한계인 반면, 공차한계는 모집단의 한 특정 비율이 포함되리라고 기대되는 한계이다.

6.3.2 비모수적 공차한계

(1) 표본크기 결정법

아무 연속분포에 대해서 타당한 비모수적 공차한계들을 설정하는 것도 가능하다. 이런 구간들은 극단값들(표본의 최대값과 최소값)의 분포를 토대로 설정된다.

□ 양측 공차한계를 가지는 경우

분포의 $100(1-\alpha)\%$ 이상이 랜덤 표본의 최대값과 최소값 사이에 들어갈 확률이 γ가 되는 표본 크기 n은 근사적으로 다음과 같이 주어진다:

$$n = \frac{1}{2} + \left(\frac{2-\alpha}{\alpha}\right)\frac{\chi^2_{1-\gamma}(4)}{4}. \tag{6.3.3}$$

따라서 비모수적 양측 공차한계는 이러한 표본크기 n을 가지는 랜덤 표본의 극단값들이다.

예제 6.7 모집단의 95% 이상을 포함하리라고 99% 확신할 수 있는 비모수적 양측 공차한계는 다음과 같은 표본크기를 가지는 표본의 극단값들이다:

$$n = \frac{1}{2} + \left(\frac{2-0.05}{0.05}\right)\frac{\chi_{1-0.99}(4)}{4} = \frac{1}{2} + \left(\frac{1.95}{0.05}\right)\frac{13.28}{4} = 130\,. \quad ¶$$

□ 단측 공차한계를 가지는 경우

분포의 $100(1-\alpha)\%$ 이상이 랜덤 표본의 최소값보다 클 (또는 최대값보다

작을) 확률이 γ가 되는 표본 크기 n은 다음과 같이 주어진다:

$$n = \frac{\log(1-\gamma)}{\log(1-\alpha)}. \qquad \textbf{(6.3.4)}$$

따라서 단측 공차한계는 이러한 표본크기 n을 가지는 랜덤 표본의 극단값에 의해 주어진다.

예제 6.8 모집단의 90% 이상을 포함하리라고 95% 확신할 수 있는 비모수적 공차상한은 다음과 같은 표본크기를 가지는 표본의 최대값이다:

$$n = \frac{\log(1-0.95)}{\log(1-0.10)} = \frac{\log 0.05}{\log 0.90} = 28. \qquad ¶$$

일반적으로 높은 확률로 모집단의 상당한 비율을 포함하도록 하려면 표본크기가 매우 커야 하므로 표본크기 결정법에 의한 비모수적 공차한계들은 실제적인 가치가 제한된다.

(2) 공차한계 결정법

이번에는 주어진 표본크기 n하에서 포함확률 $(1-\alpha)$와 신뢰수준 γ를 만족하는 비모수적 공차한계들을 설정해 보자. Murphy(1948)는 다음과 같은 결과들을 제시하고 있으며 미니탭은 이를 채택하고 있다.

□ 양측 공차한계를 가지는 경우

주어진 표본크기 n하에서 포함확률 $(1-\alpha)$와 신뢰수준 γ를 만족하는 비모수적 양측 공차한계는 다음과 같이 주어진다: $r = 1,2,\ldots,n-t$에 대해

$$[X_{(r)}, X_{(r+t)}],$$

여기서 t는 정규화된 베타함수(2.2.3절 참조) $I_x(\alpha, \beta)$와 관련된 다음 관계를 만족하는 가장 큰 정수이다:

$$I_{1-\alpha}(t, n+1-t) \le 1-\gamma.$$

이 때 실제로 달성된 신뢰수준은 다음과 같이 주어진다:

$$1 - I_{1-\alpha}(t, n+1-t).$$

□ 단측 공차한계를 가지는 경우

주어진 표본크기 n하에서 포함확률 $(1-\alpha)$와 신뢰수준 γ를 만족하는 비모수적 단측 공차한계는 다음과 같이 주어진다: 양측 공차한계를 가지는 경우와

동일한 t에 대해,

- 공차하한: $X_{(n-t+1)}$,
- 공차상한: $X_{(t)}$.

그리고 이 때 실제로 달성된 신뢰수준도 양측 공차한계를 가지는 경우와 동일하게 주어진다.

예제 6.9 [예 6.6]에 제시된 요약 데이터에 대한 정규 공차한계와 비모수적 공차한계에 대한 미니탭 결과를 살펴보자.

[도표 6.6] 요약 데이터에 대한 미니탭 공차한계

99% Tolerance Interval, Using Normal Method Lower Upper 35.162 43.338	# Stat > Quality Tools > Tolerance Intervals MTB > TolInterval 25 39.25 1.37; SUBC> Confidence 99.0; SUBC> PPercent 95.0.
99% Tolerance Interval, Using Nonparametric Method Achieved Lower Upper Confidence x[1] x[25] 35.8 x[i] denotes the ith smallest observation.	Method Tolerance interval type Two-sided Confidence level 99% Percent of population in interval 95%

[해설] ▪ TolInterval 명령은 요약 데이터나 원 데이터를 받아들일 수 있으며, 정규 공차한계와 비모수적 공차한계를 모두 제공한다. [도표 A.10]을 얻는 데 사용한 계산식과 미니탭에서 사용하는 계산식이 다르므로 정규 공차한계가 [예 6.6]의 결과보다 다소 넓게 제시되고 있다. 그리고 비모수적 공차한계에서 실제로 달성된 신뢰수준은 35.8%에 불과하다. ¶

예제 6.10 한 전구 제조업자는 전구 수명에 대한 공차한계를 구하기 위해 크기가 100인 랜덤 표본을 얻었다. (이 데이터는 lightbulb.mtw에 저장되어 있다.) 모든 전구들의 95% 이상이 포함되리라고 99% 신뢰할 수 있는 구간(즉 공차 한계)을 구하라.

[도표 6.7] 원 데이터에 대한 미니탭 공차한계

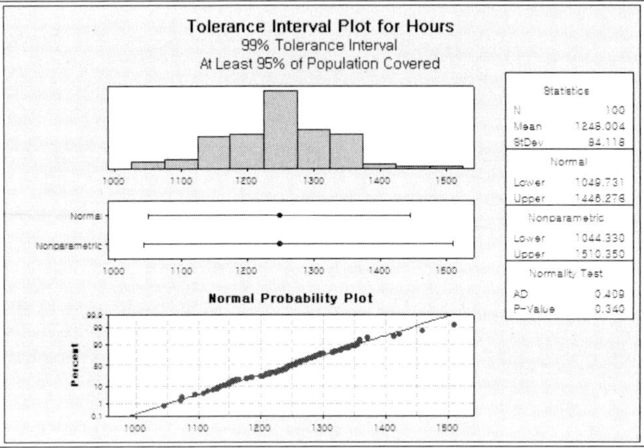


```
MTB > TolInterval 'Hours';
SUBC>   GTIPlot;
SUBC>   Confidence 99.0;
SUBC>   PPercent 95.0;
SUBC>   ITYPE 0. # 0: 양측(기본)
                # -1: 하한만
                #  1: 상한만
```

```
99% Tolerance Interval, Using
Nonparametric Method

Achieved
Confidence
96.3
```

[해설] ▪ TolInterval 명령은 원 데이터를 받아들이면 공차구간플롯을 제공한다. 정규확률도와 정규성 검정 결과는 정규 공차한계 [1049.731, 1446.178]을 사용하도록 권고한다. 그리고 비모수적 공차한계 [1044.330, 1446.273]에서 실제로 달성된 신뢰수준은 96.3%로 의도한 99% 보다 다소 낮다. ¶

6.4 공정능력 분석

앞에서도 언급하였듯이 공정능력분석이란 공정능력을 추정해내는 작업이다. 그리고 이 작업의 핵심은 공정의 분포 즉 공정평균과 공정표준편차를 있다.

6.4.1 히스토그램을 이용한 공정능력분석

히스토그램은 공정 성능에 대한 시각적 요약을 제공한다.

- 데이터 크기가 50정도는 되어야 비교적 안정된 히스토그램을 얻을 수 있다.
- 히스토그램을 작성하려면 변수값의 범위를 적절한 계급 구간들로 분할해야 한다.
- 히스토그램에 정규곡선을 덧그림으로써 데이터가 정규분포로부터의 랜덤표본이라고 할 수 있는지를 시각적으로 판단할 수 있다.
- 히스토그램에 규격을 표시함으로써 규격과 공정능력을 시각적으로 비교할

수 있다.

- 평균과 표준편차를 다음과 같이 추정한 뒤 능력 측도들을 추정한다:

$$\hat{\mu} = \bar{x}\,,\ \hat{\sigma} = s\,.$$

6.4.2 확률도를 이용한 공정능력분석

확률도는 데이터 분포의 모양, 중심, 그리고 산포를 정하는데 이용될 수 있다. 우리는 확률도를 특정분포 특히 정규분포와 비교할 수 있고, 또한 이들로부터 분포의 평균과 표준편차를 추정할 수 있다.

- 변수값의 범위를 구간들로 분할할 필요가 없으며, 표본크기가 다소 작더라도 의미있는 결과를 볼 수 있다.
- 확률도를 이용한 분석에는 주관적 판단이 개입될 소지가 많으므로 공식적인 적합도 검정으로 보충할 필요가 있다.
- 확률도 분석에서는 데이터에 적합시킬 분포를 식별하는 것이 중요하다. 우리는 (왜도, 첨도)에 의해 대략적으로 분포를 식별해 낼 수 있다. 또 비정규 데이터에 대한 정규확률도로부터 그 데이터가 정규분포와 어떤 점에서 차이가 나는 지 알아낼 수 있다.

□ 데이터가 정규분포로 식별된 경우

- 우리는 정규확률도로부터 평균과 표준편차를 추정한 뒤 능력 측도들을 추정할 수 있다.
- 정규확률지에 확률도를 그린 경우, 기대값과 표준편차는 각각
- $\hat{\mu}$ = 제50백분위수, $\hat{\sigma}$ = 84.13백분위수 - 제50백분위수로 추정된다.
- 보통용지에 정규확률도를 그린 경우, 세로축을 데이터로 잡고 가로축을 정규점수로 잡았다면, 기대값과 표준편차는 각각 다음과 같이 추정된다:

$$\hat{\mu} = \text{절편},\ \hat{\sigma} = \text{기울기}.$$

6.4.3 관리도를 이용한 공정능력분석

히스토그램과 확률도는 공정의 성능을 요약한다. 그러나 그것들이 공정의 잠재적 능력(즉 순간적 능력)까지 보여주기는 어렵다. 왜냐하면 그것들은 통계적 관리라는 문제를 건드리지 않고 있으며, 공정 결과의 체계적 양상들을 보여주

고 있지 않기 때문이다. 이런 관점에서 관리도는 매우 효과적이다. 관리도는 공정능력분석에서 가장 중요한 도구로 사용된다.

- 우리는 관리도로부터 공정이 관리상태에 있는지, 그리고 만족스런 수준에서 운용되고 있는지를 먼저 파악해야 한다.
- 관리도는 공정 변화의 영향을 보여주는 감시 도구나 수행일지로 사용될 수 있다.
- 공정능력 분석 결과가 공정이 관리이탈 상태라는 것을 나타낼 수도 있다. 이런 경우에 공정능력을 추정하는 것은 부적절하다.
- p 관리도 등의 계수형 관리도를 이용하려면 품질특성에 대한 규격이 있어야만 한다.
- $\overline{x}-R$ 관리도 등의 계량형 관리도는 규격과 관계없이 공정능력을 조사하는데 이용될 수 있다. 또한 계량형 관리도는 순간 변동성과 장기 변동성을 모두 분석하는데 이용될 수 있다.
- 공정평균과 표준편차를 $\hat{\mu}=\overline{\overline{x}}$, $\hat{\sigma}=\dfrac{\overline{R}}{d_2}$ 등으로 추정한 뒤 능력 측도들을 추정한다.

6.4.4 설계된 실험을 이용한 공정능력개선

실험설계는 공정에서 통제가 가능한 인풋변수들을 변화시키고, 이것이 아웃풋에 어떤 영향을 미치는지를 분석하기 위한 체계적인 접근법이다. 설계된 실험은 어떤 공정 변수들이 아웃풋에 영향력이 큰지, 그리고 공정 성능을 최적화시키려면 이런 변수들이 어떤 수준으로 유지되어야 하는지를 알아내는데 유용하다. 따라서 실험설계는 공정능력을 추정하는 것 뿐 아니라 공정개선을 포함하여 보다 일반적인 제조와 개발 문제들에 유용하다.

(1) 변동성 분리와 추정

설계된 실험의 한 중요한 용도는 한 공정의 변동성의 원인들을 분리하고 추정해 내는 것이다. 예컨대, 병에 청량음료를 주입하는 기계를 고려하자. 각 기계는 독립적으로 조정될 수 있는 여러 주입구를 가지고 있다. 관심이 있는 품질특성은 완제품의 시럽 양(브릭스 눈금으로 측정된)이다. 관찰된 시럽 양의 변동은 기계간 변동, 주입구 변동, 그리고 분석 시험 변동에 기인한다:

시럽 양의 변동 = 기계간 변동 + 주입구 변동 + 분석시험 변동

각 변동 성분들은 여러 기계들, 기계내 여러 주입구들, 그리고 각 병에 대한 여러 분석시험들을 수반하는 실험설계를 통해 추정될 수 있다. 이 결과는 공정능력을 개선하려면 어떤 변동들을 중점적으로 관리해야 하는지 시사해 줄 것이다. 이에 대한 상세한 설명은 11.1절에 이어질 것이다.

(2) 변동성 감축

설계된 실험은 공정의 변동성을 줄이는데 이용될 수 있다. 우리는 공정의 변동성을 최소화하면서 공정 성능을 최적화하려는 목표를 달성하기 위해 직접 표본평균과 표준편차를 이용하는 대신에 신호/잡음 비를 이용할 수 있다.

- **신호-잡음비**(signal-to-noise ratio, SNR)

신호-잡음비는 잡음이 존재하는 상황에서 신호들의 식별가능성의 한 측도로 사용된다. 신호-잡음비는 다음과 같이 정의된다:

$$SNR = 20\log_{10}\frac{\bar{x}}{\hat{\sigma}}. \tag{6.4.1}$$

앞의 공정 최적화 목표는 평균 수준을 낮게 유지하면서 신호-잡음비가 최대가 되는 인자 수준을 결정하는 것으로 귀착되며, 이 목표는 다음 두 단계를 통해 달성될 수 있다:

- 신호-잡음비에 영향을 크게 미치는 인자들 즉, 산포제어인자들(dispersion control factors)을 정한다. 그리고 신호-잡음비를 최대화시키는 인자 수준들을 찾는다.

- 공정 평균에 영향을 미치는 인자들 중에서 신호-잡음비에 거의 영향을 미치지 않는 인자 즉, 평균조정인자(mean adjustment factor)들을 찾는다. 공정 평균이 최적화 되도록 평균조정인자의 수준을 설정한다. 신호-잡음비나 공정평균에 영향을 미치지 않는 인자들은 원하는 값이나 조업에 편리한 아무 값으로 설정한다.

이에 대한 상세한 설명은 11.2절에 이어질 것이다.

6.4.5 미니탭 실습: 공정능력분석

미니탭은 공정능력과 관련해서 다음과 같은 명령들을 제공한다:

- DCAPA: 14가지 분포와 박스-칵스변환, 그리고 존슨 변환에 대한 적합통계량을 제공한다.
- CAPA: 정규분포를 토대로 공정능력 측도들을 제공한다. 이때 단기 공정표준편차로는 부

분군내 표준편차(σ_{within})를 사용한다. 덤으로 장기 공정표준편차($\sigma_{overall}$)를 사용한 공정성능 측도들도 제공한다.

- BWCAPA: 정규분포를 토대로 공정능력 측도들을 제공한다. 이때 단기 공정표준편차로 군내/군간 표준편차($\sigma_{B/W}$)를 사용한다. 덤으로 장기 공정표준편차($\sigma_{overall}$)를 사용한 공정성능 측도들도 제공한다.
- NNCAPA: 정규분포 이외의(NonNormal) 분포를 토대로 공정능력 측도들을 제공한다.
- SIXPACK: 정규분포를 토대로 여섯가지 도표($\overline{x}$ 관리도, R 관리도, 런 그래프, 능력히스토그램, 능력플롯, 정규확률도)를 제공한다.
- BWSIXPACK: 부분군 간의 변동이 큰 부분군 데이터에 대해 정규분포를 토대로 여섯가지 도표($\overline{x}$ 관리도, R 관리도, 런 그래프, 능력히스토그램, 능력플롯, 정규확률도)를 제공한다.
- NNSIXPACK: 정규분포 외의 분포를 토대로 여섯가지 도표($\overline{x}$ 관리도, R 관리도, 런 그래프, 능력히스토그램, 능력플롯, 확률도)를 제공한다.
- MCAPA: 정규분포를 토대로 여러 변수들에 대한 공정능력을 비교하거나 집단화 변수를 사용하여 집단별로 공정능력을 비교한다.
- MNCAPA: 정규분포 이외의 분포를 토대로 여러 변수들에 대한 공정능력을 비교하거나 집단화 변수를 사용하여 집단별로 공정능력을 비교한다.
- BCAPA: 불량품수 데이터에 대해 이항분포를 토대로 공정능력 측도들을 제공한다.
- PCAPA: 단위당 결함수 데이터에 대해 프아송 분포를 토대로 공정능력 측도들을 제공한다.
- TOLINTERVAL: 정규분포에 토대를 둔 공차한계나 비모수적 공차한계를 제공한다.

① 명령 CAPA

□ 구문구조

CAPA C...C E

- 명령 CAPA는 열들 C...C에 대해 부분군 정보 E를 사용하여 정규곡선을 덧그린 능력히스토그램과 능력측도들을 전시한다.

□ 규격한계 지정을 위한 부명령들

- USPEC C | K…K – 각 데이터셋에 대해 규격상한을 지정한다
- LSPEC C | K…K – 각 데이터셋에 대해 규격하한을 지정한다
- 규격한계지정을 위한 위 두 부명령 중 적어도 하나는 반드시 지정되어야 한다.

□ 공정목표 지정을 위한 부명령

- TARGET C | K…K – 각 데이터셋에 대해 공정목표값 또는 공칭규격을 지정한다.

- 이 부명령이 사용되면 표준적인 능력측도들에 더하여 C_{PM}(μ 대신 이 목표값을 사용한 표준편차를 σ 대신 사용한 C_P)를 계산해준다. 공정목표가 규격한계의 중간값이 아니라면, 우리는 C_{PK} 보다 C_{PM}를 선호할 것이다.

□ 공차지정을 위한 부명령

- TOLER K - 능력측도들을 계산하는데 사용할 자연공차를 지정한다. 기본은 6(시그마)이다.

□ 단기 또는 장기 공정능력분석 선택을 위한 부명령들

- WITHIN - 단기 공정능력분석만을 실시하라. 이를 지정하면 "단기" 공정능력 지수들 C_P, C_{PL}, C_{PU}, C_{PK} 그리고 CC_{PK}를 전시한다. CC_{PK}는 C_{PK}를 일반화한 것으로 주어진 정보에 맞추어 능력지수를 구해준다. 즉 CC_{PK}는 가용한 정보에 따라 다음 세 가지 중 하나로 주어진다: $(USL-\hat{\mu})/(3\hat{\sigma}_{within})$, $(\hat{\mu}-LSL)/(3\hat{\sigma}_{within})$, 또는 $\min\{(USL-\hat{\mu}),(\hat{\mu}-LSL)\}/(3\hat{\sigma}_{within})$, 여기서 $\hat{\mu}$도 가용한 정보에 따라 공정목표값, 규격중심, 또는 표본평균이 된다.
- OVERALL - 장기 공정능력분석만을 실시하라. 이를 지정하면 "장기" 공정성능 지수들 P_P, P_{PL}, P_{PU}, P_{PK}, 그리고 C_{PM}이 전시된다.
- 기본은 두 가지를 모두 실시하는 것이다.

□ 단기(부분군내) 공정표준편차 추정방법 지정을 위한 부명령들

- AMR - 이동범위의 평균을 이용하여 공정표준편차를 추정한다.
- MMR - 개별값 관리도의 경우, 이동범위의 중위수를 이용하여 공정표준편차를 추정한다. 기본은 이동범위의 평균을 이용하여 공정표준편차를 추정하는 것이다.
- RSPAN - 이동범위의 길이를 지정한다. 기본은 2이다.
- RBAR - 부분군 범위를 이용하여 공정표준편차를 추정한다.
- SBAR - 부분군 표준편차를 이용하여 공정표준편차를 추정한다.

② 명령 BWCAPA

단기 공정 표준편차로 군내/군간 표준편차를 사용하는 것 이외에는 명령 CAPA와 차이가 없다. 부분군 데이터를 수집할 때, 부분군 내의 랜덤 오차뿐

아니라 부분군 간의 랜덤오차도 고려해야만 하는 경우에는 이 명령을 사용한다.

③ 명령 SIXPACK

□ 구문구조

SIXPACK C...C E

- SIXPACK 명령은 열들 C...C에 대해 부분군 정보 E를 사용하여 공정 능력을 평가하기 위한 여섯 가지 능력그림을 전시해준다. SIXPACK 명령은 CAPA 명령과 유사한 부명령들을 가지고 있다.

예제 6.9 크랭크축상의 한 점의 실제위치(A)로부터 기준선(B)까지의 거리를 담고있는 크랭크축 데이터를 다시 고려하자. 한 자동차 조립공장에서 9월 28일부터 10월 15일까지 매 작업일에 다섯 개의 측정값들을 얻었고, 10월 18일부터 25일까지는 하루에 열 개의 측정값들을 얻었다. 여기서는 편의상 모든 부분군 크기를 5로 사용할 것이다. 이 공정의 능력을 평가해 보자. (이 데이터는 sqcdata₩cranksh.mtw에 저장되어 있다.)

□ 히스토그램을 이용한 공정능력분석

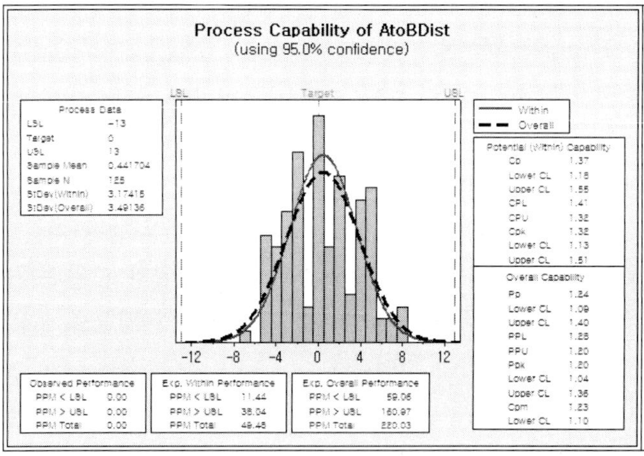


```
# Stat > Quality Tools
# > Capability
# Analysis > Normal
MTB > Capa &
CONT> 'AtoBDist' 5;
SUBC>   Lspec -13;
SUBC>   Uspec 13;
SUBC>   Target 0;
SUBC>   Toler 6;
SUBC>   Confidence;
SUBC>     TwoCI.
```

[도표 6.6(a)] 히스토그램에 의한 능력 측도 추정: 단기/장기 능력분석

[해설] ▪ [도표 6.6.(a)]에서 단기 표준편차 "StDev(Within)=3.17415"는 부분군 데이터로부터 표준편차를 추정한 것이다(pooled estimate). 이 단기 표준편차를 이용하여 추정된 공정 능력지수들이 "Potential(Within)

Capability"라는 부제 밑에 전시되어 있다.

- 표준편차 StDev(Overall)=3.49840"는 부분군 데이터를 하나로 통합하여 표본표준편차를 구한 것이다. 이 장기 표준편차를 이용하여 추정된 공정 성능지수들이 "Overall Capability"라는 부제 밑에 전시되어 있다. 당연히 장기능력은 단기능력에 비해 떨어진다.
- 분포중심과 규격중심이 어긋난 정도를 나타내는 이동계수 $K = |0.44710 - 0| / 13 = 0.034$ 이고, (단기적) 공정능력은 C_{PK} = 1.32 또는 49.48 PPM으로 추정된다. 따라서 우리는 현 공정을 가까스로 양호한 상태로 판정할 수 있다. CC_{PK}는 C_{PK}를 일반화한 것으로 주어진 정보에 맞추어 능력지수를 구해준다.
- C_{PM}이 장기능력으로 분류되어 있음을 주목할 필요가 있다. 제공된 공정목표값 T가 규격중심과 다를 때는 C_{PMK}값을 전시해준다.
- [도표 6.6(b)]에서 단기 표준편차 "StDev(B/W)=3.5403"은 부분군 내 변동과 부분군간 변동으로부터 표준편차를 추정한 것이다. 이 단기 표준편차를 이용하여 추정된 공정 능력지수들이 "B/W Capability"라는 부제 밑에 전시되어 있다. 여기서는 StDev(B/W)가 장기 표준편차 StDev(Overall) 보다 약간 더 큰 현상이 나타났는데, 이는 "단기 표준편차로 StDev(Within)나 StDev(B/W)를 선택하는 기준은 무엇인가?" 라는 문제를 제기한다. 부분군 내에서 관찰되는 변동이 단기 공정변동을 나타낸다는 가정이 성립할 때는 단기 표준편차로 StDev(Within)를 사용할 수 있을 것이고, 그렇지 못할 때는 단기 표준편차로 StDev(B/W)를 선택해야 할 것이다. 한편 StDev(Overall)가 StDev(B/W) 보다 크다면, 부분군내 변동과 부분군간 변동 이외의 다른 특정한 변동의 원인들이 공정에 영향을 주고 있다고 의심해 볼 수 있다. ¶

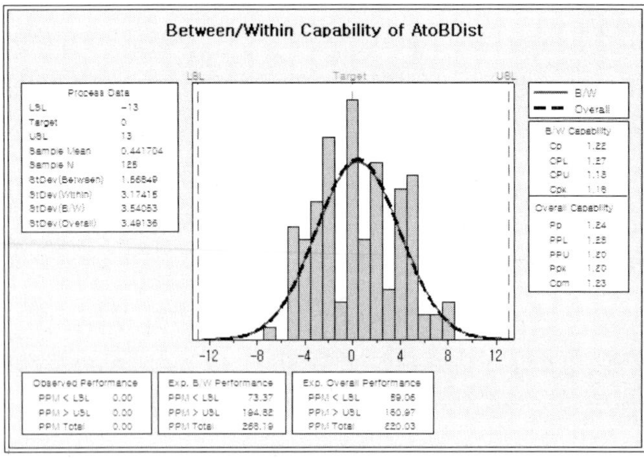


```
# Stat > Quality Tools
# > Capability
# Analysis > Normal
MTB > BWCapa 'AtoBDist'
5;
SUBC>   Lspec -13;
SUBC>   Uspec 13;
SUBC>   Pooled;
SUBC>   AMR;
SUBC>   UnBiased;
SUBC>   OBiased;
SUBC>   Target 0;
SUBC>   Toler 6;
SUBC>   Within;
SUBC>   Overall;
SUBC>   CStat.
```

[도표 6.6(b)] 히스토그램에 의한 능력 측도 추정: 부분군내/부분군간 능력분석

□ (정규)확률도를 이용한 공정능력분석

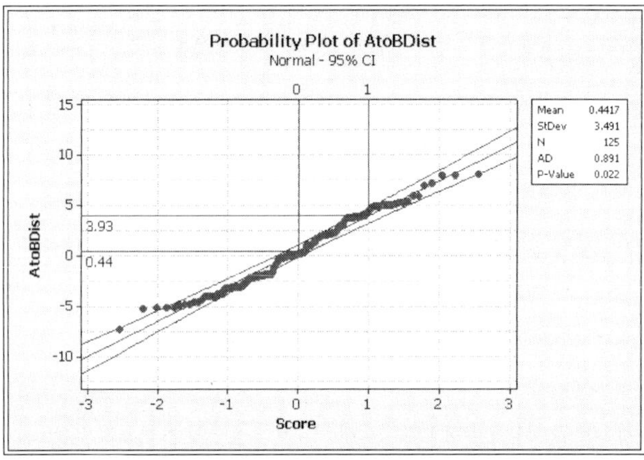


```
# Tools > Options >
# Individual Graphs >
# Probability Plots에서
# Y-scale을 Score로 지정,
# Graph Orientation을 Show
# raw data on vertical scale
# 로 지정

# Graph > Probability Plot

MTB > PPlot 'AtoBDist';
SUBC>   Normal;
SUBC>   Symbol;
SUBC>   FitD;
SUBC>   Grid 2;
SUBC>   Grid 1;
SUBC>   MGrid 1;
SUBC>   PTile 0 1.
```

[도표 6.7(a)] 정규확률도 – 정규확률지에 작도(PPlot 명령)

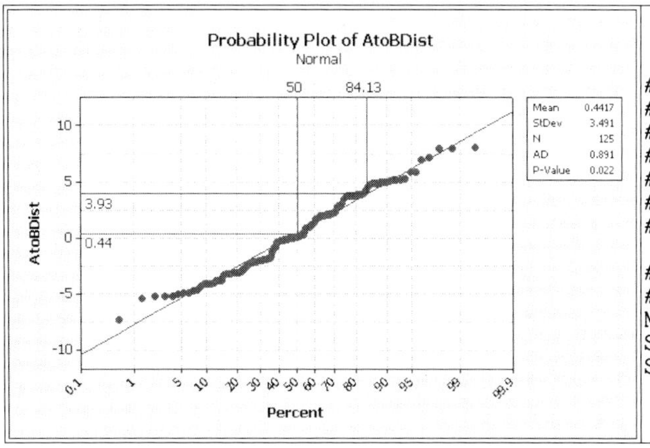


```
# Tools > Options >
# Individual Graphs >
# Probability Plots에서
# Y-scale을 Percent로 지정,
# Graph Orientation을 Show
# raw data on vertical scale
# 로 지정

# Stat > Basic Statistics
#       > Normality Test
MTB > NormTest 'AtoBDist';
SUBC>    Ptiles 50 84.13;
SUBC>      Percent.
```

[도표 6.7(b)] 정규성 검정과 정규확률도(NormTest 명령)

[도표 6.8] 분포함수분석에 의한 모수추정(LTest 명령)

```
Distribution Function Analysis

Estimation Method: ML
Distribution: Normal

Parameter Estimates
Mean:      0.441704
StDev:     3.47736
```

Percentile Estimates

Percent	Percentile	Standard Error	95.0% Normal CI Lower	Upper
50	0.441704	0.313474	-0.172695	1.05610
84.13	3.91842	0.380903	3.17187	4.66498

[해설] ▪ [도표 6.7(a)]와 [도표 6.7(b)]의 정규확률도로부터 이 크랭크축 데이터는 정규분포를 따른다고 보기 어렵다. Anderson-Darling 정규성 검정의 P-값이 0.022인 것도 이런 판정을 뒷받침한다.

▪ [도표 6.7]에 전시된 평균과 표준편차의 추정값은 불편추정값이고, [도표 6.8]에 전시된 추정값은 최우추정값이다. [도표 6.7]은 LTest 명령(Stat 〉 Reliability/Survival 〉 Distribution Analysis (Right Censoring) 〉 Parametric Distribution Analysis)의 결과이다.

▪ 표준편차는 정규확률도의 기울기([도표 6.7(a)] 또는 84.13 백분위수와 50 백분위수의 차이([도표 6.7(b)]로 추정될 수 있다. [도표 6.7]로부터 $\hat{\sigma} = 3.93 - 0.44 = 3.49$. 이를 이용하면,

$$\hat{C}_P = \frac{13-(-13)}{6 \times 3.49} = 1.24.$$

□ 관리도를 이용한 공정능력분석

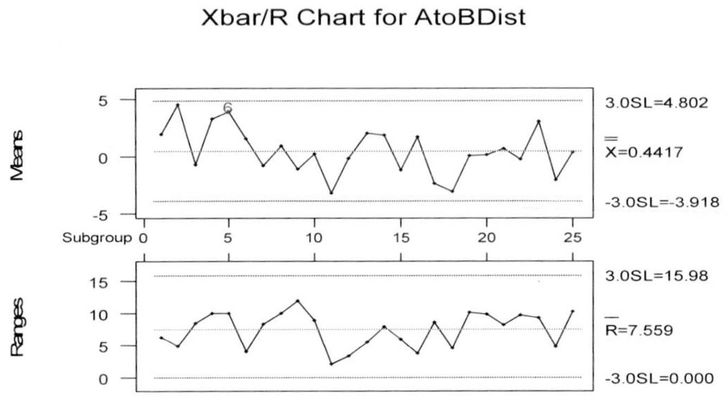


```
Test Results for Xbar Chart
TEST 6. 4 out of 5 points more than 1 sigma from center line (on one side of CL).
Test Failed at points: 5

Test Results for R Chart
```

```
MTB > XRChart 'AtoBDist' 5;
SUBC> Rbar;
SUBC> Test 1 2 3 4 5 6 7 8.
```

[도표 6.9] $\bar{x} - R$ 관리도

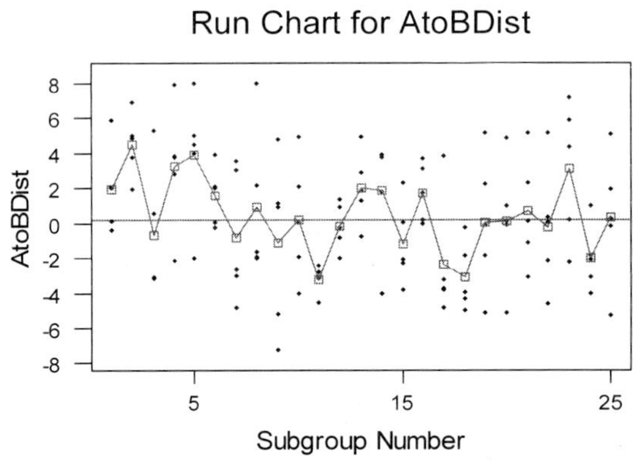

Number of runs about median:	15.0000	Number of runs up or down:	17.0000
Expected number of runs:	13.4800	Expected number of runs:	16.3333
Longest run about median:	4.0000	Longest run up or down:	3.0000
Approx P-Value for Clustering:	0.7331	Approx P-Value for Trends:	0.6287
Approx P-Value for Mixtures:	0.2669	Approx P-Value for Oscillation:	0.3713

```
MTB > Runchart ;
SUBC>   Csub &
CONT>   'AtoBDist' 5;
SUBC> Means.
```

[도표 6.10] 런 그래프

[해설] ▪ 관리도와 런 그래프로부터 아무런 특정양상이 관찰되지 않는다.

▪ $\hat{\mu} = \overline{\overline{x}} = 0.4417;\ \hat{\sigma} = \overline{R}/d_2 = 7.559/2.326 = 3.25;$

이동계수 $K = |0.4417 - 0|/13 = 0.034$

▪ $\hat{C}_P = 26/(6 \times 3.25) = 1.333$

▪ $\hat{C}_{PU} = (13 - 0.4417)/(3 \times 3.25) = 1.288;$

$\hat{C}_{PL} = (0.4417 + 13)/(3 \times 3.25) = 1.379$

▪ $\hat{C}_{PK} = (1 - 0.034) \times 1.333 = 1.288 = \min\{\hat{C}_{PU},\ \hat{C}_{PL}\}$

▮ 공정능력분석: 종합

우리가 지금까지 다룬 공정능력분석은 SIXPACK 명령에 의한 [도표 6.11(a)]의 여섯 가지 능력그림에 요약되어 있다.

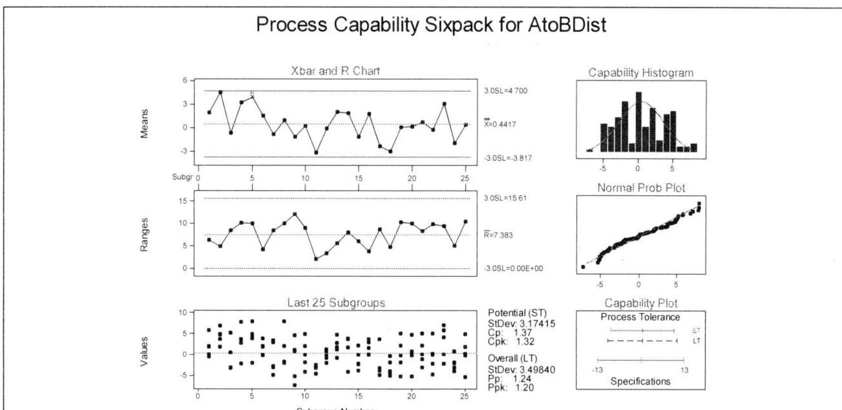


```
Test results for Xbar Chart
TEST 6. 4 out of 5 points more than 1 sigma from center line (on one side of CL).
Test Failed at points: 5

Test results for R Chart
```

```
# Stat > Quality Tools > Capability Sixpack
MTB > Sixpack ;
SUBC>   Csub 'AtoBDist' 5;
SUBC>   Lspec -13;
SUBC>   Uspec 13;
SUBC>   Breakout 25; # 런그래프에 전시할 부분군들의 수(기본값은 25)
SUBC>   Toler 6.0;
SUBC>   Test 1 2 3 4 5 6 7 8.
```

[도표 6.11(a)] 능력그림 여섯 가지 – 단기적, 장기적 변동성

※ 미니탭 Six Sigma Academy 모듈에 들어있는 %Sixsigma 명령은 Sixpack 보다 더 다양한 아웃풋을 제공한다. 크랭크 축 데이터에 대해 [도표 6.11(b)]와 같은 명령을 실행시켜 보라. 그러면 우리는 Report 1에서 6까지의 그래픽 아웃풋을 보게 된다. 아웃풋 가운데 프로세스 시그마와 PPM은 다음 절에서 설명될 것이다. (여기서는, 그리고 앞으로도, 미니탭 12와 함께 제공된 식스 시그마 모듈을 사용하였다. 미니탭 14이나 16을 위한 모듈은 따로 구입을 해야 한다.)

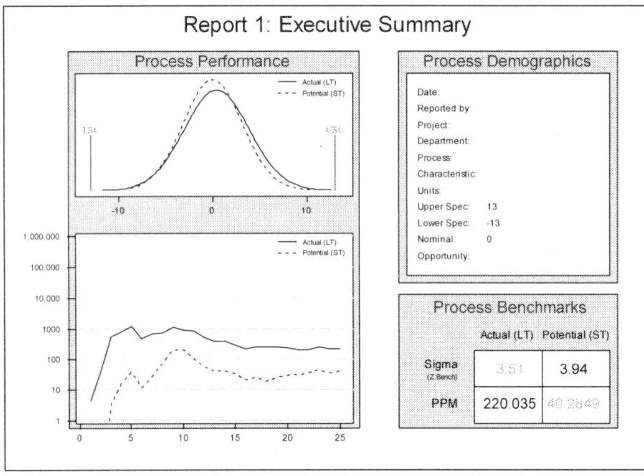


```
# Six Sigma > Process Report
MTB > %Sixsigma ;
SUBC>   Cols 'AtoBDist' 5;
SUBC>   Target 0;
SUBC>   Lspec -13;
SUBC>   Uspec 13;
```

[도표 6.11(b)] 프로세스 보고서

6.5 식스 시그마를 위한 측도들

많은 복잡한 부품들로 이루어진 제품들은 고장이나 결함이 발생할 기회가 많다. 모토롤라(Motorola)는 1980년대 후반에 이런 관찰을 토대로 식스 시그마(six sigma) 프로그램을 개발하였다. 식스 시그마 프로그램의 초점은 제품의 핵심적인 품질특성들의 변동성을 고장이나 결함이 극도로 발생하지 않을 수준으로 낮추는데 맞추어져 있다.

한 품질특성이 정규분포를 따르는 경우를 고려하자. 이 품질특성의 규격한계들이—[도표 6.12(a)]의 점선으로 이루어진 정규곡선에서와 같이—평균으로부터 양쪽으로 3 시그마만큼 떨어진 위치에 오게 될 때 이 품질특성은 3 시그마 품질성능(quality performance) 또는 품질수준을 보이고 있다고 일컬어진다.

이런 3 시그마 품질성능에서 규격한계 내에 들어가는 한 제품을 생산할 확률은 0.9973이며, 2700 PPM(parts per million) 불량률에 해당한다. 이로부터 3 시그마 품질성능은 양호한 것처럼 보인다. 그러나 이런 성능의 부품 100개로 이루어진 한 제품을 생산할 때, 이 제품이 불량이 아닐 확률은 다음과 같이 주어진다:

$$0.9973^{100} = 0.7631 .$$

즉 이 제품들의 약 23.7%가 불량품이 될 것이며, 이것은 받아들일 만한 상황이 아니다. 실제로 많은 제품들은 수천 개 이상의 부품들을 가지므로 3 시그마보다 훨씬 더 높은 품질성능이 요구된다. 예컨대 자동차는 대략 20만개의 부품들로 이루어지며, 비행기는 수백만 개의 부품들로 구성된다.

모토롤라의 식스 시그마 개념은 공정의 변동성을 줄여서 규격한계들이—[도표 6.12(a)]의 실선으로 이루어진 정규곡선에서와 같이—평균으로부터 양쪽으로 6 시그마만큼 떨어진 위치에 오도록 하자는 것이다. 그러면 10억개당 2개의 불량품이 발생하게 된다. 6 시그마 성능의 부품들 20만개로 이루어진 한 자동차를 생산할 때, 이 자동차가 불량이 아닐 확률은 다음과 같이 주어진다:

$$0.999999998^{200000} = 0.99960008 .$$

즉 이 자동차들의 0.04%만이 불량품이 될 것이다.

그런데 기존의 품질개선방법으로는 3 시그마 이상의 품질성능에 도달하기 어려우므로 모토롤라는 다음과 같은 품질혁신을 위한 "식스 시그마 육-단계 프로세스"를 개발하여 운용하고 있다. (2.1절의 DFSS 참조)

① 고객의 기능요구들(functional requirements, FRs)을 파악한다.
② 그 기능요구들을 충족시키는데 필요한 설계인자들(design parameters, DPs)을 정한다.
③ 그 설계인자들을 물리적으로 제어하는데 사용될 공정변수들(process variables, PVs)을 정한다.
④ 고객을 만족시키기 위해 각 설계인자와 기능요구로부터 요구되는 설계목표와 공차를 정한다.
⑤ 각 공정변수의 공정변동을 정하고, 평균과 표준편차를 계산한다.
⑥ 공정능력지수를 계산하고 설계와 공정(즉 PV, DP, FR)의 관계를 평가한다.

6.5.1 공정 시그마 수준 계산

공정 시그마 수준을 정확히 계산하려면 공정 결함, 단위, 그리고 기회를 적절히 정의하고 계량해야 한다. 즉 각 공정은 결함, 단위, 그리고 기회에 대한 정의를 수반해야 한다. 이들을 정의하려면 우리는 먼저 고객의 요구(customer needs)를 이해할 필요가 있다. 고객의 소리(VoC)는 고객의 요구를 수집하여 규격으로 변환시키는 프로세스이다. 이 프로세스로부터 고객 CTQ(Critical To Quality)—고객 규격이나 요구를 충족시키는데 필수적인 제품이나 서비스의 특성—가 나온다.

결함(defect)이란 "고객 규격이나 요구를 충족시키지 못하거나, 고객 불만을 일으키거나, 기능적 요구를 만족시키지 못하는" 제품이나 프로세스 또는 서비스의 어떤 부분을 말한다. 여기서 고객은 내부 고객과 외부 고객을 모두 가리킨다.

단위(unit)란 기업 프로세스의 아웃풋으로서 고객에 의해 계량화될 수 있는 어떤 것을 말한다. 이것은 한 물리적 단위가 될 수도 있고, 서비스인 경우에는, 특정한 시작점과 종료점을 가리킬 수도 있다.

기회(opportunity) 또는 결함기회(defect opportunity)란 제품이나 프로세스 또는 서비스에서 잠재적으로 결함이 발생할 수 있는 부분이나 요소를 말한다. 대부분의 제품이나 프로세스 또는 서비스에서 한 단위가 가지는 기회수는 둘 이상이다. 여기서 각 기회는 다른 기회들과 독립적이어야 하고, 단위와 마찬가지로 측정될 수 있어야 한다. 그리고 기회는 고객 CTQ와 직접적으로 관련이 되어 있어야 한다. 한 제품이나 서비스의 총 기회수는 그 제품이나 서비스의 복잡성을 시사한다.

▮ 품질수준의 측도

여기서는 한 특정한 제품이나 서비스의 한 단일 품질특성의 품질수준을 나타내는 측도에 대해 살펴볼 것이다. 이 품질특성을 측정하는데 사용된 단위수를 NU(number of units)로, 단위당 기회수를 OPU(opportunities per unit)로, 발견된 결함수를 D(number of defects)로 나타내기로 하자. 그러면 이 측정 단위들의 기회수 OP(opportunities)는 OP = NU×OPU로 주어진다.

① 단위당 결함수(defects per unit, DPU)

DPU란 한 단위에 들어있는 평균 결함수를 말한다: DPU = D/NU. 여기서 분모는 검사받은 단위수라는 점을 주목해야 한다. 즉 동일한 단위가 검사를 여러번 받더라도 한 단위로 간주된다. ([예 6.12] 참조)

- 단위당 기회수(OPU)가 1이라면 DPU는 불량률을 나타낸다.
- DPU는 서로 다른 제품이나 서비스의 품질수준을 비교하는데는 미흡하다— 각 제품이나 서비스의 잠재적 결함수 즉 기회수가 동일하지 않으므로.

예제 6.10(a) 한 특성에 대해 NU=350 단위를 조사하였고, 발견된 결함수가 D=13이었다면 단위당 결함수는 다음과 같이 주어진다:

DPU = D/NU = 13/350 = 0.037 = 3.7%.

[도표 6.12(a)]는 [도표 6.13(h)]의 미니탭 매크로 SigCalc를 수행시킨 결과이다. ¶

[도표 6.12(a)] SigCalc.mac의 수행 결과: [예 6.10(a)]

units2 350.000 defects3 13.0000 defects(%) 3.64615 defects per unit(DPU) 0.03714 <- yield(percent) 96.3538 Z Shift 1.50000 Z Bench(short-term) 3.29331 Assuming the Poisson distribution for DPO	MTB > %sigcalc k1 k2; SUBC> unidef 350 13.

② 기회당 결함수(defects per opportunity, DPO)

어떤 공정들에 대해서 단위당 결함수(DPU)가 같더라도 각 공정의 단위당 기회수(OPU)가 다르다면 공정능력은 다르게 평가되어야 한다. DPO는 기회당 평균적으로 발견되는 결함수를 말한다: DPO = DPU/OPU 또는 DPO = D/OP.

예제 6.10(b) ([예 6.10(a)], 계속) 이 특성에 대해 단위당 기회수(OPU)가 45이었다면 기회당 결함수는 다음과 같이 주어진다:

DPO = DPU/OPU = 0.037/45 = 0.000825.

또는

OP = 350×45 = 15,750; DPO = D/OP = 13/15,750 = 0.000825.

[도표 6.12(b)]는 [도표 6.13(h)]의 미니탭 매크로 SigCalc를 수행시킨 결과이다. ¶

[도표 6.12(b)] SigCalc.mac의 수행 결과: [예 6.10(b)]

units1	350.000	MTB > %sigcalc k1 k2; SUBC> UniOpuDef 350 45 13.
opportunities per unit(OPU)	45.0000	
defects2	13.0000	
defects(%)	0.0825397	
dpo	0.000825397 <-	
dpmo	825.397 <-	
yield(percent)	99.9175	
Z Shift	1.50000	
Z Bench(short-term)	4.64678	
Assuming the normal distribution for DPO		

③ 백만 기회당 결함수(defects per million opportunities, DPMO)

DPMO는 DPO에 100만을 곱하여 결함수가 일상적으로 다루기 쉬운 수가 되도록 한 것이다: DPMO = DPO×100만.

예제 6.10(c) ([예 6.10(a)], 계속) 이 특성에 대해 백만 기회당 결함수는 다음과 같이 주어진다:

$$\text{DPMO} = \text{DPO}\times 100\text{만} = 0.000825\times 100\text{만} = 825.$$

[도표 6.12(c)]는 [도표 6.13(h)]의 미니탭 매크로 SigCalc를 수행시킨 결과이다. ¶

[도표 6.12(c)] SigCalc.mac의 수행 결과: [예 6.10(c)]

defects(%)	0.0825000	MTB > %sigcalc k1 k2; SUBC> dpos 0.000825.
dpo	0.000825000	
dpmo	825.000 <-	
yield(percent)	99.9175	
Z Shift	1.50000	
Z Bench(short-term)	4.64692	
Assuming the normal distribution for DPO		

* PPM(parts per million)은 두 가지로 해석될 수 있다: defective parts per million parts와 defects per million opportunities. 전자는 100만 단위당 불량품 수로 표현된 불량률이고, 후자는 100만 기회당 결함수 즉 DPMO이다. 특히, 단위당 결함이나 불량의 기회가 하나뿐이라면 양자는 동일한 의미를 가진다. 미니탭에서는 PPM을 후자의 뜻 즉 DPMO의 뜻으로 사용하고 있다.

④ 공정 시그마 수준

우리는 DPMO 품질수준을 시그마 수로 환산할 수 있다. 즉 우리는 주어진

DPMO 품질수준에 대응되는 품질특성의 분포에서 규격한계들이 공정 평균으로부터 몇 시그마 떨어진 위치에 있는지(z-점수, z-값)를 읽을 수 있다. [도표 6.13(a)]를 보자. 예컨대, 0.002DPMO에 대응되는 시그마 수(z-점수)는 6이고, 2700 DPMO에 대응되는 시그마 수는 3이다. 그런데 시그마 수준(sigma level) 또는 시그마 능력(sigma capability)은 시그마 수와는 다소 다르게 정의된다.

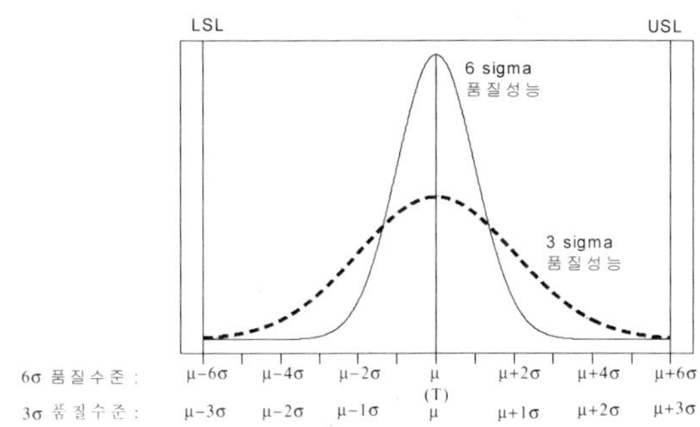

규격한계의 위치	규격 내 백분율	DPMO
T±1 sigma	68.27	317300
T±2 sigma	95.45	45500
T±3 sigma	99.73	2700
T±4 sigma	99.9973	63
T±5 sigma	99.999943	0.57
T±6 sigma	99.9999999	0.002

[도표 6.13(a)] 정규분포의 평균이 목표와 일치하는 경우

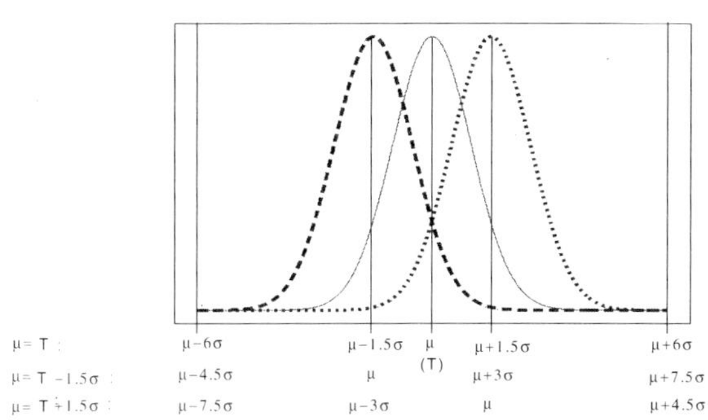

규격한계의 위치	규격 내 백분율	DPMO
T±1 sigma	30.23	697700
T±2 sigma	69.13	608700
T±3 sigma	93.32	66810
T±4 sigma	99.3790	6210
T±5 sigma	99.97670	233
T±6 sigma	99.999660	3.4

[도표 6.13(b)] 정규분포의 평균이 목표로부터 1.5σ 만큼 이탈된 경우

구체적으로, 표준정규분포의 분포함수를 $\Phi()$로 나타내면 공정의 장기(long term) 시그마 수준 z_{LT}는 기회당 결함수(DPO)로부터 다음과 같이 주어진다:

$$z_{LT} = \Phi^{-1}(1 - DPO). \quad \textbf{(6.5.1)}$$

여기서 우리는 시그마 수준을 계산할 때 모든 기회당 결함들이 표준정규분포의 오른쪽 꼬리에 몰려있는 것으로 간주하고 있다는 점에 주목해야 한다.

그런데 아주 잘 관리되는 공정이라도 공정평균이 약 1.5 시그마 정도는 아래위로 이탈할 수 있다는 경험적 법칙이 있다. (예컨대, 슈하르트 관리도는 공정중심이 $3\sigma/\sqrt{n}$ 만큼 이동했는가를 탐지해 내려한다. 이는 n=4일 때 1.5σ가 된다.) 이를 감안하면, [도표 6.13(b)]에서 보는 대로, 6 시그마 성능이란 실제적으로 4.5 시그마 성능을 말하며 이는 3.4 DPMO를 뜻한다. 바로 이것이 모토롤라가 달성하려고 하는 품질목표이다. 식스 시그마 진영에서 공정의 시그마 수준을 지칭할 때는 이와같은 공정중심의 이동(shift, 대개 1.5 시그마)을 감안한 실제적인(또는 단기적인) 시그마 수준을 말하는 것이다.

이로부터 공정중심의 이동거리를 z_{Shift} 시그마로 나타내면 공정의 단기(short term) 시그마 수준 z_{ST}은 다음과 같이 주어진다:

$$z_{ST} = z_{LT} + z_{Shift}. \quad \textbf{(6.5.2)}$$

그러면, 예컨대, 100PPM 운동에서 얘기하는 100PPM(정확히는, DPMO)의 시그마 수준은 5.219이다. DPMO와 시그마 수준간의 변환표가 [도표 6.17]에 전시되어 있다.

우리는 이와 같은 공정의 "단기" 시그마 수준의 계산이 "품질데이터가 정규분포를 따르고, 안정 상태에 있으며, z_{Shift} (대개 1.5) 시그마만큼의 중심이동이 적절하다"는 가정을 토대로 삼고 있으며, 더욱이 정규분포의 한 쪽 꼬리값만을 이용하고 있다는 점을 분명히 인식해야 한다.

□ 공정 시그마 수준의 유래

공정 시그마 수준은 모토롤라에서 본래 계수형 능력측도로 제안되었다. 식 (6.5.1)에서 보듯이, 공정의 시그마 수준은 {백만} 기회당 결함수라는 {통합} 계수형 품질측도를 표준정규분포의 오른쪽 꼬리에서 대응되는 표준편차수(z-값)로 변환시킨 것이다. 만일 결함 데이터가 단기간에 걸쳐서 측정된 것이라면, 그 기회당 결함수에 대응되는 표준편차수를 공정 시그마 수준으로 간주할 수 있을 것이다. 만일 결함 데이터가 장기간에 걸쳐 수집된 것이라면, z-값에 1.5를 더하여 공정 시그마 수준으로 보고할 수 있을 것이다. 역으로, 단기 시그마 수준에서 1.5를 감하여 장기 시그마 수준으로 보고할 수도 있을 것이다.

이런 이유로 식스시그마 공정이 [도표 6.13(b)]에서 보듯이 3.4 DPMO 또는 1백만 분의 34 만큼의 불량확률을 가지는 것이다. 이 때 전제가 되는 것은 한 단일 기회에 대한 단기 시그마 수준이 6이었다면, 장기적으로는 시그마 수준이 4.5에 가깝게 될 것이라는 점이다.

□ Z Bench

이렇게 표현된 계수형 공정능력측도인 단기 시그마 수준 z_{ST}는 흔히 Z Bench(Benchmark Z)로 보고되는데. 이는 공정의 단기 시그마 수준이 공정능력측정의 표준으로 사용되고 있기 때문이다.

한편 Z Bench는 계량형 공정능력측도로도 사용되는데, 이때는 계수형인 경우와 다소 차이가 있다. 단기 Z Bench는 단기 표준편차 즉 부분군내 표준편차 $\hat{\sigma}_{within}$을 사용하고, 장기 Z Bench는 장기 표준편차 즉 총체적 표준편차 $\hat{\sigma}_{overall}$을 사용한다. [도표 6.13(c)]를 참고로 하여 계량형 Z Bench에 대해 살펴보자. 이 그림들에서 실선은 양쪽 불량품들을 오른쪽으로 몰았을 때의 경계선을 나타낸다.

① 단기 Z Bench

먼저 다음과 같은 기호들을 정의하자.

- 규격하한까지의 단기 표준편차수 $z_{LSL(ST)} = \dfrac{\bar{x} - LSL}{\hat{\sigma}_{within}}$
- 규격하한 쪽의 단기 불량률 $p_{L(ST)} = P\{X \le LSL\} = 1 - \Phi(z_{LSL(ST)})$
- 규격하한까지의 단기 표준편차수 $z_{USL(ST)} = \dfrac{USL - \bar{x}}{\hat{\sigma}_{within}}$
- 규격하한 쪽의 단기 불량률 $p_{U(ST)} = P\{X \ge USL\} = 1 - \Phi(z_{USL(ST)})$

그러면 단기 Z Bench $z_{Bench(ST)}$는 다음과 같이 주어진다:

$$z_{Bench(ST)} = \Phi^{-1}(1 - p_{L(ST)} - p_{U(ST)}).$$

② 장기 Z bench

마찬가지지로 다음과 같은 기호들을 정의하자.

- 규격상한까지의 장기 표준편차수 $z_{LSL(LT)} = \dfrac{\bar{x} - LSL}{\hat{\sigma}_{overall}}$
- 규격상한 쪽의 장기 불량률 $p_{L(LT)} = P\{X \le LSL\} = 1 - \Phi(z_{LSL(LT)})$
- 규격상한까지의 장기 표준편차수 $z_{USL(LT)} = \dfrac{USL - \bar{x}}{\hat{\sigma}_{overall}}$
- 규격상한 쪽의 장기 불량률 $p_{U(LT)} = P\{X \ge USL\} = 1 - \Phi(z_{USL(LT)})$

그러면 장기 Z Bench $z_{Bench(LT)}$는 다음과 같이 주어진다:

$$z_{Bench(LT)} = \Phi^{-1}(1 - p_{L(LT)} - p_{U(LT)}).$$

③ 그러면 공정중심의 이동거리 Z Shift는 장기 Z Bench와 단기 Z Bench의 차이로 주어진다. 즉

$$z_{Shift} = z_{Bench(LT)} - z_{Bench(ST)}.$$

z_{shift}가 크다면 공정관리에 의해 공정을 개선할 여지가 많다고 할 수 있다. z_{shift}를 데이터로부터 계산할 수 없을 때는 흔히 1.5를 사용한다.

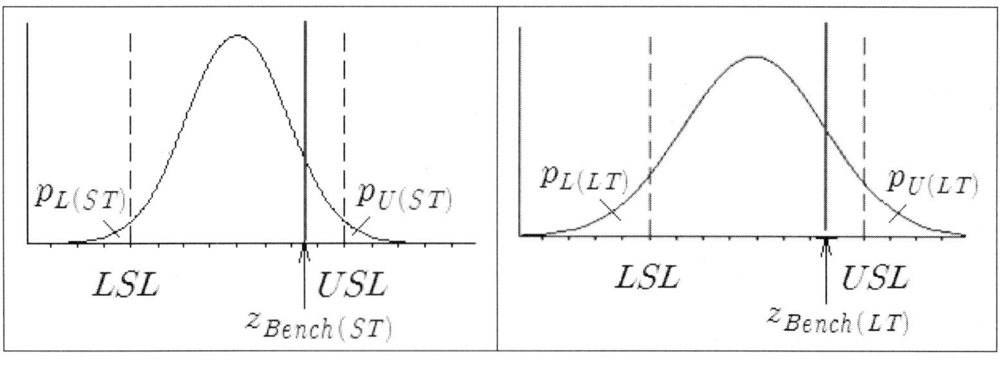

[도표 6.13(c)] 계량형 데이터에 대한 단기 Z Bench와 장기 Z Bench

예제 6.10(d) ([예 6.10(a)], 계속) 이 특성에 대해 공정 시그마(즉 Z Bench)는 다음과 같이 주어진다:

$$z_{LT} = \Phi^{-1}(1 - DPO) = \Phi^{-1}(1 - 0.000825) = \Phi^{-1}(0.999175) = 3.15,$$

$$z_{ST} = z_{LT} + z_{Shift} = 3.15 + 1.5 = 4.65.$$

[도표 6.13(d)]는 [도표 6.13(h)]의 미니탭 매크로 SigCalc를 수행시킨 결과이다. ¶

[도표 6.13(d)] SigCalc.mac의 수행 결과: [예 6.10(d)]

출력	명령
defects(%) 0.0825000 dpo 0.000825000 dpmo 825.000 <- yield(percent) 99.9175 Z Shift 1.50000 Z Bench(short-term) 4.64692 <- Assuming the normal distribution for DPO	MTB > %sigcalc k1 k2; SUBC> dpos 0.000825.

예제 6.10(e) ([예 6.9], 계속) 실제위치(A)로부터 기준선(B)까지의 거리 AToBDist에 대한 Z Bench와 Z Shift를 구해보자.

[풀이] 아래의 [도표 6.13(e)]로부터

$z_{Bench(ST)} = 3.59,$

$z_{Bench(LT)} = 3.51,$

$z_{Shift} = z_{Bench(ST)} - z_{Bench(LT)} = 0.06.$

단기 Z Bench가 3.59이므로 이 공정의 기술수준은 보통 정도로 파악된다 ([도표 6.16] 참조). 그리고 공정중심의 이동거리 Z Shift는 0.05에 불과하므로 공정관리에 의한 이 공정의 개선 여지는 거의 없다고 할 수 있다. ¶

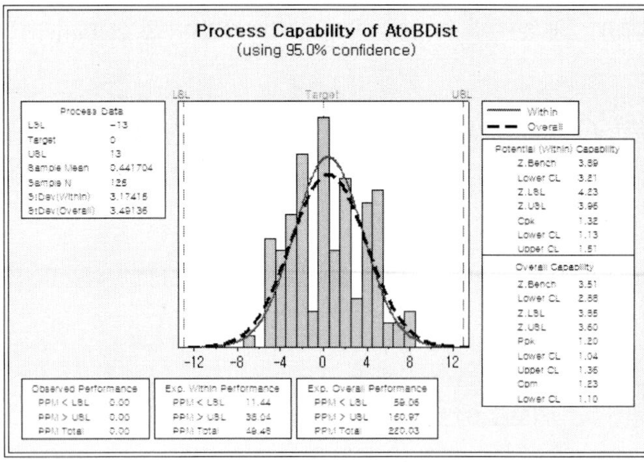


```
# Stat > Quality Tools
# > Capability
# Analysis > Normal
MTB > Capa &
CONT>    'AtoBDist' 5;
SUBC>    Lspec -13;
SUBC>    Uspec 13;
SUBC>    Pooled;
SUBC>    AMR;
SUBC>    UnBiased;
SUBC>    OBiased;
SUBC>    Target 0;
SUBC>    Toler 6;
SUBC>    Within;
SUBC>    Overall;
SUBC>    ZBench.#
```

[도표 6.13(e)] 히스토그램에 의한 능력 측도 추정

※ 여러 인터넷 사이트에 프로세스 시그마 계산기가 개설되어 있다. 예컨대, iSixSigma(www.isixsigma.com/sixsigma/six_sigma_calculator.asp)에서는 [도표 6.13]과 같은 프로세스 시그마 계산기를 열어놓고 있다. [인풋 - 기회수, 결함수; 아웃풋 - DPMO, 결함율(%), 수율(%), 공정 시그마]

예제 6.11 한 전력회사는 그의 성능을 전력공급시간으로 측정한다. 기회는 1분의 가동시간으로 정의될 수 있다. 그리고 전력이 공급되지 않은 어느 1분은 하나의 결함이다. (그리고 하루의 가동시간 즉 1440분을 한 단위로 생각해 볼 수 있다.) 작년에 이 회사의 총 기회수는 525,600 분이었고, 결함은 500 분이었다. 따라서 이 전력회사의 작년 DPMO는 다음과 같이 계산된다:

$$\text{DPMO} = 500/525600 \times 1000000 = 951.293.$$

이 DPMO에 대응되는 공정 시그마를 [도표 6.17]로부터 읽으면 4.61이 얻어진다. 한편 [도표 6.13(f)]는 iSixSigma의 시그마 계산기이고, [도표 6.13(g)]는 [도표 6.13(h)]의 미니탭 매크로 SigCalc를 수행시킨 결과이다. ¶

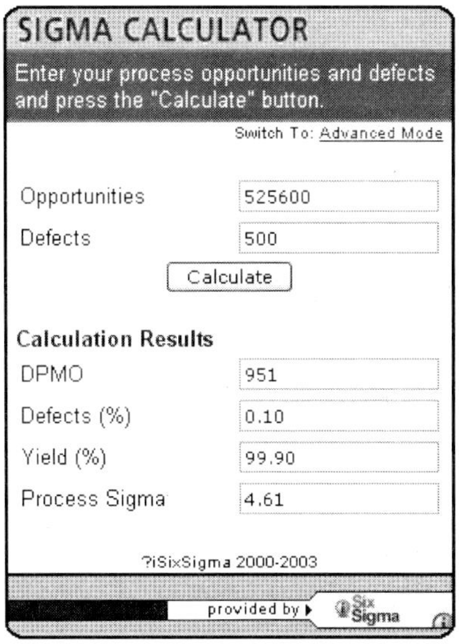

[도표 6.13(f)] 시그마 계산기

[도표 6.13(g)] 미니탭 매크로에 의한 시그마 계산기 SigCalc.mac의 수행 결과

opportunities 525600 defects1 500.000 defects(%) 0.0951294 dpo 0.000951294 dpmo 951.294 <- yield(percent) 99.9049 Z Shift 1.50000 Z Bench(short-term) 4.60503 <- Assuming the normal distribution for DPO	MTB > %sigcalc k1 k2; SUBC> oppdef 525600 500.

[도표 6.13(h)] 미니탭 매크로 SigCalc.mac

```
Macro
# Minitab Macro for Calculating the Short-term Sigma Level
# Written and Modified for Minitab 14 and 16, Jan. 30. 2012
# By Sung Jin Ahn, Professor of Statistics, GNU, Korea

SigCalc pyield sigma;
ZShifts zshift;
# One, and only one, of the following seven subcommands should be used.
OppDef op d1; # assuming the normal distribution for dpo
DPMOs dpmo;
DPOs dpo;
UniOpuDef nu1 opu d2;
Yields yield;
UniDef nu2 d3; # assuming the Poission distribuion for dpu
DPUs dpu.

Mconstant op d d1 nu1 d2 opu dpo dpmo d3 nu2 dpu zshift yield pyield sigma lsigma
Default zshift = 1.5

If OppDef = 1
  Let dpo = d1/op # defects per opportunity
  Let dpmo = dpo*1000000
Elseif DPMOs = 1
  Let dpo = dpmo/1000000
```

```
Elseif DPOs = 1
  Let dpmo = dpo*1000000
Elseif UniOpuDef = 1
  Let dpu = d2/nu1 # defects per unit
  Let dpo = dpu/opu
  Let dpmo = dpo*1000000
Elseif UniDef = 1
  Let dpu = d3/nu2 # defects per unit
Endif

If (OppDef = 1) OR (DPMOs = 1) OR (DPOs = 1) OR (UniOpuDef = 1)
  Let yield = 1 - dpo # yield: throughput yield
Elseif Yields = 1
  Let dpo = 1 - yield
  Let dpmo = dpo*1000000
Elseif (UniDef = 1) OR (DPUs = 1)
  Let yield = Expo(-dpu) # yield: throughput yield
Else
  Note Use one of the seven subcommands
  GOTO 10
Endif

Invcdf yield lsigma; # lsigma: long-term sigma
  Normal 0 1.
Let sigma = lsigma + zshift # sigma: short-term sigma
Let pyield = yield*100 # pyield: percent yield
Let d = 100 - pyield # percen defects
Name op 'opportunities' d1 'defects1' d 'defects(%)' nu1 'units1' d2 'defects2' &
     dpu 'defects per unit(DPU)' opu 'opportunities per unit(OPU)' nu2 'units2' &
     pyield 'yield(percent)' sigma 'Z Bench(short-term)' d3 'defects3' zshift 'Z Shift'

If OppDef = 1
 Print op d1 d dpo dpmo pyield zshift sigma
 Note: Assuming the normal distribution for DPO
Elseif (DPOs = 1) OR (DPMOs = 1)
 Print d dpo dpmo pyield zshift sigma
 Note: Assuming the normal distribution for DPO
Elseif UniOpuDef = 1
 Print nu1 opu op d2 d dpo dpmo pyield zshift sigma
 Note: Assuming the normal distribution for DPO
Elseif Yields = 1
 Print dpo dpmo pyield zshift sigma
 Note: Assuming the normal distribution for DPO
Elseif UniDef = 1
 Print nu2 d3 d dpu pyield zshift sigma
 Note: Assuming the Poisson distribution for DPU
Elseif DPUs = 1
 Print d dpu pyield zshift sigma
 Note: Assuming the Poisson distribution for DPU
Endif

Mlabel 10
Note
Endmacro
```

※ 모토롤라 식스 시그마의 탄생 이야기

- 1987 엔지니어인 빌 스미스(Bill Smith)의 "숨겨진 공장(hidden factory) 가설" —제조 과정에서 결함이 발견되어 (숨겨진 공장에서) 재작업이나 수리를 거친 제품은 고객의 사용과정에서 고장이 잘 난다—을 토대로 해리(Michael J. Harry) 박사 등에 의해 식스 시그마가 모토롤라의 품질목표로 설정되다. ([도표 6.14] 참조)
- 1990 해리 박사가 모토롤라 대학 안에 Six Sigma Research Institute를 설립하다.
- 1994 해리 박사가 식스 시그마를 다른 기업들에 전파하기 위해 Six Sigma Academy(SSA)를 설립하다.
- 1996 SSA가 Minitab을 훈련 프로그램의 공식 소프트웨어로 지정하다.

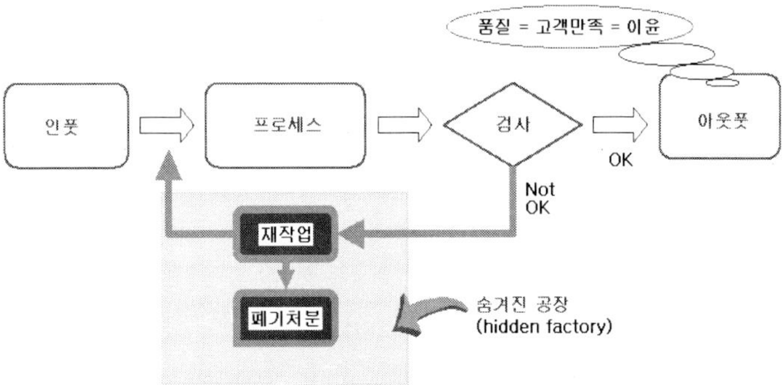

[도표 6.14] 빌 스미스의 숨겨진 공장

▮ 공정 시그마 수준 계산방법

① 통합 품질과 시그마 수준

대개 한 제품은 여러 품질특성들을 가진다. 이 때 우리는 각 품질특성별 시그마 수준 뿐 아니라 제품의 통합적인 시그마 수준에도 관심을 가진다. [도표 6.15]는 어떤 제품의 다섯 특성들(A, B, C, D, E)에 대한 측정결과와 시그마 수준 계산과정을 보여주고 있다. (이 데이터는 sqcdata₩totalproduct.mtw에 저장되어 있다.)

[도표 6.15] 시그마 수준 계산과정

Charact	Defs (D)	Units (NU)	Opps (OPU)	TotOpps (OP)	DPU	DPO	PPM (DPMO)	ZShift	ZBench
A	13	350	45	15750	0.037	0.000825	825	1.500	4.647
B	24	450	8	3600	0.053	0.006667	6667	1.500	3.975
C	32	400	14	5600	0.080	0.005714	5714	1.500	4.029
D	45	600	23	13800	0.075	0.003261	3261	1.500	4.220
E	27	350	42	14700	0.077	0.001837	1837	1.500	4.405
Total	141			53450		0.002638	2638	1.500	4.290

※ [도표 6.15]와 [도표 6.16]은 다음과 같은 미니탭 명령의 결과이다.

```
# Six Sigma > Product Report
MTB > %Rollup 'defects' 'units' 'opu';
SUBC>   Charact 'char';
SUBC>   Shift 1.5.
```

한 제품의 여러 특성들을 통합한 통합 시그마 수준은 총 결함수(total defects, TD)와 총 기회수(total opportunities, TOP)를 토대로 계산된다. 즉 총 DPO(total DPO, TDPO)는 총 결함수를 통합 기회수로 나눈 값이고, 총 DPMO(total DPMO, TDPMO)는 총 DPO에 100만을 곱한 값이다:

$$\text{TDPO} = \text{TD}/\text{TOP};\ \text{TDPMO} = \text{TDPO} \times 100\text{만}.$$

[도표 6.15]에서 TD = ΣD = 141, TOP = ΣOP = 53,450. 따라서

$$\text{TDPO} = 141/53{,}450 = 0.002638;\ \text{TDPMO} = 0.00268 \times 100\text{만} = 2{,}638.$$

[도표 6.16(a)]는 각 특성의 시그마 수준과 DPMO의 관계를 보여주고 있다. [도표 6.16(b)]는 시그마 수준이 어떻게 벤치마킹(benchmarking) 수단으로 사용될 수 있는지를 보여주고 있다. 우리는 이 제품의 품질 수준이 보통 정도라고 판정할 수 있다.

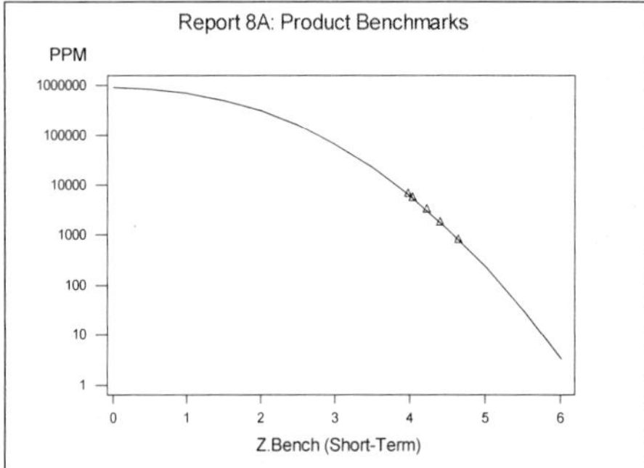

(a) 시그마 수준과 DPMO

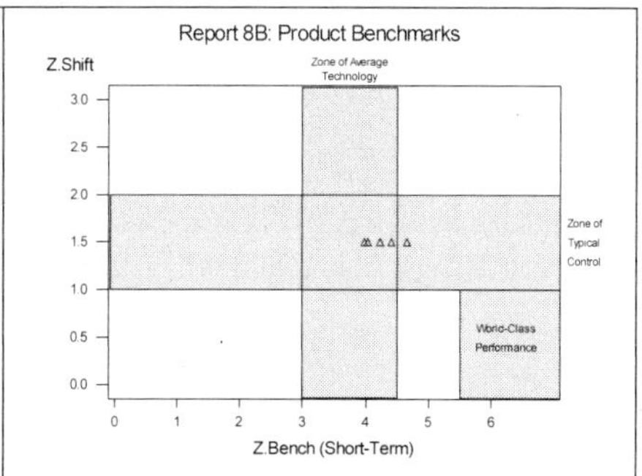

(b) 시그마 수준과 벤치마킹

[도표 6.16] 시그마 수준 – [도표 6.15]의 데이터

※ [도표 6.15]와 [도표 6.16]에서 A, B, C, D, E가 한 제품의 품질특성들을 나타내는 대신에 한 기업의 제품이나 서비스들을 나타내는 것이라면, 지금까지 설명한 통합 시그마 수준은 한 기업의 통합시그마 수준으로 해석될 수 있다.

② 수율과 시그마 수준

수율(yield)이란 용어는 크게 두 가지 용법이 있다(Pyzdek, 2000): 단위를 토대로 한 수율 즉 단위수율(unit yield)과 결함기회를 토대로 한 수율 즉 처리수율(throughput yield). 먼저 단위수율은 전체 단위들 가운데 규격에 합치하는(또는 검사를 통과하는) 단위들의 비율이다. 단위수율을 y_U로 나타내면,

$$y_U = (\text{NU}-\text{불량단위수})/\text{NU} = 1-\text{불량률}, \tag{6.5.3}$$

여기서 불량단위는 하나 또는 여러 결함을 가지는 단위로서 검사를 통과하지 못하는 단위를 가리킨다. 우리가 1.4절(품질비용)의 [예 1.1]에서 언급한 "일차 수율"에서의 수율은 바로 이 단위수율을 의미하는 것이었다.

한편, 결함기회를 토대로 한 처리수율은 전체 기회 가운데 결함이 없는 기회의 비율이다. 즉 처리수율을 y_T로 나타내면,

$$y_T = (\mathrm{OP} - \mathrm{D})/\mathrm{OP} = 1 - \mathrm{DPO}. \quad \textbf{(6.5.4)}$$

단위수율이나 처리수율은 흔히 100을 곱하여 %수율로 표현되기도 한다.

※ 단위당 기회수(OPU)가 1이라면 단위수율과 처리수율은 동일한 측도가 된다.

예제 6.12 어떤 전자제품의 단위당 기회수는 3이다. 이 제품을 100 단위 검사했을 때 10 단위가 검사를 통과하지 못하였고 이 때 발견된 결함수는 25이었다. 이 10 단위에 대한 재작업을 한 후에도 다섯 단위는 재검사를 통과하지 못하였고 이 때 발견된 결함수는 10이었다. 재검사를 통과하지 못한 나머지 다섯 단위는 폐기처분되었다. 단위수율과 처리수율을 계산해보자.

풀이 일차 단위수율은 90/100=0.9이고, 통합 단위수율은 (90+5)/100=0.95이다. 또 일차 처리수율은 (300−25)/300=0.917이고, 통합 처리수율은 (330−35)/(300+30) =0.894. 참고로, 이 때 단위당 결함수는 DPU=(25+10)/100 =0.35. ¶

통상적으로 단위수율이나 처리수율로는 재작업이 이루어지기 전의 일차 수율(first-time yield, FTY)을 사용한다. 그런데 단위수율은 재작업 비용을 감추고 있다. 예컨대, 동일한 단위를 생산하는 두 공정(A, B)을 고려하자. 각 단위는 10개의 CTQ 특성들—즉 10개의 결함기회들—을 가지고 있다. 두 공정으로부터 각각 뽑힌 10개의 단위들에 대한 검사에서 발견된 결함수가 다음과 같았다. 두 공정의 단위수율과 처리수율을 비교해보자.

단위번호		1	2	3	4	5	6	7	8	9	10
결함수	공정 A	5	0	0	0	0	0	0	0	0	0
	공정 B	1	1	0	1	1	0	0	1	0	0

먼저 단위수율은 다음과 같이 추정된다: A 공정의 단위수율 = 9/10 = 0.9 또는 90%, 그리고 B 공정의 단위수율 = 5/10 = 0.5 또는 50%. 또 처리수율은

다음과 같이 추정된다: A 공정의 처리수율 = (100 − 5)/100 = 0.95 또는 95%, 그리고 B 공정의 처리수율 = (100 − 5)/100 = 0.95 또는 95%.

단위수율로 보면 두 공정의 성능은 큰 차이가 있다. 그러나 결함이 없는 단위를 생산하는 능력 면에서 보면 두 공정은 차이가 없다. 더욱이 각 결함을 바로잡기 위한 재작업 비용이 거의 동일하다면, 두 공정의 재작업 비용도 거의 동일하다.

이처럼 처리수율이 단위수율보다 재작업비용을 비롯한 경영의사결정 요소들과 더욱 밀접하게 관련되어 있다. 이런 이유로 식스 시그마에서는 흔히 처리수율을 사용하여 공정성능을 평가한다. 일반적으로 식스 시그마에서 수율이라는 용어는 처리수율을 가리킨다.

우리는 DPMO로부터 시그마 수준을 계산해 냈듯이 처리수율로부터도 시그마 수준을 계산해 낼 수 있다. 공정 시그마 수준 z_{ST}와 처리수율 y_T 그리고 DPO는 다음과 같은 관계를 가진다:

$$z_{ST} = \Phi^{-1}(1 - DPO) + z_{shift} = \Phi^{-1}(y_T) + z_{shift}. \qquad \textbf{(6.5.5)}$$

[도표 6.17]은 처리수율, 시그마 그리고 DPMO간의 변환표를 전시하고 있다. 이 표는 품질데이터가 정규분포를 따르고, 안정상태에 있으며, 1.5 시그마만큼의 중심이동이 적절하다는 가정을 토대로 계산된 것이다.

[도표 6.17] 처리수율, 시그마 수준(단기), 그리고 DPMO 간의 변환표

처리수율(%)	시그마	DPMO	처리수율(%)	시그마	DPMO	처리수율(%)	시그마	DPMO
99.9997	6.00	3.4	99.3790	4.00	6210	69.2000	2.00	308000
99.9995	5.92	5	99.1810	3.90	8190	65.6000	1.90	344000
99.9992	5.81	8	98.9300	3.80	10700	61.8000	1.80	382000
99.9990	5.76	10	98.6100	3.70	13900	58.0000	1.70	420000
99.9980	5.61	20	98.2200	3.60	17800	54.0000	1.60	460000
99.9970	5.51	30	97.7300	3.50	22700	50.0000	1.50	500000
99.9960	5.44	40	97.1300	3.40	28700	46.0000	1.40	540000
99.9930	5.31	70	96.4100	3.30	35900	43.0000	1.32	570000
99.9900	5.22	100	95.5400	3.20	44600	39.0000	1.22	610000
99.9850	5.12	150	94.5200	3.10	54800	35.0000	1.11	650000
99.9770	5.00	230	93.3200	3.00	66800	31.0000	1.00	690000
99.9670	4.91	330	91.9200	2.90	80800	28.0000	0.92	720000
99.9520	4.80	480	90.3200	2.80	96800	25.0000	0.83	750000
99.9320	4.70	680	88.5000	2.70	115000	22.0000	0.73	780000
99.9040	4.60	960	86.5000	2.60	135000	19.0000	0.62	810000
99.8650	4.50	1350	84.2000	2.50	158000	16.0000	0.51	840000
99.8140	4.40	1860	81.6000	2.40	184000	14.0000	0.42	860000
99.7450	4.30	2550	78.8000	2.30	212000	12.0000	0.33	880000
99.6540	4.20	3460	75.8000	2.20	242000	10.0000	0.22	900000
99.5340	4.10	4660	72.6000	2.10	274000	8.0000	0.09	920000

예제 6.13 ([예 6.11], 계속) 전력회사의 예에서,

$$\text{처리수율} = (525,600 - 500)/525,600 \times 100 = 99.90(\%).$$

그리고 이 처리수율에 대응되는 시그마 수준은 [도표 6.17]로부터 4.6이다. [도표 6.18(a)]는 [도표 6.13(h)]의 미니탭 매크로 SigCalc를 수행시킨 결과이다. ¶

[도표 6.18(a)] SigCalc.mac의 수행 결과: [예 6.13]

```
defects(%)              0.0951294
dpo                     0.000951294
dpmo                    951.294
yield(percent)          99.9049 <-
Z Shift                 1.50000
Z Bench(short-term)     4.60503 <-
 Assuming the normal distribution for DPO
```

```
MTB > %sigcalc k1 k2;
SUBC> dpmo 951.294.
```

이제 [도표 6.18(b)]와 같이 k개의 하부공정—또는 단계—으로 구성된 한 복합공정의 수율을 구해보자.

	➡ 공정 1 ➡	공정 2 ➡	··· ➡ 공정 k ➡
단위수율:	y_{U1}	y_{U2}	y_{Uk}
처리수율:	y_{T1}	y_{T2}	y_{Tk}

[도표 6.18(b)] 여러 하부공정으로 이루어진 복합공정의 수율

이 복합공정의 단위수율 즉 최종 단위수율(final unit yield)은 각 하부공정의 단위수율의 곱으로 표현된다:

$$y_U = \prod_{i=1}^{k} y_{Ui}. \tag{6.5.6}$$

이 복합공정의 처리수율 즉 최종 처리수율(rolled throughput yield, RTY)도 각 하부공정의 처리수율의 곱으로 표현된다:

$$y_T = \prod_{i=1}^{k} y_{Ti}. \tag{6.5.7}$$

앞에서도 언급했듯이 이 때 사용되는 하부공정의 수율은 그 공정의 통합 수율이 아니라 일차 수율이어야 한다. 왜냐하면 통합 수율은 숨겨진 공장에 의한 재작업을 수반하며 이렇게 재작업이 이루어진 제품은 비용 뿐 아니라 품질에도

문제를 일으키기 때문이다.

우리는 최종 처리수율로부터 [도표 6.17]을 이용하여 복합공정의 시그마 수준을 구할 수 있다.

예제 6.14 한 은행의 대출심사과정은 세 단계로 이루어져 있는데, 각 단계의 처리수율은 0.99이다. 그러면 이 대출심사과정의 최종 처리수율은 0.99^3 = 0.970299이고 시그마 수준은 [도표 6.17]로부터 약 3.4이다. [도표 6.18(c)]는 [도표 6.13(h)]의 미니탭 매크로 SigCalc를 수행시킨 결과이다. ¶

[도표 6.18(c)] SigCalc.mac의 수행 결과: [예 6.14]

dpo 0.0297010 dpmo 29701.0 yield(percent) 97.0299 <- Z Shift 1.50000 Z Bench(short-term) 3.38521 <- Assuming the normal distribution for DPO	MTB > %sigcalc k1 k2; SUBC> yields 0.970299.

□ 단위당 결함수로부터 시그마 수준을 구하는 방법

우리는 지금까지 결함기회를 토대로 한 DPMO나 처리수율로부터 시그마 수준을 계산해 보았다. 이제 단위를 토대로 한 DPU로부터 처리수율이나 시그마 수준을 어떻게 계산해 낼 수 있는지 살펴보자.

한 단위에 들어있는 결함수의 분포 모형으로 프아송분포가 적절하다고 가정하자. 단위당 결함수 DPU를 m 으로 나타내면, 아무 한 단위에 있는 결함수 X 는 다음과 같은 확률함수로 표현된다:

$$P\{X=x\} = \frac{m^x e^{-m}}{x!}, \quad x=0,1,2,\ldots \tag{6.5.8}$$

그러면 처리수율 y_T는 결함이 없이 프로세스를 통과할 확률 즉 $P\{X=0\}$ 로 주어진다: 즉

$$y_T = e^{-DPU}. \tag{6.5.9}$$

예제 6.15 단위당 결함수의 분포모형으로 프아송 분포가 적절한 어떤 프로세스에서 DPU=0.757이라면, 처리수율은 $y_T = e^{-0.757}$ = 0.469072 = 46.9072%로 주어지고 시그마 수준은 [도표 6.17]로부터 z_{ST}=1.4224로 추정된다. [도표 6.18(d)]는 [도표 6.13(h)]의 미니탭 매크로 SigCalc를 수행시킨 결과이다. ¶

[도표 6.18(d)] SigCalc.mac의 수행 결과: [예 6.15]

defects(%) 53.0928 defects per unit(DPU) 0.757000 yield(percent) 46.9072 <- Z Shift 1.50000 Z Bench(short-term) 1.42240 <- Assuming the Poisson distribution for DPU	MTB > %sigcalc k1 k2; SUBC> dpus 0.757.

단위들이 순차적인 검사 단계들을 거친다면, 통합 DPU는 단계별 DPU들의 합으로 주어지고, 따라서 최종 처리수율은 단계별 처리수율들의 곱으로 주어진다:

$$DPU = \sum_{i=1}^{k} DPU_i, \tag{6.5.10}$$

$$y_T = e^{-\sum_{i=1}^{k} DPU_i} = \prod_{i=1}^{k} e^{-DPU_i} = \prod_{i=1}^{k} y_{Ti}. \tag{6.5.11}$$

예제 6.16 순차적으로 세 단계를 거치는 한 프로세스를 고려하자. 각 단계에서 단위당 결함수의 분포모형으로는 프아송 분포가 적절하다고 알려져 있으며, 각 단계의 DPU들이 각각 0.12, 0.08 0.10이라고 하자. 그러면 통합 DPU는 0.30이고, 최종 처리수율은 $y_T = e^{-0.30} = 0.740818 = 74.0818\%$로 주어지고 시그마 수준은 [도표 6.17]로부터 z_{ST}=2.14587로 추정된다. [도표 6.18(e)]는 [도표 6.13(h)]의 미니탭 매크로 SigCalc를 수행시킨 결과이다. ¶

[도표 6.18(e)] SigCalc.mac의 수행 결과: [예 6.15]

defects(%) 25.9182 defects per unit(DPU) 0.300000 yield(percent) 74.0818 Z Shift 1.50000 Z Bench(short-term) 2.14587 <-	MTB > %sigcalc k1 k2; SUBC> dpus 0.3.

6.6 이산 부품들의 공차 설정

서로 연관을 가지며 최종 제품을 형성하는 이산 부품들의 규격한계를 설정하려면, 때로 공정능력연구에서 얻어진 정보를 이용할 필요가 있다. 이런 것은 복잡한 조립품들의 경우에 공차 누적(tolerance stack-up)을 추정하기 위해 특히 중요하다.

공차 또는 공차역(tolerance zone)은 차원(dimension)의 허용되는 변동이다. 부품의 공차들은 주로 기능적 요구사항들에 의해 결정되지만 제조과정이나 비용에 대한 고려들에 의해서도 영향을 받을 수 있다. 우리는 공차의 크기와 관련해서 접합(fits, 끼워 맞춤)을 세 가지로 분류할 수 있다: 유극 접합(clearance fit, 헐거운 끼워 맞춤, 틈새 맞춤)은 미끄럼이나 회전을 허용한다. 간섭 접합(interference fit, 억지 끼워 맞춤, 죔새 맞춤)은 견고성과 정렬을 허용한다. 전이 접합(transition fit, 중간 끼워 맞춤)은 유극 접합과 간섭 접합의 중간으로 정확한 위치를 제공한다.

일반적으로 작은 공차는 높은 품질을 시사하지만 높은 비용을 시사하기도 한다. 따라서 설계자들은 기능뿐 아니라 공정능력(자연공차, C_P, C_{PK} 등)을 통해서 비용에 대한 고려도 해야 한다.

부품들의 공차들이 주어졌을 때 조립된 최종제품의 차원을 추정하는 작업을 공차 분석(tolerance analysis)이라고 부른다. 공차할당(tolerance allocation, tolerance synthesis)이란 공차들을 부품들에게 합리적으로 할당하는 공차분석의 역 과정이다.

공차누적을 위한 모형들은 다음과 같은 두 가지로 대별된다:

- 산술적 공차누적(arithmetic tolerance stackup)은 부품들의 공차하한들끼리 그리고 공차상한들끼리 더해서 조립품의 공차하한과 공차상한을 얻는다. 이러한 WC(worst-case) 모형은 부품들의 어떤 조합도 조립품이 공차한계를 벗어나지 않도록 보장하고 하는 것이다.
- 통계적 공차누적(statistical tolerance stackup)은 RSS(root sum square, 합 평방 제곱근)나 몬테카를로(Monte Carlo) 방법을 이용하여 조립품 공차의 확률분포를 추정한다.

이 두 가지 모형의 중요한 구분점은, 산술적 모형은 개별 부품의 합격여부에 관심을 가지는 반면에 통계적 모형은 부품들의 모집단의 합격여부에 관심을 가진다는 것이다. 따라서 일반적으로 WC 공차설정은 통계적 공차설정에 비해 높은 비용을 초래한다.

이제부터 통계적 공차누적 모형을 중심으로 최종 제품의 규격과 부품 규격들 간의 관계에 대해 살펴보자.

6.6.1 선형결합

물리적인 조립품의 치수 등과 같이 한 제품의 차원이 부품들 차원의 선형결합으로 표현되는 경우가 있다. 이런 경우에 부품 차원들을 $x_1, x_2, \ldots, x_n$ 라 하면, 최종제품의 차원 y 는 다음과 같이 표현된다:

$$y = a_1 x_1 + a_2 x_2 + \cdots + a_n x_n. \quad \textbf{(6.6.1)}$$

만일 x_i 들이 독립적으로 $N(\mu_i, \sigma_i^2)$ 를 따른다면, y 는 $N(\sum_{i=1}^{n} \mu_i, \sum_{i=1}^{n} a_i^2 \sigma_i^2)$ 를 따른다. 식(6.6.1)은 차원연쇄(dimension chain) 또는 경로 방정식(path equation)이라 불린다.

관 찰 최종제품의 표준편차는 각 부품 표준편차들의 합보다 작다. 특히 모든 i 에 대해서 $a_i = \pm 1$ 인 경우,

$$\sigma_y = \sqrt{\sum \sigma_i^2} < \sum \sigma_i. \quad \textbf{(6.6.2)}$$

각 부품에 대해서 μ_i 와 σ_i^2 가 알려져 있다면, 규격한계를 벗어나는 최종 제품들의 비율을 미리 알 수 있다.

예제 6.17 아래 그림과 같이 네 부품이 직렬로 구성된 한 연동장치를 고려하자. 길이 x_1, x_2, x_3, 그리고 x_4 는 각각 평균과 표준편차가 (2.0, 0.02), (4.5, 0.03), (3.0, 0.02), 그리고 (2.5, 0.01) 인 정규분포를 따르며, 서로 독립이라고 한다. (모든 단위는 cm이다.) 조립된 연동장치의 규격은 12± 0.10로 정해져 있다. 이 규격에 드는 연동장치들의 비율을 구해보자.

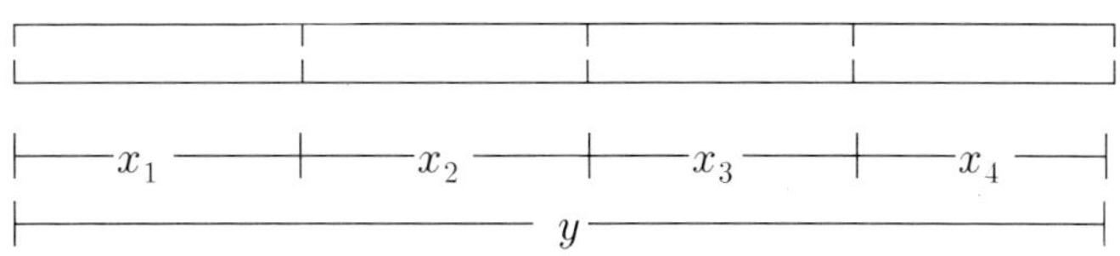

풀이 $y \sim N(12.0, 0.0018)$. $P\{11.90 \le y \le 12.10\} = 0.981578$. ¶

□ 최종제품의 규격을 만족시키기 위한 부품 규격

최종제품이 공통분산 σ^2 을 가지는 n 부품들로 조립된 경우, 최종제품의 규격폭이 $2W$ 이며, 자연공차는 규격을 벗어나는 비율이 α 를 넘지 않도록 정의

되어 있다고 하자: 즉

$$P\{|y-\mu_y| \le W\} \ge 1-\alpha.$$

이로부터

$$W \ge z_{\alpha/2}\,\sigma_y.$$

그러면 자연공차한계와 규격한계가 일치하는 최종제품 표준편차의 최대허용값 σ_y^*은 다음과 같이 주어진다:

$$\sigma_y^* = \frac{W}{z_{\alpha/2}}. \tag{6.6.3}$$

따라서 개별부품 표준편차의 최대허용값 σ^*은 $\sigma_y = \sqrt{n}\,\sigma$라는 관계를 이용하여 다음과 같이 얻어진다:

$$\sigma^* = \frac{\sigma_y^*}{\sqrt{n}} = \frac{W}{z_{\alpha/2}\sqrt{n}}. \tag{6.6.4}$$

예제 6.18 [예 6.17]에서와 같이 4 부품으로 구성된 한 조립품을 고려하자. 이 제품의 규격은 12 ± 0.09로 주어져 있다. 네 부품의 평균은 [예 6.17]에서와 같고 표준편차는 동일하다고 하자. 최종제품의 규격한계가 자연공차한계와 같거나 이보다 약간 바깥쪽이 되도록 하려면 각 부품의 공통 표준편차는 얼마이내가 되어야 하는가?

풀이 규격을 벗어나는 비율이 $\alpha = 0.0027$이고, 규격폭이 $W = 0.09$이므로 최종제품 표준편차의 최대허용값은 $\sigma_y^* = \dfrac{0.09}{z_{0.00135}} = \dfrac{0.09}{3} = 0.03$. 따라서 개별부품 표준편차의 최대허용값은 $\sigma^* = \dfrac{\sigma_y^*}{\sqrt{n}} = \dfrac{0.03}{\sqrt{4}} = 0.015$. ¶

예제 6.19 아래 그림과 같이 한 축이 한 베아링에 조립되는 제품을 고려하자. 베아링의 안지름 x_1은 μ_1=1.500, σ_1=0.0020인 정규분포를 따르며, 축의 바깥지름 x_2는 μ_2=1.480, σ_2=0.0040인 정규분포를 따른다. 두 부품이 조립될 때, 축 지름이 베어링 지름보다 크다면 즉

$$y = x_1 - x_2 < 0 \tag{6.6.5}$$

라면, 간섭(interference)이 일어나게 된다. 여기서 y는 유극 또는 갭(clearance,

gap)이라 불린다. 두 부품이 독립적으로 제조되었다고 할 때 간섭이 일어날 확률(즉 유극이 음수가 될 확률)을 구해보자.

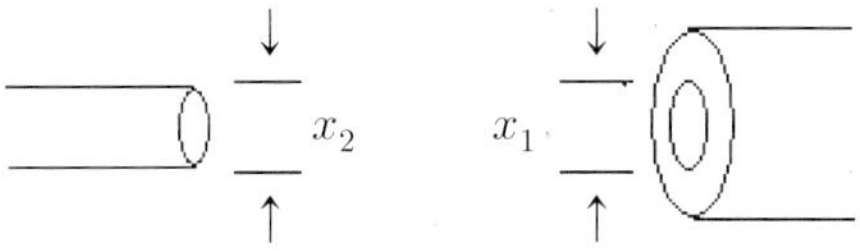

풀이 유극의 분포는 $y \sim N(0.020, 0.00002)$ 이므로, 간섭이 일어날 확률은

$$P\{y < 0\} = \Phi(-4.47) \doteq 0.000004.$$

즉, 간섭은 100만 번에 4번(4 PPM) 꼴로 발생할 것이다. ¶

■ 최소유극 문제. [예 6.19]과 같은 유형의 문제들에서 우리는 종종 다음과 같은 최소 유극(minimum clearance) C를 정의한다:

$$P\{\text{유극} < C\} = \alpha. \tag{6.6.6}$$

따라서 C는 이 조립품에 대한 자연공차가 되며, 설계규격과 비교될 수 있다.

예제 6.20 ([예 6.19], 계속) 베어링 조립 문제에서 $\alpha = 0.0001$로 잡으면, 우리는 다음 관계식을 얻는다:

$$\frac{C - \mu_y}{\sigma_y} = -z_{0.0001}.$$

이로부터 만번에 한번(100 PPM) 꼴로 미달될 최소유극 C는 다음과 같이 구해진다:

$$C = 0.020 - 3.71\sqrt{0.00002} = 0.0034. \qquad ¶$$

다음 예는 일반적인 조립 유극(assembly gap)에 관한 문제에서 통계적 공차가 설정되는 과정을 보이고 있다. 이 예에서는 통계적 공차를 공정능력지수로 표현하고 있다.

예제 6.21 다섯 가지 부품의 선형결합으로 구성되는 한 조립품을 고려하자. 이 조립품은 축(x_1)에 두 개의 기어들(x_2, x_3)과 두 개의 슬리브 관들(x_4, x_5)이 조립된다. 따라서 이 조립품의 갭은 다음과 같이 주어진다(이 갭안에 컵 세척기가 위치

하게 된다.):

$$G = x_1 - x_2 - x_3 - x_4 - x_5 . \quad (6.6.7)$$

이 갭의 명목규격은 2.0 mm이고 규격하한은 1.25 mm이다. [도표 6.19]에 주어진 통계적 공차들(C_{PK})을 토대로 조립품의 갭이 1.25 mm보다 작을 확률(즉 조립품이 불량일 확률)을 구해보자. ([도표 6.19]의 “부품(방향)”에서 +1 은 갭 너비를 늘이는 성분을, −1은 갭 너비를 줄이는 성분을 나타낸다.)

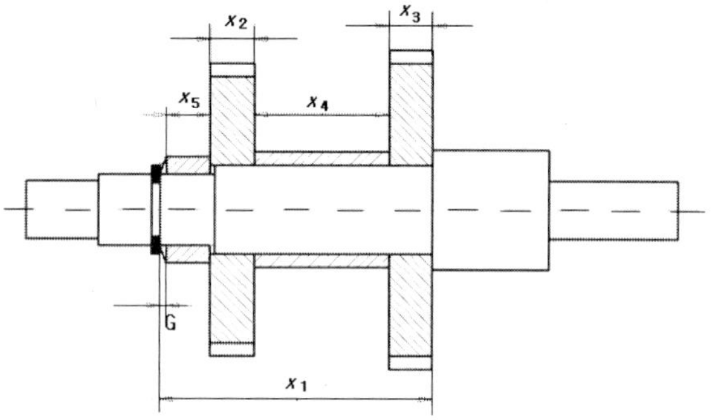

[도표 6.19] 부품들의 공차

부품	고정된 공차			통계적 공차		
(방향)	규격하한	명목규격	규격상한	C_{PK}	평균의 범위	표준편차의 범위
x_1 (+1)	147.8	148	148.2	≥1.5	[147.8, 148.2]	[0, 0.044]
x_2 (−1)	19.9	20	20.1	≥1.5	[19.9, 20.1]	[0, 0.022]
x_3 (−1)	21.9	22	22.1	≥1.5	[21.9, 22.1]	[0, 0.022]
x_4 (−1)	79.88	80	80.12	≥1.0	[79.88, 80.12]	[0, 0.040]
x_5 (−1)	23.88	24	24.12	≥1.0	[23.88, 24.12]	[0, 0.040]

풀이 우리는 C_{PK}에 관한 부등식 형태로 주어진 통계적 공차로부터 [도표 6.19]의 마지막 두 열에 주어진 바와 같이 평균과 표준편차의 범위를 구할 수 있다.

$$\min\left\{\frac{USL-\mu}{3\sigma}, \frac{\mu-LSL}{3\sigma}\right\} \geq C_{PK} . \quad (6.6.8)$$

이로부터

$$\sigma \leq \frac{\mu - LSL}{3C_{PK}}, \ \sigma \leq \frac{USL-\mu}{3C_{PK}} . \quad (6.6.9)$$

각 개체의 C_{PK}에 의해 주어진 통계적 공차를 만족하는 평균과 표준편차의 영역이 [도표 6.20]에 전시되어 있다. 이런 영역은 PPZ(population parameter zone, 모수영역)라 불린다.

[도표 6.20] 각 부품의 PPZ

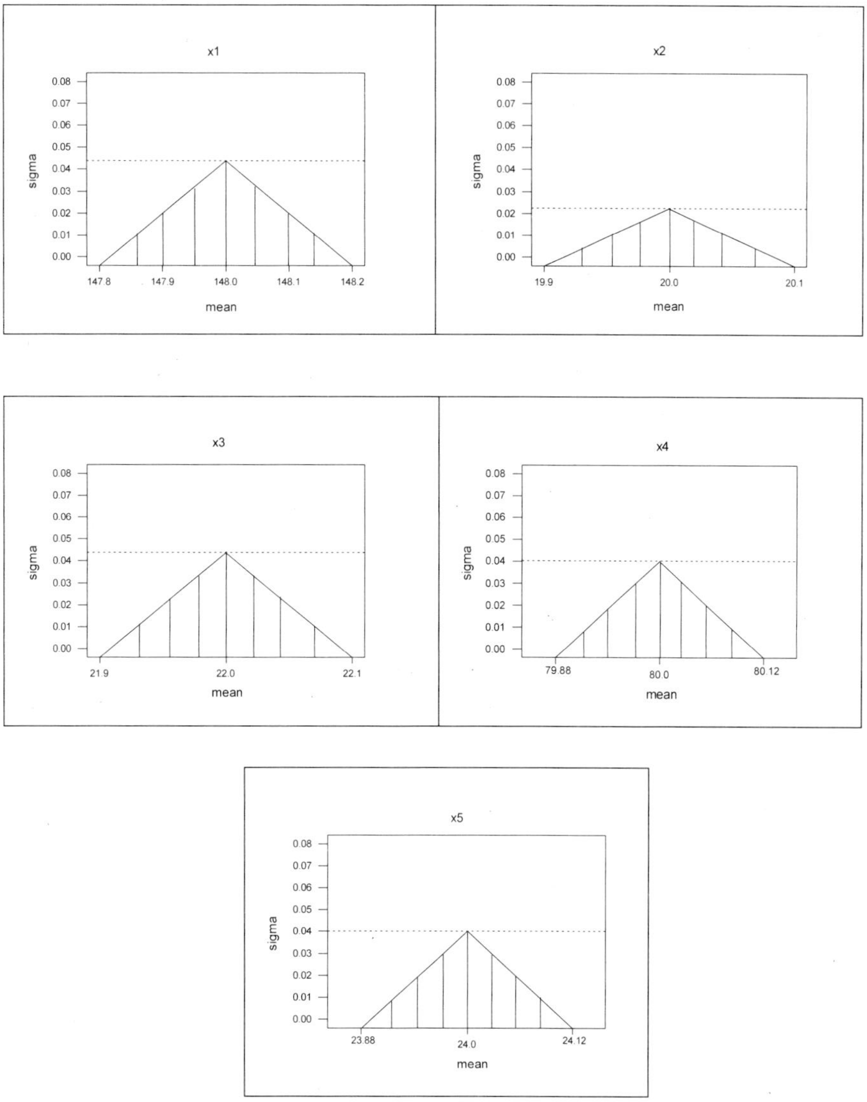

한편 갭의 평균 μ_G와 표준편차 σ_G는 다음과 같이 주어진다:

$$\mu_G = \mu_{x_1} - \mu_{x_2} - \mu_{x_3} - \mu_{x_4} - \mu_{x_5} \tag{6.6.10}$$

$$\sigma_G = \sqrt{\sigma_{x1}^2 + \sigma_{x2}^2 + \sigma_{x3}^2 + \sigma_{x4}^2 + \sigma_{x5}^2} \tag{6.6.11}$$

우리는 이 식과 각 조립 부품의 PPZ로부터 조립품 갭의 PPZ를 구할 수 있다. 먼저 갭 평균의 가능한 최대값과 최소값을 구해보자. 갭 평균의 가능한 최대값은 x_1 의 최대값과 다른 부품들의 최소값들의 합으로부터 2.64 mm로 계산된다. 마찬가지로, 갭 평균의 가능한 최소값은 x_1 의 최소값과 다른 부품들의 최대값들로부터 1.36 mm로 계산된다. 즉 $\mu_G \in [1.36,\ 2.64]$. 또 조립품 갭의 표준편차의 최대값과 최소값은 부품들의 최대값들과 최소값들로부터 다음과 같이 계산된다: $\sigma_G \in [0,\ 0.0782]$. 갭 평균과 표준편차의 극단값들은 [도표 6.21]에 점선으로 표시되어 있다.

그런데 갭의 평균과 표준편차는 서로 연관되어 있기 때문에 완전한 PPZ를 분석적으로 구하기가 어렵다. 예컨대, 갭의 평균과 표준편차는 동시에 최대가 될 수 없다: [도표 6.20]에서 부품들의 평균이 최대가 될 때 표준편차는 0이다. 이런 관계는 갭 평균의 최소값에 대해서도 마찬가지이다. 따라서 갭 PPZ는 [도표 6.21]에서와 같이 갭 평균이 2.0 mm일 때 갭 표준편차가 최대(즉 0.0782)가 되고, 갭 평균의 극단값들에서는 0이 되어야 한다. 이로부터

$$P\{Gap \leqq\ 1.25\} = P\left\{Z \leqq \frac{1.25-2.0}{0.0782}\right\} = P\left\{Z \leqq\ -9.59\right\} \doteq 0. \quad \textbf{(6.6.12)}$$

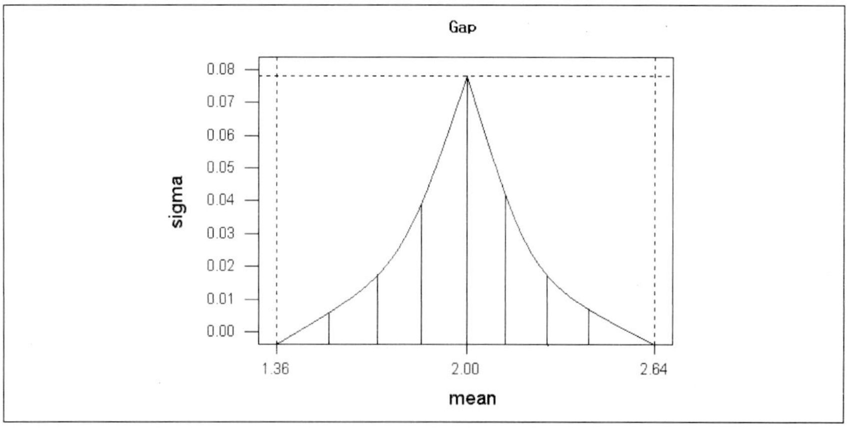

[도표 6.21] 갭의 PPZ

[도표 6.21]에서 PPZ의 경계선은 정확히 계산될 수 없으므로 모의실험 등에 의해 추정되어야 한다. ¶

□ 겹침 공차(overlapping tolerance)

- 최종제품의 공차와 부품들의 공차들과의 통계적 관계는 흔히 식(6.6.2)에 제시된 표준편차간의 관계와 같은 형태로 제시된다.

$$T_y = \sqrt{\sum T_i^2} \quad \left(< \sum T_i\right). \tag{6.6.13}$$

- 부품 공차들과 조립품 공차 간에 식(6.6.13)이 성립하려면 부품공차들이 부품 표준편차들의 한 일정한 상수배로 표현되고 조립품 공차도 조립품 표준편차의 그 동일한 상수배로 표현되어야 한다: 즉 $T_i = b\sigma_i$ 이고 $T_y = b\sigma_y$. 흔히 b = 3이다.
- 식(6.6.13)의 ()은 고정된 공차와 관련된 WC(worst-case) 공차를 나타내는 반면에 좌변은 통계적 공차를 나타낸다. 이런 관계로 인해 통계적 공차분석은 때때로 RSS(root sum squares, 합 평방 제곱근) 공차분석이라고 불리기도 한다.
- 따라서 최종 제품의 통계적 공차는 각 부품 공차들의 산술적 합보다 작다. 이러한 최종 조립품의 공차를 겹침공차라 한다. 이를 이용하여 각 부품의 공차의 합계가 최종 제품의 공차보다 약간 크게 되도록 설계한다.

예제 6.22 다음과 같은 부품 규격을 가지는 세 부품을 직렬로 조립하여 완성되는 제품의 규격을 구하라.

$$1.250 \pm 0.005,\ 1.382 \pm 0.010,\ 1.128 \pm 0.003$$

풀이 우리는 조립품의 공칭칫수 μ_y 와 공차 T_y 를 다음과 같이 구할 수 있다: 3.760 ± 0.010.

공칭칫수: μ_y = 1.250 + 1.382 + 1.128 = 3.760

$$T_y = \pm\sqrt{0.005^2 + 0.008^2 + 0.003^2} = \pm 0.010$$

$$\langle \sum T_i = 0.005 + 0.010 + 0.003 = 0.016. \text{ (Worst case)}$$ ¶

▮ 미니탭 실습

미니탭은 부품들의 선형결합으로 표현되는 조립품에서, 전체 조립품이 높은 확률(예컨대, 시그마 수준 4.5)로 규격을 만족하도록 각 부품의 규격한계 설정을 위한 명령을 제공한다. 미니탭의 규격한계 설정절차는 두 단계로 이루어진다: 갭 풀 계산단계와 갭 풀 할당단계.

먼저, 갭 풀 계산단계는 조립품을 구성하는 부품들에 대한 정보와 조립품 갭의 규격을 토대로 갭 평균과 분산 풀과 갭의 장기 시그마 수준을 계산해 준다. 갭 풀 할당단계는 갭 분포의 장기 PPM 목표를 달성할 수 있도록 앞 단계에서 계산된 갭 평균과 분산 풀을 우리가 원하는 비율대로 각 부품에 할당해 준다.

□ 구문구조

```
Six Sigma > Design for Manufacturability
          > Create Gap Pool # 갭 풀 계산단계
          > Allocate Gap Pool # 갭 풀 할당단계
%TOLOPT;
  ELEMENTS C; # 각 부품의 이름
  MEANS C;    # 각 부품의 평균
  MVECTORS C; # 방향벡터. 각 부품이 갭 너비를 늘이면 1, 줄이면 -1.
  SIGMAS C;   # 각 부품의 표준편차
  PPM K;      # 장기 갭 분포에 대해 목표로 삼고 있는 PPM(즉 DPMO) 값.
              # 기본값은 3.3977—장기 갭 분포의 시그마 수준 4.5에 대응되는 PPM 값—이다.
  LSLGAP K;   # 갭의 규격하한. 기본값은 0이다.
  NOMGAP K;   # 갭의 명목규격. 기본값은 규격상하한이 모두 있을 경우는 규격상하한의 중간,
              # 규격 하한만 있을 때는 갭 평균이다.
  USLGAP K;   # 갭의 규격상한
  LOWERS C;   # 사전에 설정된 규격하한
  NOMINALS C; # 사전에 설정된 명목규격
  UPPERS C;   # 사전에 설정된 규격상한
  COMPLEX C;  # 조립에 들어가는 각 부품의 수
  DIAMCORR C; # 대각선 수정인자(0.5 또는 1.0), 기본값은 1.0
  SHIFT C;    # 평균이동의 시그마 수. 기본값은 1.5이다.
  DRIFT C'.   # 장기 시그마와 단기 시그마의 비. 기본값은 1.8이다.
  MALLOC C;   # 갭 평균 할당비율
  VALLOC C;   # 갭 분산 할당비율
  MNOPT C;    # 최적 평균 저장
  SIGOPT C.   # 최적 분산 저장
```

예제 6.23 여섯 가지 부품의 선형결합으로 구성되는 어떤 브레이크의 조립 문제에서 우리는 갭의 규격한계(0.001, 0.251)를 만족하도록 각 부품에 대한 공차들을 설정하려고 한다. 아래 표는 부품들의 이름(names)과 조립에 들어가는 부품의 수(complexities), 평균(means), 표준편차(sigmas), 방향 벡터(directional vectors), 중심이동(mean shift), 산포 표류(sigma drift), 사전에 설정된 하한(lowers)과 상한(uppers)을 나타내고 있다. (이 브레이크 데이터는 sqcdata₩brake.mtw에 저장되어 있다.)

Names	Means	Dir Vectors	Sigmas	Complex	Drift	Shift	Lowers	Uppers	Mean Alloc	Var Alloc
Pad	0.750	-1	0.0047	2	1.8	1.5	0.735	0.765	0.5	0.0
Backing	0.062	-1	0.0015	2	1.8	1.5	0.057	0.067	0.3	0.0
Piston	1.550	-1	0.0034	2	1.8	1.5	1.540	1.560	0.0	0.2
Cover	0.950	1	0.0012	2	1.8	1.5	0.945	0.955	0.2	0.0
Caliper	3.700	1	0.0059	1	1.8	1.5	3.680	3.720	0.0	0.3
Rotor	0.750	-1	0.0142	1	1.8	1.5	0.715	0.785	0.0	0.5

풀이 ① 갭 풀 계산단계. 먼저 [도표 6.22(c)]의 세션창 아웃풋을 보자. 첫 번째 표(Short-term and Long-term Statistics Before Allocation of Gap Pools)는 장기 갭 시그마 수준이 3.767이라는 것을 나타낸다. 그러나 조립 갭의 장기 PPM 목표인 3.3977을 달성하려면 갭 시그마 수준이 4.5가 되어야 한다. 두 번째 표(Gap Pool Statistics)는 갭 평균과 분산 풀을 보여주고 있다. 이 경우에는 단기 갭 평균이 갭 규격한계들의 중간이므로 항상 갭 평균 풀은 0이다. 따라서 평균 풀은 할당할 것이 없다. 분산 풀은 −0.0002839인데, 이는 장기 갭 분산이 0.0002839 만큼 감축되어야 한다는 것을 의미한다. 이를 달성하려면 할당단계가 수행되어야 한다.

참고로, [도표 6.22(b)]에서 %Y.FT는 일차수율(First Time Yield)을 나타내며 식(6.5.9)에 주어진 것처럼 e^{-DPU}로 계산된다. 그런데 부품의 수가 둘 이상일 때는 DPU에 그 수를 곱한 후 일차수율을 구해야 한다. 또 [도표 6.22(c)]의 세션창 아웃풋에서, Short-term Gap sigma(또 Z.LSL이나 Z.USL도)는 Long-term Gap sigma(또 Z.LSL이나 Z.USL도)에 산포 표류 1.8을 곱한 것이다. 그리고, 예컨대, Long-term 또는 Short-term Gap Z.USL은 (USL − Gap mean)을 해당 Gap sigma로 나누어서 얻어진 값이다. 끝으로, Rolled Yield는 %Y.FT들을 곱해서 또는 동일하게 Design의 DPU로부터 얻어진다.

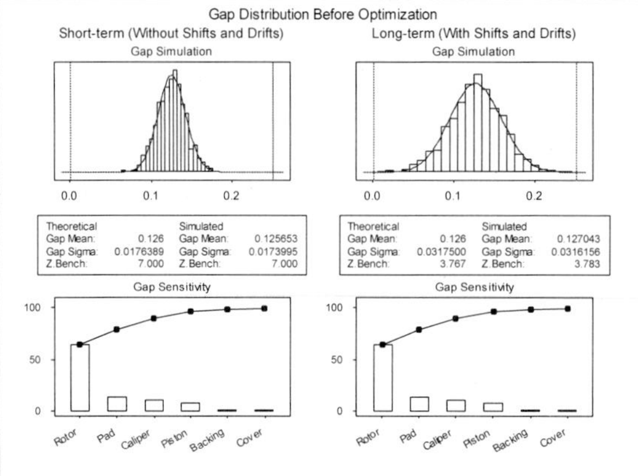


```
MTB > %TOLOPT;
SUBC>    ELEMENTS 'Names';
SUBC>    MEANS 'Means';
SUBC>    MVECTORS 'Dir Vectors';
SUBC>    SIGMAS 'Sigmas';
SUBC>    PPM 3.3977;
SUBC>    LSLGAP 0.001;
SUBC>    USLGAP 0.251;
SUBC>    LOWERS 'Lowers';
SUBC>    UPPERS 'Uppers';
SUBC>    COMPLEX 'Complex';
SUBC>    SHIFT 'Shift'; # 중심이동
SUBC>    DRIFT 'Drift'. # 산포표류
```

[도표 6.22(a)] 갭 풀 계산단계 – 브레이크 데이터

[도표 6.22(b)] 최적화 전의 공차들

Tolerances, Prior to Optimization

Component	LSL	Nominal	USL	Z.LSL	Z.USL	PPM.LSL	PPM.USL	PPM.Tot	%Y.FT	DPU
Pad	0.735	0.750	0.765	-1.773	1.773	38110.2	38110.2	76220.5	85.861	0.076220
Backing	0.057	0.062	0.067	-1.852	1.852	32023.5	32023.5	64047.1	87.977	0.064047
Piston	1.540	1.550	1.560	-1.634	1.634	51130.8	51130.8	102261.6	81.504	0.102262
Cover	0.945	0.950	0.955	-2.315	2.315	10311.5	10311.5	20623.1	95.959	0.020623
Caliper	3.680	3.700	3.720	-1.883	1.883	29834.0	29834.0	59668.0	94.208	0.059668
Rotor	0.715	0.750	0.785	-1.369	1.369	85448.5	85448.5	170897.1	84.291	0.170897
Gap	0.001	0.126	0.251	-3.937	3.937	41.3	41.3	82.5	99.992	0.000083
Design									46.909	0.756952

[도표 6.22(c)] 세션창 아웃풋

```
Tolerance Analysis

Short-term and Long-term Statistics
Before Allocation of Gap Pools

Short-term Gap mean:      0.126       Long-term Gap mean:      0.126
Short-term Gap sigma:     0.0176389   Long-term Gap sigma:     0.0317500
Short-term Gap Z.LSL:    -7.087       Long-term Gap Z.LSL:    -3.937
Short-term Gap Z.USL:     7.087       Long-term Gap Z.USL:     3.937
Short-term Gap Z.Bench:   7.000       Long-term Gap Z.Bench:   3.767

Gap Pool Statistics

Required long-term Z.Bench:   4.50000
Gap mean pool:                0
Gap variance pool:           -0.0002839

Overall Design Statistics

Rolled Yield:  46.9094
DPU:            0.7570
Z.Bench:        1.4545
```

② 갭 풀 할당단계. [도표 6.23(c)]의 세션창 아웃풋의 세 번째 표(Overall Design Statistics)에서 보듯이 이제 우리는 목표대로 장기 갭 시그마 수준 4.5에 도달하였다. 더욱 중요한 것은, 처음 설계의 처리수율이 46.9%이었던 것에 비해, 이 새로운 설계의 처리수율은 두 배 이상인 99.9963%에 달하고 있다.

평균 풀로는 항상 정확히 장기 갭 시그마 4.5를 달성할 수 있지만 분산 풀로는 항상 정확히 장기 갭 시그마 4.5를 달성할 수 있는 것이 아니란 점을 인식해야 한다.

조정된 평균과 표준편차 표는 조립품의 장기 목표성능을 달성하려면 각 부품의 단기 평균과 표준편차가 어떤 값을 가져야 하는가를 보여준다. 이 값들은 다시 조립품을 구성하는 각 부품의 최적 공차들을 계산하는데 사용된다.

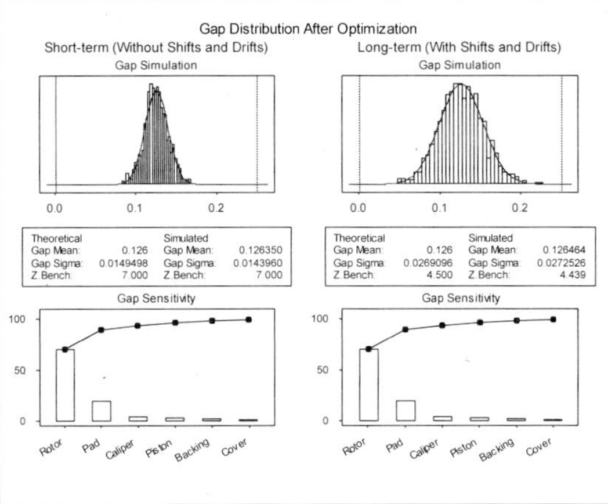


```
MTB > Name C15 'Optimal Sigmas_2'.
MTB > Name C14 'Optimal Means_2'.
MTB > %TOLOPT;
SUBC>   ELEMENTS 'Names';
SUBC>   MEANS 'Means';
SUBC>   MVECTORS 'Dir Vectors';
SUBC>   SIGMAS 'Sigmas';
SUBC>   PPM 3.3977;
SUBC>   LSLGAP 0.001;
SUBC>   USLGAP 0.251;
SUBC>   LOWERS 'Lowers';
SUBC>   UPPERS 'Uppers';
SUBC>   COMPLEX 'Complex';
SUBC>   SHIFT 'Shift';
SUBC>   DRIFT 'Drift';
SUBC>   MALLOC 'Mean Alloc';
SUBC>   VALLOC 'Var Alloc';
SUBC>   MNOPT 'Optimal Means_2';
SUBC>   SIGOPT 'Optimal Sigmas_2'.
```

[도표 6.23(a)] 갭 풀 할당단계 – 브레이크 데이터

[도표 6.23(b)] 최적화 후의 공차들

Tolerances, After Optimization

Component	LSL	Nominal	USL	Z.LSL	Z.USL	PPM.LSL	PPM.USL	PPM.Tot	%Y.FT	DPU
Pad	0.71070	0.75000	0.78930	-4.645	4.645	1.7	1.7	3.4	99.999	3.40E-06
Backing	0.04946	0.06200	0.07454	-4.645	4.645	1.7	1.7	3.4	99.999	3.40E-06
Piston	1.53602	1.55000	1.56398	-4.645	4.645	1.7	1.7	3.4	99.999	3.40E-06
Cover	0.93997	0.95000	0.96003	-4.645	4.645	1.7	1.7	3.4	99.999	3.40E-06
Caliper	3.67560	3.70000	3.72440	-4.645	4.645	1.7	1.7	3.4	100.000	3.40E-06
Rotor	0.64496	0.75000	0.85504	-4.645	4.645	1.7	1.7	3.4	100.000	3.40E-06
Gap	0.00100	0.12600	0.25100	-4.645	4.645	1.7	1.7	3.4	100.000	3.40E-06
Design									99.996	3.74E-05

[도표 6.23(c)] 세션창 아웃풋

```
Tolerance Analysis

Short-term and Long-term Statistics
Before Allocation of Gap Pools

Short-term Gap mean:       0.126      Long-term Gap mean:       0.126
Short-term Gap sigma:      0.0176389  Long-term Gap sigma:      0.0317500
Short-term Gap Z.LSL:      -7.087     Long-term Gap Z.LSL:      -3.937
Short-term Gap Z.USL:       7.087     Long-term Gap Z.USL:       3.937
Short-term Gap Z.Bench:     7.000     Long-term Gap Z.Bench:     3.767

Gap Pool Statistics

Required long-term Z.Bench:   4.50000
Gap mean pool:                0
Gap variance pool:            -0.0002839

Short-term and Long-term Gap Statistics
After Allocation of Gap Pools

Short-term Gap mean:       0.126      Long-term Gap mean:       0.126
Short-term Gap sigma:      0.0149498  Long-term Gap sigma:      0.0269096
Short-term Gap Z.LSL:      -8.361     Long-term Gap Z.LSL:      -4.645
Short-term Gap Z.USL:       8.361     Long-term Gap Z.USL:       4.645
Short-term Gap Z.Bench:     7.000     Long-term Gap Z.Bench:     4.500

Adjusted Element Means and Standard Deviations

Pad      0.750  0.0047000
Backing  0.062  0.0015000
Piston   1.550  0.0016723
Cover    0.950  0.0012000
Caliper  3.700  0.0029188
Rotor    0.750  0.0125628

Overall Design Statistics

Rolled Yield:  99.9963
DPU:            0.0000374
Z.Bench:        4.4795
```

¶

6.6.2 비선형결합

어떤 문제들에서는 최종 제품의 차원이 n 부품 차원들 $x_1, x_2, \ldots, x_n$ 의 한 비선형 함수로 표현될 수도 있다:

$$y = g(x_1, x_2, \ldots, x_n). \quad \textbf{(6.6.14)}$$

이런 형의 문제들에 대한 통상적인 접근법은, 비선형함수 g 를 관심영역에서 x_i 들의 한 선형함수로 근사시키는 것이다.

최종 제품의 품질특성이 부품들의 비선형 조합으로 표현되는 예로는 DC 회로의 전압(최종제품)에 대한 규격—전류와 저항(부품들)에 대한 규격한계들—을 들 수 있다.

※ 최종 제품의 품질특성이 부품들의 비선형 조합으로 표현되는 그 밖의 예를 들어 보아라.

6.7 측정시스템능력 분석

합격판정 샘플링(AS)이나 통계적 공정관리(SPC) 등 모든 통계적 품질관리(SQC) 활동은 품질데이터를 토대로 이루어진다. 우리는 지금까지 품질데이터가 개체들의 품질특성의 참값들이라고 간주해왔다. 그런데 품질데이터는 측정과정을 통해서 얻어진다. 그리고 세상에 절대적으로 정확한 측정이란 존재하지 않는다. 따라서 품질데이터에는 품질특성의 참값 뿐 아니라 측정오차도 포함되어 있다: 즉, 품질데이터의 품질이 문제가 된다. 우리는 이제부터 주로 SPC와 관련해서 측정시스템의 오차를 분석해 볼 것이다. 측정시스템 능력분석이란 측정시스템의 능력을 추정하는 작업을 말한다.

우리는 측정과정을 [도표 6.24]에서와 같이 개체가 측정시스템(measuring system, M)을 통과하는 것으로 볼 수 있다. 따라서 품질데이터에서 관찰되는 변동은 개체간의 변동 뿐 아니라 측정시스템의 오차도 포함하고 있다. 공정 결과들을 측정할 때마다 우리는 변동을 관측한다. 이런 전체 관측변동은 다음 두 가지에 기인한다: 첫째, 아무 공정에 의해 만들어진 개체들 간에는 항상 차이가 있다. 둘째, 아무 측정시스템도 불완전하다—따라서 같은 개체에 대한 반복 측정들이 동일한 측정값들을 낳지 않는다.

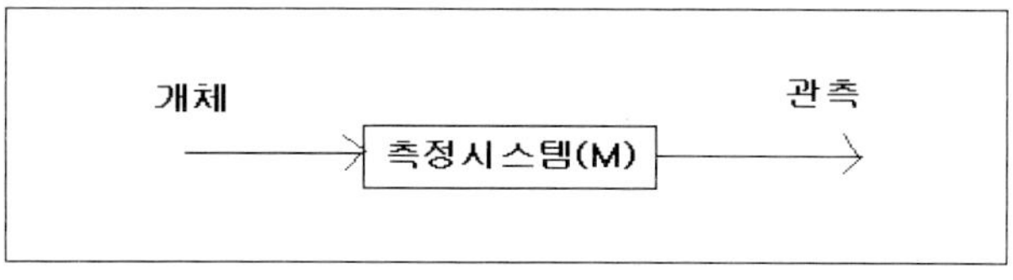

[도표 6.24] 측정과정

6.7.1 관측변동의 성분들

측정시스템은 계측기(gage, measuring equipment), 측정자(operator, appraiser), 측정방법, 측정환경 등으로 이루어진다. 측정대상이 되는 개체(또는 부품)는 공정의 단계에 따라 원재료, 재공품, 또는 완성품이 될 수 있다. [도표 6.25]는 관측에 영향을 주는 원인들을 특성요인도 형태로 나타내고 있다.

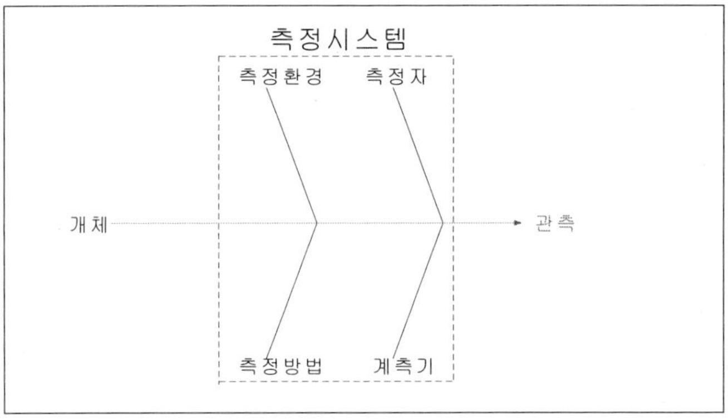

[도표 6.25] 측정시스템

따라서 개체들이 측정시스템을 통과하여 얻어지는 품질데이터의 변동 즉 관측변동은 공정에 기인한 변동 즉 개체 변동(part-to-part variation)과 측정시스템에 기인한 변동으로 분해될 수 있다:

관측변동 = 개체 변동 + 측정시스템 변동

SPC는 공정에 기인한 변동 즉 개체 변동의 원인들을 식별해내고 더욱 균일한 제품에 도달하기 위해 그런 변동을 가능한 한 줄이는데 관심을 가진다. 따라서 SPC 분석을 하기에 앞서 우리는 관측변동이 주로 우리의 측정시스템의 오차들에 기인하는지를 검토해 보아야 할 것이다.

6.7.2 측정시스템 오차

측정시스템 오차들은 크게 두 범주로 분류될 수 있다: 정확도(accuracy)와 정밀도(precision). 정확도는 측정된 개체들에 대해서 기록된 측정값들과 참값들 또는 기준값들(master, or reference, value) 간의 차이(즉 편향)를 가리킨다. 정밀도는 한 계측기가 같은 개체를 반복적으로 측정하는데 사용될 때 측정값들의 변동을 가리킨다.

※ 정확도란 말은 편향과 정밀도를 합친 개념으로 사용되기도 한다. 우리가 이를 넓은 의미의 정확도라 부른다면, 측정시스템 오차에서 말하는 정확도는 좁은 의미의 정확도라 부를 수 있을 것이다,

(1) 정확도

한 측정시스템의 정확도는 다음 세 성분들로 나뉜다: 편향성, 선형성, 그리고 안정성.

- 편향성(bias): 측정 시스템의 편향(bias)의 측도. 이것은 관측된 평균 측정값과 참값 또는 기준값 간의 차이이다.
- 선형성(linearity): 개체들의 측정값의 크기가 어떻게 측정 시스템의 정확도에 영향을 미치는지를 재는 측도. 이것은 측정값들의 사용범위에 걸쳐서 관측된 정확도 값들간의 차이이다.
- 안정성(stability): 측정 시스템이 시간에 걸쳐서 얼마나 정확하게 성능을 발휘하는 지를 재는 측도. 이것은 한 특정한 계측기로 같은 개체를 시간에 걸쳐서 측정할 때 얻어지는 전체 변동이다.

Ⓜ 미니탭에서는 계측기 선형성과 편향성 연구(LNGAGE)를 제공한다.

(2) 정밀도

측정 시스템 변동은 다음 두 성분들로 나뉜다: 반복성과 재현성.

- 계측기 반복성(repeatability): 계측기에 기인한 변동(gage variation). 이것은 같은 측정자가 같은 계측기를 사용해서 같은 개체들을 측정할 때 관찰되는 변동이다. 이는 좁은 의미의 정밀도를 나타낸다.
- 계측기 재현성(reproducibility): 측정자에 기인한 변동(operation variation). 이것은 다른 측정자가 같은 계측기를 사용해서 같은 개체들을 측정할 때 관찰되는 변동이다. 재현성은 일반적으로 계측기 이외의 다른 조건들(다른 측정자, 다른 시기, 다른 환경 등)에 기인하는 변동을 가리킨다.

Ⓜ 미니탭에서는 계측기 R&R 연구(GAGERR)와 측정자와 개체별로 측정값들을 보여주는 계측기 런 관리도(RNGAGE)를 제공한다.

■ 측정시스템변동 분석

우리는 간단하게 측정시스템이 계측기와 측정자로 구성되어 있다고 간주할 것이다. 그리고 우리는 이런 전제 아래에서 계측기와 측정자를 중심으로 측정시스템의 변동을 분석할 것이다.

우리는 측정시스템 변동을 [도표 6.26]에서와 같이 분해할 수 있다:

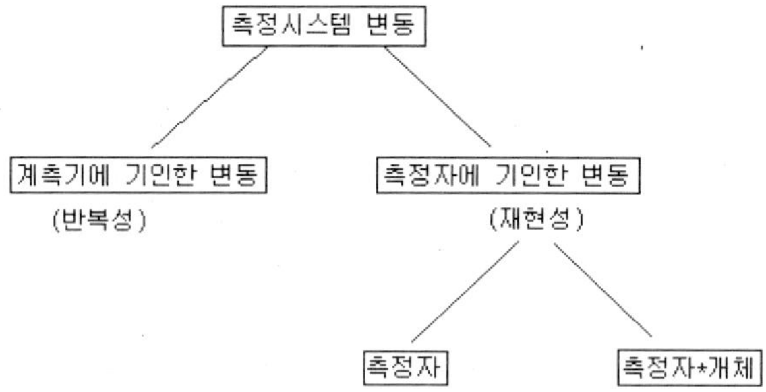

[도표 6.26] 측정시스템 변동의 성분들

6.7.3 변동의 원인과 표현

■ 변동의 원인

우리는 앞으로 관측변동 대신 총변동(total variation)이란 용어를 사용할 것이다. 앞에서 살펴 본대로 총변동은 개체 변동과 측정시스템 변동으로 분해될 수 있다:

총변동 = 개체 변동 + 측정시스템 변동

더 구체적으로,

$$\sigma^2_{total} = \sigma^2_{part} + \sigma^2_{gage}, \qquad \textbf{(6.7.1)}$$

여기서 σ^2_{total}은 총 관측분산, σ^2_{part}은 개체(또는 제품)에 기인한 분산성분, σ^2_{gage}은 측정시스템에 기인한 분산성분을 나타낸다. 이런 분산성분들은 분산분석이나 관리도를 이용하여 분리될 수 있다.

□ 계측기 반복성과 재현성(R&R)

측정시스템 분산은 계측기 오차와 측정자 오차가 독립적일 때 다음과 같이

반복성에 기인한 성분과 재현성에 기인한 성분으로 분해될 수 있다:

측정시스템 분산 = 계측기 분산 + 측정자 분산

$$\sigma_{gage}^2 = \sigma_{repeatability}^2 + \sigma_{reproducibility}^2. \quad (6.7.2)$$

이런 이유로 σ_{gage}^2 은 흔히 "계측기 R&R"(gage repeatability and reproducibility, GR&R)이라고 불린다.

계측기 반복성은 또 정적 반복성(static repeatability)과 동적 반복성(dynamic repeatability)으로 한 단계 더 분해될 수도 있다. 동적 반복성은 측정할 때마다 같은 개체를 같은 계측기에 올리고 내리는 작업을 하고 측정했을 때의 반복성이다. 반면에 정적 반복성은 측정 시기 사이에 개체를 내렸다가 올리는 작업이 없이 그대로 측정했을 때의 반복성이다. 즉 정적 반복성은 계측기 자체의 순수한 오차이다.

$$\sigma_{repeatability}^2 = \sigma_{static}^2 + \sigma_{dynamic}^2. \quad (6.7.3)$$

예제 6.24 한 계측기 R&R 연구에서 $\hat{\sigma}_{dynamic}$=0.04, $\hat{\sigma}_{static}$=0.007로 추정이 되었다. 그러면 계측기 반복성은 다음과 같이 추정된다.

$$\hat{\sigma}_{repeatability} = \sqrt{\hat{\sigma}_{static}^2 + \hat{\sigma}_{dynamic}^2} = \sqrt{0.007^2 + 0.04^2} = 0.0406.$$

이로부터 계측기 반복성의 98% 이상이 측정 시기 사이에 개체들을 계측기에 올리고 내리는 작업에 기인한다는 것을 알 수 있다. ¶

▮ 변동의 표현

측정시스템의 능력분석에서 변동의 크기로는 흔히 5.15배나 6배의 표준편차가 사용된다—여기서 5.15는 정규분포에서 공정 측정값들의 99%를 포함하는데 필요한 시그마 수이다. 예컨대, 총변동은 흔히 $6\sigma_{total}$ 나 $5.15\sigma_{total}$ 로, 계측기 능력은 $6\sigma_{gage}$ 나 $5.15\sigma_{gage}$ 로 표현된다. 우리는 정확도나 정밀도를 절대값으로 표현할 수도 있고, 총변동(Total Variation; TV)이나 공차(Tolerence, TOL)에 대한 백분율로 표현할 수도 있다.

■ 측정시스템 또는 계측기 능력에 대한 판정기준들

① P/T 비

계측기 능력을 측정되는 개체의 규격폭 즉 공차와 비교하는 것은 상당히 보편적인 관행이다. $6\sigma_{gage}$ 와 공차의 비는 흔히 P/T 비(precision-to-tolerance ratio)라고 불린다:

$$P/T = \frac{6\hat{\sigma}_{gage}}{TOL}, \tag{6.7.4}$$

여기서 공차 TOL은 $USL - LSL$이다. P/T의 값이 0.1 이하이면, 계측기 능력이 충분하다고 판단된다. 이것은 측정장비는 최종 측정에서 요구되는 정확도의 10분의 일 단위로 교정되어야 한다는 일반적으로 받아들여지는 경험적 규칙—10% 규칙(rule of ten)—을 토대로 한 것이다. 그러나 우리는 이 경험적 규칙을 받아들이는데 있어서 신중해야 한다. 계측기는 분석가가 올바른 결정을 내리기에 충분히 정확하고 정밀하게 측정할 수 있는 능력을 가져야 한다. 이것은 P/T≤0.1을 요구하지 않을 수도 있다. 계측기가 제품의 다른 등급들을 충분히 구별할 수 있도록 하기 위한 가장 좋은 방법은 계측기 능력 실험에 그러한 다른 개체들을 포함하고 $\bar{x}$ 관리도와 R 관리도를 작성해보는 것이다.(6.7.5절의 미니탭 명령 GAGERR의 아웃풋을 보라.)

P/T 비는 %계측기 R&R(%GR&R)이라고도 불린다. 자동차 산업계에서는 1984년 이전에는 $6\sigma_{gage}$ 대신에 $5.15\sigma_{gage}$를 공차와 비교하였었다. AIAG(2002)는 %GR&R이 공차의 30%이하가 되어야 한다고 제안하고 있다(30% 규칙). 이와 동일한 규칙이 $6\hat{\sigma}_{gage}/\hat{\sigma}_{total}$에 대해서도 적용된다.

[도표 6.27] P/T 비에 의한 측정시스템 능력평가 기준(AIAG Guidelines)

P/T의 범위	측정시스템의 능력
P/T ≤ 0.1	합격 수준
0.1 〈 P/T 〈 0.3	한계적으로 합격 수준
0.3 ≤ P/T	불합격 수준

예제 6.25 어떤 개체 특성에 대한 허용차가 ±0.7 mm라면, 계측기 표준편차는 0.07 mm 이하가 되어야 30% 규칙을 만족한다: 6*계측기 표준편차/1.4 ≤ 0.3. 즉 계측기 표준편차 ≤ 0.3×1.4/6 = 0.07. ¶

② 급내 상관계수

먼저 총변동 가운데 개체간 변동이 차지하는 비율 $\hat{\rho}$는 다음과 같이 주어진다:

$$\hat{\rho} = \frac{\hat{\sigma}^2_{part}}{\hat{\sigma}^2_{part} + \hat{\sigma}^2_{gage}} = \frac{\hat{\sigma}^2_{part}}{\hat{\sigma}^2_{total}}. \tag{6.7.5}$$

Fisher(1921)는 $\hat{\rho}$를 {추정된} 급내 상관계수(intraclass correlation coefficient)라고 불렀다. Wheeler(2006)는 $\hat{\rho}$의 값에 따라 공정 모니터(process monitors)로서의 측정시스템을 [도표 6.28]과 같이 네 계급으로 분류하고 있다.

[도표 6.28(a)] 급내상관계수에 의한 측정시스템 능력평가 기준(Wheeler Guidelines)

$\hat{\rho}$의 범위	측정시스템의 능력
$0.8 < \hat{\rho}$	일급 모니터
$0.5 < \hat{\rho} \le 0.8$	이급 모니터
$0.2 < \hat{\rho} \le 0.5$	삼급 모니터
$\hat{\rho} \le 0.2$	사급 모니터

③ %계측기 기여

%계측기 기여(%Gage contribution)는 총분산 가운데 계측기 분산이 차지하는 백분율을 나타낸다:

$$\%Gage\ \ Contribution = \frac{\hat{\sigma}^2_{gage}}{\hat{\sigma}^2_{total}} \times 100. \tag{6.7.6}$$

Wheeler(2006)는 다음과 같이 제안한다: %계측기 기여가 50%를 초과한다면 이 계측기는 계측기 변동으로부터 개체 변동을 분리해낼 수 없다. % 계측기 기여가 20% 미만이라면 이 계측기는 평균의 변동을 비교적 잘 탐지해 낼 수 있다고 판단된다. 이런 판정 기준은 급내상관계수에 의한 Wheeler의 기준과 일치적이다.

[도표 6.28(b)] %계측기 기여에 의한 측정시스템 능력평가 기준(Wheeler Guidelines)

%계측기 기여의 범위	측정시스템의 능력
20% 미만	합격 수준
20% ~ 50% 사이	한계적으로 합격 수준
50% 초과	불합격 수준

한편 AIAG(2002)는 %계측기 기여에 대해 Wheeler 기준과 매우 상이하게 다음과 같은 판정기준을 제시하고 있다.

[도표 6.28(c)] %계측기 기여에 의한 측정시스템 능력평가 기준(AIAG Guidelines)

%계측기 기여의 범위	측정시스템의 능력
1% 미만	합격 수준
1% ~ 9% 사이	한계적으로 합격 수준
9% 초과	불합격 수준

| 과제 | P/T 비에 의한 AIAG의 기준과 급내 상관계수에 의한 Wheeler의 기준이 일치적인지 확인하여 보자.

④ 판별비와 분류비

Wheeler(1984)는 급내 상관계수 ρ를 이용하여 판별비(discrimination ratio)와 분류비(classification ratio)를 제안하였다. 먼저 판별비 D_R는 다음과 같이 정의된다:

$$D_R = \sqrt{\frac{1+\rho}{1-\rho}}. \tag{6.7.7}$$

D_R는 다음과 같이 전개될 수 있으며, 1에서 ∞까지의 값을 가질 수 있다:

$$D_R = \sqrt{\frac{2\sigma_{part}^2}{\sigma_{gage}^2} + 1}. \tag{6.7.8}$$

분류비 C_R는 판별비 D_R에 대한 한 근사표현으로 다음과 같이 정의된다:

$$C_R = \sqrt{2}\,\frac{\sigma_{part}}{\sigma_{gage}}. \tag{6.7.9}$$

AIAG(2002)는 Wheeler의 분류비를 다소 수정하여 다음과 같이 NDC(Number of distinct categories, 구별되는 범주들의 수)를 정의하고 있다:

$$\mathrm{NDC} = \left\lfloor 1.41\frac{\hat{\sigma}_{\mathrm{part}}}{\hat{\sigma}_{\mathrm{gage}}} \right\rfloor, \qquad (6.7.10)$$

여기서 $\lfloor x \rfloor$ 는 x 를 넘지 않는 가장 큰 정수를 나타낸다. NDC는 식(6.7.9)의 판별비에 대한 추정치에 다름 아니다.

NDC는 개체 변동의 범위를 주사할(scan) 수 있는 겹치지 않는 신뢰구간 수를 나타낸다. 우리는 이것을 측정시스템이 구별할 수 있는 공정내 집단 수라고 생각할 수 있다. 계측기가 정밀할수록 더 많은 범주들이 구별될 수 있다. AIAG는 NDC가 2보다 작다면 한 개체가 다른 개체와 구별될 수 없기 때문에 측정시스템은 공정을 관리하는데 아무 소용이 없다고 제안하고 있다. NDC가 4이상이면 쓸만한 측정시스템이라고 판단할 수 있다. 그런데 Wheeler(2006)는 판별비나 분류비에 대한 이와 유사한 해석을 철회한 바가 있다.

※ 개체간 변동이 클수록 NDC는 커진다. 따라서 관리상태에 있는 공정으로부터 개체들을 랜덤하게 뽑아서 계측기 R&R 연구를 실시하여야 의미가 있다. 이는 데이터의 신뢰성 문제이다.

▮ 측정시스템에 대한 연구 단계

측정시스템 변동에 대한 연구는 대개 다음과 같은 순서로 실시되는 것이 바람직하다:

(1) 데이터의 신뢰성: 데이터는 믿을 만한가? (관리상태, 안정상태)

(2) 정밀성

(3) 정확성

구체적으로, 측정시스템 변동에 대한 연구는 다음과 같이 네 방향에서 단계적으로 이루어 질 수 있다:

(0) 제1종 계측기 연구(Type 1 Gage Study): 측정 시스템의 능력 평가

(1) 계측기 런 그래프: 시각적 연구

(2) 계측기 R&R 연구: 정밀도(재현성과 반복성) 연구

(3) 계측기 정확성 연구: 정확도(편향성, 선형성, 안정성) 연구

- 계측기 선형성과 정확성을 연구하기 위해서는 공정표준편차가 알려져 있어야 한다.

6.7.4 제1종 계측기 연구

제1종 계측기 연구는 한 단일 측정자가 한 단일 개체를 반복적으로 측정한 데이터를 토대로 측정 프로세스의 편향성과 반복성의 복합 효과를 평가하려는 것이다. 이 제1종 계측기 연구는 다른 계측기 R&R 연구들을 수행하기 전에 실시되어야 한다. 왜냐하면 계측기 R&R 연구들은 관찰된 측정 프로세스 변동의 얼마만한 부분이 측정시스템 변동에 기인하는지를 파악하고자 하는 것이기 때문이다.

■ 계측기 능력지수

계측기 변동만을 고려한 계측기 능력지수 C_G와 계측기 변동과 편향을 모두 고려한 계측기 능력지수 C_{GK}는 각각 다음과 같이 정의된다:

$$C_G = pTOL/SV,$$

$$C_{GK} = \frac{0.5pTOL - |\overline{X} - X_m|}{0.5SV} = C_G - K,$$

여기서

p는 공정 변동과 비교할 공차의 비율로서 흔히 0.1~0.2의 값이 사용되며(미니탭에서 기본값은 0.2이다),

SV는 계측기 변동으로서 흔히 여섯 배의 계측기 표준편차($6s$)가 사용되고,

$\overline{X}$은 반복측정들의 평균이고,

X_m은 비교의 기준이 되는 참조값이며,

K는 계측기의 편향 정도를 나타내는 계측기 편향계수로서 계측기 편향의 절대값을 계측기 변동의 반으로 나눈 값이다. 즉

$$K = |\overline{X} - X_m|/(0.5SV).$$

C_G나 C_{GK}가 1.33보다 크다면 계측기의 측정능력이 합격수준이라고 판정된다.

▌미니탭 실습: 제1종 계측기 연구

□ 미니탭 명령

```
# Stat > Quality Tools > Gage Study > Type 1 Gage Study
TOGAGE C
REFERENCE K      # 측정하는 개체에 대한 참조값
TOLERANCE K (K) # 공차가 지정될 때만 계측기능력지수들이 제공된다.
USL K            # 규격상한만 존재할 때
LSL K            # 규격하한만 존재할 때

CGCONSTANT K # 공정변동과 비교할 공차의 백분율로서 10-20(%)가 흔히 사용된다(기본값: 20)
STUDYVAR K   # 계측기 변동으로 사용하기 위해 표준편차에 곱할 승수(기본값: 6)
RESOLUTION K # 공차의 백분율로 나타낸 계측기 해상도로서, 공차의 5%이내가 바람직하다.
NOBIASTEST   # 편향성이 없는지에 대한 t-검증을 생략하기 위한 지정

TITLE     for graphs is "text";
GAGE      name is "text";
DATE      is "text";
USER      is "text";
MISC      comments are "text".
```

- 한 단일 측정자가 한 단일 개체를 반복적으로 측정한 데이터를 토대로 제1종 계측기 연구를 수행한다.
- TOGAGE 명령의 아웃풋 가운데 %Var(Repeatability)는 계측기 반복성을 공차와 비교하기 위한 측도로서 다음과 같이 계산된다:

$$\%\text{Var(Repeatability)} = SV/\,TOL \times 100(\%) = (p/\,C_G) \times 100(\%)$$

- %Var(Repeatability and Bias)는 계측기 반복성과 편향을 공차와 비교하기 위한 측도로서 다음과 같이 계산된다:

$$\%\text{Var(Repeatability and Bias)} = \frac{0.5SV}{0.5pTOL - |\overline{X} - X_m|} \times 100(\%)$$
$$= (p/\,C_G) \times 100(\%).$$

- 이런 %Var 값이 작으면 공차에 비해 측정변동이 작다고 해석된다. 계측기 능력지수들의 임계값 1.33은 % Var 값 15%에 대응된다. 즉 %Var의 값이 15%보다 작다면 측정시스템의 능력이 합격수준이라고 볼 수 있다.

예제 6.26 한 전극 제조업자가 전극 축의 외경을 측정하는 측정시스템이 0.05 mm 공차 이내에서 이 축을 정확하게 측정하는지 여부를 판정하기 위해 이 측정시스템을 평가하려고 한다. 한 측정자가 외경이 12.305라고 알려진 한 참조 축을 50번 측정하였다. (이 축 데이터는 sqcdata₩shaft.mtw의 diameter에 저장되어 있다.) 제1종 계측기 연구를 실시하여 이 측정시스템의 능력을 평가하여 보자.

12.3057	12.3009	12.3037	12.2975	12.3056	12.3033	12.3030	12.2965	12.2986	12.3031
12.3051	12.3056	12.3036	12.3091	12.3029	12.3061	12.2977	12.3013	12.3081	12.2944
12.3046	12.3014	12.3045	12.3015	12.3054	12.2953	12.2954	12.3047	12.3035	12.3003
12.3044	12.3023	12.3095	12.2998	12.3034	12.3026	12.3021	12.3061	12.3045	12.3021
12.3037	12.2997	12.3038	12.3076	12.3063	12.3018	12.2981	12.2965	12.3082	12.3034

풀이 우리는 축 데이터에 대한 [도표 6.29]의 제1종 계측기 연구결과로부터 몇 가지 특징을 관찰할 수 있다:

- 측정시스템의 편향은 −0.0231이고, 편향성에 대한 t-검증은 유의순준 0.1% 이하(P-값 = 0.000)에서 유의한 결과를 보여준다. 런 그래프도 많은 관측들이 참조값 보다 아래에 있는 것을 보여준다. 런 그래프에서 중심선은 참조값이고, 아래 위의 참조선들은 참조값에 $0.5pTOL$을 더하거나 뺀 값이다.
- C_G=0.46, C_{GK}=0,25로 모두 합격판정기준인 1.33보다 매우 낮고, 이는 공차의 범위에 비해 측정시스템에 기인한 변동이 매우 크다는 것을 나타낸다. 이때 계측기 편향계수는 K=0.00231/0.0108915=0.21이다.
- %Var(Repeatability) 43.57%이고 %Var(Repeatability and Bias)는 81.10%로서 모두 합격수준의 임계값 15%보다 매우 크다. 이도 또한 공차의 범위에 비해 측정시스템에 기인한 변동이 매우 크다는 것을 나타낸다.
- 해상도 0.005는 공차의 5%를 초과한다. (그러나 해상도—계측기가 표시하는 가장 작은 증분—와 관련해서도 흔히 10% 규칙이라는 경험적 규칙이 적용된다.)
- 종합적으로, 이 측정시스템은 개체들을 안정적이고 정확하게 측정할 수 없는 상태이므로 개선이 필요하다. ¶

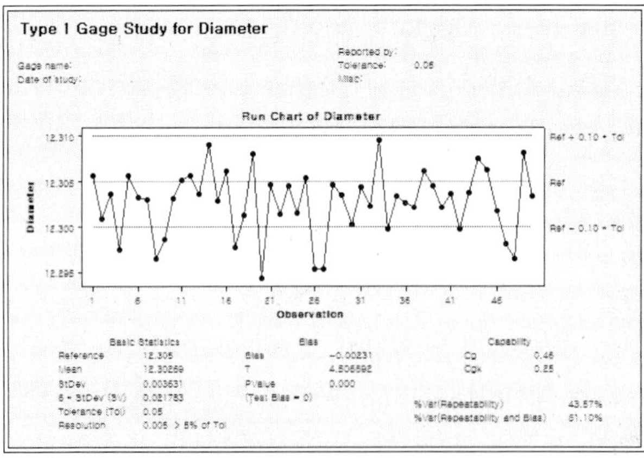


```
# Stat > Quality Tools >
Gage Study > Type 1 Gage
Study
MTB > ToGage 'Diameter';
SUBC>    Reference 12.305;
SUBC>    Tolerance 0.05;
SUBC>    CgConstant 20.0;
SUBC>    StudyVar 6.0;
SUBC>    Resolution 0.005.
```

[도표 6.29] 제1종 계측기 연구 – Shaft 데이터

6.7.5 계측기 런 그래프

계측기 R&R 연구를 수행하기 전에 우리는 측정 데이터에 관한 산점도를 그려볼 필요가 있다. 계측기 런 그래프는 측정자-개체 조합에 대해서 모든 측정값들을 전시함으로써 측정 변동의 반복성과 재현성 성분들을 시각화한다.

우리는 계측기 런 그래프로부터 다른 측정자들과 개체들간의 측정차이들을 관찰할 수 있다. 공정이 안정되어 있으면 점들이 수평으로 랜덤하게 찍힐 것이다. 측정자나 개체 효과가 존재하면, 그림에 어떤 양상이 나타날 것이다. 구체적으로,

- 우리는, 각 개체에 대해, 각 측정자의 반복측정들간의 변동과 측정자들간의 변동을 비교해 볼 수 있다.
- 우리는 또 측정값들을 수평참조선—기본적으로 총 평균선—에 비추어 비교해 볼 수 있다.

미니탭 실습: 계측기 런 그래프

□ 미니탭 명령

```
RNGAGE;    # Stat > Quality Tools > Gage Study > Gage Run Chart
    PARTS     C;     # 개체이름 열 - 문자형 또는 숫자형 변수
    OPERS     C;     # 측정자 열 - 문자형 또는 숫자형 변수
    RESPONSE  C;     # 측정 데이터 열
    TRIAL     C;
    MU        K;
    TITLE "text";
    GAGE "text";
    DATE "text";
    USER "text";
    GTOL "text";
    MISC "text".
```

- 반응값들을 작업자와 부품 별로 타점한다.
- 부명령 PARTS(부품번호), OPERS(측정자), 그리고 RESPONSE(반응)는 필수적이다.
- 부품번호와 측정자로는 문자나 숫자가 사용될 수 있다.
- 부명령 TRIAL은 부품-작업자 조합 내에서의 측정순서가 데이터에 제시된 순서와 다를 때 사용된다. (전체 실험에서의 순서가 아니다.)
- 부명령 MU는 관측들의 평균이 아닌 다른 값을 수평 참조선으로 나타내기 위해 사용된다.
- GAGE 이하에 있는 부명령들은 계측기에 대한 정보를 전시하기 위해 사용된다.

■ 부명령 GTOL는 게이지 허용차를 전시하기 위해 사용된다.

예제 6.27 공정 변동의 예상범위를 대표하는 열 개체가 선택되었다. 세 측정자가 랜덤한 순서로 열 개체들을 두 번씩 측정하였다. 이 공정의 공차(규격폭)는 1.2이고 자연공차(공정변동)는 1로 알려져 있다. (이 GageAIAG 데이터는 sqcdata₩gageaiag.mtw에 저장되어 있다.) 계측기 런그래프를 작성하여 공정 데이터의 신뢰성을 시각적으로 검토하여 보자.

개체 \ 측정자	1	2	3
1	0.6500 0.6000	0.5500 0.5500	0.5000 0.5500
2	1.0000 1.0000	1.0500 0.9500	1.0500 1.0000
3	0.8500 0.8000	0.8000 0.7500	0.8000 0.8000
4	0.8500 0.9500	0.8000 0.7500	0.8000 0.8000
5	0.5500 0.4500	0.4000 0.4000	0.4500 0.5000
6	1.0000 1.0000	1.0000 1.0500	1.0000 1.0500
7	0.9500 0.9500	0.9500 0.9000	0.9500 0.9500
8	0.8500 0.8000	0.7500 0.7000	0.8000 0.8000
9	1.0000 1.0000	1.0000 0.9500	1.0500 1.0500
10	0.6000 0.7000	0.5500 0.5000	0.8500 0.8000

풀이 우리는 GageAIAG 데이터에 대한 [도표 6.30]의 계측기 런 그래프로부터 몇 가지 특징을 관찰할 수 있다:

■ 관측 변동의 대부분은 개체간 변동에 기인한다.

■ 측정자 2는 반복측정에서 거의 일관되게(10번 중 7번) 두 번째 측정값이 작다.

■ 측정자 2의 측정값은 거의 일관되게(10번 중 8번) 측정자 1의 측정값보다 작다. ¶

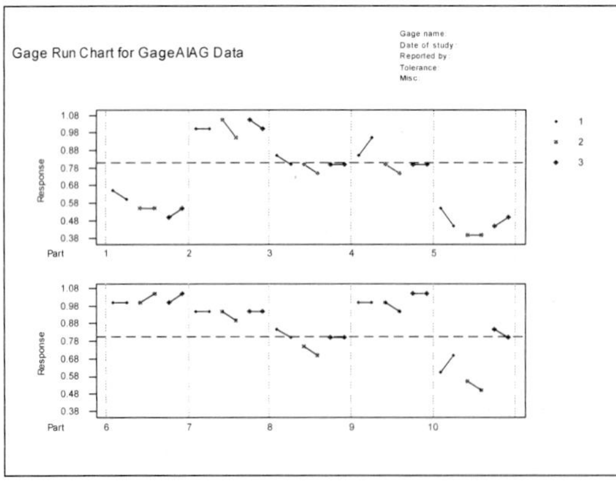


```
MTB > RnGage;
SUBC>   Parts 'Part';
SUBC>   Opers 'Operator';
SUBC>   Response 'Response';
SUBC>   Title "Gage Run Chart &
CONT>     for GageAIAG Data".
```

[도표 6.30] 계측기 런 그래프 – GageAIAG 데이터

예제 6.28 공정 변동의 예상범위를 대표하는 세 개체가 선택되었다. 세 측정자가 랜덤한 순서로 세 개체들을 세 번씩 측정하였다. (이 Gage2 데이터는 sqcdaat₩gage2.mtw에 저장되어 있다.) Gage2 데이터에 대한 게이지 런 그래프로부터 관찰할 수 있는 특징들을 기술해 보자.

개체 \ 측정자	1	2	3
1	405.00 273.75 476.25	388.75 157.50 456.25	383.75 373.75 446.25
2	408.75 608.75 443.75	406.25 531.25 435.00	386.25 478.75 436.25
3	368.75 270.00 398.75	426.25 471.25 432.50	413.75 268.75 420.00

풀이 우리는 계측기 [도표 6.31]의 계측기 런 그래프로부터 각 개체에 대해 각 측정자의 반복 측정값들간의 변동 뿐 아니라 측정자들간의 차이를 비교할 수 있다. 우리는 또 측정값들을 수평 참조선—기본적으로는 총 평균—과 관련해서 살펴볼 수 있다. 이 계측기로부터 특히 눈에 띄는 현상은 동일한 측정자에 의한 동일한 개체의 반복 측정값들이 현저하게 차이가 난다는 점(반복성의 결여)과 더욱이 이 반복측정값들이 진동을 하고 있다는 점이다. 이 후자의 현상은 측정자들이 처음 두 반복값들간의 현저한 차이를 세 번째 측정에서 보정하려고 했음을 시사한다. ¶

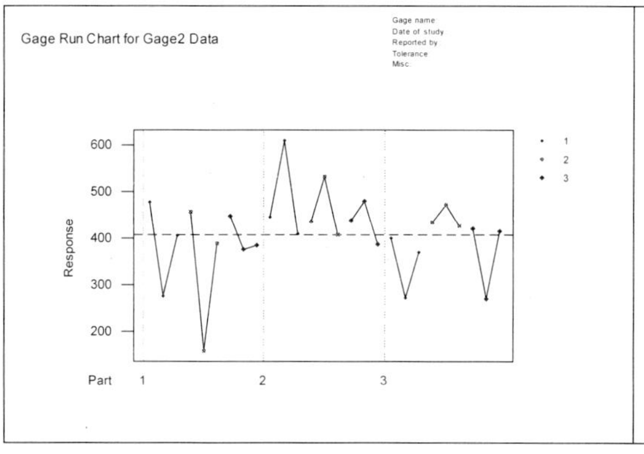


```
MTB > RnGage;
SUBC>   Parts 'Part';
SUBC>   Opers 'Operator';
SUBC>   Response 'Response';
SUBC>   Trials 'Trial'.
```

[도표 6.31] 계측기 런 그래프 – Gage2 데이터

6.7.6 계측기 R&R 연구(정밀도)

우리는 두 종류의 계측기 R&R 연구가운데 선택할 수 있다: ANOVA 법과 $\overline{X}-R$ 법.

- ANOVA 법은 측정 시스템 변동을 재현성과 반복성으로 분리하며, 더 나아가 재현성을 측정자와 측정자*개체 성분으로 분리한다.

- $\overline{X}-R$ 법은 측정 시스템 변동을 재현성과 반복성으로 분리하지만, 재현성을 측정자와 개체별 측정자 성분으로 분리하지 않는다. 이 경우 재현성은 측정자 효과와 동일하다.

ANOVA 법은 개체에 관해 $\overline{X}-R$ 법보다 측정 시스템에 대한 더욱 정확한 평가를 제공한다. 왜냐하면 이것은 측정자*개체 상호작용을 설명하기 때문이다.

(1) 계측기 R&R 연구: ANOVA 법

ANOVA 법을 이용한 계측기 R&R 연구에서 관측된 변동은 네 범주로 분해된다: 개체, 반복성, 측정자, 그리고 측정자*개체. 구체적으로, 개체 i를 측정자 j가 k번째 반복 측정한 값을 x_{ijk}로 나타내면 ANOVA법에 의한 R&R 연구모형은 다음과 같이 표현될 수 있다:

$$x_{ijk} = \mu + P_i + A_j + (P^* A)_{ij} + \epsilon_{ijk},$$

여기서 μ는 전체 평균을, P_i는 i번째 개체(부품)의 효과를, A_j는 j번째 측정자의 효과를, $(P^* A)_{ij}$는 i번째 개체와 j번째 측정자의 상호작용효과를, 그리고 ϵ_{ijk}는 오차항을 나타낸다.

□ 미니탭 세션 명령

```
GAGERR;    # Stat > Quality Tools > Gage Study > Gage R&R Study
    PARTS C;
    OPERS C;
    RESPONSE C;
    STUDYVAR K;
    TOLER K;
    SIGMA K;
    SEPARATE graphs.
```

□ 방법론

- 개체 열과 측정자 열을 지정했을 때

개체 열과 측정자 열이 지정되면, GAGERR은 균형된 2 인자 요인 설계를 사용하여 데이터를 분석한다. 두 인자들은 모두 랜덤한 것으로 간주된다. 이 모형은 개체들과 측정자들의 주 효과들과 개체*측정자 상호작용을 포함한다. 만일 이 완전모형(full model)에서 개체*측정자 상호작용의 P-값이 0.25보다 크면,

이 상호작용 효과가 제외된 축소모형(reduced model)이 적합된다. (측정자 열이 지정되지 않으면 이 모형은 개체를 랜덤 인자로 가지는 균형된 일원 ANOVA이다. 미니탭은 개체와 계측기에 대한 분산성분들을 추정한다. 계측기에 대한 분산성분은 반복성에 대한 분산성분과 동일하며, 재현성에 대한 분산성분은 추정되지 않는다. 따라서 계측기에 대한 분산성분은 ANOVA 모형의 오차항이다.)

전체 관측 변동은 개체간 변동과 측정시스템 변동의 합이다. 계측기 R&R 연구는 측정시스템 변동에만 관심을 가진다. 측정시스템 변동은 두 성분으로 나뉜다: 반복성(계측기에 기인한 변동)과 재현성(측정자에 기인한 변동).

- 부명령 Studyvar K(또는 메뉴의 Study variation): 아웃풋의 Study Var 열에 사용될 승수를 지정한다. 기본값은 6이다. 5.15가 사용되기도 하는데, 이는 정규분포에서 데이터의 99%를 담는데 필요한 표준편차 수이다. 연구변동(SV)도 이 승수를 사용하여 계산된다.(이하의 설명에서는 이 승수를 KK로 지칭할 것이다.)

- 부명령 Toler K(또는 메뉴의 Process tolerance): 알려진 공차 범위(규격폭)를 지정한다. 이 부명령을 사용하면 분산성분을 공정 공차의 백분율로 보여주는 %Tolerance 열이 전시된다.

- 부명령 Sigma K(또는 메뉴의 Process variation): 알려진 공정시그마(모표준편차)를 지정한다. 이 부명령을 사용하면 연구변동의 각 성분을 공정변동(KK배의 공정시그마)의 백분율로 나타내는 %Process 열이 전시된다.

□ 세션 아웃풋의 구조

- Study Var: KK배의 StdDev. 이 열의 합인 마지막 항은 흔히 연구 변동(the study variation)이라고 불린다.
- %Contribution 열은 분산 성분들을 총분산의 백분율로 보여준다.
- %Study Var 열은 KK배의 표준편차 성분들을 연구변동의 백분율로 보여준다.
- %Tolerance 열은 KK배의 표준편차 성분들을 지정된 공차의 백분율로 보여준다.
- %Process 열은 KK배의 표준편차 성분들을 지정된 공정변동의 백분율로 보여준다.
- Number of Distinct Categories(NDC): 측정시스템이 구별할 수 있는 서로 다른 범주 수. NDC는 다음과 같이 계산된다:

$$\text{NDC} = \left\lceil \frac{\text{개체에 대한 표준편차}}{\text{게이지에 대한 표준편차}} * 1.41 \right\rceil$$

예제 6.29 AVOVA 법으로 GageAIAG 데이터에 대한 Gage R&R 연구를 실시해 보자. 이 공정의 공차(규격폭)는 1.2이고 자연공차(공정변동)는 1로 알려져 있음을 상기하라.

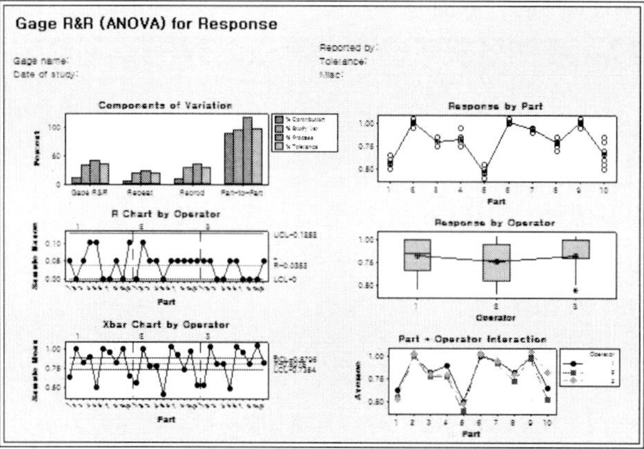


```
MTB > GageRR;
SUBC>    Parts 'Part';
SUBC>    Opers 'Operator';
SUBC>    Response 'Response';
SUBC>    Studyvar 6;
# 연구변동을 6배의
# 표준편차로 지정
SUBC>    Toler 1.2; # 공차
SUBC>    Sigma 0.1667.
# 공정시그마, 여기서는 1/6
```

[도표 6.32(a)] 게이지 R&R(ANOVA) – GageAIAG 데이터

[도표 6.32(b)] 세션 아웃풋

```
Gage R&R Study - ANOVA Method

Two-Way ANOVA Table With Interaction

Source           DF       SS        MS        F      P
Part              9  2.05871  0.228745  39.7178  0.000
Operator          2  0.04800  0.024000   4.1672  0.033
Part * Operator  18  0.10367  0.005759   4.4588  0.000
Repeatability    30  0.03875  0.001292
Total            59  2.24913

Alpha to remove interaction term = 0.25

Gage R&R
                                 %Contribution
Source                VarComp    (of VarComp)
Total Gage R&R      0.0044375           10.67
  Repeatability     0.0012917            3.10
  Reproducibility   0.0031458            7.56
    Operator        0.0009120            2.19
    Operator*Part   0.0022338            5.37
Part-To-Part        0.0371644           89.33
Total Variation     0.0416019          100.00

Process tolerance = 1.2
Historical standard deviation = 0.1667
```

Source	StdDev (SD)	Study Var (6 * SD)	%Study Var (%SV)	%Tolerance (SV/Toler)	%Process (SV/Proc)
Total Gage R&R	0.066615	0.39969	32.66	33.31	39.96
Repeatability	0.035940	0.21564	17.62	17.97	21.56
Reproducibility	0.056088	0.33653	27.50	28.04	33.65
Operator	0.030200	0.18120	14.81	15.10	18.12
Operator*Part	0.047263	0.28358	23.17	23.63	28.35
Part-To-Part	0.192781	1.15668	94.52	96.39	115.65
Total Variation	0.203965	1.22379	100.00	101.98	122.35

Number of Distinct Categories = 4

□ 그래픽 아웃풋에 대한 해설

① 측정자별(By Operator) $\bar{x}$ 관리도에서 대부분의 점들이 관리 한계선 밖에 있는데, 이는 변동이 주로 개체들간의 차이에 기인한다는 것을 시사한다.

② 변동성분 표에서 개체간 %기여(%Contribution)가 계측기 R&R의 %기여보다 훨씬 큰데, 이는 변동의 대부분이 개체간의 차이 때문이며, 측정시스템에 기인한 변동은 매우 작다는 것을 말해준다.

③ 측정자별 측정치들에 대한 그래프(Response By Operator)에서, 측정자간에는 큰 차이가 없는 것처럼 보인다.

④ 개체별 측정치들에 대한 그래프(Response By Part)에서, 개체간에 큰 차이가 보인다.

⑤ 측정자별로 작성된 R 관리도의 중심선과 관리한계선의 작성과정은 [도표 6.37(a)]를 참조할 수 있다. 거기서는 $\bar{R}$ 대신에 $\bar{\bar{R}}$(=0.0383)을 사용하여 관리상한이 $\bar{\bar{R}}+D_4(2)\bar{\bar{R}}$로 제시되어 있다. $\bar{x}$ 관리도의 관리한계선도 동일한 $\bar{\bar{R}}$를 사용하여 $\bar{x}\pm A_2(2)\bar{\bar{R}}$로 구할 수 있다. 이 때 ASTM 상수들에서 ()안에 2가 사용된 이유는 반복측정 회수가 2이기 때문이다.

□ 세션 아웃풋에 대한 해설

① 측정자*개체 상호작용의 P-값(= 0.00016)이 0.25 보다 작으므로 완전모형이 적합되었다. 따라서 이 경우에는 ANOVA 법이 Xbar/R 법보다 더욱 정확할 것이다.

② 측정자*개체 상호작용에 대한 P-값이 0.00016이라는 것은 상호작용이 유의하다는 것을 시사한다.

③ 마지막 표의 %Contribution 열에서 보듯이 개체의 %기여 89.33%는 급내상관계수가 $\hat{\rho}$=0.8933임을 나타낸다. 동일하게 %계측기 기여 10.67%도 합격 기준인 20%를 크게 밑돌므로, 이 측정시스템은 일급 모니터로 판정된다. (Wheeler 기준)

④ NDC=4이므로 이 측정시스템의 능력은 충분하다고 판단된다:

$$NDC = \left\lceil \frac{0.192781}{0.06615} * 1.41 \right\rceil = \lceil 4.1092 \rceil = 4.$$

⑤ P/T 비 즉 %GR&R를 구해보면,

$$P/T = \frac{6\hat{\sigma}_{gage}}{USL - LSL} = 6 \times 0.066615/1.2 = 0.3331$$

P/T 비가 불합격 수준의 임계값인 0.3보다 크므로 우리는 이 계측기의 능력이 불합격 수준이라고 판단할 수 있다. (AIAG 기준) ¶

| 과제 | 아래의 랜덤효과 ANOVA(완전모형)의 분산분석표를 참고로 하여 R&R 연구의 분산성분들이 어떻게 도출되었는지 확인하여 보자.

※ Gage R&R 절차는 고정효과 ANOVA 모형이 아니라 랜덤효과 ANOVA 모형을 사용하고 있다. 즉 우리는 개체들간의, 측정자간의, 그리고 반복된 측정간의 랜덤 변동을 조사하려는 것이다. 이 두 ANOVA 모형의 차이를 보이기 위해 아래에 GageAIAG 데이터에 대한 고정효과 ANOVA와 랜덤효과 ANOVA 결과를 제시하였다. 우리는 GageRR 명령의 결과와 GLM 명령에 의한 랜덤효과 ANOVA(완전모형)의 결과가 동일함을 확인할 수 있다.

[도표6.33(a)] 고정효과 ANOVA(완전모형)

```
MTB > GLM 'Response' = Part| Operator;
SUBC>   Brief 2 ;
SUBC>   EMS.

General Linear Model

Factor     Type Levels Values
Part      fixed     10  1  2  3  4  5  6  7  8  9 10
Operator  fixed      3 1 2 3

Analysis of Variance for Response, using Adjusted SS for Tests

Source          DF    Seq SS    Adj SS    Adj MS       F      P
Part             9  2.058708  2.058708  0.228745  177.09  0.000
Operator         2  0.048000  0.048000  0.024000   18.58  0.000
Part*Operator   18  0.103667  0.103667  0.005759    4.46  0.000
Error           30  0.038750  0.038750  0.001292
Total           59  2.249125

Expected Mean Squares, using Adjusted SS

Source            Expected Mean Square for Each Term
 1 Part           (4) + Q[1, 3]
 2 Operator       (4) + Q[2, 3]
 3 Part*Operator  (4) + Q[3]
 4 Error          (4)
```

```
Error Terms for Tests, using Adjusted SS

Source            Error DF  Error MS  Synthesis of Error MS
 1 Part              30.00  0.001292  (4)
 2 Operator          30.00  0.001292  (4)
 3 Part*Operator     30.00  0.001292  (4)

Variance Components, using Adjusted SS

Source         Estimated Value
Error                  0.00129
```

[도표 6.33(b)] 랜덤효과 ANOVA(완전모형)

```
MTB > GLM 'Response' = Part ¦ Operator;
SUBC>   Random 'Part' 'Operator';
SUBC>   Brief 2 ;
SUBC>   EMS.

General Linear Model

Factor     Type Levels Values
Part     random     10  1  2  3  4  5  6  7  8  9 10
Operator random      3 1 2 3

Analysis of Variance for Response, using Adjusted SS for Tests

Source          DF    Seq SS    Adj SS     Adj MS       F      P
Part             9  2.058708  2.058708  0.228745①  39.72  0.000
Operator         2  0.048000  0.048000  0.024000②   4.17  0.033
Part*Operator   18  0.103667  0.103667  0.005759③   4.46  0.000
Error           30  0.038750  0.038750  0.001292④
Total           59  2.249125

Expected Mean Squares, using Adjusted SS

Source            Expected Mean Square for Each Term
 1 Part           (4) +  2.0000(3) +  6.0000(1)
 2 Operator       (4) +  2.0000(3) + 20.0000(2)
 3 Part*Operator  (4) +  2.0000(3)
 4 Error          (4)

Error Terms for Tests, using Adjusted SS
Source            Error DF  Error MS  Synthesis of Error MS
 1 Part              18.00  0.005759  (3)
 2 Operator          18.00  0.005759  (3)
 3 Part*Operator     30.00  0.001292  (4)

Variance Components, using Adjusted SS

Source         Estimated Value
Part                   0.03716
Operator               0.00091
Part*Operator          0.00223
Error                  0.00129
```

[도표 6.33(b)]의 마지막 부분에 제시된 분산성분들은 EMS 표로부터 수정된 제곱합을 이용하여 다음과 같이 계산된 것이다. 우리는 이 값들이 [도표 6.17]의 Gage R&R 아웃풋 가운데 VarComp와 일치함을 확인할 수 있다.

- Error: ④ = 0.001292 〉〉 Repeatability
- Part*Operator: [③ - ④]/2 = (0.005759 -0.001292)/2 = 0.002231 〉〉 Reproducibility(Part*Operator)
- Operator: (② - ③)/20 = (0.024 - 0.05759)/20 = 0.000912 〉〉 Reproducibility(Operator)
- Part = (① - ③)/6 = 0.003716 〉〉 Part-To-Part

※ 이 분산성분들은 제곱합과 자유도를 이용하여 다음과 같이 추정될 수도 있다:

- Error: SS_(4)/30 = 0.001292
- Part*Operator: SS_(3)/(30+18) = 0.002231
- Operator: SS_(2)/(30+18+2) = 0.000912
- Part = SS_(1)/(30+18+2+9) = 0.003716

---

(2) 계측기 R&R 연구: $\overline{x}-R$ 법

R 관리도는 측정오차의 크기 즉 계측기 능력을 직접 보여준다. 반면에, $\overline{x}$ 관리도는 계측기의 판별력(discriminating power)—개체들을 구별할 수 있는 능력—을 보여준다. $\overline{x}-R$ 법을 이용한 계측기 R&R 연구에서 관측된 변동은 두 범주로 분해된다: 재현성과 반복성. 구체적으로, 개체 i를 측정자 j가 k번째 반복 측정한 값을 x_{ijk}로 나타내면 $\overline{x}-R$ 법에 의한 R&R 연구모형은 다음과 같이 표현될 수 있다:

$$x_{ijk} = \mu + P_i + A_j + \epsilon_{ijk},$$

여기서 μ는 전체 평균을, P_i는 i번째 개체(부품)의 효과를, A_j는 j번째 측정자의 효과를, 그리고 ϵ_{ijk}는 오차항을 나타낸다.

□ 방법론

- 계측기 반복성: 먼저 측정자 별로 각 개체에 대한 반복 측정값들의 범위(R_{ij})를 계산한다. 그 다음 측정자 별로 개체 범위들의 평균($\overline{R}_{.j}$)을 구한다. 계측기의 반복성에 대한 분산성분은, 아래와 같이, 이 측정자 별 평균범위들의 평균($\overline{\overline{R}}$)을 이용하여 계산된다. 아래에서 아래첨자 E는 Equipment(장비)의 약자이다.

$$\hat{\sigma}_E = \hat{\sigma}_{repeatability} = \frac{\overline{\overline{R}}}{d_2} : \sigma_{repeatability} \text{ 의 불편추정량}$$

$$\hat{\sigma}^*_{repeatability} = \frac{\overline{\overline{R}}}{d_2^*} : \hat{\sigma}^{*2}_{repeatability} \text{ 는 } \sigma^2_{repeatability} \text{ 의 불편추정량}$$

※ $\hat{\sigma}_{repeatability}$ 를 계산할 때 d_2^* 를 사용하는 것은 $\hat{\sigma}^2_{repeatability}$ 가 $\sigma^2_{repeatability}$ 의 불편추정량이 되도록 하기 위한 것이고 d_2 를 사용하는 것은 $\hat{\sigma}_{repeatability}$ 가 $\sigma_{repeatability}$ 의 불편추정량이 되도록 하기 위한 것이다. 그런데 R&R 연구에서 변동을 평가하기 위해 사용되는 것은 분산들이 아니라 표준편차들이다. 따라서 표준편차들에 대한 불편추정량들을 구하는 것이 더 바람직한 측면이 있다. 그러나 미니탭에서는 d_2^* 를 사용한다.

- **재현성:** 먼저 측정자 별로 각 개체에 대한 반복 측정값들의 평균($\overline{x}_{ij.}$)을 계산한다. 그 다음 측정자별로 개체 평균들의 평균($\overline{\overline{x}}_{.j.}$)을 구한다. 계측기의 재현성에 대한 분산성분은 이 측정자별 평균들의 범위($R_{\overline{\overline{x}}}$)를 이용하여 계산된다. 이때 재현성은 측정자에 대한 분산 성분과 동일하다.

$$\hat{\sigma}_A = \hat{\sigma}_{reproducibility} = \frac{R_{\overline{\overline{x}}}}{d_2} : \sigma_{reproducility} \text{ 의 불편추정량}$$

$$\hat{\sigma}^*_{reproducibility} = \sqrt{\hat{\sigma}^2_{reproducibility} - \frac{\hat{\sigma}^2_{repeatability}}{n \times r}} : \hat{\sigma}^{*2}_{reproducibility} \text{ 는}$$

$\sigma^2_{reproducility}$ 의 불편추정량

- R&R

$$\hat{\sigma}^2_{gage} = \hat{\sigma}^2_{repeatability} + \hat{\sigma}^2_{reproducibility}$$

- **개체 변동:** 개체들에 대한 분산 성분은 각 개체에 대한 모든 측정값들의 평균들($\overline{x}_{i..}$)의 범위($R_{\overline{x}}$)로부터 계산된다:

$$\hat{\sigma}_P = \frac{R_{\overline{x}}}{d_2}.$$

[도표 6.34] 계측기 R&R 연구를 위한 기호 정의: $\bar{x}-R$법

측정자 \ 개체	측정자별 반복측정들의 평균/범위 측정자 A	 측정자 B	 측정자 C	범위 / 평균	전체 반복측정들의 평균/범위
개체 1	$\bar{x}_{1A}$ / R_{1A}	$\bar{x}_{1B}$ / R_{1B}	$\bar{x}_{1C}$ / R_{1C}	$R_{\bar{x}_1}$ / $\bar{R}_1$	$\bar{x}_1$ / R_1
개체 2	$\bar{x}_{2A}$ / R_{2A}	$\bar{x}_{2B}$ / R_{2B}	$\bar{x}_{2C}$ / R_{2C}	$R_{\bar{x}_2}$ / $\bar{R}_2$	$\bar{x}_2$ / R_2
⋮	⋮ / ⋮	⋮ / ⋮	⋮ / ⋮	⋮ / ⋮	⋮ / ⋮
개체 m	$\bar{x}_{mA}$ / R_{mA}	$\bar{x}_{mB}$ / R_{mB}	$\bar{x}_{mC}$ / R_{mC}	$R_{\bar{x}_m}$ / $\bar{R}_m$	$\bar{x}_m$ / R_m
평균	$\bar{\bar{x}}_A$ / $\bar{R}_A$	$\bar{\bar{x}}_B$ / $\bar{R}_B$	$\bar{\bar{x}}_C$ / $\bar{R}_C$	$R_{\bar{\bar{x}}}$ / $\bar{\bar{R}}$	
범위					$R_{\bar{x}}$
평균				$\bar{R}_{\bar{x}}$ / $\bar{\bar{R}}_P$	$\bar{R}$

계측기 R&R 연구를 위한 소프트웨어가 없어도 [도표 6.35(a)], [도표 6.35(b)]와 같은 작업표 양식과 계산 양식을 이용하여 수작업으로 간편하게 각 변동 성분들을 계산할 수 있다. 우리는 미니탭을 이용하여 계측기 R&R 연구를 수행할 것이지만 이런 양식들은 여전히 쓸모가 있다.

□ 미니탭 세션 명령

```
GAGERR;    # Stat > Quality Tools > Gage Study > Gage R&R Study
    XBAR;  # x̄ − R 법을 지정한다
    PARTS C;
    OPERS C;
    RESPONSE C;
    STUDYVAR K;    # Study variation
    SIGMA K;       # Process sigma
    TOLER K;       # Process tolerance
    SEPARATE graphs.
```

[도표 6.35(a)] 계측기 R&R 연구를 위한 데이터 작업표 양식: $\bar{x}-R$ 법

열번호	1	2	3	4	5	6	7	8	9	10	11	12
작업자	A				B				C			
시료번호	1차반복	2차반복	3차반복	범 위	1차반복	2차반복	3차반복	범 위	1차반복	2차반복	3차반복	범 위
1												
2												
3												
4												
5												
6												
7												
8												
9												
10												
합 계												

합 → $\bar{x}_A$ $\bar{R}_A$

합 → $\bar{x}_B$ $\bar{R}_B$

합 → $\bar{x}_C$ $\bar{R}_C$

$\bar{R}_A$	
$\bar{R}_B$	
$\bar{R}_C$	
합	
$\bar{\bar{R}}$	

반복회수	D_4
2	3.267
3	2.575

($\bar{\bar{R}}$) × (D_4)	=	UCL_R
( )×( )	=	( )

$\text{Max}_i\ \bar{x}_i$	
$\text{Min}_i\ \bar{x}_i$	
$R_{\bar{x}}$	

[도표 6.35(b)] 계측기 R&R 연구 계산양식: $\bar{x}-R$ 법

시료이름 :________ 계측기이름 :________ 날 짜 :________

측정특성 :________ 계측기번호 :________ 측정자이름 :________

규 격 :________ 계측기유형 :________

데이터 작업표 결과 : $\bar{\bar{R}}$ = (   ) $R_{\bar{x}}$ = (   )

계측기 분석

반복성-계측기 변동(EV)

EV = ($\bar{\bar{R}}$) × (K_1)

= ( ) × ( ) = ( )

반복수	2	3
(K_1)	4.56	3.05

재현성-측정자 변동(AV)

$$AV = \sqrt{[(R_{\bar{x}})\times(K_2)]^2-[(EV)^2/(n\times r)]}$$

$$= \sqrt{[(\quad)\times(\quad)]^2-[(\quad)^2/(\quad)]}$$

= (   )

측정자수	2	3
(K_2)	3.65	2.70

재현성과 반복성(GR&R)

$$GR\&R = \sqrt{(EV)^2+(AV)^2}$$

$$= \sqrt{(\quad)^2+(\quad)^2}$$

= (   )

n: 시료수

r: 반복수

%공차 분석

%EV = 100[(EV)/(공차)]

= 100[(   )/(   )]

= (   )

%AV = 100[(AV)/(공차)]

= 100[(   )/(   )]

= (   )

%GR&R = 100[(GR&R)/(공차)]

= 100[(   )/(   )]

= (   )

※ [도표 6.35(b)]의 계산양식표에서 EV, AV, GR&R 들은 각각 5.15배의 $\hat{\sigma}_{repeatability}$, $\hat{\sigma}_{reproducibility}$, 그리고 $\hat{\sigma}_{gage}$ 를 나타낸다. 또 K_1과 K_2는 각각 $K_1 = 5.15/d_2$, $K_2 = 5.15/d_2^*$를 나타낸다.

예제 6.30 $\bar{x}-R$ 법으로 GageAIAG 데이터에 대한 Gage R&R 연구를 실시해 보자. 이번에는 [도표 6.35(a),(b)]를 이용한 결과와 비교하기 위해 연구변동을 5.15배의 표준편차로 설정하자.

풀이

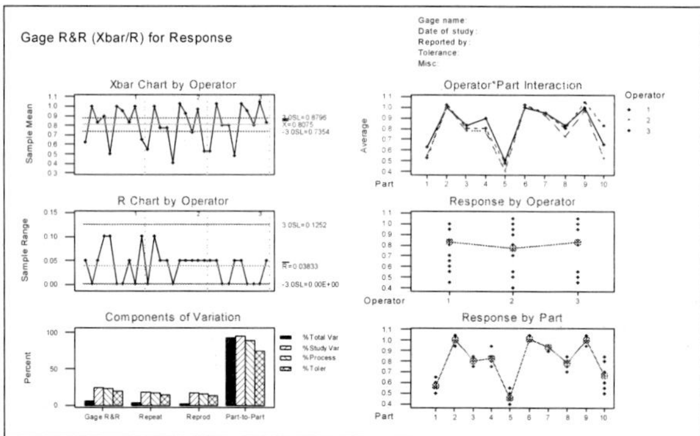


```
MTB > GageRR;
SUBC>   Xbar;
SUBC>   Parts 'Part';
SUBC>   Opers 'Operator';
SUBC>   Response 'Response';
SUBC>   Studyvar 5.15;
SUBC>   Toler 1.2;
SUBC>   Sigma 0.1667.
```

[도표 6.36(a)] 계측기 R&R($\bar{x}-R$) – GageAIAG 데이터

[도표 6.36(b)] 세션 아웃풋

Gage R&R Study - XBar/R Method

Source	VarComp	%Contribution (of VarComp)
Total Gage R&R	0.0020839	6.33
Repeatability	0.0011549	3.51
Reproducibility	0.0009291	2.82
Part-To-Part	0.0308271	93.67
Total Variation	0.0329111	100.00

Source	StdDev (SD)	Study Var (5.15 * SD)	%Study Var (%SV)	%Tolerance (SV/Toler)	%Process (SV/Proc)
Total Gage R&R	0.045650	0.235099	25.16	19.59	27.38
Repeatability	0.033983	0.175015	18.73	14.58	20.39
Reproducibility	0.030481	0.156975	16.80	13.08	18.28
Part-To-Part	0.175577	0.904219	96.78	75.35	105.32
Total Variation	0.181414	0.934282	100.00	77.86	108.83

Number of Distinct Categories = 5

□ 그래픽 아웃풋에 대한 해설

(1) 변동이 주로 측정시스템에 기인할 때, 측정자별(By Operator) $\bar{x}$ 관리도

에서 대부분의 점들은 관리 한계선 밖에 떨어진다.

(2) $\bar{x}-R$ 법이 측정자*개체 상호작용을 고려하고 있지 않지만, 측정자*개체 그래프는 이 상호작용이 유의하다는 것을 시사한다. 이런 경우에 $\bar{x}-R$ 법은 계측기의 능력을 과대추정한다. 따라서 측정자*개체 상호작용을 고려하는 ANOVA 법을 사용하는 편이 더 나을 것이다.

(3) 마지막 표의 %Contribution 열에서 측정시스템에 기인한 변동(Gage R&R)은 작고(6%), 개체간 차이에 기인한 변동은 크다(94%).

□ 세션 아웃풋에 대한 해설

(1) 두 번째 표의 %기여(%Contribution)에서 %계측기 기여 6.332%는 ANOVA 법에서의 10.67%보다 훨씬 더 작다. 이는 $\bar{x}-R$ 법은 "측정자*개체" 효과를 고려하지 않기 때문인데, 이 데이터에서 이 상호작용 효과는 상당히 크다. 이런 경우에 $\bar{x}-R$ 법은 측정시스템에 기인한 변동의 백분율에 대한 잘못된 추정값을 제시한다.

(2) NDC = 5로 주어졌는데, AIAG에 의하면 NDC가 4 정도면 측정시스템의 능력은 충분하다. 그러나 (1)에서 언급된 바와 같이 이 데이터에 대해서는 ANOVA 법을 사용하는 편이 더 낫다.

(3) 분산성분들에 대한 추정과정

$$\hat{\sigma}_E = \hat{\sigma}_{repeatability} = \frac{\overline{\overline{R}}}{d_2(2)} = 0.03833/1.128 = 0.03398$$

$$\hat{\sigma}^*_{repeatability} = \frac{\overline{\overline{R}}}{d_2^*(2)} = 0.03833/1.13 = 0.03392$$

$$\hat{\sigma}^{*2}_{repeatability} = 1.15\text{E}-03$$

$$\hat{\sigma}_A = \hat{\sigma}_{reproducibility} = \frac{R_{\overline{\overline{x}}}}{d_2(3)} = 0.06/1.693 = 0.03544$$

$$\hat{\sigma}^*_{reproducibility} = \sqrt{\hat{\sigma}^2_{reproducibility} - \frac{\hat{\sigma}^2_{repeatability}}{n \times r}}$$

$$= \sqrt{0.03544^2 - 0.03398^2/(10 \times 2)} = 0.03461$$

$$\hat{\sigma}_P = \frac{R_{\bar{x}}}{d_2(10)} = 0.5583/3.078 = 0.181384$$

$$\hat{\sigma}_{gage} = \sqrt{\hat{\sigma}^2_{repeatability} + \hat{\sigma}^2_{reproducibility}}$$

$$= \sqrt{0.03398^2 + 0.03544^2} = 0.0491$$

(4) 미니탭에 의한 결과를 작업표 양식과 계산 양식을 이용한 다음 도표의 결과와 비교해 볼 수 있다.

[도표 6.37(a)] 작업표 양식의 사용예

열번호	1	2	3	4	5	6	7	8	9	10	11	12
작업자	A				B				C			
시료번호	1차반복	2차반복	3차반복	범 위	1차반복	2차반복	3차반복	범 위	1차반복	2차반복	3차반복	범 위
1	0.65	0.60		0.05	0.55	0.55		0.00	0.50	0.55		0.05
2	1.00	1.00		0.00	1.05	0.95		0.10	1.05	1.00		0.05
3	0.85	0.80		0.05	0.80	0.75		0.05	0.80	0.80		0.00
4	0.85	0.95		0.10	0.80	0.75		0.05	0.80	0.80		0.00
5	0.55	0.45		0.10	0.40	0.40		0.00	0.45	0.50		0.05
6	1.00	1.00		0.00	1.00	1.05		0.05	1.00	1.05		0.05
7	0.95	0.95		0.00	0.95	0.90		0.05	0.95	0.95		0.00
8	0.85	0.80		0.05	0.75	0.70		0.05	0.80	0.80		0.00
9	1.00	1.00		0.00	1.00	0.95		0.05	1.05	1.05		0.00
10	0.60	0.70		0.10	0.55	0.50		0.05	0.85	0.80		0.05
합 계												

	A	B	C
합			
$\overline{R}$	$\overline{R}_A$ = 0.045	$\overline{R}_B$ = 0.045	$\overline{R}_C$ = 0.025
$\overline{x}$	$\overline{x}_A$ = 0.8275	$\overline{x}_B$ = 0.7675	$\overline{x}_C$ = 0.8275

$\overline{R}_A$	0.045
$\overline{R}_B$	0.045
$\overline{R}_C$	0.03
합	0.12
$\overline{\overline{R}}$	0.0383

반복회수	D_4
2	3.267
3	2.575

$(\overline{\overline{R}})\times(D_4) = UCL_R$

$(0.0383)\times(3.267) = (0.1251)$

$\text{Max}_i\ \overline{x}_i$	0.8275
$\text{Min}_i\ \overline{x}_i$	0.7675
$R_{\overline{x}}$	0.0600

¶

[도표 6.37(b)] 계산 양식의 사용예

시료이름 : ________ 계측기이름 : ________ 날 짜 : ________

측정특성 : ________ 계측기번호 : ________ 측정자이름 : ________

규 격 : ________ 계측기유형 : ________

데이터 작업표 결과 : $\overline{\overline{R}}$ = (0.0383) $R_{\overline{x}}$ = (0.06)

계측기 분석

반복성—계측기 변동(EV)

$EV = (\overline{\overline{R}}) \times (K_1)$

$= (0.0383) \times (4.56) = (0.1746)$

재현성—측정자 변동(AV)

$AV = \sqrt{[(R_{\overline{x}})\times(K_2)]^2-[(EV)^2/(n\times r)]}$

$= \sqrt{[(0.06)\times(2.70)]^2-[(0.1746)^2/(10\times 2)]}$

$= (0.1572)$

재현성과 반복성(GR&R)

$GR\&R = \sqrt{(EV)^2+(AV)^2}$

$= \sqrt{(0.1746)^2+(0.1572)^2}$

$= (0.2349)$

반복수	2	3
(K_1)	4.56	3.05

측정자수	2	3
(K_2)	3.65	2.70

n: 시료수

r: 반복수

%공차 분석

%EV = 100[(EV)/(공차)]
= 100[(0.1746)/(1.2)]
= (14.55)

%AV = 100[(AV)/(공차)]
= 100[(0.1572)/(1.2)]
= (13.10)

%GR&R = 100[(GR&R)/(공차)]
= 100[(0.2349)/(1.2)]
= (19.58)

¶

6.7.7 계측기 선형성과 편향성 연구

계측기 선형성 연구는 측정값들이 측정예상 범위에 걸쳐서 얼마나 정확한지를 알아내기 위한 것이다. 계측기 선형성 연구는 "이 계측기가 측정되는 개체들의 모든 크기에 대해서 동일한 정확성을 가지고 있는가?" 라는 질문에 답해준다. 계측기 편향성 연구는 관측된 평균 측정값과 한 기준값의 차이를 검토한다. 계측기 편향성 연구는 "한 기준값에 비교했을 때 이 계측기가 얼마나 정확한가?" 라는 질문에 답해준다.

두 가지 연구는 모두 다음과 같은 단계를 거쳐 이루어진다: 먼저 그 측정값들이 한 특정한 공정의 통상적인 범위에 걸치도록 개체들을 선택한다. 다음에 한 기준 측정시스템으로 그 개체들을 측정한다. 그리고 한 측정자가 한 통상적인 계측기로 각 개체를 여러 번 측정한다.

[도표 6.38]의 기준값과 측정값 간의 산점도에서 우리는 이 측정시스템이 작은 값들은 다소 크게 그리고 큰 값들은 다소 작게 측정해주는 것을 볼 수 있다. 즉 이 측정시스템은 선형성에 다소 문제가 있는 것처럼 보인다.

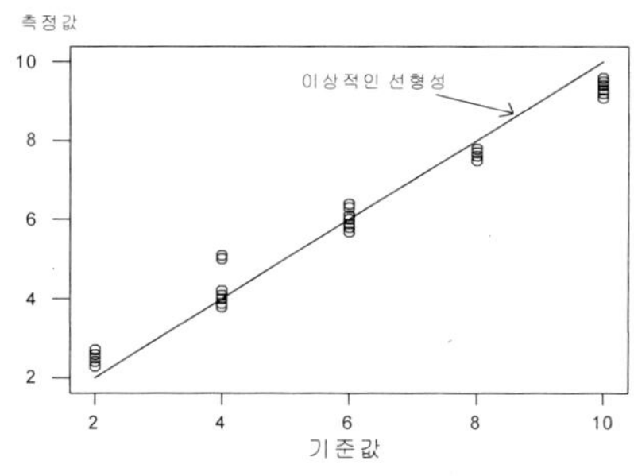


```
MTB > Plot 'Response'*'Master' &
CONT>      'Master'*'Master';
SUBC>   Symbol;
SUBC>     Type 1 0;
SUBC>     Color 1;
SUBC>     Size 1.0;
SUBC>   Connect;
SUBC>     Type 0 1;
SUBC>     Color 1;
SUBC>     Size 1;
SUBC>   Overlay;
SUBC>   Scale 1;
SUBC>     Tick 2:10/2;
SUBC>   Scale 2;
SUBC>     Tick 2:10/2.
```

[도표 6.38] 기준값과 측정값의 산점도

계측기 선형성을 계산하려면 우선 각 기준값에서 오차(=측정값-기준값)들의 평균—이를 평균오차라고 부르기로 하자—을 구한다. 그 다음 이 평균오차들과 기준값들 간의 산점도를 그린다. 그러면 계측기 선형성은 다음과 같이 정의된다:

계측기 선형성(EL) = |오차 산점도의 기울기| * 공정변동.

여기서 오차 산점도의 기울기로는 흔히 최소제곱선의 기울기를 사용한다.

※ 평균오차들을 사용한 최적 적합선과 오차들 자신을 사용한 최적 적합선은 동일하다. 그러나 결정계수(R^2)는 서로 다르다. ([도표 6.37(b)]를 참조하라.)

[도표 6.39]의 오차산점도에서 이상적인 선형성을 보이는 측정시스템은 오차의 기울기가 0이 될 것이다. 반면에 오차 산점도의 기울기가 1이라면 이 측정시스템의 선형성은 공정변동이 되며, 선형성이 전혀 결여되어 있음을 나타낸다. 일반적으로 오차 산점도의 기울기가 0에 더 가까울수록 계측기 선형성은 더 좋다. 선형성은 공정 변동의 백분율로 표현될 수도 있다:

백분율 선형성(%EL) = EL / 공정변동 * 100
= | 오차 산점도의 기울기 | * 100.

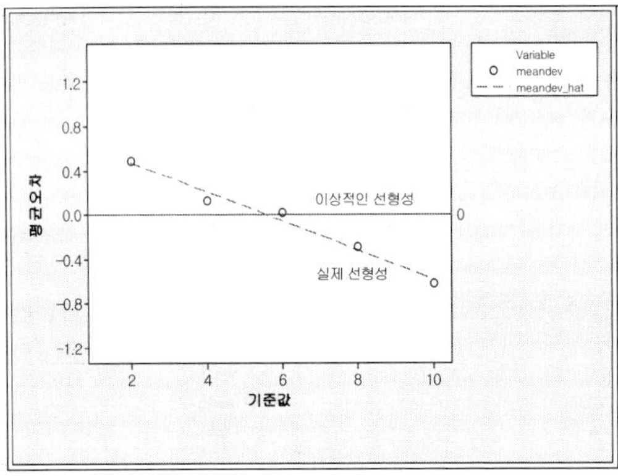


```
MTB > name c7 'meandev_hat'
MTB > let 'meandev_hat' = 0.737 &
CONT>                - 0.132* 'mas'
MTB > Plot 'meandev'*'mas' &
CONT>      'meandev_hat'*'mas';
SUBC>   Symbol;
SUBC>     Type 1 0;
SUBC>   Connect;
SUBC>     Type 0 2;
SUBC>   Overlay;
SUBC>   Scale 1;
SUBC>     Tick 2:10/2;
SUBC>   Scale 2;
SUBC>     Tick -1.2:1.2/0.4;
SUBC>   Reference 2 0.
```

[도표 6.39] 오차 산점도

계측기 편향성도 각 기준값에서 평균오차들을 토대로 정의된다: 즉

계측기 편향성(EB) = 평균오차들의 평균

편향성은 전체 공정 변동의 백분율로 표현될 수도 있다:

백분율 편향성(%EB) = |EB| / 공정변동 * 100.

[연구] 계측기 편향성을 위와 같이 정의하는 것은 실제로 존재하는 편향성을 희석하고 덮는 효과가 있다. 따라서 이보다는, 각 기준값에서 편향성(즉 평균오차)을 측정한 후 이들의 RMS(root mean square)로 전체 편향성을 정의하는 것도 하나의 대안이 될 수 있을 것이다(Jeon & Ahn, 2009).

■ 미니탭 실습: 계측기 선형성과 편향성 연구

□ 세션 명령

```
LNGAGE;      # Stat > Quality Tools > Gage Study > Gage Linearity and Bias Study
    PARTS C1;
    REFERENCE C2;
    RESPONSE C3;
    SIGMA K. # 공정 시그마: 이 값은 계측기 정확성 연구를 위해 필요하다.
             # 공정 시그마 값으로는 Gage R&R 연구로부터의 연구변동(Study Var 열의
             # Total 행 값)이나 6*경험적 시그마, 또는 공차(tolerance)를 사용한다.
```

예제 6.31 한 공장의 감독이 측정값들의 예상범위를 나타내는 다섯 개체들을 뽑았다. 각 개체는 그 기준값을 정하기 위하여 배치 검사에 의해 측정되었다. 그리고 나서 한 측정자가 각 개체를 12번씩 측정하였다. ANOVA 법에 의한 계측기 R&R 연구를 통해 공정표준편차 즉 연구변동이 14.1941로 얻어졌다. (이 GageLin 데이터는 sqcdata₩gagelin.mtw에 저장되어 있다.) GageLin 데이터에 대한 선형성을 검토해 보자.

개체	참조값	측정값											
2	2	2.7000	2.5000	2.4000	2.5000	2.7000	2.3000	2.5000	2.5000	2.4000	2.4000	2.6000	2.4000
4	4	5.1000	3.9000	4.2000	5.0000	3.8000	3.9000	3.9000	3.9000	3.9000	4.0000	4.1000	3.8000
6	6	5.8000	5.7000	5.9000	5.9000	6.0000	6.1000	6.0000	6.1000	6.4000	6.3000	6.0000	6.1000
8	8	7.6000	7.7000	7.8000	7.7000	7.8000	7.8000	7.8000	7.7000	7.8000	7.5000	7.6000	7.7000
10	10	9.1000	9.3000	9.5000	9.3000	9.4000	9.5000	9.5000	9.5000	9.6000	9.2000	9.3000	9.4000

풀이 ▪ [도표 6.40(a)]의 Gage Linearity 항에서 보듯이, 선형성에 기인한 이 계측기의 변동은 전체 공정변동의 13.167%(%Linearity)이다:

$$EL = |\text{기울기}| \times \text{연구변동} = 0.13167 \times 14.1941 = 1.8689;$$

$$\%EL = 1.8689/14.1941 \times 100 = 13.167(\%)$$

▪ [도표 6.40(a)]의 Gage Bias 항에서 보듯이, 편향성에 기인한 이 계측기의 변동은 전체 공정변동의 0.376%(%Bias)이다.

$$EB = \{\text{측정값} - \text{참조값}\}\text{들의 평균} = -0.0533;$$
$$\%EB = 0.0533/14.1941 \times 100 = 0.3755(\%).$$

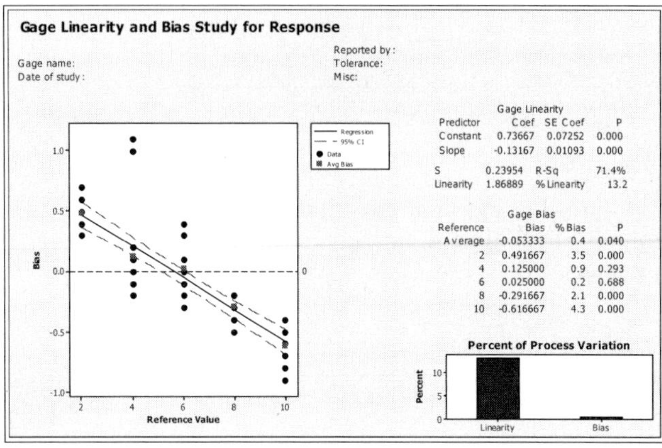


```
MTB > LNGage;
SUBC>  Part 'Part';
SUBC>  Referene 'Master';
SUBC>  Response 'Response';
SUBC>  Sigma 14.1941.
```

[도표 6.40(a)] 계측기 선형성/편향성 – GageLin data

- [도표 6.40(b)]는 [도표 6.40(a)]의 선형성/편향성 결과들을 직접 확인해 보기 위한 절차이다. 편차(dev)의 평균이 편향성과 일치하고, 편차의 기울기가 선형성과 일치하고 있음을 알 수 있다. ¶

[도표 6.40(b)] 계측기 선형성/편향성: 확인

```
MTB > name c4 = 'dev'
MTB > let 'dev ' = 'Response' - 'Master'
MTB > Describe 'dev'

Descriptive Statistics

Variable   N  N*     Mean  SE Mean  StDev  Minimum       Q1   Median     Q3  Maximum
dev       60   0  -0.0533   0.0574 0.4443  -0.9000  -0.3750  -0.1000 0.3000   1.1000

MTB > Regress 'dev' 1 'Master'; # 편차들과의 회귀
SUBC>   Constant;
SUBC>   Brief 2.

Regression Analysis: dev versus Master

The regression equation is
dev = 0.737 - 0.132 Master

Predictor      Coef  SE Coef       T      P
Constant    0.73667  0.07252   10.16  0.000
Master     -0.13167  0.01093  -12.04  0.000

S = 0.239540   R-Sq = 71.4%   R-Sq(adj) = 70.9%
MTB > stat 'dev';
SUBC> by 'Master';
SUBC> mean 'meandev';
SUBC> gvalues 'mas'.

MTB > Regress 'meandev' 1 'mas'; # 편차들의 평균과의 회귀
SUBC>   Constant;
SUBC>   Brief 2.
```

```
Regression Analysis: meandev versus mas

The regression equation is
meandev = 0.737 - 0.132 mas

Predictor       Coef   SE Coef       T      P
Constant     0.73667   0.07579    9.72  0.002
mas         -0.13167   0.01143  -11.52  0.001

S = 0.0722649   R-Sq = 97.8%   R-Sq(adj) = 97.1%
```

6.7.8 계측기 안정성 연구

측정 시스템은 온도(열), 습도 등과 같은 사용 환경의 변화나 계측기의 마모 등에 의해 시간이 지남에 따라 동일한 개체에 대한 측정들이 다른 패턴을 보일 수 있다. 계측기 안정성 연구는 이와 같은 시간에 걸친 측정값들의 변동을 평가하려는 작업이다. 우리는 계측기 안정성 연구를 통해 적절한 계측기 교정 주기를 산정할 수 있다. 계측기 안정성 연구는 또 제조 프로세스를 부적절하게 조정하는 것(tampering)을 피하기 위해서도 필요하다.

일반적으로 다음과 같은 조건들이 계측기의 안정성에 영향을 주는 것으로 알려져 있다:

- 주기적으로 계측기 교정이 이루어지지 않은 경우
- 계측기 미사용 기간
- 개체의 온도
- 계측기의 작동준비(warm-up)와 진정(cool-down) 상태
- 공기압의 변동
- 주위의 온도(열)와 습도
- 계측기의 오염
- 계측기와 측정될 개체의 상호작용

통계적 안정성은 측정시스템의 성능이 랏별로 일관성이 있는 것을 가리킨다. 만일 계측기가 통계적으로 안정적이라면, 각 랏에 대한 히스토그램은 형상과 범위가 거의 동일하게 된다. 그리고 후속 랏들의 평균은 서로 유사하게 된다. 만일 계측기가 통계적으로 안정적이지 않다면, 랏별 히스토그램들은 평균이나 범위가 변하게 된다.

(1) 시각적 연구

$\bar{x}-R$ 관리도는 관리 이력(control history)을 시각적으로 보여준다. 우리는

기준 개체를 같은 측정 시스템으로 기준 시각들에서 한번 또는 반복 측정한 값들을 관리도로 나타냄으로써 계측기의 안정성을 시각적으로 검토해볼 수 있다. 이 때 계측기의 측정범위에 속하는 여러 기준 개체들에 대해서 개별적으로 안정성을 검토해 볼 필요가 있다.

(2) 수치적 연구

주어진 시점들에서 공정의 중심이나 표준편차를 비교해 봄으로써 계측기의 안정성을 판정해 볼 수 있다.

- %안정성(중심) = $\dfrac{|\overline{x}(t_1) - \overline{x}(t_2)|}{TOL} \times 100$
- %안정성(변동성) = $\dfrac{\hat{\sigma}(t_2)}{\hat{\sigma}(t_1)} \times 100$

6.7.9 계측기 관리

측정시스템을 주기적으로 평가하고, 필요하면 검정·교정(test and calibration)을 실시하여 계측기가 늘 관리상태를 유지하도록 예방관리활동을 해야 한다. 계측기 관리를 위해서는 먼저 계측기 R&R 연구를 통해 계측기의 정확도(정확성, 선형성, 안정성)를 확보해야한다.

■ 측정시스템에 대한 판정

[도표 6.41] %GR&R에 따른 측정시스템의 판정

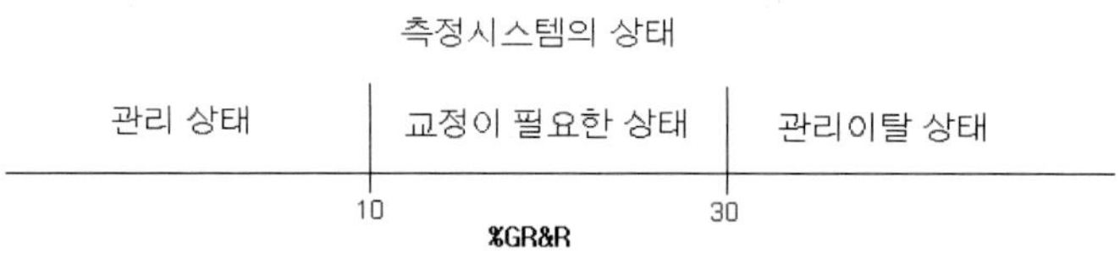

[도표 6.42] QS-9000의 지침

%GR&R	측정시스템에 대한 판정
10% 미만	합격
10%~30%	측정 대상의 중요성, 계측기 비용, 수리비용 등을 토대로 합격
30% 초과	개선 필요

AIAG(2002)에서는 QS-9000의 합격 기준에 더하여 NDC≥5를 요구하고 있다.

- 측정시스템의 검정 · 교정에 관한 규격: MIL-STD-45662A(1980)

□ 국가교정검사

교정검사는 국가계량표준을 산업체, 연구소, 시험검사기관 등 일선기관에 공급하는 수단으로서 이의 실시를 통하여 계량계측기기의 정밀도 유지 향상과 정밀계측기술의 보급으로 공산품 품질 향상에 기여하게 된다.

6.7.10 계수형 계측기 능력

우리는 지금까지 측정치들이 계량형이라고 간주하고 계측기의 능력을 분석하였다. 그러나 계측기의 아웃풋이 계수형인 경우도 흔히 있다.

□ 계수형 계측기 연구

계수형 계측기 연구는 계수형 측정시스템의 정밀도를 추정하고자 하는 것이다. 미니탭의 Attribute Gage Study(LongMethod 명령)는 반응변수가 이항 속성인 경우에 다음과 같이 측정시스템의 편향성과 반복성을 추정해준다:

- 계측기 편향성 = 실제 측정값 - 참조값. (만일 실제 측정값이 알려져 있지 않은 경우에는 확률도에 적합된 회귀선으로부터 적합값을 사용한다.)
- 조정전의 계측기 반복성 = $x_T(P_a(0.995)) - x_T(P_a(0.005))$, 여기서 $x_T(P_a(0.995))$는 적합된 회귀선으로부터 합격확률이 0.995에 해당하는 분위수이다.
- (조정후의) 계측기 반복성 = $\dfrac{x_T(P_a(0.995)) - x_T(P_a(0.005))}{1.08}$, 여기서 1.08은 AIAG(2002)에 의해 주어진 조정계수이다.

예제 6.32 한 자동차 제조업체는 자동화된 계수형 측정시스템의 편향성과 반복성을 측정하려고 한다. 이 시스템은 공차하한이 -0.020이고 공차상한이 0.020이다. 이 제조업체는 -0.05에서 -0.005까지 0.005간격으로 구성된 참조값들을 가지는 10개의 개체들을 이 측정시스템으로 20번씩 측정하였다. (이 데이터는 autogage.mtw에 저장되어 있다.) 이 측정시스템의 편향성과 반복성을 평가해 보자.

개체	1	2	3	4	5	6	7	8	9	10
참조값	-0.050	-0.045	-0.040	-0.035	-0.030	-0.025	-0.020	-0.015	-0.010	-0.005
합격	0	1	2	5	8	12	17	20	20	20

풀이 ▪ [도표 6.41]에서 보듯이, 편향성은 0.0097955이고 조정전의 반복성은 0,0458060이다. 편향성에 대한 검정 결과는 편향성이 0과 유의하게 다름을 시사한다. ¶

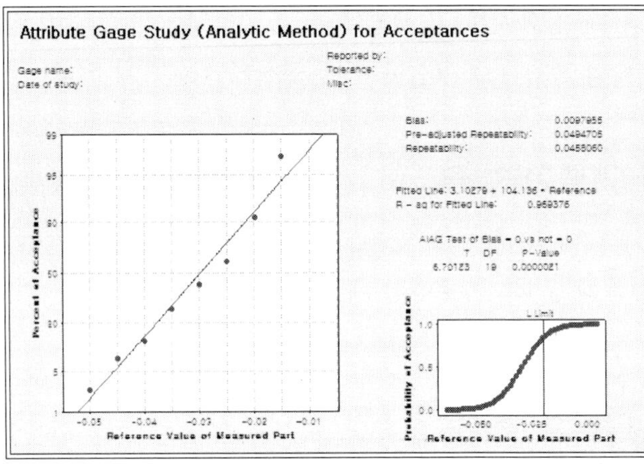


```
MTB > LongMethod;
SUBC>  Part 'Partnumber';
SUBC>  Reference &
CONT>     'Reference';
SUBC>  Response &
CONT>    'Acceptances' 20;
SUBC>  Attribute &
CONT>     "Acceptance";
SUBC>  UseLow;
SUBC>  Tolerance -0.020.
```

[도표 6.41] 계수형 계측기 연구 – AutoGage data

□ 계수형 일치도 분석

계수형 일치도 분석은 평가자간의 일치도를 평가하기 위한 기법이다. 미니탭의 Atttribute Agreement Analysis(AtGage 명령)는 여러 평가자들에 의해 주관적으로 주어진 명목형 또는 순서형 등급들의 일치도를 평가하며 다음과 같은 아웃풋을 제공한다:

- 세션 아웃풋은 네 개의 평가일치도 표를 전시해준다: "평가자 내", "각 평가자 대 표준", "평가자간", 그리고 "모든 평가자 대 표준". 그리고 각 표는 Fleiss의 κ(Kappa) 또는 Cohen의 κ, 그리고 Kendall의 일치도 계수(coefficient of concordance)와 상관계수들을 수반한다.
- 그래픽 아웃풋은 "각 평가자 대 표준"의 일치도 표를 시각화해 준다.

만일 평가자들의 일치도가 높다면, 등급들이 정확할 가능성도 높다. 만일 평가자들의 일치도가 낮다면, 등급의 유용성은 제한적이다.

예제 6.33 한 교육검증 회사는 12학년의 표준화된 에세이 검사의 필기 부분을 위해 다섯 명의 새로운 평가자들(Appraiser)을 훈련시키고 있다. 각 평가자는 15개의 표본 에세이들(Sample)을 5점 척도(−2, −1, 0, 1, 2)로 평가(Rating)하였다. 이 평가자들이 표준들(Attribute)과 일치되게 등급을 매기는지 평가하여 보자. (이 데이터는 Essay.mtw에 저장되어 있다.)

		평가														
표본문제 (표준등급)		1 (2)	2 (-1)	3 (0)	4 (-2)	5 (0)	6 (1)	7 (2)	8 (0)	9 (-1)	10 (1)	11 (-2)	12 (0)	13 (2)	14 (-1)	15 (1)
평가자	Simpson	2	-1	1	-2	0	1	2	0	-1	1	-2	0	2	-1	1
	Montgomery	2	-1	0	-2	0	1	2	0	-1	1	-2	0	2	-1	1
	Holmes	2	-1	0	-2	0	1	2	0	-1	1	-2	0	2	-1	1
	Duncan	1	-2	0	-2	-1	1	1	0	-2	0	-2	-1	2	-1	1
	Hayes	2	-1	0	-2	0	1	2	0	-1	2	-1	0	2	-1	1

풀이 [도표 6.43]의 세션 아웃풋은 세 개의 평가일치도 표를 전시하고 있다: "각 평가자 대 표준", "평가자간", 그리고 "모든 평가자 대 표준." ("평가자 내" 일치도 표가 전시되지 않은 이유는 각 평가자가 일회만 평가를 하였기 때문이다.) 종합적으로, 일치도 통계량들은 좋은 일치도를 나타낸다. 평가자들 간의 총 Kendall 계수는 0.966317이고, 모든 평가자들과 표준에 대한 Kendall 계수는 0.958012이다. 그런데 "각 평가자 대 표준" 표를 살펴보면 Duncan과 Hayes의 평가는 표준과의 일치도가 낮은 반면에, Holmes와 Montgomery의 일치도는 100%이다. [도표 6.42]의 "각 평가자 대 표준" 그래프는 Duncan, Hayes, 그리고 Simpson은 계속적인 훈련이 필요함을 시사한다. ¶

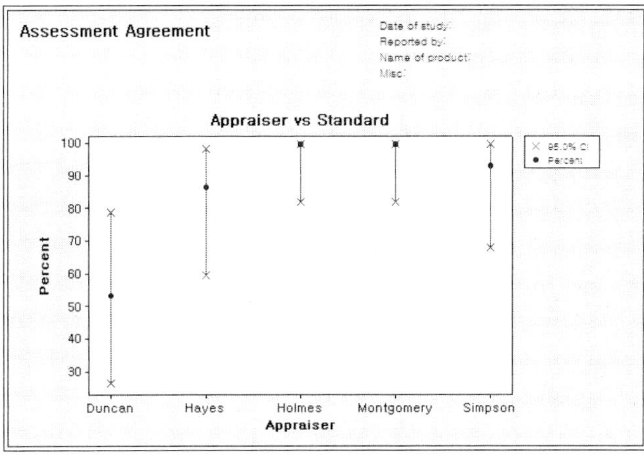


```
MTB > AtGage;
SUBC>   Response 'Rating';
SUBC>   Samples 'Sample';
SUBC>   Appraisers 'Appraiser';
SUBC>   Attribute 'Attribute';
SUBC>   Ordinal;
SUBC>   GAppraiser;
SUBC>   GAttribute;
SUBC>   OneDoc;
SUBC>   Brief 2.
```

[도표 6.42] 평가자 일치도 – Essay data

[도표 6.43] 평가자 일치도: 세션 아웃풋

Attribute Agreement Analysis for Rating

Each Appraiser vs Standard

Assessment Agreement

Appraiser	# Inspected	# Matched	Percent	95% CI
Duncan	15	8	53.33	(26.59, 78.73)
Hayes	15	13	86.67	(59.54, 98.34)
Holmes	15	15	100.00	(81.90, 100.00)
Montgomery	15	15	100.00	(81.90, 100.00)
Simpson	15	14	93.33	(68.05, 99.83)

Matched: Appraiser's assessment across trials agrees with the known standard.

Fleiss' Kappa Statistics

Appraiser	Response	Kappa	SE Kappa	Z	P(vs > 0)
Duncan	-2	0.58333	0.258199	2.25924	0.0119
	-1	0.16667	0.258199	0.64550	0.2593
	0	0.44099	0.258199	1.70796	0.0438
	1	0.44099	0.258199	1.70796	0.0438
	2	0.42308	0.258199	1.63857	0.0507
	Overall	0.41176	0.130924	3.14508	0.0008
Hayes	-2	0.62963	0.258199	2.43855	0.0074
	-1	0.81366	0.258199	3.15131	0.0008
	0	1.00000	0.258199	3.87298	0.0001
	1	0.76000	0.258199	2.94347	0.0016
	2	0.81366	0.258199	3.15131	0.0008
	Overall	0.82955	0.134164	6.18307	0.0000
Holmes	-2	1.00000	0.258199	3.87298	0.0001
	-1	1.00000	0.258199	3.87298	0.0001
	0	1.00000	0.258199	3.87298	0.0001
	1	1.00000	0.258199	3.87298	0.0001
	2	1.00000	0.258199	3.87298	0.0001
	Overall	1.00000	0.131305	7.61584	0.0000
Montgomery	-2	1.00000	0.258199	3.87298	0.0001
	-1	1.00000	0.258199	3.87298	0.0001
	0	1.00000	0.258199	3.87298	0.0001
	1	1.00000	0.258199	3.87298	0.0001
	2	1.00000	0.258199	3.87298	0.0001
	Overall	1.00000	0.131305	7.61584	0.0000
Simpson	-2	1.00000	0.258199	3.87298	0.0001
	-1	1.00000	0.258199	3.87298	0.0001
	0	0.81366	0.258199	3.15131	0.0008
	1	0.81366	0.258199	3.15131	0.0008
	2	1.00000	0.258199	3.87298	0.0001
	Overall	0.91597	0.130924	6.99619	0.0000

Kendall's Correlation Coefficient

Appraiser	Coef	SE Coef	Z	P
Duncan	0.87506	0.192450	4.49744	0.0000
Hayes	0.94871	0.192450	4.88016	0.0000
Holmes	1.00000	0.192450	5.14667	0.0000
Montgomery	1.00000	0.192450	5.14667	0.0000
Simpson	0.96629	0.192450	4.97151	0.0000

Between Appraisers

Assessment Agreement

# Inspected	# Matched	Percent	95% CI

```
        15          6    40.00  (16.34, 67.71)

# Matched: All appraisers' assessments agree with each other.


Fleiss' Kappa Statistics

Response      Kappa   SE Kappa         Z  P(vs > 0)
-2         0.680398  0.0816497   8.3331     0.0000
-1         0.602754  0.0816497   7.3822     0.0000
0          0.707602  0.0816497   8.6663     0.0000
1          0.642479  0.0816497   7.8687     0.0000
2          0.736534  0.0816497   9.0207     0.0000
Overall    0.672965  0.0412331  16.3210     0.0000


Kendall's Coefficient of Concordance

    Coef  Chi - Sq  DF       P
0.966317   67.6422  14  0.0000
```

All Appraisers vs Standard

```
Assessment Agreement

# Inspected  # Matched  Percent       95% CI
        15          6    40.00  (16.34, 67.71)

# Matched: All appraisers' assessments agree with the known standard.


Fleiss' Kappa Statistics

Response      Kappa  SE Kappa        Z  P(vs > 0)
-2         0.842593  0.115470   7.2971     0.0000
-1         0.796066  0.115470   6.8941     0.0000
0          0.850932  0.115470   7.3693     0.0000
1          0.802932  0.115470   6.9536     0.0000
2          0.847348  0.115470   7.3383     0.0000
Overall    0.831455  0.058911  14.1136     0.0000


Kendall's Correlation Coefficient

    Coef    SE Coef        Z       P
0.958012  0.0860663  11.1090  0.0000

* NOTE * Single trial within each appraiser. No percentage of assessment agreement within
appraiser is plotted.
```

6.8 연습문제

01 다음을 설명하라.

(1) 공정의 장기 능력과 단기(또는 순간) 능력 그리고 이들을 추정하는 방법

(2) 겹침공차

(3) 공차한계(tolerance limits)와 신뢰한계

(4) 모토롤라에서 목표로 삼고 있는 6 시그마 수준

(5) 공정성능 분석과 공정능력 분석

02 어떤 공정에서 생산되는 제품의 한 품질특성은 관리상태에 있고 평균 6, 표준편차 0.01인 정규분포를 따른다.(도움말: 아래 각 문제에 대해 적절한 능력지수 하나만을 제시하여야 함)

(1) 제품의 규격이 6 ± 0.05 일 경우

① 공정능력지수를 구하고 공정능력을 평가하라.

② 만약 공정평균이 6에서 5.98로 이동하였다면 공정능력지수는 어떻게 변하겠는가? 이때의 능력을 평가하라.

③ 이 제품 규격의 목표값(target 또는 ideal value)이 규격중심 6이 아니라 6.01이라면 공정능력지수는 얼마인가? 이 때의 능력을 평가하라.

④ 만약 공정평균이 6에서 5.98로 이동하였고 이 제품 규격의 목표값이 규격중심 6이 아니라 6.01이라면 공정능력지수는 얼마인가? 이 때의 능력을 평가하라.

(2) 제품의 규격이 6 + 0.05로 한쪽에만 정해져 있다면 공정능력지수는 얼마인가? 이때의 능력을 평가하라.

03 전압안정기의 저항을 측정하는데 사용되는 한 LCR 계측기기의 정밀성을 분석하기 위해 규격이 2.565 ~ 2.835($k\Omega$)인 기준저항을 대상으로 측정값들을 얻었다. (이 데이터는 sqcdata₩resistance.mtw에 저장되어 있다.) 이 데이터에 대해 미니탭의 정밀성분석 명령 GAGERR($\overline{X}-R$관리도법)을 수행한 결과가 다음과 같다:

■ 프로그램

```
MTB > GageRR; # Stat > Quality Tools > Gage R&R Study
SUBC>   XBAR; # Xbar-R method
SUBC>   Parts 'parts';
SUBC>   Opers 'operators';
SUBC>   Response 'responses';
SUBC>   Studyvar 5.15;  # 각 성분의 연구변동은 해당 표준편차의 5.15
                          배로 정의된다
SUBC>   Toler 0.27.     # 공차
```

■ 결과물

Gage R&R Study - XBar/R Method

Gage R&R for responses

Source	Variance	StdDev	5.15*Sigma
Total Gage R&R	1.07E-04	1.03E-02	5.33E-02
Repeatability	1.07E-04	1.03E-02	5.33E-02
Reproducibility	0.00E+00	0.00E+00	0.00E+00
Part-to-Part	1.76E-05	4.19E-03	2.16E-02
Total Variation	1.25E-04	1.12E-02	5.75E-02

Source	%Contribution	%Study Var	%Tolerance
Total Gage R&R	85.885	92.674	19.73
Repeatability	85.885	92.674	19.73
Reproducibility	0.000	0.000	0.00
Part-to-Part	14.115	37.569	8.00
Total Variation	100.000	100.000	21.29

Number of distinct categories = 1

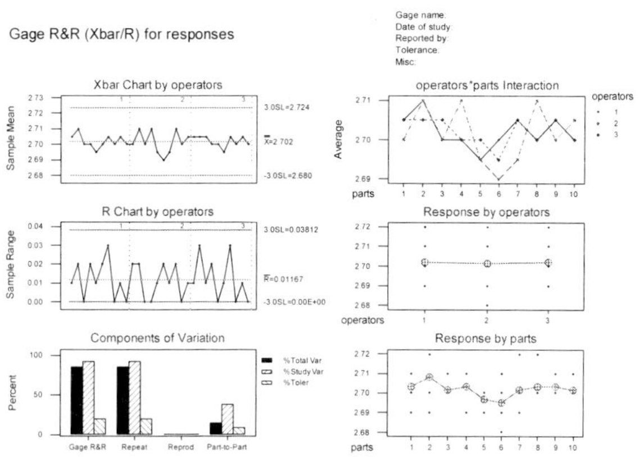

(1) 작업자별로 구분된 R 관리도로부터 범위들이 일관성이 있는가 점검하라.

(2) 작업자별로 구분된 Xbar 관리도로부터 이 측정시스템이 부품간의 변동을 찾아내기에 적합한지 판단하라.

(3) %R&R(Total Variation)와 %R&R(Tolerence)를 구하고 그 뜻을 설명하라.

(4) %PV(Total Variation)와 %PV(Tolerence)를 구하고 그 뜻을 설명하라.

(5) 이 측정시스템의 정밀도를 종합적으로 평가하라.

(6) 측정시스템의 정확성, 선형성, 안정성이란 무엇인지 논의하라.

04 아래 데이터는 두 명의 측정자가 9개의 웨이퍼의 두께를 3번씩 측정한 데이터이다. 계측기 R&R 연구와 선형성/정확성 연구를 실시하라. (이 데이터는 sqcdata₩wafer.mtw에 저장되어 있다.)

웨이퍼 \ 측정자	1	2	기준값
1	15641 15641 15625	15686 15701 15701	15640
2	18051 18056 18056	18093 18096 18095	18050
3	16857 16857 16875	16893 16910 16893	16860
4	16382 16365 16382	16382 16398 16398	16370
5	24770 24771 24772	24771 24773 24772	24770
6	16928 16910 16928	16943 16949 16945	16920
7	16991 17016 16999	17011 17016 17008	17000
8	16415 16432 16432	16481 16498 16498	16420
9	17013 17016 17015	17016 17018 17016	17015

05 세 명의 측정자가 20 개체들을 두 번씩 측정하였다. 이 데이터에 대한 Gage R&R 연구를 실시하여라. (이 데이터는 sqcdata₩R&RData1.mtw에 저장되어 있다.)

개체 \ 측정자	1	2	3
1	21.000 20.000	20.000 20.000	19.000 21.000
2	24.000 23.000	24.000 24.000	23.000 24.000
3	20.000 21.000	19.000 21.000	20.000 22.000
4	27.000 27.000	28.000 26.000	27.000 28.000
5	19.000 18.000	19.000 18.000	18.000 21.000
6	23.000 21.000	24.000 21.000	23.000 22.000
7	22.000 21.000	22.000 24.000	22.000 20.000
8	19.000 17.000	18.000 20.000	19.000 18.000
9	24.000 23.000	25.000 23.000	24.000 24.000
10	25.000 23.000	26.000 25.000	24.000 25.000
11	21.000 20.000	20.000 20.000	21.000 20.000
12	18.000 19.000	17.000 19.000	18.000 19.000
13	23.000 25.000	25.000 25.000	25.000 25.000
14	24.000 24.000	23.000 25.000	24.000 25.000
15	29.000 30.000	30.000 28.000	21.000 20.000
16	26.000 26.000	25.000 26.000	25.000 27.000
17	20.000 20.000	19.000 20.000	20.000 20.000
18	19.000 21.000	19.000 19.000	21.000 23.000
19	25.000 26.000	25.000 24.000	25.000 25.000
20	19.000 19.000	18.000 17.000	19.000 17.000

06 GageLin 데이터에 R&R 연구를 실시하라.

07 한 제품의 차원이 부품들 차원의 선형 결합으로 표현될 수 있는 경우 즉, 부품 차원들을 $x_1, x_2, \ldots, x_n$ 라 하면, 최종 제품의 차원이

$$y = a_1 x_1 + a_2 x_2 + \cdots + a_n x_n$$

로 표현될 수 있는 경우를 고려하자. 여기서 x_i 들은 독립적으로 $N(\mu_i, \sigma^2)$ 를 따른다.

(1) 겹침 공차(overlapping tolerance)란 무엇인가?

(2) 최종 제품의 자연 공차는 규격을 벗어나는 비율이 α 를 넘지 않도록 정의되어 있으며, 규격폭이 $2W$ 라고 하자.

① 자연공차한계와 규격한계가 일치하도록 허용하는 최종제품 분산 σ_y^2 의 최대가능값을 구하라.

② 개별 부품 분산 σ^2 의 최대 허용값을 구하라.

08 다음은 한 품질특성 X를 관리하기 위해 표본을 뽑은 결과이다. (표본크기는 모두 $n=4$)

번호	평균	범위
1	32.650	2.5
2	32.850	1.7
3	33.150	2.6
4	33.075	2.3
5	33.450	2.1
6	33.650	2.4
7	31.850	3.0
8	32.925	2.5
9	32.375	1.2
10	32.300	1.1
11	32.825	3.1
12	33.225	1.0
13	32.675	2.4
14	33.600	0.7
15	32.775	3.0
16	32.825	3.3
17	32.625	1.3
18	32.700	3.5
19	32.225	2.0
20	33.175	1.6

(참고 : $\sum_{i=1}^{n} \bar{x}_i = 657.975$, $\sum_{i=1}^{n} R_i = 43.3$)

(1) 위 데이터로부터 $\bar{x}-R$ 관리도를 작성하려고 한다.

① X의 분포에 대해 필요한 가정을 하라.

② 표본평균 $\bar{x}$ 의 분포를 밝혀라.

③ 표본표준편차 S의 기대값과 표준편차를 밝혀라.

④ 표본범위 R의 기대값과 표준편차를 밝혀라.

(2) R 관리도를 위한 CL, LCL, UCL을 구하라.

(3) $\bar{x}$ 관리도를 위한 CL, LCL, UCL을 구하라.

(4) (2)와 (3)의 $\bar{x}-R$ 관리도에 점을 찍어보면 X의 평균수준과 변동성이 모두 관리상태에 있음을 알 수 있다 그런데 X에 대한 품질규격은 규격상한 USL = 35.9, 규격하한 LSL = 29.9로 정해져 있다. 공정능력지수 C_p를 구하고 공정의 능력이 무슨 급에 속하는지 평가하라.

09 다음과 같은 부품 규격을 가지는 세 부품을 직렬로 조립하여 완성되는 제품 y의 규격을 아래의 방법으로 각각 구하라:

$$1.250 \pm 0.005,\ 1.382 \pm 0.010,\ 1.128 \pm 0.003.$$

(1) 산술적 또는 WC(worst-case) 공차누적

(2) RSS(root sum square) 공차누적

10 네 부품이 직렬로 구성된 한 연동장치를 고려하자. 길이 x_1, x_2, x_3, 그리고 x_4는 각각 평균이 2.0, 3.0, 3.0, 2.0이고 표준편차는 동일한 정규분포를 따르며, 서로 독립이라고 한다. (모든 단위는 cm이다.)

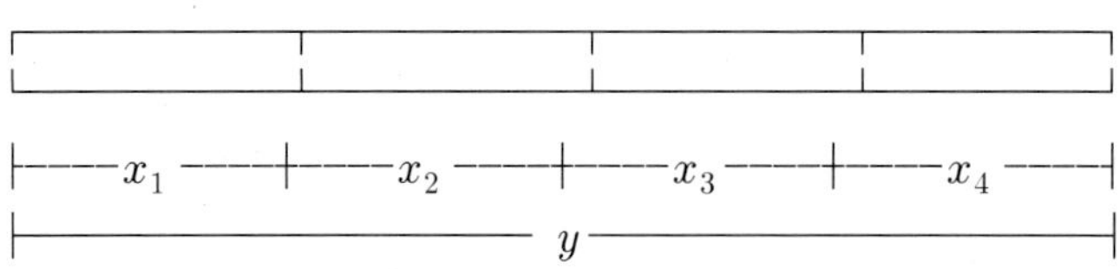

(1) 조립된 연동장치의 규격은 10.0 ± 0.09로 정해져 있다. 각 부품의 공통 표준편차가 0.02일 때 이 규격에 드는 연동장치들의 비율을 구하라.

(2) 최종제품의 규격한계가 자연공차한계와 같거나 이보다 약간 바깥쪽이 되도록 하려면 각 부품의 공통 표준편차는 얼마이내가 되어야 하는가?

7 Chapter

통계적 공정관리의 기타 논제

7.1 관리도 설계

관리도는 한 공정의 통계적 관리를 확립하고 유지하는데 널리 사용된다. 관리도는 또한, 특히 공정능력 연구에서, 공정 퍼래미터들을 추정하기 위한 효과적인 도구이다. 관리도를 사용하려면 엔지니어나 애널리스트가 표본크기, 표집빈도(표집간격), 그리고 관리도의 관리한계들을 선택해야 한다. 이들 세 퍼래미터들을 선택하는 것을 관리도 설계라고 한다.

(1) 통계적 설계와 경제적 설계

우리는 지금까지 제1종오류의 크기(즉 생산자위험) α 나 제2종오류의 크기(즉 소비자위험) β, OC 곡선, ARL, 특정변화를 탐지해낼 확률 등을 고려하여 관리도의 매개변수(parameters)들을 선택하였다. 이와 같은 관리도 설계방식을 통계적 설계라고 부를 수 있을 것이다.

그런데 관리도 설계는 경제적인 결과들을 수반한다: 표집과 측정(또는 시험)비용, 특정원인 발생 탐지비용과 탐지된 특정원인 수정비용, 그리고 불량품발생에 따른 비용 등. 따라서 우리는 경제적 측면을 고려하여 관리도를 설계할 필요가 있다.

(2) 비용범주들과 비용 매개변수들

□ 표집과 시험비용

이 비용범주에는 검사원의 급여, 측정장비 비용, 표집된 제품 단위당 비용이 포함된다. 표집과 시험비용은 대개 다음과 같이 고정성분과 가변(또는 변동)성분으로 이루어진다고 가정된다:

$$a_1 + a_2 n$$

□ 특정원인 발생 탐지비용과 탐지된 특정원인 수정 또는 조정 비용.

- 분리모형. 분리모형에서는 거짓신호 탐지비용과 특정원인을 수정하기 위한 비용을 분리하여 고려한다. 그리고 공정을 수정하기 위한 비용은 특정원인의 유형에 따라 다른 비용계수들을 사용하여 모형화한다.
- 단일모형에서는 특정원인 발생 탐지와 수정에 들어가는 비용을 한 비용계수를 사용하여 나타낸다.

□ 불량품 발생에 따른 비용

이 비용범주는 전형적인 실패비용들로 이루어진다. 내부실패비용은 재작업과 폐기비용을 포함한다. 외부실패비용은 보증에 의한 교환이나 수리비용, 고객의 불만족으로 인한 잠재비용, 제품책임 보상청구로부터 초래되는 비용 등을 포함한다. 이들 비용은 흔히 단위 시간당, 또는 단위 제품당 단일 평균 비용계수를 사용하여 모형화된다.

7.2 다변량 통계적 공정관리

많은 통계적 공정관리 상황에서 공정의 품질은 상관된 여러 품질변수들에 의해 특징이 드러난다. 이런 다변량 SPC 상황에서는 품질특성 X와 모수 θ가 벡터가 될 것이다. 다변량 품질관리 문제들에서 공정 감시에 대한 가장 보편적인 접근법은, 그들의 결합 성능을 무시하고, 각 품질변수에 대해 개별적인 일변량 관리도들을 적용하는 것이다. 물론 품질변수들간의 상관행렬을 검토했을 때 상관계수들이 모두 0.1 이하라면 굳이 다변량 관리도를 사용할 필요가 없다.

그러나 데이터가 상관된 변수들을 포함한다면 개별적인 일변량 관리도들은 변수들이 결합하여 공정에 미치는 영향을 간과하기 때문에 공정에 대한 잘못된 판단을 하도록 할 수 있다. 최근에는 이론적 토대의 확장과 소프트웨어의 발달로 다변량 관리도들이 널리 쓰이고 있다. 특히 이변량 품질관리 문제에 대해서는 이변량 품질벡터의 산점도와 관리 타원(control ellipse)을 비교하는 것도 한 가지 접근법이 되고 있다. 그런데 일반적으로 다변량 관리도들은 해석이 쉽지 않으므로 일변량 관리도들과 병행하여 사용하는 것이 바람직하다.

다변량 관리도들은 일변량 관리도들에 비해 다음과 같은 이점들을 가진다:

- 관련된 변수들의 실제 관리영역이 표현된다(이변량인 경우의 관리타원).
- 제1종 오류의 크기를 유지할 수 있다.
- 하나의 단일 관리한계선이 공정이 관리상태에 있는지 여부를 판정한다.

우리는 이 절에서 다음과 같은 세 가지 다변량 관리도를 소개할 것이다:

T^2 관리도, 일반화 분산 관리도, 다변량 EWMA 관리도, 그리고 관리타원. 이 밖에 다변량 cusum 관리도와 PLS(partial least squares, 부분 최소제곱법) 회귀를 이용한 주성분(principal component) 관리도 등이 활발하게 연구되고 있다.

□ 기호 약속

m : 변수들의 수

g : 부분군들의 수

n : 부분군 크기

7.2.1 T-제곱 관리도

Hotelling T^2는 스튜던트의 t 통계량의 다변량 버전으로서, 한 관측벡터가 한 다변량 정규분포의 중심에서 얼마나 떨어져 있는가를 측정한다. Hotelling T^2는 공분산 구조를 감안한 마할라노비스 거리와 밀접하게 관련되어 있다. T^2 관리도는 공정의 평균을 관리하기 위해 각 부분군 t에 대해 T_t^2를 타점한다. T_t^2는 다음과 같이 계산된다:

$$T_t^2 = n(\bar{\boldsymbol{x}}_t - \bar{\bar{\boldsymbol{x}}})' S^{-1} (\bar{\boldsymbol{x}}_t - \bar{\bar{\boldsymbol{x}}}), \tag{7.2.1}$$

여기서 $\bar{\boldsymbol{x}}_t$는 t번째 부분군의 평균 벡터이고, $\bar{\bar{\boldsymbol{x}}}$는 이들의 평균을 나타낸다. $S = \{\bar{S}_{ij}\}$는 표본공분산 행렬로서 $\bar{S}_{ij}$는 부분군 k에 대해 계산된 변수 i와 j의 공분산 S_{ijk}들을 모든 부분군에 대해 평균을 한 값이다: $\bar{S}_{ij} = \sum_{k=1}^{m} S_{ijk} / m$.

T^2 관리도의 관리한계선은 공정이 안정되어 있다는 가정 하에서 T^2의 상수배가 F 분포를 따른다는 사실로부터 유도된다:

$$\frac{m(g-1)(n-1)}{gn-g-m+1} T^2 \sim F_{(m,\, gn-g-m+1)}. \tag{7.2.2}$$

이로부터 T^2 관리도의 $100 \times (1-\alpha)\%$ 관리한계선은 다음과 같이 주어진다:

$$UCL = \frac{m(g-1)(n-1)}{gn-g-m+1} F_{\alpha/2,\, m,\, gn-g-m+1},$$

$$LCL = \frac{m(g-1)(n-1)}{gn-g-m+1} F_{1-\alpha/2,\, m,\, gn-g-m+1},$$

여기서 LCL의 하한은 0이다.

□ 미니탭 실습

Stat 〉 Control Charts 〉 Multivariate Charts 〉 Tsquared

TSQUARED C...C E

■ 품질특성들 C...C에 대해 부분군 크기 E를 사용하여 T^2 관리도를 작성

하라.

예제 7.1 한 장난감 제조회사의 생산관리 담당자가 한 장난감 부품의 무게(weight, 단위: g)와 길이(length, 단위: cm)를 감시하려고 한다. 그는 20일간 매일 크기가 4인 부분군을 수집하였다. 이 장난감 데이터는 sqcdata₩toys.mtw에 저장되어 있다. 무게와 길이는 상관되어 있으므로 다변량 관리도를 작성하여 이 공정이 관리상태에 머물러 있는지 판정하려고 한다. 먼저 T^2 관리도를 작성하여 공정의 평균이 관리상태에 있는지 검토하라.

풀이 [도표 7.1]에서 보듯이 모든 점들이 관리한계선 안에 있으므로 무게와 길이의 평균벡터는 관리상태에 머물러 있다고 판정된다.

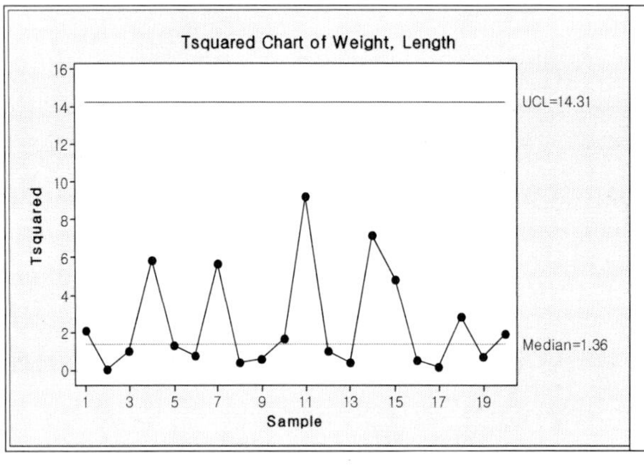


```
MTB > Tsquared 'Weight' &
CONT>  'Length' 'Day'.
```

[도표 7.1] 장난감 데이터에 대한 T^2 관리도

¶

7.2.2 일반화 분산 관리도

일반화 분산(generalized variance)이란 다변량 변동성의 한 측도로서 공분산 행렬 S의 행렬식(determinant) $|S|$로 정의된다. 일반화 분산 관리도는 공정의 변동성을 관리하기 위해 각 부분군 t의 공분산 행렬 S_t의 일반화 분산 $|S_t|$를 타점한다. 참고로, 일반화 분산을 토대로 한 관리도의 통계적 성질에 대해서는 아직도 논란이 있다.

□ 미니탭 실습

Stat 〉 Control Charts 〉 Multivariate Charts 〉 Generalized Variance

GENVAR C...C E

- 품질특성들 C...C에 대해 부분군 크기 E를 사용하여 일반화 분산 관리도를 작성하라.

예제 7.2 (예 7.1, 계속) 이 장난감 데이터의 무게와 길이에 대해 일반화 분산 관리도를 작성하여 공정의 결합변동성이 관리상태에 있는지 검토하라.

풀이 [도표 7.2]에서 보듯이 모든 점들이 관리한계선 안에 있으므로 무게와 길이의 결합변동성에는 변화가 없다고 판정된다.

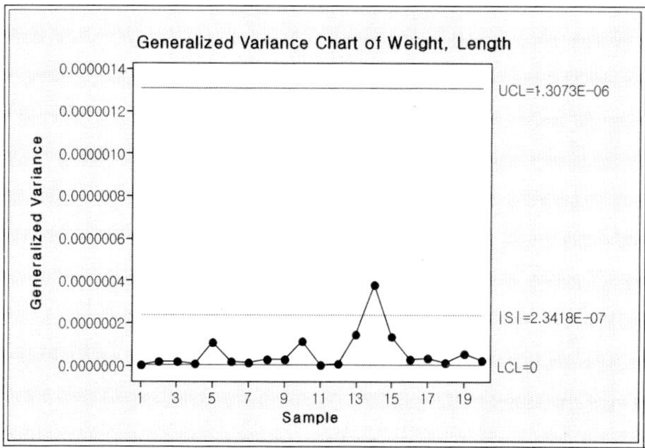


```
MTB > GenVar 'Weight' &
CONT>  'Length' 'Day'.
```

[도표 7.2] 장난감 데이터에 대한 일반화 분산 관리도

¶

7.2.3 다변량 지수가중 이동평균(MEWMA) 관리도

일변량 지수가중(EWMA) 관리도를 위한 지수가중 이동평균은 다음과 같이 정의된다: 가중값 $\lambda\,(>0)$에 대해

$$z_t = \lambda \bar{x}_t + (1-\lambda) z_{t-1}. \tag{7.2.3}$$

다변량인 경우에 이 모형은 다음과 같이 확장될 수 있다:

$$\boldsymbol{z}_t = \Lambda \bar{\boldsymbol{x}}_t + (I-\Lambda) \boldsymbol{z}_{t-1}, \tag{7.2.4}$$

여기서 Λ는 가중값들 $\lambda_1, \lambda_2, \ldots, \lambda_m$을 대각원소로 가지는 대각행렬이다. 다변량 지수가중 이동평균(Mutivariate EWMA, MWEMA) 관리도는 $\boldsymbol{z}_t$에 대한 MEWMA 통계량 T_t^2을 타점한다:

$$T_t^2 = \boldsymbol{z}_t' \Sigma_{z_t} \boldsymbol{z}_t, \tag{7.2.5}$$

여기서 t번째 MEWMA의 공분산행렬 Σ_{z_t}의 (i, j) 원소 $\Sigma_{z_t}(i, j)$는 다음과 같이 주어진다:

$$\Sigma_{z_t}(i, j) = \lambda_i \lambda_j \frac{1-(1-\lambda_i)^t (1-\lambda_j)^t}{\lambda_i + \lambda_j - \lambda_i \lambda_j} \sigma_{ij}, \tag{7.2.6}$$

여기서 σ_{ij}는 품질특성 x들의 공분산행렬 Σ의 (i, j) 원소이다. 만일 $\lambda_1, \lambda_2, \ldots, \lambda_m$이 모두 λ로 동일하다면,

$$\Sigma_{z_t}(i, j) = \frac{\lambda}{2-\lambda}(1-(1-\lambda)^{2t})\sigma_{ij}. \tag{7.2.7}$$

t가 클 때

$$\Sigma_{z_t}(i, j) = \frac{\lambda}{2-\lambda}\sigma_{ij}. \tag{7.2.8}$$

미니탭의 MEWMA 관리도는 가중값들이 모두 동일한 경우만 고려하고 있다.

□ 미니탭 실습

\# Stat 〉 Control Charts 〉 Multivariate Charts 〉 Multivariate EWMA

MEWMA C...C E

  ARL K;

  WEIGHT K.

- 품질특성들 C...C에 대해 부분군 크기 E를 사용하여 MEWMA 관리도를 작성하라.
- 부명령 ARL은 관리상한을 정하기 위해 필요한 평균 런길이로서, 기본값은 200이며 최소값은 1이다.
- 부명령 WEIGHT는 현 관측에 대한 가중값(0~1)으로서, 기본값은 0.1이다.
- 미니탭에서 MEWMA 관리도의 관리상한 h_4은 다음과 같이 근사된다:

$$\begin{aligned} h_4 = & -7.76013 + 1.60220 \times m + 2.44788 \times \lambda \\ & + 2.54407 \times \log_{10} ARL, \end{aligned} \tag{7.2.9}$$

여기서 ARL은 관리도의 성능을 특정하기 사용되는 평균 런길이로서 기본값은 200이다.

예제 7.3 (예 7.1, 계속) 이 장난감 데이터의 무게와 길이에 대해 MEWMA 관리도를 작성하여 공정의 평균에 작은 이동이 발생했는지 검토하라.

풀이 [도표 7.3]에서 보듯이 모든 점들이 관리한계선 안에 있으므로 시간에 걸쳐서 나타나는 무게와 길이의 차이들은 단순히 공통 원인에 기인하고 있다고 판정된다.

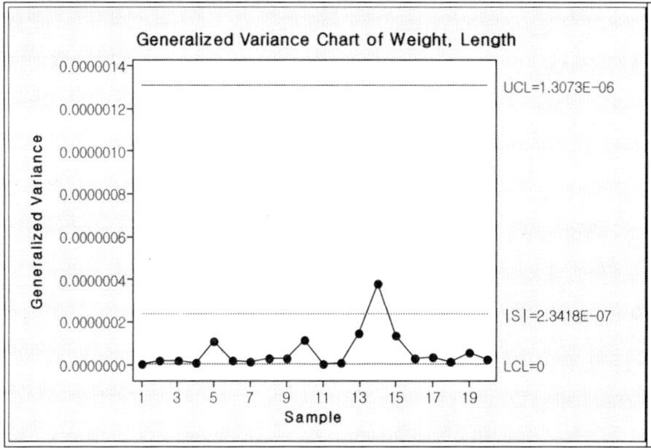


```
MTB > GenVar 'Weight' &
CONT>  'Length' 'Day'.
```

[도표 7.3] 장난감 데이터에 대한 일반화 분산 관리도

7.2.4 관리타원

변수가 두 개일 때 우리는 관리타원(control ellipse)에 부분군 평균벡터를 타점하여 공정이 관리상태에 머물러 있는지를 감시할 수 있다. 관리 타원은 하나의 변수에 대한 관리한계를 두 변수에게로 확장한 것이다. 관리타원은 두 변수가 이변량 정규분포를 따른다는 가정을 토대로 작성된다.

예제 7.4 (예 7.1, 계속) 이 장난감 데이터의 무게와 길이에 대해 95% 관리타원을 작성하여 공정이 관리상태에 있는지 검토하라.

풀이 [도표 7.4]는 [도표 7.5]에 제시된 미니탭 지역 매크로 sqcmacro₩controlchart₩bcc.mac에 의해 작성된 이변량 관리타원이다. 모든 점들이 관리타원 안에 있으므로 일단 공정이 관리상태에 있다고 판정된다. 그러나 몇몇 점들은 관리타원에 근접해 있으므로 공정을 면밀하게 검토해야 할 것이다. 참고로, 매크로

bcc.mac은 부분군의 평균을 인풋으로 사용하기 때문에 먼저, 예컨대, STATS 명령으로 부분군의 평균을 구한 후 매크로를 실행해야 한다.

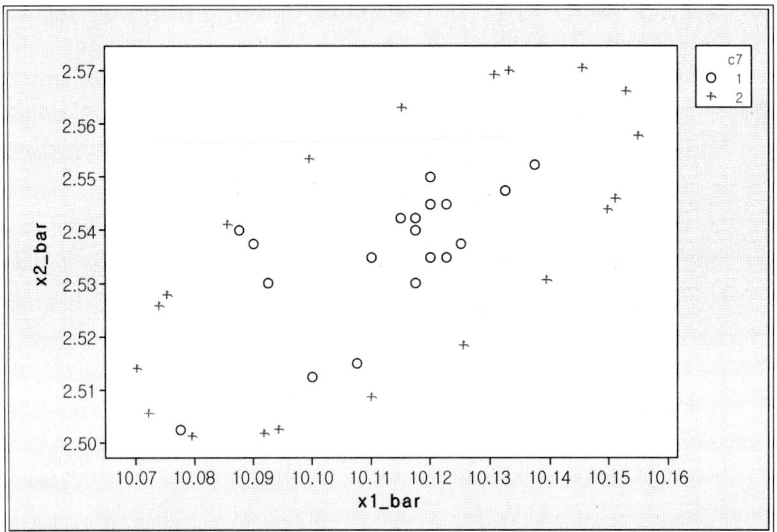


```
# Stat > Basic Statistics > Store Descriptive Statistics
MTB > Name c8 "ByDay" c9 "Mean_Wgt" c10 "Mean_Len"
MTB > Stats 'Weight' 'Length';
SUBC>   By 'Day';
SUBC>   GValues 'ByDay';
SUBC>   Mean 'Mean_Wgt'-'Mean_Len'.
MTB > cd s:\SQCMacro\ControlChart
MTB > %bcc c9 c10;
SUBC> alpha 0.05.
```

¶

[도표 7.4] 장난감 데이터에 대한 관리타원

[도표 7.5] 미니탭 지역 매크로 bcc.mac

```
Macro
bcc c1 c2;
  alpha K20. # the alpha value for F test: (0 < alpha < 1)

Mcolumn c1 c2 c3 c4 c5 c6 c7 c10 c11 c12 c13 c14 c15 c16
Mconstant k1 k2 k3 k4 k5 k6 k7 k8 k9 k10 k11 k12 k13 k14 k15 k16 k17 k18 k19 K20
Mmatrix m1 m2 m3 m4

# This macro is written by a member or members of the
# Minitab Users' Group and is sponsored by Minitab, Inc.
# It first appeared in the Minitab Users' Group Newsletter
# Number 5, October 1984.
#
#       BIVARIATE CONTROL CHART MACRO
#
#     SUBMITTED BY WAYNE S. LINDSAY
#
#     BEFORE RUNNING THIS MACRO, INPUT DATA MUST BE IN C1 AND C2
#     (OF EQUAL LENGTH) AND K11 MUST CONTAIN THE PROPER F VALUE
#     --I.E. F(2,N-2,ALPHA) WHERE N IS THE NUMBER OF DATA POINTS
#     AND ALPHA IS SIGNIFICANCE LEVEL DESIRED FOR CHART.
#
#     THIS PROCEDURE USES HOTELLING'S T IN COMBINATION
#           WITH PRINCIPAL COMPONENTS ANALYSIS
```

```
#           SEE JACKSON, J.E.(1980) "PRINCIPAL COMPONENTS
#           AND FACTOR ANALYSIS: PART I", JOURNAL OF QUALITY
#           TECHNOLOGY, V 12, NO.4 PP. 201-213
# Rewritten for Minitab 14 by Ahn, Sung Jin, Prfessor of Statistics, GSNU, Jan. 7, 2007.

# noecho
COUNT C1 K2
LET K18=k2-2
LET k19=1-K20
InvCDF k19 k11;
  F 2 k18.
LET K10=2*((K2-1)/(K2-2))*K11
LET K12=SQRT(K10)  #HOTELLING'S T
LET C11=C1-MEAN(C1)
LET C12=C2-MEAN(C2)
LET K1=1/(K2-1)
COPY C11 C12 M1
TRANS M1 M2
MULT M2 M1 M3
MULT K1 M3 M3#SAMPLE COVARIANCE MATRIX
EIGE M3 C10 M4
SQRT C10 C10
COPY M4 C3 C4  #PRINCIPAL COMPONENTS
LET K4=C10(1)*C3(1)
LET K5=C10(1)*C3(2)     #THESE ARE SQRT(EIGENVALUE)=EIGENVECTOR
LET K6=C10(2)*C4(1)
LET K7=C10(2)*C4(2)
#      NOW GET SQRTS OF T**2-1 AND T**2-4
LET K13=SQRT(K10-1)
LET K14=-1*K13
LET K15=SQRT (K10-4)
LET K16=-1*K15
LET K17=-1*K12
#CREATE AND PLOT ELLIPSE
STACK 0 0 K12 K17 1 -1 1 -1 K13 K14 K13 K14 2 -2 2 -2 &
K15 K16 K15 K16 C14
STACK K12 K17 0 0 K13 K13 K14 K14 1 1 -1 -1 K15 K15 K16 &
K16 2 2 -2 -2 C13
LET K8=MEAN(C1)
LET K9=MEAN(C2)
LET C5=K8+(C13*K4)+(C14*K6)
LET C6=K9+(C13*K5)+(C14*K7)
stack c2 c6 c6;
  subs c7.
stack c1 c5 c5
name c5 'x1_bar' c6 'x2_bar' # Added
PLOT C6*C5;   # DATA AND CONTROL ELLIPSE
  symbol c7;
    Type 1 2.
Endmacro
```

7.3 합격판정 관리도(acceptance control chart)

공정의 산포가 안정되어 있고 공정능력이 충분한 경우에는 $\overline{x}$ 관리도의 관리한계선을 수정하여 공정의 평균수준보다는 공정의 불량률을 직접 관리할 수 있다. 이런 목적으로 사용되는 관리도를 합격판정 관리도 또는 수정된 관리도(modified control charts)라 부른다. 합격판정 관리도는 불량률이 주어진 한계를 초과하지 않는 범위 내에서 공정평균이 이동하는 것을 허용한다. 합격판정 관리도에서는 관리한계선이 공정 중심이 아니라 규격한계선을 토대로 작성된다.

□ 샘플링 검사와의 관계

- 샘플링 검사는 랏에 대한 조치를 수반하고, 합격판정 관리도는 공정에 대한 조치를 수반한다.
- 샘플링 검사를 위한 표본은 랏에서 랜덤하게 선택되고, 합격판정 관리도를 위한 표본은 공정에서 짧은 시간 안에 랜덤하게 형성된다.

□ 합격판정 관리도 설계

- 기본가정: 공정의 평균은 변해도 공정평균 근처의 변동은 안정적이다. (따라서 이런 가정이 충족되는지 살피기 위해 R 관리도와 병행하여 운용할 필요가 있다.)

(1) 부분군 크기 n, RPL과 소비자위험 β가 주어졌을 때

공정 능력이 충분히 좋으므로 관리상한 또는 관리하한을 각각 별도로 고려하면 된다.

□ 먼저 규격상한쪽을 고려하자.

- USL과 불량률이 RPL인 공정의 평균 μ_{RPL}은 다음 관계를 가진다:

$$P\{X \geq USL \mid \mu = \mu_{RPL}\} = RPL.$$

또는

$$P\{Z \geq (USL - \mu_{RPL})/\sigma\} = RPL.$$

이로부터

$$(USL - \mu_{RPL})/\sigma = z_{RPL}.$$

즉,

$$\mu_{RPL} = USL - z_{RPL}\sigma.$$

- 불량률이 RPL인 공정에서 랜덤하게 뽑힌 한 부분군이 관리한계내에 들어올 확률 β와 UCL은 다음 관계를 가진다:

$$P\{\overline{X} \leq UCL \mid \mu = \mu_{RPL}\} = \beta.$$

또는

$$P\{Z \leqq [UCL-(USL-z_{RPL}\sigma)]/(\sigma/\sqrt{n})\}=\beta.$$

이로부터

$$\frac{UCL-(USL-z_{RPL}\sigma)}{\sigma/\sqrt{n}}=z_{1-\beta}(=-z_{\beta}).$$

즉

$$UCL=USL-z_{RPL}\sigma-z_{\beta}\sigma/\sqrt{n}. \tag{7.3.1}$$

이번에는 규격하한쪽을 고려하자.

- LSL 과 불량률이 RPL 인 공정의 평균 μ_{RPL} 은 다음 관계를 가진다:

$$P\{X \leqq LSL|\mu=\mu_{RPL}\}=RPL$$

또는

$$P\{Z \leqq (LSL-\mu_{RPL})/\sigma\}=RPL.$$

이로부터

$$(LSL-\mu_{RPL})/\sigma=z_{1-RPL}(=-z_{RPL}).$$

즉,

$$\mu_{RPL}=LSL+z_{RPL}\sigma.$$

- 불량률이 RPL 인 공정에서 랜덤하게 뽑힌 한 부분군이 관리한계내에 들어올 확률 β 와 LCL 은 다음 관계를 가진다:

$$P\{\overline{X} \geqq LCL|\mu=\mu_{RPL}\}=\beta.$$

또는

$$P\{Z \leqq [LCL-(LSL+z_{RPL}\sigma)]/(\sigma/\sqrt{n})\}=\beta.$$

이로부터

$$\frac{LCL-(LSL+z_{RPL}\sigma)}{\sigma/\sqrt{n}}=z_{\beta}.$$

즉

$$LCL=LSL+z_{RPL}\sigma+z_{\beta}\sigma/\sqrt{n}. \tag{7.3.2}$$

(2) 부분군 크기 $\boldsymbol{n}$, $\boldsymbol{APL}$과 생산자위험 $\boldsymbol{\alpha}$가 주어졌을 때

□ 먼저 규격상 한쪽을 고려하자.

- USL과 불량률이 APL인 공정의 평균 μ_{APL}은 다음 관계를 가진다:

$$P\{X \geq USL \mid \mu = \mu_{APL}\} = APL$$

또는

$$P\{Z \geq (USL - \mu_{APL})/\sigma\} = APL.$$

이로부터

$$(USL - \mu_{APL})/\sigma = z_{APL}.$$

즉,

$$\mu_{APL} = USL - z_{APL}\sigma.$$

- 불량률이 APL인 공정에서 랜덤하게 뽑힌 한 부분군이 관리한계를 벗어날 확률 α와 UCL은 다음 관계를 가진다:

$$P\{\overline{X} \geq UCL \mid \mu = \mu_{APL}\} = \alpha$$

또는

$$P\{Z \geq [UCL - (USL - z_{APL}\sigma)]/(\sigma/\sqrt{n})\} = \alpha.$$

이로부터

$$\frac{UCL - (USL - z_{APL}\sigma)}{\sigma/\sqrt{n}} = z_{\alpha}.$$

즉

$$UCL = USL - z_{APL}\sigma + z_{\alpha}\sigma/\sqrt{n}. \qquad \textbf{(7.3.3)}$$

이번에는 규격하한쪽을 고려하자.

- LSL과 불량률이 APL인 공정의 평균 μ_{APL}은 다음 관계를 가진다:

$$P\{X \leq LSL \mid \mu = \mu_{APL}\} = APL.$$

또는

$$P\{Z \leq (LSL - \mu_{APL})/\sigma\} = APL.$$

이로부터

$$(LSL - \mu_{APL})/\sigma = z_{1-APL} (= -z_\alpha).$$

즉,

$$\mu_{APL} = LSL + z_{APL}\sigma.$$

- 불량률이 APL 인 공정에서 랜덤하게 뽑힌 한 부분군이 관리한계를 벗어날 확률 α 와 LCL 은 다음 관계를 가진다:

$$P\{\overline{X} \leqq LCL | \mu = \mu_{APL}\} = \alpha >$$

또는

$$P\{Z \leqq [LCL - (LSL + z_{APL}\sigma)]/(\sigma/\sqrt{n})\} = \alpha.$$

이로부터

$$\frac{LCL - (LSL + z_{APL}\sigma)}{\sigma/\sqrt{n}} = z_{1-\alpha} (= -z_\alpha).$$

즉

$$LCL = LSL + z_{APL}\sigma - z_\alpha \sigma/\sqrt{n}. \quad \textbf{(7.3.4)}$$

(3) RPL 과 β, APL 과 α 가 주어져 있을 때

$A = C$ (또는 $B = D$) 에 의해

$$USL - z_{RPL}\sigma - z_\beta \sigma/\sqrt{n} = USL - z_{APL}\sigma + z_\alpha \sigma/\sqrt{n}.$$

또는

$$(z_\alpha + z_\beta)\sigma/\sqrt{n} = (z_{APL} - z_{RPL})\sigma.$$

이로부터

$$n = \left(\frac{z_\alpha + z_\beta}{z_{APL} - z_{RPL}}\right)^2.$$

그리고

$$UCL = \text{식}(7.3.1) \text{ 또는 } \text{식}(7.3.3)$$
$$LCL = \text{식}(7,3.2) \text{ 또는 } \text{식}(7.3.4)$$

7.4 연습문제

01 합격판정 관리도란 무엇인가? 그리고 합격판정 관리도를 운용하기 위해서 충족되어야 할 기본 전제들은 무엇인가?

02 현재 $n = 4$ 인 부분군을 뽑아서 $\bar{x}$ 관리도를 운용하고 있는데 QC 기사는 이를 합격판정 관리도(acceptance control chart)로 전환하여 운용하기로 하였다. $\hat{\sigma} = 1.0$이고, 규격한계는 $LSL = 29.9$, $USL = 35.9$이다. 다음을 구하라.

(1) $RPL = 0.05$, $\beta = 0.10$를 만족시키는 UCL과 LCL

(2) $APL = 0.005$, $\alpha = 0.001$를 만족시키는 UCL과 LCL

(3) (1)과 (2)를 동시에 만족시키는 UCL, LCL과 그 때의 부분군 크기

03 다음은 15 부분군에서 계산된 두 품질변수들 x1과 x2의 평균들이다. 이들의 산점도에 95% 관리타원을 그려서 공정이 관리상태에 있는지 판정해 보아라. (이 데이터는 sqcdata₩bivariate.mtw에 저장되어 있다.)

번호	x1	x2
1	10.0	10.7
2	10.4	9.8
3	9.7	10.0
4	9.7	10.1
5	11.7	11.5
6	11.0	10.8
7	8.7	8.8
8	9.5	9.3
9	10.1	9.4
10	9.6	9.6
11	10.5	10.4
12	9.2	9.0
13	11.3	11.6
14	10.1	9.8
15	8.5	9.2

제 II 부
합격판정 샘플링

원재료, 반제품, 또는 완제품에 대한 검사(inspection)는 품질보증의 한 중요한 부분이다. 검사가 한 표준(규격)을 토대로 제품에 대한 합격 또는 불합격을 목적으로 실시될 때, 이런 종류의 검사는 합격판정 샘플링(acceptance sampling)이라고 불린다. 우리는 8장에서 합격판정 샘플링의 원리들을 논의하고, 9장과 10장에서 각각 계수형과 계량형 합격판정 샘플링에 대해 논의할 것이다.

합격판정 샘플링은 공정관리의 대안이 아니다. 제조의 초기단계에서 통계적 공정관리가 성공적으로 이루어졌다면 비싼 샘플링 검사의 필요성을 상당히 줄일 수 있을 것이다.

8 Chapter

합격판정 샘플링

8.1 합격판정 샘플링이란?

합격판정(또는 수리) 샘플링(acceptance sampling)은 통계적 품질관리의 한 중요한 분야이다. 합격판정 샘플링의 한 전형적인 예를 보자: 한 회사가 어떤 판매자로부터 선적품을 인도받는다. 흔히 이 제품은 이 회사의 제조 공정에서 사용되는 부품이거나 원료이다. 이 회사는 이 랏(lot, 로트)으로부터 한 표본을 뽑아서 표본 제품들의 품질특성들을 검사한다. 이 표본정보에 의거해서 랏 처분(lot disposition)에 관한 결정이 내려진다. 대개 이 결정은 그 랏을 합격 또는 불합격판정하는(accept or reject) 것이다. 우리는 이런 결정을 랏 판결(lot sentencing)이라 부르기도 한다. 합격판정된 랏들은 생산에 붙여지며, 기각된 랏들은 판매자에게 반송되거나 다른 랏 처분 조치를 당한다.

합격판정 샘플링을 인수검사활동(a receiving inspection activity)이라고 생각하는 것이 의례적이지만, 샘플링에는 다른 용도도 있다:

- 합격판정 샘플링의 목적은, 랏 품질을 추정하는 것이 아니라, 랏들을 판결하는 것이다. 대부분의 합격판정 샘플링 계획들은 추정 목적으로 설계되지 않았다.
- 합격판정 샘플링 계획들은 직접적으로 품질을 관리하려고 시도하지 않는다. 합격판정 샘플링은 단지 랏들을 합격판정하거나 기각할 뿐이다. 관리도들은 품질을 관리하고 체계적으로 개선시키기 위해 사용되지만, 합격판정 샘플링은 그렇지 않다.
- 합격판정 샘플링을 제품의 품질을 검사하기 위한 도구로서보다는 한 공정의 아웃풋이 규격에 맞도록 보증하기 위한 감사(auditing) 도구로 사용하는 것이 보다 효과적이다.

□ 검사(inspection)가 실시되는 생산단계에 따른 구분

- 인수(또는 수입)검사(receiving inspection)
- 공정검사(in-process inspection)
- 출하검사(outgoing inspection)

□ 랏 판결 방법

- 무검사 합격판정
- 전수검사: 모든 개체들을 검사하여 불량품들을 제거한다.
- 합격판정 샘플링

무검사 합격판정은 판매자의 공정능력이 매우 우수해서 (예컨대 공정능력지수가 2일 때) 불량품들이 발견될 가망이 거의 없거나 불량품을 찾아내는 것이 경제적 타당성을 가지고 있지 못할 때 유용하다. 전수검사는 대개 부품이 극도로 민감해서 불량품을 통과시키면 다음 단계에서 매우 높은 고장 비용을 유발하게 될 경우나 판매자의 공정능력이 규격들을 만족시키기에 미흡할 경우에 사용된다. 합격판정 샘플링은 다음 각 경우에 유용하게 쓰일 수 있을 것이다:

- 검사가 파괴적일 때
- 전수검사가 기술적, 시간적, 또는 비용 면에서 가능하지 않을 때
- 검사 오류율이 높을 때
- 판매자의 과거 품질 실적은 좋지만, 공정능력은 그다지 좋지 않을 때
- 잠재적으로 심각한 제품 책임 위험이 있고, 판매자의 공정 능력이 만족스럽지만 제품에 대한 계속적인 감시(monitor) 계획이 필요할 때

□ 샘플링의 이점과 불리점

전수 검사에 비해서 합격판정 샘플링은 비용, 인원, 검사 오차 등의 면에서 이점이 있다. 반면에 샘플링 검사는 전수 검사에 비해서 다음과 같은 불리점들도 가지고 있다:

- 나쁜 랏을 합격시키거나 좋은 랏을 불합격시킬 위험이 있다.
- 제품이나 공정에 대한 충분한 정보를 제공하지 못한다.
- 합격판정 샘플링은 합격판정 샘플링 절차에 대한 계획과 문서화를 필요로 한다.

8.2 샘플링 계획의 종류

□ 품질 특성에 따른 분류

- 계수형 샘플링 계획(attributes sampling plan): 불량품수나 결함수와 같은 품질특성에 대한 샘플링 계획으로서 랏의 불량률을 보증하기 위한 것이다.
- 계량형 샘플링 계획(variables sampling plan): 길이, 무게와 같이 측정으로 나타나는 품질특성에 대한 샘플링 계획으로서 랏의 불량률이나 평균값을 보증하기 위한 것이다.

□ 샘플링 횟수에 따른 분류

- 1회 샘플링 계획(single sampling plan)
- 2회 샘플링 계획(double sampling plan)
- 다회 샘플링 계획(multiple sampling plan)
- 순차 샘플링 계획(sequential sampling plan)

□ 샘플링 방식에 따른 분류

- 랏별 샘플링(lot-by-lot sampling): 랏별로 샘플링 계획을 적용하는 방식으로서 생산자 보호와 소비자 보호가 주목표이다.
- 연쇄 샘플링(chain sampling): 시험이 파괴적이거나 매우 비쌀 때 고려할 수 있는 샘플링 계획. 적은 크기(n)의 표본에서 불량품수가 0이면 합격, 불량품수가 둘 이상이면 불합격판정을 하고, 불량품수가 하나면 최근 몇(i) 랏들의 누적 결과를 이용하여 합격여부를 판정한다.
- 연속 샘플링(continuous sampling): 생산이 연속적이어서 랏 형성이 여의치 않을 때 전수검사와 샘플링 검사를 번갈아 실시하여 연속 생산품의 품질을 판정하기 위한 계획이다.
- 랏-건너뛰기 샘플링(skip-lot sampling): 판매자의 품질 실적이 좋을 때 고려할 수 있는 샘플링 계획으로서 연속생산형 제품을 위한 연속표집 계획을 랏들에 적용한 것이다. 기준 계획(reference plan)에 의해 모든 랏들을 검사하는 정상 검사로 출발한다. 이 때 몇(i) 랏들이 연속적으로 합격되면 랏들의 일부(f)만 검사하는 건너뛰기 검사로 전환한다. 건너뛰기 검사에서 한 랏이 불합격되면 정상검사로 돌아간다.

□ 검사방식에 따른 분류

랏별 샘플링은 검사 방식에 따라 다음과 같이 나뉜다:

- 규준형(기본형) 검사: 랏의 합격과 불합격만을 판정하는 검사방식으로서 불합격된 랏은 생산자에게 반납된다.
- 선별형 검사(rectifying inspection): 규준형 검사를 수정하여 합격판정된 랏은 그대로 합격판정하지만 불합격판정된 랏은 전수검사를 실시하여 불량품을 제거한 후에 (필요한 경우, 양품으로 대체하여) 합격판정하는 검사방식이다.
- 조정형(적응형) 검사: 생산자의 품질수준에 따라 검사수준을 조정하는 검사방식으로서, 일반검사(general inspection)에서는 처음에 보통검사(normal inspection)로 시작하다가 검사성적이 합격품질수준(AQL)보다 떨어지면 까

다로운 검사(tightened inspection)를 실시하고, 반대로 검사성적이 합격품질수준보다 좋아지면 수월한 검사(reduced inspection)를 실시한다. 검사비용이 높거나 고가인 제품을 위해 마련된 특별검사(special inspection)는 네 검사수준으로 되어있다.

[도표 8.1] 합격판정 샘플링에 대한 규격들(KS 규격을 중심으로)

<table>
<tr><th>품질
특성</th><th>검사
방식</th><th>샘플링
회수</th><th colspan="2">샘플링검사의 이름과 규격</th><th>보증 품질</th><th>비 고</th></tr>
<tr><td rowspan="7">계수형</td><td rowspan="2">규준형</td><td>1회</td><td>계수규준형 1회
샘플링검사</td><td>KS A 3102</td><td>(p_0, α)과
(p_1, β)</td><td>불량개수일 때</td></tr>
<tr><td>순차</td><td>계수규준형 순차
샘플링검사</td><td>KS A 3107</td><td>(p_0, α)과
(p_1, β)</td><td></td></tr>
<tr><td rowspan="2">선별형</td><td>1회</td><td>계수선별형 1회
샘플링검사</td><td>KS A 3105</td><td>AOQL, p_1</td><td></td></tr>
<tr><td>1회
2회</td><td>Dodge-Romig의
샘플링검사</td><td></td><td>AOQL,
LTPD</td><td></td></tr>
<tr><td rowspan="2">조정형</td><td>1회
2회
다회</td><td>계수조정형
샘플링검사</td><td>KS A 3109
MIL-STD-105</td><td>AQL</td><td></td></tr>
<tr><td>1회</td><td>계수조정형 1회
샘플링검사</td><td>KS A 3111</td><td>AQL, LQ
(한계품질)</td><td></td></tr>
<tr><td>연속
생산
형</td><td></td><td>계수연속생산형
1회 샘플링검사</td><td>KS A 3106</td><td>AOQL</td><td>불량개수일 때</td></tr>
<tr><td rowspan="4">계량형</td><td rowspan="3">규준형</td><td>1회</td><td>계량규준형 1회
샘플링검사</td><td>KS A 3103</td><td>p_0, p_1 또는
μ_0, μ_1</td><td>σ를 알고 있을 때
랏의 평균과 불량률
보증</td></tr>
<tr><td>1회</td><td>계량규준형 1회
샘플링검사</td><td>KS A 3104</td><td>p_0, p_1</td><td>σ를 모를 때 상한
또는 하한규격 중
하나만 규정된 경우</td></tr>
<tr><td>순차</td><td>계량규준형 순차
샘플링검사</td><td>KS A 3108</td><td>p_0, p_1</td><td>σ를 알고 있을 때
랏의 불량률보증</td></tr>
<tr><td>조정형</td><td>1회</td><td>계량조정형
샘플링검사</td><td>MIL-STD-414</td><td>AQL</td><td></td></tr>
</table>

8.3 합격판정 샘플링 절차의 운용

8.3.1 랏 형성

대한공업규격 샘플링 검사통칙(KS A 3101)에 의하면 검사 랏(lot, 로트)이란 "검사의 대상이 되는 한 무더기의 검사단위의 집합체"이다. 랏이 어떻게 형성되

었는가가 합격판정 샘플링의 효과에 영향을 미친다. 다음은 랏을 형성할 때에 고려해야 할 사항들이다:

- 랏들은 동질적이어야 한다.
- 랏들은 취급하기가 쉬워야 한다.
- 크기가 큰 랏들이 크기가 작은 랏들에 비해 선호된다. 표본 크기를 크게 함으로써 샘플링 계획의 판별력을 향상시키고 샘플링 비용이 절약된다. 그러나 현실적으로 생산자 위험 α 과 소비자 위험 β 이 위험이 있으므로 랏의 크기가 커질수록 이에 따른 손실이 커진다는 점도 고려되어야 한다.

□ 랜덤 표집

랏으로부터 검사를 위해 선택된 개체들은 랜덤하게 선택되어야 편향을 피할 수 있다. 흔히 랏의 각 개체에 번호를 붙인 후 난수를 이용하여 단순랜덤표본(Simple Random Sample, SRS)을 뽑는다. 때로는 층화랜덤표본(Stratified Random Sampling)을 뽑기도 한다. 각 개체에 번호를 붙일 수 없는 경우에는 랜덤하게 개체들이 선택될 수 있도록 여러 수단이 강구되어야 한다.

8.3.2 합격판정 샘플링 절차의 유형과 적용

먼저 샘플링 계획, 샘플링 스킴, 그리고 샘플링 시스템이 어떻게 다른지 살펴보자:

- 합격판정 샘플링 계획(acceptance sampling plan): 개별 랏들을 판결하기 위한 표본 크기와 합격 또는 불합격판정기준들에 대한 진술. [예] KSA 3102(계수 규준형 1회 샘플링 검사)
- 합격판정 샘플링 스킴(acceptance sampling scheme): 상황에 따라 샘플링 계획들이 사용되는 방식을 특정하는 전체적인 전략. [예] MIL-STD-105의 한 검사 수준을 위한 보통 검사, 까다로운 검사, 수월한 검사와 이들간의 전환규칙으로 구성된 샘플링 스킴
- 샘플링 시스템(sampling system): 여러 합격판정 샘플링 스킴들의 통일된 모임. [예] MIL-STD-105(계수 조정형 샘플링 검사)

일반적으로, 합격판정 샘플링 절차는 샘플링 기관의 목적과 피샘플링 기관의 품질이력에 따라 선택이 좌우된다. 더욱이, 샘플링 절차는 한 수준에서 다른 수준으로 자연스럽게 진전이 된다. 예를 들어서, 뛰어난 품질이력을 누리고 있는

어떤 공급자와 거래할 때 우리는 한 계수형 샘플링 계획으로 시작할 것이다. 이 공급자와의 경험이 늘어가고 그의 품질에 대한 명성이 우리의 샘플링 활동으로 입증될 경우, 우리는 검사량이 대폭 줄어드는 다른 한 샘플링 절차(예컨대, 랏-건너뛰기 샘플링)로 이행해 갈 것이다. 종국적으로, 이 공급자와의 경험이 상당히 쌓이고 그의 공정능력이 극도로 우수하다면, 우리는 이 제품에 대한 합격판정 샘플링 활동을 아예 중단할 것이다.

또 다른 예를 들자면, 한 공급자의 품질보증 노력에 대한 사전 지식이나 경험을 가지고 있지 못한 경우에, 우리는 합격판정된 랏의 품질이 한 특정 목표값보다 더 나빠지지 않도록 보증해주는 한 계수형 샘플링 계획으로 시작할 것이다. 이 샘플링 계획이 성공적이고 이 공급자의 성능이 만족스럽다면, 그리고 우리가 이 공급자의 공정 특성에 대해서 더욱 잘 알게 된다면, 우리는 계수형 검사에서 계량형 검사로 이행해 갈 것이다. 종국적으로, 우리는 이 계량형 샘플링 계획에서 수집된 정보를 공급자의 제조 설비에서의 직접적인 활동들과 결합하여 공정관리 프로그램에 도움을 줄 수 있을 것이다. 공급자 수준에서의 성공적인 공정관리 프로그램은 검사가 계속될 필요가 없을 정도까지 공급자의 공정능력을 향상시킬 것이다.

위에서 살펴본 예들은 합격판정 샘플링 기법들을 적용하는데 수명 사이클이 있다는 것을 보여준다. 전형적으로, 품질보증 활동 경험이 비교적 적은 기관들은 합격판정 샘플링에 크게 의존한다. 그들의 품질보증 활동이 점차 성숙해지고 품질관련 부서가 발전하면 그들은 합격판정 샘플링에는 점차 덜 의존하고 통계적 공정관리에 점차 더 의존하기 시작한다. (1장의 [도표 1.6]을 참조하라.)

8.3.3 합격판정 샘플링의 성능과 설계

합격판정 샘플링의 성능을 나타내는 측도에는 샘플링 계획의 종류에 따라 OC(operating characteristic, 운용특성) 곡선, ATI(average total inspection, 평균총검사), AOQ(average outgoing quality, 평균출검품질), ASN(average sample number, 평균표본크기) 등이 있다. 이 가운데 OC 곡선은 합격판정 샘플링 계획의 성능을 파악하고 합격판정 샘플링 계획을 효과적으로 설계하기 위한 기본적인 도구이다. 우리는 이 절에서 OC 곡선에 대해서만 다룰 것이다.

OC 곡선은 랏의 불량률에 따라서 합격확률이 어떻게 변하는가를 나타낸 그래프이다.

- A형 OC 곡선은 한 소규모의 개별 랏에 대한 OC 곡선이다. 이런 상황에서 랏 합격확률을 계산하기 위해 사용되는 불량품수의 정확한 확률분포는 초기하분포이다.
- B형 OC 곡선은 한 대규모 랏이나 공정에 대한 OC 곡선이다. 이런 상황에서 랏 합격확률을 계산하기 위해 사용되는 불량품수의 정확한 확률분포는 이항분포이다.

※ 고정비율 샘플링(fixed percent sampling). 고정비율 샘플링은 표집비율 r이 일정하면 랏 크기에 관계없이 일정한 수준의 품질보증을 해 주리라는 기대에서 과거에 사용되었던 샘플링 방식이다. 그러나 이 방식은 지금 더 이상 사용되지 않는다. 합격판정 개수가 $c = 0$인 계수규준형 1회 샘플링 계획 $(n, 0)$ 인 경우를 예로 들면, [도표 8.2]에서 보는 바와 같이 랏 크기가 변함에 따라 랏 합격확률 P_a도 따라서 변하고 결국 OC 곡선도 변한다. 즉, 고정비율 샘플링은 랏 크기에 따라 같은 수준의 품질보증을 해 줄 수 없는 비합리적인 표집법이다.

예제 8.1 계수규준형 1회 샘플링 계획 $(n, 0)$에서, 표집비율이 10%(즉 $r = 0.1$)일 때 랏 크기가 $N = 50, 100, 200, 1000$으로 변함에 따라 OC 곡선이 어떻게 변하는지 살펴보자.

풀이 크기가 N이고 불량률이 $p = D/N$인 랏으로부터 뽑은 크기가 n인 표본에 들어 있는 불량품수의 분포는 $X \sim HG(n, N, D)$, $D = pN$를 따른다. 따라서 불량률 p에 따른 랏 합격확률 $P_a(p)$는 다음과 같이 주어진다:

$$P_a(p) = P\{X \leq c|p,\ N\} = \sum_{x=0}^{c} \frac{\binom{pN}{x}\binom{N-pN}{n-x}}{\binom{N}{n}} \tag{8.1}$$

$$= \frac{\binom{N-pN}{n}}{\binom{N}{n}},\ c = 0\text{일 때}$$

이로부터 N=50, 100, 200, 1000일 때 표집비율이 10%인 샘플링 계획들 $(n, 0)$의 OC 곡선은 [도표 8.2]와 같이 작성된다.

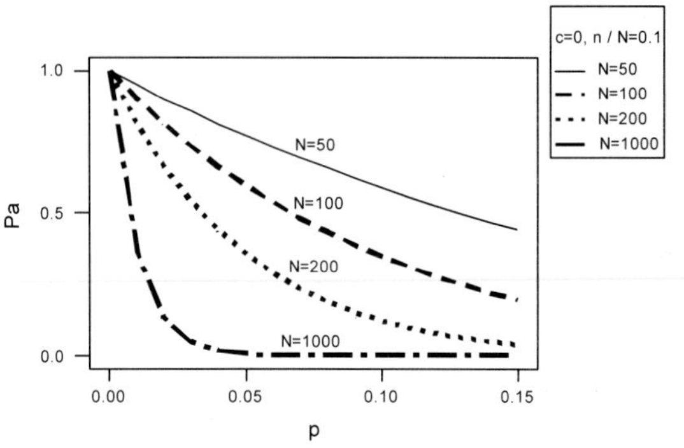

[도표 8.2] 고정비율 샘플링 계획들의 OC 곡선

9 Chapter

계수형 합격판정 샘플링

계수형 샘플링은 불량품수나 결함수와 같은 품질특성에 대한 샘플링 계획으로서 랏의 불량률을 보증하기 위한 것이다.

9.1 계수형 랏별 합격판정 샘플링(lot-by-lot acceptance sampling for attributes)

9.1.1 계수형 1회 샘플링 계획(single sampling plans)

계수형 1회 샘플링은 두 숫자 (검사 개수, 합격판정수) = (n, c) 에 의해 완전히 규정된다. 이 때 불합격된 랏에 대한 조치에 따라 규준형 검사와 선별형 검사로 나눌 수 있다.

▮ 규준형 검사

규준형 검사란 랏의 합격과 불합격만을 판정하는 검사방식이다. 이 때 불합격된 랏은 생산자에게 반납된다. 계수규준형 1회 샘플링 계획의 판정절차가 [도표 9.1]에 도시되어 있다.

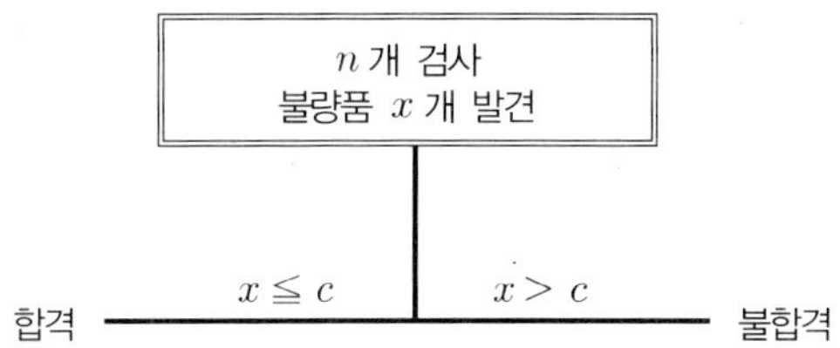

[도표 9.1] 계수규준형 1회 샘플링 계획 (n, c) 의 판정절차

□ 검사 단축 문제

일반적으로, 1회 샘플링 계획에서는 검사 도중에 불량품수가 합격판정수를 초과하여도 기록을 위해 검사를 단축하지 않고 끝까지 간다.

□ OC 곡선

한 계수 규준형 1회 샘플링 계획의 성능은 OC 곡선으로 파악할 수 있다. OC 곡선은 불량률 p 에 따른 랏 합격확률 $P_a(p)$ 을 나타낸 곡선이다. 우리는 OC 곡선을 위한 계산에 상황에 따라 초기하분포, 이항분포, 프아송분포 또는 정규분포 등을 이용할 수 있다. Thorndike(1926)는 특히 프아송분포를 이용할 경우에 간편한 계산을 위해서 [도표 9.2]와 같은 프아송 누적확률 계산도표(nomograph)를 고안하였다.

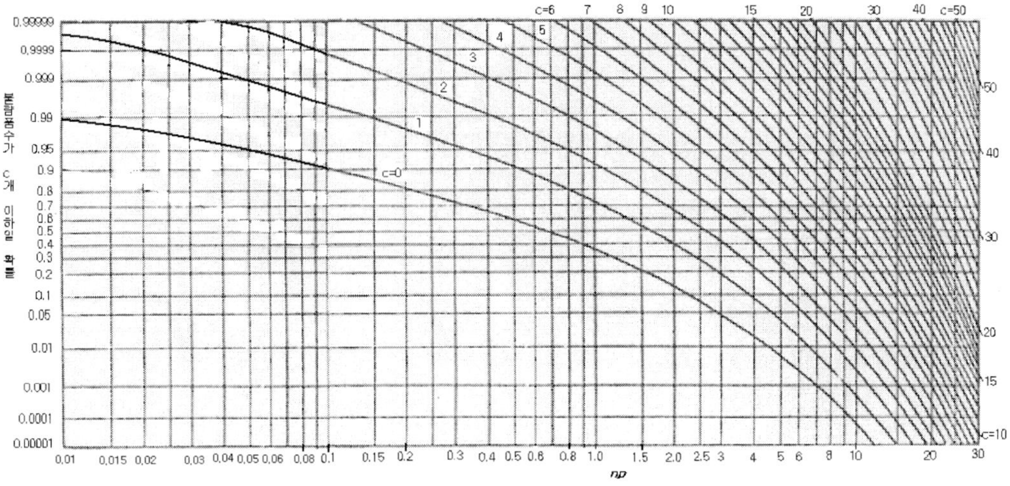

[도표 9.2] Thorndike의 프아송 누적확률 계산도표

예제 9.1 n=89, c=2인 계수규준형 1회 샘플링 계획에 대해서 랏의 크기가 매우 클 때의 B형 OC 곡선과 랏의 크기가 N=500인 A형 OC 곡선을 비교하여 보자.

풀이 랏의 크기가 매우 클 때 $n = 89$인 표본에 들어 있는 불량품수의 분포는 $X \sim B(89, p)$를 따른다. 따라서 불량률 p에 따른 랏 합격확률 $P_a(p)$는 다음과 같이 주어진다:

$$P_a(p) = P\{X \leqq 2 | p\} = \sum_{x=0}^{2} \binom{89}{x} p^x (1-p)^{89-x}.$$

또 랏의 크기가 $N = 500$일 때 $n = 89$인 표본에 들어 있는 불량품수의 분포는 $X \sim HG(89,\ 500,\ 500p)$를 따른다. 따라서 불량률 p에 따른 랏 합격확률 $P_a(p)$는 다음과 같이 주어진다:

$$P_a(p) = P\{X \leqq 2 | p,\ 500\} = \sum_{x=0}^{c} \frac{\binom{500p}{x}\binom{500-500p}{n-x}}{\binom{500}{n}}.$$

이로부터 A형과 B형 OC 곡선은 [도표 9.3]과 같이 작성된다. 이 그림에서와 같이 A형 OC 곡선은 항상 B형 OC 곡선보다 가파른 기울기를 보인다. 그리고 랏의 크기 N이 어느 정도 이상이면 A형 OC 곡선과 B형 OC 곡선은 거의 구별할 수 없게 된다.

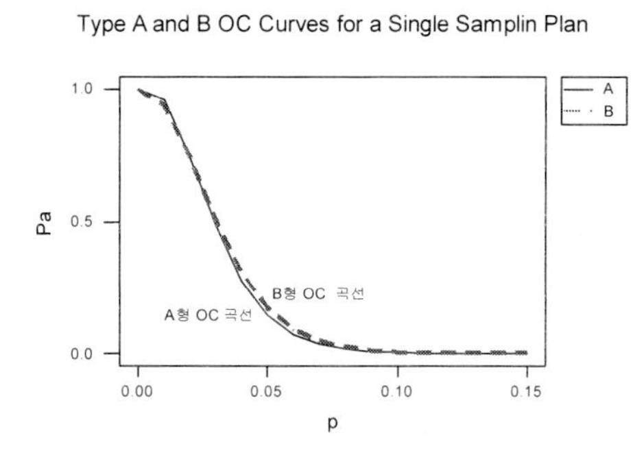


```
MTB > %SSPForAtt;
SUBC>   PLAN 89 2;
SUBC>   Type 1; # A형: 초기하분포
SUBC>   OC c1 c2;
SUBC>   Lot 500.

MTB > New.

MTB > %SSPForAtt;
SUBC>   PLAN 89 2;
SUBC>   Type 2; # B형: 이항분포
SUBC>   OC c1 c2.
```

¶

[도표 9.3] A형(N=500, n=89, c=2)과 B형(n=89, c=2) OC 곡선

※ 이 절에서 제시된 1회 샘플링 계획을 위한 OC, ATI, AOQ 곡선들은 모두 이 장의 끝에 제시된 [도표 9.31]의 미니탭 지역 매크로 SSPForAtt.mac에 의해 생성되었다.

| 과제 | B형 OC 곡선에서, 표본크기 n이 일정한 상태에서 합격판정개수 c가 늘어나면 OC 곡선은 어떻게 변하겠는가?

| 과제 | B형 OC 곡선에서, 합격판정개수 c가 일정한 상태에서 표본크기 n이 늘어나면 OC 곡선은 어떻게 변하겠는가?

좋은 랏과 나쁜 랏을 완벽하게 구별해내는 한 샘플링 계획에 대한 OC 곡선은 [도표 9.4]와 같은 모양을 가지고 있을 것이다. 그러나 애석하게도 현실에서 우리가 이와 같이 이상적인 OC 곡선을 얻을 수는 없다.

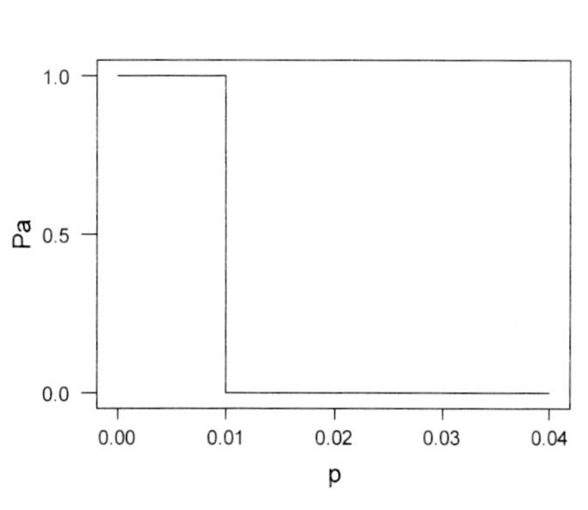

[도표 9.4] 한 이상적인 OC 곡선

| 과제 | 이상적인 OC 곡선에 근접한 OC 곡선을 가지는 샘플링 계획은 어떻게 얻을 수 있겠는가?

□ OC 곡선상의 특정한 점들

우리는 OC 곡선상의 다음과 같은 점들에 관심을 가지게 된다:

- 합격 품질수준(acceptable quality level, AQL)과 그 때의 (불)합격확률. 우리는 앞으로 AQL을 p_0로 나타낼 것이다. 이 점에서의 불합격 확률을 생산자 위험이라 하며 α로 나타낸다.
- 랏허용 불량률(lot tolerence percent defective, LTPD)과 그 때의 합격확률. 우리는 앞으로 LTPD를 p_1로 나타낼 것이다. 이 점에서의 합격 확률을 소비자 위험이라 하며 β로 나타낸다. LTPD는 불합격 품질수준(rejectable quality level, RQL)이나 한계품질수준(limiting quality level, LQL)으로도 불린다.
- 합격확률이 0.5인 무차별 품질수준(indifference quality level, IQL) 또는 관리점(point of control).

□ 샘플링 계획의 설계

OC 곡선상의 아무 두 점—대개 $(p_0, 1-\alpha)$와 (p_1, β)—이 지정되면 (n, c)는 유일하게 결정될 수 있다. 먼저 Poisson 분포를 이용하는 경우를 설명하자.

- **방법 1.** (프아송분포를 이용한 시행착오법) 우리는 아래와 같은 단계적인 방법에 의해 다음 두 식을 (근사적으로) 만족하는 해 (n, c)를 구할 수 있다:

$$\sum_{x=0}^{c} \frac{(np_0)^x e^{-np_0}}{x!} = 1-\alpha \tag{9.1a}$$

$$\sum_{x=0}^{c} \frac{(np_1)^x e^{-np_1}}{x!} = \beta \tag{9.1b}$$

① $c=c^0$로 잡으면 첫 번째 식으로부터 $n^0 p_0 = m^0$가 정해진다. 이로부터 $n^0 = m^0 / p_0$.

② $n^0 p_1 = m^1$이라 두면 두 번째 식으로부터 $c=c^1$가 정해진다.

③ 위의 두 단계를 반복하여 해를 개선해 나간다.

보충 프아송분포와 카이제곱분포간의 관계

프아송분포와 카이제곱분포간에는 다음 관계가 있다:

$$U \sim POI(\lambda) \text{ 이고 } V \sim \chi^2(2k+2) \text{ 이면, } P\{U \leq k\} = P\{V \geq 2\lambda\}.$$

■ 위 관계에 대한 배경 설명

발생률이 λ 인 프아송과정을 고려하자. $N(t)$를 시각 t까지 발생한 사건수라 하고, T_n을 n번째 사건이 발생한 시각이라 하면 우리는 쉽게 다음 관계가 성립함을 알 수 있다:

$$\{N(t) \geq n\} = \{T_n \leq t\} \text{ 또는 } \{N(t) \leq n-1\} = \{T_n > t\}.$$

우리는 또 다음 사실을 알고 있다:

$$N(t) \sim POI(\lambda t) \text{ 이고 } T_n \sim GAM(n, \lambda).$$

여기서 $\lambda = 1/2$, $t = 2\lambda$, 그리고 $n = k+1$로 두면

$$P\{N(2\lambda) \leq k\} = P\{T_{k+1} > 2\lambda\}.$$

$U = N(2\lambda)$, $V = T_{k+1}$로 정의하면, $GAM(\frac{n}{2}, \frac{1}{2}) \equiv \chi^2(n)$ 이므로

$$U = N(2\lambda) \sim POI(\lambda),$$
$$V = T_{k+1} \sim GAM(k+1, 1/2) = \chi^2(2(k+1)).$$

이로부터

$$P\{U \leq k\} = P\{V > 2\lambda\}.$$ ¶

■ 방법 2. (카이제곱분포를 이용한 방법) 우리는 위 관계를 이용하여 식 (9.1a)와 (9.1b)를 다음과 같이 다시 쓸 수 있다:

$$\chi^2_{1-\alpha}(2(c+1)) = 2np_0, \tag{9.2a}$$

$$\chi^2_{\beta}(2(c+1)) = 2np_1, \tag{9.2b}$$

여기서 $\chi^2_{1-\alpha}$는 χ^2 분포의 α 분위수를 나타낸다. 이로부터

$$\frac{p_1}{p_0} = \frac{\chi^2_{\beta}(2(c+1))}{\chi^2_{1-\alpha}(2(c+1))} \equiv r(c) \tag{9.3}$$

$$n = \frac{\chi^2_{\beta}(2(c+1))}{2p_1} \tag{9.4a}$$

$$n = \frac{\chi^2_{1-\alpha}(2(c+1))}{2p_0} \quad \textbf{(9.4b)}$$

참고로, 식 (9.3)으로부터 c를 구할 때 p_1/p_0보다 작거나 같은 $r(c)$를 주는 c를 택하면 생산자위험과 소비자위험이 모두 만족된다. [도표 9.5]는 α=0.05, β=0.10 일 때 c에 따른 $r(c)$값을 전시하고 있다.

[도표 9.5] c에 따른 $r(c)$ 값 (α=0.05, β=0.10)

c	0	1	2	3	4	5	6	7	8	9
$r(c)$	44.89	10.95	6.51	4.89	4.06	3.55	3.21	2.96	2.77	2.62

- 방법 3. (이항계산도표 [도표 9.6]을 이용한 방법) $(p_0, 1-\alpha)$와 (p_1, β)이 주어졌을 때 (n, c)을 간편하게 구하기 위해 Larson(1966)은 [도표 9.6]과 같은 이항계산도표(binomial nomograph)를 고안하였다.
-

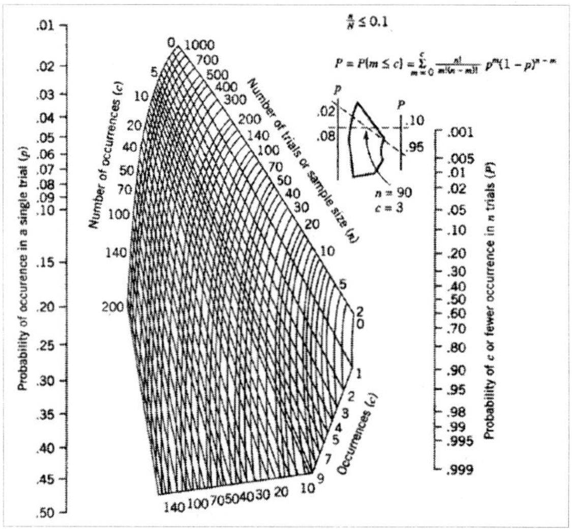

[도표 9.6] Larson의 이항계산도표

- 방법 4. (KS A 3102를 이용한 방법) $(p_0, 1-\alpha)$와 (p_1, β)이 주어졌을 때 (n, c)을 간편하게 구하기 위한 표(KS A 3102, [도표 9.7])가 마련되어 있다.

[도표 9.7] KS A 3102 계수규준형 샘플링 검사표($\alpha \doteqdot 0.05$, $\beta \doteqdot 0.10$)

(왼쪽 글자는 n, 오른쪽 글자는 c)

p_1(%) / p_0(%)	0.71~0.90	0.91~1.12	1.13~1.40	1.41~1.80	1.81~2.24	2.25~2.80	2.81~3.55	3.56~4.50	4.51~5.60	5.61~7.10	7.11~9.00	9.01~11.2	11.3~14.0	14.1~18.0	18.1~22.4	22.5~28.0	28.1~35.5	p_1(%) / p_0(%)
0.090~0.112	*	400 1	↓	←	↓	→	60 0	50 0	←	↓	↓	←	↓	↓	↓	↓	↓	0.090~0.112
0.113~0.140	*	↓	300 1	↓	←	↓	→	↑	40 0	←	↓	↓	←	↓	↓	↓	↓	0.113~0.140
0.141~0.180	*	500 2	↓	250 1	↓	←	↓	→	↑	30 0	←	↓	↓	←	↓	↓	↓	0.141~0.180
0.181~0.224	*	*	400 2	↓	200 1	↓	←	↓	→	↑	25 0	←	↓	↓	←	↓	↓	0.181~0.224
0.225~0.280	*	*	500 3	300 2	↓	150 1	↓	←	↓	→	↑	20 0	←	↓	↓	←	↓	0.225~0.280
0.281~0.355	*	*	*	400 3	250 2	↓	120 1	↓	←	↓	→	↑	15 0	←	↓	↓	←	0.281~0.355
0.356~0.450	*	*	*	500 4	300 3	200 2	↓	100 1	↓	←	↓	→	↑	15 0	←	↓	↓	0.356~0.450
0.451~0.560	*	*	*	*	400 4	250 3	150 2	↓	80 1	↓	←	↓	→	↑	10 0	←	↓	0.451~0.560
0.561~0.710	*	*	*	*	500 6	300 4	200 3	100 2	↓	80 1	↓	←	↓	→	↑	7 0	←	0.561~0.710
0.711~0.900	*	*	*	*	*	400 6	250 4	150 3	100 2	↓	50 1	↓	←	↓	→	↑	5 0	0.711~0.900
0.901~1.12		*	*	*	*	*	300 6	300 4	120 3	80 2	↓	40 1	↓	←	↓	↑	↑	0.901~1.12
1.13~1.40			*	*	*	*	500 10	250 4	150 4	130 3	60 2	↓	30 1	↓	←	↓	↑	1.13~1.40
1.41~1.80				*	*	*	*	400 10	200 6	120 4	80 3	50 2	↓	25 1	↓	←	↓	1.41~1.80
1.81~2.24					*	*	*	*	300 10	150 5	100 4	60 3	40 2	↓	20 1	↓	←	1.81~2.24
2.25~2.80						*	*	*	*	250 10	150 6	60 4	40 3	30 2	↓	15 1	↓	2.25~2.80
2.81~3.55							*	*	*	*	230 10	150 6	60 4	40 3	25 2	↓	10 1	2.81~3.55
3.56~4.50								*	*	*	*	150 10	80 6	50 4	60 3	20 2	↓	3.56~4.50
4.51~5.60									*	*	*	*	120 10	60 6	40 4	25 3	25 2	4.51~5.60
5.61~7.10										*	*	*	*	100 10	50 6	30 4	20 3	5.61~7.10
7.11~9.00											*	*	*	*	70 10	40 6	25 4	7.11~9.00
9.01~11.2												*	*	*	*	60 10	30 6	9.01~11.2
p_1(%) / p_0(%)	0.71~0.90	0.91~1.12	1.13~1.40	1.41~1.80	1.81~2.24	2.25~2.80	2.81~3.55	3.56~4.50	4.51~5.60	5.61~7.10	7.11~9.00	9.01~11.2	11.3~14.0	14.1~18.0	18.1~22.4	22.5~28.0	28.1~35.5	p_1(%) / p_0(%)

예제 9.2 $(p_0, 1-\alpha)=(0.01,\ 0.95)$와 $(p_1, \beta)=(0.08,\ 0.10)$를 만족하는 계수규준형 1회 샘플링 계획을 설계하라.

풀이 (방법 1) 프아송분포를 이용한 시행착오법

아래 표에서 $(n,\ c)\ =\ (80,\ 2)$.

c	np_0	n	np_1	$P_a(p_1)$	$P_a(p_1) \le \beta$
0	0.05	5	0.40	0.65	No
1	0.35	35	2.8	0.2	No
2	0.8	80	6.4	0.05	Yes

(방법 2) 카이제곱분포를 이용한 방법

$p_1/p_0=8 \Rightarrow$ [도표 9.5]로부터 $c=2$, 식 (9.4a)와 (9.4b)로부터 $66.5 \le n \leqq 81.8$

(방법 3) 이항계산도표 [도표 9.6]을 이용한 방법

$(p_0, 1-\alpha)=(0.01,\ 0.95)$와 $(p_1, \beta)=(0.08,\ 0.10)$를 연결하면 $c=1$과 $c=2$ 사이에서 만난다.

$(p_0, 1-\alpha)$ 로부터 ($c=1$, $n=36$), ($c=2$, $n=82$)

(p_1, β) 로부터 ($c=1$, $n=47$), ($c=2$, $n=65$)

(방법 4) KS A 3102를 이용한 방법

[도표 9.7]로부터 $(n,\ c)=(60,\ 2)$

(방법 5) 아래의 Minitab 명령 AASampling의 결과로부터 $(n,\ c)=(65,\ 2)$ ¶

```
Acceptance Sampling by Attributes

Measurement type:  Go/no go

Generated Plan(s)

Sample Size           65
Acceptance Number      2

Accept lot if defective items in 65 sampled <= 2;
Otherwise reject.

Proportion  Probability  Probability
 Defective    Accepting    Rejecting
      0.01        0.972        0.028
      0.08        0.099        0.901
```

```
# Stat > Quality Tools > Acceptance
#     Sampling by Attributes
MTB > AASAMPLING 1;
SUBC>   AQL 0.01;
SUBC>   RQL 0.08;
SUBC>   CREATE;
SUBC>     ALPHA 0.05;
SUBC>     BETA 0.10;
SUBC>   PROPORTION;
SUBC>   GOC.
```

▮ 선별형 검사

선별형 검사(rectifying inspection)란 합격판정된 랏은 그대로 합격판정하지만 불합격판정된 랏은 전수검사를 실시하여 불량품을 제거한 후에 합격판정하는 검사방식이다. 표본에서 발견된 불량품은 양품으로 대체하거나 그대로 제거한다. 그리고 전수검사비용은 모두 생산자에게 부담시킴으로써 생산자의 품질향상 노력을 자극하게 된다.

□ 선별형 샘플링 계획의 성능 측도

선별형 샘플링 계획의 성능 측도로는 장기적으로 제출된 랏들에 대한 평균총

검사(Average Total Inspection, ATI)와 평균출검품질(Average Outgoing Quality, AOQ)이 널리 사용된다.

□ ATI 곡선

ATI는 각 랏(또는 공정)의 품질수준이 불량률 p로 일정할 때 장기적으로 제출된 랏들이 선별검사를 통해서 받은 평균검사량을 말한다. ATI는 랏 불량률 p의 함수이다. ATI 곡선은 불량률 p에 따라 ATI를 나타낸 곡선이다.

■ 전수검사에서 발견된 불량품을 양품으로 대체하지 않을 때의 평균총검사

$$ATI(p) = nP_a + N(1-P_a) = n + (1-P_a)(N-n) \qquad (9.5)$$

관 찰 랏 당 검사를 받지 않고 통과되는 제품수의 평균은 다음과 같이 주어진다:

$$N - ATI = (N-n)P_a \qquad (9.5\text{-}1)$$

■ 전수검사에서 발견된 불량품을 양품으로 대체할 때의 평균총검사 ATI^*

전수검사에서 발견된 불량품을 양품으로 대체하지 않을 때 랏당 평균적으로 ATI개를 조사하므로 랏당 발견되는 불량품수는 평균적으로 $pATI$개가 될 것이다. 따라서

$$ATI^*(p) = ATI + pATI + p^2ATI + \cdots = ATI/(1-p) \qquad (9.6)$$

| 과제 | 불량률이 0일 때와 불량률이 1일 때의 ATI는 각각 얼마인가?

| 과제 | 동일한 (n, c)를 사용할 때 랏의 크기 N에 따라 ATI 곡선이 어떻게 변하겠는가?

예제 9.3 $N = 5000$, $n = 89$, $c = 2$일 때, 전수검사에서 발견된 불량품을 양품으로 대체하는 경우와 대체하지 않는 경우의 ATI 곡선을 비교해보자.

풀이 [도표 9.8]에서 보듯이 불량률이 커짐에 따라 대체하는 경우와 하지 않는 경우의 ATI 곡선이 점점 더 벌어진다.

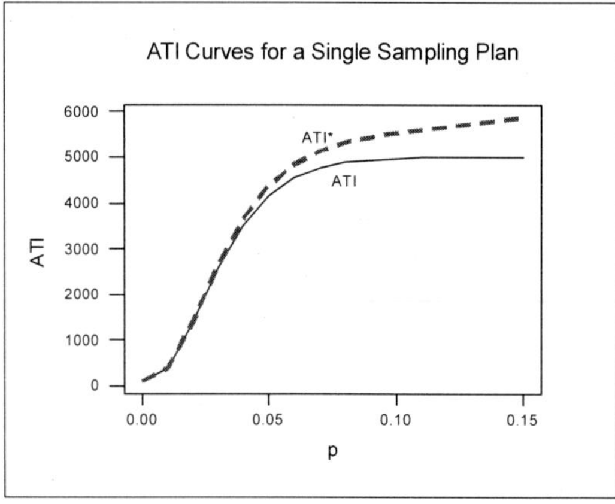


```
MTB > %SSPForAtt;
SUBC>   PLAN 89 2;
SUBC>   Type 2;
SUBC>   OC c1 c2;
SUBC>   Lot 5000;
SUBC>     Rectify c3 c4 c5 c6.
```

```
Data Display

Lot size                5000.00
sample size             89.0000
Acceptance number       2.00000
Distribution used
    Binomial distribution
```

[도표 9.8] ATI 곡선들(N=5,000, n=89, c=2)

¶

| **과제** | $(n,\ c)$가 일정할 때 N이 변하면 ATI는 어떻게 변할까?

□ AOQ 곡선

AOQ란 각 랏이나 공정의 품질수준이 불량률 p로 일정할 때 장기적으로 제출된 랏들이 선별검사를 받은 후의 평균품질을 말한다. 당연히 AOQ는 제출되는 품질보다 높은 수준이 된다. AOQ는 랏 불량률 p의 함수이다. AOQ 곡선은 불량률 p에 따라 AOQ를 나타낸 곡선이다.

- 전수검사에서 발견된 불량품을 양품으로 대체하지 않을 때의 평균출검품질
  한 랏이 샘플링 검사에서 합격될 경우에 검사를 받지 않은 나머지 $N-n$개에 불량품이 들어있을 수 있다. 불량률이 p인 한 랏이 샘플링검사에서 합격될 확률은 P_a이므로

$$AOQ(p) = \frac{p(N-ATI)}{N-p\,ATI} = \frac{p(N-n)P_a}{N-p\,ATI} \tag{9.7}$$
$$= \frac{p(N-n)P_a}{N-np-(1-P_a)p(N-n)}$$

- 전수검사에서 발견된 불량품을 양품으로 대체할 때의 평균출검품질 AOQ^*

$$AOQ^*(p) = \frac{p(N-ATI)}{N} = \frac{p(N-n)P_a}{N} \tag{9.8}$$

이 때 랏 크기가 표본 크기에 비해 훨씬 크다면 근사적으로 $AOQ^* = P_a p$

이다.

| 과제 | 불량률이 0일 때와 불량률이 1일 때의 AOQ는 각각 얼마인가?

예제 9.4 N=5000, n=89, c=2일 때, 전수검사에서 발견된 불량품을 양품으로 대체하는 경우와 대체하지 않는 경우의 AOQ 곡선을 그려보자.

풀이 [도표 9.9(a)]에서 보듯이 불량률의 전 범위에 걸쳐서 양품으로 대체하는 경우의 AOQ 곡선이 양품으로 대체하지 않는 경우의 AOQ 곡선보다 아주 조금 낮게 간다. 중간계산과정은 [도표 9.9(b)]에 제시되어 있다.

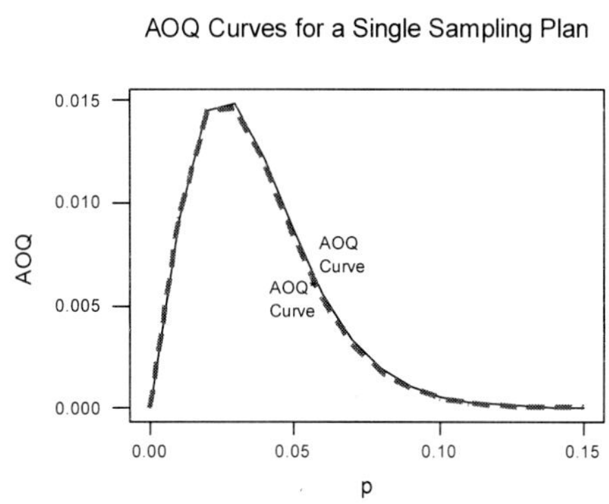

[도표 9.9(a)] AOQ 곡선들(N=5000, n=89, c=2)

[도표 9.9(b)] N=5000, n=89, c=2인 샘플링 계획의 성능측도들

Row	p	Pa	ATI	ATI*	AOQ	AOQ*
1	0.00	1.00000	89.00	89.00	0.0000000	0.0000000
2	0.01	0.94132	377.17	380.98	0.0092526	0.0092457
3	0.02	0.73717	1379.76	1407.92	0.0145613	0.0144809
4	0.03	0.49704	2559.03	2638.18	0.0148742	0.0146458
5	0.04	0.30166	3518.54	3665.15	0.0121949	0.0118517
6	0.05	0.16958	4167.19	4386.52	0.0086902	0.0083281
7	0.06	0.08990	4558.51	4849.48	0.0056045	0.0052979
8	0.07	0.04483	4779.82	5139.59	0.0033036	0.0030825
9	0.08	0.02211	4891.39	5316.73	0.0018852	0.0017377
10	0.09	0.01040	4948.92	5438.38	0.0010093	0.0009194
11	0.10	0.00475	4976.68	5529.65	0.0005179	0.0004664
12	0.11	0.00211	4989.63	5606.33	0.0002562	0.0002280
13	0.12	0.00092	4995.50	5676.71	0.0001226	0.0001079
14	0.13	0.00039	4998.09	5744.94	0.0000570	0.0000496
15	0.14	0.00016	4999.22	5813.05	0.0000253	0.0000218
16	0.15	0.00007	4999.68	5881.97	0.0000113	0.0000096

■ 평균출검품질한계(average outgoing quality limit, AOQL)

AOQ 곡선의 세로좌표의 최대값은 선별검사 계획이 낳을 수 있는 최악의 평균 품질을 나타낸다.

□ 특정 AOQL 보증(평균품질 보증)을 위한 계수선별형 1회 샘플링 계획의 설계

AOQL만으로는 샘플링 계획을 유일하게 결정할 수 없으므로, 흔히 한 특정 품질수준—예컨대, 공정 평균불량률 $\bar{p}$—에서 ATI가 최소가 된다는 조건을 만족하는 샘플링 계획을 찾는다. AOQ를 최대로 하는 불량률을 p_M이라 하면 식 (9.8)로부터

$$AOQL = \frac{p_M P_a(p_M)(N-n)}{N} \tag{9.9}$$

그러면 우리는 주어진 AOQL을 만족시키고 평균불량률 $\bar{p}$에서 ATI를 최소로 하는 샘플링 계획을 다음 반복 절차에 의해 찾을 수 있다:

① c를 임의로 정하고 식 (9.9)를 만족시키는 n을 구한다.
② (n, c)로부터 공정 평균불량률 $\bar{p}$에 해당하는 ATI를 계산한다.
③ 위의 과정을 순차적으로 반복하여 ATI가 최소가 되는 (n, c)를 정한다.

위 반복적 계산 과정에서 $y = np_M P_a(p_M)$로 두면 식 (9.9)는

$$AOQL = \frac{y}{n}\left(1 - \frac{n}{N}\right) \tag{9.10}$$

또는

$$n = \frac{y \cdot N}{N \cdot AOQL + y} \tag{9.11}$$

로 표현될 수 있다.

[도표 9.10(a)] c에 따른 $y = np_M P_a(p_M)$의 값들 (Dodge–Romig, 1959)

c	0	1	2	3	4	5	6	7	8	9	10
y	0.368	0.840	1.371	1.942	2.544	3.163	3.812	4.472	5.146	5.831	6.528

보충 (식 9.11)과 [도표 9.10(a)]의 유도과정

프아송 근사를 이용하면 AOQ^*는 다음과 같이 표현될 수 있다: 주어진 c에 대해,

$$AOQ^*(p) = p\frac{N-n}{N}P_a(p) = p\frac{N-n}{N}\sum_{x=0}^{c}\frac{e^{-np}(np)^x}{x!}. \quad \textbf{(9.11-1)}$$

이제 $AOQ^*(p)$를 최대화시키는 불량률 즉 p_M을 구해보자. 우리는 $AOQ^*(p)$를 다음과 같이 p에 대해 미분하여 정리할 수 있다:

$$\frac{dAOQ^*(p)}{dp} = \frac{N-n}{N}\left[\sum_{x=0}^{c}\frac{e^{-np}(np)^x}{x!} - \frac{e^{-np}(np)^{c+1}}{c!}\right]. \quad \textbf{(9.11-2)}$$

따라서 p_M은 다음 관계를 만족한다:

$$\frac{N-n}{N}\left[\sum_{x=0}^{c}\frac{e^{-np_M}(np_M)^x}{x!} - \frac{e^{-np_M}(np_M)^{c+1}}{c!}\right] = 0. \quad \textbf{(9.11-3)}$$

우리는 주어진 N, n, 그리고 c에 대해 방정식 (9.11-3)을 만족하는 p_M에 대해서 다음 관계를 만족하는 n을 찾아야 한다:

$$p_M\frac{N-n}{N}\sum_{x=0}^{c}\frac{e^{-np_M}(np_M)^x}{x!} = AOQL. \quad \textbf{(9.11-4)}$$

즉 우리는 두 방정식 (9.11-3)과 (9.11-4)를 동시에 만족시키는 n을 찾아야 한다. np_M=m으로 두자. 그러면 (9.11-3)으로부터

$$\sum_{x=0}^{c}\frac{e^{-m}m^x}{x!} - \frac{e^{-m}m^{c+1}}{c!} = 0. \quad \textbf{(9.11-5)}$$

우리는 주어진 c에 대해 [도표 9.10(b)]와 같이 수치적으로 방정식 (9.11-5)를 만족시키는 m을 구할 수 있다.

[도표 9.10(b)] c에 따른 $m = np_M$의 값들 (Dodge-Romig, 1959))

c	0	1	2	3	4	5	6	7	8	9	10
m	1.00	1.62	2.27	2.95	3.64	4.35	5.07	5.80	6.55	7.30	8.05

$mP_a(p_M)$=y로 두자. 그러면 식 (9.11-5)로부터

$$y = m\sum_{x=0}^{c}\frac{e^{-m}m^x}{x!} = \frac{e^{-m}m^{c+2}}{c!}. \quad \textbf{(9.11-6)}$$

[도표 9.10(a)]의 y 값들은 바로 식 (9.11-6)으로부터 얻어진 값들이다. ¶

- 평균품질 보증을 위해서 간편하게 (n, c)를 찾기 위한 표(Dodge-Romig의 AOQL 표/KSA 3105의 SA 표)가 마련되어 있다.([도표 9.11])

[도표 9.11] KS A 3105 SA 표(AOQL = 2%)

공정불량률 / 랏크기	0~0.22%	0.23~0.33%	0.34~0.55%	0.56~0.77%	0.78~1.1%
	LTPD n c (%)	LTPD n c (%)	LTPD n c (%)	LTPD n c (%)	LTPD n c (%)
16 이하	전수 0 —	전수 0 —	전수 0 —	전수 0 —	전수 0 —
17 ~ 70	16 0 12.0	16 0 12.0	16 0 12.0	16 0 12.0	16 0 12.0
71 ~ 100	17 0 11.6	17 0 11.6	17 0 11.6	17 0 11.6	17 0 11.6
101 ~ 200	18 0 11.5	18 0 11.5	18 0 11.5	18 0 11.5	18 0 11.5
201 ~ 500	18 0 11.7	18 0 11.7	42 1 8.7	42 1 8.7	42 1 8.7
501 ~ 700	18 0 11.9	42 1 8.7	42 1 8.7	42 1 8.7	42 1 7.2
701 ~ 1,000	42 1 8.8	42 1 8.8	42 1 8.8	42 1 8.8	70 2 7.3
1,001 ~ 2,000	42 1 8.9	42 1 8.9	70 2 7.4	70 2 7.4	70 2 7.4
2,001 ~ 3,000	42 1 8.9	42 1 8.9	70 2 7.4	70 2 7.4	95 3 6.9
3,001 ~ 5,000	42 1 8.9	70 2 7.4	70 2 7.4	95 3 6.9	95 3 6.9
5,001 ~ 7,000	70 2 7.4	70 2 7.4	70 2 7.4	95 3 6.9	125 4 6.3
7,001 ~ 10,000	70 2 7.4	70 2 7.4	95 3 6.9	95 3 6.9	155 5 5.9
10,001 ~ 20,000	70 2 7.4	70 2 7.4	95 3 6.90	125 4 6.3	190 6 5.5
20,001 ~ 30,000	70 2 7.4	70 2 7.4	95 3 6.90	155 5 5.9	220 7 5.3
30,001 ~ 50,000	70 2 7.4	95 3 6.9	125 4 6.3	155 5 5.9	255 8 5.1

예제 9.5 $N = 1{,}000$, $AOQL = 2.0\%$ 이고, 평균불량률 $\bar{p} = 0.01$에서 ATI를 최소로 하는 계수선별형 1회 샘플링 계획을 설계하라. (전수검사에서 발견된 불량품은 양품으로 대체되는 경우를 고려하고 프아송 분포를 이용하라.)

풀이 (방법 1) [도표 9.10(a)]를 이용한 방법

먼저 합격판정개수 c=0에서 시작하자. c=0일 때 [도표 9.10(a)]로부터 y=0.368; 그러면 식 (9.11)로부터 n=18; 1회 샘플링 계획 (18, 0)에 대해, 프

아송 분포로부터 $P_a(0.01)=0.83527$; 식 (9.5)로부터 $ATI=179.765$; 식 (9.6)으로부터 $ATI^*=181.58$. 이와 같은 작업을 합격판정개수 c를 바꾸어 가면서 실시한 결과가 아래 표에 정리되어 있다. 이 표로부터, 주어진 조건을 만족하는 계수 선별형 1회 샘플링 계획은 (64, 2)이다. (%SSPForAtt.mac 이용)

c	y	n	$P_a(0.01)$	ATI	ATI^*	AOQ	AOQ^*	
0	0.368	18	0.83527	179.765	181.58	0.0082171	0.0082024	
1	0.840	40	0.93845	99.090	100.09	0.0090180	0.0090091	
2	1.371	64	0.97275	89.507	90.41	0.0091131	0.0091049	ATI^* 최소
3	1.942	89	0.98703	100.816	101.83	0.0090009	0.0089918	
4	2.544	113	0.99393	118.383	119.58	0.0088266	0.0088162	

(방법 2) KS A 3105 SA표로부터, $n=70$, $c=2$, LTPD=7.3% ¶

□ 특정 LTPD 보증(랏품질 보증)을 위한 계수선별형 1회 샘플링 계획의 설계

랏의 불량률이 p_1(LTPD)일 때 소비자 위험이 β가 되고, 평균불량률 $\bar{p}$에서 ATI를 최소로 하는 샘플링 계획을 찾아보자. 프아송 분포를 이용할 경우에 구하려는 (n, c)는 식 (9.1b) 또는 (9.2b)를 만족시키면서 식 (9.5)나 (9.6)의 ATI를 최소화시키는 (n, c)이다: 식 (9.2b)로부터

$$n = \chi^2_\beta(2(c+1))/(2p_1) \tag{9.12}$$

식 (9.5)로부터

$$ATI = n + (N-n)\left(1 - \sum_{x=0}^{c} \frac{\exp^{-n\bar{p}}(n\bar{p})^x}{x!}\right) \tag{9.13}$$

- 랏 품질 보증을 위해서 간편하게 (n, c)를 찾기 위한 표(Dodge-Romig의 LTPD 표/KS A 3105의 SL 표)가 마련되어 있다.([도표 9.12])

[도표 9.12] KS A 3105 SL 표(LTPD=7%)

공정불량률 / 로트의 크기	0~0.33% AOQL n c (%)	0.34~0.55% AOQL n c (%)	0.56~0.77% AOQL n c (%)	0.78~1.1% AOQL n c (%)	1.2~2.2% AOQL n c (%)
23 이하	전수 0 0	전수 0 0	전수 0 0	전수 0 0	전수 0 0
24 ~ 50	23 0 1.1	23 0 1.1	23 0 1.1	23 0 1.1	23 0 1.1
51 ~ 70	26 0 1.1	26 0 1.1	26 0 1.1	26 0 1.1	26 0 1.1
71 ~ 100	28 0 1.1	28 0 1.1	28 0 1.1	28 0 1.1	28 0 1.1
101 ~ 200	30 0 1.1	30 0 1.1	55 1 1.5	55 1 1.5	55 1 1.5
201 ~ 300	55 1 1.5	55 1 1.5	55 1 1.5	55 1 1.5	75 1 1.8
301 ~ 500	55 1 1.5	55 1 1.5	55 1 1.5	75 2 1.8	110 4 2.3
501 ~ 700	55 1 1.5	55 1 1.5	75 2 1.8	75 2 1.8	110 4 2.3
701 ~ 1,000	55 1 1.5	75 2 1.8	75 2 1.8	95 3 2.1	130 5 2.5
1,001 ~ 2,000	55 1 1.5	75 2 1.8	95 3 2.1	110 4 2.3	145 6 2.6
2,001 ~ 3,000	75 2 1.8	75 2 1.8	95 3 2.1	110 4 2.3	180 8 2.9
3,001 ~ 5,000	75 2 1.8	95 3 2.1	95 3 2.1	110 4 2.3	200 9 2.9
5,001 ~ 7,000	75 2 1.8	95 3 2.1	110 4 2.3	130 5 2.5	200 9 2.9
7,001 ~ 10,000	75 2 1.8	95 3 2.1	110 4 2.3	130 5 2.5	230 11 3.2
10,001 ~ 20,000	95 3 2.1	110 4 2.3	130 5 2.5	145 6 2.6	250 12 3.2
20,001 ~ 50,000	95 3 2.1	110 4 2.3	130 5 2.5	145 6 2.6	250 12 3.2

예제 9.6 $N = 1,000$, $p_1 = 0.07$, $\beta = 0.10$이고, 평균불량률 $\bar{p}$ =0.01에서 ATI를 최소로 하는 계수선별형 1회 샘플링 계획을 설계하라. (전수검사에서 발견된 불량품은 양품으로 대체되는 경우를 고려하고, 프아송 분포를 이용하라.)

풀이 (방법 1) 먼저 합격판정개수 $c=0$에서 시작하자. $c=0$일 때 식 (9.12)로부터 $n=33$; 1회 샘플링 계획 (18, 0)에 대해, 프아송 분포로부터 $P_a(0.01)=0.71892$; 식 (9.5)로부터 $ATI=304.801$; 식 (9.6)으로부터 $ATI^*=307.88$. 이와 같은 작업을 합격판정개수 c를 바꾸어 가면서 실시한 결과가 아래 표에 정리되어 있다. 이 표로부터, 주어진 조건을 만족하는 계수 선별형 1회 샘플링 계획은 (95, 3)이다.

c	n	$P_a(0.01)$	ATI	ATI^*	AOQ	AOQ^*	
0	33	0.71892	304.801	307.88	0.0069732	0.0069520	
1	56	0.89109	158.815	160.42	0.0084252	0.0084119	
2	76	0.95815	114.665	115.82	0.0088635	0.0088534	
3	95	0.98393	109.547	110.65	0.0089143	0.0089045	ATI^* 최소
4	114	0.99371	119.574	120.78	0.0088148	0.0088043	

(방법 2) KS A 3105 SL표로부터, $n=95$, $c=3$, AOQL=2.1% ¶

9.1.2 계수형 2회 샘플링 계획(double sampling plans)

2회 샘플링 계획은 1회 샘플링 계획과 비교할 때 검사량이 줄어들 수 있다는 실체적 효과이외에도 한 랏에 기회를 한번 더 준다는 점에서 심리적 효과까지 거둘 수 있다.

▌규준형 검사

계수 규준형 2회 샘플링은 네 숫자 (n_1, n_2, c_1, c_2)에 의해 완전히 규정된다. 여기서 네 숫자는 각각 다음과 같은 뜻을 가진다:

n_1 : 첫 번째 표본 크기

n_2 : 두 번째 표본 크기

c_1 : 첫 표본에 대한 합격판정개수

c_2 : 첫 표본에 대한 불합격판정개수이자 누적표본에 대한 합격판정개수

즉 첫 번째 표본에 대한 검사 결과 불량품수가 c_1 이하이면 랏을 합격판정하고 c_2 보다 많으면 랏을 기각한다. 첫 번째 표본에서 합격판정되거나 기각되지 않은 경우에는 두 번째 표본을 검사한다. 만약 누적된 불량품수가 c_2 이하이면 랏을 합격판정하고 c_2 보다 많으면 랏을 기각한다. 계수규준형 2회 샘플링 계획의 판정절차가 [도표 9.13]에 도시되어 있다.

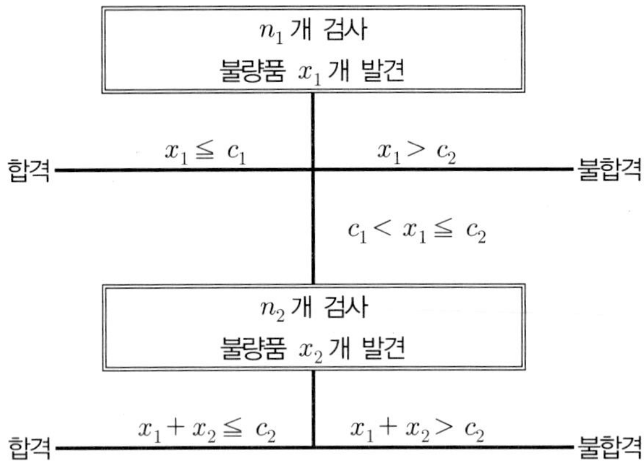

[도표 9.13] 계수규준형 2회 샘플링 계획 (n_1, n_2, c_1, c_2) 의 판정절차

□ 검사 단축 문제

이 때 기각 판정이 이미 내려질 수 있는 경우라도 첫 번째 표본은 모두 검사하는 것이 관례이고, 두 번째 표본에 대해서는 검사를 단축(curtailment)하기도 한다. 2회 샘플링 계획에서 두 번째 표본에 대해 단축검사를 실시하지 않으면 1회 샘플링 계획보다 랏당 평균표본크기(average sample number, ASN)가 커지기가 쉽다. 당연히 합격판정이 날 경우에는 검사 단축이 일어날 수 없다.

□ 샘플링 계획에 대한 평가: OC 곡선

다음과 같은 기호들을 약속하자:

X_1 : 크기 n_1 인 첫 번째 표본에 들어있는 불량품수, $X_1 \sim B(n_1, p)$

X_2 : 크기 n_2 인 두 번째 표본에 들어있는 불량품수, $X_2 \sim B(n_2, p)$

P_{a1} : 첫 번째 표본에서 랏 합격판정이 날 확률

P_{r1} : 첫 번째 표본에서 랏 불합격판정이 날 확률

P_{a2} : 두 번째 표본에서 랏 합격판정이 날 확률

P_{r2} : 두 번째 표본에서 랏 불합격판정이 날 확률

P_a : 랏 합격판정이 날 확률

P_i : i 번째 표본에서 합격판정이나 불합격판정이 날 확률, $P_i = P_{ai} + P_{ri}$

그러면,

$P_{a1} = P\{X_1 \leqq c_1\}$

$P_{r1} = P\{X_1 > c_2\} = 1 - P\{X_1 \leqq c_2 - 1\}$

$$
\begin{aligned}
P_{a2} &= P\{c_1 < X_1 \leqq c_2,\ X_1 + X_2 \leqq c_2\} \\
&= P\{c_1 < X_1 \leqq c_2\} P\{X_1 + X_2 \leqq c_2 \mid c_1 < X_1 \leqq c_2\} \\
&= \sum_{x_1 = c_1 + 1}^{c_2} P\{X_1 = x_1,\ X_1 + X_2 \leqq c_2\} \\
&= \sum_{x_1 = c_1 + 1}^{c_2} P\{X_1 = x_1,\ X_2 \leqq c_2 - x_1\} \\
&= \sum_{x_1 = c_1 + 1}^{c_2} P\{X_1 = x_1\} P\{X_2 \leqq c_2 - x_1\}
\end{aligned}
$$

$$
P_{r2} = P\{c_1 < X_1 \leqq c_2,\ X_1 + X_2 > c_2\} = 1 - (P_{a1} + P_{r1} + P_{a2})
$$

$$
P_a = P_{a1} + P_{a2}
$$

□ 평균 표본크기

장기적인 관점에서 랏당 평균표본크기(ASN)는 다음과 같이 구할 수 있다:

▪ 단축검사를 실시하지 않을 때

$$
ASN = n_1 + n_2(1 - P_1) = n_1 P_1 + (n_1 + n_2)(1 - P_1). \qquad \textbf{(9.14)}
$$

▪ 단축검사를 실시할 때

$$
ASN = n_1 + \sum_{k = c_1 + 1}^{c_2} P\{X_1 = k\} \times
$$

$$
\left[n_2 P\{X_2 \leqq c_2 - k\} + \frac{c_2 - k + 1}{p} P\{X \geqq c_2 - k + 2\} \right]. \qquad \textbf{(9.15)}
$$

여기서 X는 크기 $n_2 + 1$ 인 랜덤표본에 들어있는 불량품수를 나타낸다. 이 식의 뜻을 대략적으로 살펴보자. $k\,(c_1 + 1 \leqq k \leqq c_2)$는 첫 번째 표본에서 발견된 불량품수를 나타낸다. 두 번째 표본에 들어있는 불량품수가 $(c_2 - k)$개 이하이면 n_2개를 모두 검사해야 하고, $(c_2 - k + 1)$개 이상이면 $(c_2 - k + 1)$번째 불량품이 나올 때까지 검사를 해야 한다. $(c_2 - k + 1)$번째 불량품이 나올 때까지의 검사개수 Y는 음이항분포를 따른다: $Y \sim NB(c_2 - k + 1, p)$. 이로부터 Y의 조건부 기대값은 다음과 같이 구해진다:

$$
E[Y \mid Y \leqq n_2] = \frac{c_2 - k + 1}{p} P\{X \geqq c_2 - k + 2\}. \qquad \P
$$

예제 9.7 크기가 $N = 1{,}000$ 인 랏들에 대해 (n_1, n_2, c_1, c_2) = (40, 80, 0, 2)인 계수규준형 2회 샘플링 계획을 사용하여 랏 판정을 하기로 하였다. 이항분포를 이용하여 이 샘플링 계획의 OC 곡선과 ASN 곡선을 작성하라.

풀이 계수규준형 2회 샘플링 계획 (40, 80, 0, 2)에 대한 OC 곡선들과 ASN 곡선들이 [도표 9.14(a)]와 [도표 9.14(b)]에 전시되어 있다. [도표 9.14(a)]를 읽을 때 합격확률들(P_{a1} 와 P_a)을 위해서는 왼쪽의 세로좌표를 읽어야 하고, 기각확률(P_{r1})을 위해서는 오른쪽의 세로축 좌표를 읽어야 한다. 우리는 이 세 OC 곡선들의 "행간"에서 P_{a2} 와 P_{r2} 를 읽을 수 있다.

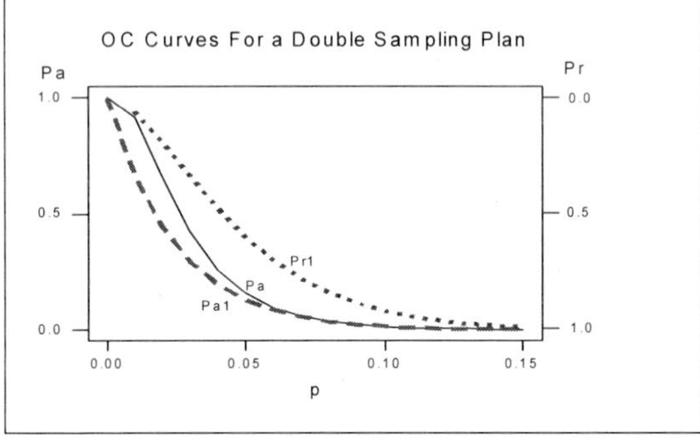


```
MTB > %DSPForAtt;
SUBC>   Plan 40 80 0 2;
SUBC>   OC c1-c6;
SUBC>   ASN c7 c8;
SUBC>   Type 1.

Data Display

n1                          40.0000
n2                          80.0000
c1                          0
c2                          2.00000
Distribution used
        Binomial distrbution
```

[도표 9.14(a)] 계수 규준형 2회 샘플링 계획 (40, 80, 0, 2)의 OC 곡선들

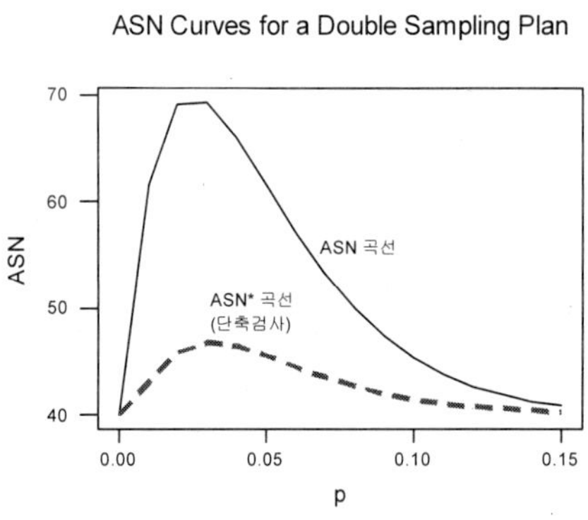

¶

[도표 9.14(b)] 계수 규준형 2회 샘플링 계획(40, 80, 0, 2)의 ASN 곡선들

※ 이 절에서 제시된 2회 샘플링 계획을 위한 OC, ASN, ATI, AOQ 곡선들은 모두 이 장의 끝에 제시된 [도표 9.32]의 미니탭 지역 매크로 DSPForAtt.mac에 의해 생성되었다.

□ 샘플링 계획의 설계

OC 곡선상의 두 점 $(p_0, 1-\alpha)$와 (p_1, β) 만으로는 샘플링 계획이 유일하게 결정될 수 없으므로, 흔히 두 표본크기의 비 n_2/n_1를 지정하여 샘플링 계획 (n_1, n_2, c_1, c_2)의 유일성을 확보한다. 이 경우에도 1회 샘플링 계획을 설계할 때와 마찬가지로 단계적 방법에 의해 해를 찾을 수 있다.

- (n_1, n_2, c_1, c_2)와 ASN을 간편하게 구하기 위한 표가 Hamaker & Van Strik(1955)에 의해 마련되어 있다.([도표 9.15]). 우리는 이 표를 이용하여 OC 곡선을 스케치할 수도 있다.

[도표 9.15(a)] p_1/p_0의 비로부터 2회 샘플링 계획을 설계하기 위한 표

검사방식 번호	$\frac{p_1}{p_0}$	합격판정갯수 c_1	c_2	n_1p의 값 $P_a(p)=0.95$	$P_a(p)=0.50$	$P_a(p)=0.10$	$P_a(p)=0.95$가 되는 점에서 ASN/n_1의 근사치
1	14.50	0	1	0.16	0.84	2.32	1.273
2	8.07	0	2	0.30	1.07	2.42	1.511
3	6.48	1	3	0.60	1.80	3.89	1.238
4	5.39	0	3	0.49	1.35	2.64	1.771
5	5.09	1	4	0.77	1.97	3.92	1.359
6	4.31	0	4	0.68	1.64	2.93	1.985
7	4.19	1	5	0.96	2.18	4.02	1.498
8	3.60	1	6	1.16	2.44	4.17	1.646
9	3.26	2	8	1.68	3.28	5.47	1.476
10	2.96	3	10	2.27	4.13	6.72	1.388
11	2.77	3	11	2.46	4.36	6.82	1.468
12	2.62	4	13	3.07	5.21	8.05	1.394
13	2.46	4	14	3.29	5.40	8.11	1.472
14	2.21	3	15	3.41	5.40	7.55	1.888
15	1.97	4	20	4.75	7.02	9.35	2.029
16	1.74	6	30	7.45	10.31	12.96	2.230

$(n_2 = 2n_1, \alpha = 0.05, \ \beta = 0.10)$

[도표 9.15(b)] p_1/p_0의 비로부터 2회 샘플링 계획을 설계하기 위한 표

검사방식 번호	$\frac{p_1}{p_0}$	합격판정갯수 c1	c2	n_1p의 값 $P_a(p)=0.95$	$P_a(p)=0.50$	$P_a(p)=0.10$	$P_a(p)=0.95$가 되는 점에서 ASN/n_1의 근사치
1	11.90	0	1	0.21	1.00	2.50	1.170
2	7.45	1	2	0.52	1.82	3.92	1.081
3	6.79	0	2	0.43	1.42	2.96	1.340
4	5.39	1	3	0.76	2.11	4.11	1.169
5	4.65	2	4	1.16	2.90	5.39	1.105
6	4.25	1	4	1.04	2.50	4.42	1.274
7	3.88	2	5	1.43	3.20	5.55	1.170
8	3.63	3	6	1.87	3.98	6.78	1.117
9	3.38	2	6	1.72	3.56	5.82	1.248
10	3.21	3	7	2.15	4.27	6.91	1.173
11	3.09	4	8	2.62	5.02	8.10	1.124
12	2.85	4	9	2.90	5.33	8.26	1.167
13	2.60	5	11	3.68	6.40	9.56	1.166
14	2.44	5	12	4.00	6.73	9.77	1.215
15	2.32	5	13	4.35	7.06	10.08	1.271
16	2.22	5	14	4.70	7.52	10.45	1.331
17	2.12	5	16	5.39	8.40	11.41	1.452

$(n_2 = n_1, \alpha = 0.05, \ \beta = 0.10)$

예제 9.8 $(p_0, 1-\alpha)$=(0.01, 0.95), (p_1, β)=(0.05, 0.10), 그리고 n_2/n_1=2 인 계수 규준형 2회 샘플링 계획을 설계하라.

풀이 ① p_1/p_0=5.0이므로 [도표 9.15(a)]에서 c_1=1, c_2=4가 정해진다.

② $(p_0, 1-\alpha)$=(0.01, 0.95)를 기준으로 n_1과 n_2를 구하기로 하자.

$P_a(p_0)$=0.95에서 $n_1 p_0 = 0.77$. 따라서 n_1=77.

③ $n_2 = 2n_1$=154.

④ ASN/n_1=1.359이므로 $ASN(0.01)$=104.643.

⑤ 이 샘플링 계획에서는 $P_a(p)$=0.95, 0.50, 0.10이 되는 불량률이 $n_1 p$ =0.77, 1.97, 3.92로부터 p=0.01, 0.025, 0.05로 주어진다. 우리는 이점들을 연결하여 OC 곡선을 스케치해볼 수 있다. ¶

선별형 검사

□ ATI

- 전수검사에서 발견된 불량품을 양품으로 대체하지 않을 때의 평균총검사

$$\begin{aligned} ATI &= n_1 P_{a1} + (n_1 + n_2) P_{a2} + N(1 - P_{a1} - P_{a2}) \\ &= n_1 + n_2(1 - P_{a1}) + (N - n_1 - n_2)(1 - P_{a1} - P_{a2}) \end{aligned} \quad (9.16)$$

- 전수검사에서 발견된 불량품을 양품으로 대체할 때의 평균총검사 ATI^*

$$ATI^* = ATI + p\,ATI + p^2 ATI + \cdots = ATI/(1-p) \quad (9.17)$$

□ AOQ

- 전수검사에서 발견된 불량품을 양품으로 대체하지 않을 때의 평균출검품질

$$AOQ = \frac{p[P_{a1}(N - n_1) + P_{a2}(N - n_1 - n_2)]}{N - p\,ATI} \quad (9.19)$$

- 전수검사에서 발견된 불량품을 양품으로 대체할 때의 평균출검픔질 AOQ^*

$$AOQ^* = \frac{p[P_{a1}(N - n_1) + P_{a2}(N - n_1 - n_2)]}{N} \quad (9.20)$$

이 때 랏 크기가 표본 크기들에 비해 훨씬 크다면 근사적으로 $AOQ^* = P_a p$ 이다.

예제 9.9 (예 9.7, 계속) 크기가 N=1000인 랏들에 대한 (n_1, n_2, c_1, c_2)=(40, 80, 0, 2)

인 계수규준형 2회 샘플링 계획을 선별형 계획으로 운용할 때의 ATI 곡선과 AOQ 곡선은 [도표 9.16]과 같다.

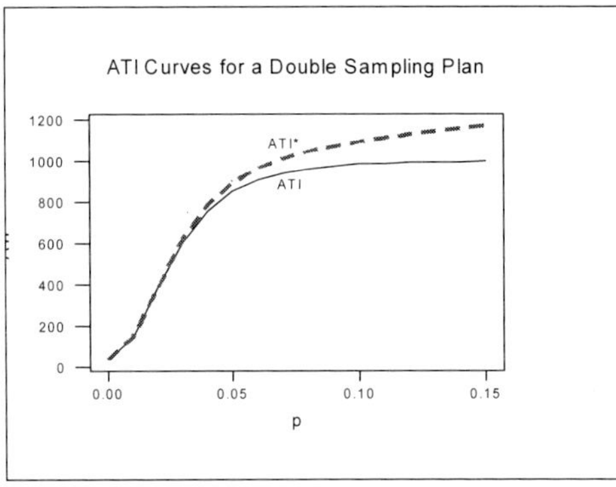


```
MTB > %DSPForAtt;
SUBC>   Plan 40 80 0 2;
SUBC>   OC c1-c6;
SUBC>   Lot 1000;
SUBC>     Rectify c7-c10;
SUBC>   Type 1.

Data Display

Lot size                  1000.00
n1                        40.0000
n2                        80.0000
c1                        0
c2                        2.00000
Distribution used
        Binomial distrbution
```

[도표 9.16(a)] 계수 선별형 2회 샘플링 계획 (40, 80, 0, 2)의 ATI 곡선들 : N=1000

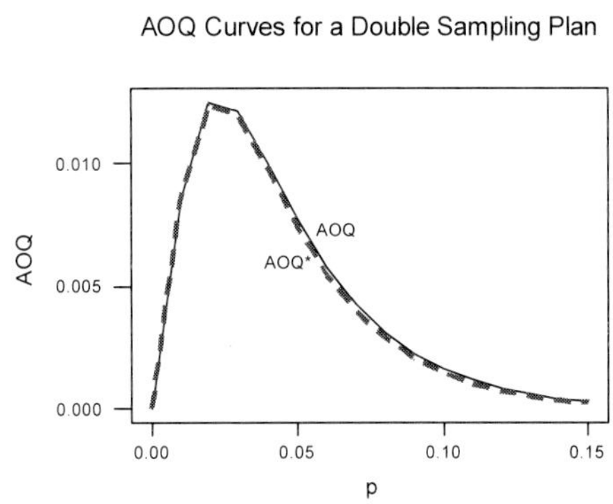

¶

[도표 9.16(b)] 계수 선별형 2회 샘플링 계획(40, 80, 0, 2)의 AOQ 곡선들: N = 1000

9.1.3 계수형 다회 샘플링 계획(multiple sampling plans)

계수형 2회 샘플링 계획은 k 회(k=3, 4,⋯) 샘플링 계획으로 확장될 수 있다. 즉 각 표본 i $(i = 1, 2, \cdots, k)$ 에 대해 각각 합격판정갯수 a_i 와 불합격판정갯수 r_i 를 미리 정하여 주고 적어도 k 번째 표본에서는 랏에 대한 판정이 나도록 샘플링 계획을 설계할 수 있다. 이 때 당연히 $a_k + 1 = r_k$ 여야 한다.

- 규준형 검사
- 단축검사를 실시하지 않을 때

$$ASN = P_1 n_1 + P_2(n_1 + n_2) + \cdots + P_k(n_1 + n_2 + \cdots + n_k) \quad \textbf{(9.21)}$$

■ 선별형 검사

□ ATI

■ 전수검사에서 발견된 불량품을 양품으로 대체하지 않을 때의 평균총검사

$$ATI = n_1 P_{a1} + (n_1 + n_2) P_{a2} + \cdots + (n_1 + \cdots + n_k) P_{ak} + N(1 - P_a) \qquad \textbf{(9.22a)}$$

■ 전수검사에서 발견된 불량품을 양품으로 대체하지 않을 때의 평균총검사

$$ATI^* = ATI + pATI + p^2 ATI + \cdots = ATI/(1-p) \qquad \textbf{(9.22b)}$$

□ AOQ

■ 전수검사에서 발견된 불량품을 양품으로 대체하지 않을 때의 평균출검품질

$$AOQ = \frac{p[P_{a1}(N-n_1) + P_{a2}(N-n_1-n_2) + \cdots + P_{ak}(N-n_1-\cdots-n_k)]}{N - pATI} \qquad \textbf{(9.23a)}$$

■ 전수검사에서 발견된 불량품을 양품으로 대체할 때의 평균출검품질

$$AOQ^* = \frac{p[P_{a1}(N-n_1) + P_{a2}(N-n_1-n_2) + \cdots + P_{ak}(N-n_1-\cdots-n_k)]}{N} \qquad \textbf{(9.23b)}$$

랏 크기가 표본 크기들에 비해 훨씬 크다면 근사적으로 $AOQ^* = P_a p$ 이다.

9.1.4 계수형 순차 샘플링 계획(sequential sampling plan)

■ 규준형 검사

계수형 다회 샘플링 계획을 한 단계 더 확장한 순차 샘플링 계획은 랏으로부터 1개씩 뽑아 검사해 나가며 누적 불량품수에 따라 합격, 불합격, 또는 검사계속 여부를 판정하는 샘플링 계획이다. 순차 샘플링 계획은 이론적으로는 랏이 전수 검사될 때까지 무한정 계속될 수 있지만, 실제 적용에서는 대개 검사갯수가 대응되는 1회 샘플링 계획의 표본크기의 세배에 이르면 절단한다. 순차 샘플링 계획은 동일한 생산자 위험과 소비자 위험을 만족시키는 다른 어떤 샘플링 계획보다 ASN이 작다.

현재 널리 쓰이는 Wald의 개별 순차 샘플링 계획(item-by-item sequential sampling plan)은 순차확률비(sequential probability ratio, SPR) 검정을 토

대로 개발된 것이다. n을 누적 표본크기라 하고 X를 누적 불량품수라 할 때, 순차확률비 검정은 다음과 같은 가설쌍에 대한 순차적인 우도비를 검정통계량으로 사용하는 검정방법이다:

$$H_0: \ X \sim B(n, p_0) \ \text{ 대 } \ H_1: \ X \sim B(n, p_1)$$

▪ 규격: KS A 3107, JIS Z 9009

※ 집단 순차 샘플링(group sequential sampling)에 대해서도 연구해 보자.

□ 순차확률비

순차확률비(SPR)는 위 가설쌍에 대한 순차적인 우도비이다:

$$SPR = \frac{P\{X = x \mid H_1\}}{P\{X = x \mid H_0\}} = \frac{\binom{n}{x} p_1^x (1-p_1)^{n-x}}{\binom{n}{x} p_0^x (1-p_0)^{n-x}} = \left(\frac{p_1}{p_0}\right)^x \left(\frac{1-p_1}{1-p_0}\right)^{n-x}. \quad \textbf{(9.24a)}$$

□ 순차확률비 검정의 검정규칙

합격품질수준 p_0에서의 생산자 위험을 α라 하고 랏허용불량률 p_1에서의 소비자 위험을 β라 하면, 순차확률비 검정의 검정규칙은 다음과 같이 나타낼 수 있다:

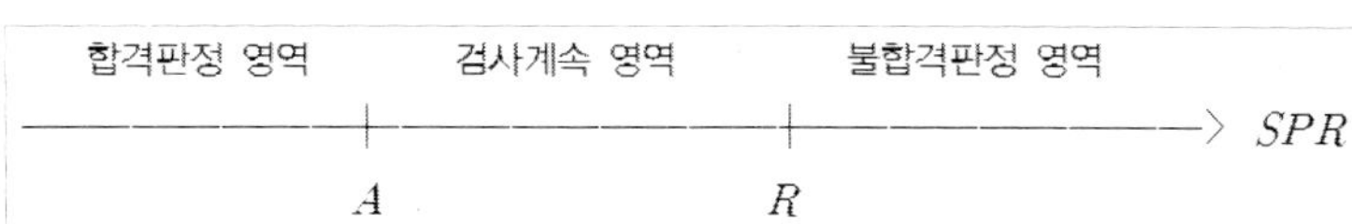

여기서 합격판정한계 $A = \dfrac{\beta}{1-\alpha}$이고, 불합격판정한계 $R = \dfrac{1-\beta}{\alpha}$이다. (즉, A는 H_0 채택 확률한계비이고, R는 H_0 기각 확률한계비이다.)

□ 계수형 순차 샘플링 계획에 대한 두 한계선(합격·불합격판정선) 유도

식 (9.24a)의 양변에 (상용 또는 자연)로그를 취하면,

$$\begin{aligned} \log SPR &= x\log\left(\frac{p_1}{p_0}\right) + (n-x)\log\left(\frac{1-p_1}{1-p_0}\right) \\ &= x\log\left(\frac{p_1(1-p_0)}{p_0(1-p_1)}\right) + n\log\left(\frac{1-p_1}{1-p_0}\right). \end{aligned} \quad \textbf{(9.24b)}$$

위 식을 x 에 대해서 정리하면,

$$x = \frac{\log SPR}{\log\left(\frac{p_1(1-p_0)}{p_0(1-p_1)}\right)} - n\frac{\log\left(\frac{1-p_1}{1-p_0}\right)}{\log\left(\frac{p_1(1-p_0)}{p_0(1-p_1)}\right)}$$

$$= \frac{\log SPR}{\log\left(\frac{p_1(1-p_0)}{p_0(1-p_1)}\right)} + n\frac{\log\left(\frac{1-p_0}{1-p_1}\right)}{\log\left(\frac{p_1(1-p_0)}{p_0(1-p_1)}\right)} = h + sn.$$

따라서 합격판정기준 $SPR \leqq A = \dfrac{\beta}{1-\alpha}$ 은 다음과 같이 쓸 수 있다:

$$x \leqq \frac{\log\left(\frac{\beta}{1-\alpha}\right)}{\log\left(\frac{p_1(1-p_0)}{p_0(1-p_1)}\right)} + n\frac{\log\left(\frac{1-p_0}{1-p_1}\right)}{\log\left(\frac{p_1(1-p_0)}{p_0(1-p_1)}\right)} = -h_0 + sn. \quad \textbf{(9.25a)}$$

또 불합격판정기준 $SPR \geqq R = \dfrac{1-\beta}{\alpha}$ 은 다음과 같이 쓸 수 있다:

$$x \geqq \frac{\log\left(\frac{1-\beta}{\alpha}\right)}{\log\left(\frac{p_1(1-p_0)}{p_0(1-p_1)}\right)} + n\frac{\log\left(\frac{1-p_0}{1-p_1}\right)}{\log\left(\frac{p_1(1-p_0)}{p_0(1-p_1)}\right)} = h_1 + sn, \quad \textbf{(9.25b)}$$

여기서

$$h_0 = \frac{\log\left(\frac{1-\alpha}{\beta}\right)}{\log\left(\frac{p_1(1-p_0)}{p_0(1-p_1)}\right)},\ h_1 = \frac{\log\left(\frac{1-\beta}{\alpha}\right)}{\log\left(\frac{p_1(1-p_0)}{p_0(1-p_1)}\right)},\ s = \frac{\log\left(\frac{1-p_0}{1-p_1}\right)}{\log\left(\frac{p_1(1-p_0)}{p_0(1-p_1)}\right)}.$$

이로부터 합격판정선과 불합격판정선은 각각 다음과 같이 유도된다:

$$x_A = -h_0 + sn, \quad \textbf{(9.26a)}$$

$$x_R = h_1 + sn \quad \textbf{(9.26b)}$$

즉 불합격수 x가 x_A보다 같거나 작으면 합격, x_R보다 많거나 같으면 불합격이다. [도표 9.17]은 계수규준형 순차 샘플링의 합격판정절차를 보여주고 있다.

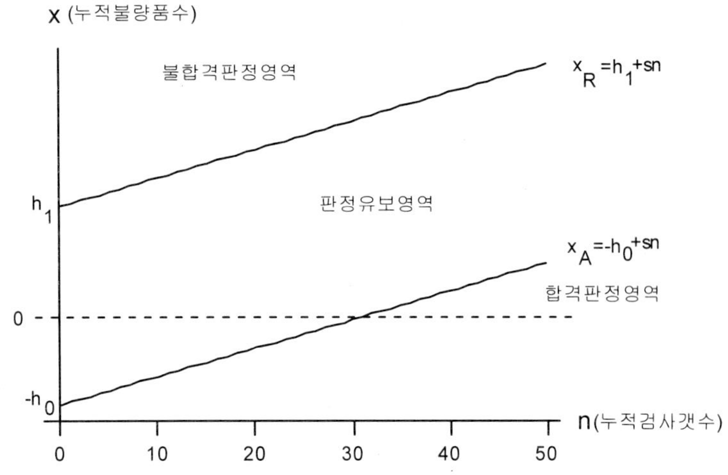

[도표 9.17] 계수규준형 순차 샘플링 계획

※ 여기서 s는 표본표준편차가 아니라 판정선의 기울기를 나타내고 있다.

- h_0, h_1, s를 간편하게 구하기 위한 표(KS A 3107)가 [도표 9.18]에 제시되어 있다.

[도표 9.18] (h_0, h_1, s)를 구하기 위한 표(KS A 3107) ($\alpha=0.05$, $\beta=0.10$)

p_0(%) \ p_1(%)		0.71 ~ 0.90	0.91 ~ 1.12	1.13 ~ 1.40	1.41 ~ 1.80	1.81 ~ 2.24	2.25 ~ 2.80	2.81 ~ 3.55	3.56 ~ 4.50	4.51 ~ 5.60	5.61 ~ 7.10	7.11 ~ 9.00	9.01 ~ 11.2	11.3 ~ 14.0	14.1 ~ 18.0	18.1 ~ 22.4	22.5 ~ 28.0	28.1 ~ 35.5	p_1(%) \ p_0(%)
0.090 ~ 0.112	h_0	1.079	0.974	0.887	0.808	0.747	0.694	0.647	0.604	0.563	0.535	0.504	0.479	0.454	0.429	0.403	0.333	0.367	0.090 ~ 0.112
	h_1	1.385	1.250	1.139	1.037	0.959	0.891	0.891	0.775	0.729	0.687	0.647	0.615	0.583	0.551	0.524	0.498	0.471	
	s	0.003	0.004	0.005	0.006	0.006	0.008	0.009	0.011	0.013	0.015	0.019	0.021	0.027	0.033	0.040	0.049	0.062	
0.113 ~ 0.140	h_0	1.209	1.078	0.973	0.878	0.807	0.746	0.691	0.642	0.602	0.565	0.534	0.502	0.475	0.448	0.425	0.403	0.381	0.113 ~ 0.140
	h_1	1.551	1.384	1.249	1.123	1.035	0.957	0.887	0.824	0.773	0.725	0.631	0.644	0.610	0.575	0.546	0.517	0.489	
	s	0.004	0.004	0.005	0.006	0.007	0.008	0.009	0.011	0.016	0.016	0.019	0.019	0.028	0.035	0.042	0.051	0.064	
0.141 ~ 0.180	h_0	1.394	1.223	1.090	0.972	0.885	0.812	0.748	0.691	0.645	0.603	0.564	0.531	0.502	0.471	0.446	0.420	0.398	0.141 ~ 0.180
	h_1	1.788	1.570	1.398	1.247	1.136	1.042	0.960	0.837	0.827	0.773	0.724	0.682	0.644	0.605	0.572	0.539	0.511	
	s	0.004	0.005	0.005	0.006	0.007	0.009	0.010	0.012	0.014	0.017	0.021	0.025	0.029	0.036	0.004	0.053	0.067	
0.181 ~ 0.224	h_0	1.167	1.392	1.222	1.076	0.970	0.884	0.808	0.742	0.689	0.641	0.597	0.561	0.528	0.495	0.467	0.440	0.414	0.181 ~ 0.224
	h_1	2.075	1.787	1.568	1.390	1.245	1.134	1.037	0.952	0.884	0.823	0.757	0.720	0.677	0.635	0.599	0.565	0.532	
	s	0.004	0.005	0.006	0.007	0.008	0.009	0.011	0.013	0.015	0.018	0.022	0.026	0.081	0.038	0.046	0.056	0.069	
0.225 ~ 0.280	h_0		1.616	1.390	1.204	1.074	0.968	0.879	0.801	0.740	0.685	0.619	0.594	0.572	0.520	0.489	0.460	0.432	0.225 ~ 0.280
	h_1		2.073	1.784	1.545	1.378	1.243	1.127	1.028	0.949	0.879	0.795	0.762	0.715	0.667	0.628	0.591	0.554	
	s		0.006	0.006	0.007	0.009	0.010	0.012	0.014	0.016	0.019	0.022	0.027	0.032	0.040	0.048	0.059	0.072	
0.281 ~ 0.355	h_0			1.623	1.375	1.207	1.076	0.966	0.873	0.801	0.737	0.679	0.633	0.591	0.549	0.515	0.483	0.452	0.281 ~ 0.355
	h_1			2.082	1.764	1.549	1.380	1.240	1.120	1.027	0.945	0.872	0.812	0.758	0.706	0.681	0.620	0.580	
	s			0.007	0.008	0.009	0.011	0.012	0.015	0.017	0.020	0.024	0.029	0.034	0.042	0.050	0.051	0.075	
0.356 ~ 0.450	h_0				1.610	1.385	1.215	1.077	0.963	0.875	0.799	0.732	0.674	0.629	0.584	0.545	0.509	0.475	0.356 ~ 0.450
	h_1				2.066	1.777	1.559	1.362	1.235	1.123	1.028	0.940	0.864	0.808	0.749	0.699	0.654	0.610	
	s				0.009	0.010	0.012	0.013	0.016	0.018	0.022	0.028	0.030	0.036	0.044	0.053	0.064	0.079	
0.451 ~ 0.560	h_0				1.915	1.607	1.382	1.206	1.065	0.959	0.868	0.790	0.727	0.673	0.620	0.576	0.537	0.499	0.451 ~ 0.560
	h_1				2.457	2.062	1.773	1.548	1.366	1.230	1.114	1.014	0.933	0.863	0.796	0.740	0.689	0.640	
	s				0.009	0.011	0.012	0.014	0.017	0.020	0.023	0.028	0.032	0.038	0.047	0.056	0.067	0.083	
0.561 ~ 0.710	h_0					1.926	1.612	1.377	1.197	1064	0.954	0.860	0.786	0.723	0.662	0.613	0.568	0.526	0.561 ~ 0.710
	h_1					2.471	2.068	1.767	1.535	1.365	1.224	1.104	1.009	0.928	0.849	0.786	0.729	0.675	
	s					0.012	0.013	0.016	0.018	0.021	0.025	0.030	0.035	0.041	0.049	0.060	0.071	0.087	
0.711 ~ 0.900	h_0						1.947	1.615	1.371	1.200	1.062	0.947	0.859	0.784	0.712	0.656	0.601	0.554	0.711 ~ 0.900
	h_1						2.499	2.072	1.760	1.540	1.363	1.215	1.102	1.005	0.913	0.842	0.772	0.710	
	s						0.015	0.017	0.020	0.023	0.027	0.032	0.037	0.044	0.053	0.063	0.075	0.091	
0.901 ~ 1.12	h_0							1.965	1.589	1.364	1.188	1.046	0.939	0.850	0.767	0.702	0.644	0.590	0.901 ~ 1.12
	h_1							2.521	2.039	1.751	1.525	1.342	1.205	1.091	0.984	0.901	0.827	0.757	
	s							0.019	0.022	0.025	0.029	0.034	0.040	0.047	0.056	0.066	0.079	0.096	
1.13 ~ 1.40	h_0								1.890	1.580	1.349	1.169	1.037	0.929	0.831	0.755	0.689	0.627	1.13 ~ 1.40
	h_1								2.426	2.028	1.731	1.500	1.330	1.192	1.066	0.969	0.884	0.804	
	s								0.024	0.027	0.031	0.037	0.043	0.050	0.060	0.071	0.084	0.102	
1.41 ~ 1.80	h_0									1.917	1.586	1.343	1.172	1.035	0.915	0.824	0.746	0.674	1.41 ~ 1.80
	h_1									2.460	2.036	1.723	1.504	1.330	1.174	1.058	0.957	0.865	
	s									0.030	0.035	0.040	0.047	0.054	0.064	0.076	0.090	0.103	
1.81 ~ 2.24	h_0										1.889	1.554	1.329	1.157	1.008	0.899	0.806	0.723	1.81 ~ 2.24
	h_1										2.424	1.994	1.706	1.485	1.294	1.153	1.035	0.928	
	s										0.038	0.044	0.050	0.058	0.069	0.081	0.096	0.115	
2.25 ~ 2.80	h_0										2.341	1.844	1.529	1.311	1.123	0.939	0.873	0.780	2.25 ~ 2.80
	h_1										3.005	2.366	1.962	1.682	1.441	1.269	1.127	1.001	
	s										0.039	0.048	0.054	0.063	0.074	0.087	0.102	0.122	
2.81 ~ 3.55	h_0											2.290	1.833	1.522	1.274	1.104	0.968	0.850	2.81 ~ 3.55
	h_1											2.939	2.352	1.958	1.635	1.417	1.242	1.091	
	s											0.052	0.060	0.069	0.081	0.094	0.110	0.131	
3.56 ~ 4.50	h_0												2.296	1.823	1.482	1.257	1.083	0.938	3.56 ~ 4.50
	h_1												2.946	2.345	1.901	1.613	1.390	1.204	
	s												0.066	0.075	0.083	0.102	0.119	0.141	
4.51 ~ 5.60	h_0													2.255	1.751	1.445	1.220	1.039	4.51 ~ 5.60
	h_1													2.894	2.247	1.855	1.566	1.333	
	s													0.082	0.096	0.110	0.128	0.151	
5.61 ~ 7.10	h_0														2.163	1.715	1.607	1.171	5.61 ~ 7.10
	h_1														2.775	2.201	1.805	1.503	
	s														0.105	0.120	0.139	0.162	
7.11 ~ 9.00	h_0															2.087	1.670	1.368	7.11 ~ 9.00
	h_1															2.679	2.151	1.714	
	s															0.125	0.152	0.167	
9.01 ~ 11.2	h_0															2.778	2.050	1.586	9.01 ~ 11.2
	h_1															3.564	2.631	2.035	
	s															0.145	0.166	0.192	

■ 순차 샘플링에서는 검사가 무한히 계속되는 것을 막기 위해 흔히 n의 상한을 정한다. n이 [도표 9.19]에 제시된 $\max\left\{\bar{n}_0, \bar{n}_{p_0}, \bar{n}_s, \bar{n}_{p_1}, \bar{n}_1\right\}$보다 커질 때까지 검사계속상태에 머무르면 검사를 중지하고 그대로 판정한다:

그 때까지의 불량품수가 sn 보다 작거나 같으면, 합격;
sn 보다 크면, 불합격.

□ ASN

우리는 불량률이 p 일 때의 평균합격갯수 $A(p)$와 평균불합격갯수 $R(p)$를 다음과 같이 얻을 수 있다:

$$A(p) = \frac{\log\frac{\beta}{1-\alpha}}{p\log(p_1/p_0) + (1-p)\log[(1-p_1)/(1-p_0)]}, \quad \textbf{(9.27a)}$$

$$R(p) = \frac{\log\frac{1-\beta}{\alpha}}{p\log(p_1/p_0) + (1-p)\log[(1-p_1)/(1-p_0)]}. \quad \textbf{(9.27b)}$$

그러면 ASN은 불량률이 p 일 때의 평균합격갯수 $A(p)$와 평균불합격갯수 $R(p)$의 가중평균으로 주어진다:

$$ASN = P_a(p)\,A(p) + (1 - P_a(p))\,R(p). \quad \textbf{(9.28)}$$

순차 샘플링 계획은 같은 OC곡선을 가지는 1회 샘플링 계획보다 평균표본크기가 약 50% 정도 줄어든다.

□ OC곡선

순차 샘플링 계획에서 랏합격확률 P_a는 계산이 복잡하므로 정확한 OC 곡선을 그리기는 어렵다. 그러나 우리는 다음 [도표 9.19]에서와 같은 다섯 점을 연결하여 OC 곡선을 스케치할 수 있다.

[도표 9.19] 순차 샘플링 계획에서 특정 랏합격확률과 ASN

p	P_a	ASN
0.0	1.0	h_0/s
p_0	$1-\alpha$	$[(1-\alpha)h_0 - \alpha h_1]/(s-p_0)$
s	$h_1/(h_0+h_1)$	$h_0 h_1/[s(1-s)]$
p_1	β	$[(1-\beta)h_1 - \beta h_0]/(p_1-s)$
1.0	0.0	$h_1/(1-s)$

| **과제** | [도표 9.19]를 유도해 보아라.

예제 9.10 $(p_0, 1-\alpha)=(0.01,\ 0.95)$와 $(p_1, \beta)=(0.08,\ 0.10)$를 만족하는 계수규준형 순차 샘플링 계획을 설계하라.

풀이 식 (9.25)로부터 $h_0=1.0457$, $h_1=1.3426$, $s=0.0341$. (또는 KS A 3107 표로부터 $h_0=1.046$, $h_1=1.342$, $s=0.034$). 따라서 합격판정선과 불합격판정선은 각각 다음과 같이 얻어진다:

$$x_A = -1.0457 + 0.0341n,$$
$$x_R = 1.3426 + 0.0341n.$$

우리는 이 순차 샘플링 계획을 [도표 9.20]과 같이 나타낼 수 있다.

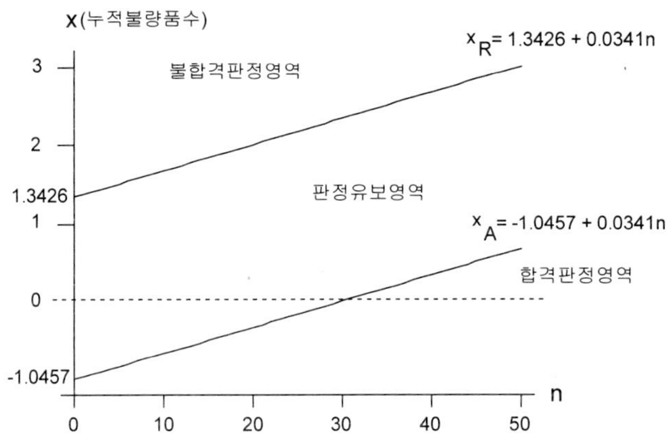

[도표 9.20] 계수규준형 순차 샘플링 계획의 예

■ 선별형 검사

□ ATI

- 전수검사에서 발견된 불량품을 양품으로 대체하지 않을 때의 평균총검사 ATI는 불량률이 p일 때의 평균합격갯수 $A(p)$와 랏 크기 N의 가중 평균으로 주어진다:

$$ATI = P_a(p)\,A(p) + (1-P_a(p))\,N. \tag{9.29}$$

□ AOQ

- 전수검사에서 발견된 불량품을 양품으로 대체할 때의 평균출검품질 AOQ^* 랏 크기가 표본 크기들에 비해 훨씬 크다면 AOQ^* 는 근사적으로 다음과 같이 주어진다:

$$AOQ^* = P_a(p)p. \tag{9.30}$$

9.2 계수조정형 랏별 합격판정 샘플링

조정형 샘플링이란 생산자의 품질수준에 따라 검사수준을 조정하여 요구되는 품질의 제품을 확보하도록 고안된 검사방식이다. 일반검사(general inspection)에서는 처음에 보통검사로 시작하다가 검사성적이 합격품질수준(AQL) 보다 떨어지면 까다로운 검사를 실시하고, 반대로 검사성적이 합격품질수준보다 좋아지면 수월한 검사를 실시한다.

□ 규격

- 가장 널리 사용되고 있는 계수 조정형 합격판정 샘플링 시스템은 MIL-STD-105E(1989)이다. 이 규격은 MIL-STD-105A(1950)로 시작하여 MIL-STD-105D(1963)로 오랫동안 사용되어 온 미국 군용규격의 최종판이다. (참고로, MIL-STD-105E는 1995년에 미국 국방부(공군)에 의해 철회되었고, 2001년에 미국 국방부에 의해 재차 철회되었다.)
- ANSI/ASQC Z1.4(1981, 1993)는 MIL-STD-105E의 미국 민간판이다.
- ISO 2859(1974, 1997)는 MIL-STD-105E의 국제판이다. 이 규격의 적용 대상은 모든 검사(인수 검사, 공정 검사, 출하 검사)이다.
- JIS Z 9015(1980)는 MIL-STD-105D의 일본 개정판이다.
- KS A 3109(1984)는 JIS Z 9015의 한국판이다. 이 규격의 적용 대상은 인수 검사이다. (KS A 3109(1973)는 MIL-STD-105D의 한국판이었다.)

우리는 MIL-STD-105E와 KS A 3109를 중심으로 논의를 전개할 것이다. 각 규격들에서 기본적인 표들은 MIL-STD-105E의 표들과 동일하다.

9.2.1 MIL-STD-105E의 특징

(1) MIL-STD-105E는 합격판정 샘플링 시스템이다.

- 우리가 지금까지 살펴본 샘플링 절차들은 개별적인 샘플링 계획들이었다. MIL-STD-105E는 샘플링 스킴들의 유기적 모임은 샘플링 시스템으로 분류될 수 있다.
- 샘플링 계획(sampling plan)으로는 1회, 2회, 다회 샘플링을 제공한다.
- 각 샘플링 계획에 대해 검사계획(inspection plan)으로 보통검사(normal inspection), 까다로운 검사(tightened inspection), 수월한 검사(reduced inspection)가 마련되어 있다.
- 검사수준(inspection level)은 일반검사(general inspection) 세 수준(I, II, III)과 특별검사(special inspection) 네 수준(S1, S2, S3, S4)으로 이루어져 있다.
- 별도의 지정이 없으면 일반검사의 수준 II로 시작한다. 수준 I은 수준 II보다 변별력이 떨어지고, 수준 III은 수준 II보다 변별력이 더 크다. 그리고 특별검사는 검사비용이 높거나 고가인 제품을 위해 마련된 것이다.

(2) 불합격 랏은 원칙상 그대로 공급자에게 반환한다.

(3) AQL에 초점을 맞추고 있다.

(4) 장기적인 관점에서의 품질보증이다.

- 단일 랏에 대한 품질보증을 위해서 “한계품질(limiting quality, LQ) 보호” 절차를 마련하고 있다.

(5) 표본크기는 랏 크기와 검사수준에 의해 정해진다.

- 가능한 표본크기는 다음과 같은 값들로 제한되어 있다: 2, 3, 5, 8, 13, 20, 32, 50, 80, 125, 200, 315, 500, 800, 1250, 2000.
- 이 표준은 불량률 계획과 단위당 결함수 계획에 모두 사용될 수 있으며, 이를 위해 AQL 값들을 인덱스로 가지고 있다. 이 인덱스는 0.010~10~1000에 걸치는 26개의 값들로 구성되어 있으며, 각 인덱스 간의(그리고 표본크기 간의) 공비는 근사적으로 $10^{0.2}=1.585$이다. 불량률 계획을 위해서는 0.010~10.0에 이르는 처음 16개의 AQL 값들이 사용되며 이들은 “%”로 해석된다. 단위당 결함수 계획을 위해서는 0.010~1000에 이르는 26개의 전체 AQL 값들이 사용되며 이들은 “100 단위당 결함개수”로 해석된다.

(6) 검사의 엄격도, AQL, 시료문자가 같은 경우에는 1회, 2회, 그리고 다회 샘플링 검사 방식의 OC곡선은 거의 같도록 되어 있다.

(7) 보통검사에서의 검사특성 : **표본의 크기가 작아짐에 따라 생산자위험과 소비자 위험이 다같이 커진다.**

[도표 9.21]은 시료문자(sample size code letters)를 나타내고 있다. [도표 9.22]는 보통 검사, 까다로운 검사, 수월한 검사를 위한 1회 샘플링 계획들을 전시하고 있다.

[도표 9.21] 시료문자표(KS A 3109/MIL STD 105E)

랏크기	특별검사수준				일반검사수준		
	S-1	S-2	S-3	S-4	Ⅰ	Ⅱ	Ⅲ
2 ~ 8	A	A	A	A	A	A	B
9 ~ 15	A	A	A	A	A	B	C
16 ~ 25	A	A	B	B	B	C	D
26 ~ 50	A	B	B	C	C	D	E
51 ~ 90	B	B	C	C	C	E	F
91 ~ 150	B	B	C	D	D	F	G
151 ~ 280	B	C	D	E	E	G	H
281 ~ 500	B	C	D	E	F	H	J
501 ~ 1200	C	C	E	F	G	J	K
1201 ~ 3200	C	D	E	G	H	K	L
3201 ~ 10000	C	D	F	G	J	L	M
10001 ~ 35000	C	D	F	H	K	M	N
35001 ~ 150000	D	E	G	J	L	N	P
150001 ~ 500000	D	E	G	J	M	P	Q
500001이상	D	E	H	K	N	Q	R

[도표 9.22(a)] 보통 검사 - 1회 샘플링(KS A 3109/MIL-STD-105E)

시료문자	표본크기	합격품질수준(AQL: % 또는 100 단위당 결함수)																									
		0.010	0.015	0.025	0.040	0.065	0.10	0.15	0.25	0.40	0.65	1.0	1.5	2.5	4.0	6.5	10	15	25	40	65	100	150	250	400	650	1000
		Ac Re	Ac Re	Ac Re	Ac Re	Ac Re	Ac Re	Ac Re	Ac Re	Ac Re	Ac Re	Ac Re	Ac Re	Ac Re	Ac Re	Ac Re	Ac Re	Ac Re	Ac Re	Ac Re	Ac Re	Ac Re	Ac Re	Ac Re	Ac Re	Ac Re	Ac Re
A	2	↓	↓	↓	↓	↓	↓	↓	↓	↓	↓	↓	↓	↓	↓	0 1	↓	↓	1 2	2 3	3 4	5 6	7 8	10 11	14 15	21 22	30 31
B	3	↓	↓	↓	↓	↓	↓	↓	↓	↓	↓	↓	↓	↓	0 1	↑	↓	1 2	2 3	3 4	5 6	7 8	10 11	14 15	21 22	30 31	44 45
C	5	↓	↓	↓	↓	↓	↓	↓	↓	↓	↓	↓	↓	0 1	↑	↓	1 2	2 3	3 4	5 6	7 8	10 11	14 15	21 22	30 31	44 45	↑
D	8	↓	↓	↓	↓	↓	↓	↓	↓	↓	↓	↓	0 1	↑	↓	1 2	2 3	3 4	5 6	7 8	10 11	14 15	21 22	30 31	44 45	↑	↑
E	13	↓	↓	↓	↓	↓	↓	↓	↓	↓	↓	0 1	↑	↓	1 2	2 3	3 4	5 6	7 8	10 11	14 15	21 22	30 31	44 45	↑	↑	↑
F	20	↓	↓	↓	↓	↓	↓	↓	↓	↓	0 1	↑	↓	1 2	2 3	3 4	5 6	7 8	10 11	14 15	21 22	↑	↑	↑	↑	↑	↑
G	32	↓	↓	↓	↓	↓	↓	↓	↓	0 1	↑	↓	1 2	2 3	3 4	5 6	7 8	10 11	14 15	21 22	↑	↑	↑	↑	↑	↑	↑
H	50	↓	↓	↓	↓	↓	↓	↓	0 1	↑	↓	1 2	2 3	3 4	5 6	7 8	10 11	14 15	21 22	↑	↑	↑	↑	↑	↑	↑	↑
J	80	↓	↓	↓	↓	↓	↓	0 1	↑	↓	1 2	2 3	3 4	5 6	7 8	10 11	14 15	21 22	↑	↑	↑	↑	↑	↑	↑	↑	↑
K	125	↓	↓	↓	↓	↓	0 1	↑	↓	1 2	2 3	3 4	5 6	7 8	10 11	14 15	21 22	↑	↑	↑	↑	↑	↑	↑	↑	↑	↑
L	200	↓	↓	↓	↓	0 1	↑	↓	1 2	2 3	3 4	5 6	7 8	10 11	14 15	21 22	↑	↑	↑	↑	↑	↑	↑	↑	↑	↑	↑
M	315	↓	↓	↓	0 1	↑	↓	1 2	2 3	3 4	5 6	7 8	10 11	14 15	21 22	↑	↑	↑	↑	↑	↑	↑	↑	↑	↑	↑	↑
N	500	↓	↓	0 1	↑	↓	1 2	2 3	3 4	5 6	7 8	10 11	14 15	21 22	↑	↑	↑	↑	↑	↑	↑	↑	↑	↑	↑	↑	↑
P	800	↓	0 1	↑	↓	1 2	2 3	3 4	5 6	7 8	10 11	14 15	21 22	↑	↑	↑	↑	↑	↑	↑	↑	↑	↑	↑	↑	↑	↑
Q	1250	0 1	↑	↓	1 2	2 3	3 4	5 6	7 8	10 11	14 15	21 22	↑	↑	↑	↑	↑	↑	↑	↑	↑	↑	↑	↑	↑	↑	↑
R	2000	↑	↑	1 2	2 3	3 4	5 6	7 8	10 11	14 15	21 22	↑	↑	↑	↑	↑	↑	↑	↑	↑	↑	↑	↑	↑	↑	↑	↑

:: 화살표 아래의 첫 샘플링 계획을 적용. 표본크기가 랏 크기 이상이면 전수검사.
:: 화살표 위의 첫 샘플링 계획을 적용.
Ac: 합격판정갯수
Re: 불합격판정갯수

[도표 9.22(b)] 까다로운 검사 – 1회 샘플링(KS A 3109/MIL-STD-105E)

시료 문자	샘플 크기	합격품질수준(AQL: % 또는 100 단위당 결함수)																									
		0.010	0.015	0.025	0.040	0.065	0.10	0.15	0.25	0.40	0.65	1.0	1.5	2.5	4.0	6.5	10	15	25	40	65	100	150	250	400	650	1000
		Ac Re	Ac Re	Ac Re	Ac Re	Ac Re	Ac Re	Ac Re	Ac Re	Ac Re	Ac Re	Ac Re	Ac Re	Ac Re	Ac Re	Ac Re	Ac Re	Ac Re	Ac Re	Ac Re	Ac Re	Ac Re	Ac Re	Ac Re	Ac Re	Ac Re	Ac Re
A	2															↓			↓	1 2	2 3	3 4	5 6	8 9	12 13	18 19	27 28
B	3														↓	0 1		↓	1 2	2 3	3 4	5 6	8 9	12 13	18 19	27 28	41 42
C	5													↓	0 1		↓	1 2	2 3	3 4	5 6	8 9	12 13	18 19	27 28	41 42	↑
D	8												↓	0 1		↓	1 2	2 3	3 4	5 6	8 9	12 13	18 19	27 28	41 42	↑	
E	13											↓	0 1		↓	1 2	2 3	3 4	5 6	8 9	12 13	18 19	27 28	41 42	↑		
F	20										↓	0 1		↓	1 2	2 3	3 4	5 6	8 9	12 13	18 19	↑	↑	↑			
G	32									↓	0 1		↓	1 2	2 3	3 4	5 6	8 9	12 13	18 19	↑						
H	50								↓	0 1		↓	1 2	2 3	3 4	5 6	8 9	12 13	18 19	↑							
J	80							↓	0 1		↓	1 2	2 3	3 4	5 6	8 9	12 13	18 19	↑								
K	125						↓	0 1		↓	1 2	2 3	3 4	5 6	8 9	12 13	18 19	↑									
L	200					↓	0 1		↓	1 2	2 3	3 4	5 6	8 9	12 13	18 19	↑										
M	315				↓	0 1		↓	1 2	2 3	3 4	5 6	8 9	12 13	18 19	↑											
N	500			↓	0 1		↓	1 2	2 3	3 4	5 6	8 9	12 13	18 19	↑												
P	800		↓	0 1		↓	1 2	2 3	3 4	5 6	8 9	12 13	18 19	↑													
Q	1250	↓	0 1		↓	1 2	2 3	3 4	5 6	8 9	12 13	18 19	↑														
R	2000	0 1	↑	↓	1 2	2 3	3 4	5 6	8 9	12 13	18 19	↑															
S	3150			1 2																							

;: 화살표 아래의 첫 샘플링 계획을 적용. 표본크기가 랏 크기 이상이면 전수검사.
:: 화살표 위의 첫 샘플링 계획을 적용.
Ac: 합격판정갯수
Re: 불합격판정갯수

[도표 9.22(c)] 수월한 검사 – 1회 샘플링(KS A 3109/MIL-STD-105E)

시료 문자	표본 크기	합격품질수준(AQL: % 또는 100 단위당 결함수)																									
		0.010	0.015	0.025	0.040	0.065	0.10	0.15	0.25	0.40	0.65	1.0	1.5	2.5	4.0	6.5	10	15	25	40	65	100	150	250	400	650	1000
		Ac Re	Ac Re	Ac Re	Ac Re	Ac Re	Ac Re	Ac Re	Ac Re	Ac Re	Ac Re	Ac Re	Ac Re	Ac Re	Ac Re	Ac Re	Ac Re	Ac Re	Ac Re	Ac Re	Ac Re	Ac Re	Ac Re	Ac Re	Ac Re	Ac Re	Ac Re
A	2														↓	0 1		↓	1 2	2 3	3 4	5 6	7 8	10 11	14 15	21 22	30 31
B	2													↓	0 1	↑	↓	0 2	1 3	2 4	3 5	5 6	7 8	10 11	14 15	21 22	30 31
C	2												↓	0 1	↑	↓	0 2	1 3	1 4	2 5	3 6	5 8	7 10	10 13	14 17	21 24	↑
D	3											↓	0 1	↑	↓	0 2	1 3	1 4	2 5	3 6	5 8	7 10	10 13	14 17	21 24	↑	
E	5										↓	0 1	↑	↓	0 2	1 3	1 4	2 5	3 6	5 8	7 10	10 13	14 17	21 24	↑		
F	8									↓	0 1	↑	↓	0 2	1 3	1 4	2 5	3 6	5 8	7 10	10 13	↑	↑	↑			
G	13								↓	0 1	↑	↓	0 2	1 3	1 4	2 5	3 6	5 8	7 10	10 13	↑						
H	20							↓	0 1	↑	↓	0 2	1 3	1 4	2 5	3 6	5 8	7 10	10 13	↑							
J	32						↓	0 1	↑	↓	0 2	1 3	1 4	2 5	3 6	5 8	7 10	10 13	↑								
K	50					↓	0 1	↑	↓	0 2	1 3	1 4	2 5	3 6	5 8	7 10	10 13	↑									
L	80				↓	0 1	↑	↓	0 2	1 3	1 4	2 5	3 6	5 8	7 10	10 13	↑										
M	125			↓	0 1	↑	↓	0 2	1 3	1 4	2 5	3 6	5 8	7 10	10 13	↑											
N	200		↓	0 1	↑	↓	0 2	1 3	1 4	2 5	3 6	5 8	7 10	10 13	↑												
P	315	↓	0 1	↑	↓	0 2	1 3	1 4	2 5	3 6	5 8	7 10	10 13	↑													
Q	500	0 1	↑	↓	0 2	1 3	1 4	2 5	3 6	5 8	7 10	10 13	↑														
R	800	↑		0 2	1 3	1 4	2 5	3 6	5 8	7 10	10 13	↑															

;: 화살표 아래의 첫 샘플링 계획을 적용. 표본크기가 랏 크기 이상이면 전수검사.
:: 화살표 위의 첫 샘플링 계획을 적용.
Ac: 합격판정갯수
Re: 불합격판정갯수

9.2.2 운용절차

계수조정형 샘플링 시스템을 운용하기 위한 단계적 절차는 다음과 같다:

① AQL을 선택한다.

② 검사수준을 선택한다.

③ 랏 크기를 정한다.
④ 시료문자표로부터 시료문자를 찾는다.
⑤ 사용할 샘플링 계획의 형(1회, 2회, 다회)을 정한다.
⑥ 적절한 표에 들어가서 샘플링 계획을 찾는다.
⑦ 필요하다면 대응되는 보통검사, 까다로운 검사, 수월한 검사 계획들을 정한다.

예제 9.11 한 제품이 크기가 2000인 랏으로 제출되었다. AQL은 0.65%이다. 이 상황에 대한 보통, 까다로운, 그리고 수월한 검사들을 위한 1회 샘플링 계획(불량률 계획)들을 생성해 보자.

풀이 크기가 2000인 랏에 대한 일반검사의 수준 II에 대응되는 표본크기 시료문자는 K이다. [도표 9.22(a)]의 보통검사를 위한 1회 샘플링 계획표에서 시료문자 K와 AQL=0.65(%)로부터 보통검사 계획 $n=125$, $c=2$를 얻는다. 마찬가지로 [도표 9.22(b)]의 까다로운 검사를 위한 1회 샘플링 계획표와 [도표 9.22(c)]의 수월한 검사를 위한 1회 샘플링 계획표로부터 각각 까다로운 검사계획 $n=125$, $c=1$, 그리고 수월한 검사 계획 $n=50$, $c=1$를 얻는다. ¶

※ 조정형 샘플링 계획표를 검색할 때 수직 화살표를 만나면 그 화살표 바로 위나 아래에 있는 샘플링 계획을 읽는다. 이 때 시료문자와 표본크기도 함께 바뀐다.

예제 9.12 한 제품이 크기가 2000인 랏으로 제출되었다. AQL은 100 단위당 650개(즉 단위당 6.5개)이다. 이 상황에 대한 보통검사를 위한 1회 샘플링 계획(단위당 결함수 계획)을 생성해 보자

풀이 크기가 2000인 랏에 대한 일반검사의 수준 II에 대응되는 표본크기 시료문자는 K이다. [도표 9.22(a)]의 보통검사를 위한 1회 샘플링 계획표에서 시료문자 K와 AQL=650(개)로부터 보통검사 계획 $n=5$(표본크기 시료문자 C에 대응되는 표본크기), $c=44$를 얻는다. ¶

9.2.3 검사전환 규칙

공정평균품질이 AQL보다 확실히 좋다고 판단되는 공급자에 대하여는 수월한 검사를 적용하고, 그렇지 않은 공급자에 대하여는 까다로운 검사를 적용한다.

▪ MIL-STD-105E의 검사전환 규칙

최초의 검사는 원칙적으로 보통검사를 적용한다. 보통검사는 AQL보다 불량

률이 상당히 나쁜 랏의 합격확률도 높다는 단점이 있다.

(1) 보통검사 ⇔ 까다로운 검사

- 보통검사를 실시하고 있을 때 연속된 다섯 랏 중 두 랏 이상 불합격되면, 다음 회의 검사부터 까다로운 검사를 적용한다.
- 까다로운 검사를 실시하고 있을 때 처음 검사에서 연속적으로 다섯 랏이 합격하면, 다음 회의 검사부터 보통검사로 돌아간다.

(2) 보통검사 ⇔ 수월한 검사

- 보통검사를 하고 있을 때 다음 네 조건을 모두 만족하면 수월한 검사로 넘어간다.
  - 연속해서 10 랏 합격
  - 합격된 10 랏의 표본에서 발견된 불량품수가 한계갯수(limit number)이하
  - 생산 안정
  - 샘플링 책임자 동의
- 수월한 검사를 하고 있을 때 다음 네 조건 가운데 어느 한 가지 조건에 해당하는 사건이라도 일어나면 보통 검사로 되돌아간다.
- 한 랏이라도 불합격되거나
- 한 랏이라도 조건부 합격을 하게 될 때
- 생산이 불규칙해지거나 정체되었을 때
- 기타 보통 검사로 되돌아가는 것이 필요하다고 인정될 때

(3) 검사중지 : **까다로운 검사가 10 랏 계속되면 품질개선을 위한 조치가 취해질 때까지 검사를 중지한다.**

- KS A 3109의 검사전환 규칙

  KS A 3109의 검사전환 규칙은 [도표 9.23]에 도시되어 있다. [도표 9.24]는 KS A 3109의 까다로운 검사와 수월한 검사를 위한 한계갯수표를 전시하고 있다.

[도표 9.23] 계수조정형 샘플링의 일반검사의 검사전환 규칙(KS A 3109)

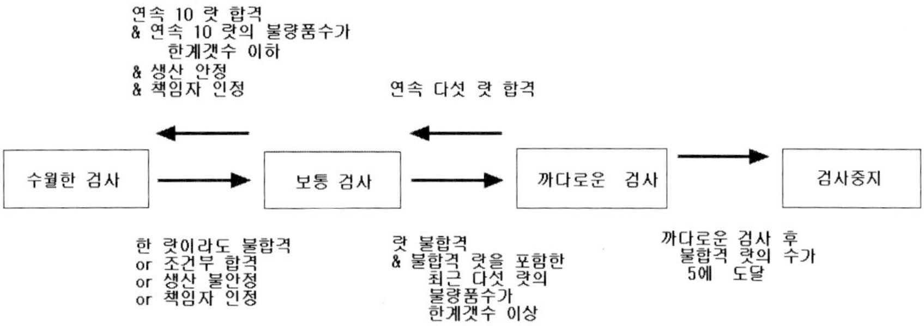

[도표 9.24(a)] KS A 3109 까다로운 검사를 위한 한계갯수

누적 표본크기	합격 품질 수준(AQL)																								
	.010	.015	.025	.040	.065	.10	.15	.25	.40	.65	1.0	1.5	2.5	4.0	6.5	10	15	25	40	65	100	150	250	400	650	1000
1	1	1	1	1	1	1	1	1	1	2	2	2	2	2	2	2	3	3	4	4	5	7	8	11	15	20
2	1	1	1	1	1	1	1	2	2	2	2	2	2	2	3	3	3	4	5	6	7	10	13	17	24	33
3	1	1	1	1	1	1	2	2	2	2	2	2	2	3	3	3	4	5	6	7	10	13	17	24	33	48
4	1	1	1	1	1	1	2	2	2	2	2	2	2	3	3	4	4	5	7	8	11	15	20	28	40	60
5	1	1	1	1	1	2	2	2	2	2	2	2	3	3	3	4	5	6	7	10	13	17	24	33	48	76
6 - 7	1	1	1	1	1	2	2	2	2	2	2	2	3	3	3	4	5	7	8	11	15	20	28	40	60	95
8 - 9	1	1	1	1	2	2	2	2	2	2	2	3	3	3	4	5	6	7	10	13	17	24	33	48	76	120
10 -12	1	1	1	1	2	2	2	2	2	2	2	3	3	4	4	5	7	8	11	15	20	28	40	60	95	151
13 - 14	1	1	1	2	2	2	2	2	2	2	3	3	3	4	4	6	7	10	13	17	24	33	48	76	120	190
15 - 19	1	1	1	2	2	2	2	2	2	2	3	3	4	4	5	7	8	11	15	20	28	40	60	95	151	238
20 - 24	1	1	2	2	2	2	2	2	2	3	3	3	4	5	5	7	10	13	17	24	33	48	76	120	190	×
25 - 29	1	1	2	2	2	2	2	2	2	3	3	4	4	5	6	8	11	15	20	28	40	60	95	151	238	×
30 - 39	1	2	2	2	2	2	2	2	2	3	3	4	5	6	7	10	13	17	24	33	48	76	120	190	×	×
40 - 49	1	2	2	2	2	2	2	2	3	3	4	4	5	7	7	11	15	20	28	40	60	95	151	238	×	×
50 - 64	2	2	2	2	2	2	2	3	3	3	4	5	6	7	8	13	17	24	33	48	76	120	190	×	×	×
65 - 79	2	2	2	2	2	2	2	3	3	4	4	5	7	8	10	15	20	28	40	60	95	151	238	×	×	×
80 - 99	2	2	2	2	2	2	3	3	3	4	5	6	7	10	11	17	24	33	48	76	×	×	×	×	×	×
100 - 129	2	2	2	2	2	2	3	3	4	4	5	7	8	11	13	20	28	40	60	95	×	×	×	×	×	×
130 - 159	2	2	2	2	2	3	3	3	4	5	6	7	10	13	15	24	33	48	76	×	×	×	×	×	×	×
160 - 199	2	2	2	2	2	3	3	4	4	5	7	8	11	15	17	28	40	60	95	×	×	×	×	×	×	×
200 - 249	2	2	2	2	3	3	3	4	5	6	7	10	13	17	20	33	48	76	×	×	×	×	×	×	×	×
250 - 319	2	2	2	2	3	3	4	4	5	7	8	11	15	20	24	40	60	95	×	×	×	×	×	×	×	×
320 - 399	2	2	2	3	3	3	4	5	6	7	10	13	17	24	28	48	76	×	×	×	×	×	×	×	×	×
400 - 499	2	2	2	3	3	4	4	5	7	8	11	15	20	28	33	60	95	×	×	×	×	×	×	×	×	×
500 - 624	2	2	3	3	3	4	5	6	7	10	13	17	24	33	40	76	×	×	×	×	×	×	×	×	×	×
625 - 799	2	2	3	3	4	4	5	7	8	11	15	20	28	40	48	95	×	×	×	×	×	×	×	×	×	×
800 - 999	2	3	3	3	4	5	6	7	10	13	17	24	33	48	60	×	×	×	×	×	×	×	×	×	×	×
1000 - 1249	2	3	3	4	4	5	7	8	11	15	20	28	40	60	76	×	×	×	×	×	×	×	×	×	×	×
1250 - 1547	3	3	3	4	5	6	7	10	13	17	24	33	48	76	95	×	×	×	×	×	×	×	×	×	×	×
1575 - 1999	3	3	4	4	5	7	8	11	15	20	28	40	60	95	×	×	×	×	×	×	×	×	×	×	×	×
2000 - 2499	3	3	4	5	6	7	10	13	17	24	33	48	76	×	×	×	×	×	×	×	×	×	×	×	×	×
2500 - 3149	3	4	4	5	7	8	11	15	20	28	40	60	95	×	×	×	×	×	×	×	×	×	×	×	×	×
3150 - 3999	3	4	5	6	7	10	13	17	24	33	48	76	×	×	×	×	×	×	×	×	×	×	×	×	×	×
4000 - 4999	4	4	5	7	8	11	15	20	28	40	60	95	×	×	×	×	×	×	×	×	×	×	×	×	×	×
5000 - 6249	4	×	6	7	10	13	17	24	33	48	76	×	×	×	×	×	×	×	×	×	×	×	×	×	×	×
6250 - 7999	4	×	7	8	11	15	20	28	40	60	95	×	×	×	×	×	×	×	×	×	×	×	×	×	×	×
8000 - 9999	×	×	7	10	13	17	24	33	48	76	×	×	×	×	×	×	×	×	×	×	×	×	×	×	×	×
10000 - 12499	×	×	8	11	15	20	28	40	60	95	×	×	×	×	×	×	×	×	×	×	×	×	×	×	×	×
12500 -	×	×	×	×	×	×	×	×	×	×	×	×	×	×	×	×	×	×	×	×	×	×	×	×	×	×

x=이 누적 표본크기에서는 한계갯수와 비교할 기회가 없다.

[도표 9.24(b)] KS A 3109 수월한 검사를 위한 한계갯수

누적 표본크기	합격 품질 수준(AQL)																									
	.010	.015	.025	.040	.065	.10	.15	.25	.40	.65	1.0	1.5	2.5	4.0	6.5	10	15	25	40	65	100	150	250	400	650	1000
10 - 12	*	*	*	*	*	*	*	*	*	*	*	*	*	*	*	*	*	*	*	0	2	6	12	19	31	50
13 - 14	*	*	*	*	*	*	*	*	*	*	*	*	*	*	*	*	*	*	*	1	4	9	15	25	39	63
15 - 19	*	*	*	*	*	*	*	*	*	*	*	*	*	*	*	*	*	*	0	2	6	12	19	31	50	79
20 - 24	*	*	*	*	*	*	*	*	*	*	*	*	*	*	*	*	*	*	1	4	9	15	25	39	63	99
25 - 29	*	*	*	*	*	*	*	*	*	*	*	*	*	*	*	*	*	0	2	6	12	19	31	50	79	126
30 - 39	*	*	*	*	*	*	*	*	*	*	*	*	*	*	*	*	*	1	4	9	15	25	39	63	99	158
40 - 49	*	*	*	*	*	*	*	*	*	*	*	*	*	*	*	*	0	2	6	12	19	31	50	79	126	×
50 - 64	*	*	*	*	*	*	*	*	*	*	*	*	*	*	*	*	1	4	9	15	25	39	63	99	158	×
65 - 79	*	*	*	*	*	*	*	*	*	*	*	*	*	*	*	0	2	6	12	19	31	50	79	126	×	×
80 - 99	*	*	*	*	*	*	*	*	*	*	*	*	*	*	*	1	4	9	15	25	39	63	99	158	×	×
100 - 129	*	*	*	*	*	*	*	*	*	*	*	*	*	*	0	2	6	12	19	31	50	79	126	×	×	×
130 - 159	*	*	*	*	*	*	*	*	*	*	*	*	*	*	1	4	9	15	25	39	63	99	158	×	×	×
160 - 199	*	*	*	*	*	*	*	*	*	*	*	*	*	0	2	6	12	19	31	50	×	×	×	×	×	×
200 - 249	*	*	*	*	*	*	*	*	*	*	*	*	*	1	4	9	15	25	39	63	×	×	×	×	×	×
250 - 319	*	*	*	*	*	*	*	*	*	*	*	*	0	2	6	12	19	31	50	×	×	×	×	×	×	×
320 - 399	*	*	*	*	*	*	*	*	*	*	*	*	1	4	9	15	25	39	63	×	×	×	×	×	×	×
400 - 499	*	*	*	*	*	*	*	*	*	*	*	0	2	6	12	19	31	50	×	×	×	×	×	×	×	×
500 - 624	*	*	*	*	*	*	*	*	*	*	*	1	4	9	15	25	39	63	×	×	×	×	×	×	×	×
625 - 799	*	*	*	*	*	*	*	*	*	*	0	2	6	12	19	31	50	×	×	×	×	×	×	×	×	×
800 - 999	*	*	*	*	*	*	*	*	*	*	1	4	9	15	25	39	63	×	×	×	×	×	×	×	×	×
1000 - 1249	*	*	*	*	*	*	*	*	*	0	2	6	12	19	31	50	×	×	×	×	×	×	×	×	×	×
1250 - 1574	*	*	*	*	*	*	*	*	*	1	4	9	15	25	39	63	×	×	×	×	×	×	×	×	×	×
1575 - 1999	*	*	*	*	*	*	*	*	0	2	6	12	19	31	50	×	×	×	×	×	×	×	×	×	×	×
2000 - 2499	*	*	*	*	*	*	*	*	1	4	9	15	25	39	63	×	×	×	×	×	×	×	×	×	×	×
2500 - 3149	*	*	*	*	*	*	*	0	2	6	12	19	31	50	×	×	×	×	×	×	×	×	×	×	×	×
3150 - 3999	*	*	*	*	*	*	*	1	4	9	15	25	39	63	×	×	×	×	×	×	×	×	×	×	×	×
4000 - 4999	*	*	*	*	*	*	0	2	6	12	19	31	50	×	×	×	×	×	×	×	×	×	×	×	×	×
5000 - 6249	*	*	*	*	*	*	1	4	9	15	25	39	63	×	×	×	×	×	×	×	×	×	×	×	×	×
6250 - 7999	*	*	*	*	*	0	2	6	12	19	31	50	×	×	×	×	×	×	×	×	×	×	×	×	×	×
8000 - 9999	*	*	*	*	*	1	4	9	15	25	39	63	×	×	×	×	×	×	×	×	×	×	×	×	×	×
10000 - 12499	*	*	*	*	0	2	6	12	19	31	50	×	×	×	×	×	×	×	×	×	×	×	×	×	×	×
12500 - 15749	*	*	*	*	1	4	9	15	25	39	63	×	×	×	×	×	×	×	×	×	×	×	×	×	×	×
15750 - 19999	*	*	*	0	2	6	12	19	31	50	×	×	×	×	×	×	×	×	×	×	×	×	×	×	×	×
20000 - 24999	*	*	*	1	4	9	15	25	39	63	×	×	×	×	×	×	×	×	×	×	×	×	×	×	×	×
25000 - 31499	*	*	0	×	×	×	×	×	×	×	×	×	×	×	×	×	×	×	×	×	×	×	×	×	×	×
31500 - 39999	*	*	×	×	×	×	×	×	×	×	×	×	×	×	×	×	×	×	×	×	×	×	×	×	×	×
40000 - 49999	*	0	×	×	×	×	×	×	×	×	×	×	×	×	×	×	×	×	×	×	×	×	×	×	×	×
50000 - 62499	*	×	×	×	×	×	×	×	×	×	×	×	×	×	×	×	×	×	×	×	×	×	×	×	×	×
62500 -	0	×	×	×	×	×	×	×	×	×	×	×	×	×	×	×	×	×	×	×	×	×	×	×	×	×

* = 이 누적 표본크기로는 수월한 검사로 넘어가는 것을 판단하는데 불충분하다. 이 경우 10랏보다 많은 검사결과를 누적해서 사용할 수 있다.

× = 이 누적 표본크기에서는 한계갯수와 비교할 기회가 없다.

예제 9.13 ([예 9.11], 계속) 크기가 2000인 랏에 대한 일반검사의 수준 II, AQL=0.65%에 해당하는 보통검사의 1회 샘플링 계획은 n=125, c=2이다. 이 샘플링 계획대로 운용하는 중에 이번 랏에 대한 판정이 불합격이고 이 랏을 포함하여 최근 다섯 랏에서 발견된 불량품수가 7이었다. 보통검사에서 까다로운 검사로 넘어가야 하는가?

풀이 [도표 9.24(a)]의 KS A 3109 까다로운 검사를 위한 한계갯수표에서 누적 표본크기 625(=125×5), AQL 0.65%에 대응되는 한계갯수는 11이다. 따라서 보통검사에서 까다로운 검사로 넘어갈 수 없다. ¶

9.2.4 엄격도 조정에 의한 장기적 수행도

MIL-STD-105E는 1회 샘플링 계획들(보통, 까다로운, 수월한 검사)에 대한 B형 OC 곡선들을 제시하고 있다. 2회와 다회 샘플링 계획들에 대한 OC 곡선들은 대응되는 1회 샘플링 계획의 OC 곡선과 별 차이가 없다. 2회와 다회 샘플링 계획들에 대해서 단축을 고려하지 않은 ASN 곡선들이 주어져 있다.

공정 평균치를 추정할 때 1회 샘플링 계획인 경우에는 표본 전부를 검사하여 추정하고, 2회 샘플링 계획인 경우에는 첫 번째 표본 전부를 검사하여 추정한다.

9.2.5 결함수에 관한 검사를 할 때의 합격판정갯수

MIL-STD-105E를 불량률 계획이 아니라 단위당 결함수 계획으로 사용할 때 결함들은 흔히 그 경중에 따라 세 종류로 분류된다.

- 치명 결함(critical defect): 치명 결함은 사용자에게 안전하지 않은 상태를 초래하기 쉬운 결함이다.
- 중결함(major defect): 중결함은 고장을 초래하거나 사용성을 떨어뜨리게 될 결함이다.
- 경결함(minor defect): 경결함은 사용성에는 거의 영향을 미치지 않을 정도의 장인 결함(workmanship defect)을 가리킨다.

결함의 각 분류에 따라 다른 AQL이 적용된다. 예컨대, 치명 결함에 대해서는 AQL 0.1개(100단위당), 중결함에 대해서는 AQL 1개(100단위당), 경결함에 대해서는 AQL 6.5개(100단위당)로 정할 수 있다. 흔히 하나의 품목은 치명 결함, 중결함, 경결함을 각각 여러 항목씩 가질 수 있다. 이 때 항목이 다르더라도 이들을 치명 결함, 중결함, 경결함으로 묶어서 다루면 된다. 그리고 이 세 가지 결함 중 어느 한 가지에서라도 불합격이 되면 그 랏은 불합격이 된다.

예제 9.14 mp3 플레이어에 대한 샘플링 검사를 실시하고 있다. 검사항목 10개중 한 가지는 치명 결함으로, 세 가지는 중결함으로, 그리고 여섯 가지는 경결함으로 분류된다. 이 제품의 랏의 크기는 2000이고, 일반검사수준 II에서 보통검사의 1회 샘플링 계획을 적용하고 있는데 치명결함, 중결함, 경결함의 AQL은 각각 100 단위당 0.1개, 1개, 그리고 6.5개로 정하였다.

(1) 샘플링 계획을 설계하라.

(2) 125개를 검사한 결과 발견된 결함수가 다음과 같았다. 어떤 판정을 내려야 하겠는가?

치명결함: 0개, 중결함: 2개, 경결함: 15개

풀이 (1) 주어진 랏의 크기와 검사수준에 대응되는 시료문자는 K이다. 따라서 [도표 9.22(a)]로부터 각 결함 분류에 대한 샘플링 계획은 다음과 같이 주어진다:

치명결함: $(n, c)=(125,\ 0)$, 중결함: $(n, c)=(125, 3)$

경결함: $(n, c)=(125, 14)$

(2) 치명결함과 중결함은 합격이지만 경결함은 불합격이다. 따라서 종합판정은 불합격이다. ¶

9.2.6 조정형 시스템에 대한 논의

- MIL-STD-105E는 AQL 중심이다: 이 표준은 OC 곡선의 생산자 위험 측면에 초점을 맞추고 있다. 샘플링 계획의 판별력(즉 OC 곡선의 기울기)은 검사수준을 선택하는 것에 의해서만 통제될 수 있다.

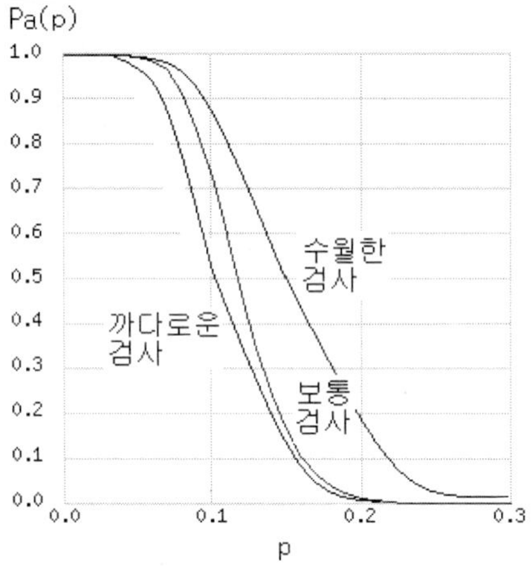

[도표 9.25] 검사의 엄격도에 따른 OC 곡선들(AQL=6.5%, 랏크기=2000)

- MIL-STD-105E는 샘플링 비용 뿐 아니라 샘플링 절차의 총 운용비용을 최소화하도록 고안되었다. 따라서 파괴검사가 아니라면 개별적인 합격판정 샘플링 계획을 사용하는 것이 더 경제적이다.
- 표본크기는 랏 크기와 관련되어 있다: 랏 크기가 증가함에 따라 표본크기가 증가한다. 그러나 표본크기와 랏 크기의 비는 급속도로 감소하는데, 이것은 생산자가 매우 큰 랏을 제출할 때 단위당 검사비용을 현저하게 줄여준다.
- 한 주어진 AQL에 대해, 랏 크기에 따라 표본크기가 증가하는 이런 현상은 AQL 수준의 제출된 랏에 대한 합격판정 확률을 증가시키는 효과를 가진다. 이 확률은 표본크기에 따라 0.91에서 0.99까지 변한다. (즉 MIL-STD-105E가 큰 랏으로부터 큰 표본을 뽑는 이유는 큰 랏을 더 보호하기 위한 것이다.) 이런 효과는 이 표준에 대한 논쟁을 야기한다.

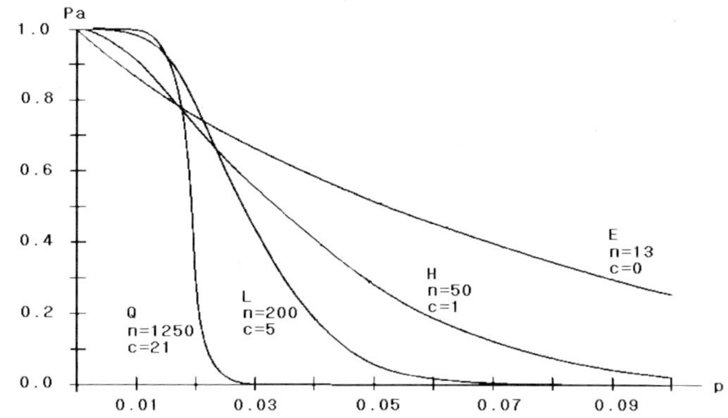

[도표 9.26] 시료문자에 따른 OC 곡선들(AQL 1.0%)

- 보통검사에서 까다로운 검사로 또는 까다로운 검사에서 보통검사로의 전환 규칙도 논쟁을 불러일으키고 있다. 실제로 공정이 AQL 품질을 생산하고 있는데 보통에서 까다로운 검사로 잘못 전환하는 경우나, 실제적인 품질저하가 있지 않은데도 검사가 중지되는 경우가 빈번하다.
- MIL-STD-105E를 가장 흔히 그리고 가장 잘 못 사용하는 예는 전환규칙을 전혀 사용하지 않는 것이다. 이렇게 되면 비효과적인 검사가 되고 특히 소비자 위험이 증가하게 된다.

※ Military Standard 105E(ANSI/ASQC Z1.4, ISO 2859)의 표들에 따라 대화식으로 샘플링 계획과 OC 곡선, 그리고 ASN 곡선을 전시해 주는 웹 사이트가 Galit Shmueli에 의해 운영되고 있다. (http://iew3.technion.ac.il/sqconline/)

9.2.7 MIL-STD-105E와 ANSI/ASQC Z1.4(또는 ISO 3109)의 비교

ANSI/ASQC Z1.4는 MIL-STD-105E에 비해 다음과 같은 몇 가지 점이 다르다:

- 검사전환규칙이 조금 수정되어서 한계 갯수를 이용하지 않고도 수월한 검사로 넘어갈 수 있는 선택사항을 제공하고 있다.
- 샘플링 스킴의 성능척도들—AOQL, 한계품질, ASN, OC 곡선 등—을 보여주는 표들이 추가되었다.
- 샘플링 시스템으로부터 개별적인 샘플링 계획들을 발췌하여 사용할 때의 주

의사항들을 하나의 부(section)에서 다루고 있다.

- 검사전환 규칙을 나타내는 그림이 추가되었다.
- 용어들이 대체되었다: defect(결함)는 nonconformity로, defective(불량품)는 nonconformance로, 그리고 precent defective(불량률)는 percent nonconforming으로.

9.3 계수형 연속생산형 샘플링 계획

연속생산형 샘플링 계획(Sampling Plans for Continuous Production)은 생산이 연속적이어서 또는 그 밖의 이유로 랏 형성이 여의치 않을 때, 랏을 형성하지 않고 전수검사(각개검사)와 샘플링검사(일부검사)를 번갈아 실시하여 제품의 품질을 판정하기 위한 계획이다.

9.3.1 Dodge의 CSP-1

CSP-1은 AOQL을 보증하기 위한 절차로서 두 숫자 (i, f)에 의해 완전히 규정된다. 여기서 i는 전수검사에서 샘플링검사로 넘어가기 위해 요구되는 연속양호품수(clearance number)이고, f는 샘플링검사의 표집률(sampling fraction)이다. 이 절차는 선별형 검사의 일종으로 간주될 수 있다.

- 규격: KSA 3106, JIS Z 9008, MIL-STD-1235C

□ 수행절차

① 전수검사를 실시한다.

② (생산부서) 전수검사를 하는 동안에 양품이 연속적으로 i개 나오면 샘플링검사를 실시한다. (검사부서) 샘플링검사는 연속적인 제품 $1/f$개 중에서 1개를 랜덤하게 뽑아서 검사한다.

③ 샘플링검사에서 불량품이 나오면 단계 ①로 간다.

④ 검사과정에서 발견된 불량품은 모두 재작업하거나 양품으로 대체한다.

[도표 9.27] CSP-1의 전환규칙

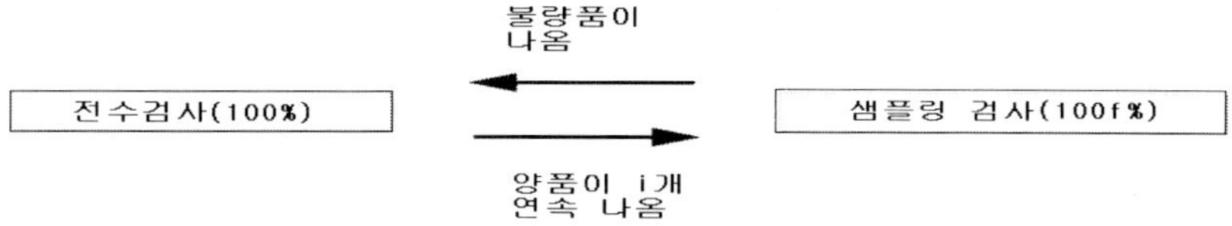

□ CSP-1의 통계적 성질

공정불량률이 p 인 한 연속생산형 공정에 (i, f) 에 의해 규정되는 CSP-1을 실시할 때 어떤 통계적 성질들을 보이는지 살펴보자. 전수검사가 시작될 때부터 샘플링검사가 끝날 때까지의 기간을 한 주기(cycle)라 하자. 주기당 전수검사하에서 실시되는 평균검사개수 u 는 다음과 같이 주어짐을 어렵사리 보일 수 있다(아래쪽 [보충]에 유도과정을 설명하였다):

$$u = \frac{1-(1-p)^i}{p(1-p)^i}. \tag{9.31}$$

샘플링검사에서 불량품이 발견될 때까지의 평균검사개수는 $1/p$ 이고 표집률은 f 이므로, 주기당 샘플링검사하에서 통과되는 제품의 평균개수 v 는

$$v = 1/(fp). \tag{9.32}$$

전체 제품가운데 실제로 검사를 받는 제품의 비율을 평균검사비율(average fraction inspected, AFI) 이라 한다. 주기당 통과되는 평균제품수는 $u+v$ 이므로, AFI는

$$AFI = \frac{u+fv}{u+v} = \frac{f}{f+(1-f)(1-p)^i}. \tag{9.33}$$

주기당 샘플링검사에서 통과된 제품이 차지하는 비율 P_α는 다음과 같이 주어진다:

$$P_\alpha = \frac{v}{u+v} = \frac{(1-p)^i}{f+(1-f)(1-p)^i}. \tag{9.34}$$

전체 제품가운데 검사받지 않고 출하되는 제품의 평균비율이 $(1-f)P_\alpha$ 이므로, 평균출검품질 AOQ는

$$AOQ = p(1-f)P_\alpha = \frac{p(1-f)(1-p)^i}{f+(1-f)(1-p)^i}. \tag{9.35}$$

보충 주기당 전수검사 하에서 실시되는 평균검사개수 u 에 대한 해설

통계적 관리상태에 있으며 공정평균불량률이 p 인 한 제조공정을 고려하자. 전수검사에서 처음으로 불량품이 발견될 때까지의 검사열을 “양품마감열”(a terminal defect sequence)이라 부르기로 하자. (모든 검사열은 한 양품마감열임에 주목하라.) 양품마감열의 길이를 T로 나타내자. 그러면 T의 확률함수 $p_T(t)$는 다음과 같이 주어진다:

$$p_T(t) = p(1-p)^{t-1},\ t = 1, 2, \cdots \quad \textbf{(9.36)}$$

즉 T는 성공확률이 p 인 베르누이 시행에서 첫 성공 때까지의 시행횟수에 해당한다: $T \sim GEO_t(p)$.

불량품이 들어있지 않은 i 단위들의 열을 청산열(a clearance sequence)이라 부르기로 하자. (청산열은 샘플링검사로 넘어갈 수 있는 성공열이다.) 이번 열이 청산열일 확률과 청산열이 아닌 (즉, 실패열인) 확률을 각각 p_s와 p_f로 나타내자. 그러면 우리는 쉽게 다음을 알 수 있다:

$$p_f = P\{T \leqq i\} = \sum_{t=1}^{i} p(1-p)^{t-1} = 1-(1-p)^i, \quad \textbf{(9.37)}$$

$$p_s = P\{T \geqq i+1\} = 1 - p_f = (1-p)^i. \quad \textbf{(9.38)}$$

청산열을 만날 때까지의 실패열수를 Y라 하면, Y의 확률함수 $p_Y(y)$는 다음과 같이 주어진다:

$$p_Y(y) = p_s(1-p_s)^y,\ y = 0, 1, 2, \cdots \quad \textbf{(9.39)}$$

즉 Y는 성공확률이 p 인 베르누이 시행에서 첫 성공 때까지의 실패횟수에 해당한다: $Y \sim GEO_f(p)$.

따라서 청산열을 만날 때까지의 평균실패열수 g는 다음과 같이 주어진다:

$$g = E[Y] = \frac{1-(1-p)^i}{(1-p)^i}. \quad \textbf{(9.40)}$$

한 실패열의 평균길이를 h로 나타내면,

$$h = E[T \mid T \leq i] = \sum_{t=1}^{i} t \frac{p(1-p)^{t-1}}{1-(1-p)^i}$$

$$= \frac{p}{1-(1-p)^i} \sum_{t=1}^{i} t(1-p)^{t-1}$$

$$= \frac{p}{1-(1-p)^i} \sum_{t=1}^{i} \left[\frac{d}{dp}(1-p)^t \right]$$

$$= \frac{p}{1-(1-p)^i} \frac{d}{dp} \left[\sum_{t=1}^{i} (1-p)^t \right]$$

$$= \frac{p}{1-(1-p)^i} \frac{d}{dp} \left[\frac{1-(1-p)^{i+1}}{1-(1-p)} \right]$$

$$= \frac{1}{p(1-(1-p)^i)} \left[1-(1-p)^i(1+pi) \right]. \qquad \textbf{(9.41)}$$

주기당 전수검사하에서 실시되는 평균검사개수 u는 평균실패길이gh와 한 청산열길이 i의 합이다:

$$u = gh + i = \frac{1-(1-p)^i}{p(1-p)^i}. \qquad \textbf{(9.42)}$$

□ OC 곡선

[도표 9.28]은 다음 네 가지 CSP-1 계획들에 대한 OC 곡선들을 나타내고 있다: 계획 1=(f =0.08, i =210), 계획 2=(f =0.04, i =210), 계획 3=(f =0.08, i =100), 계획 4=(f =0.02, i =100).

- i가 주어져 있을 때 f가 증가하면 OC 곡선은 어떻게 변하는가?
- f가 주어져 있을 때 i가 증가하면 OC 곡선은 어떻게 변하는가?

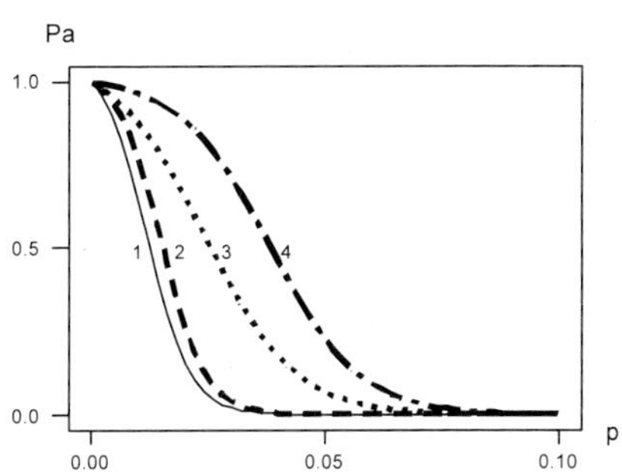

[도표 9.28] 여러 CSP-1 계획에 대한 OC곡선들

□ CSP-1 설계

■ MIL-STD-1235B

주기당 생산되는 제품수와 AOQL로부터 다음 단계를 통해 (i, f)를 정한다.

① 표집빈도 문자표(sampling-frequency code letter)로부터 문자를 선택한다.

② 샘플링 검사표에서 표집빈도 문자에 의해 f 를 찾고, AOQL과 표집빈도문자에 의해 i를 찾는다.

■ KSA 3106

AOQL과 공정평균불량률 $\bar{p}$ 로부터 다음 단계를 통해 (i, f)를 정한다.

① 품질개선지수 $b = \bar{p}/AOQL$ 값을 이용해 [도표 9.29(a)]로부터 표집간격 $1/f$ 를 찾는다.

② AOQL과 $1/f$ 를 이용해 불량품을 양품으로 대체하는 경우는 [도표 9.29(b)]로부터, 불량품을 제거하는 경우는 [도표 9.29(c)]로부터 i 를 찾는다.

[도표 9.29(a)] 품질개선지수(b)와 표집간격($1/f$)의 관계표(KS A 3106)

b	1.52 미만	1.52~1.61 미만	1.61~1.70 미만	1.70~1.83 미만	1.83~1.96 미만	1.96~2.12 미만	2.12~2.31 만	2.31~2.51 미만	2.51~2.89 미만	2.89~3.75 미만	3.75 이상
$1/f$	50	30	20	15	10	8	6	5	4	3	2

[도표 9.29(b)] AOQL과 $1/f$ 로부터 연속 양호품수 i를 구하는 표—불량품을 양품으로 대체하는 경우(KS A 3106)

AOQL의 범위(%)	$1/f$										
	2	3	4	5	6	8	10	15	20	30	50
0.1~0.16미만	280	470	610	720	820	980	1100	1350	1530	1790	2140
0.16~0.25미만	175	290	380	450	510	610	690	840	960	1120	1340
0.25~0.4미만	115	185	245	290	330	390	440	540	610	720	860
0.4~0.63미만	69	120	155	180	205	245	275	340	380	450	540
0.63~1.0미만	44	73	95	115	130	155	175	215	245	285	340
1.0~1.6미만	28	46	60	71	81	97	110	135	155	180	215
1.6~2.5미만	17	29	37	44	50	60	68	83	94	115	135
2.5~4.0미만	11	18	24	28	32	38	43	53	60	71	84
4.0~6.3미만	7	11	15	17	20	24	27	33	37	44	52
6.3~10.0미만	4	7	9	11	12	15	17	21	23	27	33

[도표 9.29(c)] AOQL과 $1/f$ 로부터 연속 양호품수 i 를 구하는 표—불량품을 제거하는 경우(KS A 3106)

AOQL의 범위(%)	$1/f$										
	2	3	4	5	6	8	10	15	20	30	50
0.1~0.16미만	280	470	610	720	820	980	1100	1350	1530	1790	2140
0.16~0.25미만	175	290	380	450	510	610	690	840	960	1120	1340
0.25~0.4미만	115	185	245	290	330	390	440	540	610	720	860
0.4~0.63미만	70	120	155	180	205	245	275	340	380	450	540
0.63~1.0미만	45	74	96	115	130	155	175	215	245	285	340
1.0~1.6미만	29	47	61	72	82	98	110	135	155	180	215
1.6~2.5미만	18	30	38	45	51	61	69	84	95	115	135
2.5~4.0미만	12	19	28	29	33	39	44	54	61	72	85
4.0~6.3미만	8	12	16	18	21	25	28	34	38	45	53
6.3~10.0미만	5	8	10	12	13	16	18	22	24	28	34

▪ Dodge의 계산도표

Dodge(1943)는 AOQL, i, f 간의 관계를 나타내는 계산도표를 작성하였다. 우리는 이 표로부터 주어진 AOQL을 만족하는 여러 (i, f) 계획들을 찾을 수 있다. 이 계획들 가운데 생산률, 검사원 수 등의 공정조건들에 따라 적절한 계획을 선택하면 된다. 이 계산도표에서 오른쪽 세로좌표에 표시된 불량률 p 는 N=10000인 런에서 표집률 f 로 형성된 표본에 대해 합격확률이 P_a=0.1이 되는 불량률을 나타낸다.

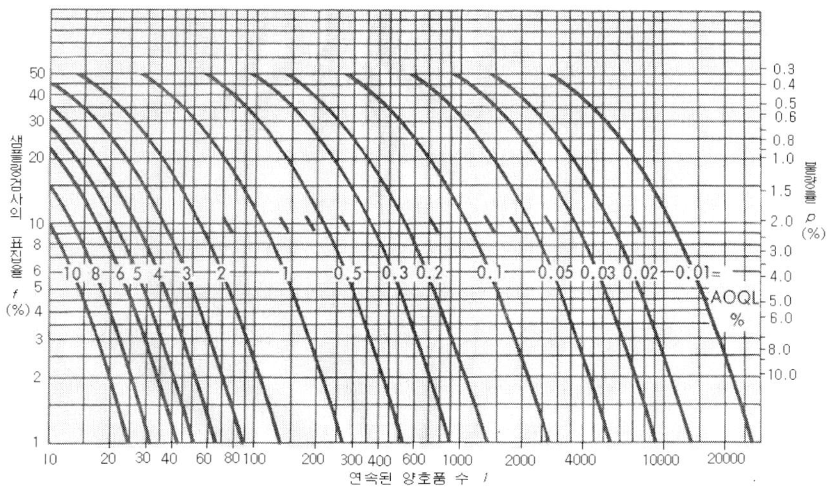

[도표 9.30] CSP1을 위한 Dodge의 계산도표—AOQL, i, f 간의 관계

예제 9.15 한 컨베이어에 의한 생산공정의 공정평균불량률은 1.8%로 알려져 있다. AOQL=1.0%가 되도록 연속생산형 샘플링 계획을 설계하라. 단 불량품은 양품으로 대체한다.

풀이 (KS A 3106 표 이용) 먼저 품질개선지수는 다음과 같이 계산된다:

$$b=\bar{p}/AOQL=0.018/0.01=1.8$$

따라서 [도표 9.29(a)]로부터 표집간격은 $1/f=15$로 주어지고, [도표 9.29(b)]로부터 AOQL=1.0%일 때 $i=135$를 찾을 수 있다. 따라서 이 문제에 대한 CSP1 샘플링 계획은 $(i, f)=(135, 1/15)$로 주어진다. 우리는 이 샘플링 계획을 [도표 9.30]의 Dodge의 계산도표로부터 대략적으로 확인할 수 있다. ¶

9.3.2 CSP-1의 변형

▌CSP-2 (Dodge & Torrey)

CSP-2는 한 고립된 불량품이 발생한 것만으로 전수검사로 돌아간다는 것은 정당화될 수 없다는 주장을 반영하여 CSP-1을 보완한 절차이다. 샘플링검사가 실시되고 있을 때 불량품이 나오더라도 그대로 샘플링검사를 계속하다가 k개의 표본단위들(sample units)을 검사하는 동안에 불량품이 발견될 때만 전수검사로 돌아간다. 즉 샘플링검사에서 발견되는 두 불량품사이에 통과한 제품수가 k개 미만일 때만 전수검사로 넘어간다.

- 흔히 $k=i$를 사용한다.

▌CSP-3 (Dodge & Torrey)

CSP-3는 순간적인 품질악화를 탐지할 수 있도록 CSP-2를 보완한 절차이다. 샘플링검사에서 불량품이 발견되면 그 후속 제품 4개를 검사한다. 그 가운데 불량품이 발견되면 전수검사로 돌아간다. 불량품이 발견되지 않으면, CSP-2에서와 같이 검사가 진행된다.

▌다수준 연속 샘플링 계획(Multilevel continuous sampling plan)

CSP-1에 대한 또 다른 이의는 샘플링 검사와 전수검사 간의 전이가 너무 급격하다는 것이다. 이에 대한 한가지 보완책은, 표집검사를 실시하다가 검사 결과 품질이 양호하면 단계적으로 f의 크기를 감소시키고, 품질이 악화되면 f

를 단계적으로 증가시킴으로써 샘플링검사의 경제성을 기하는 것이다.

□ Lieberman과 Solomon의 다수준 연속 샘플링 계획

① 전수검사로 시작한다.

② 양품이 i개 연속적으로 나오면 표집비율 f_1의 샘플링검사를 실시한다.

③ 샘플링검사에서 연속적인 i개의 표본에서 불량품이 나오지 않으면 표집비율 f_2인 샘플링검사를 실시한다.

④ 이와 같은 방식으로 k회까지 표집비율의 수준을 조정한다.

⑤ 만일 검사도중에 불량품이 나오면 검사비율을 한 단계 상향 조정한다.

다수준 표집비율로는 다음과 같은 형식이 주로 사용된다.

- $f_1 = f = 1/2,\ f_2 = f^2,\ \ldots,\ f_k = f^k$
- $f_k = 1/(k+1)$

[도표 9.31] 미니탭 지역 매크로 SSPForAtt.mac

```
Macro
# This macro generates type-A or Type-B OC Curve, ATI and ASN Curves
# for a Single Samplig Plan for Attributes.
# The Pa's are calulated using Hypergeometric, binomial, or
# Poisson distribution.
#
# Written for Minitab 12.23, Dec. 5. 2002
# By Sung Jin Ahn, Professor of Statistics,
# GyeongSang National University, Korea
#
SSPForAtt;
  Plan s c;        # single sampling plan (s, c)
  Type t;          # 1: Hypergeometric 2: Binomial 3: Poisson distribution
  OC p Pa;
  Lot L;           # lot size
    Rectify ATI ATIst AOQ AOQst;
  Pcolumn pp.      # Use if pp of fraction defectives for the horizontal
                   #    axis is given
MColumn p pp Pa ATI ATIst AOQ AOQst
MConstant L s c t tc k ppp sppp Pap i A B j OCtitle
#
Name L 'Lot size' s 'sample size' c 'Acceptance number' t 'Type' &
     p 'p' Pa 'Pa' ATI 'ATI' ATIst 'ATI*' AOQ 'AOQ' AOQst 'AOQ*' &
     tc 'Distribution used'
#
If t = 1
  Let OCtitle = "Type-A(Hypergeometric) OC Curve For a Single Sampling Plan"
  Let tc = "Hypergeometric distribution"
  If Pcolumn = 1
    Let k = Count(pp)
    DO i = 1:k
      Let ppp = pp(i)
      Let A = Ceiling(l*ppp)   # the number of defectives in the lot
```

```
      Let B = l - A           # the number of nondefectives in the lot
      Let Pa(i) = 0
      DO j = 0:c
        Call Hypergeometric j A B s Pap
        Let Pa(i) = Pa(i) + Pap
      Enddo
    Enddo
  Else
    Set pp
      0:0.15/0.01
    End
    Let k = Count(pp)
    DO i = 1:k
      Let ppp = pp(i)
      Let A = ceiling(l*ppp)   # the number of defetives in the lot
      Let B = l - A           # the number of nondefectives in the lot
      Let Pa(i) = 0
      DO j = 0:c
        Call hypergeometric j A B s Pap
        Let Pa(i) = Pa(i) + Pap
      Enddo
    Enddo
  Endif
  If Lot = 1
    Print l s c tc
  Else
    Print s c tc
  Endif
Elseif t = 2
  Let OCtitle = "Type-B(Binomial) OC Curve For a Single Sampling Plan"
  Let tc = "Binomial distribution"
  If Pcolumn = 1
    Let k = Count(pp)
    DO i = 1:k
      Let ppp = pp(i)
      If ppp = 0
        Let Pap = 1
      Elseif ppp > 0
        Cdf c Pap;
          Bino s ppp.
      Endif
      Let Pa(i) = Pap
    Enddo
  Else
    Set pp
      0:0.15/0.01
    End
    Let k = Count(pp)
    DO i = 1:k
      Let ppp = pp(i)
      If ppp = 0
        Let Pap = 1
      Elseif ppp > 0
        Cdf c Pap;
          Bino s ppp.
      Endif
      Let Pa(i) = Pap
    Enddo
  Endif
  If Lot = 1
    Print l s c tc
  Else
    Print s c tc
  Endif
Elseif t = 3
  Let OCtitle = "Type-B(Poisson) OC Curve For a Single Sampling Plan"
  Let tc = "Poisson distribution"
```

```
  If Pcolumn = 1
    Let k = Count(pp)
    DO i = 1:k
      Let ppp = pp(i)
      Let sppp = s*ppp
      If ppp = 0
        Let Pap = 1
      Elseif ppp > 0
        Cdf c Pap;
          Poisson sppp.
      Endif
      Let Pa(i) = Pap
    Enddo
  Else
    Set pp
      0:0.15/0.01
    End
    Let k = Count(pp)
    DO i = 1:k
      Let ppp = pp(i)
      Let sppp = s*ppp
      If ppp = 0
        Let Pap = 1
      Elseif ppp > 0
        Cdf c Pap;
          Poisson sppp.
      Endif
      Let Pa(i) = Pap
    Enddo
  Endif
  If Lot = 1
    Print L s c tc
  Else
    Print s c tc
  Endif
Endif
Let p = pp
If OC = 1
  Plot Pa*p;
    Title OCtitle;
    Connect.
Endif
If Lot = 1
  If Rectify = 1
    Let ATI = s*Pa + L*(1 - Pa)
    Let ATIst = ATI/(1 - p)
    Let AOQ  = p*(L - ATI)/(L - p*ATI)
    Let AOQst = p*(L - ATI)/L
    Plot ATI*p ATIst*p;
      Title "ATI Curves for a Single Sampling Plan";
      Connect;
        Type 1 2;
        Color 1 2;
      Overlay.
    Plot AOQ*p AOQst*p;
      Title "AOQ Curves for a Single Sampling Plan";
      Connect;
        Type 1 2;
        Color 1 2;
      Overlay.
  Endif
Endif
Endmacro

Macro
hypergeometric x A B n PxABn
```

```
#This macro calculates the hypergeometric distribution
#h(x;A,B,n). The funny order of the different terms is
#necessary to avoid overflow errors in the factorials.
#
# X ~ HG(n, A+B, A)
# A, the number of defetives in the lot
# B, the number of nondefectives in the lot
# A + B, the lot size
# n, the sample size
# PxABn = P{X=x}
#
#Example call:
#   mtb> %hypergeometric 2 6 24 5 K1

mconstant x A B n PxABn AplusB i nminusx

let AplusB=A+B
if (x<0) or (x>n) or (x>A) or (n<0) or (n>AplusB) #invalid cases
   let PxABn=0
elseif (x=0)                                      #special case x=0
   let PxABn=1
   do i=1:n
      let PxABn=(B+1-i)/(A+B+1-i)*PxABn
   enddo
else                                               #x>0
   let PxABn=1
   do i=1:x
      let PxABn=(A+1-i)/(x+1-i)/(A+B+1-i)*(n+1-i)*PxABn
   enddo

   let nminusx=n-x
   do i=1:nminusx
      let PxABn=(B+1-i)/(A+B-x+1-i)*PxABn
   enddo
endif
# print PxABn
Endmacro
```

[도표 9.32] 미니탭 지역 매크로 DSPForAtt.mac

```
Macro
# This macro generates the OC Curves or ASN, ATI, AOQ Curves for
# a Double Samplig Plan for Attributes.
#
# Written for Minitab 12.23, Dec. 5. 2002
# By Sung Jin Ahn, Professor of Statistics,
# GyeongSang National University, Korea
#
DSPForAtt;
  Plan n1 n2 c1 c2;
  OC p Pa1 Pr1 Pa2 Pr2 Pa;
  ASN ASNnoc ASNcurt;
  Lot L;         # lot size
    Rectify ATI ATIst AOQ AOQst;
  Type t.         # 1: Binomial 2: Poisson distribution
Mcolumn p Pa1 Pr1 cPr1 Pa2 Pr2 P1 P2 Pa inc ASNnoc ASNcurt &
        ATI ATIst AOQ AOQst
Mconstant n1 n2 c1 c2 l t tc cp i K x1 Px Px1 Px2 c2m1 c2mx1 c2mK &
          c2mKp1 n2p1 pi Pa1i cPr1i n1pi n2pi n2p1pi
Name p 'p' Pa1 'Pa1' Pr1 'Pr1' Pa2 'Pa2' Pr2 'Pr2' Pa 'Pa' &
     ASNnoc 'ASNnoc' ASNcurt 'ASNcurt' tc 'Distribution used' &
     ATI 'ATI' ATIst 'ATI*' AOQ 'AOQ' AOQst 'AOQ*' &
     L 'Lot size' n1 'n1' n2 'n2' c1 'c1' c2 'c2' t 'Type'
If t = 1
```

```
  Let tc = "Binomial distrbution"
Elseif t = 2
  Let tc = "Poisson distrbution"
Endif
Set p
  0:0.15/0.01
End
Let cp = Count(p)
Do i = 1:cp
  If p(i) = 0
    Let Pa1(i) = 1
    Let Pr1(i) = 0
    Let Pa2(i) = 0
    Let Pr2(i) = 0
  Else
    Let Pa1i = Pa1(i)
    Let pi = P(i)
    If t = 1
      Cdf c1 Pa1i;
        Bino n1 pi.
    Elseif t = 2
      Let n1pi = n1*pi
      Cdf c1 Pa1i;
        Poisson n1pi.
    Endif
    Let Pa1(i) = Pa1i
    Let c2m1 = c2-1
    If t = 1
      Cdf c2m1 cPr1i;
        Bino n1 pi.
    Elseif t = 2
      Let n1pi = n1*pi
      Cdf c2m1 cPr1i;
        Poisson n1pi.
    Endif
    Let cPr1(i) = cPr1i
    Let Pr1(i) = 1 - cPr1(i)
    Let Pa2(i) = 0
    Do x1 = c1+1:c2
      If t = 1
        Pdf x1 Px1;
          Bino n1 pi.
      Elseif  t = 2
        Let n1pi = n1*pi
        Pdf x1 Px1;
          Poisson n1pi.
      Endif
      Let c2mx1 = c2-x1
      If t = 1
        Cdf c2mx1 Px2;
          Bino n2 pi.
      Elseif t = 2
        Let n2pi = n2*pi
        Cdf c2mx1 Px2;
          Poisson n2pi.
      Endif
    Let Pa2(i) = Pa2(i) + Px1*Px2
    Enddo
    Let Pr2(i) = 1 - Pa1(i) - Pr1(i) - Pa2(i)
  Endif
Enddo
Let P1 = Pa1 + Pr1
Let P2 = Pa2 + Pr2
Let Pa = Pa1 + Pa2
If OC = 1
  Plot Pa*p Pa1*p cPr1*p;
    Title "OC Curves For a Double Sampling Plan";
```

```
    Connect;
      Type 1 2 3;
      Color 1 2 8;
    Axlabel 1 "p";
    Axlabel 2 "Pa";
    Overlay.
Endif
If ASN = 1
  Let ASNnoc = n1 + n2*(1-P1)
  Do i = 1:cp
    Let pi = p(i)
    Let inc(i) = 0
    If pi = 0
      Let Px1 = 0
      Let Px2 = 0
      Let Px = 0
    Else
      Do k = c1+1:c2
        If t = 1
          Pdf k Px1;
            Bino n1 pi.
        Elseif t = 2
          Let n1pi = n1*pi
          Pdf k Px1;
            Poisson n1pi.
        Endif
        Let c2mk = c2-k
        If t = 1
          Cdf c2mk Px2;
            Bino n2 pi.
        Elseif t = 2
          Let n2pi = n2*pi
          Cdf c2mk Px2;
            Poisson n2pi.
        Endif
        Let c2mkp1=c2-k+1
        Let n2p1 = n2+1
        If t = 1
          Cdf c2mkp1 Px;
            Bino n2p1 pi.
        Elseif t = 2
          Let n2p1pi = n2p1*pi
          Cdf c2mkp1 Px;
            Poisson n2p1pi.
        Endif
      Enddo
      Let inc(i) = inc(i) + Px1*(n2*Px2 + (c2-k+1)/pi*(1-Px))
    Endif
  Enddo
  Let ASNcurt = n1 + inc
  Plot ASNnoc*p ASNcurt*p;
    Title "ASN Curves for a Double Sampling Plan";
    Connect;
      Type 1 2;
      Color 1 2;
    Axlabel 1 "p";
    Axlabel 2 "ASN";
    Overlay.
Endif
If Lot = 1
  If Rectify = 1
    Let ATI = n1*Pa1 + (n1+n2)*Pa2 + L*(1 - Pa1 - Pa2)
    Let ATIst = ATI/(1 - p)
    Let AOQ  = p*(Pa1*(L - n1) + Pa2*(L - n1 - n2))/(L - p*ATI)
    Let AOQst = p*(Pa1*(L - n1) + Pa2*(L - n1 - n2))/L
    Plot ATI*p ATIst*p;
      Title "ATI Curves for a Double Sampling Plan";
```

```
      Connect;
        Type 1 2;
        Color 1 2;
      Overlay.
    Plot AOQ*p AOQst*p;
      Title "AOQ Curves for a Double Sampling Plan";
      Connect;
        Type 1 2;
        Color 1 2;
      Overlay.
  Endif
Endif
Print L n1 n2 c1 c2 tc
Endmacro
```

9.4 연습문제

01 프아송분포를 이용하여 OC곡선 위의 두 점 (p_0, $1-\alpha$)=(0.01, 0.95), (p_1, β)=(0.04, 0.1)를 (근사적으로) 지나는 계수규준형 1회 샘플링 계획 (n, c)를 설계하라.

02 계수형 2회 샘플링 보조표를 이용하여 (p_0, $1-\alpha$)=(0.01, 0.95), (p_1, β)=(0.036, 0.10), 그리고 n_2/n_1=2 인 계수규준형 2회 샘플링 계획을 설계하고, 이 샘플링 계획의 OC곡선을 스케치하라.

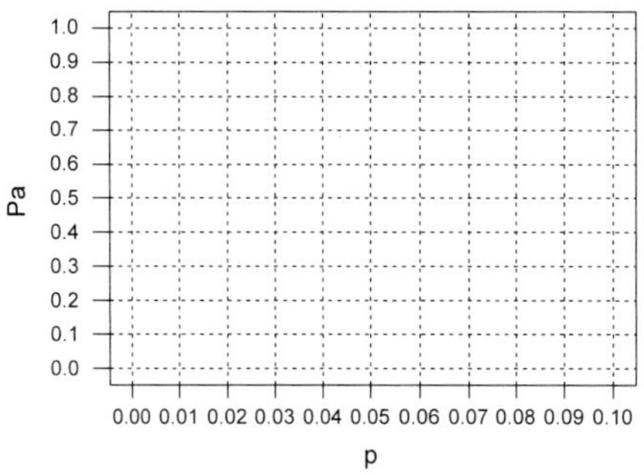

03 합격판정 샘플링에서, 다음을 비교 · 설명하라.

(1) 랏판결(lot sentencing) 방법들
(2) 계수형 샘플링 계획과 계량형 샘플링 계획
(3) 랏별 샘플링과 연속 샘플링
(4) 규준형, 선별형, 조정형 검사
(5) 계수형 샘플링 계획에서 A형 OC 곡선과 B형 OC 곡선

04 계수형 샘플링에서 다음 용어들을 비교하여 설명하라.

(1) AQL, $LTPD(RQL)$, IQL, 생산자 위험, 소비자 위험
(2) ASN, ATI, AFI
(3) AOQ, $AOQL$

05 다음 계수형 샘플링 계획들을 설계하기 위한 기본 원리들을 설명하라.

(1) 계수규준형 1회 샘플링 계획

(2) 계수규준형 2회 샘플링 계획

(3) 계수규준형 순차 샘플링 계획

(4) 특정 $AOQL$ 보증을 위한 계수선별형 1회 샘플링 계획

(5) 특정 $LTPD$ 보증을 위한 계수선별형 1회 샘플링 계획

06 랏의 크기 $N = 5000$, $n = 89$, $c = 2$ 인 계수규준형 1회 샘플링 계획의 (B형) OC 곡선은 다음과 같다.

(1) 표본크기 n이 일정한 상태에서 합격판정개수 c가 늘어나면 OC 곡선은 어떻게 변하겠는가? [그림 1]에 그려 넣어라.

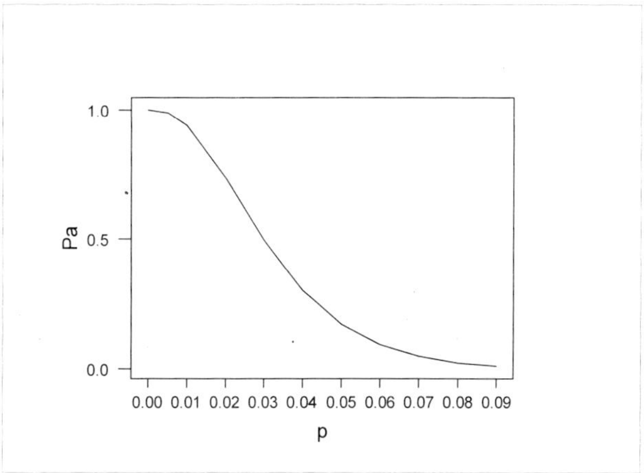

[그림 1] OC 곡선(n=89, c=2)

(2) 합격판정개수 c가 일정한 상태에서 표본크기 n이 늘어나면 OC 곡선은 어떻게 변하겠는가? [그림 1]에 그려 넣어라.

07 계수 선별형 1회 샘플링 계획(랏의 크기 N, n, c)에 대하여, 각 랏(또는 공정)의 품질수준이 불량률 p일 때 랏 합격확률을 P_a라 하자.

(1) 선별형 검사(rectfying inspection)란 무엇인가?

(2) 다음을 구하라.

① 전수검사에서 발견된 불량품을 양품으로 대체하지 않을 때의 평균총검사 $ATI(p)$

② 전수검사에서 발견된 불량품을 양품으로 대체할 때의 평균총검사 $ATI^{*}(p)$

③ 불량률이 0일 때의 $ATI(0)$와 불량률이 1일 때의 $ATI(1)$는 각각 얼마인가?

④ 동일한 (n, c)를 사용할 때 랏의 크기 N이 증가한다면 ATI 곡선이 어떻게 변하겠는가?

(3) 다음을 구하라.

① 전수검사에서 발견된 불량품을 양품으로 대체하지 않을 경우의 평균출검품질 $AOQ(p)$

② 전수검사에서 발견된 불량품을 양품으로 대체할 경우의 평균출검품질 $AOQ^{*}(p)$

③ 불량률이 0일 때의 $AOQ(0)$와 불량률이 1일 때의 $AOQ(1)$는 각각 얼마인가?

④ 평균출검품질한계 (average outgoing quality limit) 란 무엇인가?

08 계수 규준형 2회 샘플링은 네 숫자 (n_1, n_2, c_1, c_2)에 의해 완전히 규정된다. 크기가 N인 각 랏의 품질수준이 불량률 p일 때 첫 번째 표본에서의 합격확률과 불합격확률을 P_{a1}, P_{r1}이라 하고, 두 번째 표본에서의 합격확률과 불합격확률을 P_{a2}, P_{r2}라 하자. 그리고 $P_i = P_{ai} + P_{ri}$라 하자.

(1) 단축검사를 실시하지 않을 때의 평균 표본크기 ASN를 구하라.

(2) 계수 선별형 2회 샘플링에서 다음을 구하라.

① 전수검사에서 발견된 불량품을 양품으로 대체하지 않을 때의 평균총검사 ATI

② 전수검사에서 발견된 불량품을 양품으로 대체할 때의 평균총검사 ATI^{*}

③ 전수검사에서 발견된 불량품을 양품으로 대체하지 않을 때의 평균출검품질 AOQ

09 계수조정형 샘플링 계획의 기본개념을 설명하라.

10 검사 랏을 형성하는 두 가지 원칙을 들고 그 이유를 각각 설명하라.

11 시료의 크기 n은 OC곡선에 어떤 영향을 주는가?

12 샘플링 계획에 대한 다음의 KS 규격들은 무엇에 관한 것인지 [보기]에서 번호를 찾아라.

① KS A 3101 ( )　② KS A 3102 ( )　③ KS A 3103 ( )

④ KS A 3104 ( )　⑤ KS A 3105 ( )　⑥ KS A 3106 ( )

⑦ KS A 3107 ( )　⑧ KS A 3108 ( )　⑨ KS A 3109 ( )

[보기]

1—샘플링 계획에 관한 통칙
2—계수규준형 1회 샘플링 계획
3—계량규준형 1회 샘플링 계획(σ 기지, 불량률 및 평균치 보증)
4—계량규준형 1회 샘플링 계획(σ 미지, 불량률 보증)
5—계수선별형 1회 샘플링 계획
6—계수연속생산형 샘플링 계획
7—계수규준형 순차 샘플링 계획
8—계량규준형 순차 샘플링 계획(σ 기지, 불량률 보증)
9—계수조정형 샘플링 계획

10 Chapter

계량형 합격판정 샘플링

계량형 샘플링 계획들(variables sampling plans)은 길이, 무게와 같이 측정으로 나타나는 품질특성들에 대한 샘플링 계획이다. 이들은 대개 표본크기와 품질특성들의 표본 평균과 표본 표준편차에 근거해서 랏 판결기준을 특정한다.

10.1 계량형 샘플링에 대한 소개

□ 계량형 샘플링 계획의 특징들

- 동일한 OC 곡선이 계수형 샘플링 계획에서보다 더 작은 표본 크기로 얻어질 수 있다. 특히 AQL이 매우 낮은 경우—예컨대, 3 PPM—에 계수형 샘플링 계획의 표본 크기는 매우 커진다.
- 제조공정이나 랏에 대한 정보가 계수형 샘플링 계획에서보다 더 많이 제공된다.
- 품질 특성의 분포가 알려져 있어야 한다. 현재 표준적인 계량형 샘플링 계획들은 대부분 품질 특성이 정규분포를 따른다는 가정 아래에서 개발되어 있다. 따라서 품질 특성이 정규분포를 따르지 않는 경우에 한 표준적인 계량형 샘플링 계획을 사용하면 생산자 위험이나 소비자 위험이 설계로부터 매우 벗어날 수 있다.
- 검사되는 각 품질 특성에 대해 개별적인 계량형 샘플링 계획이 사용되어야 한다.

계량형 샘플링 계획들의 유형

□ 랏이나 공정의 불량률을 보증하기 위한 샘플링 계획들

이런 불량률보증 계획들에는 표본의 평균을 이용하는 σ-기지 계획(known-sigma plan)과 표본의 평균과 표준편차를 모두 이용하는 σ-미지 계획(unknown-sigma plan)이 있다.

- 절차 1 또는 k 방법 —(n, k): 크기 n인 표본으로부터 랏의 평균 μ를 추정하고, 이 표본평균 $\bar{x}$와 규격한계선간의 표준화된 거리가 합격판정계수(critical distance) k보다 크면 랏을 합격시킨다.
- 절차 2 또는 M 방법—(n, M): 크기 n인 표본으로부터 랏의 불량률 p를 추정하고, 이 표본 불량률 $\hat{p}$이 불량률의 최대 허용한계치 M보다 작을 경우에는 랏을 합격시킨다.

□ 랏이나 공정의 모수(대개 평균)를 보증하기 위한 샘플링 계획들

이런 모수보증 계획들은 용기에 담겨서 무더기(bulk)로 나오는 무더기 물질들에 대해 적용되기 십상이다. 물론 이 계획들은 이산 제품들이나 변압기에서

의 에너지 손실과 같은 다른 변수들에도 적용될 수 있다.

□ 랏 플랏법(Lot plot method): Shainin

이 방법은 표본 빈도분포 또는 히스토그램을 이용한 계획으로서, 품질특성이 정규분포를 따르지 않는 경우에도 적용될 수 있다.

□ 압축 한계법(Narrow-limit Gaging)

표준편차가 알려진 경우에 계량형 샘플링에 대한 대안으로 적용될 수 있는 절차로서, 엔지니어링 설계에 의해 기술된 것보다 더 엄격한 규격 한계선들을 가지는 계수형 샘플링 계획이다.

□ 계량형 관리도를 이용한 방법 : [예] 합격판정 관리도

10.2 랏불량률 보증을 위한 계량형 규준 샘플링 계획

- 규격. KS A 3103은 σ -기지인 랏의 불량률이나 평균치를 보증하기 위한 샘플링 계획(절차 1)을 설계하기 위한 규격이다. KS A 3104는 σ -미지인 랏의 불량률이나 평균을 보증하기 위한 샘플링 계획(절차 1)을 설계하기 위한 규격이다.

10.2.1 σ-기지인 계량형 규준 샘플링 계획

검사 대상인 품질 특성이 σ -기지인 정규분포를 한다는 가정하에서, 랏의 불량률이 p_0 (AQL)일 때 생산자 위험이 α 이고 p_1 (LTPD)일 때 소비자 위험이 β 인 계량형 샘플링 계획을 설계해 보자.

■ 규격하한(LSL)만 주어져 있을 때 σ -기지 샘플링 계획의 설계: 망대특성

□ 절차 1

절차 1은 품질특성의 평균과 규격하한간의 표준화된 거리 $z(LSL)$ 의 추정값 $\hat{z}(LSL)$ 이

$$\hat{z}(LSL) \geq k \tag{10.1}$$

이면 랏이 합격되고, 아니면 불합격되는 (n, k)를 찾는 문제이다.

■ 품질특성의 평균 μ와 규격하한 LSL 간의 표준화된 거리 $z(LSL)$의 추정

품질특성의 평균 μ와 규격하한 LSL 간의 표준화된 거리 $z(LSL)$는 다음과 같이 정의된다:

$$z(LSL) = \frac{\mu - LSL}{\sigma},$$

여기서 $z(LSL)$은 불량률이 $p < 0.50$일 때 양수가 되도록 정의된 것이다. 따라서 이에 대한 한 불편 추정값은 μ 대신 표본평균을 넣어서 얻을 수 있다:

$$\hat{z}(LSL) = \frac{\overline{X}_n - LSL}{\sigma}. \tag{10.2}$$

■ LSL과 랏 불량률 p의 대응 관계

불량률이 p_0일 때의 품질평균을 μ_0, 불량률이 p_1일 때의 품질평균을 μ_1으로 나타내기로 하자. 그리고 표준정규분포에서 그 점 오른쪽 부분의 면적이 α인 점(즉 $1-\alpha$ 분위수)을 z_α로 나타내기로 하자. 그러면

$$P\{X \leq LSL | \mu = \mu_0\} = p_0,$$

또는

$$P\{Z \leq (LSL - \mu_0)/\sigma\} = p_0.$$

이로부터

$$(LSL - \mu_0)/\sigma = -z_{p_0}.$$

즉,

$$\mu_0 = LSL + z_{p_0}\sigma. \tag{10.3}$$

마찬가지 방법에 의해

$$\mu_1 = LSL + z_{p_1}\sigma. \tag{10.4}$$

한편, 우리는 식(10.3)과 식(10.4)로부터 다음과 같은 표현을 얻을 수 있다:

$$z_{p_0} - z_{p_1} = \frac{\mu_0 - \mu_1}{\sigma} = \frac{\delta}{\sigma}, \tag{10.4-1}$$

여기서 $\delta = \mu_0 - \mu_1$.

- $\bar{x}_{LSL}$과 k의 관계

랏 판결기준 $\hat{z}(LSL) \geq k$는 $\bar{X} \geq \bar{x}_{LSL}$ 으로 쓸 수도 있다. 여기서

$$\bar{x}_{LSL} = LSL + k\sigma, \tag{10.5}$$

또는

$$k = (\bar{x}_{LSL} - LSL)/\sigma.$$

- (n, k)의 유도

$$P\{\bar{X} \leqq \bar{x}_{LSL} | p = p_0\} = \alpha$$
$$P\{\bar{X} \geqq \bar{x}_{LSL} | p = p_1\} = \beta$$

로부터

$$P\{Z \leqq (\bar{x}_{LSL} - \mu_0)/(\sigma/\sqrt{n})\} = \alpha,$$
$$P\{Z \geqq (\bar{x}_{LSL} - \mu_1)/(\sigma/\sqrt{n})\} = \beta.$$

따라서

$$(\bar{x}_{LSL} - \mu_0)/(\sigma/\sqrt{n}) = -z_\alpha, \tag{10.6}$$
$$(\bar{x}_{LSL} - \mu_1)/(\sigma/\sqrt{n}) = z_\beta. \tag{10.7}$$

식 (10.3)과 (10.5)를 (10.6)에 대입하고, 마찬가지로 식 (10.4)와 (10.5)를 (10.7)에 대입하여 정리하면 다음 두 연립방정식을 얻는다:

$$(k - z_{p_0})\sqrt{n} = -z_\alpha,$$
$$(k - z_{p_1})\sqrt{n} = z_\beta.$$

이 두 연립방정식을 풀면

$$n = \left(\frac{z_\alpha + z_\beta}{z_{p_0} - z_{p_1}}\right)^2 \tag{10.8}$$

$$= \left(\frac{z_\alpha + z_\beta}{\delta/\sigma}\right)^2, \quad \text{식(10.4-1)로부터} \tag{10.8-1}$$

$$k = \frac{z_{p_0} z_\beta + z_{p_1} z_\alpha}{z_\alpha + z_\beta}. \tag{10.9}$$

한편 Jacobson(1949)은 간단히 (n, k)를 구할 수 있는 계산도표—[도표 10.1]—를 고안하였다. 이 계산도표는 σ 기지 계획과 σ 미지 계획에 모두 사용될 수 있다. 참고로, 이 계산도표에서 표본크기를 읽을 때 σ 기지인 경우에는 교차점에서 수직으로 선을 내려 그어서 만나는 표본크기를 읽어야 한다. 그러나 σ 미지인 경우에는 교차점에서 곡선을 따라 올라가서 만나는 표본크기를 읽어야 한다.

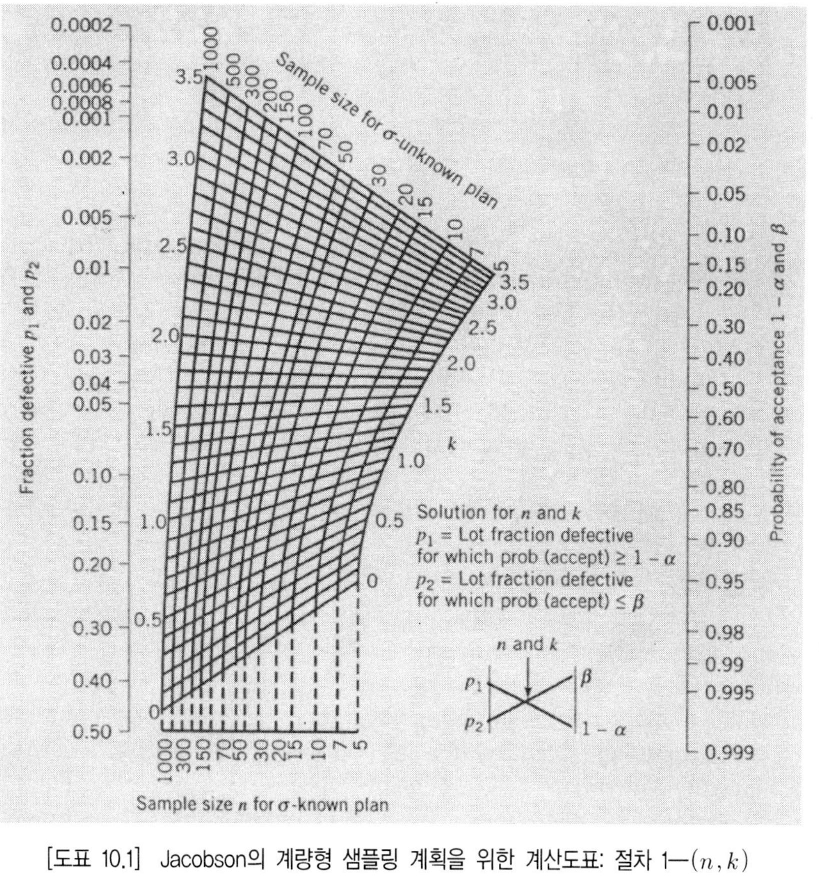

[도표 10.1] Jacobson의 계량형 샘플링 계획을 위한 계산도표: 절차 1—(n, k)

□ 절차 2

절차 2는 랏 불량률 p 의 한 추정량 $\hat{p}_{LSL}$ 이

$$\hat{p}_{LSL} \leqq M \tag{10.10}$$

이면 랏이 합격되고, 아니면 불합격되는 (n, M) 를 찾는 문제이다.

▪ 불량률 p 의 추정

우리는 불량률 p 의 한 추정량으로 간단하게 표준정규분포에서 $-\hat{z}(LSL)$ 이하인 면적을 사용할 수 있을 것이다:

$$\hat{p}^{0}_{LSL} = \Phi(-\hat{z}(LSL)), \tag{10.11}$$

여기서 Φ 는 표준정규확률변수의 분포함수를 나타낸다. 그러나 이를 다음과 같이 약간 수정하면 우리는 랏 불량률 p 의 최소분산불편추정량(minimum variance unbiased estimator, MVUE)을 얻을 수 있다 (이 절 말미에 이에 대한 보충설명을 하였다):

$$\hat{p}_{LSL} = \Phi\left(-\hat{z}(LSL)\sqrt{\frac{n}{n-1}}\right) = \Phi(-q_{LSL}), \tag{10.12}$$

여기서 q_{LSL} 은 품질지수(quality index)라고 불리며 다음과 같이 정의된다:

$$q_{LSL} \equiv \frac{\overline{X} - LSL}{\sigma}\sqrt{\frac{n}{n-1}} = \hat{z}(LSL)\sqrt{\frac{n}{n-1}}. \tag{10.13}$$

우리는 앞으로 불량률 p 의 추정량으로 식 (10.12)에 제시된 $\hat{p}_{LSL}$ 을 사용할 것이다.

▪ M 과 k 의 관계

우리는 랏 합격판결기준으로부터 다음 관계를 쉽게 유도할 수 있다:

$$-z_{\hat{p}_{LSL}} \leqq -z_M.$$

또는

$$z_{\hat{p}_{LSL}} \geqq z_M. \tag{10.14}$$

또한 식 (10.12)로부터 $z_{\hat{p}_{LSL}}$ 과 $\hat{z}(LSL)$ 은 다음 관계를 가짐을 알 수 있다:

$$-z_{\hat{p}_{LSL}} = -\hat{z}(LSL)\sqrt{\frac{n}{n-1}}.$$

또는

$$z_{\hat{p}_{LSL}} = \hat{z}(LSL)\sqrt{\frac{n}{n-1}}\,. \tag{10.15}$$

따라서 식 (10.14)는 다음과 같이 다시 쓰일 수 있다:

$$z(LSL)\sqrt{\frac{n}{n-1}} \geqq z_M.$$

또는

$$z(LSL) \geqq z_M\sqrt{\frac{n-1}{n}}\,. \tag{10.16}$$

따라서 식 (10.1)

$$z(LSL) \geqq k$$

과 식 (10.16)으로부터 우리는 M과 k가 다음과 같은 관계를 가진다는 것을 알 수 있다.

$$z_M\sqrt{\frac{n-1}{n}} = k.$$

또는

$$-z_M = -k\sqrt{\frac{n}{n-1}}\,. \tag{10.17}$$

▪ (n, M)의 유도

표본 크기 n은 절차1에 의해 얻어진 값을 그대로 이용할 수 있으며, 추정 불량률의 최대 허용한계 M은 식 (10.17)로부터 다음과 같이 주어진다:

$$M = \Phi\left(-k\sqrt{\frac{n}{n-1}}\right). \tag{10.18}$$

요약하면, 우리는 절차 1에서 얻어진 바와 같은 크기 n인 표본으로부터 랏 불량률에 대한 추정값

$$\hat{p}_{LSL} = \Phi(-q_{LSL}) = 1 - \Phi(q_{LSL})$$

을 구하고, 이를 식 (10.18)에 주어진 M과 비교하여 랏에 대한 합격여부를 판결할 수 있다.

규격상한(USL)만 주어져 있을 때 σ –기지 샘플링 계획의 설계: 망소특성

□ 절차 1

절차 1은 품질특성의 평균과 규격하한간의 표준화된 거리 $z(USL)$의 추정값 $\hat{z}(USL)$이

$$\hat{z}(USL) \geqq k \tag{10.19}$$

이면 랏이 합격되고, 아니면 불합격되는 (n, k)를 찾는 문제이다.

- 품질특성의 평균 μ와 규격상한 USL간의 표준화된 거리 $z(USL)$의 추정

$$\hat{z}(USL) = \frac{USL - \bar{x}_n}{\sigma} \tag{10.20}$$

- (n, k)의 유도

  표본크기 n과 합격판정계수 k는 규격하한만 주어졌을 때와 동일하게 얻어진다.

□ 절차 2

절차 2는 랏 불량률 p의 추정값 $\hat{p}_{USL}$이

$$\hat{p}_{USL} \leqq M \tag{10.21}$$

이면 랏이 합격되고, 아니면 불합격되는 (n, M)를 찾는 문제이다.

- (n, M)의 유도

  표본크기 n과 추정 불량률의 최대 허용한계 M도 규격하한만 주어졌을 때와 동일하게 얻어진다.

규격상하한(LSL, USL)이 모두 주어져 있을 때 σ –기지 샘플링 계획의 설계: 망목특성

① 공정능력이 매우 좋을 때:

공정능력이 매우 우수해서 규격폭이 6σ보다 훨씬 큰 경우에는 공정평균이 이동하여 불량이 발생하더라도 규격상한이나 규격하한 중 어느 한 쪽에서만 발생하게 된다. 따라서 이 경우에는 규격상한만 또는 규격하한만 주어진 경우를 각각 적용하는 것과 같다. 즉 식 (10.8)과 (10.9)에 주어진 n과 k를 이용하여, 다음 두 조건을 모두 만족시키면 랏을 합격시킨다:

$$\hat{z}(LSL) = \frac{\bar{x} - LSL}{\sigma} \geqq k, \tag{10.22a}$$

$$\hat{z}(USL) = \frac{USL - \bar{x}}{\sigma} \geqq k. \tag{10.22b}$$

② 공정능력이 매우 나쁠 때

공정능력이 매우 열등해서 규격폭이 6σ 보다 훨씬 작은 경우에는 공정평균이 규격중심과 일치하더라도 상당한 불량이 발생하게 된다. 따라서 이런 경우에는 굳이 표본을 뽑는 수고를 하지 않고도 다음 조건이 맞으면 랏을 기각시킬 수 있다(왜?):

$$\frac{USL - LSL}{2\sigma} < z_{p_0/2}. \tag{10.23}$$

③ 공정능력이 빠듯할 때

규격폭이 대략 6σ 정도로 공정능력이 빠듯할 경우 공정평균이 규격중심 근처에 있을 때는 불량률이 p_0 를 넘지 않게 된다. 이런 경우에는 랏 불량률이 p_0 가 되는 두 공정평균들 즉, 다음 관계를 만족하는 두 평균값들을 찾아서 두 개의 한쪽 규격한계만을 가지는 샘플링 계획들을 설계하면 된다:

$$P\{X \leqq LSL\} + P\{X \geqq USL\} = p_0. \tag{10.24}$$

- OC 곡선
- 규격하한 또는 규격상한만 주어진 경우

  규격하한이나 규격상한만 주어진 경우에 계량형 샘플링 계획의 OC 곡선을 유도해보자. 절차 1이나 절차 2의 OC 곡선은 동일하므로 절차 1에 대한 OC 곡선을 유도할 것이다.

  불량률이 p 일 때 공정평균은 $\mu_p = LSL + z_p\sigma$ 로 주어진다. 이로부터

$$\begin{aligned} P_a(p) &= P\left\{\frac{\overline{X} - LSL}{\sigma} \geqq k \mid p\right\} = P\{\overline{X} \geqq LSL + k\sigma \mid p\} \\ &= P\{Z \geqq (k - z_p)\sqrt{n}\}. \end{aligned} \tag{10.25}$$

- 규격 상하한이 모두 주어진 경우

  양측 규격이 주어진 경우의 OC 곡선도 본질적으로는 단측 규격이 주어진 경우의 OC 곡선과 같다.

예제 10.1 한 음료수 업체가 한 공급자로부터 음료수 스틸캔들을 구매할 계획인데 그는 스틸캔의 파열강도에 대한 규격하한을 225 psi에 설정하였다. 이 공급자의 스틸캔 파열강도는 정규분포를 따르며 표준편차는 $\sigma = 5$로 알려져 있다. 크기가 15,000인 한 랏의 불량률이 $p_0 = 0.01$일 때 생산자 위험이 $\alpha = 0.05$이고 $p_1 = 0.08$일 때 소비자 위험이 $\beta = 0.10$인 계량형 샘플링 계획을 설계하라.

풀이 (절차 1) $z_{p_0} = 2.326$, $z_{p_1} = 1.405$, $z_\alpha = 1.645$, $z_\beta = 1.282$ 들을 식 (10.8)과 (10.9)에 넣으면

$$n = \left(\frac{1.645 + 1.282}{2.326 - 1.405}\right)^2 = 10.100,$$

$$k = \frac{2.326 \times 1.282 + 1.405 \times 1.645}{1.645 + 1.282} = 1.808.$$

즉 (n, k) = (10, 1.808). 또는 [도표 10.1]의 Jacobson의 계산도표로부터 근사적으로 (n, k) = (10, 1.8). 만일 크기가 15,000인 랏으로부터 뽑은 크기가 10인 표본의 평균이 $\bar{x}$ = 240이었다면

$$\hat{z}(LSL) = (240 - 225)/5 = 3 > 1.808$$

이므로 그 랏을 합격시킨다. 한편 아래의 Minitab 명령 VASampling의 결과로부터 (n, k) = (11, 1.81094).

```
Acceptance Sampling by Variables - Create/Compare

Lot quality in proportion defective

Lower Specification Limit (LSL)        225
Historical Standard Deviation          5
Lot Size                               15000

Generated Plan(s)

Sample Size                   11
Critical Distance (k Value)   1.81094

Z.LSL = (mean - lower spec)/historical standard
deviation
Accept lot if Z.LSL >= k; otherwise reject.

Proportion  Probability  Probability
 Defective   Accepting    Rejecting      AOQ      ATI
      0.01       0.956        0.044  0.00956    665.8
      0.08       0.089        0.911  0.00713  13664.0

Average outgoing quality limit (AOQL) = 0.01775 at
0.03085 proportion defective.
```

```
# Stat > Quality Tools > Acceptance
#    Sampling by Variables
MTB > VASAMPLING;
SUBC>    AQL 0.01;
SUBC>    RQL 0.08;
SUBC>    CREATE;
SUBC>      ALPHA 0.05;
SUBC>      BETA 0.10;
SUBC>    PROPORTION;
SUBC>    LSPEC 225;
SUBC>    SIGMA 5;
SUBC>    LOTSIZE 15000;
SUBC>    GOC;
SUBC>    GAOQ;
SUBC>    GATI;
SUBC>    ONEGRAPH.
```

(절차 2) 식 (10.18)로부터

$$M = \Phi\left(-1.808\sqrt{\frac{10}{10-1}}\right) = \Phi(-1.9058) = 0.0283$$

이므로 (n, M) = (10, 0.0283). 만일 크기가 15,000인 랏으로부터 뽑은 크기가 10인 표본의 평균이 $\bar{x}$ = 240이었다면

$$\hat{p}_{LSL} = \Phi\left(-3\sqrt{\frac{10}{10-1}}\right) = \Phi(-3.1622) = 0.0008 < 0.0283$$

이므로 그 랏을 합격시킨다.

이 계량형 샘플링 계획의 OC 곡선은 식 (10.25)로부터 [도표 10.2]와 같이 주어진다. 이 OC 곡선은 [도표 10.2(b)]의 미니탭 지역 매크로 oc_proc1.mac를 이용하여 작성되었다. (이 매크로는 sqcmacro₩samplingplan에 저장되어 있다.) ¶

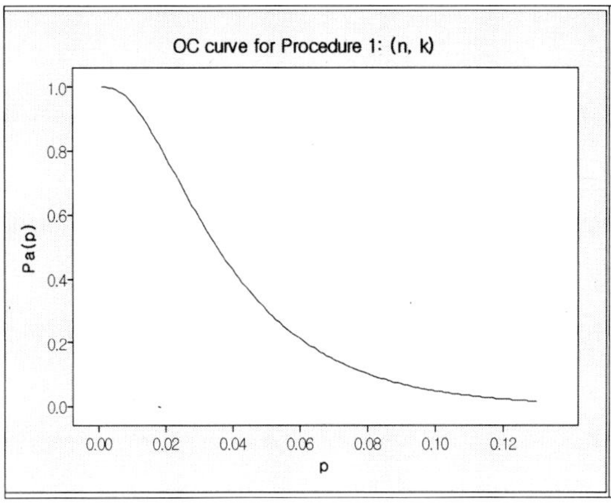

MTB > %oc_proc1 10 1.808

[도표 10.2(a)] (n, k)=(10, 1.808)인 σ-기지 계량형 샘플링 계획의 OC 곡선

[도표 10.2(b)] 미니탭 지역 매크로 oc_proc1.mac

```
Macro
oc_proc1 n k
Mcolumn p z_1mp z_p Pa_p z_A cum
Mconstant n k
Name Pa_p 'Pa(p)'
set p
0.001:0.13/0.001
end
InvCDF p z_1mp;
  Normal 0.0 1.0.
let z_p = -z_1mp
let z_A = (k - z_p)*sqrt(n)
CDF z_A cum;
  Normal 0.0 1.0.
let Pa_p = 1 - cum
Plot Pa_p*p;
  Title 'OC curve for Procedure 1: (n, k)';
  Connect;
  Scale 1;
    Tick 0:0.13/0.02;
  Scale 2;
    Tick 0:1/0.2.
Endmacro
```

예제 10.2 크기가 15000인 한 랏에서 σ =0.05, LSL =1.000, USL =1.290, p_0 =0.005, α =0.05, p_1 =0.02, β =0.10 일 때 계량형 샘플링 계획을 설계해보자.

풀이 [도표 10.3]과 [도표 10.4]에서 보듯이 μ =1.1316이거나 μ =1.1584일 때 불량률은 약 0.005이고 그 점들을 벗어나면 불량률은 증가한다. 따라서 이 때는

$$p_0 = 0.0042, \quad \alpha = 0.05, \quad p_1 = 0.02, \quad \beta = 0.10$$

를 만족하는 단측규격 σ-기지 샘플링 계획(σ =0.05)을 설계하고 이를 규격하한 LSL =1.000과 규격상한 USL =1.290 각각에 적용하면 된다.

(절차 1) (n, k) =(25, 2.30). 즉, n =25인 표본에서 얻어진 표본평균이 다음 두 조건을 모두 만족할 때 랏을 합격시킨다:

$$\frac{\overline{X} - LSL}{\sigma} \geq 2.30, \quad \frac{USL - \overline{X}}{\sigma} \geq 2.30.$$

한편 아래의 Minitab 명령 VASampling의 결과로부터 (n, k) = (26, 2.30787).

<table>
<tr>
<td>

```
Acceptance Sampling by Variables - Create/Compare

Generated Plan(s)

Sample Size                    26
Critical Distance (K Value)   2.30787

Z.LSL = (mean - lower spec)/historical standard
deviation
Z.USL = (upper spec - mean)/historical standard
deviation
Accept lot if Z.LSL >= k and Z.USL >= k; otherwise
reject.

Proportion  Probability  Probability
 Defective   Accepting    Rejecting     AOQ      ATI
     0.005       0.951        0.049  0.00475    753.5
     0.020       0.099        0.901  0.00198  13514.8

Average outgoing quality limit (AOQL) = 0.00581 at
0.00821 proportion defective.
```

</td>
<td>

```
# Stat > Quality Tools > Acceptance
#     Sampling by Variables
MTB > VASAMPLING;
SUBC>    AQL 0.005;
SUBC>    RQL 0.02;
SUBC>    CREATE;
SUBC>      ALPHA 0.05;
SUBC>      BETA 0.10;
SUBC>    PROPORTION;
SUBC>    LSPEC 1.000;
SUBC>    USPEC 1.290;
SUBC>    SIGMA 0.05;
SUBC>    LOTSIZE 15000;
SUBC>    GOC;
SUBC>    GAOQ;
SUBC>    GATI;
SUBC>    ONEGRAPH.
```

</td>
</tr>
</table>

(절차 2) (n, M) =(25, 0.0094). 즉, n =25인 표본에서 추정된 두 불량률이 다음 두 조건을 모두 만족하면 랏을 합격시킨다:

$$\hat{p}_{LSL} = \Phi(-q_{LSL}) \leq 0.0094, \quad \hat{p}_{USL} = \Phi(q_{USL}) \leq 0.0094,$$

여기서

$$q_{LSL} = \frac{\overline{X} - LSL}{\sigma}\sqrt{\frac{25}{24}}, \quad q_{USL} = \frac{USL - \overline{X}}{\sigma}\sqrt{\frac{25}{24}}.$$

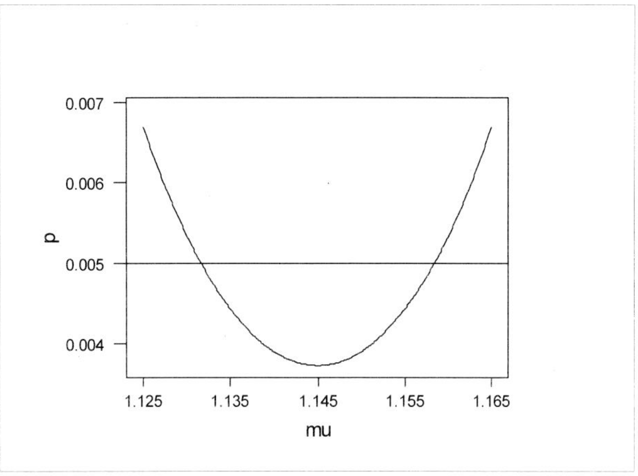

[도표 10.3] 공정능력이 빠듯할 때 평균과 불량률간의 관계

[도표 10.4] 공정능력이 빠듯할 때 불량률과 평균의 관계를 나타내는 계산과정

μ	$\frac{LSL-\mu}{\sigma}$	$\frac{USL-\mu}{\sigma}$	p_{LSL}	p_{USL}	p
1.1250	-2.500	3.300	0.0062097	0.0004835	0.0066932
1.1300	-2.600	3.200	0.0046612	0.0006872	0.0053484
1.1316	-2.632	3.168	0.0042442	0.0007675	0.0050118
1.1330	-2.660	3.140	0.0039071	0.0008448	0.0047519
1.1400	-2.800	3.000	0.0025552	0.0013500	0.0039052
1.1450	-2.900	2.900	0.0018659	0.0018659	0.0037318
1.1500	-3.000	2.800	0.0013500	0.0025552	0.0039052
1.1584	-3.168	2.632	0.0007675	0.0042442	0.0050118
1.1600	-3.200	2.600	0.0006872	0.0046612	0.0053484
1.1650	-3.300	2.500	0.0004835	0.0062097	0.0066932

¶

보충 절차 2에 대한 이론적 배경

우리는 다음과 같은 불량률 p를 추정하는데 관심을 가지고 있다(양쪽한계선이 모두 주어진 경우):

$$p = 1 - \int_{LSL}^{USL} \frac{1}{\sqrt{2\pi}\,\sigma} \exp\left[-\frac{1}{2}\left(\frac{x-\mu}{\sigma}\right)^2\right] dx.$$

■ 기호와 용어

기본적으로 대문자는 확률변수를, 소문자는 그 실현값을 나타낸다.

X_i : i 번째 검사개체의 측정값

B_i : i 번째 검사개체의 불량 여부 (불량이면 1, 아니면 0) 를 나타내는 0-1 변수. 즉,

$$B_i = \begin{cases} 0, & LSL \leqq X_i \leqq USL \\ 1, & \text{그 밖} \end{cases}$$

$$B_i \sim \text{IND}\, B(1, p)$$

I: 불량품인 개체의 인덱스 집합.

$$I = \{ i \mid X_i < LSL \text{ 또는 } X_i > USL,\ i = 1, 2, \ldots, n \}$$

D : 크기 n 인 표본의 불량품수. $D = \sum_{i=1}^{n} B_i$ 또는 $D = |I|$

$\overline{P}$: 표본 불량률. $\overline{P} = D/n$

$\widetilde{P}$: 표본에 양품이 전혀 없는지 여부 (없으면 1, 아니면 0) 를 나타내는 0-1 변수. 즉,

$$\widetilde{P} = \begin{cases} 0, & X_1, X_2, \cdots, X_n \text{ 중 아무 한 특정 } Y\text{에 대해서라도 } LSL \leqq Y \leqq USL\text{이면}, \\ 1, & \text{그 밖} \end{cases}$$

T 를 정규분포에 대한 한 최소충분통계량이라 할 때 $\hat{P} \equiv E[\overline{P} \mid T] = E[\widetilde{P} \mid T]$ 는 p 에 대한 유일한 MVUE 이다. (Rao–Blackwell 정리와 Lehmann–Scheff 정리에 의해)

$X \sim N(\mu, \sigma^2)$ 일 때 $\overline{X}$ 는 μ 에 대한 최소충분통계량이므로 $\hat{P}(\overline{X}) = E[\widetilde{P} \mid \overline{X}]$ 는 p 에 대한 유일한 MVUE이다.

$g(y, \bar{x})$: Y와 $\overline{X}$ 의 결합 밀도함수

$$g(y, \bar{x}) = \frac{n}{2\pi\sigma^2 \sqrt{n-1}} \exp\left[-\frac{n}{2\sigma^2} \left\{ (\bar{x} - \mu) + \frac{(y - \bar{x})^2}{n-1} \right\} \right]$$

$h(\bar{x})$: $\overline{X}$ 의 밀도함수

$$h(\bar{x}) = \frac{\sqrt{n}}{\sqrt{2\pi}\,\sigma} \exp\left[-\frac{n}{2\sigma^2} (\bar{x} - \mu) \right]$$

$g(y \mid \bar{x})$: $\overline{X} = \bar{x}$ 가 주어졌을 때 Y 의 조건부 밀도함수

$$g(y|\bar{x}) = \frac{g(y,\bar{x})}{h(\bar{x})} = \sqrt{\frac{n}{n-1}}\frac{1}{\sqrt{2\pi}\,\sigma}\exp\left[-\frac{n}{2(n-1)\sigma^2}(y-\bar{x})^2\right]$$

■ $g(y,\bar{x})$의 유도과정

우리는 일반성을 잃지 않고 $Y \equiv X_1$라 둘 수 있다. Y와 나머지 측정값들의 평균 $\bar{X}'\left(=\sum_{i=2}^{n} X_i/(n-1)\right)$의 결합 밀도함수를 $f(y,\bar{x}')$라 하면

$$f(y,\bar{x}') = \frac{\sqrt{n-1}}{2\pi\sigma^2}\exp\left[-\frac{1}{2\sigma^2}\{(y-\mu)^2+(n-1)(\bar{x}'-\mu)^2\}\right].$$

$\bar{x} = \dfrac{(n-1)\bar{x}'}{n} + \dfrac{y}{n}$ 그리고 $u = y$라 두면, $\bar{x}' = \dfrac{n\bar{x}-u}{n-1}$ 그리고 $y = u$이고 변환의 자코비안은 다음과 같이 주어진다:

$$J(\bar{x},u) = \begin{vmatrix} \dfrac{n}{n-1} & \dfrac{-1}{n-1} \\ 0 & 1 \end{vmatrix} = \frac{n}{n-1}.$$

따라서

$$g(y,\bar{x}) = f(y,\bar{x}')\frac{n}{n-1}$$

은 위에서 제시된 결과를 준다:

$$\begin{aligned}
\hat{P}(\bar{x}) \equiv E[\tilde{P}|\bar{x}] &= P\{\tilde{P}=1|\bar{x}\} = 1 - P\{LSL \le Y \le USL|\bar{x}\} \\
&= 1 - \int_{LSL}^{USL}\frac{g(y,\bar{x})}{h(\bar{x})}dy \\
&= \int_{LSL}^{USL}\sqrt{\frac{n}{n-1}}\frac{1}{\sqrt{2\pi}\,\sigma}\exp\left[-\frac{n}{2(n-1)\sigma^2}(y-\bar{x})^2\right]dy \\
&= \int_{-\infty}^{-q_{LSL}}\phi(z)\,dz + \int_{q_{USL}}^{\infty}\phi(z)\,dz \\
&= \Phi(-q_{LSL}) + 1 - \Phi(q_{USL}).
\end{aligned}$$

10.2.2 σ-미지인 계량형 규준 샘플링 계획

검사 대상인 품질 특성이 σ-미지인 정규분포를 한다는 가정 아래에서, 랏의 불량률이 p_0 즉 AQL일 때 생산자 위험이 α이고 p_1 즉 LTPD일 때 소비자 위

험이 β인 계량형 샘플링 계획을 설계해 보자. 이 때 우리는 σ에 대한 추정량으로 표본표준편차 S나 부분군들의 평균범위 $\overline{R}$를 이용할 수 있다.

□ 정규분포로부터의 랜덤표본에 관한 몇 가지 성질들

우리는 $X \sim N(\mu, \sigma^2)$로부터의 랜덤표본에서 계산된 평균 $\overline{X}$와 표준편차 S에 관하여 다음과 같은 성질들을 알고 있다:

- $\overline{X} \sim N(\mu, \sigma^2/n)$
- $S \dot{\sim} N\left(\sigma, \dfrac{\sigma^2}{2(n-1)}\right), \quad n > 5$
- $\overline{X}$와 S는 서로 독립이다.
- $\dfrac{(n-1)S^2}{\sigma^2} \sim \chi^2(n-1)$
- $E\left[\dfrac{(n-1)S^2}{\sigma^2}\right] = n-1$
- $V\left[\dfrac{(n-1)S^2}{\sigma^2}\right] = \dfrac{(n-1)^2}{(\sigma^2)^2} V[S^2] = 2(n-1)$
- $V[S^2] = \dfrac{2(\sigma^2)^2}{n-1}$

  이로부터 우리는 $n > 5$일 때 다음이 성립함을 알 수 있다:

$$\overline{X} - k'S \dot{\sim} N\left(\mu - k'\sigma, \sigma^2\left[\frac{1}{n} + \frac{k'^2}{2(n-1)}\right]\right). \qquad \textbf{(10.26)}$$

- $\nu(\overline{R}/d_2)^2/\sigma^2 \dot{\sim} \chi^2(\nu)$, 여기서 $\overline{R}$는 크기가 m인 g 부분군들의 평균범위이다.

▮ 표본표준편차를 이용한 샘플링 계획의 설계와 운용

□ 규격 하한만 주어져 있을 때 표본표준편차를 이용한 샘플링 계획의 설계

- 절차 1을 적용하는 경우—(n', k')

절차 1의 랏 합격기준은 다음과 같다:

$$\frac{\overline{X}_{n'} - LSL}{S} \geq k',$$

또는

$$\overline{X}_{n'} - k' S \geq LSL.$$

불량률이 p_0 일 때의 품질평균을 μ_0, 불량률이 p_1 일 때의 품질평균을 μ_1 으로 나타낸다면, 식 (10.3)와 (10.4)로부터

$$\mu_0 = LSL + z_{p_0}\sigma, \quad \mu_1 = LSL + z_{p_1}\sigma.$$

우리는 생산자 위험과 소비자 위험에 관한 조건들을 다음과 같이 표현할 수 있다:

$$P\{\overline{X} - k' S \geq LSL | \mu = \mu_0\} = 1 - \alpha, \tag{10.27}$$

$$P\{\overline{X} - k' S \geq LSL | \mu = \mu_1\} = \beta. \tag{10.28}$$

이를 표준화하여 정리하면,

$$P\left\{Z \geq \frac{LSL - (LSL - z_{p_0}\sigma) - k'\sigma}{\sigma\sqrt{\frac{1}{n'} + \frac{k'^2}{2(n'-1)}}}\right\} = 1 - \alpha, \tag{10.29}$$

$$P\left\{Z \geq \frac{LSL - (LSL - z_{p_1}\sigma) - k'\sigma}{\sigma\sqrt{\frac{1}{n'} + \frac{k'^2}{2(n'-1)}}}\right\} = \beta. \tag{10.30}$$

이로부터 다음 결과가 유도될 수 있다:

$$\frac{k' - z_{p_1}}{\sqrt{\frac{1}{n'} + \frac{k'^2}{2(n'-1)}}} = -z_\alpha, \tag{10.31}$$

$$\frac{k' - z_{p_2}}{\sqrt{\frac{1}{n'} + \frac{k'^2}{2(n'-1)}}} = z_\beta. \tag{10.32}$$

식 (10.31)을 식 (10.32)으로 나누면,

$$\frac{k' - z_{p_0}}{k' - z_{p_1}} = -\frac{z_\alpha}{z_\beta}.$$

이로부터

$$k' = \frac{z_{p_1} z_\alpha + z_{p_0} z_\beta}{z_\alpha + z_\beta} = k. \tag{10.33}$$

식 (10.31)과 식 (10.32)을 곱하여 정리하면,

$$(z_{p_1} - k')(z_{p_0} - k') + z_\alpha z_\beta \left(\frac{1}{n'} + \frac{k'^2}{2(n'-1)} \right) = 0.$$

이로부터

$$n' = \left(\frac{z_\alpha + z_\beta}{z_{p_0} - z_{p_1}} \right)^2 \left(1 + \frac{k'^2}{2} \right) = n \left(1 + \frac{k'^2}{2} \right). \tag{10.34}$$

※ 앞 소절에서 소개된 Jacobson(1949)의 계산도표—[도표 10.1]—는 σ 미지 계획에도 사용될 수 있다.

■ 절차 2를 적용하는 경우

k' 로부터 M' 을 구하는 절차나 $\hat{z}'(LSL)$ 로부터 $\hat{p}_{LSL}$ 을 구하는 절차는 σ 를 알 때와 동일한 것처럼 보이지만 차이가 있다. σ 를 모를 때는 Lieberman & Resnikoff(1955)의 최소분산법을 이용해야 하는데 그들은 이를 위한 표와 절차를 마련하였다. 여기서는 Lieberman-Resnikoff 표 대신 Duncan의 계산도표를 이용하는 근사적인 절차를 소개할 것이다. Duncan(1986)은 k, n, z 로부터 M과 $\hat{p}$ 를 찾을 수 있는 계산도표—[도표 10.5(a)]와 [도표 10.5(b)]—를 고안하였다.

① 표본크기는 절차 1에서 얻어진 n' 를 그대로 사용한다.

② 절차 1에서 얻어진 k' 로부터 추정불량률의 최대허용한계 M' 을 구한다.

③ $\hat{z}'(LSL) = \dfrac{\overline{X}_{n'} - LSL}{S}$ 로부터 [도표 10.5(b)]를 이용하여 불량률의 추정값 $\hat{p}_{LSL}$ 을 구한다. $\hat{p}_{LSL} \leq M'$ 이면 랏을 합격시킨다.

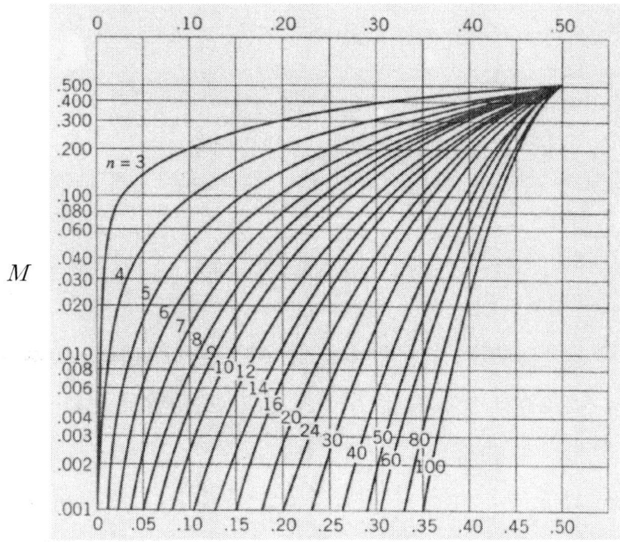

$$\frac{1-k\sqrt{n}/(n-1)}{2}$$: 표본표준편차를 이용할 때

$$\frac{1-k/\sqrt{\nu}}{2}$$: 표본범위를 이용할 때

[도표 10.5(a)] 최대허용불량률 M을 찾기 위한 Duncan의 계산도표

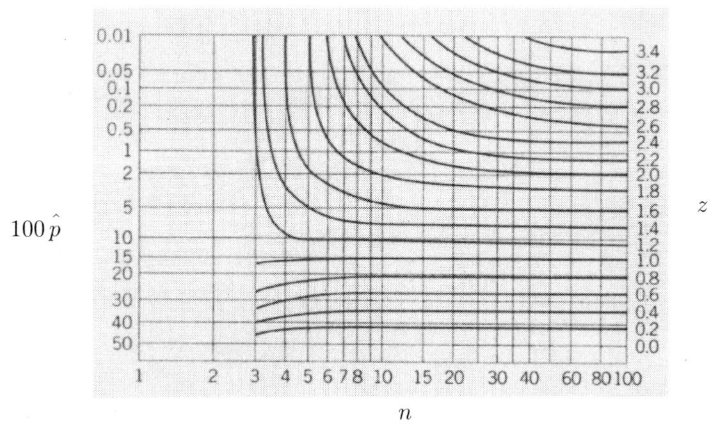

[도표 10.5(b)] z로부터 불량률 $\hat{p}$를 구하는 Duncan의 계산도표

□ 규격 상한만 주어져 있을 때 표본 표준편차를 이용한 샘플링 계획의 설계

■ 절차 1을 적용하는 경우

(n', k')는 규격하한만 주어졌을 때와 동일하고 랏 합격기준은 다음과 같다:

$$\frac{USL - \overline{X}_{n'}}{S} \geq k' \qquad (10.35)$$

■ 절차 2를 적용하는 경우

(n', M')는 규격하한만 주어졌을 때와 동일하다. $\hat{z}'(USL) = \dfrac{LSL - \overline{X}_{n'}}{S}$로부터 [도표 10.5(b)]를 이용하여 불량률의 추정값 $\hat{p}_{USL}$을 구한다. $\hat{p}_{USL} \leq M'$이면 랏을 합격시킨다.

□ 규격 상하한이 모두 주어져 있을 때 표본 표준편차를 이용한 샘플링 계획의 설계

규격 상하한이 모두 주어져 있고 표준편차를 모른다면 우리는 표준편차를 알 때처럼 쉽게 진행할 수가 없다. 그러나 우리는 특정한 p_0, α와 p_1, β를 가지는 단측 규격 샘플링 계획의 OC 곡선이 동일한 p_0, α와 p_1, β를 가지는 양측 규격 샘플링 계획의 OC 곡선의 하한이 되며, 대부분의 실제적인 경우 양측 규격 샘플링 계획의 OC 곡선으로 간주될 수 있다는 Rensikoff(1952)의 연구결과에 힘입어 다음과 같은 절차들을 이용하여 샘플링 계획을 설계할 수 있다.

■ 절차 1을 적용하는 경우

양측 규격이 모두 존재할 때 절차 1은 적용하기가 복잡해지며, 따라서 흔히 수정된 합격기준을 사용한다.

① (n', k')는 규격하한만 주어졌을 때와 동일하다.

② 랏 합격기준은 다음과 같다:

$$\frac{\overline{X} - LSL}{S} \geq k' \qquad (10.36)$$

$$\frac{USL - \overline{X}}{S} \geq k' \qquad (10.37)$$

그리고

$$S \leq MSD$$

여기서 MSD는 최대표준편차(Maximum Standard Deviation)를 나타내며, k^*를 $M'/2$에 대응되는 k값이라고 할 때 다음과 같이 유도될 수 있다: ([도표 10.5(a)] 이용)

$$MSD = \frac{USL - LSL}{2k^*}$$

즉, 합격기준 가운데 세 번째 것은 표준편차가 크지 않다는 것을 보장하기 위한 것이다.

- 절차 2를 적용하는 경우

② M' 은 한쪽 규격한계선만 주어질 때와 같다.

③ $\hat{p} \leqq M'$ 이면 랏합격

① $\hat{z}'(LSL) = \dfrac{\overline{X} - LSL}{S}$ 과 $\hat{z}'(USL) = \dfrac{USL - \overline{X}}{S}$ 로부터 [도표 10.5(b)]를 이용하여 $\hat{p}_{LSL}$ 과 $\hat{p}_{USL}$ 를 구한다. 전체 불량률 $\hat{p} = \hat{p}_{LSL} + \hat{p}_{USL}$ 로 추정된다.

② M' 은 한쪽 규격한계선만 주어질 때와 같다.

③ $\hat{p} \leqq M'$ 이면 랏합격

- OC 곡선
- 규격하한(또는 규격상한)만 주어진 경우

불량률이 p 일 때 공정평균은 $\mu_p = LSL + z_p\sigma$ 로 주어진다. 이로부터

$$P_a(p) = P\left\{\frac{\overline{X} - LSL}{S} \geqq k' \mid p\right\} = P\{\overline{X} - k'S \geqq LSL \mid p\}$$

$$= P\left\{Z \geqq \frac{k' - z_p}{\sqrt{\dfrac{1}{n'} + \dfrac{k'^2}{2(n'-1)}}}\right\}. \qquad \textbf{(10.40)}$$

- 규격 상하한이 모두 주어진 경우

양측 규격이 주어진 경우의 OC 곡선도 본질적으로는 단측 규격이 주어진 경우의 OC 곡선과 같다.

예제 10.3 ([예 10.1], 계속) 음료수 스틸캔 문제에서, 표준편차가 알려져 있지 않다고 할 때 계량형 "표준편차" 샘플링 계획—규격하한만 주어져 있다—을 설계하라.

풀이 (절차 1) $z_{p_0} = 2.326$, $z_{p_1} = 1.405$, $z_\alpha = 1.645$, $z_\beta = 1.282$ 들을 식 (10.33)과 (10.34)에 넣으면

$$k' = \frac{2.326 \times 1.282 + 1.405 \times 1.645}{1.645 + 1.282} = 1.808$$

$$n' = \left(\frac{1.645 + 1.282}{2.326 - 1.405}\right)^2 \left(1 + \frac{k'^2}{2}\right) = 10.100(1 + 1.808^2/2) = 26.6$$

이므로 $(n', k') = (27,\ 1.808)$. 또는 [도표 10.1]의 Jacobson의 계산도표로부터 근사적으로 $(n', k') = (25,\ 1.8)$. 크기가 15,000인 랏에서 뽑은 크기가 27

인 표본의 평균과 표준편차가 각각 $\bar{x}$ = 240, s = 7.425이었다면

$$\hat{z}(LSL) = (240 - 225)/7.425 = 2.02 > 1.808$$

이므로 그 랏을 합격시킨다. 한편 아래의 Minitab 명령 VASampling의 결과로부터 (n', k') = (27, 1.80852).

Acceptance Sampling by Variables - Create/Compare Generated Plan(s) Sample Size 27 Critical Distance (k Value) 1.80852 Z.LSL = (mean - lower spec)/standard deviation Accept lot if Z.LSL >= k; otherwise reject. Proportion Probability Probability Defective Accepting Rejecting AOQ ATI 0.01 0.953 0.047 0.00951 727.6 0.08 0.109 0.891 0.00872 13365.8 Average outgoing quality limit (AOQL) = 0.01858 at 0.03327 proportion defective.	# Stat > Quality Tools > Acceptance # Sampling by Variables MTB > VASAMPLING; SUBC> AQL 0.01; SUBC> RQL 0.08; SUBC> CREATE; SUBC> ALPHA 0.05; SUBC> BETA 0.10; SUBC> PROPORTION; SUBC> LSPEC 225; SUBC> LOTSIZE 15000; SUBC> GOC; SUBC> GAOQ; SUBC> GATI; SUBC> ONEGRAPH.

(절차 2) $\dfrac{1-k\sqrt{n}/(n-1)}{2}$=0.319이므로 [도표 10.5(a)]의 Duncan의 계산 도표로부터 근사적으로 M'=0.033을 얻는다. 크기가 15,000인 랏에서 뽑은 크기가 27인 표본의 평균과 표준편차가 각각 $\bar{x}$=240, s=7.425이었다면, $\hat{z}(LSL)$=2.02이므로 [도표 10.5(b)]로부터 근사적으로 $\hat{p}$는 0.019를 읽을 수 있다. 이로부터 $\hat{p}$=0.019<0.033=M' 이므로 그 랏을 합격시킨다.

이 계량형 샘플링 계획의 OC 곡선은 [도표 10.6]과 같이 주어진다. 이 OC 곡선은 [도표 10.6(b)]의 미니탭 지역 매크로 oc_proc1un.mac를 이용하여 작성되었다. (이 매크로는 sqcmacro₩samplingplan에 저장되어 있다.)

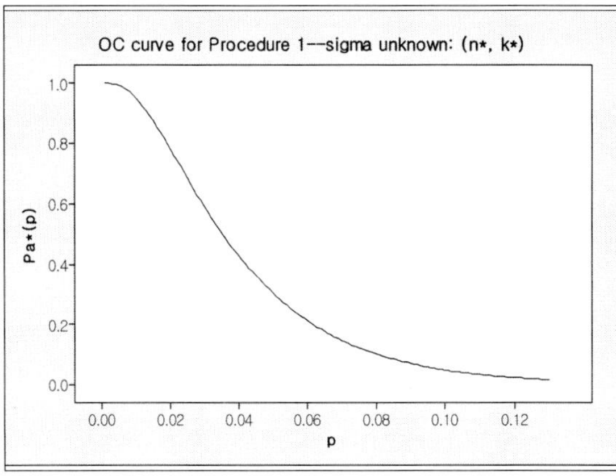

MTB > oc_proc1un 27 1.808

[도표 10.6(a)] (n', k')=(27, 1.808)인 σ-미지 계량형 샘플링 계획의 OC곡선

[도표 10.6(b)] 미니탭 지역 매크로 oc_proc1un.mac

```
Macro
oc_proc1un nstar kstar

Mcolumn p z_p z_1mp Pastar_p z_Astar cumstar
Mconstant kstar nstar

name Pastar_p 'Pa*(p)'
set p
0.001:0.13/0.001
end
InvCDF p z_1mp;
  Normal 0.0 1.0.
let z_p = -z_1mp
let z_Astar = (kstar-z_p)/sqrt(1/nstar+kstar**2/(2*(nstar-1)))
CDF z_Astar cumstar;
  Normal 0.0 1.0.
let Pastar_p = 1 - cumstar
Plot Pastar_p*p;
  Title 'OC curve for Procedure 1--sigma unknown: (n*, k*)';
  Connect;
  Scale 1;
    Tick 0:0.13/0.02;
  Scale 2;
    Tick 0:1/0.2.
Endmacro
```

예제 10.4 ([예 10.1], 계속) 스틸캔 문제에서와 같이, 크기가 15,000인 한 랏의 불량률이 p_0 = 0.01일 때 생산자 위험이 α = 0.05이고 p_1 = 0.08일 때 소비자 위험이 β = 0.10인 계량형 "표준편차" 샘플링 계획을 설계하라. 규격하한은 225 psi이고 규격상한은 275 psi이다.

풀이 (절차 1) 먼저 단측 규격한계만 주어져 있는 경우에 대한 샘플링 계획은 [예 10.3]으로부터 (n', k')=(27, 1.808)이다. 이 샘플링 계획에 대해 [도표 10.5(a)]의

Duncan의 계산도표의 가로축값은 $\dfrac{1-k\sqrt{n}/(n-1)}{2}$ =0.319이고, 이 값에 대응되는 세로축값 M' 는 근사적으로 0.033이다. 이 계산도표에서 세로축값 0.033/2에 대응되는 가로축값은 근사적으로 0.27이다. 그러면 $\dfrac{1-k^{*}\sqrt{n}/(n-1)}{2}$ = 0.27로부터 k^{*} = 2.302로 주어진다. 그리고 MSD = (275−225)/(2×2.302) = 10.8601.

따라서 절차 1은 다음과 같이 구성된다: 크기가 n' =27인 표본을 뽑는다; 이 표본의 표준편차 s 를 계산한다. 다음 세 조건이 만족될 때 랏을 합격시킨다. $\dfrac{\overline{X}-225}{s} \geqq 1.808$, $\dfrac{275-\overline{X}}{s} \geqq 1.808$, 그리고 $s \leqq 10.8601$.

한편 아래의 Minitab 명령 VASampling의 결과로부터 (n', k') = (27, 1.80852)이고 MSD=11.8746.

```
Acceptance Sampling by Variables - Create/Compare

Generated Plan(s)

Sample Size                             27
Critical Distance (k Value)             1.80852
Maximum Standard Deviation (MSD)        11.8746

Z.LSL = (mean - lower spec)/standard deviation
Z.USL = (upper spec - mean)/standard deviation
Accept lot if standard deviation <= MSD, Z.LSL >= k and
Z.USL >= k; otherwise reject.

Proportion  Probability  Probability
 Defective    Accepting    Rejecting      AOQ      ATI
      0.01        0.953        0.047  0.00951    727.6
      0.08        0.109        0.891  0.00872  13365.8

Average outgoing quality limit (AOQL) = 0.01858 at
0.03327 proportion defective.
```

```
# Stat > Quality Tools > Acceptance
#    Sampling by Variables
MTB > VASAMPLING;
SUBC>    AQL 0.01;
SUBC>    RQL 0.08;
SUBC>    CREATE;
SUBC>      ALPHA 0.05;
SUBC>      BETA 0.10;
SUBC>    PROPORTION;
SUBC>    LSPEC 225;
SUBC>    USPEC 275;
SUBC>    LOTSIZE 15000;
SUBC>    GOC;
SUBC>    GAOQ;
SUBC>    GATI;
SUBC>    GAREGION;
SUBC>    ONEGRAPH.
```

(절차 2) 절차 1에서 계산된 바와같이 M' 는 근사적으로 0.033으로 주어진다. 따라서 절차 2는 다음과 같이 구성된다: 크기가 n' =27인 표본을 뽑는다; 이 표본의 표준편차 s 를 계산한다. [도표 10.5(b)]로부터 $\hat{z}'(LSL) = \dfrac{\overline{X}-225}{s}$ 과 $\hat{z}'(USL) = \dfrac{275-\overline{X}}{s}$ 에 대응되는 $\hat{p}_{LSL}$과 $\hat{p}_{USL}$를 구한다. 다음 조건이 만족될 때 랏을 합격시킨다: $\hat{p} = \hat{p}_{LSL} + \hat{p}_{USL} \leq 0.033$. ¶

■ 표본범위를 이용한 σ -미지 샘플링 계획의 설계와 운용

표준편차 샘플링 계획과 비교할 때 범위 샘플링 계획은 동일한 위험에 대해 표본 크기가 커진다는 불리점과 계산이 간편하다는 이점을 함께 가지고 있다. 표본이 동일한 크기의 부분군들로 쪼개지고 평균 범위가 계산된다면, $\overline{R}/d_2$이 S 대신 σ의 추정량으로 사용될 수 있다. $\overline{R}$가 크기가 m인 g 부분군들의 평균범위라고 할 때, 우리는 $\nu(\overline{R}/d_2)^2/\sigma^2$ 이 근사적으로 자유도가 ν인 카이제곱분포를 따름을 이용할 수 있다.

□ 절차 1을 적용하는 경우

표준편차 샘플링 계획과 같은 OC 곡선을 가지는 범위 샘플링 계획 $(n_R^{'}, k')$을 설계하기로 하자.

① 표준편차 샘플링 계획을 위한 (n', k')를 구한다. 평균범위분포 관련표([도표 A1.1])로부터 $\nu = n' - 1$에 (또는 이와 가까운 값에) 대응되는 m과 g 쌍을 찾는다. 그러면 $n_R^{'} = mg$. (이 때 ν값에 별 차이가 없다면 곱 mg가 작은 m과 g쌍을 택하는 편이 좋을 것이다)

② 랏 합격 기준은, S 대신 $\overline{R}/d_2$이 사용된다는 점과 [도표 10.5(a)]의 가로축값으로 $\dfrac{1-k/\sqrt{\nu}}{2}$을 사용한다는 점을 빼고는 표본 표준편차 S를 사용하는 샘플링 계획의 합격기준과 동일하다.

□ 절차 2를 적용하는 경우

절차 2를 위한 범위 샘플링 계획$(n_R^{'}, M')$은 본질적으로 표준편차 샘플링 계획에서와 같다.

① 절차 1을 위한 범위 샘플링 계획 $(n_R^{'}, k')$을 구한다. k'로부터 M'를 유도한다. 이 때 계산과정이나 표에서 n' 대신 $\nu+1$를 사용한다. (여기서 ν는 위 절차 1에서 m과 g를 구하는데 실제로 사용된 ν이다)

② 랏 합격 기준은, S 대신 $\overline{R}/d_2$을 사용한다는 점과 [도표 10.5(a)]의 가로축값으로 $\dfrac{1-k/\sqrt{\nu}}{2}$을 사용한다는 점 그리고 z로부터 불량률을 추정할 때 [도표 10.5(b)] 대신 [도표 10.5(c)]를 사용한다는 점을 빼고는 표본 표준편차 S를 사용하는 샘플링 계획의 합격기준과 동일하다. 특히 양측 규격이 있는 경우 표준편차가 크지 않도록 보장위한 기준

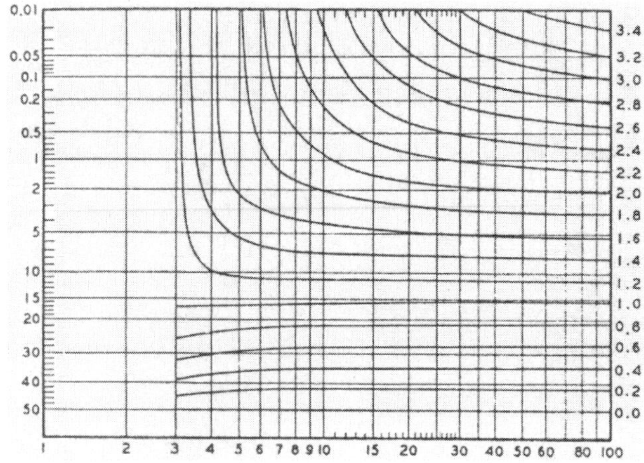

[도표 10.5(c)] z로부터 불량률 $\hat{p}$를 구하는 Duncan의 계산도표

$$\frac{\overline{R}}{d_2} \leqq MSD$$

는 다음과 같이 다시 쓸 수 있다:

$$\overline{R} \leqq MAR. \tag{10.41}$$

여기서 MAR은 최대 평균범위(maximum average range)로서 다음과 같이 정의된다:

$$MAR = (MSD)\, d_2 .$$

예제 10.5 ([예 10.1], 계속) 스틸캔 문제에서와 같이, 크기가 15,000인 한 랏의 불량율이 p_0=0.01일 때 생산자 위험이 α=0.05이고 p_1=0.08일 때 소비자 위험이 β=0.10인 계량형 "범위" 샘플링 계획을 설계하라. 규격하한은 225 psi이고 규격상한은 275 psi이다.

풀이 (절차 1) "표준편차" 샘플링 계획에서 (n', k') = (27, 1.808)로 주어진다. 우리는 부록의 [도표 A.6] 평균범위분포 관련표로부터 $\nu = n' - 1$=26에 가장 가까운 gm 조합들이 다음과 같이 주어짐을 볼 수 있다: g=14, m=3(이 때 ν=25.7); g=5, m=7(이 때 ν=26.6); g=3, m=12(이 때 ν=26.5). 이 가운데 두 번째 조합을 택하기로 하자—자유도가 주어진 ν=26을 약간 상회하고 가장 경제적이므로.

이 샘플링 계획에 대해 [도표 10.5(a)]의 Duncan의 계산도표의 가로축값은 $\frac{1-k/\sqrt{\nu}}{2}$=0.325이고, 이 값에 대응되는 세로축값 M'는 근사적으로 0.038이다. 이 계산도표에서 세로축값 0.038/2에 대응되는 가로축값은 근사적으로 0.3이다. 그러면 $\frac{1-k^*/\sqrt{\nu}}{2}$= 0.3로부터 k^* = 2.063으로 주어진다. 그리고 MSD = (275−225)/(2×2.063) = 12.118.
따라서 절차 1은 다음과 같이 구성된다: 크기가 n'=35인 랜덤표본을 뽑아서 크기가 m=7인 g=5 부분군들로 나눈다; 각 부분군의 범위들 R을 구한 후 이로부터 평균범위 $\overline{R}$을 구한다. 다음 세 조건이 만족될 때 랏을 합격시킨다.

$$\frac{\overline{X}-225}{\overline{R}/d_2^*} \geqq 1.808,\quad \frac{275-\overline{X}}{\overline{R}/d_2^*} \geqq 1.808,\ \text{그리고}\ \overline{R}/d_2^* \leqq 12.118.$$

(절차 2) 절차 1에서 계산된 바와같이 M'는 근사적으로 0.038로 주어진다. 따라서 절차 2는 다음과 같이 구성된다: 크기가 n'=35인 랜덤표본을 뽑아서 크기가 m=7인 g=5 부분군들로 나눈다; 각 부분군의 범위들 R을 구한 후 이로부터 평균범위 $\overline{R}$을 구한다. [도표 10.5(c)]로부터 $\hat{z}(LSL)=\frac{\overline{X}-225}{\overline{R}/2.73}$과 $\hat{z}(USL)=\frac{275-\overline{X}}{\overline{R}/2.73}$에 대응되는 $\hat{p}_{LSL}$과 $\hat{p}_{USL}$를 구한다. 다음 조건이 만족될 때 랏을 합격시킨다: $\hat{p} = \hat{p}_{LSL}+\hat{p}_{USL} \leq 0.038$. ¶

10.3 랏평균 보증을 위한 계량형 규준 샘플링 계획

랏의 품질특성 X가 $X \sim N(\mu, \sigma^2)$ 라고 가정할 수 있을 때 $\mu=\mu_0$에서 생산자 위험이 α 이고, $\mu=\mu_1$에서 소비자 위험이 β 인 샘플링 계획을 설계해 보자. 우리는 이것이 가설검정법을 설계하는 것과 유사함을 알 수 있다.

10.3.1 σ-기지인 샘플링 계획

□ 품질 특성의 평균이 낮아지는 것을 억제하고자 할 때: 망대특성

우리는 $\overline{X}_n \geqq \overline{X}_{LSL}$이면 랏 합격, 아니면 불합격이 되는 샘플링 계획 $(n, \overline{X}_{LSL})$을 찾으려 한다. 생산자 위험과 소비자 위험에 대한 조건들은 다음과 같이 표현된다:

$$\alpha = P\{\overline{X} < \overline{X}_{LSL} \mid \mu = \mu_0\} = P\left\{Z < \frac{\overline{X}_{LSL} - \mu_0}{\sigma/\sqrt{n}}\right\}, \tag{10.42}$$

$$\beta = P\{\overline{X} \geqq \overline{X}_{LSL} \mid \mu = \mu_1\} = P\left\{Z \geqq \frac{\overline{X}_{LSL} - \mu_1}{\sigma/\sqrt{n}}\right\}. \tag{10.43}$$

이로부터

$$\overline{X}_{LSL} - \mu_0 = -z_\alpha \frac{\sigma}{\sqrt{n}}, \tag{10.44}$$

$$\overline{X}_{LSL} - \mu_1 = z_\beta \frac{\sigma}{\sqrt{n}}. \tag{10.45}$$

따라서

$$n = \left(\frac{z_\alpha + z_\beta}{\mu_1 - \mu_0}\right)^2 \sigma^2, \tag{10.46}$$

$$\overline{X}_{LSL} = \frac{\mu_0 z_\beta + \mu_1 z_\alpha}{z_\alpha + z_\beta}. \tag{10.47}$$

□ 품질 특성의 평균이 높아지는 것을 억제하고자 할 때: 망소특성

우리는 $\overline{X}_n \leqq \overline{X}_{USL}$이면 랏 합격, 아니면 불합격이 되는 샘플링 계획 $(n, \overline{X}_{USL})$을 찾으려 한다. 이 때 n과 $\overline{X}_{USL}$은 각각 품질 특성의 평균이 낮아지는 것을 억제하고자 할 때의 결과와 동일하다. 즉

$$n = \left(\frac{z_\alpha + z_\beta}{\mu_1 - \mu_0}\right)^2 \sigma^2, \tag{10.48}$$

$$\overline{X}_{USL} = \frac{\mu_1 z_\alpha + \mu_0 z_\beta}{z_\alpha + z_\beta}. \tag{10.49}$$

□ 품질 특성이 높거나 낮아지는 것을 억제하고자 할 경우: 망목특성

우리는 $\overline{X}_{LSL} \leq \overline{X}_n \leq \overline{X}_{USL}$ 이면 랏 합격, 아니면 불합격이 되는 샘플링 계획 $(n, \overline{X}_{LSL}, \overline{X}_{USL})$ 을 찾으려 한다.

$$\frac{\overline{X}_{LSL} - \mu_0}{\sigma / \sqrt{n}} = -z_{\alpha/2}, \tag{10.50a}$$

$$\frac{\mu_0 - \overline{X}_{USL}}{\sigma / \sqrt{n}} = -z_{\alpha/2}, \tag{10.50b}$$

$$\frac{\overline{X}_{USL} - \mu_{1U}}{\sigma / \sqrt{n}} = -z_{\beta}, \tag{10.50c}$$

$$\frac{\mu_{1L} - \overline{X}_{LSL}}{\sigma / \sqrt{n}} = -z_{\beta}. \tag{10.50d}$$

우리는 식들 (10.50a)-(10.50d)로부터 다음과 같이 $(n, \overline{X}_{LSL}, \overline{X}_{USL})$ 을 얻을 수 있다:

$$n = \left(\frac{z_\alpha + z_\beta}{\mu_{1U} - \mu_0} \right)^2 \sigma^2, \tag{10.51}$$

$$\overline{X}_{USL} = \begin{cases} \mu_0 - z_{\alpha/2}\,\sigma / \sqrt{n}, & \alpha\text{를 만족 시키는 경우} \\ \mu_{1U} + z_\beta\,\sigma / \sqrt{n}, & \beta\text{를 만족 시키는 경우} \end{cases}, \tag{10.52}$$

$$\overline{X}_{LSL} = \begin{cases} \mu_0 + z_{\alpha/2}\,\sigma / \sqrt{n}, & \alpha\text{를 만족 시키는 경우} \\ \mu_{1L} - z_\beta\,\sigma / \sqrt{n}, & \beta\text{를 만족 시키는 경우} \end{cases}. \tag{10.53}$$

□ OC 곡선

- 품질 특성의 평균이 낮아지는 것을 억제하고자 할 때: $(n, \overline{X}_{LSL})$

$$P_a(\mu) = P\{\overline{X} \geq \overline{X}_{LSL} \mid \mu\} = P\left\{Z \geq \frac{\overline{X}_{LSL} - \mu}{\sigma / \sqrt{n}}\right\} \tag{10.54}$$

- 품질 특성의 평균이 높아지는 것을 억제하고자 할 때: $(n, \overline{X}_{USL})$

$$P_a(\mu) = P\{\overline{X} \leq \overline{X}_{USL} \mid \mu\} = P\left\{Z \geq \frac{\overline{X}_{USL} - \mu}{\sigma / \sqrt{n}}\right\} \tag{10.55}$$

- 품질 특성의 평균이 낮아지거나 높아지는 것을 억제하고자 할 때:

$(n, \overline{X}_{LSL}, \overline{X}_{USL})$

$$P_a(\mu_0) = P\{\overline{X}_{LSL} \leqq \overline{X} \leqq \overline{X}_{USL} \mid \mu = \mu_0\} \qquad (10.56)$$

$$= P\left\{\frac{\overline{X}_{LSL} - \mu_0}{\sigma/\sqrt{n}} \leqq Z \leqq \frac{\overline{X}_{USL} - \mu_0}{\sigma/\sqrt{n}}\right\}$$

예제 10.6 ([예 10.1], 계속) 음료수 스틸캔 문제에서, 크기가 15,000인 랏의 표준편차는 σ =5이다. μ_0 =236일 때 생산자 위험이 α =0.05이고, μ_1 =232일 때 소비자 위험이 β =0.10인 계량형 규준 샘플링 계획을 설계해보자.

풀이 식 (10.46)과 (10.47)로부터

$$n = \left(\frac{1.645 + 1.282}{232 - 236}\right)^2 5^2 = 13.3865,$$

$$\overline{X}_{LSL} = \frac{232 \times 1.282 + 236 \times 1.645}{1.645 + 1.282} = 234.2480.$$

즉 이 샘플링 계획은 다음과 같이 운용된다: 크기가 14인 표본을 뽑은 후 표본평균이 234.2480보다 크면 합격, 아니면 불합격판정을 내린다. ¶

10.3.2 σ-미지인 샘플링 계획

σ -미지인 샘플링 계획은 계산과정에서 표준정규분포 대신에 t-분포를 이용한다는 점 이외에는 그 절차나 운용과정에서 σ -기지인 샘플링 계획과 차이점이 없다.

10.4 계량형 순차 샘플링 계획(σ기지일 때)

순차 샘플링은 계수형 검사에서와 같이 계량형 검사에도 유용하게 적용될 수 있다. 계량형 순차 샘플링은 랏으로부터 1개씩 뽑아 품질특성을 측정해 나가며 그 때까지의 누적값에 따라 합격, 불합격, 또는 검사계속 여부를 판정하는 샘플링 계획이다. 여기서는 품질특성이 정규분포를 따르고 랏 또는 공정 표준편차가 알려져 있다는 가정하에 Wald의 순차확률비검정에 바탕을 둔 계량규준형 개별 순차 샘플링 계획(the item-by-item sampling plan by variables)에 대하여 소개하겠다.

- 규격: KSA 3108—랏불량률을 보증하기 위한 계량형 순차 샘플링 계획 (KSA 3108은 JIS Z 9010의 번역판이다.)

10.4.1 랏평균 보증을 위한 계량규준형 순차 샘플링 계획

▌평균에 대한 규격한계가 한쪽에만 주어지는 경우: 망대 또는 망소 특성

랏의 품질특성 X가 $N(\mu, \sigma^2)$를 따르고 σ는 알려져 있다고 하자. X의 밀도함수를 $f(x|\mu)$로 나타내기로 하자. n을 누적 표본크기라 하고 $Y = \sum_{i=1}^{n} X_i$를 누적측정값이라고 하자. (Y의 밀도함수는 $g(y|\mu)$로 나타내기로 하자.) 순차확률비 검정은 다음과 같은 가설쌍에 대한 순차적인 우도비를 검정통계량으로 사용하는 방법이다:

$$H_0:\ X \sim N(\mu_0, \sigma^2)\ \text{대}\ H_1:\ X \sim N(\mu_1, \sigma^2).$$

□ 순차확률비

순차확률비는 위 가설쌍에 대한 순차적인 우도비이다:

$$SPR = \frac{g(y|\mu_1)}{g(y|\mu_0)} = \frac{\prod_{i=1}^{n} f(x_i|\mu_1)}{\prod_{i=1}^{n} f(x_i|\mu_0)} = \frac{\exp\left[-\sum(x_i - \mu_1)^2/(2\sigma^2)\right]}{\exp\left[-\sum(x_i - \mu_0)^2/(2\sigma^2)\right]}.$$

이를 정리하면

$$SPR = \exp\left[-\frac{(\mu_0 - \mu_1)}{\sigma^2}\left(\sum x_i - n\frac{\mu_0 + \mu_1}{2}\right)\right].$$

□ 순차확률비 검정의 검정규칙

$\mu = \mu_0$에서의 생산자 위험을 α라 하고 $\mu = \mu_1$에서의 소비자 위험을 β라 하면, 순차확률비 검정의 검정규칙은 다음과 같이 나타낼 수 있다:

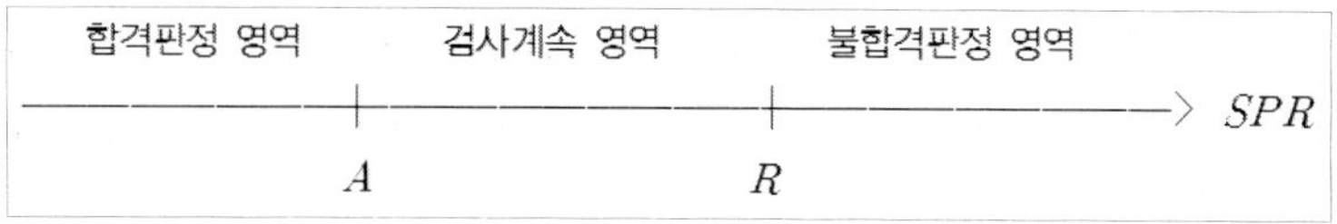

여기서 합격판정한계 $A = \dfrac{\beta}{1-\alpha}$ 이고, 불합격판정한계 $R = \dfrac{1-\beta}{\alpha}$ 이다.

□ 계량형 순차 샘플링 계획에 대한 두 한계선(합격판정선과 불합격판정선) 유도

① 망대특성 : 공정평균 μ 가 클수록 좋은 경우, 즉 $\mu_0 > \mu_1$ 인 경우

식 (10.57)의 양변에 자연로그를 취하면

$$\log SPR = -\frac{(\mu_0 - \mu_1)}{\sigma^2}\left(\sum x_i - n\frac{\mu_0 + \mu_1}{2}\right). \quad \textbf{(10.58)}$$

이 식을 누적값 $y = \sum_{i=1}^{n} x_i$ 에 대해서 정리하면

$$\sum x_i = -\frac{\sigma^2}{(\mu_0 - \mu_1)}\log SPR + n\frac{\mu_0 + \mu_1}{2} = h + sn.$$

따라서 합격판정기준 $SPR \leqq A = \dfrac{\beta}{1-\alpha}$ 은

$$\sum x_i \geqq -\frac{\sigma^2}{(\mu_0 - \mu_1)}\log\frac{\beta}{1-\alpha} + n\frac{\mu_0 + \mu_1}{2} = h_0 + sn \quad \textbf{(10.59a)}$$

로, 불합격판정기준 $SPR \geqq R = \dfrac{1-\beta}{\alpha}$ 은

$$\sum x_i \leqq -\frac{\sigma^2}{(\mu_0 - \mu_1)}\log\frac{1-\beta}{\alpha} + n\frac{\mu_0 + \mu_1}{2} = -h_1 + sn \quad \textbf{(10.59b)}$$

로 줄어진다. 여기서

$$h_0 = \frac{\sigma^2}{(\mu_0 - \mu_1)}\log\frac{1-\alpha}{\beta}, \quad h_1 = \frac{\sigma^2}{(\mu_0 - \mu_1)}\log\frac{1-\beta}{\alpha}, \quad s = \frac{\mu_0 + \mu_1}{2}.$$

이로부터 합격판정선과 불합격판정선은 각각 다음과 같이 유도된다:

$$y_A = h_0 + sn, \quad \textbf{(10.60a)}$$

$$y_R = -h_1 + sn. \quad \textbf{(10.60b)}$$

[도표 10.7]에서 보는 바와같이 누적측정값 $y = \sum x_i$ 가 y_A 보다 크거나 같으면 합격이고, y_R 보다 작거나 같으면 불합격이다.

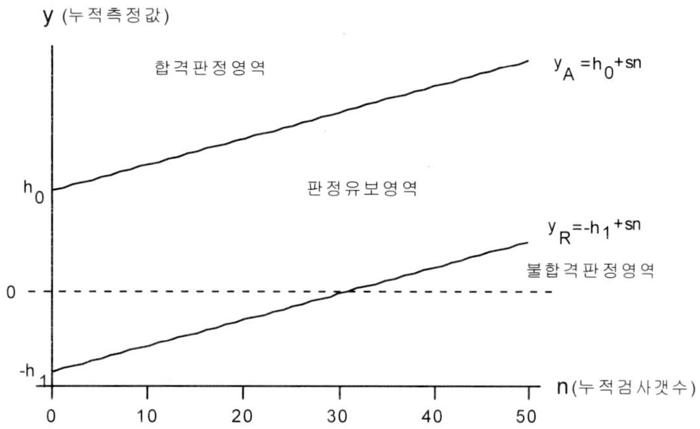

[도표 10.7] 계량규준형 순차 샘플링—망대특성

② 망소특성 : 공정평균 μ 가 작을수록 좋은 경우, 즉 $\mu_0 < \mu_1$ 인 경우

이 때는 $\mu_0 > \mu_1$ 인 경우에 대해서 합격판정기준과 불합격판정기준의 부등호 방향이 바뀐다. 즉, 합격판정기준 $SPR \leqq A = \dfrac{\beta}{1-\alpha}$ 은

$$\sum x_i \leqq -\frac{\sigma^2}{(\mu_0 - \mu_1)} \log\frac{\beta}{1-\alpha} + n\frac{\mu_0 + \mu_1}{2} = -h_0 + sn \qquad (10.61a)$$

으로, 불합격판정기준 $SPR \geqq R = \dfrac{1-\beta}{\alpha}$ 은

$$\sum x_i \geqq -\frac{\sigma^2}{(\mu_0 - \mu_1)} \log\frac{1-\beta}{\alpha} + n\frac{\mu_0 + \mu_1}{2} = h_1 + sn \qquad (10.61b)$$

로 줄어진다. 여기서 h_0 와 h_1 은 $\mu_0 > \mu_1$ 인 경우에서와 같다. 이로부터 합격판정선과 불합격판정선은 각각 다음과 같이 유도된다:

$$y_A = -h_0 + sn, \qquad (10.62a)$$

$$y_R = h_1 + sn. \qquad (10.62B)$$

[도표 10.8]에서 보는 바와같이 누적측정값 $y = \sum x_i$ 가 y_A 보다 작거나 같으면 합격이고, y_R 보다 크거나 같으면 불합격이다.

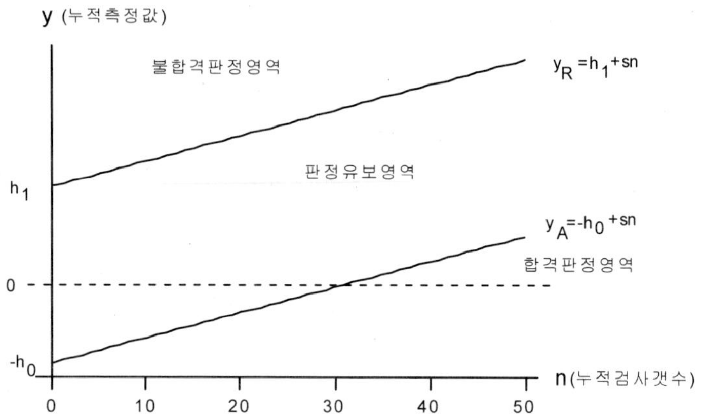

[도표 10.8] 계량규준형 순차 샘플링—망소특성

□ ASN

순차 샘플링 계획은 같은 OC곡선을 가지는 1회 샘플링 계획보다 평균검사갯수가 약 50% 정도 줄어든다:

$$ASN(\mu) = \frac{h_0 - (h_0 + h_1)P_a(\mu)}{s - \mu}. \tag{10.63}$$

□ OC곡선

순차 샘플링 계획에서 랏합격확률 P_a는 계산이 복잡하므로 정확한 OC 곡선을 그리기는 어렵다. 그러나 우리는 [도표 10.9]에서와 같은 세 점을 연결하여 OC 곡선을 스케치할 수 있다.

[도표 10.9] 순차 샘플링 계획에서 특정 불량률에서의 랏합격확률과 ASN

μ	$P_\alpha(\mu)$	$ASN(\mu)$
μ_0	$1-\alpha$	$\dfrac{h_0 - (h_0 + h_1)(1-\alpha)}{s - \mu_0}$
s	$h_0/(h_0 + h_1)$	$h_0 h_1/\sigma^2$
μ_1	β	$\dfrac{h_0 - (h_0 + h_1)\beta}{s - \mu_1}$

■ 평균에 대한 규격한계가 양쪽에 모두 주어지는 경우 (μ_L, μ_U): 망목특성

양쪽규격한계가 주어진 경우의 순차확률비 검정은 $X \sim N(\mu, \sigma^2)$ (σ 기지)에 관한 다음 가설쌍에 대해 순차적인 우도비를 검정통계량으로 사용하는 방법이다:

$$H_0:\ \mu = \mu_0 \text{ 대 } H_1:\ \mu \neq \mu_0 .$$

이 때는 누적합 $\sum x_i$ 대신 누적편차합 $\sum (x_i - \mu_0)$을 이용하는 것이 편리하다. 그리고 판정절차는 각 규격한계에 대해 별도로 적용된다. 즉 평균이 $\mu = \mu_0$인 랏을 불합격시키는 생산자위험 α를 $\mu \leqq \mu_L$이라고 불합격시키는 위험 $\alpha/2$과 $\mu \geqq \mu_U$이라고 불합격시키는 위험 $\alpha/2$로 쪼개어 상한과 하한쪽에 각각 순차형 샘플링을 적용하면 된다. 우리는 편의상 $\mu_0 = (\mu_L + \mu_U)/2$라고 가정할 것이다.

□ 순차확률비검정의 검정규칙

$\mu = \mu_0$에서의 생산자 위험을 α라 하고 $\mu = \mu_L$과 $\mu = \mu_U$에서의 소비자 위험을 β라 하면, 순차확률비 검정의 검정규칙은 다음과 같이 나타낼 수 있다:

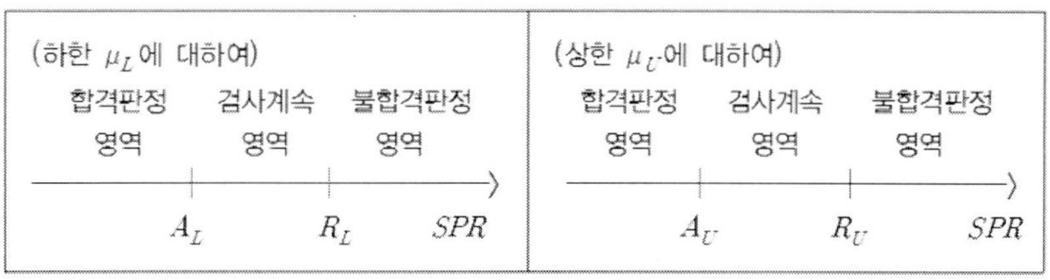

여기서 합격판정한계 $A_L = A_U = \dfrac{\beta}{1-\alpha/2}$, 불합격판정한계 $R_L = R_U = \dfrac{1-\beta}{\alpha/2}$.

□ 누적편차합 $y = \sum (x_i - \mu_0)$에 대한 합격판정선과 불합격판정선

▪ 평균에 대한 규격상한 μ_U쪽에 대한 검정

식 (10.58)에 μ_1 대신 μ_U를 넣으면

$$\log SPR = -\frac{(\mu_0 - \mu_U)}{\sigma^2}\left(\sum x_i - n\frac{\mu_0 + \mu_U}{2}\right). \qquad \textbf{(10.64)}$$

이를 누적편차값에 대해 정리하면

$$\begin{aligned}\sum(x_i-\mu_0) &= \frac{\sigma^2\log SPR}{\mu_U-\mu_0}+\frac{n(\mu_0+\mu_U)}{2}-n\mu_0\\ &= \frac{\sigma^2\log SPR}{\mu_U-\mu_0}+\frac{n(\mu_U-\mu_0)}{2}\\ &= \frac{\sigma^2\log SPR}{(\mu_U-\mu_L)/2}+\frac{n(\mu_U-\mu_L)}{4}.\end{aligned}$$

이로부터 불합격판정기준 $SPR \geqq R_U = \dfrac{1-\beta}{\alpha/2}$ 은

$$\sum(x_i-\mu_0) \geqq h_1 + sn \tag{10.65a}$$

로, 합격판정기준 $SPR \leqq A_U = \dfrac{\beta}{1-\alpha/2}$ 은

$$\sum(x_i-\mu_0) \leqq -h_0 + sn \tag{10.65b}$$

로 줄어진다. 여기서

$$h_0=\frac{\sigma^2}{(\mu_U-\mu_L)/2}\log\frac{1-\beta}{\alpha/2},\ \ h_1=\frac{\sigma^2}{(\mu_U-\mu_L)/2}\log\frac{1-\alpha/2}{\beta},$$

그리고

$$s=\frac{\mu_U-\mu_L}{4}.$$

▪ 평균에 대한 규격하한 μ_L 쪽에 대한 검정

식 (10.58)에 μ_1 대신 μ_L 을 넣으면

$$\log SPR = -\frac{(\mu_0-\mu_L)}{\sigma^2}\left(\sum x_i - n\frac{\mu_0+\mu_L}{2}\right). \tag{10.66}$$

이를 누적편차값에 대해 정리하면

$$\begin{aligned}\sum(x_i-\mu_0) &= -\frac{\sigma^2\log SPR}{\mu_0-\mu_L}+\frac{n(\mu_0+\mu_L)}{2}-n\mu_0\\ &= -\frac{\sigma^2\log SPR}{\mu_0-\mu_L}-\frac{n(\mu_0-\mu_L)}{2}\\ &= -\frac{\sigma^2\log SPR}{(\mu_U-\mu_L)/2}-\frac{n(\mu_U-\mu_L)}{4}.\end{aligned}$$

이로부터 합격판정기준 $SPR \leqq A_L = \dfrac{\beta}{1-\alpha/2}$ 은

$$\sum(x_i - \mu_0) \geqq h_0 - sn \tag{10.67a}$$

로, 불합격판정기준 $SPR \geqq R_L = \dfrac{1-\beta}{\alpha/2}$ 은

$$\sum(x_i - \mu_0) \leqq -h_1 - sn \tag{10.67b}$$

로 줄어진다. 여기서 h_0, h_1, 그리고 s는 규격상한 μ_U쪽에 대한 검정에서와 같다.

□ 누적편차값 $y = \sum(x_i - \mu_0)$에 대한 합격판정선과 불합격판정선 요약

- 상한쪽 불합격판정선

$$y_{UR} = h_1 + sn$$

- 상한쪽 합격판정선

$$y_{UA} = -h_0 + sn$$

- 하한쪽 합격판정선

$$y_{LA} = h_0 - sn$$

- 하한쪽 합격판정선

$$y_{LR} = -h_1 - sn$$

[도표 10.10]에서 보는 바와같이 누적편차값 $y = \sum(x_i - \mu_0)$가 y_{LA}와 y_{UA} 사이에 있으면 합격이고, y_{UR}보다 크거나 y_{LR}보다 작으며 불합격이다. 그 이외의 영역은 판정유보영역이다.

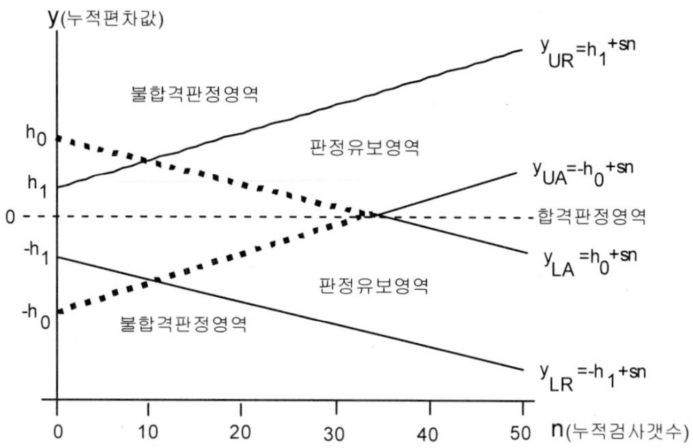

[도표 10.10] 계량규준형 순차 샘플링—망목특성

예제 10.7 ([예 10.1], 계속) 음료수 스틸캔 문제에서 크기가 15,000인 랏의 표준편차는 σ=5이다. μ_0=236일 때 생산자 위험이 α=0.05이고, μ_L= 232와 μ_U=240일 때 소비자 위험이 β=0.10인 계량형 순차 샘플링 계획을 설계하라.

풀이 식 (10.65)로부터 판정선들의 절편과 기울기는 다음과 같이 계산된다:

$$h_0 = 25/(240-232)\times 2\times \log(0.9/0.025) = 22.397,$$
$$h_1 = 25/(240-232)\times 2\times \log(0.975/0.1) = 14.233,$$
$$s = (240-232)/4 = 2.0.$$

이로부터 합격판정선과 불합격판정선은 다음과 같이 유도된다:

$$y_{UR} = 14.233 + 2.0n,$$
$$y_{UA} = -22.397 + 2.0n,$$
$$y_{LA} = 22.397 - 2.0n,$$
$$y_{LR} = -14.233 - 2.0n.$$

¶

10.4.2 랏불량률 보증을 위한 계량규준형 순차 샘플링 계획

합격품질수준 p_0에서의 생산자 위험을 α라 하고 랏허용불량률 p_1에서의 소비자 위험을 β라 하면 불량률과 공정평균간에는 다음 관계가 성립한다:

□ 규격하한만 주어진 경우

$$\mu_0 = LSL + z_{p_0}\sigma \tag{10.68a}$$

$$\mu_1 = LSL + z_{p_1}\sigma \tag{10.68b}$$

□ 규격상한만 주어진 경우

$$\mu_0 = USL - z_{p_0}\sigma \tag{10.69a}$$

$$\mu_1 = USL - z_{p_1}\sigma \tag{10.69b}$$

우리는 이런 관계를 이용하여 랏평균을 보증하기 위한 순차 샘플링 계획으로부터 바로 랏불량률을 보증하기 위한 순차 샘플링 계획들을 유도할 수 있다.

- 랏평균을 보증하기 위한 순차 샘플링 계획을 위해 h_0, h_1, s를 간편하게 구할 수 있는 표(KSA 3108)가 마련되어 있다.

예제 10.8 ([예 10.1], 계속) 음료수 스틸캔 문제에서 크기가 15,000인 랏의 표준편차는 σ=5이다. p_0=0.01에서 α=0.05, p_1=0.08에서 β=0.10인 계량형 순차 샘플링 계획을 설계하라.

풀이 (식 10.68)로부터 p_0=0.01과 p_1=0.08에 대응되는 공정평균은 다음과 같이 주어진다: μ_0 = 225 + 2.326×5=236.63; μ_1 = 225 + 1.405×5=232.025.

즉 불량률(p_0=0.01와 p_1=0.08)을 보증하기 위한 이 순차 샘플링 계획은 평균(μ_0=236.63와 μ_1=232.025)을 보증하기 위한 순차 샘플링 계획과 동일하다. 따라서 식 (10.59)로부터 판정선들의 절편과 기울기는 다음과 같이 계산된다:

h_0 = 25/(232.63−232.025)×log(0.9/0.05) = 119.437,

h_1 = 25/(232.63−232.025)×log(0.95/0.1) = 93.0286,

s = (232.63+232.025)/2 = 232.327.

이로부터 합격판정선과 불합격판정선은 각각 다음과 같이 유도된다:

$$y_A = 119.437 + 232.327n, \tag{10.60}$$

$$y_R = -93.0286 + 232.327n. \tag{10.61}$$

[도표 10.11]에서 보는 바와같이 누적측정값 $y = \sum x_i$가 y_A보다 크거나 같으면 합격이고, y_R보다 작거나 같으면 불합격이다.

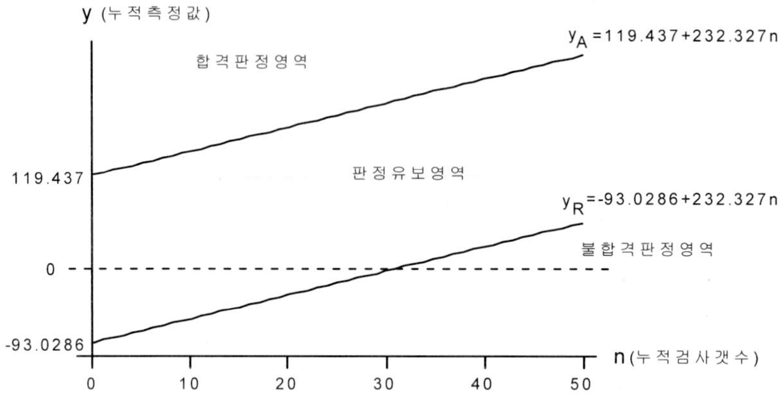

[도표 10.11] 계량형 순차 샘플링 계획—[예 10.8]

10.5 계량조정형 랏별 합격판정 샘플링

계량조정형 샘플링도 계수 조정형 샘플링과 마찬가지로 생산자의 품질수준에 따라 검사수준을 조정하여 요구되는 품질의 제품을 확보하도록 고안된 검사방식이다.

□ 규격

- MIL-STD-414는 본질적으로 계수 조정형 샘플링 계획인 MIL-STD-105A(1950)에 대응되는 보호를 제공하도록 1957년에 제정되었다. MIL-STD-105는 4번 개정되어 MIL-STD-105E에 이르렀으나 MIL-STD-414는 한번도 개정되지 않았다. 따라서 MIL-STD-105E의 계수형 샘플링 계획을 대응되는 MIL-STD-414의 샘플링 계획으로 전환하기는 쉽지 않다.
- ANSI/ASQC Z1.9(1993)은 MIL-STD-414의 미국 민간개정판으로서 MIL-STD-105E에 대응되도록 수정한 것이다. (ANSI/ASQC Z1.9(1980)는 MIL-STD- 414의 미국 민간개정판으로서 MIL-STD-105D에 대응되도록 수정한 것이었다.)
- ISO 3951(1989)는 ANSI/ASQC Z1.9(1980)의 국제판이다.
- 우리나라는 계량조정형 샘플링에 대한 규격이 없다.

우리는 MIL-STD-414를 중심으로 논의를 전개할 것이다.

10.5.1 MIL-STD-414의 특징

MIL-STD-414는 계량형 랏별 합격판정 샘플링 계획이다. 이 규격은 1957년에 도입되었다. 이 규격은, MIL-STD-105와 마찬가지로, AQL에 초점을 맞추고 있다. AQL의 범위는 0.04%~15%이다. 다섯 개의 검사수준(I, II, III, IV, V)이 있으며, 이 가운데 수준 IV는 "보통(normal)"으로 지칭된다. 검사수준 V의 OC 곡선은 수준 IV보다 더 가파른 기울기를 가지고 있다. 샘플링 비용을 줄일 필요가 있거나 위험을 감수할 수 있다면, 더 낮은 검사수준이 사용될 수 있다. 이 규격은, MIL-STD-105와 마찬가지로, 시료문자표를 가지고 있으며, 표본크기는 랏 크기와 검사수준의 함수로 주어진다. 이 규격은 품질특성이 정규분포를 따른다는 가정을 토대로 하고 있다.

MIL-STD-414는 4부로 구성되어 있다. 각 부(section)의 내용은 다음과 같다: A부는 샘플링 계획에 대한 개괄적인 서술—정의, 시료문자표 등—과 여러 샘플링 계획들에 대한 OC 곡선들을 담고 있다. B부는 공정이나 랏의 σ를 모르는 경우에 표본표준편차를 토대로 한 계량형 샘플링 계획들로 구성되어 있다. C부는 공정이나 랏의 σ를 모르는 경우에 표본범위를 토대로 한 계량형 샘플링 계획들을 가지고 있다. 끝으로, D부는 공정이나 랏의 σ를 아는 경우의 계량형 샘플링 계획들을 담고 있다. [도표 10.12]는 MIL-STD-414의 구성을 보여주고 있다.

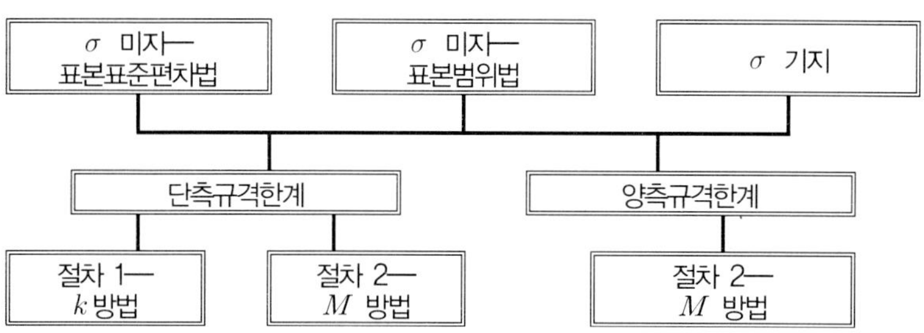

[도표 10.12] MIL-STD-414의 구성도

▮ MIL-STD-414 설계상의 기본개념

(1) AQL을 기초로 함
(2) 검사의 엄격도를 조정
(3) 랏의 크기와 표본의 크기간의 관계를 고려한 시료문자 도입

(4) 여러 종류의 검사 수준 설정
(5) 품질이 양호하면 생산자 보호
(6) 품질이 만족스럽지 못하면 소비자 보호

[도표 10.13]은 시료문자(sample size code letters)를 나타내고 있다. [도표 10.14]는 AQL 변환표이고, [도표 10.15]는 보통 검사, 까다로운 검사, 수월한 검사를 위한 계량형 샘플링 계획들을 전시하고 있다.

[도표 10.13] 시료문자표(MIL-STD-414)

랏크기	검 사 수 준				
	I	II	III	IV	V
3 ~ 8	B	B	B	B	C
9 ~ 15	B	B	B	B	D
16 ~ 25	B	B	B	C	E
26 ~ 40	B	B	B	D	F
41 ~ 65	B	B	C	E	G
66 ~ 110	B	B	D	F	H
111 ~ 180	B	C	E	G	I
181 ~ 300	B	D	F	H	J
301 ~ 500	C	E	G	I	K
501 ~ 800	D	F	H	J	L
801 ~ 1300	E	G	I	K	L
1301 ~ 3200	F	H	J	L	M
3201 ~ 8000	G	I	L	M	N
8001 ~ 22000	H	J	M	N	O
22001 ~ 110000	I	K	N	O	P
110001 ~ 550000	I	K	O	P	Q
550001 이상	I	K	P	Q	Q

[도표 10.14] AQL 변환표(MIL-STD-414의 표 A-1)

지정된 AQL이 속하는 범위			AQL의 대표치
0.049	이하		000.040
0.050	~	0.069	000.065
0.070	~	0.109	000.100
0.110	~	0.164	000.150
0.165	~	0.279	000.250
0.280	~	0.439	000.400
0.440	~	0.699	000.650
0.700	~	1.09	001.000
1.100	~	1.64	001.500
1.650	~	2.79	002.500
2.800	~	4.39	004.000
4.400	~	6.99	006.500
7.000	~	10.9	10.00
11.000	~	16.4	15.00

[도표 10.15(a)] 보통검사와 까다로운 검사를 위한 샘플링 계획표
—σ 미지, 절차 1 (MIL-STD-414의 표 B-1)

시료문자	표본크기	AQL의 대표치(보통검사)													
		.04	.065	.10	.15	.25	.40	.65	1.00	1.50	2.50	4.00	6.50	10.00	15.00
		k	k	k	k	k	k	k	k	k	k	k	k	k	k
B	3	↓	↓	↓	↓	↓	↓	↓	↓	↓	1.12	.958	.765	.566	.341
C	4	↓	↓	↓	↓	↓	↓	↓	1.45	1.34	1.17	1.01	.814	.617	.393
D	5	↓	↓	↓	↓	↓	↓	1.65	1.53	1.40	1.24	1.07	.874	.675	.455
E	7	↓	↓	↓	↓	2.00	1.83	1.75	1.62	1.50	1.33	1.15	.955	.755	.536
F	10	↓	↓	↓	2.24	2.11	1.98	1.84	1.72	1.58	1.41	1.23	1.03	.828	.611
G	15	2.64	2.53	2.42	2.32	2.20	2.06	1.91	1.79	1.65	1.47	1.30	1.09	.886	.664
H	20	2.69	2.58	2.47	2.36	2.24	2.11	1.96	1.82	1.69	1.51	1.33	1.12	.917	.695
I	25	2.72	2.61	2.50	2.40	2.26	2.14	1.98	1.85	1.72	1.53	1.35	1.14	.936	.712
J	30	2.73	2.61	2.51	2.41	2.28	2.15	2.00	1.86	1.73	1.55	1.36	1.15	.946	.723
K	35	2.77	2.65	2.54	2.45	2.31	2.18	2.03	1.89	1.76	1.57	1.39	1.18	.969	.745
L	40	2.77	2.66	2.55	2.44	2.31	2.18	2.03	2.89	1.76	1.58	1.39	1.18	.971	.746
M	50	2.83	2.71	2.60	2.50	2.358	2.22	2.08	1.93	1.80	1.61	1.42	1.21	1.00	.774
N	75	2.90	2.77	2.66	2.55	2.41	2.27	2.12	1.98	1.84	1.65	1.46	1.24	1.03	.804
O	100	2.92	2.80	2.69	2.50	2.43	2.29	2.14	2.00	1.86	1.67	1.43	1.26	1.05	.819
P	150	2.96	2.84	2.73	2.61	2.47	2.33	2.18	2.03	1.89	1.70	1.51	1.29	1.07	.841
Q	200	2.97	2.85	2.73	2.62	2.47	2.33	2.18	2.04	1.09	1.70	1.51	1.29	1.07	.845
		.065	.10	.15	.25	.40	.65	1.00	1.50	2.50	4.00	6.50	10.00	15.00	
		AQL의 대표치(까다로운 검사)													

[도표 10.15(b)] 수월한 검사를 위한 샘플링 계획표
—σ 미지, 절차 1 (MIL-STD-414의 표 B-1)

시료문자	시료의 크기	AQL의 대표치(수월한 검사)											
		.04	.065	.10	.15	.25	.40	.65	1.00	1.50	2.50	4.00	6.50	10.00
		k	k	k	k	k	k	k	k	k	k	k	k	k
B	3	↓	↓	↓	↓	↓	↓	↓	↓	1.12	.958	.765	.566	3.41
C	3	↓	↓	↓	↓	↓	↓	↓	↓	1.12	.958	.765	.766	3.41
D	3	↓	↓	↓	↓	↓	↓	↓	↓	1.12	.958	.765	.566	.341
E	3	↓	↓	↓	↓	↓	↓	↓	↓	1.12	.958	.765	.566	.341
F	4	↓	↓	↓	↓	↓	↓	1.45	1.34	1.17	1.01	.814	.617	.393
G	5	↓	↓	↓	↓	↓	1.65	1.53	1.40	1.24	1.07	.874	.675	.455
H	7	↓	↓	↓	2.00	1.88	1.75	1.62	1.50	1.33	1.15	.955	.755	.536
I	10	↓	↓	2.24	2.11	1.98	1.84	1.72	1.58	1.41	1.23	1.03	.828	.611
J	10			2.24	2.11	1.98	1.84	1.72	1.58	1.41	1.23	1.03	.828	.611
K	15	2.53	2.42	2.32	2.20	2.06	1.91	1.79	1.65	1.47	1.30	1.09	.816	.664
L	20	2.58	2.47	2.36	2.24	2.11	1.96	1.82	1.69	1.51	1.33	1.12	.917	.695
M	20	2.58	2.47	2.36	2.24	2.11	1.96	1.82	1.04	1.51	1.33	1.12	.917	.695
N	25	2.61	2.50	2.40	2.26	2.14	1.98	1.85	1.72	1.53	1.35	1.14	.936	.712
O	30	2.61	2.51	2.41	2.28	2.15	2.00	1.86	1.73	1.55	1.36	1.15	.946	.723
P	50	2.71	2.60	2.50	2.35	2.22	2.08	1.93	1.80	1.61	1.42	1.21	1.00	.774
Q	75	2.77	2.66	2.55	2.41	2.27	2.12	1.98	1.84	1.65	1.46	1.24	1.03	.804

예제 10.6 ([예 10.1], 계속) 스틸캔의 파열강도의 규격하한이 225 psi이고 이 규격한계에서 AQL은 1%라고 가정하자. 랏의 크기는 150,000이고 표준편차는 알려져 있지 않다. MIL-STD-414로부터 절차 1을 위한 계량형 샘플링 계획

을 설계하라.

풀이 검사수준 IV의 보통검사로 시작하자. [도표 10.13]으로부터 검사수준 IV와 랏 크기 150,000에 대응되는 시료문자는 P이다. [도표 10.15(a)]로부터 시료문자 P에 대응되는 표본크기는 n' =150이다. 또 시료문자 P와 AQL 1%에 대응되는 최소허용 표준화거리는 k' =2.03이다. 까다로운 검사를 적용한다면, [도표 10.15(a)]의 아래쪽에서 k' =2.18을 읽을 수 있다. 그리고 수월한 검사를 위한 샘플링 계획은 [도표 10.15(b)]로부터 n' =50, k' =1.80로 주어진다. ¶

10.5.2 검사전환 규칙

공정평균품질이 AQL보다 확실히 좋다고 판단되는 공급자에 대하여는 수월한 검사를 적용하고, 그렇지 않은 공급자에 대하여는 까다로운 검사를 적용한다.

MIL-STD-414의 검사전환 규칙

최초의 검사는 원칙적으로 보통검사를 적용한다.

① 보통검사 ⇔ 까다로운 검사

- 보통검사를 실시하고 있을 때 연속된 5랏중 2랏이상 불합격되면, 다음 회의 검사부터 까다로운 검사를 적용한다.
- 까다로운 검사를 실시하고 있을 때 처음 검사에서 연속적으로 5랏이 합격하면, 다음 회의 검사부터 보통검사로 돌아간다.

② 보통검사 ⇔ 수월한 검사

□ 보통검사를 하고 있을 때 다음 세 조건을 모두 만족하면 수월한 검사로 넘어간다.

- 연속해서 10랏 합격
- 생산 안정
- 샘플링 책임자 동의

□ 수월한 검사를 하고 있을 때 다음 세 조건 가운데 어느 한 가지 조건에 해당하는 사건이라도 일어나면 보통 검사로 되돌아간다.

- 한 랏이라도 불합격되거나
- 생산이 불규칙해지거나 정체되었을 때
- 기타 보통 검사로 되돌아가는 것이 필요하다고 인정될 때

③ 검사중지: 까다로운 검사가 다섯 랏 계속되면 품질개선을 위한 조치가 취해질 때까지 검사를 중지한다.

[도표 10.16] 계량조정형 샘플링의 검사전환 규칙(MIL-STD-414)

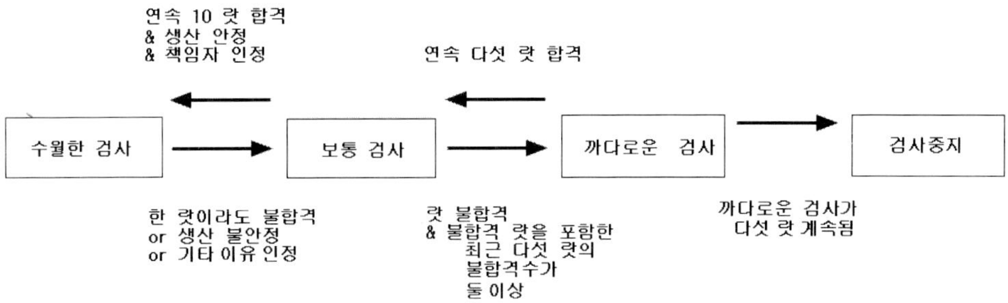

10.5.3 MIL-STD-414와 ANSI/ASQC Z1.9(또는 ISO 3951)의 비교

ANSI/ASQC Z1.9는 다음과 같은 몇 가지 점에서 MIL-STD-414와 다르다:

- MIL-STD-414의 검사 수준 I, II, III, IV, V는 ANSI/ASQC Z1.9에서는 특별 검사 두 수준(S1, S2)과 일반검사 세 수준(I, II, III)으로 개칭되었다.
- 랏 크기의 범위가 MIL-STD-105D와 대응되도록 조정되었다.
- 랏 크기의 범위에 할당되는 시료문자가 MIL-STD-105E와 같은 수준의 보호를 하도록 조정되었다.
- 검사전환 규칙이 MIL-STD-105E와 유사하게 바뀌었다.
- 용어들이 대체되었다: defect(결함)는 nonconformity로, defective(불량품)는 nonconformance로, 그리고 precent defective(불량률)는 percent nonconforming으로.

10.6 연습문제

01 품질특성값이 정규분포를 따르며 규격하한 LSL=5.0를 가지는 제품에 대해, OC곡선 위의 두 점 $(p_0, 1-\alpha)=(0.01, 0.95)$, $(p_1, \beta)=(0.04, 0.1)$를 지나는 계량규준형 샘플링 계획 (n, k)를 설계하고 이 샘플링 계획이 어떻게 운용되는지 설명하라. 표준편차는 과거 데이터로부터 0.2로 알려져 있다.

02 $X \sim N(\mu, 0.05^2)$, LSL=1.00, p_0=0.005, α=0.05, p_1=0.02, β=0.10를 만족하는 계량형 샘플링 계획을 설계하고 OC곡선을 그려라.

(1) (n, k)와 판정기준

(2) (n, M)와 판정기준

2.1 랏으로부터 추출한 표본의 측정값들이 아래와 같을 때 앞에서 구한 절차를 각각 적용하여 합격여부를 판정하라. 단, 표본크기에 해당되는 데이터만을 순서대로 사용하고, 데이터가 부족할 경우 처음부터 반복 사용하라. (이하에서도 마찬가지이다.)

1.05	1.03	1.15	1.20	1.14	1.08	1.00	1.20	1.25	1.09
1.02	1.19	1.07	1.04	1.03	1.17	1.11	1.09	1.20	1.18
1.08	1.00	1.10	1.20	1.09	0.98	1.22	1.17	1.03	0.97
1.07	1.15	1.03	1.17	1.13	1.05	0.95	1.07	1.23	1.07
1.16	1.18	1.05	1.17	1.21	1.09	1.09	1.02	1.15	1.13
1.16	0.98	1.18	1.14	1.09	1.07	1.06	1.10	1.12	1.14

2.2 계수형 1회 샘플링 계획 (n, c)을 설계하고, 위 데이터를 사용하여 합격여부를 판정하라.

03 문제 2에 규격상한 USL=1.30를 덧붙여서 문제2를 다시 풀어라.

04 문제 2에서 σ 를 모를 경우

(1) S를 기초로 한 ① (n', k')와 판정기준, ② (n', M')와 판정기준

(2) R를 기초로한 ① (n', k')와 판정기준, ② (n', M')와 판정기준

(3) 문제 2의 데이터에 대해 위 두 방식을 각각 적용하여 합격여부를 판정하라.

(4) 위 두 방식의 OC곡선을 각각 구하라.

05 전기저항이 정규분포를 하는 부품이 있다. 이 전기저항치는 5Ω이하가 되어야 한다고 규정되어 있다. 이 부품을 생산하는 공정의 표준편차는 아직 모르는 상태이며 불량률이 p_0 = 0.01 일 때 랏 합격확률 0.99, 불량률이 p_1 =0.04 일 때 랏 합격확률 0.05로 하는 계량형 샘플링검사방식을 적용하고자 한다. 이 조건을 만족하는 검사방식으로 표본의 표준편차를 기초로 한 검사방식과 표본의 범위를 기초로 한 검사방식을 구하라.

06 단사강도의 평균치는 실의 품질을 나타내는 중요한 특성치의 하나이다. 지금 단사강도가 정규분포를 하며 그 표준편차가 σ =11 lbs인 어떤 등급의 면사에 대해서 표본의 평균치를 이용한 계량형 샘플링검사방식을 적용하고자 한다. 단사강도의 평균치가 μ_0 =90 lbs이면 생산자위험 α =0.05, μ_1 =80 lbs이면 소비자위험 β =0.10를 만족하는 계량형 샘플링 계획을 설계하고 OC 곡선을 그려라.

07 문제 6에서 계량형 1회 샘플링검사를 적용하지 않고 계량형 순차 샘플링검사를 적용한다면 그 검사방식은 어떻게 달라지나? 이 순차 샘플링검사방식의 ASN 곡선을 그려라.

08 품질특성의 규격상한이 6.5로 주어지는 부품이 있다. 이 부품의 랏 크기는 N =800으로 검사수준 Ⅲ인 MIL-STD-414를 적용하고자 한다. 랏의 표준편차를 모르기 때문에 σ 미지인 경우의 표준편차법을 이용하며 AQL은 2.5%로 한다고 한다.

(1) 형식 (절차) 2를 따를 경우 보통검사의 합격판정기준은?

(2) 랏에서 다음 데이터가 얻어졌다는 가정하에 앞의 샘플링검사방식을 적용하여 랏 합격여부를 판정하라. 단 데이터의 수가 모자랄 경우에는 필요한 수가 얻어질 때 까지 다음 데이타를 처음부터 반복하여 사용하라.

5.00 5.88 4.13 3.92 3.86 4.01 6.20 2.92 5.82 4.90

(3) 형식 (절차) 1을 따를 경우의 랏 합격판정기준은?

09 문제 8에서 표준편차법 대신에 범위법을 적용하면 그 결과는 어떻게 달라지나?

10 랏이나 공정의 불량률을 보증하기 위한 계량형 샘플링에서, 다음을 비교하여 설명하라.

(1) 규격하한(LSL)만 주어져 있을 때 σ-기지 샘플링 계획의 절차 1:(n, k)과 절차 2: (n, M)

(2) 규격상하한(LSL, USL)이 모두 주어져 있을 때 σ-기지 샘플링의 설계에서, 공정능력이 좋을 때, 나쁠 때, 빠듯할 때의 설계지침

11 계량형 샘플링검사방식을 적용하는 경우 검사 랏에 불량품이 전혀 포함되어 있지 않은 경우에도 랏이 불합격될 수 있다. 그 이유를 설명하라.

12 MIL-STD-414의 특징에 대하여 논의하라.

제 III 부
공정밖의 통계적 품질관리

우리는 지금까지 관리도를 중심으로 한 예방적 차원의 통계적 공정관리와 사후적 차원의 합격판정 샘플링 등 공정운용과 관련한 통계적 품질관리 기법들을 다루어 왔다. 여기서는 공정 설계나 공정 개선 단계에서 그 역할이 중요한 실험설계와 관련된 기법들과 신뢰성에 대해 논의할 것이다.

11 Chapter

실험의 설계와 분석

제품의 품질을 높이고 이를 유지하기 위해서는 제품의 품질특성값이 이상적인 값 또는 목표값에 가깝게 유지되고 관리되어야 한다. 제품의 품질특성값에 영향을 주는 인자들과 각 인자가 품질특성값에 미치는 영향의 정도를 안다면 이를 이용하여 품질특성값을 목표값에 근접시킴으로써 품질향상을 이룰 수 있을 것이다.

이 장에서는 제품이나 서비스의 품질에 영향을 미치는 인자들을 찾아내고 품질특성값에 미치는 영향의 정도를 알아내기 위해 사용되는 방법인 실험설계법과 데이터 분석 방법인 분산분석과 평균분석의 통계적 원리에 대하여 살펴보고 몇 가지 예를 다루어 볼 것이다.

11.1 실험설계

실험(experimentation)은 실제로 해 보는 것을 말하고, 실험을 하는 의도는 한 변수의 변화가 다른 변수에 어떤 영향을 미치는지 알기 위해서이다. 실험의 첫째 목표는 타당한 결과(valid results)를 얻는 것—즉 처리의 진정한 효과를 찾아내는 것—이고, 둘째 목표는 이를 가능한 한 효율적으로 달성하는 것—즉 주어진 정밀도에 대해 가능한 한 적은 수의 실험단위들을 사용하는 것—이다.

실험(experimentation)의 단계

우리는 대개 다음과 같은 단계로 실험을 설계하게 된다:

① 실험목적들을 구체화시키고 분리해내려고 하는 효과들을 명시한다.

- 인자 효과(the effect of a factor)란 인자수준의 변화에 의해 야기되는 반응변수의 변화를 말한다. 각 인자의 효과는 흔히 주효과(the main effect)라고 불린다.
- 상호작용 효과(the effect of an interaction)란 두 개 이상의 인자들의 수준 조합의 변화에 의해 야기되는 반응변수의 변화를 말한다.

② 목표 모집단(target population)과 실험단위(experimental unit)를 특정한다.

- 실험단위란 실제로 실험이 행해지는 기본 개체를 말한다. 실험단위가 사람일 때는 특히 피험자(subject)라 불린다.

③ 측정할 변수들을 특정하고 측정도구를 준비한다.

④ 실험의 통계적 설계와 분석방법을 특정한다.

- 가용한 자원(시간, 돈, 인력 등)과 요구되는 정밀도를 고려하여 실험법과 실험규모를 결정한다.
- 실험설계(experimental design)란 처리가 실험단위에 적용되는 (또는 실험단위가 처리에 할당되는) 패턴을 기술한 것이다.
- 단위실험 또는 런(a run)이란 한 처리에 대한 실험이다.
- 기본실험(a basic experiment)이란 고려하고 있는 모든 처리에 대한 실험으로 구성된다.
- 실험(the experiment)이란 실험설계에서 계획한 바의 실험 자체이며, 보통 여러 번의 기본실험으로 이루어진다.

⑤ 실험단위들을 확보한다.

⑥ 실험 실시를 위한 세부사항을 정하고 실험지침서(the protocol of the experiment)를 마련한다.

- 실험지침서란 실험이 어떻게 실시되어야 하는지를 기술한 문건이다.
- 실험의 목표(goal)는 타당한 결론을 효율적으로 얻는 데 있다. 이를 달성하자면 통계적으로 설계된 실험설계가 필요한 것은 물론이고, 상세한 실험지침서를 작성하고 그 지침서대로 실험이 실시될 수 있도록 철저한 관리를 해야 한다.

실험설계의 기본 원리들

□ 랜덤화(randomization)

랜덤화란 실험단위를 처리에 할당하는 절차는 물론이고 런 순서나 그밖에 가능한 모든 면에서 랜덤성을 유지하는 것이다. 우리는 흔히 다음과 같은 목적으로 랜덤화를 실시하게 된다:

- 관측값들이 랜덤한 분포를 가지도록 하기 위해
- 외생변수들의 영향을 상쇄시키기 위해

□ 반복(replication)

반복이란 기본실험을 여러 번 실시하는 것이다. 우리는 흔히 다음과 같은 목적으로 반복을 실시하게 된다:

- 실험오차(표집오차)에 대한 추정값을 얻기 위해
- 효과에 대해 정밀한 추정값을 얻기 위해

□ 블록화(blocking)

블록화란 실험단위들을 동질적인 것들끼리 묶어 주는 것이다. 블록화의 기준으로 사용되는 변수를 블록화 변수(blocking variable)라 부른다. 이는 표집설계의 원리 가운데 층화에 해당하는 개념이다. 우리는 흔히 다음과 같은 목적으로 블록화를 실시하게 된다:

- 실험의 정밀도를 높이기 위해
- 알려진 통제가능한 외생인자에 의한 변동을 줄이기 위해

□ 혼동(confounding, 중첩, 교락)

혼동이란 몇 가지 효과들이 섞여서 구별될 수 없는 것을 말한다. 우리는 흔히 다음과 같은 목적으로 구할 필요가 없는 고차의 상호작용을 블록과 혼동시

킨다:

- 실험의 효율을 높이기 위해
- 실험 횟수를 줄이기 위해

□ 직교화(orthogonalization)

직교화란 인자간에 직교성을 갖도록 하는 것이다. 우리는 흔히 다음과 같은 목적으로 직교화를 실시하게 된다:

- 검정력을 높이기 위해
- 정밀도가 높은 추정을 하기 위해
- 실험 횟수를 줄이기 위해

기본적 실험법들

실험 설계법은 크게 배치법과 처리법으로 나누어 볼 수 있다.

□ 배치법(layout design)

배치법이란 실험단위를 처리에 배치(할당)하는 방법을 말한다. 여기서는 몇 가지 기본적인 배치법만을 소개하겠다.

- 완전랜덤화설계(Completely Randomized Design, CRD)
  완전랜덤법이란 실험단위들을 각 처리집단에 랜덤하게 할당하는 배치법으로서 위 실험설계 원리 중 랜덤화 원리만을 적용한 방법이다.
- 랜덤화블록설계(Randomized Block Design)
  랜덤블록법이란 실험단위들을 블록화한 후 각 블록에서 처리집단에 랜덤하게 실험단위들을 배치하는 방법이다. 이 때 각 블록이 처리조합수(또는 이의 배수) 만큼의 실험단위들로 구성되면 랜덤화완비블록설계 또는 난괴법(randomized complete block design, RCBD)이라 불리고 그렇지 못하면 랜덤화불완비불록설계(randomized incomplete block design, RIBD)라 불린다.
- 라틴 방격설계(Latin Square Design)
  난괴법에서는 블록 변수가 하나였는데, 블록변수가 두 개인 배치법은 라틴 방격법이라 불리고, 블록 변수가 3개인 배치법은 그레코-라틴 방격법(Graeco-Latin Square Design)이라고 불린다.

□ 처리법(treatment design)

처리법이란 실험을 실시할 처리조합을 선택하는 방법을 말한다. 여기서는 몇 가지 기본적인 처리법만을 소개하겠다.

- **요인설계**((Full) Factorial Design)
  요인설계란 인자들의 모든 처리조합에 대해서 실험을 실시하는 방법이다.
- **부분요인설계**(Fractional Factorial Design)
  부분요인설계란 인자들의 처리조합 중 일부에 대해서만 실험을 실시하는 방법이다. 인자수가 많아지면 처리조합수가 크게 늘어나게 되는데 이 때 고차의 상호작용 효과들이나 불필요한 상호작용 효과들을 주효과들과 혼동시킴으로써 실험 횟수를 줄일 수 있게 된다.

실험 설계에 대한 상세한 논의는 박(1986)과 Montgomery(1991)을 참고하라.

11.2 분산분석

분산분석은 여러 모평균 간에 차이가 있는지를 검정할 수 있는 절차로서 모집단의 특성이나 변수간의 상관관계를 기술하는데 주안점을 두는 표본설계 데이터의 분석은 물론이고, 변수간의 인과관계파악에 주안점을 두는 실험설계 데이터의 분석에 특히 유용한 절차이다.

11.2.1 분산분석의 원리

k 개의 정규모집단 $y_i \sim N(\mu_i, \sigma_i^2)$, $i = 1, \ldots, k$ 를 고려하자. 여기서 모분산 σ_i^2 들은 모르지만 등분산($\sigma_1^2 = \cdots = \sigma_k^2 = \sigma^2$) 이다. 우리는 각 모집단으로부터 독립적으로 크기가 n 인 랜덤표본을 뽑아서 이를 토대로 k 개의 정규모집단의 모평균간에 차이가 있다고 할 수 있는지 즉,

$$H_0: \mu_1 = \cdots = \mu_k \quad \text{대} \quad H_1: \mu_i \text{ 가 모두 같지는 않다.}$$

에 대한 유의성 검정을 하려고 한다.

모집단 y_i, $i = 1, \ldots, k$ 로부터 독립적으로 크기가 n 인 랜덤표본 $y_{i1}, \ldots, y_{\in}$ 를 뽑는다면, 그 데이터 구조는 아래 표와 같이 정리될 수 있다.

[도표 11.1] 독립표본들의 데이터 구조

집단번호 i	관측값	합	평균
1	$y_{11}, \cdots, y_{1n}$	$y_{1.}$	$\bar{y}_{1.}$
2	$y_{21}, \cdots, y_{2n}$	$y_{2.}$	$\bar{y}_{2.}$
$\vdots$	$\vdots$	$\vdots$	$\vdots$
k	$y_{k1}, \cdots, y_{kn}$	$y_{k.}$	$\bar{y}_{k.}$
전체		$y_{..}$	$\bar{y}_{..}$

우리는 표본평균 $\bar{y}_{i.}$의 분포가 $\bar{y}_{i.} \sim N(\mu_i, \sigma^2/n)$, $i = 1, \ldots, k$로 주어짐을 알고 있다. 만일 k=2 라면 우리는 t-검정을 실시하여 위의 가설에 대한 유의성을 검정할 수 있다. 따라서 우리는 원가설을 $\binom{k}{2}$쌍의 가설들

$$H_0: \mu_i = \mu_j \quad \text{대 } H_1: \mu_i \neq \mu_j, \ (i \neq j)$$

로 쪼개어 각 쌍에 대해 t-검정을 실시하는 것을 생각해 볼 수 있다. 그런데 이러한 방법의 한 가지 문제점은 k가 클 경우 검정해야 할 가설이 너무 많아진다는 것이고, 더 큰 문제점은 전체검정의 유의수준을 통제하기가 어려워진다는 것이다. 따라서 우리는 원 가설을 한 번에 검정할 수 있는 방법을 강구해내야 한다. 다행스럽게도 그러한 검정법이 존재하며 그것은 이상스럽게도 분산비에 대한 F-검정의 모습으로 나타난다. 이제부터 그 F-검정의 논리를 따라가 보자.

분산분석의 실마리는 모집단의 공통분산 σ^2의 불편추정량을 구하는 두 가지 방법에 들어있다. σ^2의 불편추정량은 t-검정에서와 같이 합동추정량 S_p^2를 우선 생각할 수 있다. 그리고 또 한 가지 방법은 랜덤표본에서 구한 표본평균의 분산과 모분산의 관계 $\sigma_{\bar{y}}^2 = \sigma^2/n$, 즉 $\sigma^2 = n\,\sigma_{\bar{y}}^2$ 를 이용하는 것이다.

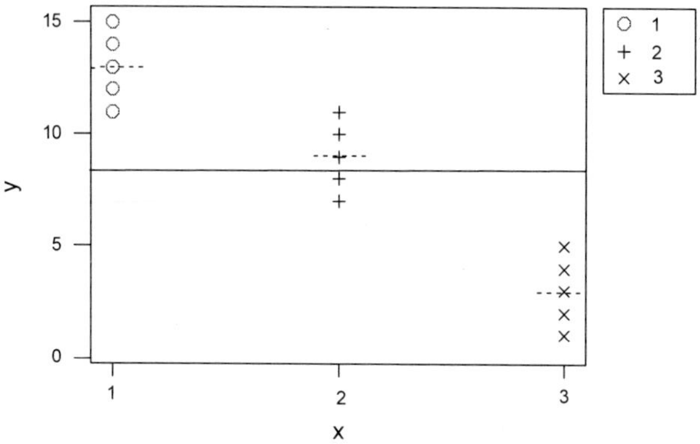

[도표 11.2] x의 수준별 반응 y의 분포

(1) 공통분산 σ^2의 합동추정량 S_p^2

두 모평균에 대한 t-검정에서와 마찬가지 방법으로 합동추정량 S_p^2을 구할 수 있다.

$$S_p^2 = \frac{\sum_{j=1}^{n}(y_{1j}-\bar{y}_{1.})^2 + \ldots + \sum_{j=1}^{n}(y_{kj}-\bar{y}_{k.})^2}{(n-1)+\ldots+(n-1)} : \textbf{평균제곱편차} \qquad (11.1)$$

$$= \frac{(n-1)S_1^2 + \ldots + (n-1)S_k^2}{(n-1)+\ldots+(n-1)} : \text{표본분산들의 가중평균}$$

(2) H_0가 사실이라는 가정 하에서 공통분산 σ^2의 또 다른 불편추정량 S_0^2

영가설 "H_0: μ_i가 모두 같다"가 사실이라면 우리는 k개의 랜덤표본집합들 $y_{i1}, \ldots, y_{in}$, $i = 1, \ldots, k$를 모집단 $y \sim N(\mu, \sigma^2)$로부터 서로 독립적으로 뽑힌 k개의 크기 n인 랜덤표본집합들로 볼 수 있다. 따라서 각 랜덤표본의 평균들 $\bar{y}_{1.}, \ldots, \bar{y}_{k.}$는 모집단 $\bar{y} \sim N(\mu, \sigma^2/n)$로부터 뽑힌 크기 k인 랜덤표본을 형성한다. 이로부터 표본평균의 분산 $\sigma_{\bar{y}}^2 = \sigma^2/n$에 대한 불편추정량 $S_{\bar{y}}^2$은

$$S_{\bar{y}}^2 = \sum_{i=1}^{k} (\bar{y}_{i.} - \bar{y}_{..})^2 / (k-1) \tag{11.2}$$

로 구할 수 있다. 즉 H_0 가 사실이라는 가정 하에서 공통분산 σ^2의 또 다른 불편추정량 S_0^2 는

$$S_0^2 = n\, S_{\bar{y}}^2$$

로 주어진다.

■ 요약: S_p^2 는 항상 공통분산 σ^2의 불편추정량이며, H_0 가 사실일 때 S_0^2 도 공통분산 σ^2의 불편추정량이다.

관찰 11.1 공통분산 σ^2의 두 불편추정량비 S_0^2 / S_p^2 는 H_0 가 사실이라면 1에 가까울 것이고 H_0 가 사실이 아니라면 1보다 훨씬 클 것이다.

관찰 11.2 [관찰 11.1]로부터 S_0^2 / S_p^2 는 "개념적으로" 원가설의 유의성 검정을 위한 검정통계량의 역할을 수행할 수 있다는 것을 알 수 있다.

관찰 11.3 S_0^2 과 S_p^2 는 독립이다.

관찰 11.4 모분산비에 대한 유의성 검정에서와 마찬가지로 공통분산 σ^2의 두 불편추정량의 상수곱의 비율

$$\frac{(k-1)\, S_0^2 / \sigma^2 / (k-1)}{(kn-k)\, S_p^2 / \sigma^2 / (kn-k)} = S_0^2 / S_p^2 = n\, S_{\bar{y}}^2 / S_p^2$$

는 H_0 가 사실이라면 분자의 자유도가 $k-1$, 분모의 자유도가 $kn-k$ 인 F −분포, 즉 $F_{(k-1,\, kn-k)}$ 를 따른다.

관찰 11.5 [관찰 11.4]로부터 $F = n\, S_{\bar{y}}^2 / S_p^2$ 이 "기능적으로도" 원가설의 유의성 검정을 위한 검정통계량의 역할을 수행할 수 있다는 것을 알 수 있다.

관찰 11.6 p−값=공통분산 σ^2의 두 불편추정량비 $n\, S_{\bar{y}}^2 / S_p^2$ 가 실제로 얻어진 공통분산 σ^2의 두 불편추정값비 $n\, s_{\bar{y}}^2 / s_p^2$ 보다 크거나 같을 확률

$=P\left\{n\, S_{\bar{y}}^2 / S_p^2 \geq n\, s_{\bar{y}}^2 / s_p^2\right\},\ n\, S_{\bar{y}}^2 / S_p^2 \sim F_{(k-1,\, kn-k)}$

$=P\left\{F \geq n\, s_{\bar{y}}^2 / s_p^2\right\},\ F \sim F_{(k-1,\, kn-k)}$

11.2.2 일원 분산분석모형

한 단일인자에 관한 실험을 통해 얻어진 독립표본들은 흔히 완전랜덤법(completely randomized design)에 의해 얻어진다. 이런 데이터에 대한 분산분석은 흔히 일원분산분석(Oneway ANOVA)이라 불린다.

k개의 처리(집단)에서 각각 독립적으로 뽑은 n개의 랜덤표본집합은 다음과 같은 통계적 모형으로 나타낼 수 있다:

$$y_{ij} = \mu + \alpha_i + \epsilon_{ij}, \quad i = 1, \cdots, k, \quad j = 1, \cdots, n \tag{11.3}$$

여기서 y_{ij}는 (ij)번째 관측을, μ는 총평균을, α_i는 i번째 처리효과를, 그리고 ϵ_{ij}는 랜덤오차성분을 나타낸다. 이 모형에서는 각 처리에 대한 표본크기 즉 반복수(number of replications)를 모두 n으로 보고 있는데, 이와 같이 처리별 반복수가 동일한 설계를 균형설계(the balanced design)라 한다.

우리의 목표는 처리효과들에 대한 적절한 가설들을 검정하고 그것들을 추정하는 일일 것이다. 가설검정을 위해 랜덤오차들은 평균이 0이고 분산이 σ^2인 정규분포를 따르며 서로 독립이라고 가정될 것이다: $\epsilon_{ij} \sim IND\ N(0, \sigma^2)$. 분산 σ^2은 그 인자의 모든 수준에 대해서 일정하다고 가정될 것이다.

이 모형은 일원(one-way) 또는 단일인자(single-factor) 분산분석이라고 불린다. 이 모형은 실험이 랜덤한 순서로 수행되어야 할 것을 요구하는데, 이는 처리가 적용되는 환경 즉 실험단위들이 가능한 한 균일적이 되도록 보장하기 위함이다. 따라서 이 실험설계는 완전랜덤설계이다.

통계적 모형 (11.3)은 처리효과들과 관련하여 두 가지 다른 상황을 기술하고 있다. 첫째, k 처리들은 실험자에 의해 특정하게 선택될 수 있다. 이 경우 우리는 처리평균들에 대한 가설들을 검정하는데 관심을 가질 것이고, 우리의 결론은 이 분석에서 고려된 인자수준들에만 적용될 수 있을 것이다. 이 상황은 우리의 결론을 명백하게 고려되지 않은 비슷한 처리들로 확장하는 것을 보장해 주지 않는다. 우리는 또 이 모형의 모수들 $(\mu, \alpha_i, \sigma^2)$을 추정하는데 관심을 가질 것이다. 이와 같이 처리효과를 상수로 간주하는 모형을 상수효과모형(the fixed effects model)이라 한다.

다른 한편, k 처리들은 더 큰 처리들의 모집단으로부터의 랜덤표본일 수도 있다. 이런 상황에서는 우리는 결론을 모집단에 있는 모든 처리들로 확장할 수 있다. 이때 α_i는 확률변수이며, 선택된 특정한 처리들에 대한 지식은 상대적으로 쓸모가 적다. 그 대신에 우리는 α_i의 변동성에 대한 가설들을 검정하고 그

변동성을 추정하려 할 것이다. 이와 같이 처리효과를 확률변수로 간주하는 모형은 랜덤효과모형(the random effects model) 또는 분산성분모형(the components of variance model)이라 불린다.

11.2.3 상수효과모형에 대한 분석

이 절에서 우리는 상수효과모형에 대한 단일인자 분산분석에 대해 논의할 것이다. 상수효과모형에서 처리효과 α_i 들은 대개 총평균으로부터의 편차로 정의되는데, 이 경우 처리효과들은 다음 관계를 만족한다:

i 번째 처리의 평균은 $\mu_i \equiv E[y_{ij}] = \mu + \alpha_i$, $i = 1, \ldots, k$ 이다. 즉 i 번째 처리의 평균은 총평균에 i 번째 처리효과를 더한 값이다. 우리는 k 처리평균들의 동일성을 검정하는데 관심이 있다. 즉, 우리는 다음 가설쌍을 검정하는데 관심이 있다:

$$H_0:\ \mu_1 = \ \ldots\ = \mu_k \quad \text{대 } H_1:\ \mu_i \text{ 가 모두 같지는 않다}$$

상수효과모형에서 위 가설쌍은 동일하게 다음과 같이 표현될 수 있다:

$$H_0:\ \alpha_1 = \ \ldots\ = \alpha_k = 0 \quad \text{대 } H_1:\ \alpha_i \text{ 가 모두 0은 아니다}$$

즉 원 가설은 모든 처리효과가 다 영인지를 검정하는 것으로 귀착된다.

11.2.4 총제곱합의 분해

우리는 위 통계적 모형에서 총평균을 좌변으로 이항한 식

$$y_{ij} - \mu = \alpha_i + \epsilon_{ij}$$

를 흉내 내어서 총편차 $y_{ij} - \bar{y}_{..}$ 를 다음과 같이 분해할 수 있다

$$y_{ij} - \bar{y}_{..} = (\bar{y}_{i.} - \bar{y}_{..}) + (y_{ij} - \bar{y}_{i.}), \tag{11.4}$$

여기서 $y_{ij} - \bar{y}_{..}$ 는 모집단 총편차 $y_{ij} - \mu$ 와, $\bar{y}_{i.} - \bar{y}_{..}$ 는 i 번째 처리효과 α_i 와, 그리고 $y_{ij} - \bar{y}_{i.}$ 는 오차항 ϵ_{ij} 와 대응되는 것임을 알 수 있다. 즉,

총편차=처리에 기인한 편차 + 랜덤오차에 기인한 편차.

식 (11.4)의 양변을 제곱하여 합해보자. 그러면 교차곱항은 사라지고 다음과 같이 제곱항만 남는다:

$$\sum_{i=1}^{k}\sum_{j=1}^{n}(y_{ij}-\overline{y}_{..})^2=\sum_{i=1}^{k}\sum_{j=1}^{n}(\overline{y}_{i.}-\overline{y}_{..})^2+\sum_{i=1}^{k}\sum_{j=1}^{n}(y_{ij}-\overline{y}_{i.})^2.$$

이로써 우리는 편차들의 총제곱합(Total Sum of Squares of deviations, TSS) 즉 총변동이 처리제곱합(Sum of Squares due to Treatments, SSTR)과 오차제곱합(Sum of Squares due to Error, SSE)의 합으로 분해된 것을 알 수 있다. 즉,

$$TSS= SSTR+ SSE$$

총제곱합=처리제곱합 + 오차제곱합

여기서 우리는 SSTR가 표본평균의 분산 $\sigma_{\bar{y}}^2$에 대한 불편추정량 $S_{\bar{y}}^2$ 을 구하는 식 (11.2)의 분자항과 같음을 볼 수 있고, 또 SSE는 모분산 σ^2에 대한 합동추정량 S_p^2을 구하는 식 (11.1)의 분자항과 같음을 볼 수 있다. 각 제곱합의 자유도를 구해보자. 먼저 TSS의 자유도는 $kn-1$이고, SSTR의 자유도는 $k-1$, 그리고 SSE의 자유도는 $k(n-1)$임을 알 수 있다.(왜?) 총변동의 자유도도 역시 처리변동의 자유도와 오차변동의 자유도로 분해되는 것이다. 즉,

$$kn-1=(k-1)+k(n-1).$$

우리는 제곱합을 자신의 자유도로 나눈 양을 평균제곱(Mean Square, MS)이라 부른다. 그러면 앞 절에서 본 바와 같이

$$F=\frac{SSTR/(k-1)}{SSE/k(n-1)}= MSTR/MSE= S_0^2/S_p^2 = nS_{\bar{y}}^2/S_p^2$$

는 H_0가 사실이라면 분자의 자유도가 $k-1$, 분모의 자유도가 $k(n-1)$인 F-분포, 즉 $F_{(k-1,kn-k)}$를 따른다. 지금까지 논의한 것을 표로 정리한 것이 바로 분산분석표(Analysis of Variance Table, ANOVA Table)이다.

[도표 11.3] 분산분석표—독립표본들

변동원인	제곱합	자유도	평균제곱	F	p-값
처리(집단간)	SSTR	$k-1$	MSTR	MSTR/MSE	
오차(집단내)	SSE	$k(n-1)$	MSE		
전체	TSS	$kn-1$			

우리는 일반적으로 분산분석을 위한 데이터가 실험연구에 의한 것이면 인과관계파악이 가능하고, 비실험연구에 의한 것이면 현상파악만이 가능하다고 말할 수 있다.

11.2.5 EMS

분산분석을 이용하여 효과들에 대한 검정을 할 때 우리는 통상적으로 두 평균제곱의 비로 정의되는 F 통계량을 계산하여 검정을 수행한다. 그런데 모형이 복잡해지면 특정효과를 검정하기 위해서 F 통계량의 분모로 어떤 평균제곱을 사용해야 할지 직관적으로 정하기가 어렵게 된다. 만일 우리가 평균제곱들의 기대값 즉 기대평균제곱(the expected mean square, EMS)을 알 수 있다면, 이런 문제는 자명해질 것이다. 예컨대, 단일인자 상수효과모형에서 평균처리제곱과 평균오차제곱의 기대값들은 각각 다음과 같이 주어진다:

$$E[MST] = \sigma^2 + \frac{n\sum_{i=1}^{k}\alpha_i^2}{k-1}\ ;\ E[MSE] = \sigma^2\ .$$

우리는 이로부터 처리효과 α_i 들이 모두 0이라는 영가설을 검정하기 위한 F통계량의 분자와 분모가 각각 MST와 MSE가 되어야 함을 알 수 있다. 모형이 복잡해지면 이런 EMS들을 유도하는 작업이 까다로워진다. 이런 작업을 쉽게 하기 위해 EMS 규칙들이 제안되어 있다.

11.2.6 칵크란의 정리(Cochran's theorem)

[칵크란의 정리] 카이제곱 통계량을 분해하여 얻은 통계량들의 집합이 서로 독립인 카이제곱확률변수들이 되기 위한 필요충분조건은 분해된 통계량들에 대응되는 자유도들의 총합이 총자유도가 되는 것이다.

우리는 칵크란의 정리로부터, 총제곱합을 분해하여 얻은 한 제곱합들의 집합으로부터 서로 독립인 카이제곱확률변수들을 도출할 수 있다.

11.2.7 모수추정

(1) 최소제곱법

최소제곱법에 의해 μ와 α_i 들을 추정하는 데에는 오차항 ϵ_{ij} 들에 대한 정규성가정이 필요하지 않다. μ와 α_i 들에 대한 최소제곱추정량들은 다음과 같은

오차제곱합 L을 최소화해주는 μ와 α_i 들이다:

$$L = \sum_{i=1}^{k}\sum_{j=1}^{n}\epsilon_{ij}^2 = \sum_{i=1}^{k}\sum_{j=1}^{n}(y_{ij} - \mu - \alpha_i)^2.$$

μ와 α_i 들에 대한 최소제곱추정량 $\hat{\mu}$와 $\hat{\alpha_i}$ 들은 다음 $k+1$ 연립방정식들의 해로 주어진다:

$$\left.\frac{\partial L}{\partial \mu}\right|_{\hat{\mu},\hat{\alpha}_i} = 0,$$

$$\left.\frac{\partial L}{\partial \alpha_i}\right|_{\hat{\mu},\hat{\alpha}_i} = 0,\ i = 1, \ldots, k.$$

우리는 이 연립방정식들을 정리하여 다음 최소제곱 정규방정식들을 얻을 수 있다:

$$\begin{aligned}
N\hat{\mu} + n\hat{\alpha}_1 + n\hat{\alpha}_2 + \cdots + n\hat{\alpha}_k &= y_{..}\\
n\hat{\mu} + n\hat{\alpha}_1 \qquad\qquad\qquad\qquad &= y_{1.}\\
n\hat{\mu} \qquad + n\hat{\alpha}_2 \qquad\qquad\quad &= y_{2.}\\
\vdots \qquad\qquad\qquad\qquad &\ \ \vdots\\
n\hat{\mu} \qquad\qquad\qquad + n\hat{\alpha}_k &= y_{k.}
\end{aligned}$$

이 정규방정식들은 미지수의 개수와 방정식의 개수가 모두 $k+1$이지만, 마지막 k방정식들을 합하면 첫 방정식과 같아진다. 따라서 이 정규방정식들은 선형독립이 아니고, $\hat{\mu}$와 $\hat{\alpha}_i$ 들에 대한 유일해가 존재하지 않는다. 해의 유일성을 위한 한 가지 방안은, 우리가 처리효과 α_i 들을 총평균으로부터의 편차로 정의한데 착안해서, 정규방정식들에 다음과 같은 한 제약식을 덧붙이는 것이다:

$$\sum_{i=1}^{k}\hat{\alpha}_i = 0.$$

이 제약식을 사용하면, 위 정규방정식들의 해는 다음과 같이 주어진다:

$$\hat{\mu} = \overline{y}_{..}$$

$$\hat{\alpha}_i = \overline{y}_{i.} - \overline{y}_{..},\ i = 1, \ldots, k$$

참고 정규방정식들의 유일한 해를 얻기 위해 흔히 덧붙이는 제약식에는 그 밖에도 다음과 같은 것들이 있으며, 이에 따라 다른 유일 해들이 얻어진다:

$$\hat{\mu} = 0;$$

$$\hat{\alpha}_k = 0 \ \text{(SAS 기본)}.$$

(2) 최우법

우리는 오차항 ϵ_{ij} 들에 대한 정규성 가정을 이용하여 최우법으로 모수 $(\mu, \alpha_i, \sigma^2)$ 들을 추정할 수 있다.

11.2.8 추정가능함수

우리는 앞 소절에서 최소제곱 정규방정식들의 해가 유일하게 주어지지 않으며 덧붙여진 제약식에 의존한다는 것을 살펴보았다. 이런 사실은, 같은 데이터에 대해 두 분석자가 서로 다른 제약식을 사용한다면 서로 다른 결과(모수에 대한 추정값)들을 얻을 것이기 때문에, 얼핏 생각하기에는 매우 달갑지 않게 여겨질 수 있다. 그러나 모수들의 어떤 함수들은 사용된 제약식에 관계없이 유일하게 추정된다. 예컨대, $\alpha_i - \alpha_j$ 는 $\hat{\alpha}_i - \hat{\alpha}_j = \bar{y}_{i.} - \bar{y}_{j.}$ 로 유일하게 추정되며, $\mu_i = \mu + \alpha_i$ 는 $\hat{\mu}_i = \hat{\mu} + \hat{\alpha}_i = \bar{y}_{i.}$ 로 유일하게 추정된다.

우리는 대개 처리효과들 자체보다는 그들의 차이에 관심이 있기 때문에, α_i 들이 유일하게 추정될 수 없다는 것은 별 문제가 되지 않는다. 사용된 제약식에 관계없이 유일하게 추정될 수 있는 모수들의 함수들은 추정가능함수(estimable functions)라 불린다. 일반적으로 정규방정식들의 좌변의 한 선형결합으로 표현되는 모수들의 한 함수는 추정가능하다. 구체적으로,

- 어떤 관측값의 기대값은 추정가능하다.
- 처리평균은 추정가능하다.
- 처리효과의 차는 추정가능하다.
- 추정가능함수의 선형결합은 추정가능하다.
- 대비는 추정가능하다.
- 선형으로 독립인 추정가능함수의 개수는 설계행렬 X 의 계수(rank)와 같다.

□ 네 종류의 제곱합

- 제2종 제곱합을 계산할 때, 행과 열의 고려순서에 무관하도록, 행효과를 고려할 때는 열을 수정한 후에, 열효과를 고려할 때는 행을 수정한 후에 제곱합을 계산한다.
- 제3종 제곱합은 상호작용까지 수정한 후에 제곱합을 계산한다.

[도표 11.4] 네 종류의 제곱합에 대한 비교

제곱합 유형	제곱합 계산방법	ANOVA의 직교성유지 여부	가설의 가중여부	결측칸 허용여부	적용
제1종	순차적	직교	가중	불허	변수선택
제2종	부분적	비직교	가중	불허	인과추론—상호작용이 약할 때
제3종	부분적	비직교—한 효과와 그를 포함하는 효과의 직교성은 유지한다.	비가중	허용	인과추론—상호작용 유무에 무관
제4종	부분적	비직교—한 효과의 계수들이 그를 포함하는 고차수준 효과들에 균형적으로 분포한다.	비가중	허용—결측칸 위치에 따라 제곱합이 달라진다.	

관 찰
- 균형자료에 대하여는 네 종류의 제곱합이 일치한다.
- 일원분류자료에 대해서는 네 종류의 제곱합이 일치한다.
- 결측칸이 없으면 제3종과 제4종 제곱합이 일치한다.

11.2.9 불균형설계인 경우

각 집단의 표본크기를 가능한 한 같게 하는 것이 분석의 단순성과 결과의 명확성을 높인다. 그러나 어떤 단일인자 실험에서는 각 처리내에서 얻어진 관측수가 다를 수 있는데, 우리는 이런 설계를 불균형설계라고 부른다. 우리는 이런 경우에도 분산분석표를 조금 수정함으로써 분산분석을 수행할 수 있다.

우리는 반복수가 모두 같은 경우 (1) 공통분산 σ^2의 합동추정량 $S_p^2\,(=MSE)$과 (2) H_0가 사실이라는 가정하에서 공통분산 σ^2의 불편추정량 $S_0^2\,(=MSTR)$가 각각 다음과 같이 주어짐을 알고 있다:

$$S_p^2 = \frac{\sum_{j=1}^{n}(y_{1j}-\bar{y}_{1.})^2 + \ldots + \sum_{j=1}^{n}(y_{kj}-\bar{y}_{k.})^2}{(n-1)+\ldots+(n-1)},$$

$$S_0^2 = n\,S_{\bar{y}}^2 = \sum_{i=1}^{k} n(\bar{y}_{i.}-\bar{y}_{..})^2/(k-1).$$

반복수가 다를 때에는 단지 n 대신 n_i로 바꾸어 넣으면 되고, F-분포의 자유도도 따라서 바뀌는 것뿐이다.

□ 균형설계의 이점

- 표본크기가 같다면, 검정통계량이 등분산 가정에 대해 비교적 덜 민감하다.
- 표본크기가 같다면, 검정력이 최대가 된다.

11.2.10 개별처리평균들에 대한 비교

분산분석을 수행한 결과로 영가설이 기각되었다고 가정하자. 이 결과는 처리평균들간에 차이가 있다는 것을 시사하지만 정확히 어떤 처리평균이 다른지를 말하고 있지는 않다. 따라서 이를 밝히려면 처리평균집단들간의 상세한 비교가 수행되어야 할 것이다. i 번째 처리평균은 $\mu_i = \mu + \alpha_i$ 로 정의되고, μ_i 는 $\bar{y}_{i.}$ 로 추정된다. 처리평균들간의 비교는 처리합들 $y_{i.}$ 나 처리평균들 $\bar{y}_{i.}$ 에 의해 이루어진다.

(1) 그래프에 의한 평균비교

영가설이 참이라면 처리평균들 $\bar{y}_{i.}$ 은 평균이 μ 이고 표준편차가 $\sigma / \sqrt{n}$ 인 정규분포로부터의 랜덤표본처럼 행동할 것이다. 우리는 이를 검토하기 위해 다양한 그래프를 그려볼 수 있다.

- dot plot과 정규곡선

(2) 신뢰구간

우리가 고려하고 있는 단일인자 상수효과 모형하에서 y_{ij} 는 독립적으로 평균이 $\mu + \alpha_i$ 이고 분산이 σ^2 인 정규분포를 따른다. 따라서 추정가능함수인 μ_i 의 "유일한" 추정량인 $\bar{y}_{i.}$ 는 독립적으로 평균이 $\mu + \alpha_i$ 이고 분산이 σ^2 / n_i 인 정규분포를 따른다. 우리는 또 MSE 가 σ^2 의 한 불편추정량이 됨을 알고 있다. 이런 사실들로부터 우리는 다음과 같은 신뢰구간들을 쉽게 얻을 수 있다.

- $100(1-\alpha)\%\ CI(\mu_i)$: $\bar{y}_{i.} \pm t_{(\alpha/2;N-k)} \sqrt{\dfrac{MSE}{n_i}}$

- $100(1-\alpha)\%\ CI(\mu_i - \mu_j)$: $(\bar{y}_{i.} - \bar{y}_{j.}) \pm t_{(\alpha/2;N-k)} \sqrt{\dfrac{MSE}{n_i} + \dfrac{MSE}{n_j}}$

- $\mu_i - \mu_j,\ i \neq j \in \{1, \cdots, k\}$ 에 대한 동시신뢰구간(신뢰수준 $1-\alpha$)

$$\left(\bar{y}_{i.} - \bar{y}_{j.}\right) \pm \sqrt{(k-1)F_{(\alpha;k-1,N-k)}}\sqrt{\frac{MSE}{n_i}+\frac{MSE}{n_j}}$$

- 참고: $F_{(\alpha;1,k(n-1))} = t^2_{(\alpha/2;k(n-1))}$
- 참고: $F_{(\alpha;k-1,k(n-1))} \doteq [(k-1)t_{(\alpha/2;k(n-1))}]^2$

(3) 다중비교(multiple comparisons)

다중비교는 분산분석에 의해 영가설 H_0: $\mu_1 = \mu_2 = ... = \mu_k$가 기각되었을 경우 어떤 모평균들간에 차이가 있다고 할 수 있는 처리를 가려내기 위한 절차이다. (물론 영가설이 기각되지 않아도 다중비교를 실시할 수 있다.) 대비가 사전계획에 의한 모평균들의 비교라면, 다중비교는 사후적인 모평균들간의 비교라고 할 수 있다.

다중비교를 할 때 가장 중요한 개념은 오차조절인데, 오차조절방식은 크게 비교별 오류율(comparisonwise error rate, CER) 조절과 실험별 오류율(experimentwise error rate, EER) 조절로 나누어 볼 수 있다. 비교별 오류율 조절이란 두 표본 t-검정에서와 같이 각 비교별로 유의수준을 고정시키는 방식을 말한다. 실험별 오류율 조절이란 고려하고 있는 모든 쌍별비교(즉 가설쌍)에 대한 동시검정의 유의수준을 정하는 방식을 말한다.

다중비교는 또 비교방식에 따라 쌍별 비교(pairwise comparisons), 대조와의 비교(comparison with a control), 그리고 다단계 검정(multiple-stage tests)으로 나누어 볼 수 있다. 다단계 검정이란 쌍별 비교의 한 아류로서 표본크기가 같을 때 사용할 수 있으며, 각 단계마다 유의수준을 다르게 둔다.

(4) 처리평균들의 쌍별비교

우리가 k 처리평균들의 모든 쌍들을 비교하는데 관심이 있고 검정하려고 하는 영가설들이 모든 $i \neq j$에 대하여 H_0 : $\mu_i = \mu_j$라 하자. 여기서는 이런 비교를 위한 몇 가지 방법들을 소개하겠다.

Fisher의 최소유의차 검정

휘셔의 최소유의차 검정에서는, 만일 $|\bar{y}_{i.} - \bar{y}_{j.}| > LSD$이면 μ_i와 μ_j는 다르다고 판정한다. 여기서 최소유의차(least significance difference, LSD)는 단순히 두 모평균차에 대한 유의수준이 α일 때의 오차한계이다:

$$LSD = t_{(\alpha/2;N-k)} \sqrt{\frac{MSE}{n_i} + \frac{MSE}{n_j}}.$$

이로부터 우리는 최소유의차 검정이 비교별 오류율(CER)을 조절함을 알 수 있다. 따라서 분산분석에서 전체 F 통계량이 유의하더라도 최소유의차 검정에서는 아무 유의한 처리평균쌍도 나타나지 않을 수 있다. 이런 상황은 F 통계량이 처리평균들간의 모든 가능한 비교들을 동시에 고려하고 있기 때문에 발생한다.

Tukey의 스튜던트화범위 검정

튜키의 검정은 스튜던트화 범위 검정통계량의 분포를 이용하여 그 집단에 얼마나 많은 평균들이 있는가에 관계없이 모든 쌍별비교들에 대한 임계값을 결정하려고 한다. 튜키의 검정은 실험별 기반위에서 모든 쌍별 비교들에 대한 제1종 오류율을 α로 조절한다. 즉 이 방법은 최대 실험별 오류율(MEER)을 보장하는 검정법으로서 다른 방법들에 비해 더 보수적이다(검정력이 작다).

□ **표본크기가 모두 같은 경우** ($n_1 = \ldots = n_k = n$)

- 검정통계량(스튜던트화 범위)과 그의 표집분포는 다음과 같이 주어진다:

$$Q = \frac{\bar{y}_{\max} - \bar{y}_{\min}}{S_{\bar{y}_{i.}}} \sim Q(k, N-k),$$

여기서 $Q(k, N-k)$는 모수가 k와 $N-k$인 스튜던트화법위 분포로서 이용을 쉽게 하기 위해 표로 만들어져 있다. [첫 번째 인수는 데이터의 크기(여기서는 처리수 k)를 나타내고, 두 번째 인수는 표본표준편차의 자유도(여기서는 $N-k$)를 나타낸다.]

- 스튜던트화범위 통계량에 대한 수식

$$P\{Q \geq q_{(\alpha;k,N-k)}\} = \alpha$$

$$P\{\bar{y}_{\max} - \bar{y}_{\min} \geq q_{(\alpha;k,N-k)} S_{\bar{y}_{i.}}\} = \alpha, \quad S_{\bar{y}_{i.}} = \sqrt{\frac{MSE}{n}}$$

- 참유의차 $D \equiv q_{(\alpha;k,N-k)} \sqrt{\frac{MSE}{n}}$

D는 휘셔의 최소유의차와 비교해서 참유의차(honest significance difference,

HSD)라고 불린다.

- 판정기준: $(H_1: \ \mu_i \neq \mu_j)$

  $i \neq j$에 대해 $|\overline{y}_i - \overline{y}_j| > D$이면 $H_0: \ \mu_i = \mu_j$를 기각한다.

이 판정기준에서는 모든 비교들에서 한 단일 임계값이 사용되고 있음에 주목하라.

□ 표본크기가 다른 경우

- 참유의차 $D_{ij} \equiv q_{(\alpha; k, N-k)} \sqrt{\dfrac{MSE}{2}\left(\dfrac{1}{n_i} + \dfrac{1}{n_j}\right)}$
- 판정기준: $(H_1: \ \mu_i \neq \mu_j)$

  $i \neq j$에 대해 $|\overline{y}_i - \overline{y}_j| > D_{ij}$이면 $H_0: \ \mu_i = \mu_j$를 기각한다.
- 참고:

$$S_{\overline{y}_{i.}}^2 = \frac{MSE}{n_i} \ : \text{표본크기가 } n_i$$

$$S_{\overline{y}_{j.}}^2 = \frac{MSE}{n_j} \ : \text{표본크기가 } n_j$$

이로부터

$$S_{\overline{y}}^2 = \frac{1}{2}\left(\frac{1}{n_i} + \frac{1}{n_j}\right) MSE \ : \text{두 } S_{\overline{y}}^2 \text{의 평균}$$

Duncan의 다중범위 검정

던컨의 다중범위 검정(multiple range test)은 모든 처리평균쌍들에 대한 비교절차로 널리 쓰이는 방법이다. 동일한 크기의 표본들에 던컨의 다중범위 검정을 적용하려면, k 처리평균들을 오름차순으로 정렬하고 각 평균에 대한 표준오차를 다음과 같이 정한다:

$$S_{\overline{y}_{i.}} = \sqrt{\frac{MSE}{n}}.$$

표본크기가 동일하지 않은 경우에는 위 식에서 n 대신 n_i들의 조화평균 n_h를 사용한다:

$$n_h = \frac{k}{\sum_{i=1}^{k} (1/n_i)}.$$

□ 검정통계량(다중 범위)과 그의 표집분포

처리수가 p 인 집단의 스튜던트화 범위

$$R_p = \frac{\bar{y}_{\max(p)} - \bar{y}_{\min(p)}}{S_{\bar{y}_{i.}}} \sim R(p, N-k),\ p = 2, \ldots, k$$

여기서 $R(p, N-k)$ 는 모수가 p 와 $N-k$ 인 단계별 스튜던트화범위 분포로서 이용을 쉽게 하기 위해 표로 만들어져 있다. [첫 번째 인수는 단계별 집단의 처리수를 나타내고, 두 번째 인수는 표본표준편차의 자유도(여기서는 $N-k$)를 나타낸다.]

▪ 스튜던트화범위 통계량에 대한 수식

$$P\{R_p \geq r_{(\alpha;p,N-k)}\} = \alpha$$

$$P\{\bar{y}_{\max(p)} - \bar{y}_{\min(p)} \geq r_{(\alpha;p,N-k)} S_{\bar{y}_{i.}}\} = \alpha,\ S_{\bar{y}_{i.}} = \sqrt{\frac{MSE}{n}}$$

이로부터 크기가 p 인 처리평균들의 집단에 대한 던컨의 최소유의범위 (least significant range) $LSR_D(p)$ 는 다음과 같이 주어진다:

$$LSR_D(p) = r_{(\alpha;p,N-k)} S_{\bar{y}_{i.}},\ p = 2, \cdots, k$$

▪ 판정기준

어떤 처리평균들간의 관측차이가 대응되는 $LSR_D(p)$ 보다 크다면, 우리는 그 평균쌍이 유의하게 다르다고 판정한다.

Student-Newman-Keuls 검정

SNK 검정은, 최소유의범위를 계산하는 절차이외에는, 던칸의 다중범위 검정과 유사하게 실시된다. 크기가 p 인 처리평균들의 집단에 대한 SNK 검정의 최소유의범위 $LSR_{SNK}(p)$ 는 스튜던튜화범위 통계량을 이용하여 다음과 같이 계산된다:

$$LSR_{SNK}(p) = q_{(\alpha;p,N-k)} S_{\bar{y}_{i.}}.$$

(5) 선형대비(linear contrast)

일반적으로 처리평균들에 대한 한 비교는 처리평균들의 한 선형결합과 관련

된다:

$$D = \sum_{i=1}^{k} c_i \mu_i .$$

이 때 $\sum_{i=1}^{k} c_i = 0$ 이 성립한다면, 이 선형결합은 한 대비(contrast) 또는 선형대비라고 불린다. 즉, 선형대비란 계수합이 0인 처리평균들의 선형결합을 말한다. 우리는 대비가 0인지 검정하는데 관심이 있다. 즉 우리는 다음 가설쌍을 검정하려고 한다:

$$H_0: D = 0 \text{ 대 } H_1: D \neq 0 .$$

우리는 선형대비에 대한 검정을 위해 다음과 같은 통계량들을 사용할 수 있다.

$$C_m = \sum_{i=1}^{k} c_i \bar{y}_{i.}$$

또는

$$C_s = \sum_{i=1}^{k} \frac{c_i}{n_i} y_{i.} = \sum_{i=1}^{k} d_i y_{i.}$$

처리합을 사용한 통계량 C_s 에서는 $\sum_{i=1}^{k} d_i n_i = 0$ 이 성립해야 한다. 물론 균형설계라면, 처리평균을 사용하건 처리합을 사용하건 계수합이 0이면 된다. 이런 조건이 만족될 때, 선형대비에 대응되는 표본통계량들도 역시 선형대비라고 불린다.

표본합을 사용한 대비에 대한 제곱합은 다음과 같이 주어지며, 자유도는 1이다:

$$\frac{C_s^2}{\sum_{i=1}^{k} n_i d_i^2} .$$

대비에 대한 검정은 대비제곱합을 MSE와 비교함으로써 수행된다. 이 통계량은 영가설이 사실이라면 F(1,N-k)를 따른다.

| 과제 | C_m 과 C_s 의 분포를 찾아보아라. 이로부터 위 가설에 대한 다른 검정을 제시해 보아라.

다중비교에서 쌍별비교는 선형대비의 특별한 경우이다. 선형대비는 인자효과보다는 모평균을 중심으로 생각한다. 원칙적으로 다중비교가 모평균들의 사후 비교를 시도하는 것이라면, 대비는 사전에 계획된 모평균들간의 비교를 위한 것이다.

(6) 직교대비(orthogonal contrasts)

직교대비란 선형대비의 특별한 경우로 한 쌍의 선형대비에 대해 정의되는 개념이다. 즉, 한 쌍의 선형대비에 대하여 그 계수벡터들이 직교할 때 (즉 두 계수벡터들의 내적이 0일 때), 두 선형대비는 직교대비라고 불린다:

k 개의 처리가 있을 때 $k-1$개의 직교대비가 존재한다. 이는 제곱합을 직교대비의 개수만큼 분해할 수 있다는 것을 뜻한다. 이 때 직교대비의 계수벡터집합은 유일하게 주어지는 것이 아니고 필요에 따라 선택할 수 있는데, 그 중 가장 쓸모가 있는 것은 아마도 직교다항분석(orthogonal polynomial analysis) 또는 경향분석(trend analysis)일 것이다.

11.2.11 랜덤효과모형

우리는 지금까지 처리효과를 상수로 가정한 상수효과모형 (11.3)을 다루어왔다. 그런데 실험자는 가능한 수준수가 매우 많은 인자에 관심을 가질 경우가 있다. 만일 k 수준들이 인자수준들의 모집단으로부터 랜덤하게 선택된다면, 그 인자는 랜덤하다고 일컬어진다. 실험에 실제로 사용된 인자의 수준들이 랜덤하게 선택되었기 때문에, 우리는 인자수준들의 모집단에 대한 추론을 할 수 있다. 우리는 인자수준들의 모집단이 무한이거나 무한이라고 간주될 수 있을 만큼 크다고 가정할 것이다.

이와 같이 고려하고 있는 인자의 수준을 랜덤하게 선택해야 하는 상황이라면 처리효과를 상수로 볼 수 없을 것이다. 우리는 이런 경우에 다음과 같은 통계적 모형을 사용할 수 있다:

$$y_{ij} = \mu + \alpha_i + \epsilon_{ij},\ i = 1, \ldots, k,\ j = 1, \ldots, n,$$

여기서 처리효과 α_i와 오차항 ϵ_{ij}는 모두 확률변수들이다. α_i가 분산 σ_α^2를 가지고 ϵ_{ij}와 독립이라면, 아무 관측의 분산은 다음과 같이 주어진다:

$$V[y_{ij}] = \sigma_\alpha^2 + \sigma^2.$$

분산들 σ_α^2과 σ^2는 분산성분들(variance components)이라고 불리며, 이 모

형은 분산성분(components of variance) 또는 랜덤효과(random effects) 모형이라고 불린다. 이 모형에 대한 가설들을 검정하기 위해 우리는 처리효과에 대해 $\alpha_i \sim IND\ N(0, \sigma_\alpha^2)$과, 랜덤오차항에 대해 $\epsilon_{ij} \sim IND\ N(0, \sigma^2)$을 가정한다. 또 처리효과와 오차항의 독립성을 가정한다. 즉, 모든 i, j에 대해 $E[\alpha_i \epsilon_{ij}] = 0$.

랜덤효과모형에서 개별적인 처리효과들에 대한 가설은 무의미하다. 만일 각 인자수준의 효과에 차이가 없다면 모든 수준효과들의 값이 비슷할 것이고 따라서 수준효과의 분산은 0에 가까운 값이 될 것이다. 그러나 수준효과에 차이가 있다면 수준효과의 분산은 커질 것이다. 따라서 랜덤효과모형에서 인자효과를 검정하기 위한 가설은 다음과 같이 표현될 수 있다:

$$H_0:\ \sigma_\alpha^2 = 0 \text{ 대 } H_1:\ \sigma_\alpha^2 > 0.$$

이 가설쌍을 검정하기 위해서 별다른 분산분석이 필요한가? 다행스럽게도 그 대답은 아니라는 것이다. 우리가 상수효과모형에서 사용했던 제곱합분해는 이 가설쌍을 검정하는 데에도 여전히 유효하다:

$$TSS = SSTR + SSE.$$

상수효과모형에서와 같이 SSE/σ^2는 $\chi^2(N-k)$를 따르며, 영가설하에서 $SSTR/\sigma^2$는 $\chi^2(k-1)$를 따른다. 이 두 통계량들은 서로 독립이므로 영가설이 참이라면, 다음과 같이 정의되는 검정통계량 F_0는 $F(k-1, N-k)$를 따른다:

$$F_0 = \frac{SSTR/(k-1)}{SSE/(N-k)} = \frac{MSTR}{MSE}.$$

우리는 이 평균제곱들의 비가 위 가설쌍을 검정하기에 적절하다는 것을, 다음과 같은 평균제곱들의 기대값들로부터 확인할 수 있다:

$$E[MSTR] = \sigma^2 + n\sigma_\alpha^2,$$
$$E[MSE] = \sigma^2.$$

랜덤효과모형에 대한 계산절차와 분산분석표는 상수효과모형에서와 다름이 없다. 그러나 그 결론은, 전체 처리들의 모집단에 적용될 수 있기 때문에, 상당히 다르다.

우리는 대개 분산성분들(σ_α^2과 σ^2)을 추정하는데 관심을 가진다. 우리가 σ_α^2

과 σ^2를 추정하기 위해 사용하는 절차는 "분산분석법" 이라고 불리는데, 그 이유는 이 절차가 분산분석표를 사용하기 때문이다. 분산분석법에 의한 분산성분추정절차는, 단순히 EMS들을 해당하는 제곱합들과 등식으로 놓고 분산성분들을 푸는 것이다: 즉,

$$MSTR = \sigma^2 + n\sigma_\alpha^2$$
$$MSE = \sigma^2$$

로부터 우리는 다음과 같은 분산성분들에 대한 추정량들을 얻는다:

$$\widehat{\sigma^2} = MSE,$$
$$\widehat{\sigma_\alpha}^2 = (MSTR - MSE)/n.$$

표본크기가 동일하지 않은 경우에는 n 대신 다음과 같이 정의되는 n_0를 사용한다:

$$n_0 = \frac{N^2 - \sum_{i=1}^{k} n_i^2}{(k-1)N}.$$

참고로, 분산분석법에 의한 분산성분추정 절차는 정규성가정을 필요로 하지 않는다. 이 절차는 σ_α^2과 σ^2에 대한 최량이차불편(best quadratic unbiased) 추정량들을 낳는다. 즉 관측들에 대한 모든 불편 이차함수들 가운데, 이 추정량들은 최소분산을 가진다. 때로 분산분석법에 의한 분산성분 추정값이 음의 값을 가질 때가 있다.

예제 11.1 다음은 카펫 종류(carpet)에 따라 내구성(durability)을 비교한 데이터이다. (이 카펫 내구성 데이터는 sqcdata₩Exh_Aov.mtw에 저장되어 있다.) 분산분석을 통해 각 카펫 종류의 내구성의 평균이 서로 다른지 여부를 5% 유의수준으로 검정하라.

durability	carpet	durability	carpet	durability	carpet	durability	carpet
18.95	1	10.06	2	10.92	3	9.30	4
12.62	1	7.19	2	13.28	3	21.20	4
11.94	1	7.03	2	14.52	3	16.11	4
14.42	1	14.66	2	12.51	3	21.41	4

풀이 먼저 카펫 종류별 내구성 데이터에 대한 점도표로 그려서 시각적으로 비교해 보자. [도표 11.5(a)]의 점도표는 카펫 종류별로 내구성에 차이가 있는 것을 보

여주고 있다. 이제 분산분석표를 통해 그런 차이가 통계적으로 "유의한" 차이인지를(즉 통계적으로 구별할 수 있는 차이인지를) 검토해보자. [도표 11.5(b)]의 분산분석표에서 다음과 같은 가설쌍에 대한 F 검정의 p-값이 0.101로 계산되었다:

H_0 : 카펫 종류별 내구성이 모두 동일하다.

H_1 : 카펫 종류별 내구성이 모두 동일하지는 않다.

이 검정의 결과는 유의수준 α =0.1에서 카펫 종류별로 내구성이 모두 동일하다는 영가설을 가까스로 기각하지 못하게 한다. 따라서 우리는 다중비교를 통해 카펫 종류별 내구성에 아무런 차이가 없는지를 더 상세히 검토해 볼 필요가 있다. Hsu의 MCB 검정은 각 평균과 가장 좋은 평균(여기서는 카펫 4)간의 차이에 대한 신뢰구간을 구해준다. 여기서 우리는 실험별 오류율로 0.1을 사용하였다. 신뢰구간들을 검토해보면, 카펫 1, 3, 4는 신뢰구간이 양수를 포함하므로 이들의 내구성이 가장 좋다고 할 수 있다. 반면에 카펫 2는 신뢰상한이 0이므로, 카펫 2의 내구성이 가장 좋다는 증거는 없다고 결론을 내릴 수 있다.
끝으로 [도표 11.5(c)]의 잔차 히스토그램과 정규확률도를 보면 모형의 정규성 가정에 대한 재검토가 필요함을 시사한다.

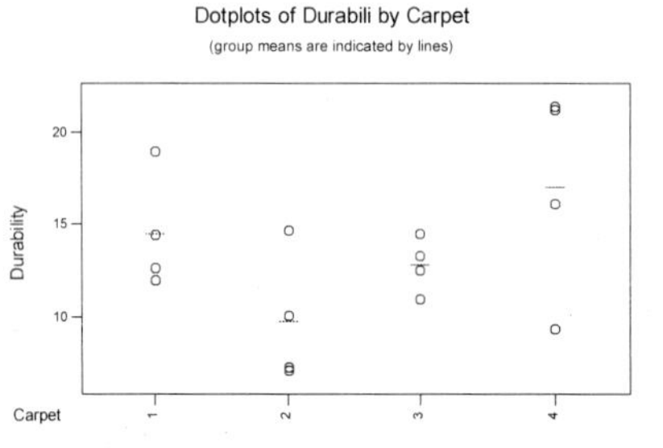


```
# Stat > ANOVA > Oneway
MTB > Oneway 'Durability' 'Carpet';
SUBC>   MCB 10 +1;
SUBC>  GDotplot;
SUBC>  GHistogram;
SUBC>  GNormalplot.
```

[도표 11.5(a)] 카펫 종류별 내구성의 점도표

[도표 11.5(b)] 미니탭에 의한 일원분산분석

```
One-way Analysis of Variance

Analysis of Variance for Durabili
Source     DF        SS        MS        F        P
Carpet      3     111.6      37.2     2.60    0.101
Error      12     172.0      14.3
```

```
Total       15      283.6
                                     Individual 95% CIs For Mean
                                     Based on Pooled StDev
Level       N       Mean     StDev   ---------+---------+---------+------
1           4     14.483     3.157            (-------*-------)
2           4      9.735     3.566   (-------*--------)
3           4     12.807     1.506         (-------*-------)
4           4     17.005     5.691                 (-------*-------)
                                     ---------+---------+---------+------
Pooled StDev=   3.786                    10.0      15.0      20.0

Hsu's MCB (Multiple Comparisons with the Best)

    Family error rate=0.100

Critical value=1.87

Intervals for level mean minus largest of other level means

Level          Lower    Center     Upper -+---------+---------+---------+-----
1             -7.527    -2.522     2.482          (--------*-------)
2            -12.274    -7.270     0.000 (-------*----------)
3             -9.202    -4.197     0.807      (-------*-------)
4             -2.482     2.522     7.527                (-------*--------)
                                         -+---------+---------+---------+-----
                                        -12.0     -6.0      0.0       6.0
```

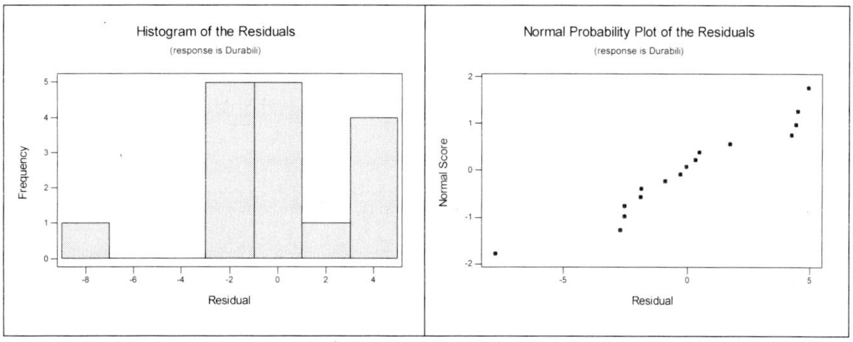

[도표 11.5(c)] 잔차 히스토그램과 정규확률도

11.3 평균분석

평균분석(analysis of means, ANOM)이란 여러 모평균들의 동일성을 검정하기 위해 관리도를 응용한 한 그래픽 방법으로서 분산분석의 한 대안으로 사용될 수 있다(Ott, 1967). ANOM은 모든 효과들이 고정효과들로 설계된 실험에서 주효과들을 검정하기 위해 개발되었다. 이 절차는 일원 설계들에 대해 사용된다. 평균처리효과분석(Analysis of Mean treatment Effects, ANOME)은 교차되고 포개어진 인자들을 가지는 고정/혼합 모형을 다룰 수 있도록 ANOM을 확장한 것이다(Schilling, 1973). ANOME는 이원 설계들에 사용된다. 우리는 앞으로 ANOM과 ANOME를 통털어 ANOM이라 부를 것이다.

외양면에서, ANOM 그래프는 슈하르트 관리도와 비슷하다: 즉 ANOM 그래프는 CL(중심선), UDL(의사결정상한, upper decision limit), 그리고 LDL(의사결정하한)으로 구성된다. 표준적인 슈하르트 관리도에서는 가장 최근의 데이터 점만이 관리한계선과 비교되는 반면에, ANOM은 전체적인 제1종 오류율(즉 실험오류율)에 대한 통제를 제공하도록 고안되었다.

기능면에서, ANOM은 모평균들의 차이를 탐지하기 위한 분산분석에 견줄만하다. 그러나 ANOM과 ANOVA는 몇 가지 중요한 차이점이 있다. 첫째, 그들이 검정하는 가설들은 동일한 것이 아니다. ANOVA는 처리평균들이 서로 다른지 여부를 검정한다. 반면에, ANOM은 처리평균들이 총평균과 다른지 여부를 검정한다. 이 두 분석은 대개 유사한 결과를 제공하지만, 상반된 결과를 가져올 때도 있다.

또 다른 차이점은 ANOVA는 데이터가 정규분포를 따른다는 가정을 하고 있는 반면에, ANOM은 데이터가 정규분포, 이항분포, 또는 프아송분포를 따르는 경우에 사용될 수 있다.

M 미니탭에서 ANOM은 반응변수가 정규분포, 이항분포, 또는 프아송 분포를 따르는 경우에 사용될 수 있다. 반응변수가 정규분포를 따르는 경우에는 균형된 일원 설계와 이원 설계가, 그리고 이항분포나 프아송분포를 따르는 경우에는 균형된 일원설계가 허용된다.

11.3.1 계량형 데이터에 대한 평균분석

(1) 인자가 하나인 경우

먼저 평균과 표준편차가 알려진 k개의 정규모집단들 $N(\mu_i,\ \sigma^2)$을 고려하자. 우리는 이 k개의 모집단으로부터 각각 크기가 n인 표본들을 뽑아서 k개의 부분군들을 형성하고, 이 부분군들의 평균들을 이용하여 k개의 모평균들을 비교하려고 한다. 평균분석에 의하면 의사결정선들은 다음과 같이 주어지며, 어느 한 점이라도 의사결정선 밖으로 나가면 총평균이 처리평균들과 다르다고 판정한다:

$$UDL = \mu + H_\alpha \frac{\sigma}{\sqrt{n}},$$
$$CL = \mu,$$
$$LDL = \mu - H_\alpha \frac{\sigma}{\sqrt{n}},$$

여기서 $\sigma / \sqrt{n}$ 는 $\overline{X}$ 의 표준편차이다. 그리고 H_α 는 k 개의 평균들 중 적어도 하나가 의사결정선 밖으로 나갈 확률—즉 실험오류율(experiment-wise error rate)—이 α 가 되도록 하는 계수값이다. 즉

$$P\left\{-H_\alpha < \frac{\overline{X}_i - \mu}{\sigma / \sqrt{n}} < H_\alpha,\ i = 1, 2, \ldots, k\right\} = 1 - \alpha.$$

아무 한 점 $\overline{X}$ 가 의사결정선 밖으로 나갈 확률을 α^* 라 하면 α 와 α^* 는 다음과 같은 관계를 가진다:

$$1 - \alpha = (1 - \alpha^*)^k,$$

또는

$$\alpha^* = 1 - (1 - \alpha)^{1/k}. \tag{11.5}$$

따라서 H_α 는 표준정규분포의 $(1 - \alpha^*/2)$ -분위수로 주어진다:

$$H_\alpha = z_{\alpha^*/2}.$$

평균과 표준편차를 모를 때는 의사결정선이 다음과 같이 약간 수정된다:

$$UDL = \overline{\overline{x}} + H_{\alpha,k,v} \frac{s}{\sqrt{n}} \sqrt{\frac{k-1}{g}},$$
$$CL = \overline{\overline{x}},$$
$$LDL = \overline{\overline{x}} - H_{\alpha,k,v} \frac{s}{\sqrt{n}} \sqrt{\frac{k-1}{g}},$$

여기서 s 는 표준편차의 합동추정량을 나타낸다: 즉, i 번째 부분군의 표본분산을 s_i^2 라 하면,

$$s = \sqrt{\sum_{i=1}^{k} s_i^2 / k}.$$

g 는 표준편차 s 를 구하는데 사용된 분산들의 수로서 이 경우에는 k 와 같다. n 은 각 비교집단의 표본크기를 나타낸다. $H_{\alpha,k,v}$ 는 등상관 다변량 비중심 t -분포로부터 얻어지는 계수값으로서 부록의 [도표 A.7]에 제시되어 있다: α 는 유의수

준, k는 비교집단수, 그리고 v는 s의 자유도 $g(n-1)=k(n-1)$를 나타낸다.

예제 11.2 [예 11.1]에서 다룬 카펫 내구성 데이터를 다시 고려하자. 평균분석을 통해 각 카펫 종류의 내구성의 평균이 총평균과 다른지 여부를 5% 유의수준으로 검정하라.

풀이 $\bar{\bar{x}}=13.5075$, $s=3.786$, $n=4$, $k=4$, $g=4$, $v=4(4-1)=12$, $H_{0.05,4,12}=2.85$이므로 의사결정선은 다음과 같이 주어진다:

$$UDL(LDL) = 13.5075 + (-)2.85(3.786)/\sqrt{4}\sqrt{3/4} = 18.1798(8.83525).$$

[도표 11.6]의 ANOM 그래프에서 보듯이 모든 카펫 집단의 평균이 의사결정선 안에 들어오므로 5% 유의수준에서 각 카펫 종류의 내구성의 평균이 총평균과 다르다고 할 수 없다.

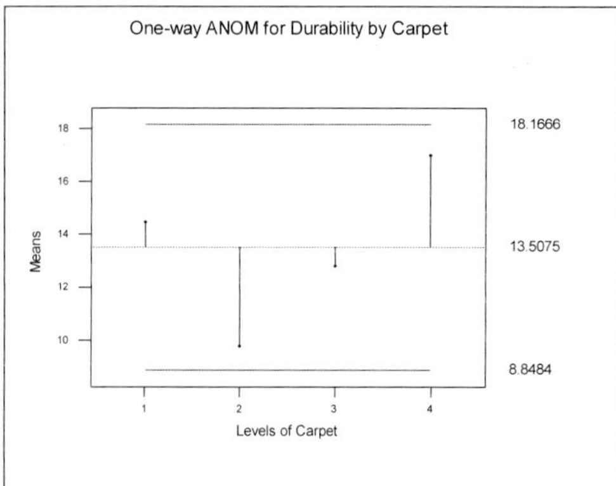


```
# STAT > ANOVA > Analysis of Means
MTB > ANOM 'durability' 'carpet';
SUBC>   Alpha 0.05;
SUBC>   Table.

Rows: Carpet

       Durabili Durabili Durabili
              N     Mean    StDev

1             4   14.483    3.157
2             4    9.735    3.566
3             4   12.807    1.506
4             4   17.005    5.691
All          16   13.508    4.349
                    (Pooled=3.786)
```

[도표 11.6] ANOM 그래프 – 카펫종류별 내구성

¶

(2) 인자가 둘인 경우

인자가 둘인 경우에는 상호작용효과와 주효과들에 대해 각각 평균분석을 실시한다. 이원 평균분석에서는 먼저 상호작용효과를 검토해 보아야 한다. 만일 상호작용효과가 유의하다면, 주효과들을 검토하는 것은 별 의미가 없다. 왜냐하면 한 인자의 효과는 다른 인자의 수준에 종속되기 때문이다. 인자 A의 수준수를 a로, 인자 B의 수준수를 b로, 각 수준조합에서의 반복수를 n으로 나타내자. 그러면 표준편차의 합동추정량 s는 다음과 같이 계산된다: (i,j)–칸의 표본분산을 s_{ij}^2로 나타내면,

$$s = \sqrt{\sum_{i=1}^{a}\sum_{j=1}^{b} s_{ij}^2 / (ab)}\ .$$

이제 다음과 같은 기호를 정의하자:

- g : 표준편차 s 를 구하는데 사용된 분산들의 수, $g=ab$
- v : s 의 자유도, $v=g(n-1)=ab(n-1)$

먼저 상호작용에 대한 의사결정선은 다음과 같이 주어진다:

$$UDL = t_{\alpha^*/2,v} \frac{s}{\sqrt{n}} \sqrt{\frac{q_I}{g}}\ ,$$
$$CL = 0\ ,$$
$$LDL = -t_{\alpha^*/2,v} \frac{s}{\sqrt{n}} \sqrt{\frac{q_I}{g}}\ ,$$

여기서 q_I는 상호작용효과의 자유도로서 $(a-1)(b-1)$이다. $t_{\alpha^*/2,v}$는 자유도가 v인 t-분포의 $(1-\alpha^*/2)$ 분위수이다: α^*는 식 (11.5)에서와 같다.

주효과들에 대한 의사결정선은 다음과 같이 주어진다:

$$UDL = \bar{\bar{x}} + H_{\alpha,k,v} \frac{s}{\sqrt{n}} \sqrt{\frac{q}{g}}\ ,$$
$$CL = \bar{\bar{x}}\ ,$$
$$LDL = \bar{\bar{x}} - H_{\alpha,k,v} \frac{s}{\sqrt{n}} \sqrt{\frac{q}{g}}\ ,$$

여기서 q는 주효과의 자유도로서 인자에 따라 $a-1$ 또는 $b-1$이다. $H_{\alpha,k,v}$는 등상관 다변량 비중심 t-분포로부터 얻어지는 계수값이다: k는 비교집단수로서 인자에 따라 a 또는 b, 그리고 α는 유의수준을 나타낸다.

예제 11.3 우리는 세 공정시간 수준(minutes)과 세 강도 수준(strength)이 밀도(density)에 미치는 효과를 평가하기 위한 실험을 하였다. 평균분석을 실시하여 공정시간과 강도의 상호작용효과와 주효과가 있는지 여부를 5% 유의수준에서 검정하라. (이 밀도 데이터는 sqcdata₩Exh_Aov.mtw에 저장되어 있다.)

```
Rows: Minutes      Columns: Strength

           1          2          3

10    0.0000     4.0000     7.0000
      5.0000     7.0000     8.0000
      2.0000     6.0000    10.0000
      4.0000     5.0000     7.0000

15    1.0000     6.0000    10.0000
      4.0000     7.0000     8.0000
      3.0000     8.0000    10.0000
      2.0000     7.0000     7.0000

18    2.0000     9.0000    12.0000
      4.0000     8.0000     9.0000
      5.0000    10.0000    10.0000
      4.0000     5.0000     8.0000
```

```
# Stat > Tables
#   > Descriptive Statistics

MTB > Table 'Minutes' 'Strength';
SUBC>    Data 'Density'.
```

풀이 의사결정선 계산에 공통적으로 사용되는 값들을 살펴보자: $a=3$, $b=3$, $n=4$, $\overline{\overline{x}}=6.2222$, $s=\sqrt{2.481}=1.5751$, $g=9$, s 의 자유도 $v=ab(n-1)=27$.

□ 상호작용효과를 위한 의사결정선

- 상호작용효과의 자유도 $q_I=(3-1)(3-1)=4$, 비교집단수 $k=3(3)=9$, $\alpha^*=1-(1-0.05)^{1/9}=0.0057$, $t_{0.0057/2,27}=3.0045$. 따라서

$$UDL(LDL)=(-)3.0045(1.5751)/\sqrt{4}\sqrt{4/9}=(-)1.57746.$$

□ 주효과들을 위한 의사결정선

- 공정시간: 비교집단수 $k=a=3$, 주효과의 자유도 $q=a-1=2$, $H_{0.05,3,27}=2.485$. 따라서

$$UDL(LDL)=6.2222+(-)2.485(1.5751)/\sqrt{4}\sqrt{2/9}=7.14477(5.29963).$$

- 강도수준: 비교집단수 $k=b=3$, 주효과의 자유도 $q=b-1=2$, $H_{0.05,3,27}=2.485$. 따라서

$$UDL(LDL)=6.2222+(-)2.485(1.5751)/\sqrt{4}\sqrt{2/9}=7.14477(5.29963).$$

먼저 [도표 11.7]에서 상호작용효과를 나타내는 맨 위의 그래프를 보면, 상호작용효과들이 모두 의사결정선의 훨씬 안쪽에 머무르는 것을 볼 수 있는데, 이는 상호작용효과가 유의하지 않다는 것을 나타낸다. 이제 주효과들을 보자. 인자 minutes의 세 번째 수준이 총 평균과 유의하게 다른 것으로 나타났다. 그리

고 인자 strength에서는 수준 1은 아래쪽으로, 수준 3은 위쪽으로 총 평균과 현저하게 다르게 나타났다.

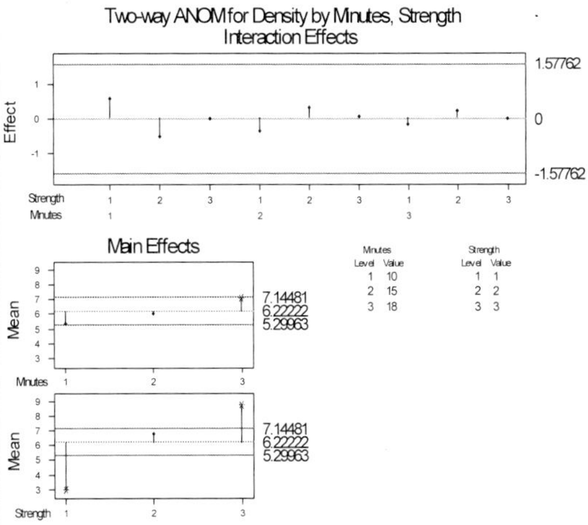


```
# STAT > ANOVA > Analysis of Means
MTB > ANOM 'Density' 'Minutes' &
CONT>    'Strength';
SUBC>   Alpha 0.05;
SUBC>   Table.

Rows: Minutes      Columns: Strength

           1       2       3     All

10         4       4       4      12
      2.7500  5.5000  8.0000  5.4167
      2.2174  1.2910  1.4142  2.7122

15         4       4       4      12
      2.5000  7.0000  8.7500  6.0833
      1.2910  0.8165  1.5000  2.9683

18         4       4       4      12
      3.7500  8.0000  9.7500  7.1667
      1.2583  2.1602  1.7078  3.0699

All       12      12      12      36
      3.0000  6.8333  8.8333  6.2222
      1.5954  1.7495  1.5859  2.9288
                       (Pooled=1.5751)
 Cell Contents —
      Density:N Mean StDev
```

[도표 11.7] ANOM 그래프—시간과 강도가 밀도에 미치는 효과

¶

Ⓜ 미니탭 13.32나 그 이전 버전과 함께 제공된 %ANOM 명령은 상호작용효과를 위한 ANOM 그래프를 작성할 때 잘못된 자유도를 토대로 의사결정선을 그어준다. 따라서 미니탭 홈페이지에서 수정된 %ANOM 명령을 내려 받아 교체할 필요가 있다.

11.3.2 계수형 데이터에 대한 평균분석

우리는 지금까지 반응변수가 정규분포를 따른다는 가정하에 일원 또는 이원 설계 데이터에 대한 평균분석을 다루었다. 그러나 반응변수가 계수형으로서 이항분포나 프아송 분포를 따르는 경우라도 정규근사가 가능하다면 평균분석이 적용될 수 있다. (이항 분포와 프아송 분포의 정규근사 조건에 대해서는 2.2.3 절을 참고하라.)

(1) 비율 데이터

이항분포를 따르는 데이터에서, 반응변수는 각 부분군에서 발견된 성공수(예컨대, 불량품수)가 된다. 이 때 균형설계가 되어야 하므로 부분군 크기는 일정해야 한다. 부분군 크기를 n, 부분군들의 수를 k, 그리고 i 번째 부분군에서 발견된 성공수를 x_i 로 나타내자. 그러면 i 번째 부분군의 성공률(예컨대, 불량률)은 $p_i = x_i / n$ 로 주어지고, 총 성공률 p' 은 $\bar{p} = \sum_{i=1}^{k} p_i / k$ 로 추정된다. 따라서 한 부분군의 랜덤 성공률 $p = x/n$ 의 표준편차는 $\hat{\sigma}_p = \sqrt{\bar{p}(1-\bar{p})/n}$ 로 추정된다.

이로부터 이항분포의 성공률(예컨대, 불량률)들을 비교하기 위한 평균분석에서 의사결정선은 다음과 같이 주어진다:

$$
\begin{aligned}
UDL &= \bar{p} + H_{\alpha, k, \infty} \sqrt{\frac{\bar{p}(1-\bar{p})}{n}} \sqrt{\frac{k-1}{k}}, \\
CL &= \bar{p}, \\
LDL &= \bar{p} - H_{\alpha, k, \infty} \sqrt{\frac{\bar{p}(1-\bar{p})}{n}} \sqrt{\frac{k-1}{k}},
\end{aligned}
$$

여기서 등상관 다변량 비중심 t-분포로부터 얻어지는 계수값 $H_{\alpha, k, \infty}$ 을 계산할 때 이항분포를 정규분포로 근사시켰으므로 자유도로 ∞를 사용하였다.

※ 실제로는 이항분포를 다루는 것보다 베르누이 분포를 다루는 것이 더 원초적이다. 즉, 성공률(예컨대, 불량률)이 알려진 k 개의 베르누이 모집단들 $BER(p_i)$ 을 고려하자. 우리는 이 k 개의 베르누이 모집단으로부터 각각 크기가 n 인 표본들을 뽑아서 k 개의 부분군들을 형성하고, 이 부분군들의 평균(즉 표본성공률)들을 이용하여 k 개의 성공률들을 비교하려고 하는 것이다.

예제 11.4 다음은 크기가 80인 11개의 표본들로부터 기각된 용접들의 수(weldrejects)이다. (이 데이터는 sqcdata₩exh_aov.mtw에 저장되어 있다.) 평균분석을 실시하여 각 표본의 용접 기각률이 평균기각률과 차이가 나는지를 5% 유의수준에서 검정하라.

3 6 8 14 6 1 8 1 8 10 1

풀이 [도표 11.8]의 이항 ANOM 그래프에서 네 번째 표본의 용접 기각률이 이례적으로 커서 의사결정상한을 벗어나고 있다. 따라서 모든 표본의 용접 기각률이 평균기각률과 같다고 할 수 없다. ($\bar{p}$ =0.075, k =11, $H_{0.05, 11, \infty}$ =2.83)

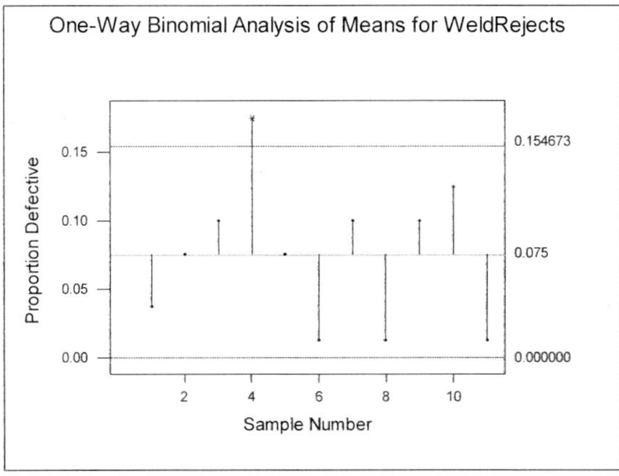


```
# STAT > ANOVA >
#   Analysis of Means
MTB > %BANOM 'WeldRejects' 80;
SUBC>   Alpha 0.05.
```

[도표 11.8] 이항 ANOM 그래프—용접 기각율

¶

(2) 계수 데이터

프아송 분포를 따르는 데이터에서, 반응변수는 각 표본에서 발견된 사건수(예컨대, 결함수)가 된다. 부분군들의 수를 k, 그리고 i 번째 부분군에서 발견된 사건수를 c_i로 나타내자. 그러면 각 부분군의 평균 사건수(결함수) c'은 $\bar{c} = \sum_{i=1}^{k} c_i / k$로 추정된다. 따라서 한 부분군의 랜덤 사건수 c의 표준편차는 $\hat{\sigma}_c = \sqrt{\bar{c}}$ 로 추정된다.

이로부터 프아송분포의 사건수(예컨대, 결함수)들을 비교하기 위한 평균분석에서 의사결정선은 다음과 같이 주어진다:

$$
\begin{aligned}
UDL &= \bar{c} + H_{\alpha,k,\infty} \sqrt{\bar{c}} \sqrt{\frac{k-1}{k}}, \\
CL &= \bar{c}, \\
LDL &= \bar{c} - H_{\alpha,k,\infty} \sqrt{\bar{c}} \sqrt{\frac{k-1}{k}},
\end{aligned}
$$

여기서 등상관 다변량 비중심 t-분포로부터 얻어지는 계수값 $H_{\alpha,k,\infty}$을 계산할 때 프아송분포를 정규분포로 근사시켰으므로 자유도로 ∞를 사용하였다.

예제 11.5 다음은 여덟 개 공장에서 납품한 LCD들의 표면에서 발견된 흠집수(flaws) 데이터이다. (이 데이터는 sqcdata₩exh_aov.mtw에 저장되어 있다.) 평균분석을 실시하여 각 공장의 흠집수가 평균 흠집수와 차이가 나는지를 5% 유의수준에서 검정하라.

풀이 프아송 ANOM 그래프에서 첫 번째와 여섯 번째 공장의 흠집수는 UDL을 벗어나고, 세 번째와 다섯 번째 공장의 흠집수는 LDL을 벗어나고 있다. 따라서 각 공장의 흠집수가 평균 흠집수와 동일하다고 할 수 없다. ($\bar{c}$ =135.375, k =8, $H_{0.05,8,\infty}$ =2.72)

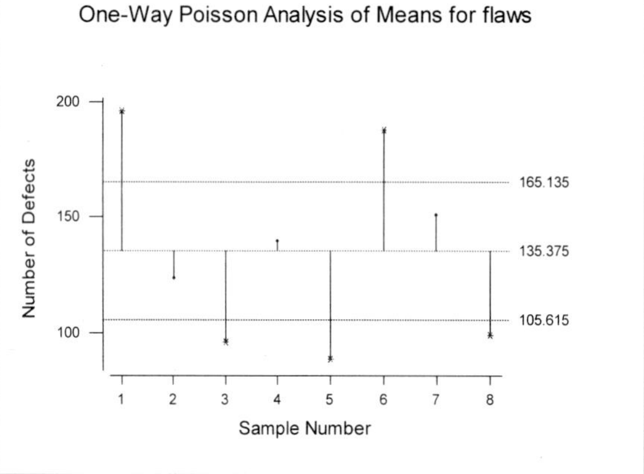


```
# STAT > ANOVA >
#   Analysis of Means
MTB > %PANOM 'flaws';
SUBC>   Alpha 0.05.
```

[도표 11.8] 프아송 ANOM 그래프—표면 흠집수

¶

□ ANOVA와 ANOM의 비교

대부분의 경우에 ANOVA와 ANOM은 비슷한 결과를 보일 것이다. 그러나 상황에 따라서는 두 분석의 결과가 다를 수 있다—예컨대, 평균들의 한 집단은 총평균보다 크고 평균들의 다른 한 집단은 총평균보다 작은 경우, 또는 한 집단의 평균이 다른 평균들로부터 분리된 경우 등. 일반적으로 ANOM은 단 한 집단의 평균만이 다른 집단들의 평균과 다를 때 ANOVA 보다 검정력이 더 좋은 것으로 알려져 있다.

ANOM의 가장 큰 장점은 직접 평균들을 그래프에 타점하여 분석하는 것이다. 이 밖에도 ANOM은 상호작용 효과를 시각적으로 확인할 수 있고 반응값에 영향을 주는 인자나 집단을 바로 알 수 있다.

11.4 연습문제

01 다음 용어나 개념을 설명하라.

(1) 실험설계의 기본원리들

(2) 실험설계법 가운데 배치법과 처리법

(3) 분산분석의 원리

(4) 분산분석에서 상수효과모형과 랜덤효과모형

(5) 추정가능함수

(6) 분산분석과 평균분석의 차이점

02 다음은 다섯 종류의 콘크리트 골재(concrete aggregate)에 대한 콘크리트의 습기 흡수량(moisture absorption)을 여섯 번씩 측정한 데이터이다. 각 골재의 습기 흡수량이 총평균 흡수량과 다르다고 할 수 있는지 ANOM분석을 실시하라. (이 콘크리트 데이터는 sqcdata₩concrete.mtw에 저장되어 있다.)

Row	aggre1	aggre2	aggre3	aggre4	aggre5
1	551	595	639	417	563
2	457	580	615	449	631
3	450	508	511	517	522
4	731	583	573	438	613
5	499	633	648	415	656
6	632	517	677	555	679

03 다음은 세 명의 작업자(Operator)가 네 개의 온도계(Thermometer)를 사용하여 하이드로퀴닌이 녹는 점(MeltingPt)을 2번씩 측정한 데이터이다. 평균분석을 실시하여 작업자와 온도계의 상호작용효과와 주효과가 있는지 5% 유의수준에서 검정하라. (이 하이드로퀴닌 데이터는 sqcdata₩hydroquinine.mtw에 저장되어 있다.)

Rows: Operator   Columns: Thermome

	1	2	3	4
1	174.00	173.00	171.50	173.50
	173.50	173.50	172.50	173.50
2	173.00	172.00	171.00	171.00
	173.00	173.00	172.00	172.00
3	173.50	173.00	173.00	172.50
	173.00	173.50	173.00	173.00

Chapter 12

다구찌 품질공학

다구찌 품질공학은 다구찌(Genichi Taguchi) 박사에 의해 개발된 공정관리와 품질개선을 위한 새로운 접근방법이다. 다구찌 방법론은 제품/공정 설계 인자들과 성능간의 복잡한 인과관계를 체계적으로 다룸으로써 개발기간단축과 제조성에서 탁월한 성과를 보여 왔다. 다구찌 방법론은 품질손실함수, 신호-잡음비, 직교배열표 사용을 특징으로 한다. 머리맞대기(brainstorming)는, 다른 절차에서도 그렇지만, 다구찌 절차에서 특히 중요한 단계이다. 이 단계에서 연구의 목적, 바람직한 아웃풋 특성들, 측정 방법들, 문제에 대한 적절한 실험들이 논의되고 결정된다.

12.1 다구찌의 품질개념

다구찌 방법론의 품질에 대한 정의는 고객 중심적 또는 더 나아가 사회적이다: 즉 "품질은 제품이 출하된 때부터 사회에 끼치는 손실이다.(Quality is the loss imparted to the society from the time the product is shipped.)" 여기서 손실은 기업 평판을 떨어뜨리는 고객 불만을 포함한다. 다구찌는 품질과 관련하여 다음과 같은 개념들을 제안하였다:

(1) 품질은, 검사에 의해서가 아니라, 설계에 의해 처음부터 제품에 심겨져야 한다. 품질개선은 제품이나 공정의 설계 단계에서 발생해야 하며, 생산 단계를 통해 구현되어야 한다. 품질은 예방에 의해 개발되어야 한다. 문제점들은 근원에서부터 다루어져야 한다.

(2) 품질은, 규격에 대한 합치 실패가 아니라, 목표로부터의 편차를 최소화함으로써 가장 잘 달성된다. 제품은 잡음이나 습기와 같은 통제할 수 없는 환경에 강건하고 영향을 받지 않도록 설계되어야 한다. 변동을 줄이는 것이 품질개선에 핵심적이다. 중요한 인자들에 대한 목표값들을 특정하고 제조과정이 아주 작은 편차 내에서 그 목표값들을 달성하도록 할 수 있다면, 품질은 크게 개선된다.

(3) 품질이 제품의 성능이나 특성에 토대를 두어서는 아니 된다. 한 제품의 성능과 특성이 품질과 관련이 될 수는 있지만, 품질의 토대가 될 수는 없다. 성능은 제품 능력의 측도가 되어야 한다.

(4) 좋은 품질의 제품이란 성능특성값이 이상치(ideal value) 즉 목표값(target value)을 중심으로 작은 성능변동을 보여주는 제품이다. 제품의 성능을 결정짓는 주된 품질특성을 성능특성(performance characteristic)이라고 하며, 성능특성의 변동을 성능변동(performance variation)이라고 한다. 다구찌 방법에서는 목표값과 허용차 형태로 계량형 성능특성에 대한 규격을 나타내는데, 이는 손실이 제품의 성능특성값이 목표값에서 멀어짐에 따라 더 커진다고 보기 때문이다.

(5) 품질비용은 제품성능 변동과 시스템 관점에서 측정된 손실의 함수이어야 한다. 주어진 설계인자들로부터, 한 목표로부터의 편차들은 그 제품의 전체적인 수명주기의 관점에서 측정된다. 이것은 재작업, 검사, 반품, 그리고 제품 교

환을 포함한다. 이 비용들은 어떤 인자들이 조절을 필요로 하는지에 대한 지침을 제공한다.

12.2 품질손실함수

다구찌의 품질에 대한 정의는 다음과 같이 재표현될 수 있다: "품질은 제품이 출하된 후부터 사회에 재정적 손실을 입히지 않는 것이다." 실제 손실은 제품의 기능적 손실과 같은 직접적 손실이거나 공해, 시간, 소음 등과 같은 간접적 손실일 수도 있지만, 그 전체적 효과는 재정적 손실로 측정된다. 우리는 제품 품질과 관련하여 손실을 두 가지로 분류해 볼 수 있다:

- 사회에 해로운 영향을 끼친 결과로 초래되는 손실
- 기능적 성능의 과도한 변동 때문에 초래되는 손실

품질비용을 추정하는 전통적 방법은 불합격되거나 재작업이 이루어진 개체의 수를 토대로 하고 있다. 이 방법은 모두 규격한계 내에 있지만 성능특성의 분포가 다른 개체들을 구별할 수 없었다.

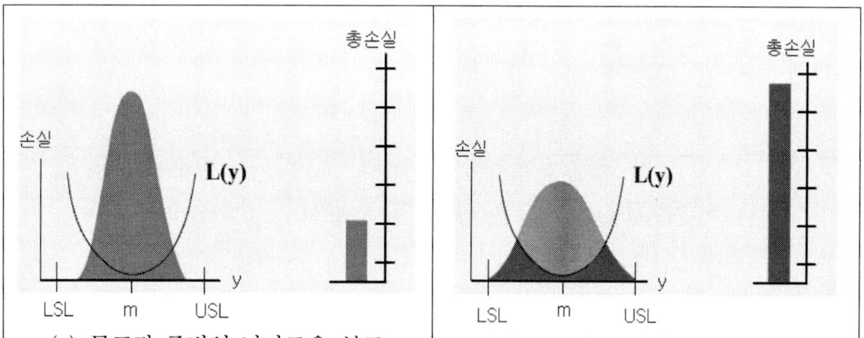

(a) 목표값 주변의 날카로운 분포 (b) 목표값 주변의 투박한 분포

[도표 12.1] Taguchi의 품질손실함수

[도표 12.1]은 손실함수를 성능특성의 목표값 m 으로부터 편차의 함수로 나타내고 있다. (a)와 (b) 모두에서 성능 특성이 규격한계 내에 분포하고 있지만

(a)와 (b)는 총손실에서 큰 차이를 보이고 있다. 특히 다구찌는 성능변동으로 인한 손실이 성능특성과 목표값간의 편차의 제곱에 비례하는 것으로 파악하였다. (a)와 같이 성능특성이 목표값 주변에 날카롭게 분포하고 있는 경우에 비해 (b)와 같이 목표값 주변에 투박하게 분포하고 있는 경우의 총손실은 포물선적으로 증가한다.

손실함수가 이차함수이므로 총손실은 목표값으로부터의 편차가 증가함에 따라 포물선적으로 증가한다. 이로부터 "명목규격에로의 최근접화"와 "명목규격 주변의 변동 최소화"라는 다구찌 품질공학의 가장 중요한 철학 또는 전략이 나온다.

예제 12.1 (SONY-Japan와 SONY-USA의 TV 색상밀도) [도표 12.2]는 설계와 허용차는 동일하지만 품질목표가 다르게 제조된 TV들의 색상밀도의 분포를 나타내고 있다. SONY-USA의 품질분포는 선별(screening)에 의한 품질관리의 직접적인 결과이다. 그들은 허용차($m \pm 5$)를 품질목표로 삼았다. 그들이 생산한 TV들은 모두 허용차 안에 들어갔으며 균일분포에 근사했다. 동일한 제품을 생산하는 SONY-Japan은 제품성능을 직접 목표값(m)에 맞추려고 하였다. SONY-Japan에 의해 생산된 TV는 대략 정규분포를 따랐으며 0.27% 정도가 허용한계를 벗어났다. 이는 목표 m에 가능한 한 가까이 다가가려는 의식적인 노력에 기인한다.

소비자선호도 조사결과 SONY-Japan의 제품이 더 선호되었다. 이로부터 우리는 소비자의 선호도를 불량률로는 설명할 수 없으며 허용차내의 제품도 품질손실을 발생시킴을 알 수 있다. (실제로 색상밀도가 목표값에 더 가까울수록 등급이 높아지며, SONY-Japan 제품의 등급이 평균적으로 더 높다.) 이런 손실은 제품 판매와 평판에 큰 영향을 미친다. 따라서 품질손실함수는 허용차내의 손실도 측정할 수 있어야 한다.

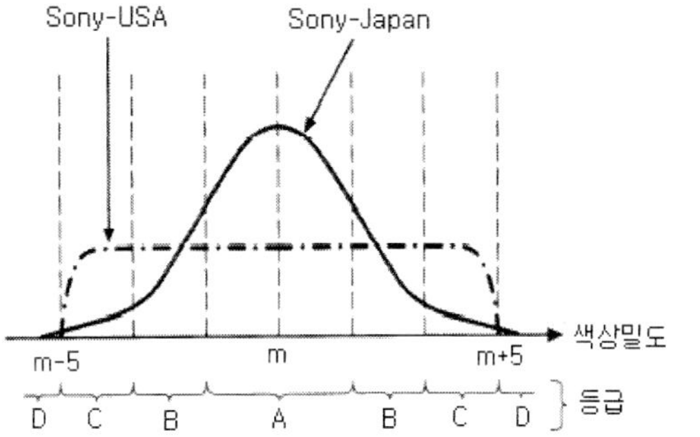

[도표 12.2] TV의 색상밀도의 분포

성능특성은 망목 특성, 망대 특성, 그리고 망소 특성으로 나누어 볼 수 있다. 따라서 성능변동에 따른 손실함수의 형태도 이런 성능특성 유형에 따라 달라져야 한다.

(1) 망목특성의 손실함수 형태

성능특성을 y라 하고 y의 목표값을 m으로 나타내자. 그러면 성능변동에 따른 손실함수 $L(y)$는 다음과 같이 근사될 수 있다:

$$L(y) = k(y - m)^2, \tag{12.1}$$

여기서 상수 k는 품질손실계수(quality loss coefficient)라 불린다. 이 때 단위 제품당 기대손실은 다음과 같이 주어진다:

$$E[L(Y)] = kE[(Y - m)^2]. \tag{12.2}$$

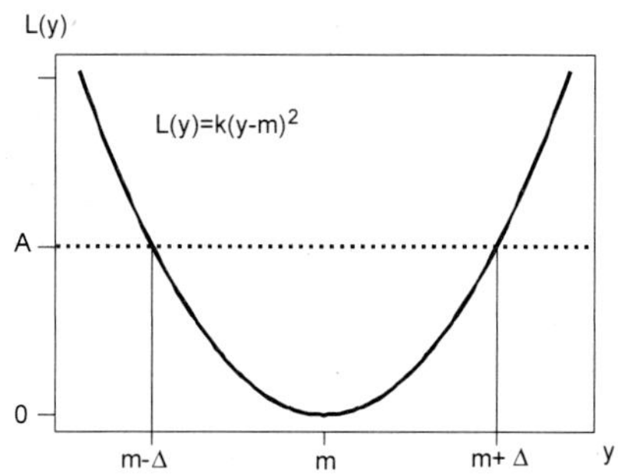

δ

[도표 12.3] 망목특성의 품질손실함수

---

* 손실함수가 반드시 대칭적일 필요는 없다.

관 찰 식 (12.2)에서 $E[(Y - m)^2]$는 목표값 m에 대한 Y의 평균제곱오차(MSE)이며, 이는 Y의 분산과 제곱편향의 합으로 표현된다:

$$E[(Y - m)^2] = \sigma_Y^2 + (\mu_Y - m)^2.$$

따라서 식 (12.2)의 단위당 기대손실은 다음과 같이 표현될 수 있다:

$$E[L(y)] = k\sigma_Y^2 + k(\mu_Y - m)^2. \tag{12.3}$$

일반적으로 이런 품질손실의 두 성분가운데 편향성분을 제거(감소)시키는 것이 더 쉽다. 분산 성분을 감소시키기 위해서는 다음과 같은 방법들을 사용할 수 있다: 불량품 선별, 기능부전의 원인제거, 강건설계법.

▪ 품질손실계수 k의 결정

품질손실계수 k를 결정하는 것은 쉬운 일이 아니다. k를 결정하기 위한 한 가지 편리한 방법은, 성능특성 y의 기능한계값(functional limits)과 그 때의 손실을 이용하는 것이다. 기능한계값이 $m \pm \Delta$이고, 그 때의 손실이 A라 하자. 식 (12.1)과 [도표 12.3]으로부터

$$k = A / \Delta^2 \qquad (12.4)$$

(2) 망소특성의 손실함수 형태

망소특성에서 목표값 m은 0이다. 따라서 손실함수와 기대손실은 각각 다음과 같이 주어진다:

$$L(y) = ky^2, \qquad (12.5)$$

$$E[L(Y)] = kE[Y^2] = k(\sigma_Y^2 + \mu_Y^2). \qquad (12.6)$$

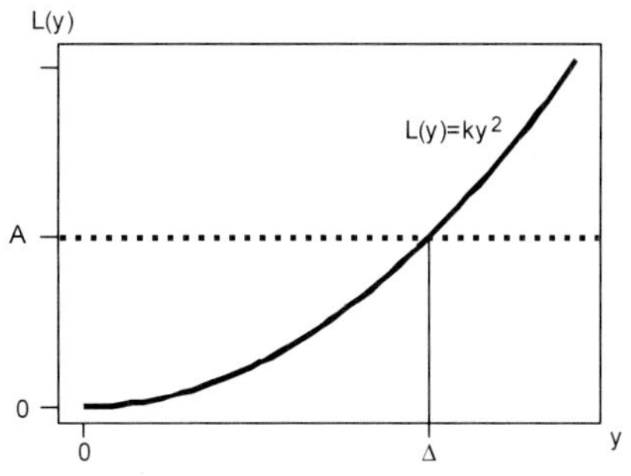

[도표 12.4] 망소특성의 품질손실함수

▪ 품질손실계수 k. 기능한계값이 Δ이고, 그 때의 손실이 A라 하자. 식 (12.5)와 [도표 12.4]로부터

$$k = A / \Delta^2. \qquad (12.7)$$

(3) 망대특성의 손실함수 형태

망대특성은 망소특성과 역수관계에 있다. 따라서 손실함수와 기대손실은 각

각 다음과 같이 주어진다:

$$L(y) = k/y^2, \tag{12.8}$$

$$E[L(Y)] = kE[1/Y^2] = k(1/\mu_Y^2)(1+3\sigma_Y^2/\mu_Y^2). \tag{12.9}$$

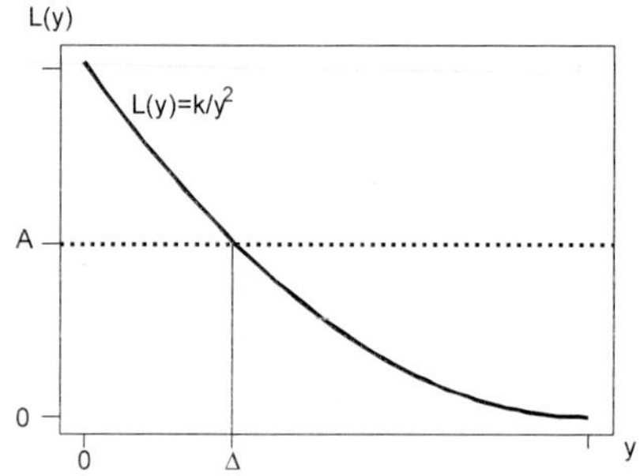

[도표 12.5] 망대특성의 손실함수

- 품질손실계수 k. 기능한계값이 Δ 이고, 그 때의 손실이 A 라 하자. 식 (12.8)과 [도표 12.5]로부터

$$k = A\Delta^2. \tag{12.10}$$

예제 12.2 ([예 12.1], 계속) TV 색상밀도 문제에서, 목표값은 m 이고 규격은 $m \pm 5$ 이었다. 색상밀도가 규격한계에 위치할 때 손실비용은 4 단위로 추정되었다. SONY-USA의 품질은 평균이 m 이고 분산이 25/3인 균일분포로, SONY-JAPAN의 품질은 평균이 m 이고 분산이 25/9인 정규분포로 근사되었다. 두 공장의 단위 제품당 기대손실을 비교해보자.

풀이 먼저 품질손실계수는 식 (12.4)로부터 $k = 4/5^2 = 0.16$로 추정된다. 그러면 두 공장의 단위제품당 기대손실은 식 (12.3)으로부터 다음과 같이 추정된다:

- SONY-USA: $E[L(Y)]$ =0.16(25/3)=1.33,
- SONY-JAPAN: $E[L(Y)]$ =0.16(25/9)=0.44.

즉 SONY-JAPAN의 품질손실은 SONY-USA의 품질손실보다 더 낮다. 이는 다구찌 품질손실이 현실—SONY-JAPAN의 TV가 SONY-USA의 TV보다 선호되고 있는 현실—을 잘 반영하고 있다는 하나의 사례이다. ¶

12.3 강건설계

강건설계는 성능, 품질, 그리고 비용에 대한 설계 인자들의 최적 구성을 결정하기 위한 다구찌 박사의 접근법이다. 강건설계법은 설계인자들의 근사적 최적 조합—즉 제품이 기능적이고, 높은 성능수준을 보이고, 잡음인자들에 강건한 인자수준의 조합—을 찾기 위한 체계적이고 효율적인 방법을 제공한다. 잡음인자란 통제할 수 없거나 통제하기에 너무 비싼 인자들을 말한다.

시스템에 대한 적절한 설계를 통해서 공정은 변동에 둔감해질 수 있고, 따라서 불합격이나 재작업과 같은 값비싼 결말을 피할 수 있게 된다. 변동을 일으키는 인자들의 효과를 계량화하고 최소화하기 위해서 다구찌는 설계단계를 다음과 같은 삼단계 과정으로 제안하였다: 시스템 설계(system design), 인자 설계(parameter design), 그리고 허용차 설계(tolerance design, 공차설계).

시스템 설계에서, 설계자는 제품이나 공정의 초기 설계를 얻기 위해 그 공정에 대한 지식을 사용한다. 인자설계의 목적은 제품이나 공정의 인자들의 값을 적절히 선택하는 것이다. 허용차 설계에서는 제품이나 공정의 품질을 개선하기 위해 신뢰성이 낮은 부품들을 높은 품질의 부품들로 교체한다.

P-도표

[도표 12.6]의 P-도표(P-diagram)를 보자.(여기서 P는 parameter를 뜻한다.) P-도표는 모든 개발 프로젝트의 필수품이다. 먼저 설계 개념과 관련된 신호(인풋)와 반응(아웃풋)을 찾는다. 예컨대, 한 사무실의 냉방시스템을 설계하

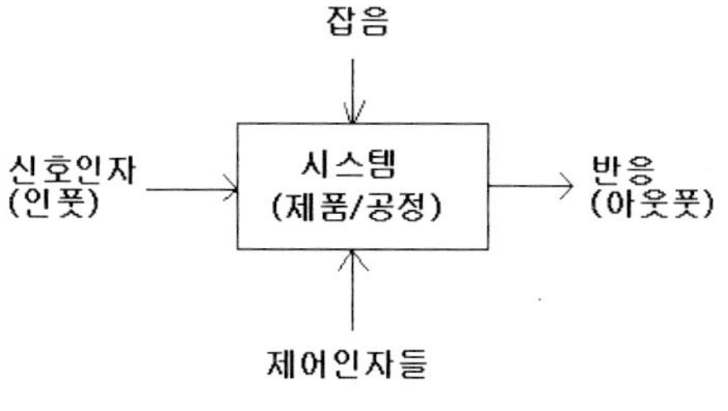

[도표 12.6] 동적 문제에 대한 P-다이어그램

는 문제에서 자동온도 조절장치 설정은 신호인자이고 그 결과로 나타나는 사무실의 온도는 반응이다.

이번에는 설계자의 제어 밖에 있는 인자들을 고려하자. 이런 인자들은 잡음

인자라고 불린다. 냉방시스템 예에서 밖의 온도, 창문의 개폐, 실내의 사람수 등은 잡음인자들이다. 설계자에 의해 특정될 수 있는 인자들은 제어인자라고 불린다. 냉방시스템 예에서 레지스터들의 수, 그들의 위치, 공기조절장치의 크기, 단열재 등은 제어인자들이다.

인자들

- 신호인자들(signal factors)은 제품을 사용할 때 사용자가 원하는 성능을 얻기 위하여 조절할 수 있는 인자이다. 선풍기의 속도조절, 자동차 운전대 각도, 라디오 주파수 조정 등이 신호인자의 예이다.
- 제어인자들(control factors)은 설계자에 의해 설정되며 사용자에 의해 직접 바뀔 수 없는 인자들이다. 잡음인자들이 반응변수에 미치는 효과를 최소화하는 제어인자들의 최적수준을 결정하는 것이 최적 설계이다. 제조비에 크게 영향을 미치는 제어인자는 특히 허용차인자(tolerance factor)라고 불린다. 장비세팅, 제품을 생산하는데 사용되는 물질의 종류, 제품설계특징들이 제어인자의 예이다.
- 잡음인자(noise factor)는 고객의 환경과 사용에 의해 변하는 인자로서 설계자는 거의 아무런 통제력을 가지고 있지 못하다. 대개 우리는 잡음인자의 통계적 특성만을 알 수 있다. 잡음인자는 반응(성능) y가 신호인자에 의해 의도된 목표값으로부터 벗어나게 하는 원인이 되며, 따라서 품질손실을 야기한다. 차에 적재한 물품들의 무게가 잡음인자의 예이다.

  잡음인자는 또 외부잡음(outer noise)과 내부잡음(inner noise)으로 나뉜다. 외부잡음은 기온, 습도, 압력, 또는 사람과 같은 환경인자들이다. 외부잡음은 외부로부터 변동을 유발한다. 내부잡음은 성능에서 개체간 변동을 일으키는 공정인자들이다. 이들은 열화, 마모, 퇴색, 수축, 건조 등과 같이 기능이나 시간과 관련되어 있다. 내부잡음은 내부로부터 변동을 유발한다. 그밖에, 외부 잡음이나 내부 잡음으로 원인을 돌릴 수 없는 제품간 또는 공정간 변동은 제품간 잡음(between-product noise)이라고 불리기도 한다.

시스템 설계

시스템 설계 또는 개념설계(concept design)란 사용될 제품이나 공정을 개념화하고 합성하는 것이다. 이 단계에서 설계 팀은 과학과 기술 분야의 새로운 착상·개념·지식을 활용하여 기능적·경제적 규격들을 만족시키는 원형 모형(prototype model)—즉 물질들, 부품들, 공정들, 그리고 설계인자들의 조합—

을 찾아내려는 시도를 하게 된다. 원형 모형은 분석중인 또는 개발중인 제품이나 공정의 구성과 속성을 정의한다. 이 초기 설계는 기능적일 수는 있지만 품질이나 비용 관점에서 최적과는 거리가 멀다.

- 이 단계에서 품질향상을 달성하려면 혁신이 필요하며 따라서 언제나 개선이 이루어지는 것은 아니다.
- 이 단계는 설계자의 경험과 기술이 중요한 역할을 하는 고도의 창조적 단계이다.

인자설계

인자설계는 성능 특성을 최적화하고 목표로부터의 변동을 야기하는 원인들—잡음들—에 대한 설계의 민감성을 감소시키는 설계인자들(design parameters)의 설정을 찾기 위한 단계이다. 이 단계에서는 제품이나 공정이 잡음에 어떻게 반응하는지 알아보기 위해 설계인자들이 실험적으로 분석된다. 이 실험의 목표는 시스템이 기능적이고, 넓은 범위의 조건 하에서 높은 성능 수준을 보이고, 잡음인자들에 강건하도록 제어인자들의 최적수준을 선택하는 것이다.

- 이 단계의 목표는 제조비에 영향을 미치지 않는 제어인자의 최적 조합, 즉 품질손실이 최소화되는 조합을 결정하는 것이다
- 이 단계의 목적은 모든 잡음인자에 대해 제품과 공정의 민감도를 최소화시키고, 최적 명목값을 정하는 것이다. 따라서 다구찌의 강건설계는 특히 인자설계를 가리키는 것이다.

허용차 설계(공차 설계)

허용차 설계는 인자설계 단계에서 찾은 제어인자의 최적 명목값 주위에 허용차들을 정하기 위한 과정이다. 허용차 설계는 인자 설계가 값비싼 특별한 부품이나 높은 공정 정확도 없이는 목표 성능에 도달할 수 없을 때 요구된다. 이 단계의 목표는 그들의 변동이 최종 시스템에 큰 부정적 영향을 미치는 인자들의 허용차들을 좁히려는 것이다. 일반적으로 허용차를 좁히면 비용이 크게 늘어난다—왜냐하면 더 좋은 물질, 부품, 기계 등이 필요하므로. 따라서 허용차 설계는 비용을 증가시킨다.

- 이 단계에서는 성능변동에 따른 품질손실의 감소와 제조비의 증가간에 절충이 이루어진다.
- 허용차설계는 인자설계에 의해 잡음에 대한 민감도가 최소화된 이후에 수행되어야 한다.

12.4 강건인자설계 단계의 최적화 도구들

다구찌 방법의 핵심은 인자설계이다. 인자설계의 주된 발상은, 인자들이 반응변수의 평균에 미치는 효과에 더하여, 인자들이 반응변수의 변동에 미치는 효과들에 초점을 맞추는 것이다. 우리는 어떤 인자들이 변동에 영향을 미치는지 알아냄으로써 변동을 줄이거나 잡음인자들의 변화에 둔감한 제어인자들의 명목값을 찾아낼 수 있기를 바란다. 이런 단계를 거쳐서 설계된 공정은 일관성이 있는 아웃풋들을 생산할 것이다. 또 이런 단계를 거쳐서 설계된 제품은 사용환경에 관계없이 일관성이 있는 성능을 보일 것이다.

인자 설계에서 최적화 문제는 두 가지 범주로 나누어진다: 정적 문제(static problems)와 동적 문제(dynamic problems).

□ 정적 문제

어떤 문제들은 [도표 12.6(1)]의 P-도표에서와 같이 신호인자가 없거나 고정된 값을 가지고 있다. 이런 정적 문제들에서는 최적화될 시스템이 아웃풋의 값을 직접 결정하는 몇 개의 제어인자들을 가지고 있다. 이 때 최적화는 아웃풋이 목표값이 되도록 제어인자들의 수준을 결정하는 것이다.

- 정적 문제에서는 반응 즉 성능특성이 신호인자에 따라 바뀌지 않는다. 이런 성능특성들은 정적 특성(static characteristics)이라고 불린다.

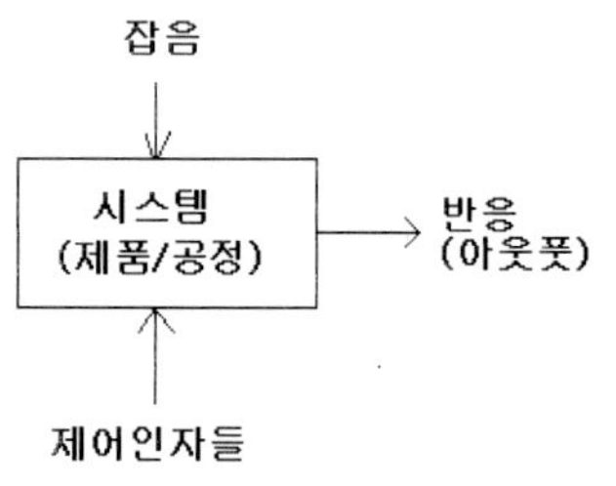

[도표 12.6(1)] 정적 문제에 대한 P-다이어그램

□ 동적 문제

어떤 다른 문제들에서는 [도표 12.6]의 P-도표에서 신호와 반응이 이상적 함수(ideal function)라고 불리는 함수관계를 따라야 한다. 냉방시스템 예에서 반응(실내온도)과 신호(설정된 온도)는 [도표 12.6(2)]과 같이 선형관계를 따라

야 한다. 이런 문제들은 동적 문제라고 불린다. 동적 문제에서는 최적화될 시스템이 아웃풋을 직접 결정하는 신호인풋을 가지고 있으므로, 최적화는 인풋과 아웃풋의 관계가 이상적 함수에 가장 근접하도록 제어인자들의 수준을 결정하는 것이다. 이 때 잡음이 존재하는 상황에서 아웃풋의 변동을 최소화한다는 다구찌 실험의 주목적은 인풋-아웃풋 관계의 선형성을 높임으로써 달성된다.

- 동적 문제에서는 반응 즉 성능특성이 신호인자에 따라 바뀐다. 이런 성능특성들은 동적 특성(dynamic characteristics)이라고 불린다.

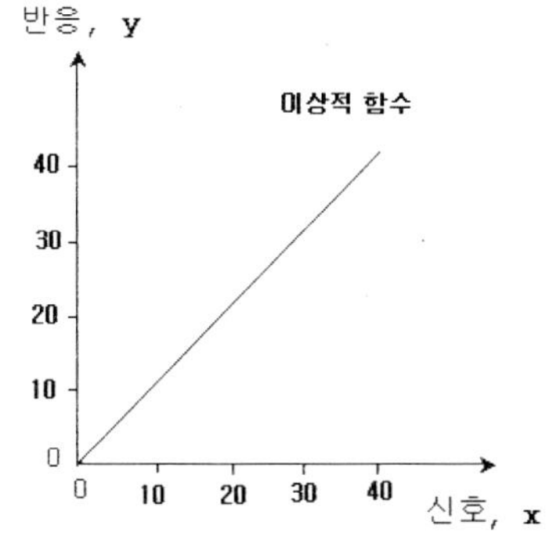

[도표 12.6(2)] 한 냉방시스템의 이상적 함수

신호-잡음비

인자설계단계는 제어인자의 최적수준을 결정하는 단계이다. 여기서 최적수준이란 목표값에 가까우면서 여러 잡음에 대한 영향이 최소가 되는 값을 말한다. 따라서 이를 달성하기 위해서는 성능분포의 평균과 산포를 동시에 고려해야 하는데, 다구찌는 통신이론에서 개념을 빌려온 신호-잡음비(signal-to-noise ratio, SNR)로 이를 해결하고 있다.

- 통신이론에서 신호-잡음비는 20배의 로그(진폭비) 또는 10배의 로그(에너지비)로 정의되며 단위는 데시벨(dB)이다. 다구찌는 통신이론에서와 같이 신호-잡음비가 클수록 바람직한 값이 되도록 정의하였다.
- 우리의 최적화 목표는 평균 수준을 목표값으로 유지하면서 신호-잡음비가 최대가 되는 인자 수준을 결정하는 것으로 귀착된다.

□ 신호-잡음비에 의한 인자분류

- 산포제어인자(dispersion control factors): 신호-잡음비에 영향을 크게 미치는 인자들. 신호-잡음비를 최대화시키는 인자 수준들을 찾는다.

- 척도인자(scaling factors): 평균과 표준편차가 비례하는 인자로서, 평균에는 큰 영향을 미치지만 SNR에는 거의 영향을 미치지 않는 인자.
- 평균조정인자(mean adjustment factor): 평균에 영향을 미치는 인자들 중에서 신호-잡음비에 가장 작은 영향을 미치는 인자. 우리는 평균조정인자를 사용하여 SNR에는 거의 영향을 미치지 않고 공정평균을 목표값으로 조정할 수 있다.
- 신호-잡음비나 공정평균에 영향을 미치지 않는 인자들. 이런 인자들은 원하는 값이나 조업에 편리한 아무 값으로 설정할 수 있을 것이다.

※ 신호-잡음비의 한 가지 문제점은 때때로 공정평균의 효과와 산포의 효과가 혼동(교락)된다는 것이다. 따라서 인자 효과들의 전체 그림을 얻으려면 반응변수를 다양한 형태—신호-잡음비, 평균, 표준편차 등—로 평가해 볼 필요가 있다

■ 정적문제들에 대한 신호-잡음비

정적 문제의 최적화를 위해서 흔히 고려되는 신호-잡음비에는 세 유형이 있다:

① 망목특성의 신호-잡음비

기대손실을 최소화하려면 MSE를 최소화해야 한다. 따라서 식 (12.2)로부터 신호-잡음비는 다음과 같이 정의될 수 있다:

$$SNR = -10\log_{10}\left(\sum(y_i - m)^2/n\right). \tag{12.11}$$

성능특성의 기대손실은 식 (12.3)에서 보듯이 k(분산)과 k(제곱편향)의 합이다. 제품의 기대손실을 최소화하려면 성능의 분산을 최소화하고 성능의 제곱편향을 최소화해야 한다. 성능의 분산은 잡음의 에너지로 해석될 수 있으며, 성능의 평균은 신호의 강도로 해석될 수 있다. 이로부터 다구찌는 신호-잡음비를 다음과 같이 정의하고 있다:

$$SNR = 10\log_{10}\frac{\bar{y}^2}{s_y^2} = 20\log_{10}\frac{\bar{y}}{s_y} = -10\log_{10}\left(\frac{s_y}{\bar{y}}\right)^2. \tag{12.12}$$

※ 식 (12.11)의 정의는 양수와 음수 데이터가 섞여 있는 경우의 신호-잡음비로 사용될 수 있다.

---

② 망소특성의 신호–잡음비

성능특성의 기대손실은 식 (12.6)에서 k(제곱합)임을 알 수 있다. 제품의 기대손실을 최소화하려면 성능의 제곱합을 최소화해야 한다. 이로부터 신호–잡음비는 다음과 같이 정의된다:

$$SNR = -10\log_{10}\left(\sum y_i^2 / n\right). \tag{12.13}$$

- 망소특성에서는 비례인자나 조정인자가 존재하지 않는다.

③ 망대특성의 신호–잡음비

성능특성의 기대손실은 식 (12.8)에서 k(역수의 제곱합)임을 알 수 있다. 제품의 기대손실을 최소화하려면 성능의 역수의 제곱합을 최소화해야 한다. 이로부터 신호–잡음비는 다음과 같이 정의된다:

$$SNR = -10\log_{10}\left(\sum (1/y_i)^2 / n\right). \tag{12.14}$$

예제 12.3 다음은 품질개선 활동 전후의 공정 데이터이다. 이 품질특성이 망목, 망소, 망대인 경우로 나누어 신호–잡음비를 비교하여 공정이 개선되었는지 판정해보자.

개선활동전	11.7	12.0	12.3	11.9	12.2	11.8	12.1	11.8	12.3	11.9
개선활동후	12.1	11.9	12.1	12.2	12.0	11.9	12.0	11.9	11.9	12.2

풀이 신호–잡음비를 구하기 위해 필요한 값들은 다음과 같이 요약될 수 있다:

	$\bar{y}$	s_y	$\sum y_i^2$	$\sum (1/y_i)^2$
개선활동전	12.0	0.216	1440.42	0.0695050
개선활동후	12.0	0.105	1440.10	0.0694588

먼저, 망목특성인 경우의 신호–잡음비는 다음과 같이 추정된다:

- 개선활동전: $SNR = -10\log_{10}(0.216/12.0)^2 = 34.8945$
- 개선활동후: $SNR = -10\log_{10}(0.105/12.0)^2 = 41.1598$

또 망소특성인 경우의 신호–잡음비는 다음과 같이 추정된다:

- 개선활동전: $SNR = -10\log_{10}(1440.42/10) = -21.5849$
- 개선활동후: $SNR = -10\log_{10}(1440.10/10) = -21.5839$

끝으로 망대특성인 경우의 신호-잡음비는 다음과 같이 추정된다:

- 개선활동전: $SNR = -10\log_{10}(0.0695050/10) = 21.5798$
- 개선활동후: $SNR = -10\log_{10}(0.0694588/10) = 21.5827$

이 결과를 종합하면, 이 품질특성을 망목특성으로 볼 경우는 개선활동후의 신호-잡음비가 현저히 증가한 것으로 판정된다. 그러나 이 품질특성을 망소특성이나 망대특성을 간주할 경우는 개선활동 전후의 신호잡음비가 거의 변하지 않은 것으로 판정된다. ¶

동적 문제들에 대한 신호잡음비

많은 동적 문제들에서 아웃풋은 사전에 예정된 방식으로(즉 이상적 함수관계대로) 인풋 신호를 따라야 한다. 다음 예들에서와 같이 이상적 함수로는 선형관계가 바람직하다: 자동차의 가속 페달, 오디오의 음량조절, 복사기의 확대·축소 기능([도표 12.6(2)] 참조).

이상적 함수가 선형 관계인 동적 문제들에는 두 가지 측도가 관심을 끈다: 선형관계의 민감도(기울기)와 선형관계의 강도. 이런 특성들에 대한 신호-잡음비는 다음과 같이 정의된다:

① 민감도

어떤 동적 문제들에서 선형함수의 기울기는 특정된 값을 가져야 하며, 이 기울기는 민감도로 해석될 수 있다. 아웃풋이 바람직한 특성일 때 이것은 망대특성으로 간주될 수 있으며 신호-잡음비는 다음과 같이 정의된다: 아웃풋을 종속변수로, 인풋을 독립변수로 삼아서 얻어진 최소제곱선의 기울기를 b 라 하면,

$$SNR = 10\log_{10}(b^2). \tag{12.15}$$

한편, 아웃풋이 바람직하지 않은 특성일 때 기울기는 망소 특성으로 간주될 수 있으며 신호-잡음비는 다음과 같이 정의된다:

$$SNR = -10\log_{10}(b^2). \tag{12.16}$$

② 선형성

대부분의 동특성들은 인풋과 아웃풋간에 직접적인 비례관계 즉 선형성을 가지도록 요구된다. 이런 유형의 문제는 변환(transformation)이라고 불린다. 선형성은 망대특성으로 간주될 수 있다. 선형성을 위한 신호-잡음비는 다음과 같

이 정의된다: 최소제곱선으로부터의 평균제곱편차(mean squared deviation)를 MSD로 나타내면

$$SNR = 10\log_{10}(b^2 / MSD). \tag{12.17}$$

우리는 참조신호를 고려하여 수정된 신호잡음비를 사용할 수도 있다:

$$SNR_{adj} = 10\log_{10}[(b^2 / MSD) - 1/r], \tag{12.18}$$

여기서 $r = \sum(signal - ref)^2$ 이고, ref =참조신호(또는 평균신호).

강건인자설계를 위한 실험설계

강건인자설계를 위해서 주로 사용되는 실험설계법은 두 가지이다: 내측-외측 배열 설계(inner-outer array designs)와 반복 두-수준 요인설계(replicated two-level factorial designs). 여기서는 내측-외측 배열 설계에 대해서만 다룰 것이다.

내측-외측 배열 설계를 위해서, 먼저 제어인자들과 이들을 연구하기 위해 사용할 실험설계를 확정한다. 이 설계는 내측 배열을 이룬다. 동시에, 잡음인자들과 이들을 연구하기 위해 사용할 실험설계를 확정한다. 이 설계가 외측설계이다. 그러면 내측-외측 배열 실험은 다음과 같이 수행된다: 내측배열에 의해 설정된 제어인자들의 각 수준 조합에서 모든 외측 배열에 대한 실험이 실시된다. 내측배열로는 직교배열이, 외측배열로는 직교배열이나 요인설계가 흔히 사용된다.

동적 문제에 대한 실험설계에는 신호와 반응간의 함수적 관계개선을 위해 다구찌 설계에 신호인자가 추가되어야 한다.

직교배열

직교배열(orthogonal arrays)은 라틴방격의 특수한 경우로서 다구찌가 강건설계를 위한 실험배치에 사용함으로써 널리 사용되기 시작하였다. 실험의 한 배열은 많은 인자들의 값이 동시에 바뀌는 실험들의 한 집합이다. 직교 배열은 성능에 영향을 미치는 모든 인자들에 대한 정보를 줄 수 있는 가장 적은 횟수의 실험이다. 직교성은 인자들이 독립적으로 평가될 수 있다는 것을 의미한다. 직교성을 위한 한 가지 대비는 균형된 실험이다. 직교배열의 백미는 각 실험을 위한 인풋 설계변수들의 수준조합을 선택하는데 있다. 직교배열은 다구찌 방법에서 쌍별 균형성을 유지하면서 실험 횟수를 최소화하기 위해 사용된다.

직교배열로부터 얻어진 결과들은 흔히 다음과 같은 목적을 위해 분석된다:

- 제품설계 단계에서 개별 인자들의 기여를 추정하기 위해
- 좋은 품질 특성들이 유지될 수 있도록 공정이나 제품의 최적 조건을 얻기 위해
- 최적 조건하에서 제품설계인자들의 반응을 근사시키기 위해

[도표 12.7]은 직교배열과 요인실험의 실험횟수를 비교하고 있다. 직교배열에 의한 실험의 설계와 분석에 대해서는 박(1986)을 참고하라.

[도표 12.7] 인자의 수와 수준별 직교배열과 요인실험의 실험횟수

2 수준			3 수준			혼합 수준			
인자수	직교배열	요인실험	인자수	직교배열	요인실험	인자수 2 수준	인자수 3 수준	직교배열	요인실험
3	4	8	4	9	81	3	1	12	24
7	8	128	13	27	1594323	1	7	18	4374
11	12	2048	40	81	∞	7	1	24	384
15	16	32768				11	12	36	∞
19	20	524288							

＊ 직교배열은 흔히 $L_8(2^7)$ 나 $L_9(3^4)$ 와 같이 표기되는데, 여기서 L 은 라틴 방격법을, 아래 첨자 8이나 9는 실험횟수를, ()안의 2나 3은 인자의 수준수를, 그리고 위첨자 7이나 4는 인자수를 나타낸다.

＊ 직교배열에 제시된 기본표시는 각 열에 배치된 효과 사이의 혼동(중첩) 관계를 나타낸 것으로 관심이 있는 효과와 혼동관계에 있는 효과들을 파악하는데 도움이 된다.

＊ 우리는 다음과 같은 직교 조건들을 사용하여 배열의 직교성을 측정할 수 있다:
- 직교조건 1: 각 열에서 각 수준이 같은 빈도로 나타난다.
- 직교조건 t : 아무 t 개 열에서 각 수준조합이 같은 빈도로 나타난다. $(t = 2, 3, \cdots)$

12.5 다구찌 강건설계의 사례연구

12.5.1 탄성측정 연결장치에 대한 인자설계: 정적문제

이제 Byrne & Taguchi(1987)이 소개한 사례를 통해 단계적으로 인자설계에 대한 다구찌 접근법을 살펴보자. 자동차 엔진에 사용되는 한 커넥터와 관련해서, 커넥터를 튜브에 조립하는 방법을 찾으려고 한다. 주 설계목적은 반응변수

(pulloff force)를 최대화하는 것이다. 아래 그림을 보자.

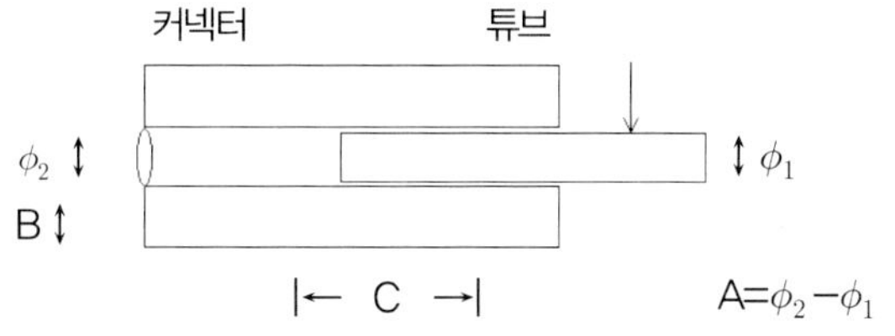

(단계 1) 인자들을 찾는다.

이 조립문제와 관련해서 네 개의 제어인자들과 세 개의 잡음인자들이 선정되었다. 먼저, 제어인자들은 커넥터의 안지름과 튜브의 바깥지름의 차이 즉 유극(A), 커넥터 벽의 두께(B), 튜브가 커넥터에 조립되는 깊이(C), 그리고 커넥터 사전-담금의 접착률(D)이다. 다음, 잡음인자들은 공기조절 시간(E), 공기조절 온도(F), 그리고 공기조절 상대습도(G)이다. 이 인자들과 관심영역의 수준들이 [도표 12.8]에 정리되어 있다.

[도표 12.8] 커넥터와 튜브의 인자와 수준들

제어인자들	수준		
	1	2	3
A: 유극	좁음	중간	넓음
B: 벽 두께	얇음	중간	두꺼움
C: 조립 깊이	얕음	중간	깊음
D: 접착률	낮음	중간	높음
잡음인자들	**수준**		
	1	2	
E: 시간	24 시간	72 시간	
F: 온도	72° F	150° F	
G: 상대습도	25%	75%	

제품설계와 공정설계 관점에서 보면, 인자 A와 B는 제품설계인자들이고 C-G 까지의 인자들은 공정설계인자들이다. 그러나 일상적인 운용과정에서 E-G 까지의 인자들은 제어가 불가능하므로 제품성능에 부정적인 영향을 끼치는 잡음인자로 선정되었다. 다행히 이 잡음인자들은 이 실험의 목적을 위해서는 제어될 수 있다. 이런 점에서 다구찌의 인자설계 접근법은 한 시스템의 강건성을 개선시키기 위한 제품과 공정 설계의 결정에 도움을 줄 수 있다.

(단계 2) 제어인자들과 잡음인자들이 성능에 미치는 효과를 파악하기 위해 실험을 실시한다.

제어인자들을 위한 내측배열로는 세 수준계 직교배열인 $L_9(3^4)$ 이, 잡음인자들을 위한 외측배열로는 두 수준계 직교배열인 $L_8(2^7)$ 이 선택되었다. [도표 12.9]의 내측배열에서 1, 2, 3은 [도표 12.8]에서 정의된 제어인자들의 세 수준을 가리킨다. 마찬가지로 [도표 12.9]의 외측배열에 제시된 1,2는 [도표 12.8]에서 정의된 잡음인자들의 두 수준을 나타낸다. [도표 12.9(b)]에서 E, F, G 열들만이 실제로 실험에 사용된다. 마지막 열인 e는 실험의 분산을 추정하는데 사용되고, 나머지 열들은 잡음인자들간의 상호작용효과를 추정하는데 사용된다.

[도표 12.9] 제어인자들과 잡음인자들을 위한 실험설계

(a) 내측배열 $L_9(3^4)$

실험번호	제어인자			
	A	B	C	D
1	1	1	1	1
2	1	2	2	2
3	1	3	3	3
4	2	1	2	3
5	2	2	3	1
6	2	3	1	2
7	3	1	3	2
8	3	2	1	3
9	3	3	2	1

(b) 외측배열 $L_8(2^7)$

실험번호	잡음인자						
	E	F	E*F	G	E*G	F*G	e
1	1	1	1	1	1	1	1
2	1	1	1	2	2	2	2
3	1	2	2	1	1	2	2
4	1	2	2	2	2	1	1
5	2	1	2	1	2	1	2
6	2	1	2	2	1	2	1
7	2	2	1	1	2	2	1
8	2	2	1	2	1	1	2

전체 실험은 제어인자들의 내측배열과 잡음인자들의 외측배열을 결합함으로써 얻어진다. 따라서 총 실험횟수는 9×8=72이다. 각 실험에 대해, 반응변수가 제어인자들의 수준과 잡음인자들의 수준의 조합에서 측정된다.

[도표 12.10] 내측-외측 배열설계와 실험결과들

	번호				1	2	3	4	5	6	7	8				
	외측배열			E	1	1	1	1	2	2	2	2				
				F	1	1	2	2	1	1	2	2				
				G	1	2	1	2	1	2	1	2				
번호	내측배열				반응								요약			
	A	B	C	D	y								SNR	$\bar{y}$	s_y	CV
1	1	1	1	1	15.6	9.5	16.9	19.9	19.6	19.6	20.0	19.1	24.025	17.525	3.613	0.206
2	1	2	2	2	15.0	16.2	19.4	19.6	19.7	19.8	24.2	21.9	25.522	19.475	2.907	0.149
3	1	3	3	3	16.3	16.7	19.1	15.6	22.6	18.2	23.3	20.4	25.335	19.025	2.883	0.152
4	2	1	2	3	18.3	17.4	18.9	18.6	21.0	18.9	23.2	24.7	25.904	20.125	2.598	0.129
5	2	2	3	1	19.7	18.6	19.4	25.1	25.6	21.4	27.5	25.3	26.908	22.825	3.428	0.150
6	2	3	1	2	16.2	16.3	20.0	19.8	14.7	19.6	22.5	24.7	25.328	19.225	3.380	0.176
7	3	1	3	2	16.4	19.1	18.4	23.6	16.8	18.6	24.3	21.6	25.711	19.850	2.985	0.150
8	3	2	1	3	14.2	15.6	15.1	16.8	17.8	19.6	23.2	24.4	24.832	18.338	3.775	0.206
9	3	3	2	1	16.1	19.9	19.3	17.3	23.1	22.7	22.6	28.6	26.152	21.200	3.948	0.186

(단계 3) 내측 배열의 각 실험에 대해 신호-잡음비와 평균, 표준편차, 변동계수(CV) 등의 요약 통계량들을 구한다.

실험의 목적이 반응변수를 최대화하는 것이므로 망대특성에 대한 신호-잡음비를 사용해야 한다. 앞에서 언급했듯이 신호-잡음비는 공정 평균과 산포를 혼동할 수 있으므로 평균과 표준편차도 함께 살펴볼 필요가 있다.

(단계 4) 신호-잡음비와 평균, 표준편차에 대한 인자 기여를 계산하고 이를 그래프로 표현한다.

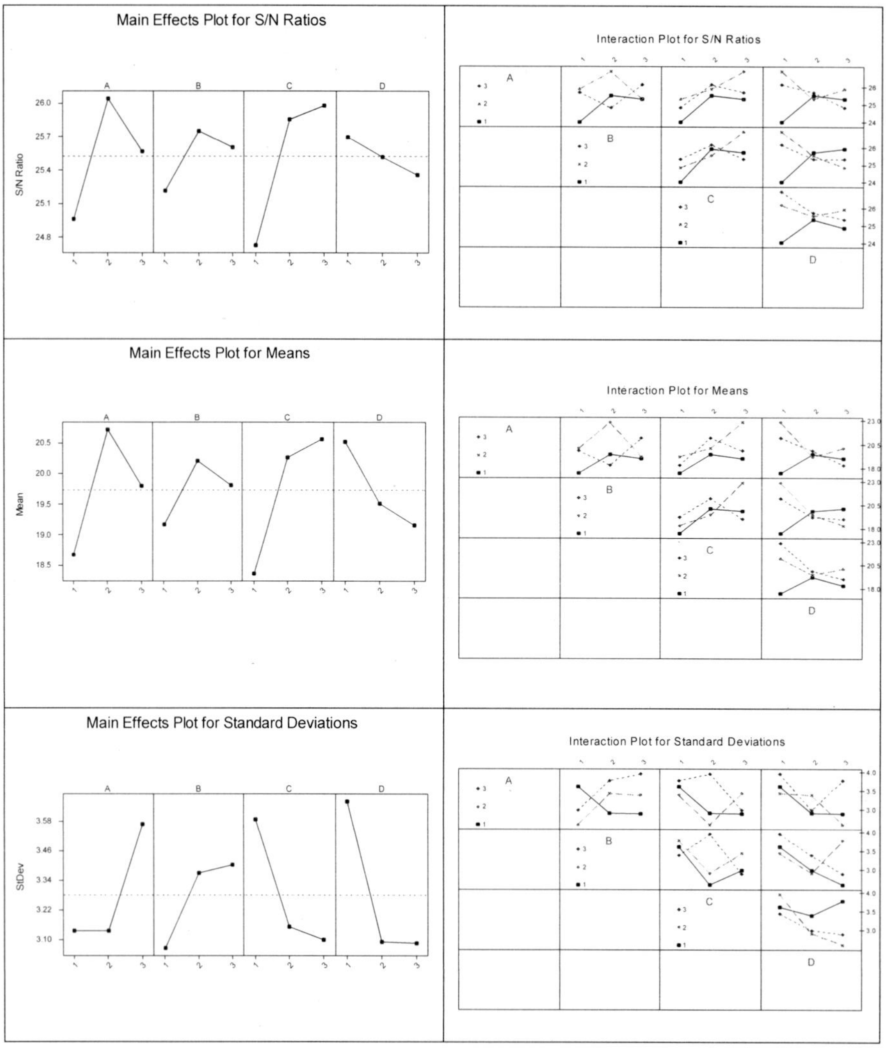

[도표 12.11] 제어인자들의 효과

(단계 5) 강건설계를 찾고 확인실험을 통해 확인한다.

먼저 제품설계인자들 A(유극)와 B(벽 두께)의 효과를 살펴보자. [도표 12.11]은 A가 신호-잡음비와 평균반응에 더 큰 영향을 미치고 있음을 보여준다. 명백히 A의 중간 수준이 압도적으로 신호-잡음비와 평균반응을 최대화해준다. B의 경우에도 중간수준이 신호-잡음비와 평균반응 면에서 다른 수준에 비해 조금 더 나은 결과를 보여주고 있다.

이번에는 공정설계인자들 C(조립 깊이)와 D(접착률)를 고려하자. C가 신호-

잡음비와 평균반응에 훨씬 더 큰 영향을 미치고 있다. 그런데 신호-잡음비는 C의 중간수준과 높음 수준이 거의 차이가 없는데 반해 평균반응 면에서는 C의 깊음 수준이 더 높으므로, C의 깊음 수준이 선호되는 수준이다. D에 대해서는 낮음 수준이 신호-잡음비와 평균반응 면에서 다른 수준에 비해 약간 나은 결과를 보여주고 있다.

이는 [도표 12.12]의 델타 통계량(delta statistics)과 이에 대한 순위를 통해서도 확인할 수 있다. 델타 통계량은 각 인자에 대한 최대 평균과 최소 평균의 차이이다. 미니탭은 이 통계량에 대해 순위를 제공한다.

[도표 12.12] Delta 통계량과 그 순위

Response Table for Signal to Noise Ratios
Larger is better

Level	A	B	C	D
1	24.96	25.21	24.73	25.69
2	26.05	25.75	25.86	25.52
3	25.57	25.60	25.98	25.36
Delta	1.09	0.54	1.26	0.34
Rank	2	3	1	4

Response Table for Means

Level	A	B	C	D
1	18.68	19.17	18.36	20.52
2	20.73	20.21	20.27	19.52
3	19.80	19.82	20.57	19.16
Delta	2.05	1.05	2.20	1.35
Rank	2	4	1	3

M [도표 12.10]의 요약값들과 [도표 12.11]의 그래프, 그리고 [도표 12.12]의 델타 통계량은 [도표 12.13]의 미니탭 명령의 결과들이다. (내측배열 데이터와 외측배열의 런에 대응되는 반응값들은 sqcdata₩force.mtw에 저장되어 있다.)

[도표 12.13] 정적 문제를 위한 미니탭 프로그램

```
# Stat > DOE > Taguchi > Define Custom Taguchi Design : 인자들을 지정해 준다
# Stat > DOE > Taguchi > Analyze Taguchi Design
MTB > NAME C13 "SNRA1" C14 "LSTD1" C15 "STDE1" C16 "MEAN1" C17 "CV1" # To
save
MTB > ROBUST 'Force1' - 'Force8'='A' 'B' 'C' 'D'; # Response Data: 'Force1'
- 'Force8'
SUBC>   Design 'A' 'B' 'C' 'D'; # Factors
SUBC>   Higher;                 # 망대특성

SUBC>   Snratio 'SNRA1';        # To save
SUBC>   Lstdevs 'LSTD1';
SUBC>   Stdevs 'STDE1';
SUBC>   Means 'MEAN1';
SUBC>   Cv 'CV1';
SUBC>   GSN;                    # To plot
SUBC>   Gmeans;
SUBC>   Gstds;
SUBC>   TSN;                    # Response Table
SUBC>   Tmeans;
SUBC>   Tstds.
```

따라서 반응변수를 최대화하기 위한 이 실험결과로부터 신호-잡음비를 최대화시키는 최적 명목수준은 A=중간, B=중간, C=깊음, D=낮음이다. 이 인자수준에서 신호-잡음비, 평균반응, 그리고 표준편차의 예측값은 [도표 12.14]와 같이 주어진다:

[도표 12.14] 정적문제의 명목 최적수준에 대한 예측값

```
Predicted values

S/N Ratio    Mean   StDev  Log(StDev)
  26.9075  22.825  3.42751     1.23184

Factor levels for predictions

A  B  C  D
2  2  3  1
```

위 예측값은 [도표 12.15]의 미니탭 명령에 의한 결과이다:

[도표 12.15] 정적문제의 예측값을 위한 미니탭 프로그램

```
# Stat > DOE > Taguchi > Predict Taguchi Results
MTB > Name C27 'PSNRA2' C28 'PMEAN2' C29 'PSTDE2' C30 'PLSTD2'.
MTB > PREDICT  C4000 C3999 C3998 C3997= 'A' 'B' 'C' 'D';
SUBC>   Labels "S/N Ratio" "Mean" "StDev" "Log(StDev)";
SUBC>   Levels 2 2 3 1;
SUBC>   PFits C27 C28 C29 C30;
SUBC>   Units 1 1.
```

우리는 확인실험을 통해 이 명목수준이 최적수준인지를 확인해야 한다. 특히 이 명목수준은 내측배열에 포함되지 않은 수준이므로 확인실험에서는 이 명목수준을 포함한 실험을 실시할 필요가 있다.

※ 참고로, [도표 12.11]의 표준편차 그래프는 표준편차가 각 인자의 수준에 따라 다름을 보여주고 있다. 또 상호작용 그래프는 제어인자들 간에 상호작용 효과가 있다는 것을 보여주고 있다. 이 연구의 실제 분석에서는 이런 관찰을 반영하여 분석이 이루어졌다.

12.5.2 측정시스템의 강건성을 위한 인자설계: 동적문제

우리는 한 측정시스템의 강건성을 높이려 한다. [도표 12.16(0)]에서와 같이 인풋 신호 즉 측정될 개체의 값이 바뀜에 따라 아웃풋 반응 즉 측정이 바뀌므로 측정시스템은 동적이다. 이상적으로 측정시스템은 측정될 값(신호인자)과

측정된 반응(시스템 아웃풋) 간에 1:1 대응을 가져야 한다. 또 인풋 신호 0은 측정이 0이 될 것이므로 모든 선들은 원점을 지나야 하고, 따라서 영(0)은 고정된 참조점(reference point)의 역할을 해야 한다.

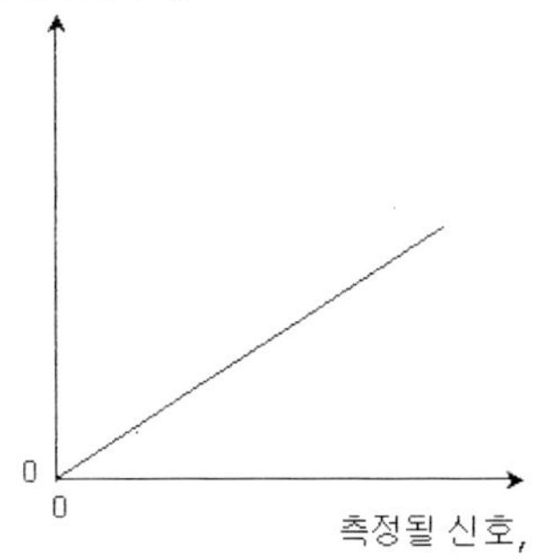

[도표 12.16(0)] 한 측정시스템의 신호와 반응

(단계 1) 인자들을 찾는다.

예비실험의 결과로 신호인자의 세 수준(1.25, 25, 250)과 각각 두 수준을 가지는 세 개의 제어인자들이 선정되었다: 센서(sensor), 아웃풋 장치(output), 그리고 릴레이(relay).

(단계 2) 제어인자들과 잡음들이 성능에 미치는 효과를 파악하기 위해 실험을 실시한다.

강건 인자설계를 위해 [도표 12.16]에서와 같은 반복 요인설계가 사용되었다: 신호인자와 제어인자들의 모든 수준조합에 대해 두 번의 측정이 이루어졌다. 2번의 측정의 결과는 noise1과 noise2에 저장되었다. 이 데이터는 sqcdata₩sensor.mtw에 저장되어 있다.

(단계 3) 신호-잡음비와 표준편차, 기울기 등의 요약 통계량들을 구한다.

실험의 목적이 선형성을 최대로 하는 것이므로 [도표 12.17]에서와 같이 식(12.17)의 선형성에 대한 SN 비를 사용한다. (미니탭에서는 식 (12.17)과 (12.18)의 SN비를 선택할 수 있다.) 신호-잡음비는 기울기와 산포를 혼동할 수 있으므로 기울기와 표준편차도 함께 살펴볼 필요가 있다. 이 요약 통계량들은 [도표 12.16]의 마지막 세열에 제시되어 있다.

[도표 12.16] 반복 요인설계와 실험결과들

번호	제어인자들			신호인자	반응		기울기	표준편차	SN 비
	Sensor	Output	Relay	Signal	Noise1	Noise2			
1	1	1	1	1.25	1.303	1.312			
2	1	1	1	25.00	25.057	25.072	1.00131	0.084632	21.4607
3	1	1	1	250.00	250.207	250.441			
4	1	1	2	1.25	1.286	1.292			
5	1	1	2	25.00	25.048	25.075	1.00061	0.079230	22.0275
6	1	1	2	250.00	250.257	250.039			
7	1	2	1	1.25	1.286	1.291			
8	1	2	1	25.00	25.047	25.075	1.00047	0.075060	22.4959
9	1	2	1	250.00	250.213	250.013			
10	1	2	2	1.25	1.296	1.296			
11	1	2	2	25.00	25.057	25.086	1.00116	0.057691	24.7879
12	1	2	2	250.00	250.219	250.350			
13	2	1	1	1.25	1.287	1.290			
14	2	1	1	25.00	25.049	25.061	1.00164	0.123673	18.1688
15	2	1	1	250.00	250.217	250.600			
16	2	1	2	1.25	1.285	1.286			
17	2	1	2	25.00	25.044	25.065	1.00148	0.109746	19.2051
18	2	1	2	250.00	250.200	250.538			
19	2	2	1	1.25	1.288	1.288			
20	2	2	1	25.00	25.049	25.069	1.00161	0.119339	18.4783
21	2	2	1	250.00	250.217	250.585			
22	2	2	2	1.25	1.283	1.288			
23	2	2	2	25.00	25.044	25.055	1.00151	0.113943	18.8794
24	2	2	2	250.00	250.200	250.553			

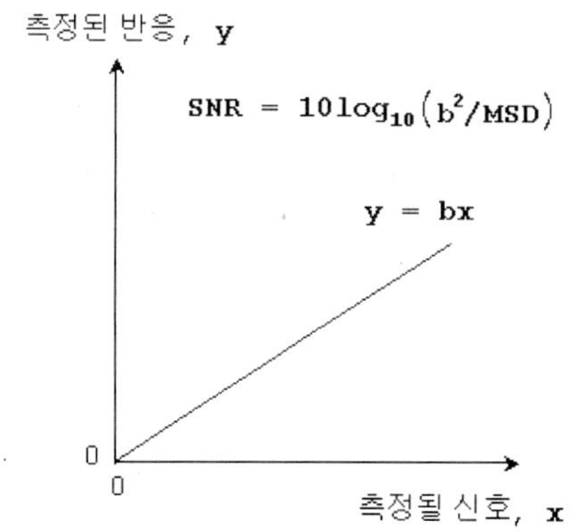

[도표 12.17] 이상적 함수와 SN 비

(단계 4) 신호-잡음비와 기울기, 표준편차에 대한 인자 기여를 계산하고 이를 그래프로 표현한다.

[도표 12.18] 신호-잡음비, 기울기, 표준편차에 대한 선형 모형분석

```
Linear Model Analysis: SN ratios versus Sensor, Output, Relay

Estimated Model Coefficients for SN ratios
Term         Coef  SE Coef       T      P
Constant  20.6879   0.3017  68.560  0.000
```

```
Sensor 1   2.0050   0.3017   6.645  0.003
Output 1  -0.4724   0.3017  -1.566  0.192
Relay 1   -0.5370   0.3017  -1.780  0.150

S=0.8535   R-Sq=92.6%   R-Sq(adj)=87.0%

Analysis of Variance for SN ratios

Source          DF  Seq SS  Adj SS   Adj MS      F      P
Sensor           1  32.162  32.162  32.1616  44.15  0.003
Output           1   1.785   1.785   1.7855   2.45  0.192
Relay            1   2.307   2.307   2.3071   3.17  0.150
Residual Error   4   2.914   2.914   0.7284
Total            7  39.168

Linear Model Analysis: Slopes versus Sensor, Output, Relay

Estimated Model Coefficients for Slopes

Term            Coef   SE Coef         T      P
Constant     1.00122  0.000125  8039.325  0.000
Sensor 1    -0.00034  0.000125    -2.708  0.054
Output 1     0.00004  0.000125     0.294  0.783
Relay 1      0.00003  0.000125     0.274  0.798

S=0.0003523   R-Sq=65.2%   R-Sq(adj)=39.1%

Analysis of Variance for Slopes

Source          DF    Seq SS    Adj SS    Adj MS     F      P
Sensor           1  0.000001  0.000001  0.000001  7.33  0.054
Output           1  0.000000  0.000000  0.000000  0.09  0.783
Relay            1  0.000000  0.000000  0.000000  0.07  0.798
Residual Error   4  0.000000  0.000000  0.000000
Total            7  0.000001

Linear Model Analysis: Standard Deviations versus Sensor, Output, Relay

Estimated Model Coefficients for Standard Deviations

Term             Coef   SE Coef       T      P
Constant     0.095414  0.002341  40.753  0.000
Sensor 1    -0.021261  0.002341  -9.081  0.001
Output 1     0.003906  0.002341   1.668  0.171
Relay 1      0.005262  0.002341   2.247  0.088

S=0.006622   R-Sq=95.8%   R-Sq(adj)=92.6%

Analysis of Variance for Standard Deviations

Source          DF    Seq SS    Adj SS    Adj MS      F      P
Sensor           1  0.003616  0.003616  0.003616  82.46  0.001
Output           1  0.000122  0.000122  0.000122   2.78  0.171
Relay            1  0.000221  0.000221  0.000221   5.05  0.088
Residual Error   4  0.000175  0.000175  0.000044
Total            7  0.004135

Response Table for Signal to Noise Ratios
Dynamic Response

Level  Sensor  Output  Relay
1       22.69   20.22  20.15
2       18.68   21.16  21.22
Delta    4.01    0.94   1.07
Rank        1       3      2
```

```
Response Table for Slopes

Level  Sensor  Output  Relay
1       1.001   1.001  1.001
2       1.002   1.001  1.001
Delta   0.001   0.000  0.000
Rank        1       2      3

Response Table for Standard Deviations

Level   Sensor   Output    Relay
1      0.07415  0.09932  0.10068
2      0.11668  0.09151  0.09015
Delta  0.04252  0.00781  0.01052
Rank         1        3        2
```

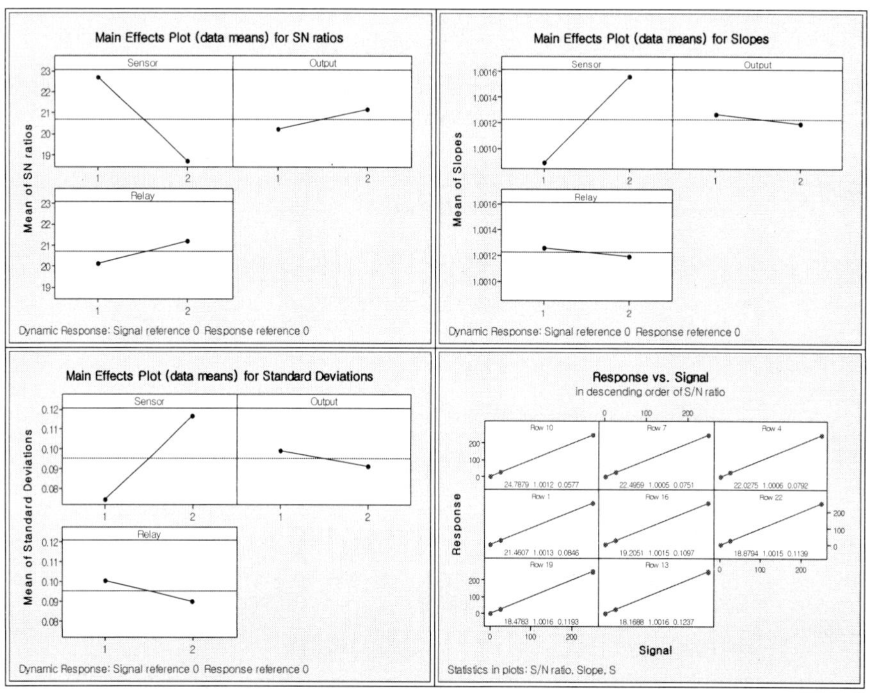

[도표 12.19] 제어인자들의 효과: 측정시스템

[도표 12.18]의 아웃풋과 [도표 12.19]의 그래프는 [도표 12.20]의 미니탭 프로그램의 결과이다.

[도표 12.20] 동적문제를 위한 미니탭 프로그램

```
# Stat > DOE > Taguchi > Analyze Taguchi Design
MTB > NAME C7 "SNRA1" C8 "STD1" C9 "SLOPE1"  C10 "INT1"
MTB > ROBUST  'Noise1' 'Noise2'= 'sensor' 'output' 'relay';
SUBC>   Design 'sensor' 'output' 'relay'; # Factors
SUBC>   Dynamic 'Signal';                 # To specify the signal factor
SUBC>   Yref 0;
SUBC>   Sref 0;
SUBC>   Snratio 'SNRA1';                  # To save
SUBC>   Stdevs 'STDE1';
SUBC>   Slopes 'SLOPE1';
SUBC>   Intercepts 'INT1';
SUBC>   GSN;                              # To plot
SUBC>   Gstds;
SUBC>   Gslopes;
SUBC>   GScatter;
SUBC>   TSN;                              # Response Table
SUBC>   Tslopes;
SUBC>   Tstds;
SUBC>   ASN;                              # ANOVA
SUBC>   Aslopes;
SUBC>   Astds.
```

(단계 5) 강건설계를 찾고 확인실험을 통해 확인한다.

선형모형 분석은 [도표 12.18]에서와 같이 각 반응변수에 대한 계수 추정치들과 분산분석표를 보여준다. 계수 추정치의 절대값은—그리고 동일하게 분산분석표의 순차/수정 제곱합의 크기도—각 인자의 상대적 중요도를 나타낸다. 분산분석표는 어떤 인자들이 유의한 영향을 미치는지를 보여준다.

우리는 계수 추정치를 통해서 세 개의 반응변수(SN 비, 기울기, 표준편차) 모두에서 센서가 가장 중요한 인자임을 알 수 있다. 그리고 분산분석표는 SN 비에 대해서는 센서(p-값=0.003)가, 기울기에 대해서는 센서(p-값=0.054)가, 그리고 표준편차에 대해서는 센서(p-값=0.001)와 릴레이(p-값=0.088)가 유의하게 영향을 미치는 것을 보여준다.

그리고 Response Table은 각 인자의 수준별로 반응변수의 평균반응을 나타내는데, 이는 [도표 12.20]에서와 같이 그래프 창에 Main Effect Plots으로 전시된다. 델타 통계량과 이에 대한 순위를 통해서 각 반응에 미치는 인자의 상대적 중요도를 보여준다.

우리는 Response Table을 통해서 센서가 세 반응변수 모두에 대해 상대적으로 가장 중요도가 높다는 것을 볼 수 있는데, 이는 선형모형에 대한 계수 추정치에 의해 제공되는 정보와 일치한다.

우리는 측정시스템의 변동성을 줄이기 위해 SN 비를 최대화하고 표준편차를 최소화하려고 한다. Response Table과 Main Effect Plots은 센서의 수준 1과 릴레이와 아웃풋의 수준 2가 반응의 SN 비를 최대화하고 표준편차를 최소화함을 시사한다. 이 최적 명목 인자수준에서 신호-잡음비, 평균반응, 그리고 표준편차의 예측값은 [도표 12.21]과 같이 주어진다:

[도표 12.21] 동적문제의 명목 최적수준에 대한 예측값

```
Predicted values

S/N Ratio    Slope      StDev
  23.7024  1.00082  0.0649857

Factor levels for predictions

Sensor  Output  Relay
     1       2      2
```

위 예측값은 [도표 12.22]의 미니탭 명령에 의한 결과이다:

[도표 12.22] 동적문제의 예측값을 위한 미니탭 프로그램

```
# Stat > DOE > Taguchi > Predict Taguchi Results
MTB > Name C12 'PSNRA1' C13 'PSLOPE1' C14 'PSTDE1'.
MTB > PREDICT  C4000 C3999 C3998= C1 C2 C3;
SUBC>   Labels "S/N Ratio" "Slope" "StDev";
SUBC>   Levels 1 2 2;
SUBC>   PFits C12 C13 C14;
SUBC>   Units 1 1.
```

우리는 이런 수준들이 원하는 결과를 가져오는지를 확증하기 위해 확인실험을 실시해야 할 것이다.

12.6 연습문제

01 다구찌 품질공학에 대한 다음 물음에 답하라.

(1) 성능특성에 영향을 미치는 인자들에 대한 다음 용어를 비교·설명하라.

① 신호인자, 잡음인자, 그리고 제어인자

② 잡음인자 가운데, 외부잡음인자, 열화, 그리고 제품별변동

③ 제어인자 가운데, 허용차인자, 조정인자, 그리고 비례인자

(2) 다구찌 방법의 기본적 목표와 전략에 대해 논의하라.

(3) 제품설계나 공정설계에서, 시스템 설계단계, 인자 설계단계, 그리고 허용차 설계단계에 대해 비교·설명하라.

(4) 성능특성이 다음과 같은 경우의 손실함수형태를 비교·설명하여라: 망목특성, 망대특성, 망소특성

(5) 인자설계에서

① 신호-잡음비(S-N ratio)의 역할

② 직교배열표의 역할

02 공정설계단계 중 인자설계 단계에서, 제품의 강도가 최대가 되는 제조공정을 찾으려고 한다. (즉 이 품질특성은 망대특성을 가진다.) 제어인자로는 각각 두 수준(1, 2)을 가지는 네 인자 A, B, C, D를 고려하고, 사용조건으로는 잡음인자 N의 두 수준(1, 2)을 고려하였다. 내측 배열로는 $L_8(2^7)$를 사용하고 외측 배열로는 2수준 1원 배치(1반복)를 사용하여 다음과 같은 실험 데이터를 얻었다. (이 데이터는 sqcdata₩strength.mtw에 저장되어 있다.)

열번호 / 실험번호	1	2	3	4	5	6	7	강도 y_{ij} 잡음수준j 1	2	평균 $\bar{y}_i$	SNR
1	1	1	1	1	1	1	1	33	27	30	29.4119
2	1	1	1	2	2	2	2	16	22	19	25.2488
3	1	2	2	1	1	2	2	14	11	12.5	21.7501
4	1	2	2	2	2	1	1	65	70	67.5	36.5682
5	2	1	2	1	2	1	2	50	41	45.5	33.0326
6	2	1	2	2	1	2	1	30	29	29.5	29.3927
7	2	2	1	1	2	2	1	26	25	25.5	28.1258
8	2	2	1	2	1	1	2	15	14	14.5	23.2119
효과	A	B	A*B	C	A*C	B*C	D				

(1) 위 표에서 SN비를 구하는데 사용된 식을 써라.

(2) 다음 그래프는 제어인자들의 수준별 SN비와 평균에 대한 측면도이다. 이 그래프들로부터 제어인자들을 산포 제어인자, 평균 조정인자, 그리고 기타 제어인자들로 구분하고, 그 구분근거를 설명하라.

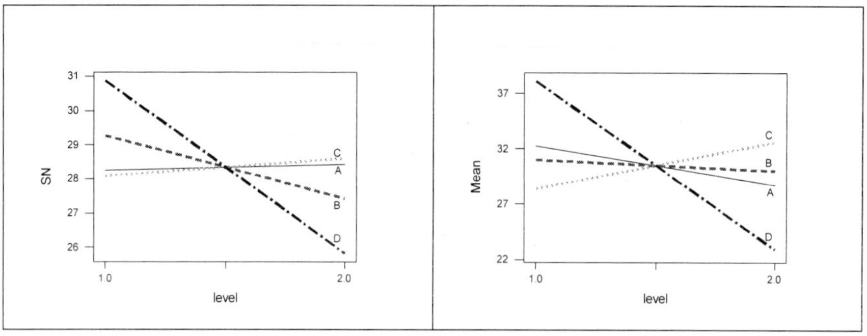

(3) 강건설계를 위한 최적조건을 찾아라.

03 탁구공 발사기 설계와 관련해서, 방출 시간의 변동과 무관하게 발사기가 탁구공을 발사하는 거리를 최대화시키는 설계인자들의 설정을 찾으려고 한다. 반응변수는 거리이고, 인자와 그들의 수준은 다음과 같이 선정되었다:

- 제어인자들: 방출 각도(2, 4), 높이(1, 2), 팔길이(1, 2)
- 잡음인자들: 방출 시간(1초, 5초)

제어인자들과 잡음인자들이 성능에 미치는 효과를 파악하기 위해 실험을 실시하여 다음과 같은 결과를 얻었다. 강건 설계를 위한 최적 조건을 찾아라. (이 데이터는 sqcdata₩catapult.mtw에 저장되어 있다.)

	내측 배열			잡음 배열			
실험번호	팔길이	높이	방출각도	1 초	5초	평균거리	SNR
1	1	1	2	105, 114	128, 128	118.8	41.1
2	1	2	4	70, 64	92, 90	79	37.7
3	2	1	4	71, 70	96, 91	82	38.0
4	2	2	2	115, 120	166, 152	138.3	42.5

13 Chapter

반응표면방법론

13.1 반응표면방법론 개요

일반적으로 비교실험은 반응에 대한 처리효과의 차이를 밝히는데 목적이 있다. 특히 양적 처리들인 경우에는 회귀분석을 통하여 처리효과를 비교해볼 수 있다. 이에 비해 반응표면방법론(Response Surface Methodology, RSM)은 최적 반응점을 찾는데 목적이 있다.

반응표면방법론은 하나 또는 그 이상의 반응변수들과 양적 실험 변수들(즉, 인자들)의 한 집합간의 관계를 검토하기 위해 사용된다. 반응표면법은 흔히 중요한 소수의 제어인자들이 식별된 후에 채용되며, 우리는 반응을 최적화시키는 인자설정들을 찾는다. 반응표면 설계는 대개 우리가 반응표면이 굽었으리라고 예상할 때 선택된다.

구체적으로, 반응표면법은 다음과 같은 목적으로 채용된다:

- 가장 좋은 반응을 보이는 인자 설정들(작업 조건들)을 찾기 위해
- 작업 또는 공정 특정들이 만족되는 인자 설정들을 찾기 위해
- 현재의 조건들에 의해 달성되는 제품 품질의 상당한 증진을 가져오는 새로운 작업 조건들을 식별하기 위해
- 양적 인자들과 반응간의 관계를 모형화하기 위해

많은 반응 표면 연구들은 그들이 여러 단계의 실험과 분석을 요구한다는 점에서 순차적이다. 전형적인 반응표면 실험의 단계들이 아래에 제시되어 있다. 우리의 실험에 따라 아래 단계들의 일부가 다른 순서로 수행될 수도 있고, 한 주어진 단계가 여러 번 수행될 수도 있고, 또는 한 단계가 제외될 수도 있다.

(1) 실험을 위한 한 반응표면 설계를 선택한다. 실험을 설계하기 전에, 우리는 영향력이 있는 인자들이 무엇인지, 즉 반응변수의 값들에 영향을 끼치는 공정 조건들이 무엇인지 판정해야 한다.

(2) 실험을 수행하고 반응 데이터를 수집한다.

(3) 수집된 데이터에 대한 반응표면분석을 실시한다.

- 한 반응표면모형을 실험 데이터에 적합시키고 분산분석을 실시하여 모형의 적합성을 검토한다.
- 등고선도나 표면도를 작성하여 반응표면의 형상을 시각적으로 조사한다.
- 정준분석(canonical analysis)을 실시하여 예측된 반응표면의 형상을 수치적으로 조사한다.
- 능선분석(ridge analysis)을 실시하여 최적반응 영역을 찾는다.

13.2 반응표면설계

우리는 실험을 위해 어떤 설계가 가장 적절한 지를 정할 필요가 있다. 설계를 올바로 선택함으로써 반응표면이 가장 효율적인 방식으로 적합될 수 있다. 한 설계를 선택할 때 우리는 다음과 같은 사항들을 고려해야 한다:

- 관심을 끄는 인자들의 수를 식별한다.
- 수행할 수 있는 런의 수를 정한다.
- 실험 영역 문제: 반응표면 위의 관심영역이 충분히 포함되어야 한다. 우리는 관심영역에 있는 값들을 충분히 예측해주는 설계를 선택해야 한다.
- 단위 문제: 인자들의 측정 단위에 따라 반응표면의 형태가 달라진다.
- 다른 고려사항들(비용, 시간, 또는 설비들의 가용성 등)이 우리의 설계 선택에 미치는 영향을 정한다.

반응표면설계에서 바람직하다고 여겨지는 몇몇 설계 기준들을 살펴보자.

- 추정된 회귀계수들의 분산 $V(\hat{\beta}_i)$ 을 최소화하도록 고안된 설계이다.
- 직교블록 설계(orthogonally blocked designs)는 모형 항들과 블록 효과들이 독립적으로 추정될 수 있도록 하며 회귀계수들의 변동을 최소화한다.
- 회전설계(rotatable designs)는 설계중심으로부터 같은 거리에 있는 모든 점들에서 일정한 예측분산을 주며 따라서 예측의 질을 높인다.
- 균일정밀도 설계(uniform-precision design)는 설계중심에서의 $\hat{y}$ 의 분산과 중심으로부터 단위 거리에서의 $\hat{y}$ 의 분산이 동일한 설계로서, 회귀 계수들을 추정할 때 편향을 줄인다.

우리의 문제에 따라 한 설계를 바람직하게 만드는 다른 고려 사항들이 있다. 따라서 우리는 다음과 같은 기준들에서 일관된 성능을 보이는 설계를 선택할 필요가 있다:

- 설계의 차수를 순차적으로 높일 수 있는 능력
- 실험이 직교 블록에서 수행될 수 있도록 하는지 여부
- 회전성
- 모형 적합결여를 탐지할 수 있는 능력

이런 설계기준들을 만족시키는 설계방법들 가운데 반응표면분석에서 널리 사용되는 두 가지를 소개할 것이다: 중심합성설계와 박스-벤켄 설계.

13.2.1 중심합성설계(central composite designs)

중심합성 설계는 2^k 개의 요인점들(factorial points) 또는 입방체점들(cube points), 축점들(axial points) 또는 별점들(star points), 그리고 중심점들(central points)로 구성된다. [도표 13.1]은 2인자 중심합성 설계를 나타내고 있다.

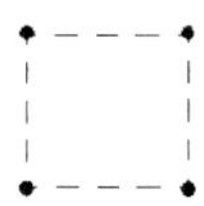	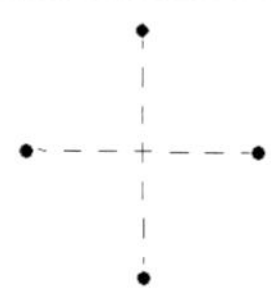	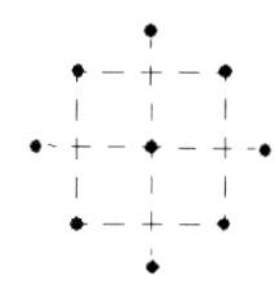
설계의 입방체 부분에 있는 점들은 −1과 +1로 부호화되었다.	설계의 축이나 별 부분에 있는 점들은 $(+\alpha, 0)$, $(-\alpha, 0)$, $(0, +\alpha)$, $(0, -\alpha)$에 위치한다.	중심점들과 나란히 있는 입방체와 축 부분들이 나타나 있다. 설계중심은 (0, 0)에 위치한다.

[도표 13.1] 2인자 중심합성 설계

중심합성 설계는 종종 설계 계획이 순차적 실험을 요구할 때 추천되는데, 그 이유는 이 설계들이 적절하게 설계된 요인실험으로부터 정보를 통합할 수 있기 때문이다. 요인 부분과 중심점들은 우리가 일차 모형을 적합시킬 수 있는 예비단계로서 기능할 수 있으나, 여전히 이차 기여나 곡률의 중요성에 관한 증거를 제공한다. 우리는 그 다음 이차 모형을 적합시키기 위해 설계의 요인 부분을 중심합성 설계로 올릴 수 있다. 중심합성 설계는 이차 모형의 이차항들을 효율적으로 추정할 수 있도록 해주며, 직교 블록화와 회전성이라는 바람직한 설계 성질들을 쉽게 얻을 수 있도록 해준다.

Ⓜ 우리는 미니탭에서 [도표 13.2]에 정리된 바와 같은 블록 또는 비블록 중심합성 설계를 생성할 수 있다.

[도표 13.2] 미니탭에 의해 생성되는 중심합성 설계들의 요약

인자수	런수	총 블록수	입방체 블록수	입방체 런수	총 중심점	입방체 중심점	축 중심점	기본적 알파	직교 블록	회전성
2	13	---	---	4	5		---	1.414	---	y
	14	2	1	4	6	3	3	1.414	y	y
3	20	---	---	8	6	---	---	1.682	---	y
	20	2	1	8	6	4	2	1.633	y	n
	20	3	2	8	6	4	2	1.633	y	n
4	31	---	---	16	7	---	---	2.000	---	y
	30	2	1	16	6	4	2	2.000	y	y
	30	3	2	16	6	4	2	2.000	y	y
5 half	32	---	---	16	6	---	---	2.000	---	y
	33	2	1	16	7	6	1	2.000	y	y
5	52	---	---	3	10	---	---	2.378	---	y
	54	2	1	32	12	8	4	2.366	y	n
	54	3	2	32	12	8	4	2.366	y	n
6 half	53	---	---	32	9	---	---	2.378	---	y
	54	2	1	32	10	8	2	2.366	y	n
	54	3	2	32	10	8	2	2.366	y	n
6	90	---	---	64	14	---	---	2.828	---	y
	90	2	1	64	14	8	6	2.828	y	y
	90	3	2	64	14	8	6	2.828	y	y
	90	5	4	64	14	8	6	2.828	y	y

13.2.2 박스-벤켄 설계(Box-Behnken designs)

우리가 비순차적 실험을 계획할 때, 즉 우리가 실험을 한번만 수행하려고 계획을 세울 때, 박스-벤켄 설계가 추천된다. 이 설계들은 일차 그리고 이차 계수들을 효율적으로 추정할 수 있도록 해준다. 박스-벤켄 설계는 같은 수의 인자들을 가지는 중심합성 설계보다 설계점들이 더 적기 때문에 수행하는데 비용이 더 적게 든다. [도표 13.3]은 3인자 박스-벤켄 설계를 나타내고 있다. 정육면체 위의 점들이 수행될 실험점들이다.

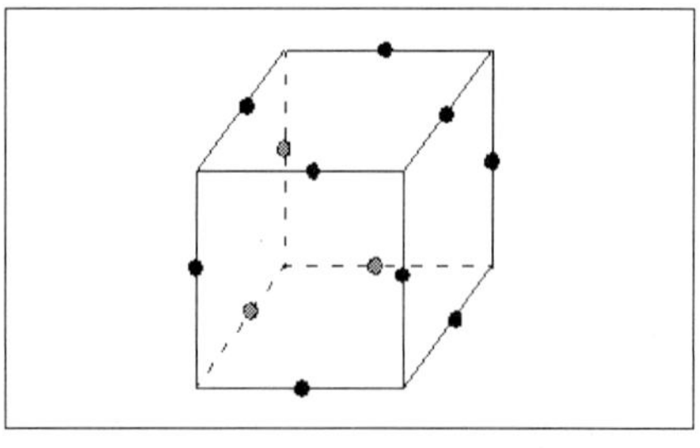

[도표 13.3] 3인자 박스-벤켄 설계

박스-벤켄 설계는 우리가 공정의 안전한 작업영역을 찾으려고 할 때 유용하게 사용될 수 있다. 중심합성 설계는 대개 입방체 밖에 축점들을 가진다. (우리가 α가 1이하가 되도록 지정하지 않는 한) 이 점들은 관심영역의 밖에 있을 수도 있고, 이들이 안전한 작업한계들 밖에 있기 때문에 수행이 불가능할 수도 있다. 박스-벤켄 설계들은 축점들을 가지고 있지 않으며, 따라서 우리는 모든 설계점들이 안전한 작업영역 안에 떨어진다는 것을 확신할 수 있다. 박스-벤켄 설계들은 또한 모든 인자들이 동시에 높은 수준들에 설정되지 않도록 한다.

M 우리는 미니탭에서 [도표 13.4]에 정리된 바와 같은 블록 또는 비블록 박스-벤켄 설계들을 생성할 수 있다.

[도표 13.4] 미니탭에 의해 생성되는 박스-벤켄 설계들의 요약

인자수	런수	선택적 블록수	기본적 중심점수
3	15	1	3
4	27	3	3
5	46	2	3
6	54	2	6
7	62	2	6

13.3 반응표면분석

13.3.1 다항식 근사

대부분의 RSM 문제들에서 반응과 인자들간의 관계의 형은 알려져 있지 않다. 따라서 RSM에서 첫 단계는 반응과 인자들간의 참 함수적 관계에 대한 적절한 근사를 발견하는 것이다. 이 때 대개 인자들의 특정영역에서 낮은 차수의 다항식이 시도된다. 만일 반응이 인자들의 한 선형함수로 잘 모형화된다면, 근사함수는 일차모형이 된다:

$$y = \beta_0 + \sum_{i=1}^{k} \beta_i x_i + \epsilon. \tag{13.1}$$

만일 반응표면에 굽이(curvature)가 있다면, 아래 이차모형과 같은, 더 높은 차수의 다항식이 사용되어야 한다:

$$Y = \beta_0 + \sum_{i=1}^{k} \beta_i x_i + \sum_{i=1}^{k} \beta_{ii} x_i^2 + \sum_{i=1}^{k-1} \sum_{j=i+1}^{k} \beta_{ij} x_i x_j + \epsilon_{ij}. \qquad \textbf{(13.2)}$$

대부분의 RSM 문제들은 이 근사 다항식들 중 하나 또는 둘 모두를 이용한다. 물론 한 다항식이 인자들의 전체 영역에 걸쳐서 참 함수적 관계에 대한 합리적인 근사가 될 것이라고 기대하기는 어렵다. 그러나 좁은 영역에 대해서는 일차나 이차 다항식이 좋은 근사를 제공할 수 있다.

- 지역 최적성 문제: 지역 최적점, 전역 최적점

13.3.2 일차 다항식 모형

일차 다항식 모형은 대개 최적실험조건을 찾아내기 위해서 보다는 최적 실험조건이 있는 근방으로 실험영역을 좁히기 위해 사용된다. 일차 다항식을 위한 실험설계로는 흔히 반복 2^k 요인실험, 오차를 계산하기 위해 중심점을 추가한 1회 반복 2^k 요인실험, 또는 k 차원 심플렉스 설계가 사용된다.

▮ 일차모형 적합과 최적 실험영역

일차모형에 대한 분석은 흔히 다음과 같이 단계적으로 수행된다:

① 일차모형을 데이터에 적합시키고 모형을 검토한다.
- 일차모형이 적절한가?
- 통계적으로 유의하다고 판단된 인자들이 무엇인가?

② 이들 결과를 토대로 최적 반응을 낳는 방향으로 실험영역을 새로 설정한다.

③ 최적 반응을 낳는 실험 조건들에 도달할 때까지 위 단계를 반복한다.

□ 일차 모형 적합 결과에 대한 해석

- 반응이 일차모형으로 잘 적합되면 반응값이 인자들의 수준 변화에 직선적으로 증가 또는 감소한다는 것을 나타낸다. 이는 최적점이 현재의 실험영역 밖에 존재함을 시사한다.
- 이 경우, 새로운 실험영역을 어떻게 설정해야 할까?

□ 최급경사법(steepest descent)

- $\hat{\beta}_i$ 이 가장 큰 인자의 이동간격 $\triangle x_i$ 를 정한다.
- 나머지 인자들의 이동간격은 다음과 같이 주어진다:

$$\triangle x_j = \frac{\hat{\beta}_j}{\hat{\beta}_i / \triangle x_i}, \; j = 1, 2, \ldots, k, \; j \neq i.$$

- 이동간격 $\triangle x_i$ 들을 부호값에서 원래 변수값으로 변환시킨다.
- 중심점을 원점에서 $\mathbf{\Delta} = (\triangle x_1, \triangle x_2, \ldots, \triangle x_k)$씩 바꾸어 가면서 최적 반응을 얻을 때까지 실험을 계속한다.
- 여기서 얻어진 최적반응점을 중심으로 하는 실험영역에서 이차모형 등으로 보다 근사한 최적반응점을 찾기 위한 실험을 설계하고 실시한다.
- 인자들의 단위에 따라 다른 경로가 얻어질 수 있다.

예제 13.1 ([예 13.3] 참조) 어떤 반응표면 실험 데이터에 1차 다항식 모형이 다음과 같이 적합되었다(이 때 결정계수는 62.9%였다): $\hat{y}$ =5.5765 + 1.1775x_1 − 0.7937 x_2 + 2.3837x_3. 실험을 계속해 나갈 방향 $\triangle$ 를 찾아보자.

풀이 x_3 의 계수가 가장 크므로 $\triangle x_3$ =1로 잡자. 그러면 $\triangle x_2$ =−0.7937/(2.3837/ $\triangle x_3$)=0.3329; $\triangle x_1$ =1.1775/(2.3837/$\triangle x_3$)=0.4939. 따라서 인자들의 이동방향과 크기는 다음과 같이 계산된다: $\triangle x \doteq$ (0.5, −1/3, 1). 인자들의 단위를 고려하면 실제 이동방향과 크기는 다음과 같이 계산된다: $\triangle u \doteq$ (0.5, −5/3, 15). ¶

13.3.3 이차 다항식 모형

이차모형을 적합시키려면 각 인자마다 적어도 세 수준에서 실험이 실시되어야 한다. 우리가 앞에서 소개한 중심합성 설계나 박스-벤켄 설계 등은 적은 실험회수로도 이차모형을 적합시킬 수 있도록 개발된 실험설계들이다.

(1) 이차모형의 정준분석

적합된 이차모형은 다음과 같이 표현될 수 있다:

$$\hat{y} = \hat{\beta}_0 + \sum_{i=1}^{k} \hat{\beta}_i x_i + \sum_{i=1}^{k} \hat{\beta}_{ii} x_i^2 + 2 \sum_{i=1}^{k-1} \sum_{j=i+1}^{k} \hat{\beta}_{ij} x_i x_j. \qquad \textbf{(13.3)}$$

또는 행렬을 이용하여

$$\hat{y} = \hat{\beta}_0 + \boldsymbol{x}'\boldsymbol{b} + \boldsymbol{x}'B\boldsymbol{x}, \tag{13.4}$$

여기서

$$\boldsymbol{x} = \begin{bmatrix} x_1 \\ x_2 \\ \vdots \\ x_k \end{bmatrix}, \ \boldsymbol{b} = \begin{bmatrix} \hat{\beta}_1 \\ \hat{\beta}_2 \\ \vdots \\ \hat{\beta}_k \end{bmatrix}, \ \text{그리고 } B = \begin{bmatrix} \hat{\beta}_{11} & \hat{\beta}_{12}/2 \cdots & \hat{\beta}_{1k}/2 \\ & \hat{\beta}_{22} \quad \cdots & \hat{\beta}_{2k}/2 \\ & \ddots & \\ \text{sym.} & & \hat{\beta}_{kk} \end{bmatrix}.$$

이제 남은 문제는 이 반응표면에서 최적 반응점을 찾는 것이다. 이 반응표면의 정상점(stationary point)은 다음과 같이 얻어진다:

$$\boldsymbol{x}_0 = -\frac{1}{2}B^{-1}\boldsymbol{b}. \tag{13.5}$$

그리고 이 정상점에서 예측된 반응은 다음과 같이 주어진다:

$$\hat{y}_0 = \hat{\beta}_0 + \frac{1}{2}\boldsymbol{x}_0'\boldsymbol{b}. \tag{13.6}$$

이 정상점이 최소점인지, 최대점인지, 아니면 안장점(saddle point)인지 여부는 B의 정부호성(definiteness)에 의해 좌우된다. 행렬의 정부호성을 판정할 수 있는 한 가지 간단한 방법은 그의 고유값들을 살펴보는 것이다.

- 고유값들이 모두 양수이면, 그는 양의 정부호 행렬이고 정상점은 최소점이 된다.
- 고유값들이 모두 음수이면, 그는 음의 정부호 행렬이고 정상점은 최대점이 된다.
- 고유값들이 양수와 음수를 함께 가지면, 그는 비 정부호 행렬이고 정상점은 안장점이 된다.

반응표면을 이해하는데 있어서 고유값의 부호 뿐 아니라 고유값의 크기 자체도 중요한 의미를 지닌다. 따라서 반응표면을 식 (13.3)에 표현된 형식 대신에 다음과 같은 정준 형식(canonical form)으로 표현함으로써 우리는 반응표면을 더 잘 이해할 수 있게 된다:

$$\hat{y} = \hat{y}_0 + \lambda_1 w_1^2 + \lambda_2 w_2^2 + \cdots + \lambda_k w_k^2, \tag{13.7}$$

여기서 $\{w_i\}$는 변환된 독립변수들이고 $\{\lambda_i\}$는 상수들이다. 더욱이 $\{\lambda_i\}$는 바로 행렬 B의 고유값들이다. 정상점 $\boldsymbol{x}_0$이 이차모형을 적합시키려는 실험영역 안에 있다고 가정하자. 이 때

- $\{\lambda_i\}$이 모두 양수이면, $\boldsymbol{x}_0$는 최소반응점이다.
- $\{\lambda_i\}$이 모두 음수이면, $\boldsymbol{x}_0$는 최대반응점이다.
- $\{\lambda_i\}$이 양수와 음수를 함께 가지면, $\boldsymbol{x}_0$는 안장점이다. 더욱이 반응표면은 $|\lambda_i|$이 가장 큰 w_i 방향으로 가장 급경사이다.

□ 정준변수들 $\{w_i\}$와 설계변수들 $\{x_i\}$의 관계

반응표면분석에서 정준변수들 $\{w_i\}$와 설계변수들 $\{x_i\}$의 관계를 찾는 것이 필요할 때가 있다. 예를 들어, 정상점에서 공정을 운용하는 것이 불가능할 때 우리는 정상점에서 후퇴하여 반응을 약간만 저하시키는 가능한 운용조건을 찾아야 한다. 정준 모형은 반응표면이 λ_i값이 작은 w_i 방향에 덜 민감하다는 것을 시사한다. 이런 정준모형에 대한 탐색으로 얻어진 정준변수공간 상의 점은 실제 운용을 위해서 설계변수공간 상의 점으로 변환되어야 할 것이다.

일반적으로 설계변수들 $\boldsymbol{x}$는 정준변수들 $\boldsymbol{w}$와 다음 관계를 가진다:

$$\boldsymbol{w} = M'(\boldsymbol{x} - \boldsymbol{x}_0). \tag{13.8a}$$

또는

$$\boldsymbol{x} = M'\boldsymbol{w} + \boldsymbol{x}_0, \tag{13.8b}$$

여기서 M은 $k \times k$ 직교행렬이다. 더욱이 M의 열들은 $\{\lambda_i\}$에 대응되는 정규화된 고유벡터들이다. 즉

$$(B - \lambda_i I)\boldsymbol{m}_i = 0, \tag{13.8c}$$

여기서 $\boldsymbol{m}_i$는 M의 i번째 열이다.

예제 13.2 ([예 13.3] 참조) 어떤 반응표면 실험 데이터에 2차 다항식 모형이 다음과 같이 적합되었다(이 때 결정계수는 97.4%였다): $\hat{y} = 6.672 + 1.177x_1 - 0.794x_2 + 2.384x_3 + 0.269x_1^2 - 0.308x_2^2 - 2.289x_3^2 + 0.593x_1x_2 + 0.657x_1x_3 - 1.395x_2x_3$. 이 반응표면의 정상점을 구하고, 이 점이 최대점인지 여부를 판정해보자. 이 적합된 반응표면을 정준형식으로 표현하고 이 반응표면에 대해 평가해보자.

풀이 이 적합된 모형은 다음과 같은 이차형식으로 표현될 수 있다:

$\hat{y} = 6.672 + \boldsymbol{x}'\boldsymbol{b} + \boldsymbol{x}'B\boldsymbol{x}$,

여기서 $\boldsymbol{x}=\begin{bmatrix} x_1 \\ x_2 \\ x_3 \end{bmatrix}$, $\boldsymbol{b}=\begin{bmatrix} 1.177 \\ -0.794 \\ 2.384 \end{bmatrix}$, $B=\begin{bmatrix} 0.269 & 0.595/2 & 0.657/2 \\ 0.593/2 & -0/308 & -1.395/2 \\ 0.657/2 & -1.395/2 & -2.289 \end{bmatrix}$.

따라서 정상점은 다음과 같이 주어진다:

$$\boldsymbol{x}_0 = -\frac{1}{2}B^{-1}\boldsymbol{b} = \begin{bmatrix} 1.11707 \\ -5.66599 \\ 2.40747 \end{bmatrix}.$$

그리고 정상점 $\boldsymbol{x}_0$에서 예측된 반응은 다음과 같이 주어진다:

$$\hat{y}_0 = \hat{\beta}_0 + \frac{1}{2}\boldsymbol{x}_0'\boldsymbol{b} = 12.4483.$$

한편, 행렬 B의 고유값들은 다음과 같이 계산된다: −2.56739, 0.39469, −0.15530. 따라서 이 적합된 반응표면은 다음과 같은 정준형식으로 표현될 수 있다:

$$\hat{y} = 12.4483 - 2.56739w_1^2 + 0.39469w_2^2 - 0.15530w_3^2.$$

이로부터 우리는 정상점 $\boldsymbol{x}_0$는 안장점이고, w_1 방향으로 가장 급경사를 이루고 있다고 판정할 수 있다. ¶

(2) 능선분석

하나 이상의 λ_i 값들이 0에 가까울 때가 있다. 이런 반응표면 체계는 능선체계(ridge system)라 불린다.

- 정상능선체계(stationary ridge system)에서는 능선의 모든 점들이 최적점이 된다.
- 상향(또는 하향)능선체계(rising (or falling) ridge system)는 능선이 한 방향으로 계속 올라가므로 (또는 내려가므로) 최적점이 현 실험영역 밖에 존재한다. 따라서 이 경우에는 실험영역을 바꾸어서 실험을 계속 진행해야 한다.

구체적으로, $k=2$인 경우를 예로 들어보자.

- 정상점 $\boldsymbol{x}_0$이 실험영역 안에 있고 λ_1 값이 0에 가깝다고 가정하자. 그러면 반응변수는 w_1에 매우 둔감하게 된다. 이때 w_1에 의해 특정된 능선 위의 모든 점들이 최적점이 된다. 이런 반응표면 체계는 정상능선체계라 불린다.

- 정상점 $\boldsymbol{x}_0$ 이 실험영역 밖에 있고 λ_1 값이 0에 가깝다고 가정하자. 이 경우 모형이 적합된 영역 밖에 $\boldsymbol{x}_0$ 이 존재하므로 우리는 정상점에 대한 추론을 할 수가 없다. 그러나 w_1 방향으로 탐색하는 것은 정당화될 수 있다. 이 때 λ_2 값이 음수라면, 이 반응표면은 상향 능선체계라 불린다; λ_2 값이 양수라면, 이 반응표면은 하향 능선체계라 불린다.

설계중심에서 정상점까지의 거리는 다음과 같이 주어진다:

$$d = \left(\sum_{i=1}^{k} x_{i0} \right)^{1/2}, \tag{13.9}$$

여기서 x_{i0}, $i = 1, 2, \ldots k$ 는 정상점 $\boldsymbol{x}_0$ 의 좌표들이다. 상향 또는 하향 능선 체계들에서는 대개 d 가 1보다 크고, 따라서 $\boldsymbol{x}_0$ 에서 반응표면의 특성에 대한 결론을 얻으려는 태도는 매우 위험하다. 앞에서 언급했듯이, 최선의 접근법은 최적반응 방향으로 능선을 따라서 탐색을 계속하는 것이다. 이런 경우에 한 별다른 정준모형이 도움이 될 수 있다: 즉,

$$\begin{aligned} \hat{y} &= \hat{\beta}_0 + \theta_1 w_1 + \theta_2 w_2 + \cdots + \theta_k w_k + \lambda_1 w_1^2 + \lambda_2 w_2^2 + \cdots + \lambda_k w_k^2 \\ &= \hat{\beta}_0 + \boldsymbol{w}'\boldsymbol{\theta} + \boldsymbol{w}'\Lambda \boldsymbol{w}, \end{aligned} \tag{13.10}$$

여기서 $\boldsymbol{\theta} = M'\boldsymbol{b}$ 이고 $\Lambda = diag\{\lambda_1, \ldots, \lambda_k\}$ 이다. 이 정준형식에서 $\{\lambda_i\}$는, 앞에서와 같이, 적합된 표면의 형을 말해주고, θ_i 들은 설계원점 $\boldsymbol{x} = \boldsymbol{0}$ 에서 회전된 축들 w_i 방향으로의 반응표면의 기울기(즉 단위당 기여)를 말해준다.

13.4 미니탭 반응표면분석

미니탭에서 반응표면분석과 관련된 명령들은 Stat > DOE > Response Surface에 Create Response Surface Design에서 Response Optimizer에 이르는 일곱 항목들에 모여 있다. 미니탭에 의한 반응표면분석은 다음과 같은 단계로 수행될 수 있다.

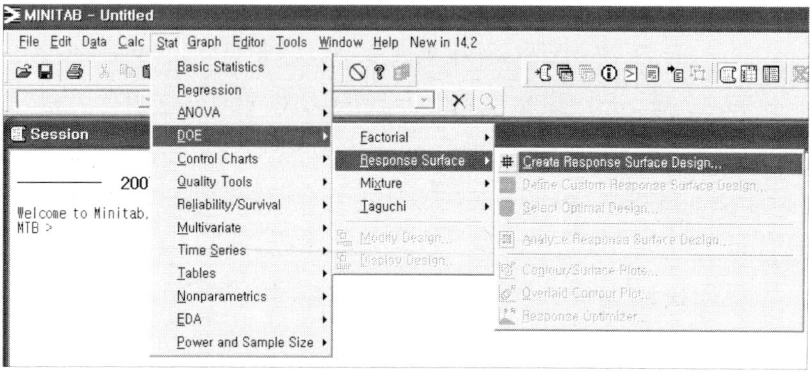

[도표 13.5] 반응표면방법론을 위한 미니탭 메뉴명령

(1) 실험을 위한 한 반응표면 설계를 선택한다. 미니탭을 사용하기 전에, 우리는 영향력이 있는 인자들이 무엇인지, 즉 반응변수의 값들에 영향을 끼치는 공정 조건들이 무엇인지 판정해야 한다.

- 중심합성 설계나 박스-벤켄 설계를 생성하려면 “Create Response Surface Design” 절차를 사용한다.
- 우리가 이미 작업표에 가지고 있는 데이터로부터 한 설계를 생성하려면 ‘ ‘Define Custom Response Surface Design" 절차를 사용한다. 이 절차는 열들을 인자들과 다른 설계 특성들로 지정할 수 있도록 허용한다. 그러면 우리는 쉽게 한 모형을 설계에 적합시키고 그래프들을 생성할 수 있게 된다.

(2) 우리는, 설계를 생성한 후에, “Modify Design" 절차를 사용해서 인자들에 이름을 붙이고, 인자 수준들을 바꾸고, 설계를 반복하고, 설계를 랜덤화 할 수 있다.

(3) 우리는, 설계를 생성한 후에 “Display Design" 절차를 사용해서 런들의 순서와 미니탭이 작업표에서 인자들을 표현하는 단위들을 바꿀 수 있다.

(4) 실험을 수행하고 반응 데이터를 수집한다. 그 다음에 미니탭 작업표에 데이터를 넣는다.

(5) “Analyze Response Surface Design"를 사용해서 한 모형을 실험 데이터에 적합시킨다.

(6) “Contour/Surface Plots" 절차를 사용해서 반응표면 정형들을 시각화한다. 우리는 등고선도나 표면도를 전시할 수 있다.

(7) 여러 반응들을 최적화시키려고 하는 경우에는 "Response Optimizer" 절차나 “Overlaid Contour Plot" 절차를 사용해서 수치 정보나 그래프 정보를 얻을 수 있다.

예제 13.3 한 연구소에서는 네마토우드를 대량생산하기 위한 최적 공정조건을 찾으려고 한다. 반응변수로는 biomass과 protein 두 가지를 고려하고 있고, 인자로는 pH, temp(temperature), 그리고 TSB가 선정되었다. 사전 지식과 예비실험을 통해서 인자들의 실험영역은 다음과 같이 선택되었다: pH는 5.5에서 7.5 까지, temp는 25에서 35 까지, 그리고 TSB는 5에서 35 까지.
실험영역에서 반응표면의 성격을 규명하기 위해 세 인자 각각의 세 수준에서 박스-벤켄 설계—중심점에서 5 반복을 하여 총 17회의 런으로 이루어지는—를 사용하기로 하였다. 이 연구에서 탐구될 인자들의 범위와 수준이 [도표 13.6]에 제시되어 있다. (이 데이터는 sqcdata₩nematoad.mtw에 저장되어 있다.)

[도표 13.6] 박스-벤켄 설계를 위해 선택된 세 인자의 수준들

인자	기호	수준		
		−1	0	+1
pH	x_1	5.5	6.5	7.5
Temperature	x_2	25	30	35
TSB	x_3	5	20	35

(1) 박스-벤켄 설계를 생성하여보자. [도표 13.7]은 다음 미니탭 명령에 의해 생성된 박스-벤켄 설계와 각 인자수준에서 측정된 반응변수들을 보여주고 있다.

```
# Stat > DOE > Response Surface > Create Response Surface Design
MTB > Name C1 'StdOrder' C2 'RunOrder' C3 'Blocks' C4 'pH' C5 'Temp' C6 'TSB'
MTB > BBDesign 3; # 박스-벤켄 설계
SUBC>   Center 5 ; # 중심점 수
SUBC>   SOrder 'StdOrder' 'RunOrder';
SUBC>   XMatrix 'pH' 'Temp' 'TSB'.
```

[도표 13.7] 박스-벤켄 설계와 반응변수들의 값

Run	pH	Temp	TSB	BioMass	Protein
1	-1	-1	0	6.56	47
2	1	-1	0	8.59	116
3	-1	1	0	3.49	24
4	1	1	0	7.89	12
5	-1	0	-1	1.92	67
6	1	0	-1	2.10	83
7	-1	0	1	5.89	132
8	1	0	1	8.70	97
9	0	-1	-1	1.20	77
10	0	1	-1	2.70	75
11	0	-1	1	8.24	65
12	0	1	1	4.16	178
13	0	0	0	6.28	140
14	0	0	0	6.73	160
15	0	0	0	6.83	145
16	0	0	0	6.52	160
17	0	0	0	7.00	130

(2) [예 13.1]을 위해 biomass에 대한 일차모형을 실험 데이터에 적합시켜보자. 이 결과에 대한 분석은 [예 13.1]에서 다루어지고 있다.

프로그램

```
MTB > RSRegress 'BioMass'=C4 C5 C6;
SUBC>   RType 1 ;
SUBC>   Brief 2 .
```

아웃풋(일부)

```
Response Surface Regression
The analysis was done using coded units.
Estimated Regression Coefficients for BioMass

Term           Coef      StDev         T      P
Constant     5.5765     0.4054    13.756  0.000
pH           1.1775     0.5909     1.993  0.068
Temp        -0.7937     0.5909    -1.343  0.202
TSB          2.3837     0.5909     4.034  0.001

S=1.671      R-Sq=62.9%     R-Sq(adj)=54.3%
```

(3) biomass에 대한 이차모형을 실험 데이터에 적합시켜 보자. 이 결과에 대한 분석은 [예 13.2]에서 다루어지고 있다.

프로그램

```
MTB > RSRegress 'BioMass'=C4 C5 C6 C4*C4 C5*C5 C6*C6 C4*C5 C4*C6 C5*C6;
SUBC>   RType 1 ;
SUBC>   Brief 2 .
```

아웃풋(일부)

```
Response Surface Regression


The analysis was done using coded units.

Estimated Regression Coefficients for BioMass

Term            Coef      StDev         T      P
Constant       6.672     0.2675    24.942  0.000
pH             1.177     0.2115     5.568  0.001
Temp          -0.794     0.2115    -3.753  0.007
TSB            2.384     0.2115    11.272  0.000
pH*pH          0.269     0.2915     0.923  0.387
Temp*Temp     -0.308     0.2915    -1.058  0.325
TSB*TSB       -2.289     0.2915    -7.851  0.000
pH*Temp        0.593     0.2991     1.981  0.088
pH*TSB         0.658     0.2991     2.198  0.064
Temp*TSB      -1.395     0.2991    -4.664  0.002

S=0.5982     R-Sq=97.4%     R-Sq(adj)=94.2%
```

(4) 적합된 반응표면을 등고선도와 표면도로 나타내보자. 실험 영역안에는 정상점이 존재하지 않는 것처럼 보인다.

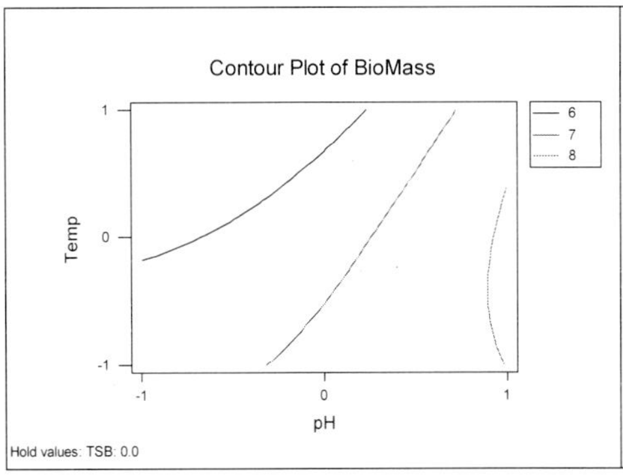


```
# Stat > DOE > Response Surface
# > Contour/Surface Plots

MTB > RSRegress C7=C4 C5 C6 C4*C4 &
CONT>   C5*C5 C6*C6 C4*C5 C4*C6 C5*C6;
SUBC>   Quadratic C1000;
SUBC> Brief 0 .
MTB > RSContour C7 C1000;
SUBC>   Hold 0 0 0;
SUBC>   Connect;
SUBC>   Type 1;
SUBC>   Color 1 2 9 4 6 11 8 5 12 3;
SUBC>   Single C4 C5.
```

[도표 13.8(a)] 등고선도

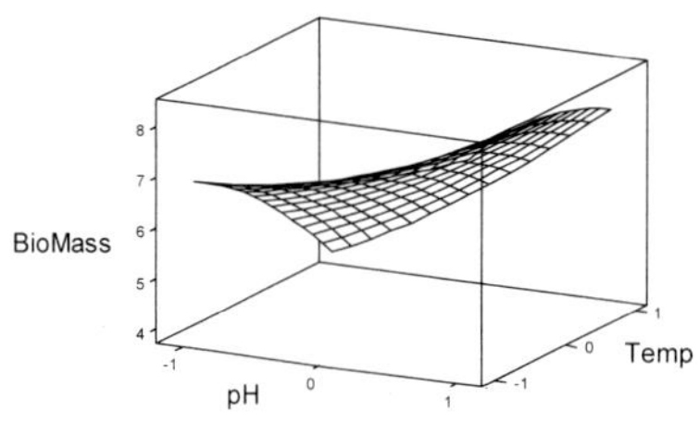


```
# Stat > DOE > Response Surface
# > Contour/Surface Plots

MTB > RSRegress C7=C4 C5 C6 C4*C4 &
CONT>   C5*C5 C6*C6 C4*C5 C4*C6 C5*C6;
SUBC>   Quadratic C1000;
SUBC> Brief 0 .
MTB > RSSurface C7 C1000;
SUBC>   Hold 0 0 0;
SUBC>   Surface;
SUBC>   EColor 1;
SUBC>   Color 0;
SUBC>   Single C4 C5.
```

[도표 13.8(b)] 반응표면도

(5) 이 실험의 결론을 내려보자. 등고선도와 반응표면도, 그리고 [예 13.2]의 결과로 볼 때 정상점은 이 실험영역 밖에 있고 안장점으로 나타났다. 따라서 최적 반응점을 찾으려면 [예 13.1]에서 계산된 방향(△)대로 실험을 더 해나가야 할 것이다. ¶

예제 13.4 ([예 13.3]의 후속) [예 13.1]에서 찾아낸 바 있는 실험을 계속해 나갈 방향대로 실함을 계속하여 다음과 같은 데이터를 얻었다.

13.5 EVOP

반응표면 방법론은 대개 연구개발자에 의해 실험실이나 소규모 시험공장(pilot plant)에 적용된다. 시험공장에 대해서 최적인 조건들이 대규모 공정에서는 최적이 아닐 수 있다. 생산공정은 제품 생산을 통해서 부가적으로 공정 자체에 대한 정보도 생산한다. 이런 정보를 이용하여 점진적으로 공정개선을 시도한다면 결국에는 최적 공정조건에 도달할 수 있을 것이다. EVOP(evolutionary operation, 점진적 작업)란 바로 이런 발상 하에서 공정개선을 점진적으로 달성해 나가기 위한 방법이다. EVOP에 대해서는 배 등(2000)을 참고하라.

13.6 연습문제

01 어떤 화학공정에서 최적 공정조건을 찾으려고 한다. 반응변수는 수율(y)이고, 공정 인자는 반응시간(u_1)과 반응온도(u_2)이다. 현재 공정은 u_1=35 분, u_2=155° F으로 운용되고 있고, y=40%이다.

(1) 공정의 개선방향을 찾기 위해 실험영역을 다음과 같이 정하고 일차모형을 적용하기로 하였다: $u_1 \in [30, 40]$, $u_2 \in [150, 160]$. 이 범위에서 일차모형을 위한 인자들의 수준은 다음 도표와 같다:

인자	기호	수준		
		−1	0	+1
u_1	x_1	30	35	40
u_2	x_2	150	155	160

일차모형 적합을 위한 데이터는 다음과 같이 수집되었다. 일차모형을 적합시키고 수율을 증가시키기 위한 공정 조건의 이동방향을 찾아라.

인자		변환된 인자		반응변수
u_1	u_2	x_1	x_2	y
30	150	−1	−1	39.3
30	160	−1	1	40.0
40	150	1	−1	40.9
40	160	1	1	41.5
35	155	0	0	40.3
35	155	0	0	40.5
35	155	0	0	40.7
35	155	0	0	40.2
35	155	0	0	40.6

(2) (1)에서의 분석결과로 최적 공정조건의 범위가 다음과 같이 좁혀졌다: $u_1 \in [80, 90]$, $u_2 \in [170, 180]$. 이 범위에서 일차모형을 위한 인자들의 수준은 다음과 같다:

인자	기호	수준		
		−1	0	+1
u_1	x_1	80	85	90
u_2	x_2	170	175	180

이 실험영역에서 중심합성설계를 사용하여 데이터를 수집하기로 하였다. 이차모형 적합을 위한 데이터는 다음과 같이 수집되었다. 이차모형을 적합시키고 수율을 최대화시키는 공정 조건을 찾아라.

인자		변환된 인자		반응변수
u_1	u_2	x_1	x_2	y
80	170	−1	−1	76.5
80	180	−1	1	77.0
90	170	1	−1	78.0
90	180	1	1	79.5
85	175	0	0	79.9
85	175	0	0	80.3
85	175	0	0	80.0
85	175	0	0	79.7
85	175	0	0	79.8
92.07	175	1.414	0	78.4
77.93	175	−1.414	0	75.6
85	182.07	0	1.414	78.5
85	167.93	0	−1.414	77.0

02 [예 3.3]에서 다룬 네마토우드 실험을 고려하자. 반응변수 protein에 대해 반응표면분석을 실시하라.

14 Chapter

신뢰성 분석

우리는 1장에서 품질의 시간적 특성이 품질 또는 품질관리에서 차지하는 비중이 점점 높아지고 있다고 언급했었다. 신뢰성 분석(reliability analysis)에서는 이와 같은 품질의 시간적 특성을 분석대상으로 삼는다. 여기서 신뢰성(reliability)이란 제품의 시간적 안정성을 뜻한다. 특히, 품질보증은 신뢰성 분석 없이는 얘기할 수 없게 되었다. 제품의 신뢰성이 충분히 분석되지 못하였다면, 막대한 보장비용(warranty costs)이 초래될 수도 있다.

때때로 신뢰성이란 용어와 품질관리란 용어가 같은 뜻으로 쓰이기도 하지만, 이 두 분야간에는 차이가 있다. 신뢰성이 한 제품의 전체 수명에 걸친 성능에 관심을 가지는 반면에, 품질관리는 한 제품의 특정 시점—대개 제조 공정 중의—에서의 성능에 관심을 가진다. 신뢰성은 제품이 의도된 기간 동안 고장없이 기능하리란 것을 보증한다. 품질관리는 전체 신뢰성 과정에서 한 중요한 접점이다. 품질관리는 규격에의 합치를 보증하는데, 이는 신뢰성을 악화시킬 수 있는 제조의 산포를 감축시킨다. 품질관리는 또 들어오는 부품들이 규격을 만족하는지, 제품들이 제대로 검사되고 시험되는지, 그리고 선적된 제품들이 특정된 품질수준을 웃도는지를 확인한다. 특정된 품질수준은 사용자, 고객, 그리고 사회에 의해 받아들여질 만한 수준이어야 한다. 어떤 제품도 품질관리의 인풋 없이는 신뢰성 있게 성능을 발휘할 수 없다—왜냐하면 신뢰성이 보증되려면 질 좋은 부품들이 제품에 들어와야 하기 때문이다.

신뢰성 분석이란 제품수명 데이터를 사용하여 제품이나 시스템이 특정된 환경에서 의도된 기간동안 고장 없이 기능할 확률과 능력을 추정하는 작업을 말한다. 수명 데이터는 제품들의 수명(lifetimes)으로 구성된다. 수명은 물리적 시간이 될 수도 있고, 킬로미터나 마일과 같은 거리, 싸이클수, 사용횟수 또는 그밖에 제품의 수명을 나타낼 수 있는 아무 타당한 척도가 될 수도 있다. 제품수명에 대한 그런 모든 데이터는 수명 데이터(life, or lifetime, data), 생존 데이터(survival data) 또는 신뢰성 데이터라는 이름으로 포괄된다.

신뢰성 분석은 수명 데이터를 모형화하는데 사용할 분포를 선택하는 것을 도와주고 그 분포를 기술하는 다양한 함수들을 추정하기 위한 도구들을 제공한다. 고장 확률, 신뢰도, 평균수명 등 신뢰성에 관한 모수들이 우리에게 알려질 기회는 거의 없다. 신뢰성 분석의 목적은 이런 모수값들을 정확하게 추정하는 것이다.

신뢰성 분석을 수행하기에 앞서 고장방식과 수명단위가 특정되고 명확히 정의되어야 한다. 특히 무엇이 "한 고장"을 구성하는지를 정확히 정의할 필요가 있다. 즉 분석을 수행하기 전에 제품이 언제 고장난 것으로 간주되어야 하는지가 명확해야 한다. 이것은 자명한 것처럼 보일지도 모르지만, 고장 정의나 수명

단위 불일치의 문제들로 인해 막대한 비용과 시간이 소요된 수명시험과 분석의 결과들이 무효화되는 일이 드물지 않다.

* 우리는 생명체나 소프트웨어가 아닌 하드웨어의 신뢰성만을 다루고 있다.
* 신뢰성 분석은 적용분야에 따라 생존분석(survival analysis) 또는 사건역사분석(event history analysis) 등으로 불리기도 한다.

14.1 신뢰성 개념들

우리는 이 절에서 제품 신뢰성을 기술하고 평가하는데 필요한 개념들과 용어들을 살펴볼 것이다.

14.1.1 신뢰도 함수

제품수명을 기술하는데 사용되는 이론적 모집단 모형들은 수명분포(life distributions)라 불린다. 예를 들어, 만일 우리가 특정 유형의 트랜지스터에 관심이 있다면, 모집단은 이런 유형의 트랜지스터들로부터 얻을 수 있는 모든 수명들일 것이다. 아니면, 우리는 모집단을 한 특정 기간에 한 특정 제조업체로부터 생산된 트랜지스터들로 제한할 수도 있을 것이다.

고장시간 또는 수명 $T(\geq 0)$가 밀도함수 $f(t)$와 분포함수 $F(t)$를 가진다고 하자. 분포함수 $F(t)$는 다음과 같이 두 가지로 해석할 수 있다.

- $F(t)$는 모집단으로부터 랜덤하게 선택된 한 개체가 시각 t까지 고장날 확률이다.
- $F(t)$는 모집단에서 시각 t까지 고장나는 모든 개체들의 비율이다.

$F(t_1) - F(t_2)$에 대해서도 위와 같이 두 가지로 해석할 수 있다.

고장나지 않은 개체들 즉 생존자들에 초점을 맞추는 것이 유용할 때가 많기 때문에 우리는 신뢰도함수(reliability function) 또는 생존함수(survival function) $S(t)$를 다음과 같이 정의한다:

$$S(t) = P\{T > t\} = 1 - F(t). \tag{14.1}$$

이런 맥락에서 $F(t)$는 불신뢰도함수(unreliability function)라 불리기도 한다. 신뢰도 함수에 대해서도 우리는 다음과 같이 두 가지로 해석할 수 있다:

- $S(t)$는 모집단으로부터 랜덤하게 선택된 한 개체가 시각 t까지 고장없이 작동할 확률이다.
- $S(t)$는 모집단에서 시각 t까지 고장 없이 작동하는 모든 개체들의 비율이다.

예제 14.1 어떤 제품의 수명분포는 $F(t) = 1-(1+0.001t)^{-1}$를 따른다(시간 단위: 시).
(1) 한 새 제품이 1,000 시간 안에 고장날 확률은 얼마인가?
(2) 우리가 이 제품을 150 대 사용하고 있다면, 처음 1,000 시간 안에 몇 대가 고장나리라고 기대하는가?

풀이 (1) 1,000 시간 안에 고장날 확률은 $F(1000) = 1-(1+1)^{-1} = 0.5$.

(2) 기대 고장수=150×0.5=75 (대). ¶

※ 우리는 reliability란 용어를 때로는 신뢰성으로 때로는 신뢰도로 사용한다. 신뢰도는 제품이 특정 시각까지 한 번도 고장나지 않고 작동할 확률이고, 신뢰성이란 제품의 시간적 안정성을 통칭하는 일반적인 용어이다.

14.1.2 고장률 함수

고장률 함수(failure rate function) 또는 위험(률)함수(hazard (rate) function) $h(t)$는 다음과 같이 정의된다:

$$h(t) = \lim_{\triangle t \to 0} P\{t < T \leqq t + \triangle t \mid T > t\}/\triangle t = f(t)/[1-F(t)] = f(t)/S(t). \quad (14.2)$$

한편 식(14.1)로부터

$$f(t) = -\frac{d}{dt}S(t).$$

(14.2-1)

식(14.2-1)을 식(14.2)에 넣으면,

$$h(t) = -\frac{dS(t)}{d(t)}/S(t). \quad (14.2-2)$$

또는

$$h(t)dt = -dS(t)/S(t). \tag{14.2-2}$$

이로부터

$$\int_0^t h(t)dt = -\ln S(t). \tag{14.2-3}$$

따라서 우리는 신뢰도와 고장률이 다음 관계를 가짐을 알 수 있다:

$$S(t) = e^{-\int_0^t h(u)\,du}. \tag{14.3}$$

고장밀도 $f(t)$는 고장확률의 변화율을 나타내고, 고장률 $h(t)$은 조건부 고장확률의 변화율을 나타낸다. 즉, 고장밀도는 언제 고장이 많은가를 나타내고, 고장률은 곧 고장이 날 가능성은 언제가 높은가를 말해준다. 이런 이유로 고장률은 순간고장률(instantaneous failure rate)이라 불리기도 한다.

※ 우리는 이 고장률을 "분포"의 고장률이라 부를 수 있다.

※ 전염병학에서 $h(t)$는 역사적으로 사망력(the force of mortality)라고 불렀다.

□ 누적위험함수

우리는 위험함수 $h(t)$를 적분함으로써 누적위험함수 $H(t)$을 얻을 수 있다:

$$H(t) = \int_0^t h(u)\,du. \tag{14.4}$$

이 누적위험함수는 생존함수와 다음 관계를 가진다:

$$H(t) = -\log S(t). \tag{14.5}$$

이로부터 우리는 생존함수와 위험률 간의 다음 관계식을 얻는다:

$$S(t) = e^{-H(t)} = \exp\left\{-\int_0^t h(u)\,du\right\}. \tag{14.6}$$

□ 구간의 평균고장률

위험률 $h(t)$는 시간에 따라 변하므로 한 구간에 걸친 고장률을 대표하는 평균 위험률을 정의할 필요가 있다. 평균고장률(average failure rate, AFR)은 다음과 같이 정의된다:

$$AFR(t_1, t_2) = \frac{\int_{t_1}^{t_2} h(t)\,dt}{t_2 - t_1} = \frac{H(t_2) - H(t_1)}{t_2 - t_1} = \frac{\log S(t_1) - \log S(t_2)}{t_2 - t_1}. \quad \textbf{(14.7a)}$$

$AFR(0, t)$는 흔히 $AFR(t)$로 표기된다. 이 때

$$AFR(t) = \frac{H(t)}{t} = -\frac{\ln S(t)}{t}. \quad \textbf{(14.7b)}$$

□ 평균고장시간

고장시간 또는 수명 T의 기대치는 평균수명 또는 평균고장시간(Mean Time To Failure, MTTF)이라고 불린다:

$$MTTF = E[T]. \quad \textbf{(14.8)}$$

□ 신뢰수명(reliable life)

신뢰수명은 주어진 신뢰도 목표에 대한 임무기간을 뜻한다. 즉 신뢰수명 T_R은 신뢰도 목표 $S(T_R)$에 대응되는 수명이다. 예컨대, 신뢰도 목표 0.5(50%)에 대응되는 신뢰수명은 중위수 수명이다.

- 와이블 수명분포에서 척도모수 β는 63.2121% 신뢰수명이다. 이는 지표수명(characteristic life)이라고 불린다.

□ 고장률의 단위

제품들에 대한 고장률은 너무 작아서 시간당(per hour) 고장수는 적절하지 않을 때가 많다. 따라서 가장 흔히 사용되는 고장률의 단위는 1000 시간당 퍼센트(%/K)이다. 1 %/K는 1000 시간 동안 운용되는 100 개체에서 평균적으로 고장이 한 번 발생한다는 뜻이다. 또 매우 신뢰도가 높아서 고장률이 더욱 낮은 제품들인 경우에는 PPM/K가 사용되기도 한다. 1 PPM/K는 1000 시간 동안 운용되는 100백만개의 개체에서 평균적으로 한 번의 고장이 발생한다는 뜻이다.

예제 14.2 (1) [예 14.1]에서 제시된 수명분포에 대해 $h(t)$를 유도하고 t=1,000과 10,000에서의 고장률을 구하라.

(2) AFR(1000)과 AFR(1000, 10000)은 각각 얼마인가?

(3) 이런 수명분포를 따르는 제품 5대가 운용을 시작했을 때, 이들 중 어느 것도

처음 1,000시간 동안 고장이 나지 않을 확률은 얼마인가?

풀이 (1) 먼저 고장률함수는 다음과 같이 유도된다:

$$h(t) = \frac{f(t)}{1-F(t)} = 0.001(1+0.001t)^{-1}.$$

따라서 $h(1000) = 0.0005$, $h(10000) = 0.000091 = 9.1$ %/K.

(2) $AFR(1000) = -\ln S(1000)/1000 = -\ln 2^{-1}/1000 = 0.0007$.

$AFR(1000, 10000) = (\ln 2^{-1} - \ln 11^{-1})/9000 = 0.00019$.

(3) 1000시간 동안 5대에 전혀 고장이 없을 확률 $= (2^{-1})^5 = 1/32$. ¶

14.1.3 고장패턴

우리는 고장률에 의해 고장패턴을 세 가지로 분류할 수 있다: 감소고장률(decreasing failure rate, DFR), 상수고장률(constant failure rate, CFR), 그리고 증가고장률(increasing failure rate, IFR).

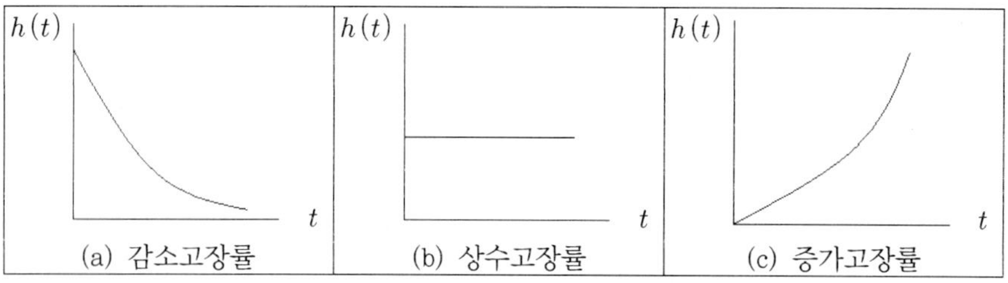

[도표 14.1] 고장률에 의한 고장패턴

- **감소고장률**(DFR): 감소고장률은 시간에 따라 고장률이 감소하는 고장패턴을 가리킨다. 소프트웨어나 전자부품은 전형적인 감소고장률을 보인다.
- **상수고장률**(CFR): 상수고장률은 시간에 관계없이 고장률이 일정한 고장패턴을 가리킨다. 여러 부품으로 이루어진 전자제품은 흔히 상수고장률을 가진다. 상수고장률을 보이는 제품의 수명은 지수분포를 따른다.
- **증가고장률**(IFR): 증가고장률은 시간에 따라 고장률이 증가하는 고장패턴을 일컫는다. 증가고장률은 기계장비류의 전형적 고장패턴이다. 증가고장률을 보이는 제품의 수명분포는 흔히 정규분포로 모형화된다.

□ 욕조 곡선(Bathtub Curve)

그런데 실제로 많은 제품들은 [도표 14.2]와 같이 제품 수명에 걸쳐서 이런 세 가지 고장률 패턴을 모두 보여준다: 그들은 높은 고장률로 초기수명(early life)을 시작하는데 이 기간에 고장률은 계속 감소한다. 제품이 초기수명을 끝내고 내용수명 또는 유효수명(useful life)에 접어들면 고장률은 상수로 안정된다. 제품이 유효수명을 다 살고 마모수명(wearout life)을 살기 시작하면 고장률이 급격히 증가한다.

어떤 제품의 고장률 패턴이 이와 같은 욕조곡선을 보인다면, 이런 제품은 초기수명을 공장에서 보내고 유효수명기 초기에 출하되는 것이 바람직하다. 이런 관습은 역소진(burn-in) 또는 역마모(wear-in)라고 불리며, 전자제품들에 대해서 자주 사용된다. 초기고장(early failure, infant mortality)은 흔히 설계수명초기에 과도한 고장률을 유발하는 품질관리결함들로 인해 발생한다.

유효수명기에는 상수고장률 패턴을 보이는데, 이 기간에는 제품사용환경의 변화에 의해 고장이 랜덤하게 발생한다. 유효수명이 다한 후, 마모고장은 제품의 마모나 열화로 인해 발생한다. 마모수명이 시작되기 전에 실시되는 부품 교체 등의 예방보전(preventive maintenance, PM) 활동은 마모수명의 시작을 늦출 수 있다.

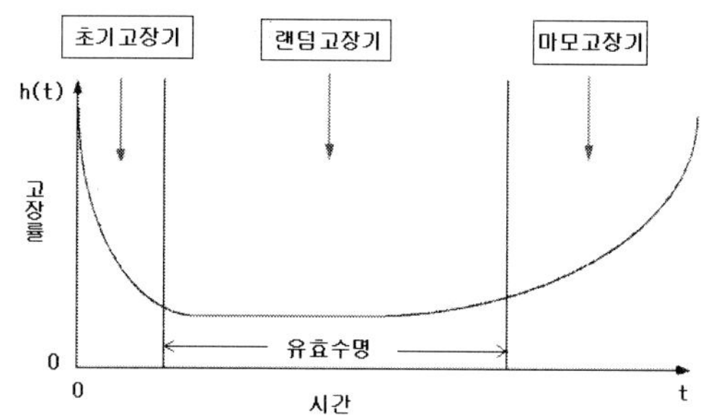

[도표 14.2] 고장률 욕조곡선

14.1.4 고장시간의 분포모형

여기서는 고장시간의 분포로 자주 사용되는 분포들 가운데 네 가지를 소개할 것이다: 지수분포, 와이블 분포, 로그 정규분포(밑 e), 그리고 정규분포.

(1) 지수분포 $T \sim \mathrm{EXP}(1/\lambda)$

- 밀도함수 $f(t) = \lambda e^{-\lambda t}, t > 0, \lambda > 0$

지수 수명분포는 상수고장률을 가지는 유일한 분포이다. 이 상수고장률 λ의 역수는 평균고장시간(MTTF)이 된다. 지수분포의 다른 특징은 무기억성(lack of memory)이다. 이는 고장이 나기 전에는 항상 새 것과 다름이 없다는 것을 뜻한다. 지수분포는 아무런 특별한 마모나 열화 기전이 없는 제품의 모형으로 적절하다. 지수분포의 또 다른 성질은 폐포성(closure property)이다: 즉 고장시간이 서로 독립이며 지수분포를 따르는 부품들로 이루어진 제품의 고장시간도 지수분포를 따르며 평균은 각 부품의 평균의 합과 같다.

(2) 와이블 분포 $T \sim WEI(\alpha, \beta)$, α: 형상모수, β: 척도모수

- 밀도함수 $f(t) = \dfrac{\alpha}{\beta}(\dfrac{t}{\beta})^{\alpha-1}\exp\{-(t/\beta)^{\alpha}\}, t > 0, \alpha > 0, \beta > 0$

와이블 분포는 형상모수 α의 값에 따라 지수분포에서 종모양 분포까지 다양한 분포형상을 나타낼 수 있다. 와이블 분포는 형상모수에 따라 고장률 욕조곡선에 나타난 세 가지 고장패턴을 모두 나타낼 수 있다: 즉 α〈1은 감소형, α=1은 상수형, 그리고 α〉1은 증가형 고장률을 나타낸다. 와이블 분포도 지수분포와 유사한 폐포성을 가진다: 즉 고장시간이 서로 독립이며 형상모수가 동일한 와이블분포를 따르는 부품들로 이루어진 제품의 고장시간도 와이블분포를 따른다. 와이블 분포는 특히 “가장 약한 고리” 모형이 적절한 제품의 수명분포로 사용된다.

(3) 로그정규분포 $T \sim LN(\mu, \sigma^2)$, μ: 위치모수, σ^2: 척도모수

- 밀도함수 $f(t) = \dfrac{e^{-(\log t - \mu)^2/(2\sigma^2)}}{t\sqrt{2\pi}\,\sigma}$, $t \geqq \mu;\ \sigma > 0$

로그정규분포는 와이블 분포에 버금갈 정도로 다양한 수명분포를 표현할 수 있다. 로그정규분포는 특히 반도체의 열화고장이나 재료의 피로고장 모형으로 널리 사용된다. 로그정규분포의 로그는 정규분포를 따른다는 성질은 곱(multiplicative) 중심극한정리를 시사한다: 로그정규분포는 많은 작은 독립적인 인자들의 곱으로 이루어지는 랜덤현상을 모형화하는데 적합하다. 많은 반도체 고장 기전은 이런 모형에 잘 들어맞는다.

(4) 정규분포 $T \sim N(\mu, \sigma^2)$, μ: 위치모수, σ: 척도모수

- 밀도함수 $f(t;\mu,\sigma) = \dfrac{2}{\sqrt{2\pi}\,\sigma} e^{-(t-\mu)^2/2}, \; -\infty < t < \infty$

정규분포는 증가고장률을 가지는 제품의 고장시간 분포로 적절하다. 중심극한정리는 정규분포가 많은 작은 독립적인 인자들의 합으로 이루어지는 랜덤 현상을 모형화하는데 적절함을 시사한다.

이 네 분포의 기본적인 수명특성들이 [도표 14.3]에 요약되어 있다. 지표수명에 대해서는 14.2.7절을 참조하라.

[도표 14.3(a)] 기본적인 수명분포들의 수명특성들

수명분포	신뢰도함수 $S(t)$	고장률 $h(t)$	평균수명 MTTF	지표수명
지수분포	$e^{-\lambda t}$	λ	$1/\lambda$	평균수명
와이블 분포	$e^{-(t/\beta)^\alpha}$	$\dfrac{\alpha}{\beta}\left(\dfrac{t}{\beta}\right)^{\alpha-1}$	$\beta\Gamma(1+1/\alpha)$	β
로그 정규분포	$1-\Phi\left(\dfrac{\ln t-\mu}{\sigma}\right)$	$\dfrac{f(t)}{S(t)}$	$e^{\mu} e^{\sigma^2/2}$	중위수 수명
정규분포	$1-\Phi\left(\dfrac{t-\mu}{\sigma}\right)$	$\dfrac{f(t)}{S(t)}$	μ	평균수명

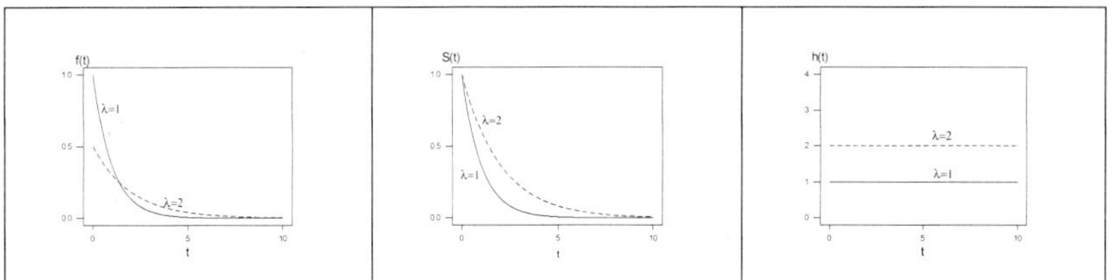

(1) 밀도함수 (2) 신뢰도함수 (3) 고장률함수

[도표 14.3(b)] 지수분포(척도모수 λ)

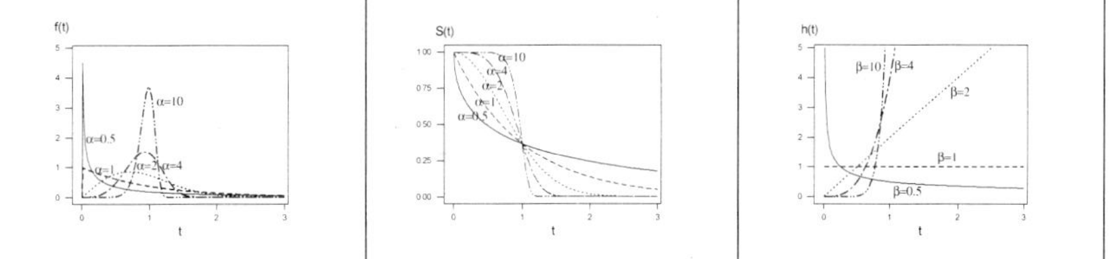

(1) 밀도함수 (2) 신뢰도함수 (3) 고장률함수

[도표 14.3(c)] 와이블분포(형상모수 α, 척도모수 β=1)

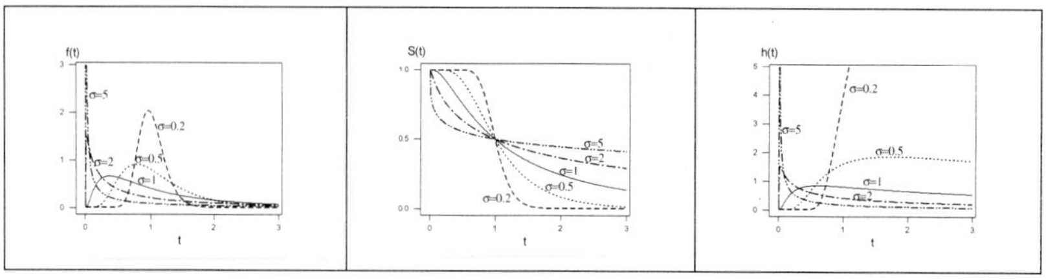

[도표 14.3(d)] 로그정규분포(위치모수 μ=0, 척도모수 σ)

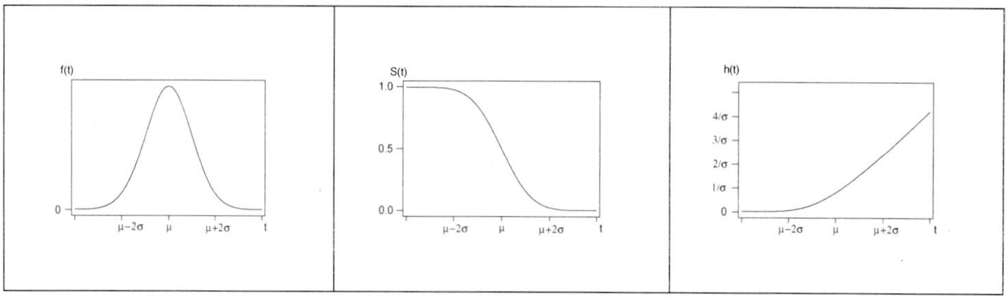

[도표 14.3(e)] 정규분포(위치모수 μ, 척도모수 σ)

14.1.5 수리계와 비수리계

우리는 지금까지 비수리계(nonrepairable system)에 대한 신뢰성 개념들을 살펴보았다. 비수리계란 고장이 나면 폐기되는 제품이나 부품을 말한다. 반면에, 수리계(repairable system)란 고장이 났을 때 수리하여 사용할 수 있는 제품이나 부품을 말한다. 우리는 수리가 완전하다고(즉 수리된 제품은 새 것과 다름없다고) 가정할 것이다. 수리계인 경우 고장시각들은 한 랜덤 과정(random process)을 이루게 된다. 따라서 수리계에 대해서는 지금까지 살펴본 신뢰성 개념들이 약간 달리 정의된다.

□ 갱신률

우리는 수리에 시간이 걸리지 않는 "순간 수리계"인 경우—따라서 교체도 포함한다—에 갱신률(renewal rate, 재생률)이라 불리는 또 다른 종류의 고장률을 정의할 수 있다. 구체적으로, 고장시각들 T_1, T_2, T_3 ⋯ 로 구성되는 한 고장과정(failure process)에서 구간 $(t_1, t_2]$에 발생한 고장 수를 $N(t_1, t_2)$로 나타내자. 그리고 특히 $N(0, t)$는 간단히 $N(t)$로 나타내자. 그러면 다음과 같이 정의되는 고장간 시간들 B_i는 서로 독립이고 동일한 분포를 따른다:

$$B_1 = T_1,\ B_2 = T_2 - T_1,\ \cdots,\ B_n = T_n - T_{n-1}.$$

그러면 갱신률 $\lambda(t)$는 시각 t에서의 단위시간당 고장횟수로 정의된다: 즉 고장이 동시에 발생하지 않는다고 가정하면

$$\lambda(t) = \lim_{\triangle \to \infty} \frac{P\{N(t,\ t+\triangle) \geq 1\}}{\triangle}. \tag{14.9}$$

※ 우리는 비수리계에 대해 정의된 "분포"의 고장률과 견주어서 갱신률을 "과정"의 고장률이라 부를 수 있다.

□ 갱신함수

우리는 갱신률 $\lambda(t)$를 적분함으로써 갱신함수(renewal function) $\Lambda(t)$를 얻을 수 있다.

$$\Lambda(t) = \int_0^t \lambda(u)\,du. \tag{14.10}$$

즉 이 고장과정의 갱신률 $\lambda(t)$는 $\Lambda(t)$의 미분에 다름 아니다:

$$\lambda(t) = \Lambda'(t). \tag{14.11}$$

※ 이런 이유로 갱신률은 갱신밀도(renewal density)라고도 불린다.

갱신함수 $\Lambda(t)$는 시각 t까지의 평균 고장횟수를 나타낸다: 즉

$$\Lambda(t) = E[N(t)]. \tag{14.12}$$

- 갱신률이 상수인 고장과정은 프아송 과정이다. 이 때 갱신간(즉 고장간) 시간의 분포는 지수분포이다. 즉 갱신률이 $\lambda(t) = \lambda$이면 고장간 시간 B_i는 평균이 $1/\lambda$인 지수분포를 따른다:

$$B_i \sim \mathrm{EXP}(1/\lambda). \tag{14.13}$$

이 때 고장수 $N(t)$는 평균이 λt인 프아송 분포를 따른다:

$$N(t) \sim POI(\lambda t). \tag{14.14}$$

그리고 갱신함수 $\Lambda(t)$는 다음과 같이 주어진다:

$$\Lambda(t) = \lambda t. \quad \textbf{(14.15)}$$

□ 평균고장간격(MTBF)

수리계인 경우에, 고장간 시간들의 평균은 평균고장간격(Mean Time Between Failure, MTBF)이라고 불린다:

$$MTBF = E[B] = \frac{t}{\Lambda(t)}. \quad \textbf{(14.16)}$$

■ 갱신률이 $\lambda(t)=\lambda$ 일 때 고장간 시간 B_i 의 MTBF는 다음과 같이 주어진다:

$$MTBF = t/(\lambda t) = 1/\lambda. \quad \textbf{(14.17)}$$

□ 보전도

우리는 "순간 수리계"를 통해 갱신률을 소개하였다. 그런데 "현실 수리계"에서 수리에는 시간이 소요된다. 현실 수리계에서, 보전도(maintenability) $M(t)$ 란 고장이 났을 때 t 시간 안에 보전 즉 수리를 마칠 확률이다. 수리시간 R 의 확률밀도함수를 $m(t)$ 로 나타내면 보전도는 다음과 같이 주어진다:

$$M(t) = \int_0^t m(r)\,dr. \quad \textbf{(14.18)}$$

□ 평균수리시간

현실 수리계에서, 평균수리시간(mean time to repair, MTTR)은 수리시간의 평균을 뜻한다. 즉

$$MTTR = E[R] = \int_0^\infty r\,m(r)\,dr. \quad \textbf{(14.19)}$$

□ 순간 수리율

순간 고장률이 고장시간 분포의 특성을 유형화하듯이, 순간 수리율 $\mu(t)$—시각 t 까지 고장상태에 있는 시스템이 즉시 수리될 조건부 확률—도 수리시간 분포의 특성을 잘 나타낸다. 순간 수리율 $\mu(t)$ 는 다음과 같이 정의된다:

$$\mu(t) = \frac{m(t)}{1 - M(t)}. \quad \textbf{(14.20)}$$

■ 상수 순간 수리율 $\mu(t)=\mu$ 을 가지는 수리시간 분포는 지수분포이다. 이 때

$$MTTR = 1/\mu. \tag{14.21}$$

□ 가용도

현실 수리계에서, 가용도(availability) $A(t)$ 란 시각 t 에 시스템이 기능을 유지하고 있을 확률이다. 정상 가용도(stationary availability) A 란 가용도의 극한값으로 정의된다:

$$A = \lim_{t \to \infty} A(t). \tag{14.22}$$

정상 가용도 A 는 다음과 같이 표현될 수 있다:

$$A = \frac{\text{시스템 작동시간}}{\text{시스템 시간}} = \frac{MTBF}{MTBF + MTTR}. \tag{14.23}$$

- 상수 갱신률 λ 와 상수 순간수리율 μ 를 가지는 시스템에서 정상 가용도는 다음과 같이 주어진다:

$$A = \frac{1/\mu}{1/\mu + 1/\lambda} = \frac{\lambda}{\mu + \lambda}. \tag{14.24}$$

※ 신뢰성, 가용성, 그리고 보전성은 RAM이라고 통칭되기도 한다.

14.1.6 시스템의 나이와 기억성

□ 기대여명(remaining expected lifetime), $u(t)$

기대여명 또는 잔여기대수명 $u(t)$ 은 시스템이 시각 t 까지 작동되었다는 조건하에서 고장날 때까지 남은 수명의 평균이다:

$$u(t) = E[T - t \mid T > t]. \tag{14.25}$$

□ 실질적 나이(virtual age), $v(t)$

한 시스템의 실질적 나이 $v(t)$ 는 시스템의 표면적 나이와 기대여명의 차이로 정의된다:

$$v(t) = t - u(t). \tag{14.26}$$

□ 기억성

우리는 시스템의 실질적 나이에 따라 수명분포의 기억성을 다음과 같이 분류해 볼 수 있다:

- 무기억: $v(t) = 0$
- 완전기억: $v(t) = t$
- 양기억: $v(t) > t$
- 음기억: $v(t) < t$

예제 14.3 아래 도표는 한 시스템에서 운용되는 10 개의 동일한 부품들을 나타내고 있다. x는 고장을 나타낸다. 고장난 부품은 즉시 수리된다(또는 새로운 부품으로 교체된다). ⓧ는 각 부품의 첫 번째 고장을 나타낸다.

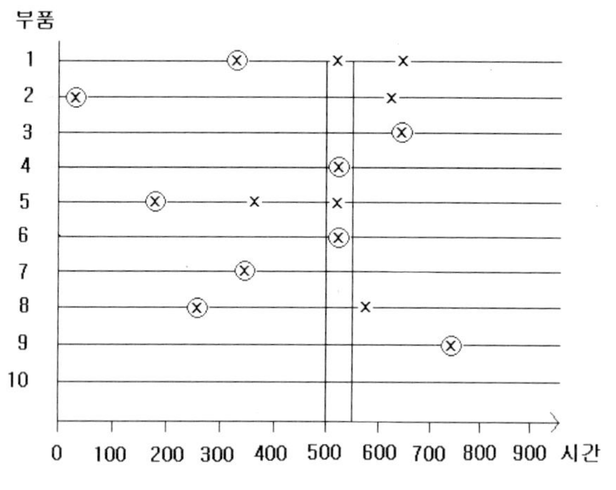

(1) 시각 500과 550에서 분포함수와 신뢰도 함수를 추정해 보자.

(2) 구간 500과 550 사이에서 "분포의" 평균 고장률을 추정해 보자.

(3) 구간 500과 550 사이에서 "과정의" 평균 고장률을 추정해 보자.

(4) 구간 500과 550 사이에서 밀도함수를 추정해 보자.

풀이 (1) 시각 500까지 고장을 경험한 개체수는 10 개체중 5이므로

$$\hat{F}(500) = 5/10,\ \hat{S}(500) = 1 - 5/10 = 5/10.$$

마찬가지로 시각 550까지 고장 경험을 가진 개체수는 10 개체중 7이므로

$$\hat{F}(550) = 7/10,\ \hat{S}(550) = 1 - 7/10 = 3/10.$$

(2) 그 구간 직전까지 고장 경험이 없던 5 개체중 2 개체가 그 구간에서 고장

을 경험했으므로

$$\hat{h}(550;500) = \frac{2/5}{50\text{시간}} = \widehat{AFR}(500, 550).$$

(3) 그 구간 직전까지 작동되던 10 개체 중 그 구간에서 4 개체가 고장을 일으켰으므로

$$\hat{\lambda}(550;500) = \frac{4/10}{50\text{시간}}.$$

(4) 같이 출발한 10 개체중 그 구간에서 신규 고장이 일어난 개체수는 2이므로

$$\hat{f}(550;500) = \frac{2/10}{50\text{시간}}.$$ ¶

14.1.7 시스템 모형과 신뢰도

이 절에서는 n개의 독립적인 부품들로 구성된 시스템의 신뢰도를 다룰 것이다. 각 부품의 수명과 신뢰도를 T_i와 $S_i(t)$, $i=1,2,\ldots,n$로 나타내자.

(1) 직렬시스템 모형(series system models)

직렬 시스템은 한 부품이라도 고장나면 시스템이 고장난다. 이 때 시스템의 수명 T는 가장 짧은 부품의 수명과 같다: $T=\min_i\{T_i\}$. 따라서 시스템의 신뢰도는 다음과 같이 주어진다:

$$S(t) = P\{T_1 > t,\ T_2 > t, \ldots, T_n > t\} = \prod_{i=1}^{n} S_i(t). \tag{14.27}$$

※ 직렬시스템모형은 여러 "독립적인" 고장방식을 가지는 한 단일 부품의 고장을 다루는 경쟁위험 모형(competing risk model)에도 적용될 수 있다.

예제 14.4 어떤 시스템의 한 하부시스템(A)은 [도표 14.4]와 같이 세 부품(1, 2, 3)이 직렬구조를 이루고 있다. 시간 100에서 세 부품 1, 2, 3의 신뢰도는 각각 0.9, 0.8, 0.7로 알려져 있다. 시간 100에서 이 하부시스템 A의 신뢰도를

구해보자.

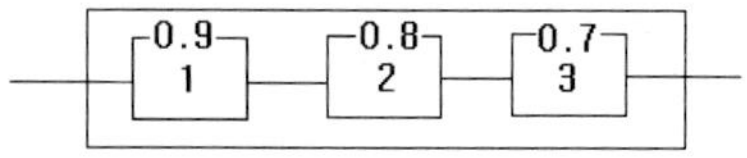

[도표 14.4] 직렬 하부시스템 A

풀이 $S_A(100) = 0.9 \times 0.8 \times 0.7 = 0.504$. ¶

(2) 병렬시스템모형(parallel system models)

병렬시스템은 모든 부품이 고장날 때 시스템이 고장난다. 이 때 시스템의 수명 T는 가장 긴 부품의 수명과 같다: $T = \max_i\{T_i\}$. 따라서 시스템의 신뢰도는 다음과 같이 주어진다:

$$S(t) = 1 - P\{T_1 \leq t,\ T_2 \leq t, \ldots, T_n \leq t\} = 1 - \prod_{i=1}^{n}[1 - S_i(t)]. \quad \textbf{(14.28)}$$

예제 14.5 어떤 시스템의 한 하부시스템(B)은 [도표 14.5]와 같이 세 부품(4, 5, 6)이 병렬구조를 이루고 있다. 시간 100에서 세 부품 4, 5, 6의 신뢰도는 각각 0.95 0.90, 0.80으로 알려져 있다. 시간 100에서 이 하부시스템 B의 신뢰도를 구해보자.

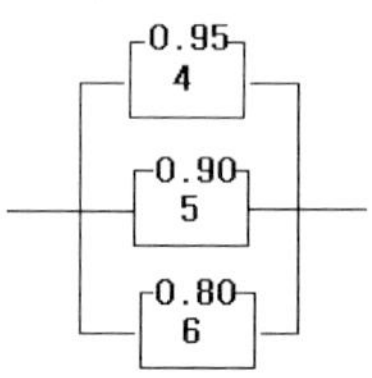

[도표 14.5] 병렬하부시스템 B

풀이 $S_B(100) = 1 - (1-0.95)(1-0.90)(1-0.80) = 1 - 0.001 = 0.999$. ¶

(3) ***n* 중 *k* 시스템모형(*k* out of *n* system models)**

n 중 k 시스템은 n 부품 중 k개 이상이 작동하면 시스템이 작동한다. 따라서 시스템의 신뢰도는 다음과 같이 주어진다:

$S(t) = n$ 사건들 $T_i > t,\ i = 1, 2, \cdots, n$ 중 적어도 k개가 작동할 확률 **(14.29)**

이 시스템 신뢰도는 모든 부품의 신뢰도가 동일하다면 이항분포를 이용하여 간단히 표현될 수 있다. 구체적으로, 모든 $i=1,2,\ldots,n$ 에 대해 $S_i(t)=S_0(t)$ 라면

$$S(t)=\sum_{i=k}^{n}\binom{n}{i}[S_0(t)]^i[1-S_0(t)]^{n-i}. \qquad \textbf{(14.30)}$$

※ n 중 k 시스템은 직렬시스템($k=1$)과 병렬시스템($k=n$)을 포괄한다.

예제 14.6 어떤 시스템의 한 하부시스템(C)은 세 부품(7, 8, 9)이 3 중 2 구조를 이루고 있다. 세 부품 7, 8, 9의 수명분포는 동일하게 고장률이 $\lambda=0.001$인 지수분포를 따르는 것으로 알려져 있다. 시간 100에서 이 하부시스템 C의 신뢰도를 구해보자.

풀이 부품 7의 신뢰도 함수는 $S_7(t)=e^{-0.001t}$ 이므로

$$S_C(t)=\sum_{i=2}^{3}\binom{3}{i}[e^{-0.001t}]^i[1-e^{-0.001t}]^{3-i}=3e^{-0.002t}-2e^{-0.003t}.$$

따라서

$$S_C(1000)=0.974556.$$

¶

(4) 대기시스템모형(standby system models)

대기시스템은 주부품이 고장나는 즉시 대기 부품이 그 역할을 떠맡는 시스템이다. 대기모형은 수동적 병렬시스템(passive parallel system)이라고도 불린다.

먼저 전환장치가 완벽한 경우를 고려하자. T_1 을 주부품의 수명이라 하고, T_i, $i=2,\cdots,n$ 를 대기부품들의 수명이라 하자. 그러면 시스템의 수명은 다음과 같다: $T=\sum_{i=1}^{n}T_i$. 따라서 시스템의 신뢰도는 다음과 같이 주어진다:

$$S(t)=P\{T_1+T_2+\cdots+T_n>t\}. \qquad \textbf{(14.31)}$$

- n 개의 부품들의 수명분포가 모두 고장률이 λ 인 지수분포를 따른다면, 시스템의 수명은 모수가 척도모수가 $1/\lambda$ 이고 형상모수가 n 인 감마분포가 된다.

이번에는 완벽하지 않은 전환장치를 가진 대기 시스템을 고려해보자. 우리는 문제를 단순화하기 위해 대기부품이 한 개이고 시각 t 에 전환장치가 제대로 작동할 확률 $p(t)$ 가 시간의 함수가 아니고 일정하다고 가정할 것이다: 즉

$p(t)=p$. 그러면 시스템의 신뢰도는 다음과 같이 주어진다:

$$S(t)=S_1(t)+p\int_0^t f_1(u)S_2(t-u)\,du \tag{14.32}$$

- 주부품과 한 단일 대기부품의 수명분포가 각각 고장률이 λ_1, λ_2인 지수분포를 따른다면, 시스템의 신뢰도는 다음과 같이 주어진다:

$$S(t)=e^{-\lambda_1 t}+\frac{p\lambda_1}{\lambda_2-\lambda_1}\left(e^{-\lambda_1 t}-e^{-\lambda_2 t}\right). \tag{14.33}$$

특히 $\lambda_1=\lambda_2=\lambda$ 라면,

$$S(t)=e^{-\lambda t}+p\lambda t e^{-\lambda t}. \tag{14.34}$$

예제 14.7 어떤 시스템의 한 하부시스템(D)은 두 부품(10, 11)이 대기구조를 이루고 있다. 주부품(10)과 단일 대기부품(11)의 수명분포는 동일하게 고장률이 $\lambda=0.001$인 지수분포를 따르고, 전환성공확률은 0.99로 알려져 있다. 시간 100에서 이 하부시스템 D의 신뢰도를 구해보자.

풀이 $S_D(100)=e^{-0.001(100)}+(0.99)(0.001)(100)e^{-0.001(100)}=0.994416$. ¶

(5) 복잡한 시스템들

복잡한 구조를 가진 시스템 중에서 직렬구조와 병렬구조의 혼합으로 간략화될 수 있는 경우가 있다. 이 때 시스템의 신뢰도를 구하는 것은 비교적 간단하다. 직렬-병렬 혼합구조로 간략화될 수 없는 구조를 가진 시스템의 신뢰도를 구하는 것은 비교적 복잡한 계산을 요한다. 이를 위해 분해법 등 여러 방법이 고안되어 있다. 복잡한 시스템의 신뢰도 계산에 대해서는 박(1978)을 참고하라.

예제 14.8 [예 14.4]에서 [예 14.7]까지 소개한 네 개의 하부시스템들(A, B, C, D)이 [도표 14.6]과 같이 한 전체 시스템을 이루고 있다. 시간 100에서 이 시스템의 신뢰도를 구해보자.

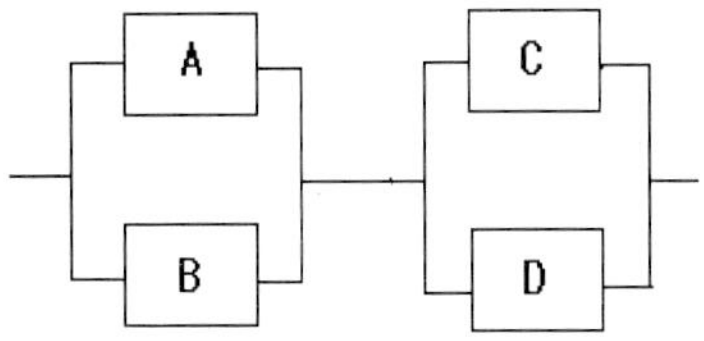

[도표 14.6] 전체 시스템의 구조

풀이 이 시스템은 하부 시스템들의 직렬-병렬 구조로 간략화될 수 있다. 따라서

$$
\begin{aligned}
S(100) &= [1-[1-S_A(100)][1-S_B(100)]][1-[1-S_C(100)][1-S_D(100)]] \\
&= [1-(1-0.504)(1-0.999)][1-(1-0.9745660)(1-0.9944160)] \\
&= 0.999362.
\end{aligned}
$$

¶

(6) 스트레스-강도 간섭모형

우리는 지금까지 부품의 구성을 토대로 시스템의 신뢰도를 다루어 왔다. 이에 비해 스트레스-강도 간섭모형은 재료역학적 모형이라고 할 수 있다. 구체적으로, 스트레스-강도 모형에서는 [도표 14.7]에서와 같이 어떤 "구조적" 시스템에서 스트레스가 강도를 초과하면 간섭(interference)이 일어나는 것으로(즉 고장이 나는 것으로) 본다. 시각 t에서 시스템의 강도를 $Strength(t)$로 그리고 스트레스를 $Stress(t)$로 나타내면, 스트레스-강도 모형에 의한 시스템의 신뢰도 S와 간섭 IF은 각각 다음과 같이 주어진다:

$$S(t) = P\{Strength(t) - Stress(t) > 0\}. \qquad \textbf{(14.35 a)}$$

$$
\begin{aligned}
IF(t) &= P\{Strength(t) - Stress(t) < 0\} \\
&= 1 - S(t). \qquad \textbf{(14.35 b)}
\end{aligned}
$$

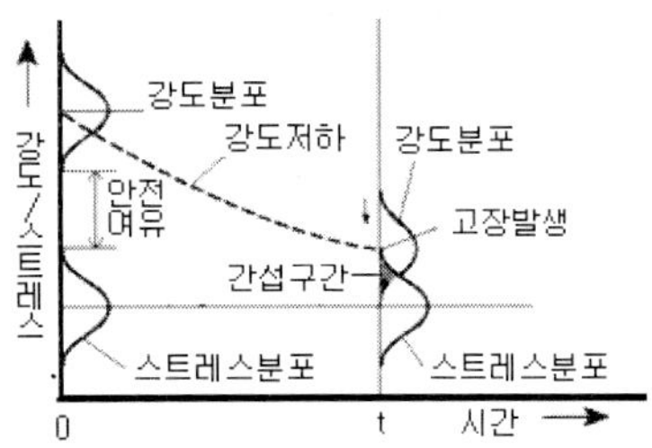

[도표 14.7] 스트레스-강도 간섭모형

흔히 스트레스는 상수과정으로, 그리고 강도는 시간에 따라 감소하는 랜덤과정으로 간주된다. 따라서 제품을 설계할 때 강도분포의 최소값과 스트레스 분

포의 최대값 사이에 안전여유를 두고 설계하게 된다. 안전여유는 흔히 안전계수(safety factor)로 구현된다. 여기서는 두 가지 종류의 안전계수를 살펴볼 것이다: 중심 안전계수(central safety factor)와 신뢰도 안전계수(reliability safety factor). 먼저 중심 안전계수는 다음과 같이 정의된다:

$$SF_C = \frac{Strength}{Stress} > 1, \tag{14.36}$$

여기서 $Strength$와 $Stress$는 시점 0에서 강도와 스트레스의 중심측도(평균이나 중위수)이다. 정기적으로 검사와 보전이 이루어지는 상황에서 미사일은 1, 전투기는 1.2, 여객기는 1.5, 콘크리트 댐은 20 정도의 중심 안전계수가 적용된다. 사용환경의 변화가 심하거나 수명이 길수록 큰 안전계수가 요구된다.

신뢰도 안전계수는 강도와 스트레스의 산포를 고려하여 중심 안전계수를 다음과 같이 수정한 것이다:

$$SF_R = SF_C\left(\frac{1 - k\,CV_{strength}}{1 - k\,CV_{stress}}\right) > 1, \tag{14.37}$$

여기서 k는 원하는 신뢰도를 얻기 위한 표준편차 수(분포중심으로부터 간섭이 시작되는 점까지의)이고, $CV_{strength}$와 CV_{stress}는 각각 강도 분포와 스트레스 분포의 변동계수이다.

[도표 14.8] k와 신뢰도, 간섭의 관계

k	0	1.65	2.33	3	3.08	3.62	4.42	4.89
신뢰도	0.5	0.95	0.99	0.9987	0.999	0.9999	0.99999	0.999999
간섭	0.5	0.05	0.01	0.0013	0.001	0.0001	0.00001	0.000001

신뢰도 안전계수는 동일한 고장확률에 대해서 중심 안전계수보다 더 낮은 값들을 허용한다. Shigley(1972, p. 174)에 의하면, 대부분의 경우에 95% 이상의 신뢰도 수준에서 신뢰도 안전계수는 1.3~2.0 범위에 들어간다.

14.2 신뢰성 데이터

신뢰성 분석에서는 [도표 14.9]와 같이 정확한 고장시간을 담고 있는 완전한 데이터를 얻기가 어렵다. 그 이유는 고장나지 않은 개체가 수명시험으로부터 제거됨으로써 시험중절(censoring; 중도절단)이 발생하기 때문이다. 시험 중절된 관측은 랜덤변수(수명)에 대한 부분적 정보만을 담게 되는 데 이로 인해 신뢰성 데이터 분석은 특별한 어려움을 수반한다.

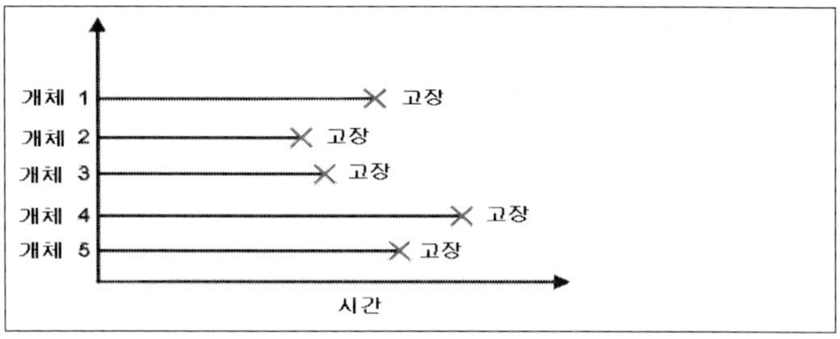

[도표 14.9] 완전한 데이터—정확한 고장시간 데이터

n 대상(개체)들을 시험(test)에 붙인다고 할 때, 우리는 두 가지 기본적인 시험 유형을 생각해 볼 수 있다. 첫째는 시험 기간을 정해 놓고 개체에 대한 고장시간을 관측하는 시험 즉, 제1종 중절시험(정시중절)이다. 둘째는 정해진 수가 고장날 때까지 시험을 계속하면서 개체에 대한 고장시간을 관측하는 시험 즉, 제2종 중절시험(정수중절)이다. 그러나 아마도 가장 흔한 데이터 유형은 시험결과 판독구간 사이에 발생했다는 것만 알 수 있는 고장수일 것이다. 이는 판독 데이터라고 불린다. 그리고 만일 판독구간이나 시험 종료 시간이 모든 개체들에 대해 동일하지 않다면, 다중중절 데이터가 얻어지는 데 이런 데이터는 분석하기에 가장 큰 어려움이 따른다.

수명시험(life testing)이란 용어는 수명 데이터(life-length data)를 수집하기 위해 실시되는 실험들을 기술하기 위해 사용된다. 이런 데이터는 어떤 모수들을 추정하는데, 수명을 예측하는데, 또는 제품들의 랏에 대한 합격여부를 결정하는데 사용된다. 수명시험은 몇 가지로 분류될 수 있다:

- 일상적인 스트레스 환경에서 시험이 이루어지는 보통수명시험(ordinary life test)과 과도한 스트레스 환경에서 시험이 이루어지는 가속수명시험(accelerated life test).
- 일부개체들이 시험으로부터 제거되는 중절표본 수명시험(censored-sample life test)과 시험중절이 없는 완전표본 수명시험(complete-sample life test).
- 시험에 부쳐질 개체들의 수가 미리 정해진 고정표본 수명시험(fixed-sample life test)과 시험에 부쳐질 개체들의 수가 랜덤변수인 순차 수명시험(

sequential life test). 전자는 대개 모수추정이 목적이다. 반면에 후자는 주로 개체들의 랏이 주어진 수명 기준을 만족하는지 결정하기 위해 실시된다.

▌사건과 사건시간

우리는 수명시험과 관련해서 세 가지 종류의 사건을 정의할 수 있다: 고장사건, 시험중절사건, 그리고 관측사건. 고장사건과 시험중절사건 중 먼저(우중절) 또는 늦게(좌중절) 발생하는 사건이 관측되며, 이를 관측사건이라 한다. 우리는 이 세 가지 사건의 발생시간 즉 사건시간들을 다음과 같이 나타낼 것이다:

- 생존시간(survival time) 또는 수명, T
- 중절시간(censored time), C
- 관측시간(observed time), Y

이제 생존데이터 유형을 자세히 살펴보자. n 대상(개체)들을 시험(test)에 붙인다고 하자.

14.2.1 정시중절 데이터

정시중절 데이터(time censored data)는 시험기간이 미리 정해 놓은 시험(중절) 기간 t_f에 도달할 때까지 각 개체의 생존 여부를 관찰하여 얻어진 데이터이다. 예컨대, r 개체들이 시험기간 내에 고장이 났다면, 그 개체들에 대해서는 정확한 고장시간들 $t_1 \leq t_2 \leq t_3 \leq \cdots \leq t_r$ $(\leq t_f)$이 기록되며, 나머지 $n-r$ 개체들에 대해서는 모두 시험 중절시간 t_f가 기록된다. 정시중절 데이터는 제1종 중절 데이터(censored type I data)라고도 불린다.

□ 정시중절 시험을 평가해 보자.

- 시험기간이 정해져 있다.
- 고장수가 랜덤하다.
- 충분한 고장수 확보를 보장할 수 없다.

14.2.2 정수중절 데이터

정수중절 데이터(failure censored data)는 고장수가 미리 정해놓은 고장수 r에 도달할 때까지 시험을 계속하여 각 개체의 생존 여부를 관찰하여 얻어진 데이터이다. 즉, r 개체들에 대해서는 정확한 고장시간들 $t_1 \leq t_2 \leq t_3 \leq \cdots \leq t_r$ 이 기록되며, 나머지 $n-r$ 개체들에 대해서는 모두 시험 중절시간 t_r이 기록된다. 정수중절 데이터는 제2종 중절 데이터(censored type II data)라고도 불린다.

□ 정수중절 시험을 평가해 보자.

- 충분한 고장수를 확보할 수 있다.
- 시험 기간이 랜덤하고 끝이 열려 있다.

14.2.3 구간중절 데이터

정시 중절 데이터는 연속적인 현장 관측을 통해서만 얻어질 수 있다. 그러나 때때로 이런 종류의 시험은 비현실적이다. 구간중절 데이터(interval censored data)는 정시 중절시험을 보다 현실적으로 완화하여 얻어진다. 즉, 구간중절이란 [도표 14.10]에서와 같이 시험 기간이 미리 정해 놓은 시험 기간 u에 도달할 때까지 시험을 하되, 정확한 고장 시점을 기록하는 것이 아니라 미리 정해 놓은 k 판독시점 $u_1 < u_2, \cdots, < u_k = u$에서 각 개체의 생존여부를 기록하는 것이다. 따라서 구간중절에서 우리가 아는 것은 고장시간이 특정한 구간 내에 있다는 것뿐이다. 구간중절 데이터는 판독 데이터(readout data)라고도 불린다.

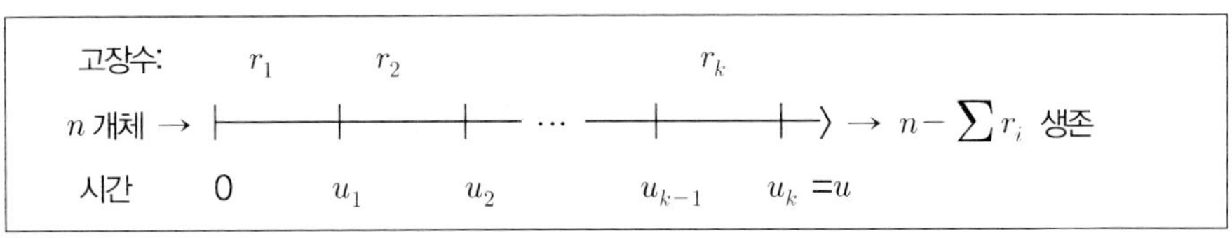

[도표 14.10] 구간중절

□ 구간중절 시험을 평가해 보자.

- 비용과 기술면에서 현실적이다.
- 충분한 고장수 확보를 보장할 수 없다.
- 계급화된 데이터가 얻어지므로 정밀도가 떨어진다.
- 고장이 몇몇 구간에 집중되는 현상이 있을 수 있다.
- 표본 크기, 판독시점 등에 대한 면밀한 실험 계획이 필요하다.

14.2.4 다중중절 데이터

가장 일반적인 경우에, 모든 개체가 고장구간이나 시험 중절시간을 가질 수 있으며, 그것들이 각 개체마다 다를 수도 있다. 이런 종류의 데이터를 다중중절 데이터(multicensored data)라 한다. 특수한 경우로, 정확한 고장시간은 퇴화

(degenerate) 고장구간이라 할 수 있다. 이를 랜덤중절(random censoring)이라 하며, 이 때 얻어지는 데이터를 랜덤중절 데이터(random censored data)라 한다. ([도표 14.11]을 보라.) 즉, 랜덤중절 데이터는 판독 구간이 아닌 정확한 고장 시간을 알 수 있는 다중중절 데이터이다.

□ 다중중절 데이터의 예를 들어 보자.

- 구간중절 시험 중 어떤 이유로 일부 개체를 제거했을 때
- 실험실이 아닌 현장에서 얻어지는 데이터(field use data)는 흔히 다중중절 성격을 띤다. 이 경우에 데이터는 여러 집단들에 대한 고장 정보로 구성되는데, 각 집단은 아마도 다른 기간 동안 시험을 받으며, 그 기간 끝에 한 번 판독이 일어난다. 이런 종류의 다중중절 데이터는 그래프로 나타내기가 쉽지 않으며, 지수분포를 적용하지 않으면 분석하기가 매우 어렵다.
- 고장방식 분리: 시험 개체들이 여러 다른 원인으로 고장을 일으킬 때도 다중중절이 발생한다. 만일 고장 방식이 서로 독립적으로 활동한다면, 어느 한 방식에 의한 고장을 다룰 때 다른 방식에 의한 고장은 시험 중절로 볼 수 있는 것이다. 따라서 우리는 각 고장 방식을 분리하여 신뢰성을 분석할 수 있다.
- 랜덤중절 데이터: 임상연구에서는 흔히 실험 대상자가 각기 다른 시기에 실험에 참여하게 되는데 여러 가지 사유로 관측 중절이 일어나게 된다. 예컨대, 어떤 사유로 그가 실험에서 빠져나갈 수도 있고, 그가 사망하기 전에 실험이 끝날 수도 있다. 랜덤중절 데이터는 제3종 중절데이터(censored type III data)라고도 불린다.

☐ 랜덤중절은 정시중절을 포함하는가? (Y)
☐ 랜덤중절은 정수중절을 포함하는가?

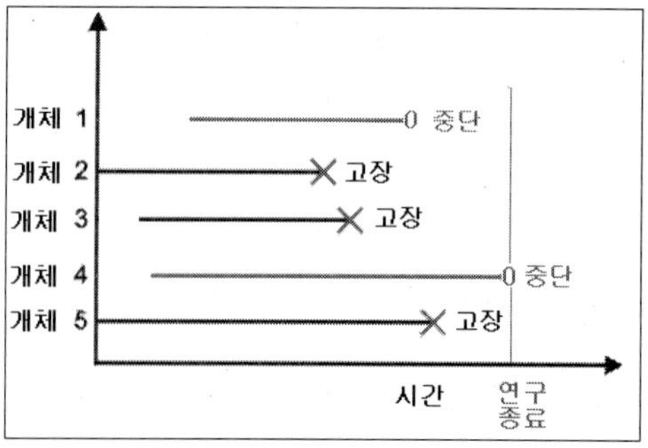

[도표 14.11] 랜덤중절 데이터

□ 랜덤중절 데이터

랜덤중절 데이터를 확률모형으로 나타내 보자. n 개체의 생존시간 T_1, T_2, $\cdots$, T_n 를 서로 독립이고 동일하게 분포함수가 모두 F인 확률변수로, 그리고 중절 시간 C_1, C_2, $\cdots$, C_n를 서로 독립이고 동일하게 분포함수가 모두 G인 확률변수로 나타내기로 하자. 그러면 우리가 랜덤 중절 시험으로부터 관찰할 수 있는 것은 $(Y_i, \delta_i), i = 1, 2, \cdots, n$ 들이다. 여기서,

$$Y_i = \min\{T_i, C_i\}, \tag{14.38}$$

$$\delta_i = I(T_i \leq C_i) = \begin{cases} 1, \text{ if } T_i \leq C_i \\ 0, \text{ if } T_i > C_i \end{cases}. \tag{14.39}$$

우리는 $Y_1, Y_2, \ldots, Y_n$도 역시 서로 독립이고 동일하게 분포함수가, 예컨대, G인 확률변수들로 나타낼 수 있을 것이다. 그리고 T_i와 C_i가 독립이라고 가정할 수 있다면 이 후의 분석이 보다 용이해 질 것이다.

14.2.5 우중절과 좌중절 데이터

우중절(right censoring)에서 우리가 아는 것은 고장시간이 중절시간의 오른쪽이라는 것뿐이다. 우중절 데이터는 단일 중절(singly censored)일 수도 있고 다중중절(multiply censored)일 수도 있다. [도표 14.12]는 다중 우중절을 나타내고 있다. 정시중절과 정수중절은 단일 우중절의 예이다.

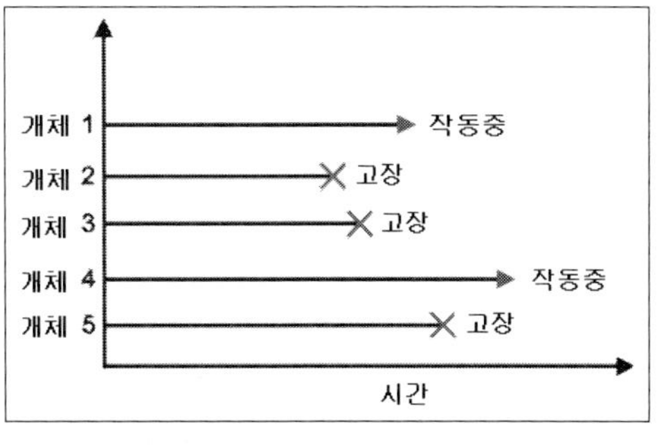

[도표 14.12] 우중절 데이터

이와 유사하게, 좌중절(left censoring)에서 우리가 아는 것은 고장이 중절시간의 왼쪽이라는 것뿐이다. ([도표 14.13]을 보라.) 예컨대 당뇨병에 기인한 망막증 진단이 50세에 이루어졌다면, 망막증 발병 사건은 50세 이전에 발생하였

을 것이다. 구체적으로, 좌중절에서 우리는 $(Y_i, \delta_i), i = 1, 2, \ldots, n$ 들만을 관찰할 수 있다. 여기서,

$$Y_i = \max\{T_i, C_i\}, \tag{14.40}$$

$$\delta_i = I(C_i \leq T_i) = \begin{cases} 1, \text{ if } C_i \leq T_i \\ 0, \text{ if } C_i > T_i \end{cases}. \tag{14.41}$$

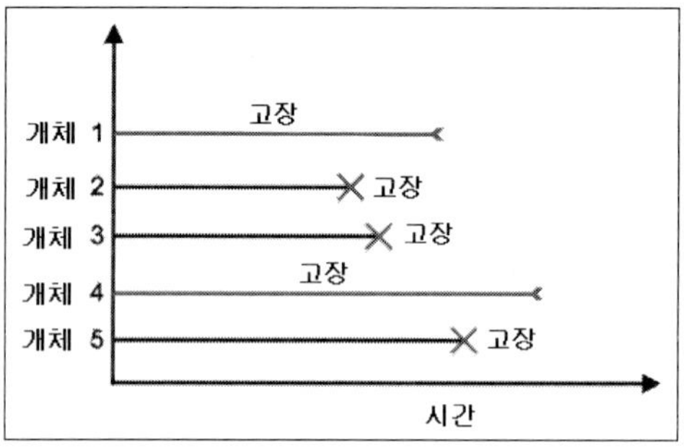

[도표 14.13] 좌중절 데이터

14.2.6 구간중절과 절단

구간중절에서 우리는 각 개체에 대해서 정확한 고장발생시간이 아니라 구간을 관찰할 수 있을 뿐이다. 만일 T_i가 랜덤 우중절 되었다면 우리는 T_i가 $[C_i, \infty)$ 구간에 떨어지는 것을 관찰하게 된다. 만일 T_i가 랜덤 좌중절 되었다면 우리는 T_i가 $(-\infty, C_i]$ 구간에 떨어지는 것을 관측하게 된다.

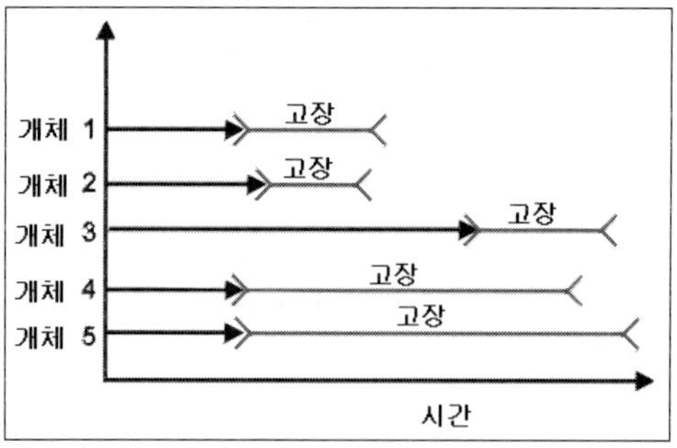

[도표 14.14] 구간중절 데이터

구간 중절과는 대조적으로 절단(truncation)에서는 사건발생이 어떤 구간을 벗어나게 되면 그 존재자체가 관찰되지 않는다. 예를 들어, 우리가 세포 속에

있는 세포기관의 분포와 기대 크기를 얻으려 한다고 가정하자. 만일 어떤 조직이 특정한 크기 이하라면 측정도구의 한계로 그것은 감지될 수 없을 것이다.

Ⓜ 미니탭의 Reliability/Survival 모듈은 정확한 고장시간 데이터, 우 중절 데이터(단일, 다중), 좌 중절 데이터, 구간중절 데이터, 그리고 이들이 혼재되어 있는 혼합형 중절 데이터(arbitrarily censored data)를 지원한다.

14.2.7 가속수명시험 데이터

정상적인 운용조건에서의 고장시간 데이터는 다음과 같은 이유로 얻기가 어려울 경우가 있다:

- 제품들의 긴 수명
- 설계와 출시 사이의 짧은 시간적 여유
- 정상적인 조건에서 계속 사용되고 있는 제품들을 시험하는 것의 어려움

이런 어려움에 더하여, 고장방식과 그들의 수명특성들을 더욱 잘 이해하기 위하여 신뢰성 분석가들은 가속수명시험(accelerated life tests)을 실시하게 된다. 가속수명시험은 관측 정보의 유형에 따라 질적 가속수명시험과 양적 가속수명시험으로 나뉜다.

(1) 질적 가속수명시험

질적 가속수명시험은 제품의 고장여부나 고장방식에 대한 정보를 제공한다. 질적 시험은 여러 개체들(제품들)에게 사전에 설계된 스트레스를 부과하고 각 개체의 고장 여부를 기록하는 것으로 구성된다.

(2) 양적 가속수명시험

양적 가속수명시험에서 우리의 관심은 정상 사용조건에서 제품의 수명을 예측해내는 것이다. 제품의 수명특성을 계량화하기 위해 고안된 가속시험은 크게 다음과 같은 분류될 수 있다: 사용률 가속(usage rate acceleration)과 과스트레스 가속(overstress acceleration).

사용률 가속은 사용률을 정상적인 조건에서 보다 더 높이는 것이다. 따라서 사용률 가속은 정상 조건에서는 연속적으로 운용되지 않는 제품들에 대해 적용된다. 예컨대, 세탁기의 사용시간이 일주일에 평균 6시간 정도라면, 우리는 세탁기를 연속적으로 사용함으로써 시험시간을 28분의 1로 줄일 수 있다.

과스트레스 가속은 제품이 정상적인 사용조건에서 받는 스트레스보다 더 높

은 수준의 스트레스에 노출시키는 것이다. 따라서 과스트레스 가속은 높은 사용률을 보이거나 연속적으로 사용되는 제품에 대해서 적용된다. 예컨대, 컴퓨터가 정상적으로 운용되는 온도가 20℃이하라면, 온도를 30℃로 높인 상태에서 컴퓨터를 운용함으로써 과스트레스 가속시험을 적용할 수 있다.

가속수명시험에서 사용할 스트레스들과 스트레스 수준들을 선택할 때, 고려하고 있는 고장방식들은 가속하지만 정상 사용조건에서는 결코 일어날 수 없는 고장방식이 나타나지 않도록 스트레스 수준들을 선택해야 한다. 일반적으로 이런 스트레스 수준들은 [도표 14.15]에서 제품 규격한계들과 설계한계들 사이에 오게 된다.

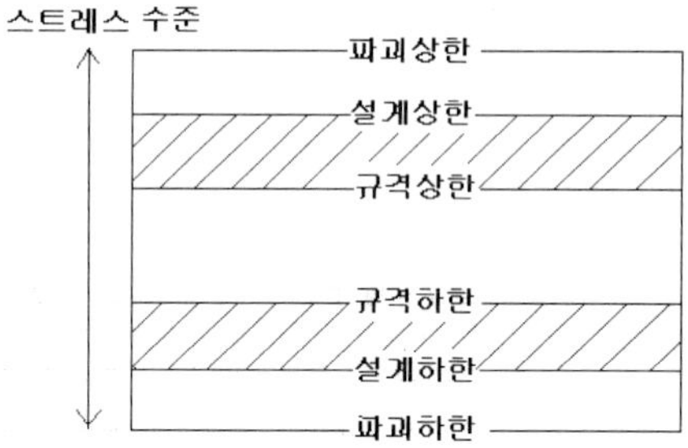

[도표 14.15] 전형적인 스트레스 수준들

가속수명시험은 한 고장방식이 하나이거나 우세한 고장방식이 있을 때, 그리고 그런 고장방식의 고장기전이 알려져 있을 때 가장 성공적으로 적용될 수 있다. 가속수명시험 데이터에 대한 수명-스트레스 산점도(life-stress plot)는 스트레스와 수명간의 관계를 보여준다. 예컨대, [도표 14.16]을 보라.

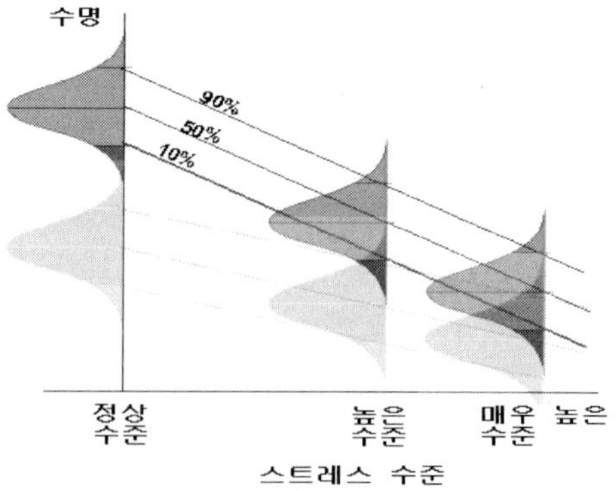

[도표 14.16] 가속수명시험의 개념

널리 알려진 가속 고장기전 가운데 아레니우스 관계(Arrhenius relationship)와 역 거듭곱 관계(inverse power relationship)가 있다. 아레니우스 관계는 가속 스트레스가 온도이고 수명이 화학반응 속도와 관련될 때 자주 사용된다. 역 거듭곱 관계는 가속 스트레스가 전압일 때 적절하다.

스트레스 수준이 v 일 때의 어떤 양적 수명특성을 $t(v)$ 로 나타낼 때, 아레니우스 관계와 역 거듭곱 관계는 [도표 14.17]과 같다. (여기서 b 와 c , d 와 m 은 각 모형에서 결정해야 할 모수들이다)

[도표 14.17] 아레니우스 관계와 역 거듭곱 관계

스트레스-수명 관계	모형	변환
아레니우스	$t(v) = ce^{b/v}$	$x = 1/v$
역 거듭곱	$t(v) = 1/(dv^m)$	$x = \log_e(v)$

참고로, 아레니우스 모형의 토대가 되는 아레니우스 반응속도는 절대온도 T 에 대해 다음과 같이 주어진다:

$$r(T) = a\exp\left\{-\frac{E_A}{kT}\right\}, \tag{14.42}$$

여기서 E_A 는 활성화 에너지(activation energy)를, a 는 열과 관련되지 않은 미지의 상수를, 그리고 k 는 볼츠만 상수 $8.623 \times 10^{-5}\, eV/K$를 나타낸다.

한편, 두 스트레스 수준 v_{use} 와 v_{acc} 간의 가속인자(acceleration factor) a_F 는 다음과 같이 정의된다:

$$a_F = \frac{t(v_{use})}{t(v_{acc})}. \tag{14.43}$$

아레니우스 모형을 사용할 때 가속인자는 다음과 같이 주어진다:

$$a_F = \frac{c\exp(b/v_{use})}{c\exp(b/v_{acc})} = \exp\left\{b\left(\frac{1}{v_{use}} - \frac{1}{v_{acc}}\right)\right\}, \tag{14.43a}$$

여기서, 그리고 [도표 14.17]의 아레니스우스 모형에서, 모수 b 는 스트레스가 수명에 미치는 영향의 측도를 나타낸다.

스트레스가 전적으로 온도에 국한될 때 그리고 수명이 화학반응 속도와 관련될 때 종종 b 는 $b = E_A/k$ 로 대체될 수 있다. 즉 v 가 절대온도(즉 T)를 나타낼 때 아레니우스 모형과 그 때의 가속인자는 각각 다음과 같이 주어진다:

$$t(v) = c\exp\left\{\frac{E_A}{kv}\right\}, \quad \text{(14.43b)}$$

$$a_F = \exp\left\{\frac{E_A}{k}\left(\frac{1}{v_{use}} - \frac{1}{v_{acc}}\right)\right\}. \quad \text{(14.43c)}$$

이 식들에서 미지의 모수는 활성화 에너지 E_A 뿐이다. E_A 의 값은 고장기전과 수반된 물질에 따라 변하는데, 대개 0.3에서 1.5사이의 값을 가진다. E_A 의 값이 증가함에 가속인자는 지수적으로 증가한다. 예컨대, 25℃와 125℃사이에서 E_A =0.5이면 a_F =133, E_A =1.0이면 a_F =17,597이다. 식 (14.43b)에서 $1/(kv)$는 아레니우스 온도라고 불린다. 아레니우스 온도 T_{Are}는 섭씨 온도 T_{Cel}과 다음과 같은 관계를 가진다:

$$T_{Are} = \frac{1}{kv} = \frac{1}{k}\frac{1}{T_{Cel} + 273.16} = \frac{11604.83}{T_{Cel} + 273.16}. \quad \text{(14.43d)}$$

수명특성 $t(v)$는 흔히 지표수명(characteristic life) t_p—이는 아무 p 분위수를 나타낼 수 있다—를 통해 수명분포와 연결된다. 흔히 지표수명으로 지수분포와 정규분포는 평균수명을, 와이블 분포는 척도모수 β(즉 63.2121 백분위수)를, 그리고 로그 정규분포는 중위수 수명을 사용한다..(14.1.4절의 [도표 14.3] 참조)

그밖에 순차 시험 데이터, 신뢰도 성장시험 데이터 등의 시험 데이터가 있다.

---

* 제품 개발의 초기단계에서, 제품의 최종 신뢰도의 추정값은 신뢰도 목표(reliability goal)라고 불린다. 이 목표에 도달하려면 제품은 포괄적인 시험을 거쳐야 하고 적절한 수정 조치들이 시행되어야 한다. 신뢰도 성장(reliability growth)이란 이와 같이 신뢰성 문제들을 찾아내고 신뢰도 향상을 감시하기 위한 잘 조직화된 과정을 말한다.

14.3 신뢰성 추론

우리는 신뢰성 추론 모형을 크게 분포 모형과 공변량 모형으로 나누어 볼 수 있다. 분포 모형은 모수적 또는 비모수적으로 수명 데이터에 가장 적합한 수명분포나 생존함수를 추정하려고 한다. 반면에, 공변량 모형(회귀 모형)은 수명에 영향을 주는 스트레스 변수들(공변량들)이나 인자들과 수명특성간의 회귀관계를 이용하여 수명분포나 생존함수를 추정하려고 시도한다. 먼저 지수수명분포의 모수추정에 대해 살펴보자.

14.3.1 지수 수명분포의 모수추정

데이터가 지수분포로부터 나올 때 추정해야 할 모수는 평균수명 m 또는 이의 역수인 λ(고장률) 한 개뿐이다. 완전한 또는 중절된 데이터에 대한 λ의 최량 추정량은 다음과 같이 주어진다:

$$\hat{\lambda} = \frac{\text{고장수}}{\text{총시험시간}}. \tag{14.44}$$

우리는 이를 데이터 유형별로 다음과 같이 정리할 수 있다:

- 완전 데이터—$\hat{\lambda}$는 단순히 표본 평균의 역수로 추정된다:

$$\hat{\lambda} = \frac{n}{\sum_{i=1}^{n} t_i} = \frac{1}{\bar{t}}, \tag{14.45a}$$

여기서 $t_1, t_2, \ldots, t_n$은 정확한 고장시간들이다.

- 정시중절 데이터—시험에 든 n개체중 사전에 정해진 시험종료 시간 t_f까지 r개가 고장났다면,

$$\hat{\lambda} = \frac{r}{\sum_{i=1}^{r} t_i + (n-r)t_f}, \tag{14.45b}$$

여기서 $t_1, t_2, \cdots, t_r$은 시험 종료시간 전에 고장난 r 개체들의 정확한 고장시간들이다.

- 정수중절 데이터—사전에 정해진 r 번째 고장의 발생시간이 t_r이라면

$$\hat{\lambda} = \frac{r}{\sum_{i=1}^{r} t_i + (n-r)t_r}, \tag{14.45c}$$

여기서 $t_1, t_2, \cdots, t_{r-1}$은 r번째 고장 전에 고장난 $r-1$ 개체들의 정확한 고장시간들이다.

- 구간중절 데이터—총시험시간을 정확히 계산할 수 없다. 이 경우에는 그래프를 이용하거나 최우법을 이용하여 고장률을 추정할 수 있다.

이제 고장률 λ에 관한 신뢰구간 추정을 위한 축량(pivotal quantity)을 개발하고 그의 표집분포를 유도해 보자. 먼저 r번째 고장시간은 고장률이 λ인 지수분포의 랜덤표본의 합이므로 감마분포를 따른다: 즉

$$\sum_{i=1}^{r} t_i \sim GAM(r, 1/\lambda). \tag{14.46}$$

그런데 감마분포에 상수를 곱하면 형상모수는 불변이고 척도모수만 상수배가 된다. 상수로 2λ를 선택하면

$$2\lambda \sum_{i=1}^{r} t_i \sim GAM(r, 2\lambda/\lambda) = GAM(r, 2) \tag{14.47}$$

척도모수가 2인 감마분포는 카이제곱분포에 다름이 아니다. 즉

$$2\lambda \sum_{i=1}^{r} t_i \sim \chi^2(2r) \tag{14.48}$$

우리는 이 관계를 이용하여 고장률 λ, 평균수명 MTBF, 또는 신뢰도 등에 관한 구간추정을 할 수 있다.

14.3.2 분포 분석

우리는 확률도, 생존 함수, 또는 위험함수를 그려봄으로써, 또는 적합도 검정을 통해서 수명 데이터가 특정한 분포 모형에 합치되는지를 판단할 수 있다.

[M] 미니탭은 수명 데이터의 분포분석을 위한 모수적 방법과 비모수적 방법을 제공한다. 수명 데이터의 분포분석과 관련된 미니탭 명령은 다음 세 가지이다: RDIden, RDOView, LTest.

- RDIden는 네 가지 수명분포들(정규, 로그 정규(밑 e), 지수, 와이블 분포)에 대한 확률도를 한 쪽에 보여준다. 우리는 이를 통해 수명 데이터가 어떤 분포에 가장 잘 합치되는지 시각적으로 검토해 볼 수 있다.
- RLDOView는 "모수적으로" 여덟 가지 수명분포들(위 네 가지와, 로그 정규(밑 10), 극단값, 로지스틱, 로그 로지스틱 분포) 가운데 선택된 한 가지 분포에 대해 분포 개관플롯(밀도곡선, 확률도, 생존함수, 위험함수)을 한 쪽에 보여준다. 이 명령은 또 "비모수적으로" 수정된 경험적 분포함수를 토대로 개관플롯(생존함수와 위험함수)을 한 쪽에 보여준다. 우리는 이 개관플롯을 통해 수명분포로 특정한 분포를 선택했을 때 수치적 분석에 앞서서 분포의

수명특성을 시각적으로 검토해 볼 수 있다.

- LTest는 "모수적으로" 여덟 가지 수명분포들 가운데 선택된 한 가지 분포에 수명 데이터를 적합시킨 후 이로부터 백분위수들과 생존확률들을 추정해 주고 생존함수, 위험함수, 그리고 확률도를 그려준다. 이 명령은 또 "비모수적으로" 백분위수들과 생존확률들을 추정해 주고, 생존함수와 위험함수를 그려준다. 우리는 이를 이용하여 분위수나 분위 추정, 생존함수의 비교 등과 같은 추론문제들에 답할 수 있다.

□ 추정방법

- 미니탭은 모수적 분포분석에서 최우법에 의해 수명분포의 모수들을 추정한다. 최우 추정값들은 수정된 Newton-Raphson 알고리듬에 의해 수치적으로 추정된다.
- 미니탭이 비모수적 분포분석에서 생존확률, 위험률, 또는 밀도값 등을 추정하기 위해 제공하는 방법은 세 가지이다.

① Kaplan-Meier 방법 또는 한계곱 추정법(product-limit estimation method)은 우중절 데이터에 대한 기본적 추정법으로서 생존확률들과 위험률들을 추정해준다. 관측시간들 y_1, y_2, $\cdots$, y_n 을 오름차순으로 정렬한 데이터를 $y_{(1)}$, $y_{(2)}$, $\cdots$, $y_{(n)}$ 이라 하자. 그리고 $y_{(i)}$ 가 고장시간인지 여부를 $\delta_{(i)}$ 로 나타내자: 즉 $y_{(i)}$ 가 고장시간이면 $\delta_{(i)}=1$, $y_{(i)}$ 가 중절시간이면 $\delta_{(i)}=0$이다. 그러면 생존함수에 대한 카플란-마이어 추정값은 다음과 같이 정의된다:

$$\hat{S}(t) = \prod_{y(i)<t}\left(1-\frac{d_i}{n_i}\right)^{\delta(i)} \tag{14.49}$$

여기서

n_i : 시점 $y_{(i)}$ 직전까지의 생존수

d_i : 시점 $y_{(i)}$ 에서의 사망수

② Turnbull 방법은 혼합중절 데이터에 대한 기본적 추정법으로서 생존확률들을 추정해준다. 이 방법은 자기일치 추정량(self-consistency estimator, SCE)이라는 개념을 토대로 한 비모수적 최우법으로서(Turnbull, 1976), EM(expectation-maximzation) 알고리듬과 유사한 반복알고리듬에 의해 구현된다. 초기 추정치로는 흔히 정확한 고장시간 데이터와 우중절 데이터만을 사용하여 얻어진 카플란-마이어 추정치가 사용된다.

③ 보험통계적 추정법(acturial estimation method)은 우중절이나 혼합중절 데이터 모두에 대해 사용될 수 있는 방법으로서 생존확률, 위험률, 밀도, 잔여수명의 중위수들을 추정해준다. 다음과 같은 기호들을 약속하자:

n_i : 구간 i 의 시작점에서의 생존수

d_i : 구간 i 의 고장수

c_i : 구간 i 의 중절수

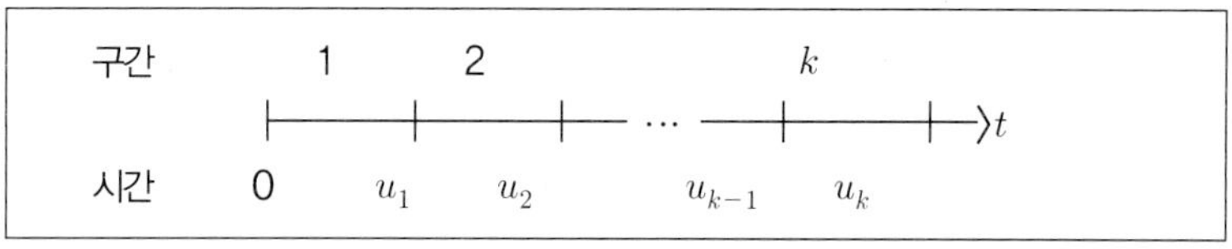

그러면 생존함수에 대한 보험통계적 추정값은 다음과 같이 정의된다:

$$\hat{S}(u_j) = \prod_{i=1}^{j}\left(1 - \frac{d_i}{n_i - c_i/2}\right), \tag{14.50}$$

여기서 우변의 ()안은 구간 i 의 생존률(=1−고장률)로 해석될 수 있다.

예제 14.9 (우중절 데이터) 우리는 터빈 조립을 위한 엔진 와인딩을 제조하는 업체에서 신뢰성 분석을 담당하고 있다. 엔진 와인딩은 고온에서는 지나치게 빨리 분해된다. 우리는 특정한 고온에서 엔진 와인딩들의 수명분포를 알고 싶다. 이를 위해 우리는 두 온도에서 엔진 와인딩들의 고장시간들을 수집하였다. 첫 번째 표본에서는 80℃에서 50개의 와인딩들을 시험하였고, 두 번째 표본에서는 100℃에서 40개의 와인딩들을 시험하였다. 이 개체들의 일부는 시험과는 무관한 이유들로 시험에서 제외되었다.

우리는 중절지표들(censoring indicators)을 사용하여 실제 고장시간(지표=1)과 시험에서 제외된 시간 즉 중절시간(지표=0)을 나타내었다. 아래 데이터에서 temp는 고장시간이고 cens는 중절지표이다. (이 데이터는 sqcdata₩reliable. mtw에 저장되어 있다.)

표본 1(고장시간 단위: 월)						표본 2(고장시간 단위: 월)					
번호	temp80	cens80	번호	temp80	cens80	번호	temp100	cens100	번호	temp100	cens100
1	50	1	26	51	1	1	101	0	21	27	1
2	60	1	27	27	1	2	11	1	22	62	0
3	53	1	28	52	1	3	48	1	23	54	1
4	40	1	29	48	1	4	32	1	24	84	0
5	51	1	30	79	0	5	36	1	25	45	1
6	99	0	31	48	1	6	22	1	26	10	1
7	35	1	32	67	1	7	72	1	27	97	0
8	55	1	33	66	1	8	69	1	28	6	1
9	74	1	34	27	1	9	35	1	29	37	1
10	101	0	35	59	1	10	29	1	30	38	1
11	56	1	36	48	1	11	18	1	31	40	1
12	45	1	37	77	0	12	38	1	32	30	1
13	61	1	38	58	1	13	39	1	33	64	0
14	92	0	39	51	1	14	68	1	34	46	1
15	73	0	40	97	0	15	36	1	35	46	1
16	51	1	41	34	1	16	18	1	36	24	1
17	49	1	42	79	0	17	25	1	37	76	1
18	24	1	43	91	0	18	14	1	38	18	1
19	37	1	44	41	1	19	77	0	39	16	1
20	31	1	45	64	1	20	47	1	40	45	1
21	67	1	46	81	0						
22	62	1	47	105	0						
23	100	0	48	84	0						
24	58	1	49	54	1						
25	46	1	50	23	1						

(1) 확률도를 작성하여 두 온도 수준에서 엔진 와인딩들의 수명 데이터가 네 분포들(정규분포, 로그정규분포, 와이블 분포, 그리고 지수분포) 가운데 어떤 분포로 모형화되는 것이 가장 적절한지 시각적으로 검토해보자.

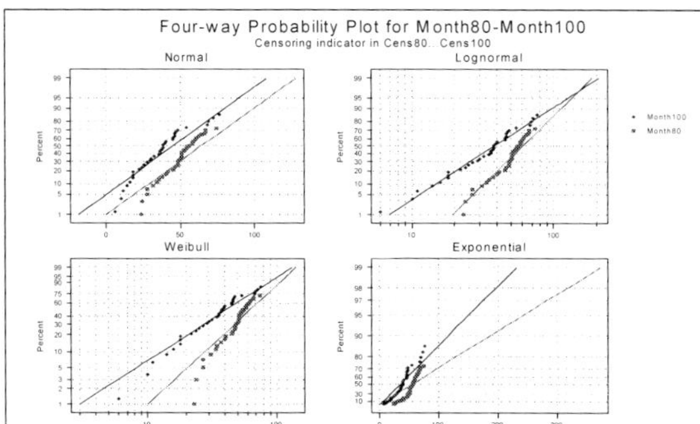


```
# Stat > Surviva/Reliability
# Distribution Analysis(Right
# Censoring)
# > Distribution ID Plot
MTB > RDIdentification &
CONT>    'Month80' 'Month100';
SUBC>    Censor 'Cens80' &
CONT>            'Cens100';
SUBC>    Allpts.
```

[도표 14.18] 분포 ID 플롯: 엔진 와인딩 데이터

(2) 확률도 분석을 통해 선정된 로그정규분포를 적용하여 그리고 비모수적으로 엔진 와인딩 데이터의 생존함수와 위험함수 등을 개관해보자.

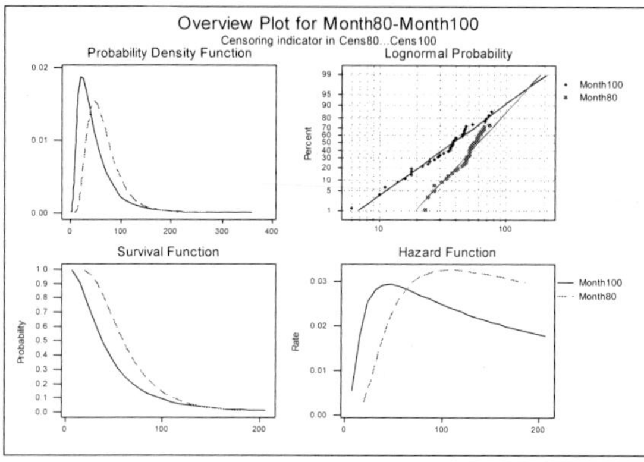


```
# Stat > Surviva/Reliability
# Distribution Analysis(Right
# Censoring)
# > Distribution Overview Plot
MTB > RDOview 'Month80' &
CONT>           'Month100';
SUBC>   Lognorm;
             # 로그정규분포(밑 e)
SUBC>   Censor 'Cens80' &
CONT>           'Cens100';
SUBC>   Allpts.
```

[도표 14.19] 모수적 분포 개관 플롯(로그정규분포): 엔진 와인딩 데이터

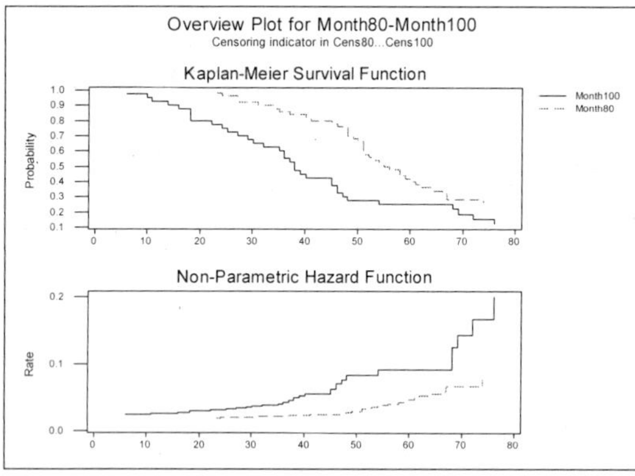


```
MTB > RDOview 'Month80' &
CONT>           'Month100';
SUBC>   Censor 'Cens80' &
CONT>           'Cens100'.
```

[도표 14.20] 비모수적 분포 개관 플롯: 엔진 와인딩 데이터

풀이 (1) 우리는 [도표 14.18]의 분포 ID 플롯으로부터 다른 분포에 비해 로그정규분포(밑 e)의 확률도가 직선에 더 가깝다는 것을 볼 수 있다. 미니탭에서 중절 데이터에 대한 확률도를 작성할 때 기본 타점위치는 수정된 카플란-마이어 추정값(MKM)이다. 반면에 완전한 데이터에 대한 기본타점위치는 블롬 추정값이다.

(2) 로그정규분포에 의한 분포개관은 [도표 14.19]에, 그리고 비모수적 분포개관은 [도표 14.20]에 전시되어 있다. 로그정규분포에 의한 위험함수와 비모수적 위험함수의 형태가 상당히 다르므로 고장분포로 로그정규분포를 사용하는 것에는 신중을 기할 필요가 있다. ¶

※ 생존함수와 위험함수의 모수적 추정값은 적합된 분포를 토대로 하므로 부드러운 곡선이 되지만, 비모수적 추정값은 정확한 고장시간에서만 변하므로 층계함수가 된다.

예제 14.10 ([예 14.9], 계속) 엔진 와인딩의 수명분포가 로그정규분포(밑 e)를 따른다고 할 때, 우리는 각 온도에서 다음과 같은 정보를 알고 싶다:

- 와인딩의 특정한 비율들—특히 63.2%—이 고장나는 시간들
- 특정한 기간들—특히 70개월—까지 생존하는 와인딩들의 비율들
- 두 온도에서 생존 곡선들이 유의하게 차이가 나는가?

풀이 먼저 미니탭 명령과 아웃풋을 보자.

[도표 14.21(a)] 미니탭 명령: 모수적 분포분석

```
# Stat > Reliability/Survival > Distribution Analysis (Right Censoring) > Parametric
Distribution Analysis

MTB > Ltest 'Month80' 'Month100';
SUBC>   Lgnexp; # 로그정규분포(밑 e)
SUBCL   Times 70; # 분위를 구해 줄 값 지정
SUBC>   Pplot; # 확률도
SUBC>     Allpt;
SUBC>   Splot; # 생존곡선
SUBC>   CI;
SUBC>   Hplot; # 위험(고장률) 곡선
SUBC>   Brief 2;
SUBC>   Ptiles 63.2; # 분위수를 구해 줄 분위값 지정
SUBC>   Confidence 95.0;
SUBC>   Censor 'Cens80' 'Cens100'.
```

[도표 14.21(b)] 세션창 아웃풋: 모수적 분포분석

```
Distribution Analysis

Variable:  Month80

Censoring Information          Count
Uncensored value                  37
Right censored value              13

Distribution:  Lognormal base e

Parameter Estimates
                       Standard      95.0% Normal CI
Parameter   Estimate      Error      Lower      Upper
Location     4.09267    0.07197    3.95161    4.23372
Scale        0.48622    0.06062    0.38080    0.62082

Log-Likelihood=    -38.87
```

```
Characteristics of Distribution

Mean=                    67.4153  Median=    59.8995
Standard Deviation=      34.8145  IQR=       39.9959
                                  Q1=        43.1516
                                  Q3=        83.1475

Table of Percentiles(일부 생략)
                           Standard         95.0% Normal CI
 Percent  Percentile        Error        Lower         Upper
   63.2     70.5695        5.5148      60.5478       82.2501

Table of Survival Probabilities
                                95.0% Normal CI
      Time  Probability        Lower         Upper
   70.0000       0.3743       0.2631        0.4971

Variable:  Month100

Censoring Information                  Count
Uncensored value                         34
Right censored value                      6

Distribution:  Lognormal base e

Parameter Estimates
                           Standard         95.0% Normal CI
Parameter   Estimate        Error        Lower         Upper
Location      3.6287        0.1178       3.3978        3.8595
Scale         0.73094       0.09198      0.57117       0.93540

Log-Likelihood=     -44.09

Characteristics of Distribution

Mean=                    49.1969  Median=    37.6636
Standard Deviation=      41.3431  IQR=       38.6600
                                  Q1=        23.0044
                                  Q3=        61.6643

Table of Percentiles(일부 생략)
                           Standard         95.0% Normal CI
 Percent  Percentile        Error        Lower         Upper
   63.2     48.1892        5.9938      37.7639       61.4925

Table of Survival Probabilities
                                95.0% Normal CI
      Time  Probability        Lower         Upper
   70.0000       0.1982       0.1072        0.3248
```

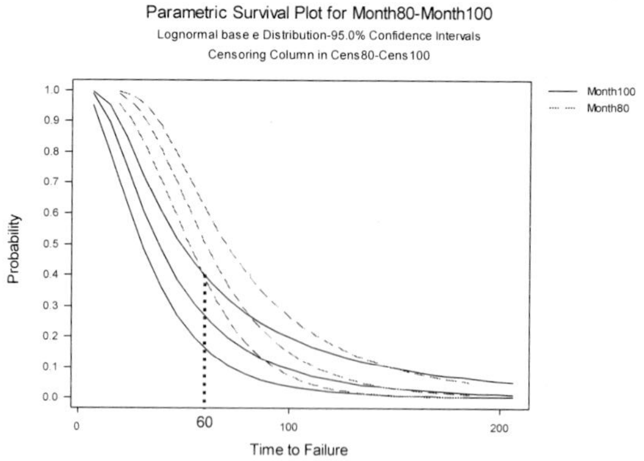

[도표 14.22] 생존함수비교: 모수적 분포분석

□ 아웃풋 해설. 이 문제는 엔진 와인딩 데이터로부터 모수적으로 백분위수들과 생존확률들을 추정하는 문제이다. 모수적 분포분석은 데이터를 여덟 가지 분포들(와이블, 극단값, 지수, 정규, 로그정규(e, 10), 로지스틱, 로그로지스틱 분포) 가운데 하나에 적합시키는 것으로 시작한다. 여기서는 로그정규분포(밑 e)가 가정되고 있다.

[도표 14.21(a)]의 세션창 아웃풋으로부터, 80℃에서 엔진 와인딩의 63.2 백분위수는 70.5695, 수명이 70개월인 엔진 와인딩의 백분위는 37.43이다. 또 100℃에서 엔진 와인딩의 63.2 백분위수는 48.1892, 수명이 70개월인 엔진 와인딩의 백분위는 19.82이다. 또 [도표 14.22]의 생존함수로부터 5% 유의수준에서 60개월 까지는 두 온도의 생존함수들이 유의하게 차이가 남을 확인할 수 있다. ¶

예제 4.11 ([예 14.9], 계속) 엔진 와인딩의 수명분포로 아무런 분포를 가정하지 않을 때 (즉 경험적 분포함수를 사용할 때), 우리는 각 온도에서 다음과 같은 정보를 알고 싶다:

- 와인딩의 특정한 비율들—특히 50%—이 고장나는 시간들
- 특정한 기간들—특히 40개월—까지 생존하는 와인딩들의 비율들
- 두 온도에서 생존 곡선들이 유의하게 차이가 나는가?

풀이 먼저 미니탭 명령과 아웃풋을 보자.

[도표 14.23(a)] 미니탭 명령: 비모수적 분포분석

```
# Stat > Reliability/Survival > Distribution Analysis (Right Censoring) > Nonparametric
Distribution Analysis

MTB > Ltest 'Month80' 'Month100';
SUBC>   Noparametric;
SUBC>   Brief 2;
SUBC>   KM; # 타점위치로 카플란-마이어 추정값을 사용하도록 지정
SUBC>   Confidence 95.0;
SUBC>   Censor 'Cens80' 'Cens100'.
```

[도표 14.23(b)] 세션창 아웃풋(1): 비모수적 분포분석

```
Distribution Analysis

Variable:  Month80

Censoring Information              Count
Uncensored value                      37
Right censored value                  13

Nonparametric Estimates

Characteristics of Variable

            Standard        95.0% Normal CI
     Mean      Error       lower        upper
  55.7000     2.2069     51.3746      60.0254

Median=   55.0000
IQR=            *  Q1=   48.0000  Q3=           *

Kaplan-Meier Estimates(일부 생략)

            Number   Number    Survival    Standard    95.0% Normal CI
     Time  at Risk   Failed  Probability      Error     Lower     Upper
  40.0000       42        1       0.8200     0.0543    0.7135    0.9265
  55.0000       26        1       0.5000     0.0707    0.3614    0.6386

Variable:  Month100

Censoring Information              Count
Uncensored value                      34
Right censored value                   6

Nonparametric Estimates

Characteristics of Variable

            Standard        95.0% Normal CI
     Mean      Error       lower        upper
  41.6563     3.4695     34.8561      48.4564

Median=   38.0000
IQR=      30.0000  Q1=   24.0000  Q3=    54.0000

Kaplan-Meier Estimates

            Number   Number    Survival    Standard    95.0% Normal CI
     Time  at Risk   Failed  Probability      Error     Lower     Upper
  37.0000       22        1       0.5250     0.0790    0.3702    0.6798
  38.0000       21        2       0.4750     0.0790    0.3202    0.6298
  40.0000       18        1       0.4250     0.0782    0.2718    0.5782

Comparison of Survival Curves

Test Statistics
Method     Chi-Square   DF     P-Value
Log-Rank       7.7152    1      0.0055
Wilcoxon      13.1326    1      0.0003
```

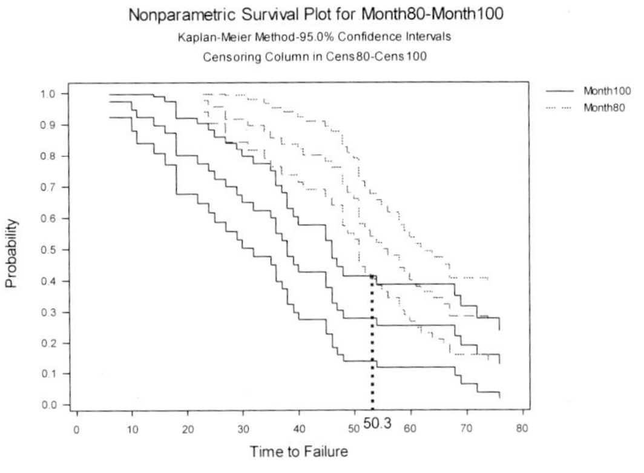

[도표 14.24] 생존함수 비교: 비모수적 분포분석

□ 아웃풋 해설. 이 문제는 비모수적 분포분석에 관한 것이다. [도표 14.23]의 세션창 아웃풋으로부터, 80℃에서 엔진 와인딩의 50 백분위수 즉 중위수는 55개월, 수명이 40개월인 엔진 와인딩의 백분위는 82이다. 또 100℃에서 엔진 와인딩의 중위수는 38개월, 수명이 40개월인 엔진 와인딩의 백분위는 42.5이다. 또 [도표 14.24]의 생존함수로부터 5% 유의수준에서 50.3개월 까지는 두 온도의 생존함수들이 유의하게 차이가 남을 확인할 수 있다. 이 시각적 검토는 세션창 아웃풋의 맨 끝에 있는 생존곡선들의 유의성 검정 결과에서 재확인된다. ¶

예제 14.12 (혼합형 중절 데이터) 우리는 타이어를 제조하는 업체에서 신뢰성 분석을 담당하고 있다. 우리는 타이어들의 특정한 비율들—특히 5%—이 "고장"나는데 걸리는 주행거리를 알고 싶다. (여기서 고장은 트레드(tread)가 2/32 인치까지 마모되는 것을 뜻한다.) 또 우리는 고장시간이 특히 45,000 마일을 초과하는 타이어들의 비율에 관심이 있다. 끝으로 우리는 확률도와 생존 곡선을 보고 싶다.

타이어 고장시험 데이터는 우중절, 구간중절, 그리고 좌중절이 혼재되어 있는 혼합형 중절 데이터(arbitrarily censored data)이다. 미니탭에서 혼합형 중절 데이터는 시작 열과 끝 열을 가져야 한다:

[도표 14.25] 혼합형 중절데이터의 미니탭 데이터구조

데이터	시작 열	끝 열
정확한 고장시간	고장시간	고장시간
우중절	고장을 발견한 시간	*
좌중절	*	고장을 발견한 시간
구간중절	구간 시작시간	구간 끝시간

아래 데이터에서 Start는 시작 열이고 End는 끝 열이다. 그리고 Freq는 각 사건의 빈도이다. (이 데이터는 sqcdata₩tireware.mtw에 저장되어 있다.)

번호	Start	End	Freq
1	*	10000	8
2	10000	20000	10
3	20000	30000	14
4	30000	40000	25
5	40000	50000	37
6	50000	60000	87
7	60000	70000	145
8	70000	80000	231
9	80000	90000	145
10	90000	*	71

풀이 (1) (모수적 분포분석) 먼저 미니탭 명령과 아웃풋을 보자.

[도표 14.26(a)] 미니탭 명령: 혼합형 중절 데이터에 대한 모수적 분포분석

```
# Stat > Reliability/Survival > Distribution Analysis (Arbitrary Censoring) > Parametric
Distribution Analysis

MTB > Ltable 'Start' 'End';
SUBC>   Frequency 'Freq'; # 빈도로 정리된 데이터 구조
SUBC>   Extvalue; # 극단값 분포 지정
SUBC>   Times 40000; # 분위를 구해줄 값 지정
SUBC>   Pplot; # 확률도
SUBC>     Turnbull; # 생존확률에 대한 turnbull 추정
SUBC>   Splot; # 생존곡선
SUBC>   CI;
SUBC>   Brief 2;
SUBC>   Confidence 95.0.
```

[도표 14.26(b)] 세션창 아웃풋(1): 혼합형 중절 데이터에 대한 모수적 분포분석

```
Distribution Analysis

Variable
Start:  Start       End:  End

Censoring Information              Count
Right censored value                  71
Interval censored value              694
Left censored value                    8

Distribution:  Extreme value

Parameter Estimates
                          Standard       95.0% Normal CI
Parameter   Estimate      Error        Lower       Upper
Location     77538.0      547.0      76465.8     78610.2
Scale        13972.0      445.0      13126.5     14872.1
Log-Likelihood=  -1465.91
```

[도표 14.26(b)] 세션창 아웃풋(1): 혼합형 중절 데이터에 대한 모수적 분포분석

```
Characteristics of Distribution

Mean=                 69473.32  Median=  72417.04
Standard Deviation=  17919.83  IQR=     21971.49
                                 Q1=       60130.23
                                 Q3=       82101.72

Table of Percentiles(일부 생략)
                      Standard          95.0% Normal CI
 Percent  Percentile     Error        Lower        Upper
       5    36038.31  1522.706     33053.87     39022.76

Table of Survival Probabilities
                                95.0% Normal CI
     Time  Probability        Lower        Upper
 40000.00       0.9342       0.9204       0.9456
```

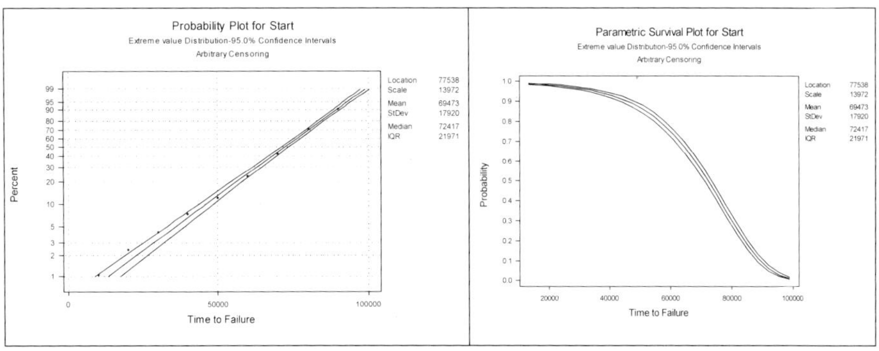

[도표 14.27] 극단값 분포를 적용한 확률도와 생존곡선: 타이어 데이터

□ 아웃풋 해설. 타이어 수명 데이터에 널리 사용되고 있는 극단값 분포를 사용하여 모수적 분포분석을 실시해 보자. 우리는 [도표 14.26(b)]의 세션창 아웃풋에서 타이어 수명의 평균은 69,473.32 마일, 중위수는 72,417.04 마일임을 알 수 있다. 특히 타이어의 5%가 고장나는 주행거리는 36,038.31 마일이고, 40,000 마일까지 고장이 나지 않는 타이어의 비율은 93.42 %이다. 타이어 수명 데이터의 확률도와 생존 곡선은 [도표 14.27]에 전시되어 있다. 확률도는 50,000 마일 이하에서는 극단값 분포가 우리의 타이어 수명데이터와 썩 잘 어울리지 않음을 시사한다. ¶

(2) (비모수적 분포분석) 먼저 미니탭 명령과 아웃풋을 보자.

[도표 14.28(a)] 미니탭 세션 명령: 혼합형 중절 데이터에 대한 비모수적 분포분석

```
# Stat > Reliability/Survival > Distribution Analysis (Arbitrary Censoring) > Parametric
Distribution Analysis

MTB > Ltable 'Start' 'End';
SUBC>   Frequency 'Freq'; # 빈도로 정리된 데이터 구조
SUBC>   Noparametric;
SUBC>   Splot; # 생존곡선
SUBC>   CI;
SUBC>   Brief 2;
SUBC>   Turnbull; # 생존확률에 대한 turnbull 추정
SUBC>   Confidence 95.0.
```

[도표 14.28(b)] 세션창 아웃풋: 혼합형 중절 데이터에 대한 비모수적 분포분석

```
Distribution Analysis

Variable
Start:  Start        End:  End

Censoring Information              Count
Right censored value                  71
Interval censored value              694
Left censored value                    8

Turnbull Estimates

         Interval          Probability    Standard
     lower        upper    of Failure        Error
         *     10000.00        0.0103       0.0036
  10000.00     20000.00        0.0129       0.0041
  20000.00     30000.00        0.0181       0.0048
  30000.00     40000.00        0.0323       0.0064
  40000.00     50000.00        0.0479       0.0077
  50000.00     60000.00        0.1125       0.0114
  60000.00     70000.00        0.1876       0.0140
  70000.00     80000.00        0.2988       0.0165
  80000.00     90000.00        0.1876       0.0140
  90000.00            *        0.0918            *

                 Survival    Standard    95.0% Normal CI
      Time    Probability       Error     lower      upper
  10000.00         0.9897      0.0036    0.9825     0.9968
  20000.00         0.9767      0.0054    0.9661     0.9873
  30000.00         0.9586      0.0072    0.9446     0.9726
  40000.00         0.9263      0.0094    0.9078     0.9447
  50000.00         0.8784      0.0118    0.8554     0.9014
  60000.00         0.7658      0.0152    0.7360     0.7957
  70000.00         0.5783      0.0178    0.5435     0.6131
  80000.00         0.2794      0.0161    0.2478     0.3111
  90000.00         0.0918      0.0104    0.0715     0.1122
```

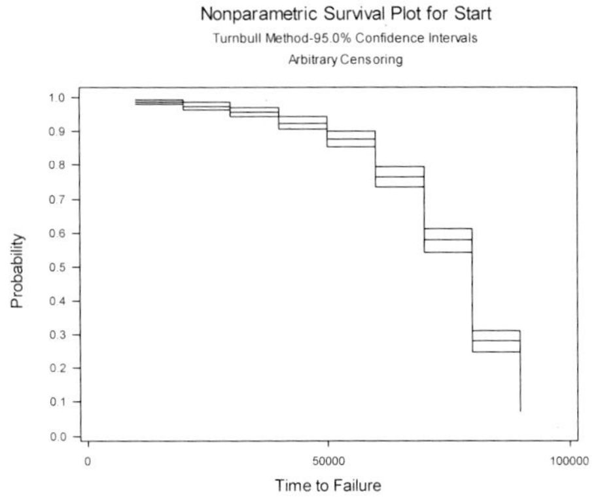

[도표 14.29] 비모수적 생존함수: 타이어 데이터

□ 아웃풋 해설. 이번에는 비모수적 분포분석을 적용해 보자. 우리는 [도표 4.28(b)]의 세션창 아웃풋에서 타이어의 5%가 고장나는 주행거리는 3만 마일에서 4만 마일 사이라는 것을 알 수 있다. 6,038.31 마일이고, 40,000 마일까지 고장이 나지 않는 타이어의 비율은 92.63 %이다. 타이어 수명 데이터의 생존곡선은 [도표 14.29]에 전시되어 있다. ¶

14.3.3 공변량 분석

공변량 모형은 고장시간과 하나 또는 여러 독립변수들간의 관계를 연구한다. 반응변수가 고장시간을 측정한 양적 변수일 때는 회귀모형이, 반응변수가 고장여부를 기록한 이항변수일 때는 프로빗(probit) 모형이 사용될 수 있다.

(1) 양적 반응변수

Ⓜ 미니탭은 스트레스로부터 고장시간 분포를 추정할 수 있도록 두 가지 회귀모형을 제공하고 있다. 하나는 한 개의 가속 스트레스 변수를 위한 회귀모형이다:

$$t_p = \beta_0 + \beta_1 x + \sigma \epsilon_p \qquad \textbf{(14.51)}$$

여기서

t_p : 고장시간분포 또는 로그(고장시간분포)의 p 분위수. 수명분포가 와이블, 지수, 로그 정규(e, 10), 로그 로지스틱 분포인 경우에는 t_p 로 로그(고장시간)이 사용된다. 그리고 수명분포가 정규, 극단값, 로지스틱 분포인 경우에는 t_p 로 고장시간이 사용된다.

β_0 : 절편을 나타내는 회귀계수

β_1 : 스트레스 변수와 관련된 회귀계수

x : 스트레스 변수 또는 이의 변환

ϵ_p : 오차분포의 p 분위수

σ : 척도모수

예제 14.13 (우중절 가속시험 데이터에 대한 회귀분석—한 독립변수) 우리는 전기모터에 사용되는 한 뚱딴지의 성능저화를 조사하려고 한다. 모터들은 통상 80℃와 100℃ 사이에서 운용된다. 우리는 시간과 돈을 아끼려고 가속수명시험을 실시하기로 결정하였다. 우리는 성능저하를 가속시키기 위해 비정상적으로 높은 온도들(Temp)—110, 130, 150, 그리고 170℃—에서 다음과 같은 고장시간(FailureT, 단위: 시간)을 수집하였다. 우리는 이런 고온에서 수집된 고장시간 정보를 80℃와 100℃로 외삽하려고 한다. 시험중절지표(Censor)에서 F는 고장시간을, C는 중절시간을 나타낸다. 온도와 고장시간 간에는 아레니우스 관계가 성립하며, 고장시간의 분포는 와이블 분포를 따른다는 것이 알려져 있다. (이 데이터는 sqcdata₩insulate.mtw에 저장되어 있다.).

번호	Temp	FailureT	Censor	번호	Temp	FailureT	Censor
1	170	343	F	41	130	8290	F
2	170	869	F	42	130	10183	F
3	170	244	C	43	130	3987	F
4	170	716	F	44	130	3545	F
5	170	531	F	45	130	4735	C
6	170	738	F	46	130	7919	F
7	170	461	F	47	130	4925	F
8	170	221	F	48	130	2214	F
9	170	665	F	49	130	5351	F
10	170	384	C	50	130	3147	F
11	170	394	C	51	130	7304	F
12	170	369	F	52	130	6947	F
13	170	366	F	53	130	5355	F
14	170	507	F	54	130	3308	F
15	170	461	F	55	130	4373	F
16	170	431	F	56	130	6226	F
17	170	479	F	57	130	5117	F
18	170	106	F	58	130	3620	C
19	170	545	F	59	130	3128	F
20	170	536	F	60	130	4348	F
21	150	2134	C	61	110	21900	C
22	150	2746	F	62	110	13218	F
23	150	2859	F	63	110	17610	F
24	150	1826	C	64	110	7336	C
25	150	996	F	65	110	18397	F
26	150	2733	F	66	110	13673	F
27	150	3651	F	67	110	8702	F
28	150	2073	F	68	110	21900	C
29	150	2291	F	69	110	13513	F
30	150	1689	F	70	110	14482	F
31	150	1533	F	71	110	20975	F

32	150	1752	F	72	110	12090	F
33	150	1764	F	73	110	17822	F
34	150	2042	F	74	110	11769	F
35	150	1043	C	75	110	21900	C
36	150	1214	F	76	110	16289	F
37	150	3154	F	77	110	21900	C
38	150	2386	F	78	110	18806	F
39	150	2190	F	79	110	11143	C
40	150	1642	F	80	110	17784	F

풀이 먼저 미니탭 명령과 아웃풋을 보자.

[도표 14.30(a)] 미니탭 명령: 가속수명시험 데이터에 대한 회귀분석

```
# Stat > Reliability/Survival > Accelerated Life Testing
MTB > Lregression 'FailureT'='Temp';
SUBC>   Arrhenius; # 아레니우스 관계 지정
SUBC>   Weibull; # 외이블 분포
SUBC>   Rplot; # 관계 플롯
SUBC>     Ptiles 10 50 90;
SUBC>     Dvalue 80;
SUBC>     OneCI;
SUBC>   SPplot; # 표준화된 잔차의 확률도
SUBC>   CI;
SUBC>   Brief 2;
SUBC>   Estimate 'Design'; # 50백분위수를 추정할 Temp의 수준(80,100)
SUBC>     Ptiles 50;
SUBC>   Confidence 95.0;
SUBC>   Censor 'Censor'.
```

[도표 14.30(b)] 세션창 아웃풋: 가속수명시험 데이터에 대한 회귀분석

```
Regression with Life Data

Response Variable:  FailureT

Censoring Information              Count
Uncensored value                      66
Right censored value                  14

Distribution:  Weibull
Transformation on accelerating variable:  Arrhenius

Regression Table
                      Standard                      95.0% Normal CI
Predictor      Coef      Error        Z     P        Lower      Upper
Intercept  -15.1874     0.9862   -15.40 0.000   -17.1203   -13.2546
Temp        0.83072    0.03504    23.71 0.000    0.76204    0.89940
Scale       0.35403    0.03221                   0.29621    0.42313

Log-Likelihood=    -43.64
Table of Percentiles
                                   Standard       95.0% Normal CI
 Percent       Temp  Percentile       Error       Lower       Upper
      50    80.0000    159584.5    27446.85    113918.2    223557.0
      50   100.0000    36948.57    4216.511    29543.36    46209.94
```

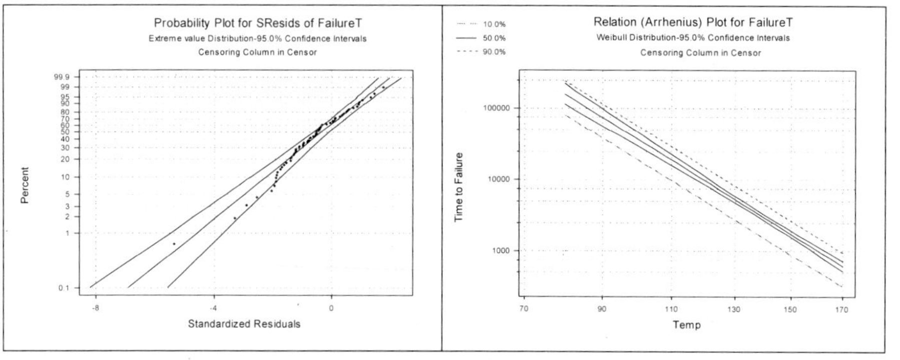

[도표 14.31] 가속수명시험 데이터에 대한 회귀분석: 잔차 확률도와 관계 플롯

□ 아웃풋 해설. 문제에서 주어진 모형을 적합시킨 후, 이 모형이 잘 적합되는지 검토하기 위해 표준화된 잔차들에 대한 확률도를 그려보자. [도표 14.31]에 전시된 잔차에 대한 와이블 확률도로부터 이 모형은 그런대로 잘 적합되는 것처럼 보인다. [도표 14.30(b)]에 전시된 세션창 아웃풋의 회귀표로부터 와이블 고장시간에 대한 회귀모형이 다음과 같이 추정된다:

$$Log_e(T_p) = -15.1874 + 0.83072(ArrTemp) + 0.35403\epsilon_p \quad \textbf{(14.52)}$$

여기서 T_P는 고장시간의 p 백분위수이고, ϵ_p는 오차분포(여기서는 표준 극단값 분포)의 p 백분위수이다. 아레니우스 온도 $ArrTemp$는 섭씨 온도 $Temp$와 다음과 같은 관계를 가진다(식 (14.43d) 참조):

$$ArrTemp = \frac{11604.83}{Temp + 273.16} \quad \textbf{(14.53)}$$

50 백분위수 즉 중위수는 절연이 얼마나 오래 지속되는지에 대한 좋은 추정값을 제공한다. 백분위수 표로부터 80℃에서 절연 수명의 중위수는 159,584.5 시간 즉 18.2 년이고, 100℃에서 절연 수명의 중위수는 36,948.57 시간 즉 4.21 년이다. 우리는 관계 플롯에서 온도와 고장시간의 관계(10분위수, 50분위수, 90분위수에 대한)를 볼 수 있다. ¶

미니탭이 제공하는 다른 하나의 회귀모형은 여러 개의 독립변수들을 허용한다. 이들은 공변량, 인자, 상호작용, 포개어진 항 등이 될 수 있다.

예제 14.14 ([예 14.13], 계속) (수명데이터에 대한 회귀분석: 여러 독립변수) 우리는 뚱딴지가 제조되는 공장(Plant)과 모터가 운용되는 아레니우스 온도(ArrTemp)를

토대로 절연 수명을 예측할 수 있는지 알고 싶다. 온도와 고장시간 간에는 아레니우스 관계가 성립하고, 고장시간의 분포는 와이블 분포를 따른다는 것이 알려져 있다. (이 데이터는 sqcdata₩insulate.mtw에 저장되어 있다.)

번호	ArrTemp	Plant	FailureT	Censor	번호	ArrTemp	Plant	FailureT	Censor
1	26.1865	1	343	F	41	28.7847	1	8290	F
2	26.1865	1	869	F	42	28.7847	1	10183	F
3	26.1865	1	244	C	43	28.7847	1	3987	F
4	26.1865	1	716	F	44	28.7847	1	3545	F
5	26.1865	1	531	F	45	28.7847	1	4735	C
6	26.1865	1	738	F	46	28.7847	1	7919	F
7	26.1865	1	461	F	47	28.7847	1	4925	F
8	26.1865	1	221	F	48	28.7847	1	2214	F
9	26.1865	1	665	F	49	28.7847	1	5351	F
10	26.1865	1	384	C	50	28.7847	1	3147	F
11	26.1865	2	394	C	51	28.7847	2	7304	F
12	26.1865	2	369	F	52	28.7847	2	6947	F
13	26.1865	2	366	F	53	28.7847	2	5355	F
14	26.1865	2	507	F	54	28.7847	2	3308	F
15	26.1865	2	461	F	55	28.7847	2	4373	F
16	26.1865	2	431	F	56	28.7847	2	6226	F
17	26.1865	2	479	F	57	28.7847	2	5117	F
18	26.1865	2	106	F	58	28.7847	2	3620	C
19	26.1865	2	545	F	59	28.7847	2	3128	F
20	26.1865	2	536	F	60	28.7847	2	4348	F
21	27.4242	1	2134	C	61	30.2872	1	21900	C
22	27.4242	1	2746	F	62	30.2872	1	13218	F
23	27.4242	1	2859	F	63	30.2872	1	17610	F
24	27.4242	1	1826	C	64	30.2872	1	7336	C
25	27.4242	1	996	F	65	30.2872	1	18397	F
26	27.4242	1	2733	F	66	30.2872	1	13673	F
27	27.4242	1	3651	F	67	30.2872	1	8702	F
28	27.4242	1	2073	F	68	30.2872	1	21900	C
29	27.4242	1	2291	F	69	30.2872	1	13513	F
30	27.4242	1	1689	F	70	30.2872	1	14482	F
31	27.4242	2	1533	F	71	30.2872	2	20975	F
32	27.4242	2	1752	F	72	30.2872	2	12090	F
33	27.4242	2	1764	F	73	30.2872	2	17822	F
34	27.4242	2	2042	F	74	30.2872	2	11769	F
35	27.4242	2	1043	C	75	30.2872	2	21900	C
36	27.4242	2	1214	F	76	30.2872	2	16289	F
37	27.4242	2	3154	F	77	30.2872	2	21900	C
38	27.4242	2	2386	F	78	30.2872	2	18806	F
39	27.4242	2	2190	F	79	30.2872	2	11143	C
40	27.4242	2	1642	F	80	30.2872	2	17784	F

풀이 먼저 미니탭 명령과 아웃풋을 보자.

[도표 14.32(a)] 미니탭 명령: 수명 데이터에 대한 회귀분석

```
# Stat > Reliability/Survival > Regression with Life Data
MTB > Lregression 'FailureT'=ArrTemp Plant; 설명변수인 ArrTemp는 공변량이다.
SUBC>   Factors 'Plant'; # 인자
SUBC>   Weibull; # 와이블 분포
SUBC>   SPplot; # 표준화된 잔차에 대한 확률도 작성
SUBC>   CI;
SUBC>   Brief 2;
SUBC>   Estimate 'ArrNewT' 'NewPlant'; # 50백분위수를 추정할 ArrTemp와 Plant의 수준조합
SUBC>     Ptiles 50;                  # temp로 나타내면 (80,1) (80,2) (100,1) (100,2)
SUBC>   Confidence 95.0;
SUBC>   Censor 'Censor'.
```

[도표 14.32(b)] 세션창 아웃풋: 수명 데이터에 대한 회귀분석

```
Regression with Life Data

Response Variable:  FailureT

Censoring Information              Count
Uncensored value                      66
Right censored value                  14

Distribution:  Weibull

Regression Table
                        Standard                       95.0% Normal CI
Predictor       Coef       Error        Z      P        Lower       Upper
Intercept   -15.3411      0.9508   -16.13  0.000     -17.2047    -13.4775
ArrTemp      0.83925     0.03397    24.71  0.000      0.77267     0.90584
Plant
 2          -0.18077     0.08457    -2.14  0.033     -0.34652    -0.01501
Scale        0.33978     0.03125                      0.28374     0.40689

Log-Likelihood=     -41.48

Table of Percentiles

           Predictor                 Standard         95.0% Normal CI
 Percent  Row Number  Percentile        Error        Lower        Upper
      50           1    182093.6     32466.16     128389.8     258260.9
      50           2    151980.8     25286.65     109689.6     210577.6
      50           3    41530.38     5163.756     32548.44     52990.94
      50           4    34662.51     3913.866     27781.00     43248.61
```

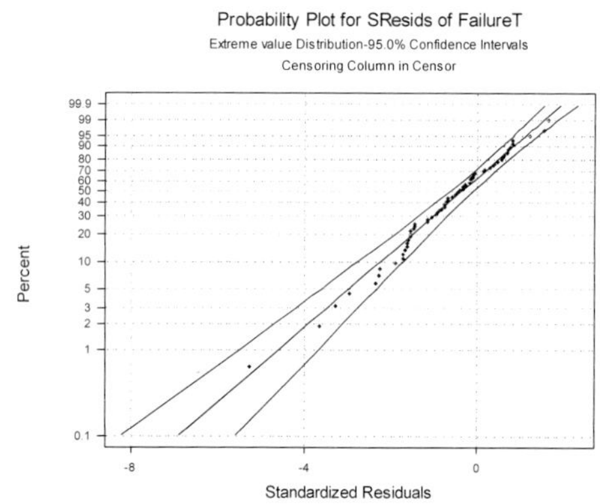

[도표 14.33] 잔차 확률도: 수명데이터에 대한 회귀분석

□ 아웃풋 해설. 문제에서 주어진 모형을 적합시킨 후, 이 모형이 잘 적합되는지 검토하기 위해 표준화된 잔차들에 대한 확률도를 그려보자. [도표 14.33]에 전시된 잔차에 대한 와이블 확률도로부터 이 회귀모형은 그런대로 적합이 되는 것처럼 보인다. [도표 14.32(b)]에 전시된 세션창의 회귀표로부터 공장 1과 공장 2의 회귀모형은 각각 다음과 같이 추정된다.

$$\text{공장 1}: Log_e(T_p) = -15.3411 + 0.83925(ArrTemp) + 0.33978\epsilon_p, \quad \textbf{(14.54)}$$

$$\text{공장 2}: Log_e(T_p) = (-15.3411 - 0.18077) + 0.83925(ArrTemp) + 0.33978\epsilon_p, \quad \textbf{(14.55)}$$

여기서 T_p 는 고장시간의 p 백분위수이고, ϵ_p 는 오차분포(여기서는 표준 극단값 분포)의 p 백분위수이다. 아레니우스 온도 $ArrTemp$ 와 섭씨 온도 $Temp$ 의 관계는 식 (14.53)에서와 같다.

분위수표는 현장에서 뚱딴지 수명의 중위수를 다음과 같이 추정하고 있다:

- 공장 1에서 생산되고 80℃에서 운용될 경우: 182,093.6 시간 즉 20.77 년
- 공장 2에서 생산되고 80℃에서 운용될 경우: 151,980.8 시간 즉 17.34 년
- 공장 1에서 생산되고 100℃에서 운용될 경우: 41,530.38 시간 즉 4.74 년
- 공장 2에서 생산되고 100℃에서 운용될 경우: 34,662.51 시간 즉 3.95 년

공장 2의 p-값이 0.033이므로 "공장" 인자는 5% 유의수준에서 뚱딴지 수명에 차이를 가져오는 유의한 인자라고 판정된다. 물론 온도는, p-값이 0에 가까우므로, 뚱딴지 수명에 대한 유의한 설명변수이다. ¶

(2) 질적 반응변수

[M] 미니탭은 성공(고장)-실패형 반응 변수에 대해 다음과 같은 프로빗 모형을 제공하고 있다. 미니탭은 수정된 Newton-Raphson 알고리듬을 사용하여 최우추정값들을 수치적으로 구해준다:

$$\pi_j = c + (1-c)\,G(\beta_0 + x_j\beta_1), \quad \textbf{(14.56)}$$

여기서

π_j : 스트레스 수준이 j 일 때 성공반응(즉 고장)의 확률

c : 자연스런 반응률 즉 개체가 이런 스트레스에 노출되지 않았을 때 고장날 확률. 이 값은 사전에 설정될 수도 있고 데이터로부터 추정할 수도 있다.

β_0 : 절편을 나타내는 회귀계수

β_1 : 스트레스 변수와 연관된 회귀계수

x_j : 스트레스 변수의 j 번째 수준

$G()$: 가정하고 있는 수명분포의 분포함수. 미니탭은 정규, 로지스틱, 그리고 극단값 수명분포를 허용하고 있다. 각각의 경우에 $G()$ 는 다음과 같이 주어진다:

- 로지스틱 분포 $G(y_j) = 1/\left(1+e^{y_j}\right)$
- 정규분포 $G(y_j) = \Phi(y_j)$
- 극단값 분포 $G(y_j) = 1 - e^{-e^{y_j}}$

예제 14.15 (수명데이터에 대한 회귀분석: 이항 반응 데이터—프로빗 분석) 우리는 전구 제조업체에서 신뢰성 분석을 담당하고 있다. 이번에 주어진 임무는 전형적인 가구 전압(Volts)에서 두 종류(Type: A, B)의 전구의 수명을 추정하는 것이다. 일반 가구에 전선을 통해 들어오는 전형적인 전압은 117 볼트 ±10% (즉 105~129 볼트)이다. 우리는 그 범위에 있는 다섯 개의 스트레스 수준—118, 114, 120, 126, 132 볼트—을 선정하여 그 두 종류의 전구들의 수명을 시험하였다. 전구가 800 시간전에 고장이 나면 "성공(success)"으로 정의하였다. 아래 데이터에서 Blows는 성공횟수를 나타내고, Trials는 시행횟수를 나타낸다. (이 데이터는 sqcdata₩lightbulb.mtw에 저장되어 있다.) 전구의 수명은 와이블 분포를 따르는 것으로 알려져 있다.

번호	Blows	Trials	Volts	Type
1	2	50	108	A
2	6	50	114	A
3	11	50	120	A
4	27	50	126	A
5	45	50	132	A
6	3	50	108	B
7	8	50	114	B
8	13	50	120	B
9	31	50	126	B
10	46	50	132	B

풀이 먼저 미니탭 명령과 아웃풋을 보자.

[도표 14.34(a)] 미니탭 명령: 이항반응 수명데이터에 프로빗 분석

```
# Stat > Reliability/Survival > Probit Analysis
MTB > Probit 'Blows' 'Trials'='Volts' 'Type'; # 스트레스 변수인 Volts는 공변량이다.
SUBC>   ST; # 반응이 성공, 시행횟수 형식임을 지정
SUBC>   Factors 'Type'; # 인자
SUBC>   Weibull; # 와이블 분포
SUBC>   Pplot; # 확률도
SUBC>   Splot; # 생존 곡선
SUBC>   CI;
SUBC>   Brief 2;
SUBC>   Stress 117; # 생존확률을 구해줄 스트레스 수준
SUBC>   Confidence 95.0.
```

[도표 14.34(b)] 세션창 아웃풋: 이항반응 수명데이터에 프로빗 분석

```
Probit Analysis

Distribution:  Weibull

Response  Information

Variable  Value          Count
Blows     Success          192
          Failure          308
Trials    Total            500

Factor  Information

Factor    Levels Values
Type           2 A B

Regression Table
                          Standard
Variable         Coef        Error        Z      P
Constant      -97.019        7.673   -12.64  0.000
Volts          20.019        1.587    12.61  0.000
Type
 B             0.1794       0.1598     1.12  0.262
Natural
Response        0.000

Test for equal slopes:  Chi-Square=0.2585,  DF=1,  P-Value=0.611
Log-Likelihood=-214.213

Goodness-of-Fit Tests

Method                 Chi-Square    DF       P
Pearson                     2.516     7   0.926
Deviance                    2.492     7   0.928

Type    =A

Tolerance Distribution

Parameter Estimates
                         Standard        95.0% Normal CI
Parameter   Estimate        Error       Lower       Upper
Shape         20.019        1.587      17.138      23.384
Scale        127.269        0.737     125.832     128.722

Table of Percentiles(일부 생략)
                         Standard      95.0% Fiducial CI
 Percent  Percentile        Error       Lower       Upper
      50    124.9600       0.7179    123.5231    126.3718

Table of Survival Probabilities
                               95.0% Fiducial CI
    Stress  Probability        Lower       Upper
  117.0000       0.8306       0.7807      0.8785


Type    =B

Tolerance Distribution
```

```
Parameter Estimates
                               Standard        95.0% Normal CI
Parameter    Estimate             Error        Lower        Upper
Shape          20.019             1.587       17.138       23.384
Scale         126.134             0.704      124.761      127.522

Table of Percentiles
                               Standard        95.0% Fiducial CI
 Percent   Percentile             Error        Lower        Upper
      50     123.8454            0.6989     122.4294     125.2031

Table of Survival Probabilities
                               95.0% Fiducial CI
    Stress   Probability        Lower        Upper
  117.0000        0.8009       0.7460       0.8546

Table of Relative Potency

Factor: Type
               Relative        95.0% Fiducial CI
Comparison      Potency        Lower            Upper
A VS B           0.9911       0.9754           1.0068
```

□ 아웃풋 해설. 도표 14.35]의 확률도와 [도표 14.34(b)]의 세션창 아웃풋의 적합도 검정 결과(p-값=0.926, 0.928)는 와이블 분포가 이 수명데이터에 적합하다는 것을 시사한다. 두 종류의 전구들에 대한 기울기의 동일성 검정 결과는

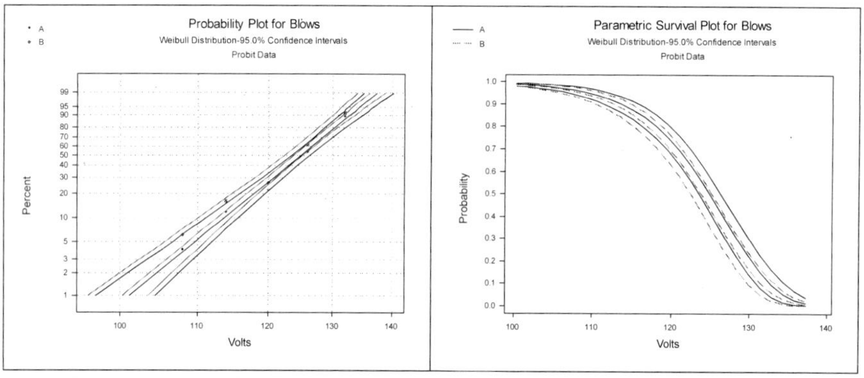

[도표 14.35] 확률도와 생존곡선: 이항반응 수명데이터에 프로빗 분석

유의하지 않다(p-값=0.611). 따라서 800 시간을 살아남는 전구들의 비율을 비교해 보면, 전압 수준과는 별 관계가 없이 거의 일정한 차이를 보일 것이다. 예컨대, 117 볼트에서 800 시간을 지속하는 전구들의 비율은 전구 A=83.06%, 전구 B=80.09%로서 전구 A가 3% 정도 더 높다.

어떤 전압 수준에서 전구들의 50%가 800 시간 전에 고장이 나는가? 백분위수표는 전구 A는 124.96 볼트에서, 전구 B는 123.85 볼트에서 전구들의 50%가 800 시간 전에 수명이 다한다는 것을 보여준다. ¶

14.4 신뢰성 샘플링 계획

신뢰성 샘플링 계획은 고장률이나 평균수명과 같은 품질의 시간적 특성에 관한 샘플링 계획이다. 신뢰성 샘플링 계획은 수명시험에 의해 랏에 대한 합격여부를 판정하게 된다.

14.4.1 지수 시험계획

신뢰성을 평가하거나 개선하려면 고장 데이터가 필요하다. 고장 데이터는 현장 연구를 통해서 또는 계획된 신뢰성 시험을 통해서 수집된다. 우리는 이 절에서 신뢰성 시험을 계획하는 방법에 대해서 알아볼 것이다.

신뢰성 시험을 계획한다는 것은 "얼마나 오랫동안" "몇 개의 개체들"을 시험에 들게 할 것인가를 결정하는 것을 뜻한다—수리계에 대해서는 흔히 시험 개체수가 하나로 국한된다. 이런 결정은 수명분포 모형, 시험 결과로부터 얻고자 하는 결론, 잘못된 결론에 대한 유의수준 등에 영향을 받는다. 우리는 지수 수명분포 모형에 대한 신뢰성 시험만을 다룰 것이다.

지수 신뢰성 시험은 산업계에서 제품이 MTBF에 대한 신뢰성 요구를 충족시킨다는 것을 보이기 위해 널리 사용된다. 지수 수명분포의 가정은 시스템이 상수 고장률(또는 갱신률)—이는 MFBT의 역수이다—을 가진다는 것이다. 이 때 고장간 시간은 지수분포를 따른다.

한 전형적인 시험 상황에 대한 예를 들어보자: 한 공장에 복잡한 장비가 하나 설치되었고 미리 정해진 기간동안 면밀하게 감시되었다. 만일 그 기간동안 관찰된 고장수가 미리 정해진 고장수를 초과하지 않으면, 그 장비는 이 신뢰성 시험을 통과한다. 이런 종류의 신뢰성 시험은 자격시험(qualification test) 또는 제품 신뢰성 합격판정 시험(product reliability acceptance test, PRAT)이라고 불린다.

그렇다면, 주어진 신뢰수준에서 특정한 MTBF를 보증하려면 장비를 얼마나 오랫동안 시험해야 할까? 주어진 MTBF 목표 m_0과 신뢰수준 $1-\alpha$로부터 시작하자. 시험기간(test length)을 결정하려면 한 가지 정보가 더 필요하다: 즉 고장허용수(number of failures allowed). 고장허용수가 커지면 커질수록 시험시간은 더 길어진다. 그러나 이런 긴 시험시간은 좋은 장비가 불합격될 가능성을 낮추어준다.

지수 수명분포를 따르는 장비의 신뢰성 시험을 위해서 다음과 같은 절차가

추천된다:

① 아무 선택된 허용고장수 c에 대해, [도표 14.36]로부터 찾은 계수(이 값은 평균 고장수의 신뢰상한에 해당한다)와 m_0(목표 MTBF)를 곱하여 총 시험시간을 계산한다.

[도표 14.36] 총시험시간 산정을 위한 계수표—지수 수명분포

허용 고장수 c	주어진 신뢰수준에 대한 계수들					
	50%	60%	75%	80%	90%	95%
0	0.693	0.916	1.39	1.61	2.30	3.00
1	1.680	2.020	2.69	2.99	3.89	4.74
2	2.670	3.110	3.92	4.28	5.32	6.30
3	3.670	4.180	5.11	5.52	6.68	7.75
4	4.670	5.240	6.27	6.72	7.99	9.15
5	5.670	6.290	7.42	7.90	9.28	10.51
6	6.670	7.350	8.56	9.07	10.53	11.84
7	7.670	8.380	9.68	10.23	11.77	13.15
8	8.670	9.430	10.80	11.38	13.00	14.43
9	9.670	10.480	11.91	12.52	14.21	15.70
10	10.670	11.520	13.02	13.65	15.40	16.96
15	15.670	16.690	18.48	19.23	21.29	23.10
20	20.680	21.840	23.88	24.73	29.06	30.89

② 허용고장수가 더 커지면 받아들이기 어려운 총시험시간이 될 때까지 ①을 반복한다.

※ 이 도표의 계수는 $0.5\chi_\alpha^2(2(c+1))$이다. 이 계수를 이용한 신뢰성 시험절차의 근거를 살펴보자. 허용고장수가 c일 때 시험은 $c+1$ 번째 고장에서 끝나게 된다. 따라서 총시험시간은 $\sum_{i=1}^{c+1} t_i$ 이다. 식 (14.48)로부터

$$\frac{2}{m_0}\sum_{i=1}^{c+1} t_i \sim \chi^2(2(c+1)). \tag{14.57}$$

이로부터

$$P\left\{\frac{2}{m_0}\sum_{i=1}^{c+1} t_i \leqq \chi_\alpha^2(2(c+1))\right\} = 1-\alpha. \tag{14.58}$$

또는

$$P\left\{\sum_{i=1}^{c+1} t_i \leqq m_0\,0.5\chi_\alpha^2(2(c+1))\right\} = 1-\alpha.$$

(14.59)

즉 $c+1$ 번째 고장발생시간이 $m_0\,0.5\chi_\alpha^2(2(c+1))$ 이하일 확률은 $1-\alpha$ 이다.

예컨대, 지수 수명분포를 따르는 한 장비에 대해 90% 신뢰수준에서 목표 MTBF 200 시간을 보증하고 싶다고 가정하자. 먼저 허용고장수를 4로 할 때 총시험시간은 200×7.99=1598 시간이다. 이것이 받아들일 수 없을 정도로 길다면, 허용고장수를 3으로 하여 총시험시간 200×6.69=1336 시간을 얻을 수 있다. 허용고장수를 0으로 잡으면, 가장 짧은 총시험기간이 얻어진다: 200×2.3=460 시간. 이 모든 시험 계획들은 장비가 시험에 합격할 때 90% 신뢰수준에서 MTBF 200 시간을 보증한다. 그러나 짧은 시험시간 계획들은 받아들일 만한 신뢰성을 가진 장비가 시험을 통과하지 못할 확률(즉 생산자 위험)이 커진다는 점에서 공급자에게 덜 공정하다.

예제 14.16 지수 수명분포를 따르는 한 새로운 장비가 80% 신뢰수준에서 목표 MTBF 400 시간을 만족시켜야 한다. 우리는 3교대로 운용되는 이 장비의 합격여부를 2개월내에 판정해야 한다. 적절한 신뢰성 시험계획을 세워보자.

풀이 하루에 24시간 가동될 때, 약간의 수리보전을 감안하면, 2개월은 약 1300 시간에 해당한다. $c=1$일 때 80% 신뢰수준에 대응되는 계수는 2.99이고, 총시험시간은 400×2.99=1196 시간이다. 따라서 총시험시간은 1196 시간, 허용고장수 1인 시험계획이 가장 적절하다. ¶

※ 수명분포가 지수분포를 따를 때 여러 개체가 시험에 들 수 있다면, 시험기간은 크게 줄어들 수 있다. 총시험시간은 “도구 시간(tool hours)”과 동일한 뜻이다. 지수 수명분포 모형에 관한 한, 한 장비가 1000 시간 동안 운용되는 것이나 두 장비가 500 시간씩 운용되는 것, 또는 10 장비가 100 시간씩 운용되는 것은 모두 동일하다. 단순히 모든 도구들로부터의 고장수를 합하고, 모든 도구들의 운용시간을 합하여 판정하면 되는 것이다.

예제 14.17 지수 수명분포를 따르는 어떤 제품에 대해 신뢰수준 90%로 고장률 λ=1%/K를 보증하려고 한다. 시험기간은 1,000 시간으로 제한되어 있다. 허용고장수 $c=0$를 사용할 때 몇 개의 제품을 시험에 들게 해야 하는가?

풀이 고장률 λ=1%/K는 목표 MTBF m_0=100,000 시간에 해당한다. 따라서 [도표 14.24]로부터 총시험시간은 2.3×100,000=230,000 시간이다. 그런데 시험기간이 1000 시간으로 제한되어 있으므로 230,000/1000=230 개의 제품이 시험에 들어야 한다. ¶

예제 14.18 우주왕복선이 주어진 임무를 완성하려면 3주가 걸린다. GSNU에서는 지수 수명분포를 따르는 우주왕복선의 3주간의 신뢰도 $S(3)=0.99$를 신뢰수준 95%에서 보증하고 있다(시간 단위: 주). 이 보증을 충족시키려면 우주왕복선이 몇 주간 무사고 시험운행을 해야 하는가?

풀이 이 문제는 허용고장수 $c=0$일 때 총시험시간을 구하는 문제이다. $S(3)=\exp^{-3\lambda}=0.99$로부터 고장률은 $\lambda=-(\ln\ 0.99)/3=0.00335$/주$=0.335\%$/ 주이다. 즉 MTBF=298.5 주. 따라서 [도표 14.36]으로부터 총시험시간$=298.5\times3.00=895.5$주. 즉 주어진 보증을 충족시키려면 895.5 주 또는 17.2년의 무사고 운행시험이 요구된다. ¶

예제 14.19 시험기간 $t_f=1000$ 시간, 시험 개체수 $n=22$, 허용 고장수 $c=2$인 신뢰성 샘플링 계획의 OC 곡선을 그려보자.

풀이 고장률이 $\lambda=1/m$일 때 n개의 제품 중 t 시간 동안의 고장수 Y는 평균이 λnt인 프아송 분포를 따른다. 즉 $Y \sim POI(\lambda nt)$. 따라서 고장률이 λ일 때 랏 합격확률은 다음과 같이 주어진다:

$$P_a(\lambda)=\sum_{y=0}^{c}\frac{e^{-\lambda nt}(\lambda nt)^y}{y!}. \quad (14.60)$$

우리는 이 관계를 이용하여 [도표 14.37]과 같은 OC 곡선을 얻을 수 있다.

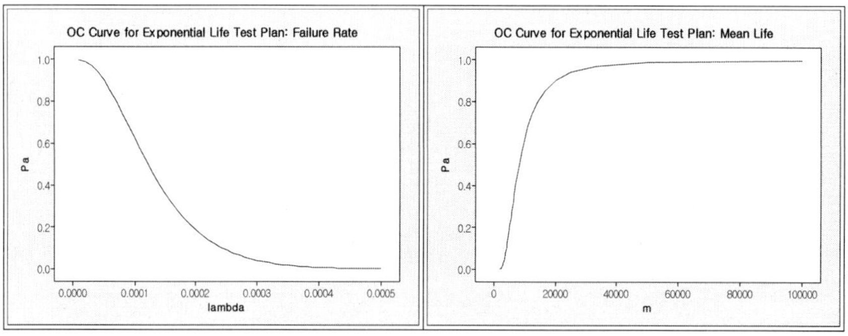

[도표 14.37] 신뢰성 샘플링 계획 (t_f, n, c)=(1000, 22, 3)의 OC 곡선

[도표 14.37]의 OC 곡선들은 이 절 말미에 수록된 [도표 14.39]의 미니탭 에섹 매크로 sqcmacro₩ocforRel₩oc_exp.mtb를 수행한 결과이다:

```
MTB > cd s:\sqcmacro\OCforREL\'
MTB > exec 'oc_exp'
Type the test period t:
DATA> 1000
Type the sample size and the acceptance number (n, c):
DATA> 22 2
```

초기 고장이나 마모 고장이 존재할지 모르는 경우에도 지수분포를 사용한 초기 시험계획이 권고된다. 시험 데이터가 수집되고 마모나 초기 고장의 징후가 있다면, 그 때 합격판정 결정을 내리기 위해 와이블 시험계획이 사용될 수 있다.

신뢰성 시험계획을 위한 몇몇 규격들이 [도표 14.38]에 정리되어 있다. 이들에 대해서는 배 등(2000)과 다른 참고문헌들을 참고하기 바란다.

[도표 14.38] 신뢰성 시험계획을 위한 몇몇 규격들

수명분포	규격	적용대상	설계기준	수명시험방식
지수분포	MIL-HDBK-H 108	비수리계	평균수명 고장률	정시 정수 순차
	MIL-STD-781D MIL-HDBK-781	수리계	평균수명	정시 순차
와이블분포	TR-3	비수리계	평균수명	정시
	TR-4	비수리계	고장률	정시
	TR-6	비수리계	신뢰수명	정시

[도표 14.39] 미니탭 에섹 매크로 OC_Exp.mtb

```
# OC_Exp.mtb
noecho
name k1 'n' k2 'c' k3 't' k4 'i' k5 'r' k6 'mui' k7 'Pai' c1 'lambda' c2 'm'
c3 'mu' c4 'Pa'
Note Type the test period t:
Set c100;
  File 'terminal';
  Nobs 1.
let 't'=c100(1)
erase c100
Note Type the sample size and the acceptance number (n, c):
Set c100;
  File 'terminal';
  nobs 2.
let 'n'=c100(1)
let 'c'=c100(2)
erase c100
set 'lambda'
0.00001:0.0005/0.00001
end
let 'm'=1/'lambda'
let 'mu'='lambda'*'n'*'t'
let 'r'=count('mu')
let 'i'=1
exec 'CumPOI' 50 # exec 'CumPoi' 'r'
plot 'Pa'*'lambda';
```

[도표 14.39] 미니탭 에섹 매크로 OC_Exp.mtb

```
title 'OC Curve for Exponential Life Test Plan: Failure Rate';
connect;
scale 1;
  tick 0.0:0.0005/0.0001;
scale 2;
  tick 0.0:1.0/0.2.
plot 'Pa'*'m';
title 'OC Curve for Exponential Life Test Plan: Mean Life';
connect;
scale 1;
  tick 0:100000/20000;
scale 2;
  tick 0.0:1.0/0.2.
echo
# CumPOI.mtb
let 'mui'='mu'('i')
CDF 'c' 'Pai';
  POISSON 'mui'.
let 'Pa'('i')='Pai'
let 'i'='i' + 1
```

14.5 연습문제

01 어떤 시스템의 작동시간과 수리시간을 조사한 결과가 다음과 같다(시간단위: 시) 여기서 (a,b)는 작동기간이고, [c,d]는 수리기간이다.

(0,63), [63,72], (72,121), [121,133], (133,165), [165,170], (170,270), [270,285], (285,310), [310,323], (323,365), [365,391], (391,463), [463,472]

다음을 구하라.

(1) MTBF

(2) MTTR

(3) 가용도

02 다음은 디젤엔진 연료시스템의 각 장치들과 그들의 고장률이다.

장치이름	고장률(시간단위: 10만시간)
연료공급장치	0.2
연료압송장치	0.5
연료분사장치	1.0
마동장치	2.0
조속장치	0.4

이 장치들은 모두 직렬로 연결되어 있고 각 장치의 고장은 랜덤하게 발생하며 서로 독립적이다. 이 연료시스템에 대해서 다음을 구하라.

(1) MTBF

(2) 1000시간에서의 신뢰도

(3) 신뢰도가 90%가 되는 임무시간

03 고장률이 λ로 일정한 부품이 3개 있다. 다음 시스템의 고장률을 구하고, 그 결과를 $0 \leq t \leq 5/\lambda$ 구간에서 작도하라.

(1) 세 부품이 직렬로 연결된 경우

(2) 세 부품이 병렬로 연결된 경우

(3) 두 부품이 병렬로, 그리고 세 번째 부품이 직렬로 연결된 경우

04 다음 용어를 설명하라.

(1) 고장밀도(failure density)

(2) 신뢰도 함수

(3) 분포의 고장률(failure rate)

(4) 과정의 고장률

(5) 욕조형 곡선(bathtub curve)

05 다음 중절방식(censoring modes)을 비교설명하라.

(1) 정시중절

(2) 정수중절

(3) 랜덤중절

06 지수 수명분포를 따르는 한 장비에 대해 90% 신뢰수준에서 목표 MTBF 200 시간을 보증하고 싶다. 시험기간은 400 시간으로 제한되어 있다. 허용고장수를 4로 할 때 몇 개의 제품이 시험에 들어야 하는가?

07 지수 수명분포를 따르는 어떤 제품에 대해 신뢰수준 90%로 고장률 $\lambda=1\%/\mathrm{K}$를 보증하려고 한다. 시험기간은 10,000시간으로 제한되어 있다. 허용고장수 $c=1$를 사용할 때 몇 개의 제품을 시험에 들게 해야 하는가?

08 로봇이 주어진 위험한 임무를 완성하려면 2일이 걸린다. ASAN에서는 지수 수명분포를 따르는 로봇의 2일간의 신뢰도 $S(2)=0.99$를 신뢰수준 90%에서 보증하고 있다(시간 단위: 일). 이 보증을 충족시키려면 로봇이 몇 일간 무사고 시험작업을 해야 하는가?

참고문헌

박경수 (1978). *신뢰도공학 및 정비이론*, 탑출판사.

박경수 (1993). *신뢰성 개론*, 영지문화사.

박성현 (1986). *현대실험계획법*, 대영사.

박성현, 박영현 (1997). *통계적 품질관리*, 개정판, 민영사.

배도선 외 5인 (2000). *최신 통계적 품질관리*, 개정판, 영지문화사.

송문섭, 남호수 (2002). *STATISTICA를 이용한 통계적 품질관리*, 영지문화사.

안성진 (2010). *미니탭매크로와 함께하는 데이터 탐색*, 자유아카데미.

정해성, 박동호, 김재주 (1999). *신뢰성 분석과 응용*, 영지문화사.

Automotive Industry Action Group (AIAG) (2002). *Measurement Systems Analysis Reference Manual*, 3rd edition. Chrysler, Ford, General Motors Supplier Quality Requirements Task Force.

Barnard, G. A. (1959). Control Charts and Stochastic Processes, *Journal of the Royal Statistical Society, Series B*, 21. 239-257.

Byrne, D. M. and Taguchi, S. (1987). The Taguchi Approach to Parameter Design, *Quality Progress*, 19-26.

Clements, J. A. (1989). Process capability calculations for non-normal distributions. *Quality Progress*, 22(2), 95-100.

Crosby, P. B. (1979). *Quality is Free*, New American Library.

Deming, W. E. (1950). *Elementary Principles of Statistical Control of Quality*,

Deming, W. E. (1986). *Out of the Crisis*, Cambridge, MIT Press, Mass.

Dodge, H. F. (1943). A Sampling Inspection Plan for Continuous Production, *Annals of Mathematical Statistics*, 14, 264-279.

Duncan, A. J. (1958). Design and Operation of a DoubleSampling Plan, *Journal of the American Statistical Association*, 53, 543-550.

Duncan, A. J. (1986). *Quality Control and Industrial Statistics*, 5th ed., Irwin,

Homewood, Ill.

Feigenbaum, A. V. (1983). *Total Quality Control*, 3rd ed., McGraw-Hill., New York.

Grant, E. L., Leavenworth, R. S. (1980). *Statistical Quality Control*, 5th ed., McGraw-Hill, New York.

Guttman, I. (1970). *Statistical tolerance regions*, Hafner Publishing Company.

Hamaker, H. C., Van Strik, R. (1955). The efficiency of Double Sampling for Attributes, *Journal of the American Statistical Association*, L, 830-849.

Hawkins, D. M. (1993). Robustification of cumulative sum charts by winsorization, *Journal of Quality Technology*, 25, 248-261.

Howe, W. G. (1969). Two-sided tolerance limits for normal distributions - some improvements, *Journal of the American Statistical Association*, 64, 610-620.

Hunter, J. S. (1988). The Digidot Plot, *American Statistician*, 24, p. 54.

Jacobson, L. J. (1949). Nomograph for Determination of Varables Inspection Plan for Fraction Defective, *Industrial Quality Control*, p. 24.

Jeon, J.-T., Ahn, S. J. (2009). Comparison of methods for detecting and quantifying variation in copy numbers of duplicated genes, *Communications of the Korean Statistical Society*, 16(6), 1037-1046.

Juran, J. M. (1974). *Quality Control Handbook*, 3rd ed. Mcgraw-Hill, New York.

Juran, J. M. ed. (1988). *Quality Control Handbook*, 4th ed., McGraw-Hill, New York.

Juran, J. M., Gryna, F. M. (1980). *Quality Planning and Analysis*, 2ed ed., McGraw-Hill, New York.

Kotz, S., Lovelace, C. R. (1998). *Process Capability Indices in Theory and Practice*, Arnold, London.

Laney, D. B. (2002). Improved Control Charts for Attributes, *Quality Engineering*, 14(4), 531-537.

Larson, H. R. (1966). A nomograph of the cumulative binomial distribution, *Industrial Quality Control*, 23, 270-278.

Lobeieberman, G. J., Resnikoff, G. J. (1955). Sampling Plans for Inspection by

Variables, *Journal of the American Statistical Association*, 50, 457–516 and 1333.

Luceno, A. (1996). A Process Capability Ratio with Reliable Conficence Intervals, *Communications in Statistics—Simulation and Computations*, 25(1), 235–246.

Montgomery, D. C. (1991). *Design and Analysis of Experiments*, 3rd ed., Wiley, New York.

Montgomery, D. C. (2008). *Introduction to Statistical Quality Control*, 6th ed., Wiley, New York.

Mosteller, F., Tukey, J. W. (1949). The Uses and Usefulness of Binomial Probability Paper, *Journal of American Statistical Association*, 44, 174–212.

Nelson, L. A. (1974). Factors for the Analysis of Means, *Journal of Quality Technology*, 6, 175–181.

Nelson, L. A. (1984). The Shewhart Control Chart Tests for Special Causes, *Journal of Quality Technology*, 16, 237–239.

Nelson, L. A. (1988). Control Charts: Rational Subgroups and Effective Applications, *Journal of Quality Technology*, 20.

Natrella, M. G. (1963). Experimental Statistics, *NBS Handbook 91*, US Department of Commerce.

Ott, E. R. (1967). Analysis of Means—A Graphical Procedure, *Industrial Quality Control*, 24, 101–109. Reprinted in *Journal of Quality Technology* (1983), 15, 10–18.

Page, E. S. (1954). Continuous Inspection Schemes, *Biometrika*, 41, 100–115.

Page, E. S. (1961). Cumulative Sum Charts, *Technometrics*, 3, 1–9.

Rao, C. R. (1989). *Statistics and Truth: Putting Chance to Work*, Fairland, MD: International Co-Operative Publishing House.

Resnikoff, G. L. (1952). *A New Acceptance Region for Sampling by Variables*, Applied Mathematics and Statistics Laboratory, Stanford University.

Shewhart, W. A. (1931). *Economic Control of Quality of Manufactured Product*, D. Van Nostrand, New York.

Schilling, E. G. (1973). A Systematic Approach to the Analysis of Means, *Journal of Quality Technology*, 5, 93–108, 147–159.

Shigley, J. E. (1972). *Mechanical Engineering Design*, 2nd Ed., McGraw Hill: New York.

Siegmund, D. (1985). *Sequential Analysis: Tests and Confidence Intervals*, Springer– Verlag, New York.

Stoumbos, Z. G. Reynolds, Jr., M. R., Reynolds, T. P., Woodall. W. H. (2000). The State of Statistical Process Control as We Proceed into 21st Century, *Journal of the American Statistical Association*, 95, 992–998.

Taguchi, G. (1986). *Introduction to Quality Engineering*, Asian Productivity Organization, UNIPUB, White Plains, New York.

Thorndike, F. (1926). Bell Laboratories.

Tobias, P. A., Trindade, D. C. (1986). *Applied Reliability*, Van Nostrand Reinhold Company, New York.

Turnbull, B. W. (1976). The Empirical Distribution Function with Arbitrarily Grouped, Censored and Truncated Data, *Journal of Royal Statistical Society*, Series B, 38, 290–295.

Western Electric. (1956). *Statistical Quality Control Handbook*, Western Electric Corporation, Indianapolis, Indiana.

Wheeler, D. J., Lyday. R. W. (1984), *Evaluating the Measurement Process*, SPC press, Inc.

Wheeler, D. J., Lyday. R. W. (1989), *Evaluating the Measurement Process*, Second Edition, SPC press, Inc.

Wheeler, D. J. (2006). *EMP III Using Imperfect Data*, SPC Press, Knoxville, Tenn.

Wheeler, D. J. (2006). An Honest Gauge R&R Study, *2006 ASQ/ASA Fall Technical Conference*, Manuscript No. 189.

부 록
통계적 품질관리를 위한 표들

[도표 A.1] 표준정규분포표(z 분위)

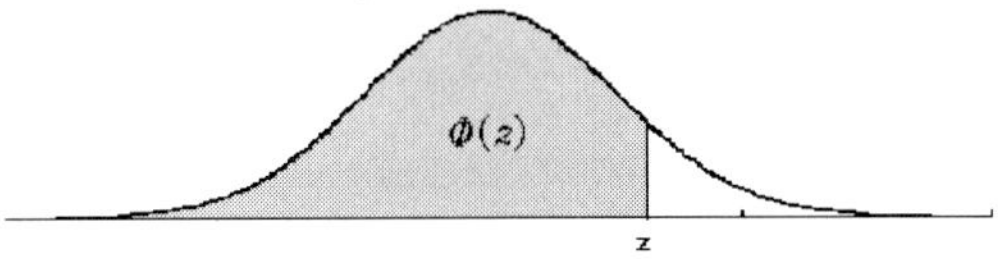

z	0.00	0.01	0.02	0.03	0.04	0.05	0.06	0.07	0.08	0.09
					$\Phi(z)$					
0.0	0.50000	0.50399	0.50798	0.51197	0.51595	0.51994	0.52392	0.52790	0.53188	0.53586
0.1	0.53983	0.54380	0.54776	0.55172	0.55567	0.55962	0.56356	0.56749	0.57142	0.57535
0.2	0.57926	0.58317	0.58706	0.59095	0.59483	0.59871	0.60257	0.60642	0.61026	0.61409
0.3	0.61791	0.62172	0.62552	0.62930	0.63307	0.63683	0.64058	0.64431	0.64803	0.65173
0.4	0.65542	0.65910	0.66276	0.66640	0.67003	0.67364	0.67724	0.68082	0.68439	0.68793
0.5	0.69146	0.69497	0.69847	0.70194	0.70540	0.70884	0.71226	0.71566	0.71904	0.72240
0.6	0.72575	0.72907	0.73237	0.73565	0.73891	0.74215	0.74537	0.74857	0.75175	0.75490
0.7	0.75804	0.76115	0.76424	0.76730	0.77035	0.77337	0.77637	0.77935	0.78230	0.78524
0.8	0.78814	0.79103	0.79389	0.79673	0.79955	0.80234	0.80511	0.80785	0.81057	0.81327
0.9	0.81594	0.81859	0.82121	0.82381	0.82639	0.82894	0.83147	0.83398	0.83646	0.83891
1.0	0.84134	0.84375	0.84614	0.84849	0.85083	0.85314	0.85543	0.85769	0.85993	0.86214
1.1	0.86433	0.86650	0.86864	0.87076	0.87286	0.87493	0.87698	0.87900	0.88100	0.88298
1.2	0.88493	0.88686	0.88877	0.89065	0.89251	0.89435	0.89617	0.89796	0.89973	0.90147
1.3	0.90320	0.90490	0.90658	0.90824	0.90988	0.91149	0.91308	0.91466	0.91621	0.91774
1.4	0.91924	0.92073	0.92220	0.92364	0.92507	0.92647	0.92785	0.92922	0.93056	0.93189
1.5	0.93319	0.93448	0.93574	0.93699	0.93822	0.93943	0.94062	0.94179	0.94295	0.94408
1.6	0.94520	0.94630	0.94738	0.94845	0.94950	0.95053	0.95154	0.95254	0.95352	0.95449
1.7	0.95543	0.95637	0.95728	0.95818	0.95907	0.95994	0.96080	0.96164	0.96246	0.96327
1.8	0.96407	0.96485	0.96562	0.96638	0.96712	0.96784	0.96856	0.96926	0.96995	0.97062
1.9	0.97128	0.97193	0.97257	0.97320	0.97381	0.97441	0.97500	0.97558	0.97615	0.97670
2.0	0.97725	0.97778	0.97831	0.97882	0.97932	0.97982	0.98030	0.98077	0.98124	0.98169
2.1	0.98214	0.98257	0.98300	0.98341	0.98382	0.98422	0.98461	0.98500	0.98537	0.98574
2.2	0.98610	0.98645	0.98679	0.98713	0.98745	0.98778	0.98809	0.98840	0.98870	0.98899
2.3	0.98928	0.98956	0.98983	0.99010	0.99036	0.99061	0.99086	0.99111	0.99134	0.99158
2.4	0.99180	0.99202	0.99224	0.99245	0.99266	0.99286	0.99305	0.99324	0.99343	0.99361
2.5	0.99379	0.99396	0.99413	0.99430	0.99446	0.99461	0.99477	0.99492	0.99506	0.99520
2.6	0.99534	0.99547	0.99560	0.99573	0.99585	0.99598	0.99609	0.99621	0.99632	0.99643
2.7	0.99653	0.99664	0.99674	0.99683	0.99693	0.99702	0.99711	0.99720	0.99728	0.99736
2.8	0.99744	0.99752	0.99760	0.99767	0.99774	0.99781	0.99788	0.99795	0.99801	0.99807
2.9	0.99813	0.99819	0.99825	0.99831	0.99836	0.99841	0.99846	0.99851	0.99856	0.99861
3.0	0.99865	0.99869	0.99874	0.99878	0.99882	0.99886	0.99889	0.99893	0.99896	0.99900
3.1	0.99903	0.99906	0.99910	0.99913	0.99916	0.99918	0.99921	0.99924	0.99926	0.99929
3.2	0.99931	0.99934	0.99936	0.99938	0.99940	0.99942	0.99944	0.99946	0.99948	0.99950
3.3	0.99952	0.99953	0.99955	0.99957	0.99958	0.99960	0.99961	0.99962	0.99964	0.99965
3.4	0.99966	0.99968	0.99969	0.99970	0.99971	0.99972	0.99973	0.99974	0.99975	0.99976
3.5	0.99977	0.99978	0.99978	0.99979	0.99980	0.99981	0.99981	0.99982	0.99983	0.99983
3.6	0.99984	0.99985	0.99985	0.99986	0.99986	0.99987	0.99987	0.99988	0.99988	0.99989
3.7	0.99989	0.99990	0.99990	0.99990	0.99991	0.99991	0.99992	0.99992	0.99992	0.99992
3.8	0.99993	0.99993	0.99993	0.99994	0.99994	0.99994	0.99994	0.99995	0.99995	0.99995
3.9	0.99995	0.99995	0.99996	0.99996	0.99996	0.99996	0.99996	0.99996	0.99997	0.99997

[도표 A.2] χ^2 분포표(1−α 분위수)

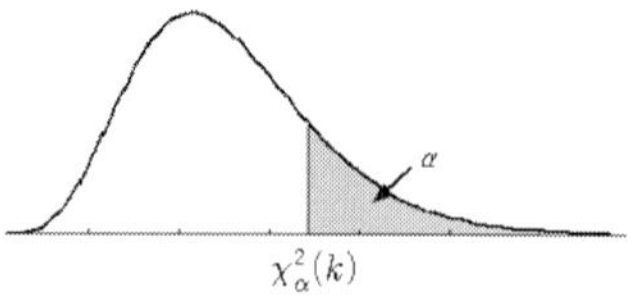

	$\chi^2_\alpha(k)$								
k \ α	0.995	0.990	0.975	0.950	0.500	0.050	0.025	0.010	0.005
1	0.00	0.00	0.00	0.00	0.45	3.84	5.02	6.63	7.88
2	0.01	0.02	0.05	0.10	1.39	5.99	7.38	9.21	10.60
3	0.07	0.11	0.22	0.35	2.37	7.81	9.35	11.34	12.84
4	0.21	0.30	0.48	0.71	3.36	9.49	11.14	13.28	14.86
5	0.41	0.55	0.83	1.15	4.35	11.07	12.83	15.09	16.75
6	0.68	0.87	1.24	1.64	5.35	12.59	14.45	16.81	18.55
7	0.99	1.24	1.69	2.17	6.35	14.07	16.01	18.48	20.28
8	1.34	1.65	2.18	2.73	7.34	15.51	17.53	20.09	21.95
9	1.73	2.09	2.70	3.33	8.34	16.92	19.02	21.67	23.59
10	2.16	2.56	3.25	3.94	9.34	18.31	20.48	23.21	25.19
11	2.60	3.05	3.82	4.57	10.34	19.68	21.92	24.73	26.76
12	3.07	3.57	4.40	5.23	11.34	21.03	23.34	26.22	28.30
13	3.57	4.11	5.01	5.89	12.34	22.36	24.74	27.69	29.82
14	4.07	4.66	5.63	6.57	13.34	23.68	26.12	29.14	31.32
15	4.60	5.23	6.26	7.26	14.34	25.00	27.49	30.58	32.80
16	5.14	5.81	6.91	7.96	15.34	26.30	28.85	32.00	34.27
17	5.70	6.41	7.56	8.67	16.34	27.59	30.19	33.41	35.72
18	6.26	7.01	8.23	9.39	17.34	28.87	31.53	34.81	37.16
19	6.84	7.63	8.91	10.12	18.34	30.14	32.85	36.19	38.58
20	7.43	8.26	9.59	10.85	19.34	31.41	34.17	37.57	40.00
25	10.52	11.52	13.12	14.61	24.34	37.65	40.65	44.31	46.93
30	13.79	14.95	16.79	18.49	29.34	43.77	46.98	50.89	53.67
40	20.71	22.16	24.43	26.51	39.34	55.76	59.34	63.69	66.77
50	27.99	29.71	32.36	34.76	49.33	67.50	71.42	76.15	79.49
60	35.53	37.48	40.48	43.19	59.33	79.08	83.30	88.38	91.95
70	43.28	45.44	48.76	51.74	69.33	90.53	95.02	100.43	104.21
80	51.17	53.54	57.15	60.39	79.33	101.88	106.63	112.33	116.32
90	59.20	61.75	65.65	69.13	89.33	113.15	118.14	124.12	128.30
100	67.33	70.06	74.22	77.93	99.33	124.34	129.56	135.81	140.17

[도표 A.3] t 분포표(1−α 분위수)

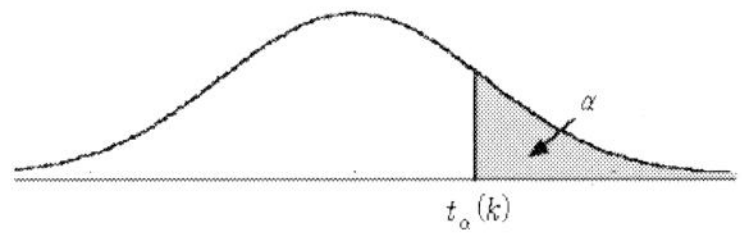

k \ α	0.400	0.250	0.100	0.050	0.025	0.010	0.005	0.0025	0.001	0.0005
	$t_\alpha(k)$									
1	0.325	1.000	3.078	6.314	12.706	31.821	63.656	127.321	318.289	636.578
2	0.289	0.816	1.886	2.920	4.303	6.965	9.925	14.089	22.328	31.600
3	0.277	0.765	1.638	2.353	3.182	4.541	5.841	7.453	10.214	12.924
4	0.271	0.741	1.533	2.132	2.776	3.747	4.604	5.598	7.173	8.610
5	0.267	0.727	1.476	2.015	2.571	3.365	4.032	4.773	5.894	6.869
6	0.265	0.718	1.440	1.943	2.447	3.143	3.707	4.317	5.208	5.959
7	0.263	0.711	1.415	1.895	2.365	2.998	3.499	4.029	4.785	5.408
8	0.262	0.706	1.397	1.860	2.306	2.896	3.355	3.833	4.501	5.041
9	0.261	0.703	1.383	1.833	2.262	2.821	3.250	3.690	4.297	4.781
10	0.260	0.700	1.372	1.812	2.228	2.764	3.169	3.581	4.144	4.587
11	0.260	0.697	1.363	1.796	2.201	2.718	3.106	3.497	4.025	4.437
12	0.259	0.695	1.356	1.782	2.179	2.681	3.055	3.428	3.930	4.318
13	0.259	0.694	1.350	1.771	2.160	2.650	3.012	3.372	3.852	4.221
14	0.258	0.692	1.345	1.761	2.145	2.624	2.977	3.326	3.787	4.140
15	0.258	0.691	1.341	1.753	2.131	2.602	2.947	3.286	3.733	4.073
16	0.258	0.690	1.337	1.746	2.120	2.583	2.921	3.252	3.686	4.015
17	0.257	0.689	1.333	1.740	2.110	2.567	2.898	3.222	3.646	3.965
18	0.257	0.688	1.330	1.734	2.101	2.552	2.878	3.197	3.610	3.922
19	0.257	0.688	1.328	1.729	2.093	2.539	2.861	3.174	3.579	3.883
20	0.257	0.687	1.325	1.725	2.086	2.528	2.845	3.153	3.552	3.850
21	0.257	0.686	1.323	1.721	2.080	2.518	2.831	3.135	3.527	3.819
22	0.256	0.686	1.321	1.717	2.074	2.508	2.819	3.119	3.505	3.792
23	0.256	0.685	1.319	1.714	2.069	2.500	2.807	3.104	3.485	3.768
24	0.256	0.685	1.318	1.711	2.064	2.492	2.797	3.091	3.467	3.745
25	0.256	0.684	1.316	1.708	2.060	2.485	2.787	3.078	3.450	3.725
26	0.256	0.684	1.315	1.706	2.056	2.479	2.779	3.067	3.435	3.707
27	0.256	0.684	1.314	1.703	2.052	2.473	2.771	3.057	3.421	3.689
28	0.256	0.683	1.313	1.701	2.048	2.467	2.763	3.047	3.408	3.674
29	0.256	0.683	1.311	1.699	2.045	2.462	2.756	3.038	3.396	3.660
30	0.256	0.683	1.310	1.697	2.042	2.457	2.750	3.030	3.385	3.646
40	0.255	0.681	1.303	1.684	2.021	2.423	2.704	2.971	3.307	3.551
50	0.679	0.849	1.047	1.299	1.676	2.009	2.403	2.678	3.261	3.496
60	0.254	0.679	1.296	1.671	2.000	2.390	2.660	2.915	3.232	3.460
100	0.677	0.845	1.042	1.290	1.660	1.984	2.364	2.626	3.174	3.390
120	0.254	0.677	1.289	1.658	1.980	2.358	2.617	2.860	3.160	3.373
∞	0.253	0.674	1.282	1.645	1.960	2.326	2.576	2.807	3.090	3.291

[도표 A.4] F 분포표(1−α 분위수)

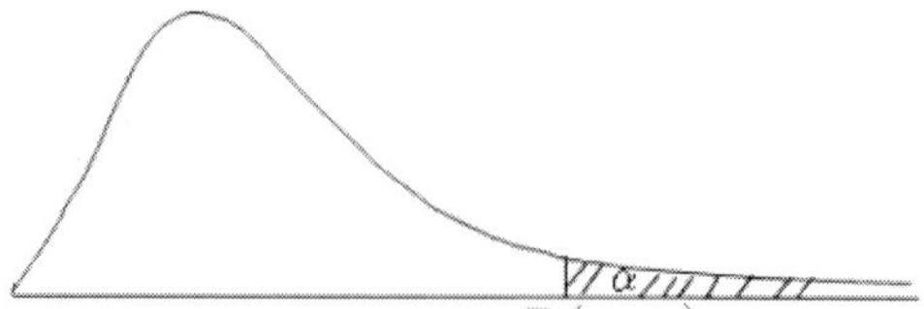

$F_{\alpha}(n, m)$

m \ n	분자의 자유도(n)																		
	$F_{0.25}(n,m)$																		
	1	2	3	4	5	6	7	8	9	10	12	15	20	24	30	40	60	120	∞
1	5.83	7.50	8.20	8.58	8.82	8.98	9.10	9.19	9.26	9.32	9.41	9.49	9.58	9.63	9.67	9.71	9.76	9.80	9.85
2	2.57	3.00	3.15	3.23	3.28	3.31	3.34	3.35	3.37	3.38	3.39	3.41	3.43	3.43	3.44	3.45	3.46	3.47	3.48
3	2.02	2.28	2.36	2.39	2.41	2.42	2.43	2.44	2.44	2.44	2.45	2.46	2.46	2.46	2.47	2.47	2.47	2.47	2.47
4	1.81	2.00	2.05	2.06	2.07	2.08	2.08	2.08	2.08	2.08	2.08	2.08	2.08	2.08	2.08	2.08	2.08	2.08	2.08
5	1.69	1.85	1.88	1.89	1.89	1.89	1.89	1.89	1.89	1.89	1.89	1.89	1.88	1.88	1.88	1.88	1.87	1.87	1.87
6	1.62	1.76	1.78	1.79	1.79	1.78	1.78	1.78	1.77	1.77	1.77	1.76	1.76	1.75	1.75	1.75	1.74	1.74	1.74
7	1.57	1.70	1.72	1.72	1.71	1.71	1.70	1.70	1.69	1.69	1.68	1.68	1.67	1.67	1.66	1.66	1.65	1.65	1.65
8	1.54	1.66	1.67	1.66	1.66	1.65	1.64	1.64	1.63	1.63	1.62	1.62	1.61	1.60	1.60	1.59	1.59	1.58	1.58
9	1.51	1.62	1.63	1.63	1.62	1.61	1.60	1.60	1.59	1.59	1.58	1.57	1.56	1.56	1.55	1.54	1.54	1.53	1.53
10	1.49	1.60	1.60	1.59	1.59	1.58	1.57	1.56	1.56	1.55	1.54	1.53	1.52	1.52	1.51	1.51	1.50	1.49	1.48
11	1.47	1.58	1.58	1.57	1.56	1.55	1.54	1.53	1.53	1.52	1.51	1.50	1.49	1.49	1.48	1.47	1.47	1.46	1.45
12	1.46	1.56	1.56	1.55	1.54	1.53	1.52	1.51	1.51	1.50	1.49	1.48	1.47	1.46	1.45	1.45	1.44	1.43	1.42
13	1.45	1.55	1.55	1.53	1.52	1.51	1.50	1.49	1.49	1.48	1.47	1.46	1.45	1.44	1.43	1.42	1.42	1.41	1.40
14	1.44	1.53	1.53	1.52	1.51	1.50	1.49	1.48	1.47	1.46	1.45	1.44	1.43	1.42	1.41	1.41	1.40	1.39	1.38
15	1.43	1.52	1.52	1.51	1.49	1.48	1.47	1.46	1.46	1.45	1.44	1.43	1.41	1.41	1.40	1.39	1.38	1.37	1.36
16	1.42	1.51	1.51	1.50	1.48	1.47	1.46	1.45	1.44	1.44	1.43	1.41	1.40	1.39	1.38	1.37	1.36	1.35	1.34
17	1.42	1.51	1.50	1.49	1.47	1.46	1.45	1.44	1.43	1.43	1.41	1.40	1.39	1.38	1.37	1.36	1.35	1.34	1.33
18	1.41	1.50	1.49	1.48	1.46	1.45	1.44	1.43	1.42	1.42	1.40	1.39	1.38	1.37	1.36	1.35	1.34	1.33	1.32
19	1.41	1.49	1.49	1.47	1.46	1.44	1.43	1.42	1.41	1.41	1.40	1.38	1.37	1.36	1.35	1.34	1.33	1.32	1.30
20	1.40	1.49	1.48	1.47	1.45	1.44	1.43	1.42	1.41	1.40	1.39	1.37	1.36	1.35	1.34	1.33	1.32	1.31	1.29
21	1.40	1.48	1.48	1.46	1.44	1.43	1.42	1.41	1.40	1.39	1.38	1.37	1.35	1.34	1.33	1.32	1.31	1.30	1.29
22	1.40	1.48	1.47	1.45	1.44	1.42	1.41	1.40	1.39	1.39	1.37	1.36	1.34	1.33	1.32	1.31	1.30	1.29	1.28
23	1.39	1.47	1.47	1.45	1.43	1.42	1.41	1.40	1.39	1.38	1.37	1.35	1.34	1.33	1.32	1.31	1.30	1.28	1.27
24	1.39	1.47	1.46	1.44	1.43	1.41	1.40	1.39	1.38	1.38	1.36	1.35	1.33	1.32	1.31	1.30	1.29	1.28	1.26
25	1.39	1.47	1.46	1.44	1.42	1.41	1.40	1.39	1.38	1.37	1.36	1.34	1.33	1.32	1.31	1.29	1.28	1.27	1.25
26	1.38	1.46	1.45	1.44	1.42	1.41	1.39	1.38	1.37	1.37	1.35	1.34	1.32	1.31	1.30	1.29	1.28	1.26	1.25
27	1.38	1.46	1.45	1.43	1.42	1.40	1.39	1.38	1.37	1.36	1.35	1.33	1.32	1.31	1.30	1.28	1.27	1.26	1.24
28	1.38	1.46	1.45	1.43	1.41	1.40	1.39	1.38	1.37	1.36	1.34	1.33	1.31	1.30	1.29	1.28	1.27	1.25	1.24
29	1.38	1.45	1.45	1.43	1.41	1.40	1.38	1.37	1.36	1.35	1.34	1.32	1.31	1.30	1.29	1.27	1.26	1.25	1.23
30	1.38	1.45	1.44	1.42	1.41	1.39	1.38	1.37	1.36	1.35	1.34	1.32	1.30	1.29	1.28	1.27	1.26	1.24	1.23
40	1.36	1.44	1.42	1.40	1.39	1.37	1.36	1.35	1.34	1.33	1.31	1.30	1.28	1.26	1.25	1.24	1.22	1.21	1.19
60	1.35	1.42	1.41	1.38	1.37	1.35	1.33	1.32	1.31	1.30	1.29	1.27	1.25	1.24	1.22	1.21	1.19	1.17	1.15
120	1.34	1.40	1.39	1.37	1.35	1.33	1.31	1.30	1.29	1.28	1.26	1.24	1.22	1.21	1.19	1.18	1.16	1.13	1.10
∞	1.32	1.39	1.37	1.35	1.33	1.31	1.29	1.28	1.27	1.25	1.24	1.22	1.19	1.18	1.16	1.14	1.12	1.08	1.01

[도표 A.4] F 분포표(계속)

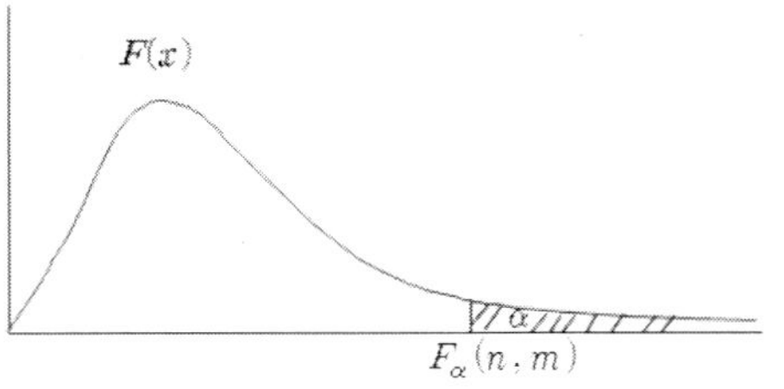

$F_{0.10}(n,m)$

m \ n (분자의 자유도(ν_n))	1	2	3	4	5	6	7	8	9	10	12	15	20	24	30	40	60	120	∞
1	39.86	49.50	53.59	55.83	57.24	58.20	58.91	59.44	59.86	60.19	60.71	61.22	61.74	62.00	62.26	62.53	62.79	63.06	63.32
2	8.53	9.00	9.16	9.24	9.29	9.33	9.35	9.37	9.38	9.39	9.41	9.42	9.44	9.45	9.46	9.47	9.47	9.48	9.49
3	5.54	5.46	5.39	5.34	5.31	5.28	5.27	5.25	5.24	5.23	5.22	5.20	5.18	5.18	5.17	5.16	5.15	5.14	5.13
4	4.54	4.32	4.19	4.11	4.05	4.01	3.98	3.95	3.94	3.92	3.90	3.87	3.84	3.83	3.82	3.80	3.79	3.78	3.76
5	4.06	3.78	3.62	3.52	3.45	3.40	3.37	3.34	3.32	3.30	3.27	3.24	3.21	3.19	3.17	3.16	3.14	3.12	3.11
6	3.78	3.46	3.29	3.18	3.11	3.05	3.01	2.98	2.96	2.94	2.90	2.87	2.84	2.82	2.80	2.78	2.76	2.74	2.72
7	3.59	3.26	3.07	2.96	2.88	2.83	2.78	2.75	2.72	2.70	2.67	2.63	2.59	2.58	2.56	2.54	2.51	2.49	2.47
8	3.46	3.11	2.92	2.81	2.73	2.67	2.62	2.59	2.56	2.54	2.50	2.46	2.42	2.40	2.38	2.36	2.34	2.32	2.29
9	3.36	3.01	2.81	2.69	2.61	2.55	2.51	2.47	2.44	2.42	2.38	2.34	2.30	2.28	2.25	2.23	2.21	2.18	2.16
10	3.29	2.92	2.73	2.61	2.52	2.46	2.41	2.38	2.35	2.32	2.28	2.24	2.20	2.18	2.16	2.13	2.11	2.08	2.06
11	3.23	2.86	2.66	2.54	2.45	2.39	2.34	2.30	2.27	2.25	2.21	2.17	2.12	2.10	2.08	2.05	2.03	2.00	1.97
12	3.18	2.81	2.61	2.48	2.39	2.33	2.28	2.24	2.21	2.19	2.15	2.10	2.06	2.04	2.01	1.99	1.96	1.93	1.90
13	3.14	2.76	2.56	2.43	2.35	2.28	2.23	2.20	2.16	2.14	2.10	2.05	2.01	1.98	1.96	1.93	1.90	1.88	1.85
14	3.10	2.73	2.52	2.39	2.31	2.24	2.19	2.15	2.12	2.10	2.05	2.01	1.96	1.94	1.91	1.89	1.86	1.83	1.80
15	3.07	2.70	2.49	2.36	2.27	2.21	2.16	2.12	2.09	2.06	2.02	1.97	1.92	1.90	1.87	1.85	1.82	1.79	1.76
16	3.05	2.67	2.46	2.33	2.24	2.18	2.13	2.09	2.06	2.03	1.99	1.94	1.89	1.87	1.84	1.81	1.78	1.75	1.72
17	3.03	2.64	2.44	2.31	2.22	2.15	2.10	2.06	2.03	2.00	1.96	1.91	1.86	1.84	1.81	1.78	1.75	1.72	1.69
18	3.01	2.62	2.42	2.29	2.20	2.13	2.08	2.04	2.00	1.98	1.93	1.89	1.84	1.81	1.78	1.75	1.72	1.69	1.66
19	2.99	2.61	2.40	2.27	2.18	2.11	2.06	2.02	1.98	1.96	1.91	1.86	1.81	1.79	1.76	1.73	1.70	1.67	1.63
20	2.97	2.59	2.38	2.25	2.16	2.09	2.04	2.00	1.96	1.94	1.89	1.84	1.79	1.77	1.74	1.71	1.68	1.64	1.61
21	2.96	2.57	2.36	2.23	2.14	2.08	2.02	1.98	1.95	1.92	1.87	1.83	1.78	1.75	1.72	1.69	1.66	1.62	1.59
22	2.95	2.56	2.35	2.22	2.13	2.06	2.01	1.97	1.93	1.90	1.86	1.81	1.76	1.73	1.70	1.67	1.64	1.60	1.57
23	2.94	2.55	2.34	2.21	2.11	2.05	1.99	1.95	1.92	1.89	1.84	1.80	1.74	1.72	1.69	1.66	1.62	1.59	1.55
24	2.93	2.54	2.33	2.19	2.10	2.04	1.98	1.94	1.91	1.88	1.83	1.78	1.73	1.70	1.67	1.64	1.61	1.57	1.53
25	2.92	2.53	2.32	2.18	2.09	2.02	1.97	1.93	1.89	1.87	1.82	1.77	1.72	1.69	1.66	1.63	1.59	1.56	1.52
26	2.91	2.52	2.31	2.17	2.08	2.01	1.96	1.92	1.88	1.86	1.81	1.76	1.71	1.68	1.65	1.61	1.58	1.54	1.50
27	2.90	2.51	2.30	2.17	2.07	2.00	1.95	1.91	1.87	1.85	1.80	1.75	1.70	1.67	1.64	1.60	1.57	1.53	1.49
28	2.89	2.50	2.29	2.16	2.06	2.00	1.94	1.90	1.87	1.84	1.79	1.74	1.69	1.66	1.63	1.59	1.56	1.52	1.48
29	2.89	2.50	2.28	2.15	2.06	1.99	1.93	1.89	1.86	1.83	1.78	1.73	1.68	1.65	1.62	1.58	1.55	1.51	1.47
30	2.88	2.49	2.28	2.14	2.05	1.98	1.93	1.88	1.85	1.82	1.77	1.72	1.67	1.64	1.61	1.57	1.54	1.50	1.46
40	2.84	2.44	2.23	2.09	2.00	1.93	1.87	1.83	1.79	1.76	1.71	1.66	1.61	1.57	1.54	1.51	1.47	1.42	1.38
60	2.79	2.39	2.18	2.04	1.95	1.87	1.82	1.77	1.74	1.71	1.66	1.60	1.54	1.51	1.48	1.44	1.40	1.35	1.29
120	2.75	2.35	2.13	1.99	1.90	1.82	1.77	1.72	1.68	1.65	1.60	1.55	1.48	1.45	1.41	1.37	1.32	1.26	1.19
∞	2.71	2.30	2.08	1.94	1.85	1.77	1.72	1.67	1.63	1.60	1.55	1.49	1.42	1.38	1.34	1.30	1.24	1.17	1.02

[도표 A.4] F 분포표(계속)

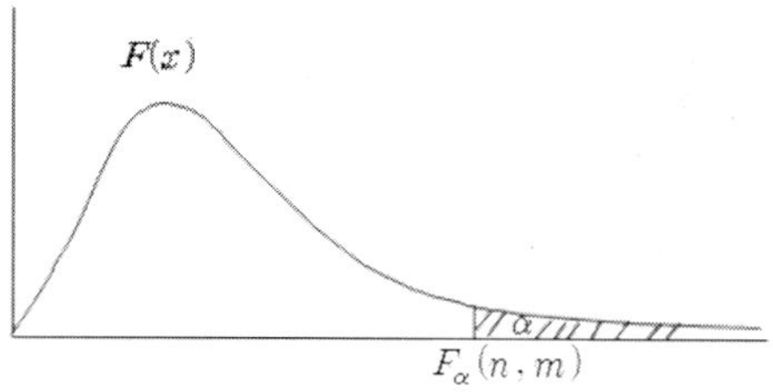

$F_{0.05}(n,m)$

m \ n (분자의 자유도(n))	1	2	3	4	5	6	7	8	9	10	12	15	20	24	30	40	60	120	∞
1	161.45	199.50	215.71	224.58	230.16	233.99	236.77	238.88	240.54	241.88	243.90	245.95	248.02	249.05	250.10	251.14	252.20	253.25	254.30
2	18.51	19.00	19.16	19.25	19.30	19.33	19.35	19.37	19.38	19.40	19.41	19.43	19.45	19.45	19.46	19.47	19.48	19.49	19.50
3	10.13	9.55	9.28	9.12	9.01	8.94	8.89	8.85	8.81	8.79	8.74	8.70	8.66	8.64	8.62	8.59	8.57	8.55	8.53
4	7.71	6.94	6.59	6.39	6.26	6.16	6.09	6.04	6.00	5.96	5.91	5.86	5.80	5.77	5.75	5.72	5.69	5.66	5.63
5	6.61	5.79	5.41	5.19	5.05	4.95	4.88	4.82	4.77	4.74	4.68	4.62	4.56	4.53	4.50	4.46	4.43	4.40	4.37
6	5.99	5.14	4.76	4.53	4.39	4.28	4.21	4.15	4.10	4.06	4.00	3.94	3.87	3.84	3.81	3.77	3.74	3.70	3.67
7	5.59	4.74	4.35	4.12	3.97	3.87	3.79	3.73	3.68	3.64	3.57	3.51	3.44	3.41	3.38	3.34	3.30	3.27	3.23
8	5.32	4.46	4.07	3.84	3.69	3.58	3.50	3.44	3.39	3.35	3.28	3.22	3.15	3.12	3.08	3.04	3.01	2.97	2.93
9	5.12	4.26	3.86	3.63	3.48	3.37	3.29	3.23	3.18	3.14	3.07	3.01	2.94	2.90	2.86	2.83	2.79	2.75	2.71
10	4.96	4.10	3.71	3.48	3.33	3.22	3.14	3.07	3.02	2.98	2.91	2.85	2.77	2.74	2.70	2.66	2.62	2.58	2.54
11	4.84	3.98	3.59	3.36	3.20	3.09	3.01	2.95	2.90	2.85	2.79	2.72	2.65	2.61	2.57	2.53	2.49	2.45	2.41
12	4.75	3.89	3.49	3.26	3.11	3.00	2.91	2.85	2.80	2.75	2.69	2.62	2.54	2.51	2.47	2.43	2.38	2.34	2.30
13	4.67	3.81	3.41	3.18	3.03	2.92	2.83	2.77	2.71	2.67	2.60	2.53	2.46	2.42	2.38	2.34	2.30	2.25	2.21
14	4.60	3.74	3.34	3.11	2.96	2.85	2.76	2.70	2.65	2.60	2.53	2.46	2.39	2.35	2.31	2.27	2.22	2.18	2.13
15	4.54	3.68	3.29	3.06	2.90	2.79	2.71	2.64	2.59	2.54	2.48	2.40	2.33	2.29	2.25	2.20	2.16	2.11	2.07
16	4.49	3.63	3.24	3.01	2.85	2.74	2.66	2.59	2.54	2.49	2.42	2.35	2.28	2.24	2.19	2.15	2.11	2.06	2.01
17	4.45	3.59	3.20	2.96	2.81	2.70	2.61	2.55	2.49	2.45	2.38	2.31	2.23	2.19	2.15	2.10	2.06	2.01	1.96
18	4.41	3.55	3.16	2.93	2.77	2.66	2.58	2.51	2.46	2.41	2.34	2.27	2.19	2.15	2.11	2.06	2.02	1.97	1.92
19	4.38	3.52	3.13	2.90	2.74	2.63	2.54	2.48	2.42	2.38	2.31	2.23	2.16	2.11	2.07	2.03	1.98	1.93	1.88
20	4.35	3.49	3.10	2.87	2.71	2.60	2.51	2.45	2.39	2.35	2.28	2.20	2.12	2.08	2.04	1.99	1.95	1.90	1.84
21	4.32	3.47	3.07	2.84	2.68	2.57	2.49	2.42	2.37	2.32	2.25	2.18	2.10	2.05	2.01	1.96	1.92	1.87	1.81
22	4.30	3.44	3.05	2.82	2.66	2.55	2.46	2.40	2.34	2.30	2.23	2.15	2.07	2.03	1.98	1.94	1.89	1.84	1.78
23	4.28	3.42	3.03	2.80	2.64	2.53	2.44	2.37	2.32	2.27	2.20	2.13	2.05	2.01	1.96	1.91	1.86	1.81	1.76
24	4.26	3.40	3.01	2.78	2.62	2.51	2.42	2.36	2.30	2.25	2.18	2.11	2.03	1.98	1.94	1.89	1.84	1.79	1.73
25	4.24	3.39	2.99	2.76	2.60	2.49	2.40	2.34	2.28	2.24	2.16	2.09	2.01	1.96	1.92	1.87	1.82	1.77	1.71
26	4.23	3.37	2.98	2.74	2.59	2.47	2.39	2.32	2.27	2.22	2.15	2.07	1.99	1.95	1.90	1.85	1.80	1.75	1.69
27	4.21	3.35	2.96	2.73	2.57	2.46	2.37	2.31	2.25	2.20	2.13	2.06	1.97	1.93	1.88	1.84	1.79	1.73	1.67
28	4.20	3.34	2.95	2.71	2.56	2.45	2.36	2.29	2.24	2.19	2.12	2.04	1.96	1.91	1.87	1.82	1.77	1.71	1.65
29	4.18	3.33	2.93	2.70	2.55	2.43	2.35	2.28	2.22	2.18	2.10	2.03	1.94	1.90	1.85	1.81	1.75	1.70	1.64
30	4.17	3.32	2.92	2.69	2.53	2.42	2.33	2.27	2.21	2.16	2.09	2.01	1.93	1.89	1.84	1.79	1.74	1.68	1.62
40	4.08	3.23	2.84	2.61	2.45	2.34	2.25	2.18	2.12	2.08	2.00	1.92	1.84	1.79	1.74	1.69	1.64	1.58	1.51
60	4.00	3.15	2.76	2.53	2.37	2.25	2.17	2.10	2.04	1.99	1.92	1.84	1.75	1.70	1.65	1.59	1.53	1.47	1.39
120	3.92	3.07	2.68	2.45	2.29	2.18	2.09	2.02	1.96	1.91	1.83	1.75	1.66	1.61	1.55	1.50	1.43	1.35	1.26
∞	3.84	3.00	2.60	2.37	2.21	2.10	2.01	1.94	1.88	1.83	1.75	1.67	1.57	1.52	1.46	1.39	1.32	1.22	1.02

[도표 A.4] F 분포표(계속)

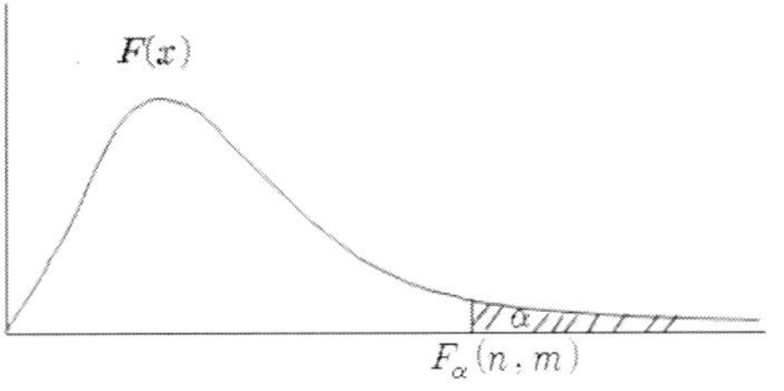

m \ n	1	2	3	4	5	6	7	8	9	10	12	15	20	24	30	40	60	120	∞
	$F_{0.025}(n,m)$ 분자의 자유도(n)																		
1	647.79	799.48	864.15	899.60	921.83	937.11	948.20	956.64	963.28	968.63	976.72	984.87	993.08	997.27	1001.40	1005.60	1009.79	1014.04	1018.23
2	38.51	39.00	39.17	39.25	39.30	39.33	39.36	39.37	39.39	39.40	39.41	39.43	39.45	39.46	39.46	39.47	39.48	39.49	39.50
3	17.44	16.04	15.44	15.10	14.88	14.73	14.62	14.54	14.47	14.42	14.34	14.25	14.17	14.12	14.08	14.04	13.99	13.95	13.90
4	12.22	10.65	9.98	9.60	9.36	9.20	9.07	8.98	8.90	8.84	8.75	8.66	8.56	8.51	8.46	8.41	8.36	8.31	8.26
5	10.01	8.43	7.76	7.39	7.15	6.98	6.85	6.76	6.68	6.62	6.52	6.43	6.33	6.28	6.23	6.18	6.12	6.07	6.02
6	8.81	7.26	6.60	6.23	5.99	5.82	5.70	5.60	5.52	5.46	5.37	5.27	5.17	5.12	5.07	5.01	4.96	4.90	4.85
7	8.07	6.54	5.89	5.52	5.29	5.12	4.99	4.90	4.82	4.76	4.67	4.57	4.47	4.41	4.36	4.31	4.25	4.20	4.14
8	7.57	6.06	5.42	5.05	4.82	4.65	4.53	4.43	4.36	4.30	4.20	4.10	4.00	3.95	3.89	3.84	3.78	3.73	3.67
9	7.21	5.71	5.08	4.72	4.48	4.32	4.20	4.10	4.03	3.96	3.87	3.77	3.67	3.61	3.56	3.51	3.45	3.39	3.33
10	6.94	5.46	4.83	4.47	4.24	4.07	3.95	3.85	3.78	3.72	3.62	3.52	3.42	3.37	3.31	3.26	3.20	3.14	3.08
11	6.72	5.26	4.63	4.28	4.04	3.88	3.76	3.66	3.59	3.53	3.43	3.33	3.23	3.17	3.12	3.06	3.00	2.94	2.88
12	6.55	5.10	4.47	4.12	3.89	3.73	3.61	3.51	3.44	3.37	3.28	3.18	3.07	3.02	2.96	2.91	2.85	2.79	2.73
13	6.41	4.97	4.35	4.00	3.77	3.60	3.48	3.39	3.31	3.25	3.15	3.05	2.95	2.89	2.84	2.78	2.72	2.66	2.60
14	6.30	4.86	4.24	3.89	3.66	3.50	3.38	3.29	3.21	3.15	3.05	2.95	2.84	2.79	2.73	2.67	2.61	2.55	2.49
15	6.20	4.77	4.15	3.80	3.58	3.41	3.29	3.20	3.12	3.06	2.96	2.86	2.76	2.70	2.64	2.59	2.52	2.46	2.40
16	6.12	4.69	4.08	3.73	3.50	3.34	3.22	3.12	3.05	2.99	2.89	2.79	2.68	2.63	2.57	2.51	2.45	2.38	2.32
17	6.04	4.62	4.01	3.66	3.44	3.28	3.16	3.06	2.98	2.92	2.82	2.72	2.62	2.56	2.50	2.44	2.38	2.32	2.25
18	5.98	4.56	3.95	3.61	3.38	3.22	3.10	3.01	2.93	2.87	2.77	2.67	2.56	2.50	2.44	2.38	2.32	2.26	2.19
19	5.92	4.51	3.90	3.56	3.33	3.17	3.05	2.96	2.88	2.82	2.72	2.62	2.51	2.45	2.39	2.33	2.27	2.20	2.13
20	5.87	4.46	3.86	3.51	3.29	3.13	3.01	2.91	2.84	2.77	2.68	2.57	2.46	2.41	2.35	2.29	2.22	2.16	2.09
21	5.83	4.42	3.82	3.48	3.25	3.09	2.97	2.87	2.80	2.73	2.64	2.53	2.42	2.37	2.31	2.25	2.18	2.11	2.04
22	5.79	4.38	3.78	3.44	3.22	3.05	2.93	2.84	2.76	2.70	2.60	2.50	2.39	2.33	2.27	2.21	2.14	2.08	2.00
23	5.75	4.35	3.75	3.41	3.18	3.02	2.90	2.81	2.73	2.67	2.57	2.47	2.36	2.30	2.24	2.18	2.11	2.04	1.97
24	5.72	4.32	3.72	3.38	3.15	2.99	2.87	2.78	2.70	2.64	2.54	2.44	2.33	2.27	2.21	2.15	2.08	2.01	1.94
25	5.69	4.29	3.69	3.35	3.13	2.97	2.85	2.75	2.68	2.61	2.51	2.41	2.30	2.24	2.18	2.12	2.05	1.98	1.91
26	5.66	4.27	3.67	3.33	3.10	2.94	2.82	2.73	2.65	2.59	2.49	2.39	2.28	2.22	2.16	2.09	2.03	1.95	1.88
27	5.63	4.24	3.65	3.31	3.08	2.92	2.80	2.71	2.63	2.57	2.47	2.36	2.25	2.19	2.13	2.07	2.00	1.93	1.85
28	5.61	4.22	3.63	3.29	3.06	2.90	2.78	2.69	2.61	2.55	2.45	2.34	2.23	2.17	2.11	2.05	1.98	1.91	1.83
29	5.59	4.20	3.61	3.27	3.04	2.88	2.76	2.67	2.59	2.53	2.43	2.32	2.21	2.15	2.09	2.03	1.96	1.89	1.81
30	5.57	4.18	3.59	3.25	3.03	2.87	2.75	2.65	2.57	2.51	2.41	2.31	2.20	2.14	2.07	2.01	1.94	1.87	1.79
40	5.42	4.05	3.46	3.13	2.90	2.74	2.62	2.53	2.45	2.39	2.29	2.18	2.07	2.01	1.94	1.88	1.80	1.72	1.64
60	5.29	3.93	3.34	3.01	2.79	2.63	2.51	2.41	2.33	2.27	2.17	2.06	1.94	1.88	1.82	1.74	1.67	1.58	1.48
120	5.15	3.80	3.23	2.89	2.67	2.52	2.39	2.30	2.22	2.16	2.05	1.94	1.82	1.76	1.69	1.61	1.53	1.43	1.31
∞	5.02	3.69	3.12	2.79	2.57	2.41	2.29	2.19	2.11	2.05	1.94	1.83	1.71	1.64	1.57	1.48	1.39	1.27	1.03

[도표 A.4] F 분포표(계속)

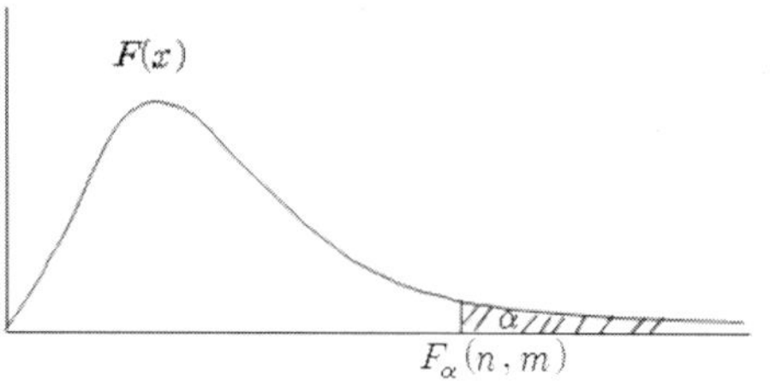

$F_{0.01}(n,m)$

m \ n (분자의 자유도(n))	1	2	3	4	5	6	7	8	9	10	12	15	20	24	30	40	60	120	∞
1	4052.18	4999.34	5403.53	5624.26	5763.96	5858.95	5928.33	5980.95	6022.40	6055.93	6106.68	6156.97	6208.66	6234.27	6260.35	6286.43	6312.97	6339.51	6365.59
2	98.50	99.00	99.16	99.25	99.30	99.33	99.36	99.38	99.39	99.40	99.42	99.43	99.45	99.46	99.47	99.48	99.48	99.49	99.50
3	34.12	30.82	29.46	28.71	28.24	27.91	27.67	27.49	27.34	27.23	27.05	26.87	26.69	26.60	26.50	26.41	26.32	26.22	26.13
4	21.20	18.00	16.69	15.98	15.52	15.21	14.98	14.80	14.66	14.55	14.37	14.20	14.02	13.93	13.84	13.75	13.65	13.56	13.46
5	16.26	13.27	12.06	11.39	10.97	10.67	10.46	10.29	10.16	10.05	9.89	9.72	9.55	9.47	9.38	9.29	9.20	9.11	9.02
6	13.75	10.92	9.78	9.15	8.75	8.47	8.26	8.10	7.98	7.87	7.72	7.56	7.40	7.31	7.23	7.14	7.06	6.97	6.88
7	12.25	9.55	8.45	7.85	7.46	7.19	6.99	6.84	6.72	6.62	6.47	6.31	6.16	6.07	5.99	5.91	5.82	5.74	5.65
8	11.26	8.65	7.59	7.01	6.63	6.37	6.18	6.03	5.91	5.81	5.67	5.52	5.36	5.28	5.20	5.12	5.03	4.95	4.86
9	10.56	8.02	6.99	6.42	6.06	5.80	5.61	5.47	5.35	5.26	5.11	4.96	4.81	4.73	4.65	4.57	4.48	4.40	4.31
10	10.04	7.56	6.55	5.99	5.64	5.39	5.20	5.06	4.94	4.85	4.71	4.56	4.41	4.33	4.25	4.17	4.08	4.00	3.91
11	9.65	7.21	6.22	5.67	5.32	5.07	4.89	4.74	4.63	4.54	4.40	4.25	4.10	4.02	3.94	3.86	3.78	3.69	3.60
12	9.33	6.93	5.95	5.41	5.06	4.82	4.64	4.50	4.39	4.30	4.16	4.01	3.86	3.78	3.70	3.62	3.54	3.45	3.36
13	9.07	6.70	5.74	5.21	4.86	4.62	4.44	4.30	4.19	4.10	3.96	3.82	3.66	3.59	3.51	3.43	3.34	3.25	3.17
14	8.86	6.51	5.56	5.04	4.69	4.46	4.28	4.14	4.03	3.94	3.80	3.66	3.51	3.43	3.35	3.27	3.18	3.09	3.01
15	8.68	6.36	5.42	4.89	4.56	4.32	4.14	4.00	3.89	3.80	3.67	3.52	3.37	3.29	3.21	3.13	3.05	2.96	2.87
16	8.53	6.23	5.29	4.77	4.44	4.20	4.03	3.89	3.78	3.69	3.55	3.41	3.26	3.18	3.10	3.02	2.93	2.84	2.75
17	8.40	6.11	5.19	4.67	4.34	4.10	3.93	3.79	3.68	3.59	3.46	3.31	3.16	3.08	3.00	2.92	2.83	2.75	2.65
18	8.29	6.01	5.09	4.58	4.25	4.01	3.84	3.71	3.60	3.51	3.37	3.23	3.08	3.00	2.92	2.84	2.75	2.66	2.57
19	8.18	5.93	5.01	4.50	4.17	3.94	3.77	3.63	3.52	3.43	3.30	3.15	3.00	2.92	2.84	2.76	2.67	2.58	2.49
20	8.10	5.85	4.94	4.43	4.10	3.87	3.70	3.56	3.46	3.37	3.23	3.09	2.94	2.86	2.78	2.69	2.61	2.52	2.42
21	8.02	5.78	4.87	4.37	4.04	3.81	3.64	3.51	3.40	3.31	3.17	3.03	2.88	2.80	2.72	2.64	2.55	2.46	2.36
22	7.95	5.72	4.82	4.31	3.99	3.76	3.59	3.45	3.35	3.26	3.12	2.98	2.83	2.75	2.67	2.58	2.50	2.40	2.31
23	7.88	5.66	4.76	4.26	3.94	3.71	3.54	3.41	3.30	3.21	3.07	2.93	2.78	2.70	2.62	2.54	2.45	2.35	2.26
24	7.82	5.61	4.72	4.22	3.90	3.67	3.50	3.36	3.26	3.17	3.03	2.89	2.74	2.66	2.58	2.49	2.40	2.31	2.21
25	7.77	5.57	4.68	4.18	3.85	3.63	3.46	3.32	3.22	3.13	2.99	2.85	2.70	2.62	2.54	2.45	2.36	2.27	2.17
26	7.72	5.53	4.64	4.14	3.82	3.59	3.42	3.29	3.18	3.09	2.96	2.81	2.66	2.58	2.50	2.42	2.33	2.23	2.13
27	7.68	5.49	4.60	4.11	3.78	3.56	3.39	3.26	3.15	3.06	2.93	2.78	2.63	2.55	2.47	2.38	2.29	2.20	2.10
28	7.64	5.45	4.57	4.07	3.75	3.53	3.36	3.23	3.12	3.03	2.90	2.75	2.60	2.52	2.44	2.35	2.26	2.17	2.07
29	7.60	5.42	4.54	4.04	3.73	3.50	3.33	3.20	3.09	3.00	2.87	2.73	2.57	2.49	2.41	2.33	2.23	2.14	2.04
30	7.56	5.39	4.51	4.02	3.70	3.47	3.30	3.17	3.07	2.98	2.84	2.70	2.55	2.47	2.39	2.30	2.21	2.11	2.01
40	7.31	5.18	4.31	3.83	3.51	3.29	3.12	2.99	2.89	2.80	2.66	2.52	2.37	2.29	2.20	2.11	2.02	1.92	1.81
60	7.08	4.98	4.13	3.65	3.34	3.12	2.95	2.82	2.72	2.63	2.50	2.35	2.20	2.12	2.03	1.94	1.84	1.73	1.60
120	6.85	4.79	3.95	3.48	3.17	2.96	2.79	2.66	2.56	2.47	2.34	2.19	2.03	1.95	1.86	1.76	1.66	1.53	1.38
∞	6.64	4.61	3.78	3.32	3.02	2.80	2.64	2.51	2.41	2.32	2.18	2.04	1.88	1.79	1.70	1.59	1.47	1.32	1.03

[도표 A.5] ASTM 상수표(관리도 계수표)

시료 크기 n	s 관리도								R 관리도						
	c_2	c_3	c_2^* (c_4)	c_3^* (c_5)	B_5	B_6	B_3	B_4	d_2	d_3	d_4	D_1	D_2	D_3	D_4
1	-	-	-	-	-	-	-	-	1.000	0.820	1.000	-	-	-	-
2	0.5642	0.6602	0.7979	0.6028	0	1.843	0	3.267	1.128	0.853	0.954	0	3.686	0	3.267
3	0.7236	0.5257	0.8862	0.4632	0	1.858	0	2.568	1.693	0.888	1.588	0	4.358	0	2.575
4	0.7979	0.4496	0.9213	0.3888	0	1.808	0	2.266	2.059	0.880	1.978	0	4.698	0	2.282
5	0.8407	0.3991	0.9400	0.3412	0	1.756	0	2.089	2.326	0.864	2.257	0	4.918	0	2.115
6	0.8686	0.3625	0.9515	0.3076	0.026	1.711	0.030	1.970	2.534	0.848	2.472	0	5.078	0	2.004
7	0.8882	0.3344	0.9594	0.2822	0.105	1.672	0.118	1.882	2.704	0.833	2.645	0.205	5.203	0.076	1.924
8	0.9027	0.3119	0.9650	0.2621	0.167	1.638	0.185	1.815	2.847	0.820	2.791	0.387	5.307	0.136	1.864
9	0.9139	0.2934	0.9693	0.2458	0.219	1.609	0.239	1.761	2.970	0.808	2.915	0.546	5.394	0.184	1.816
10	0.9227	0.2780	0.9727	0.2322	0.262	1.584	0.284	1.716	3.078	0.797	3.024	0.687	5.469	0.223	1.777
11	0.9300	0.2646	0.9754	0.2207	0.299	1.561	0.321	1.679	3.173	0.787	3.121	0.812	5.534	0.256	1.744
12	0.9359	0.2532	0.9776	0.2107	0.331	1.541	0.354	1.646	3.258	0.778	3.207	0.924	5.592	0.284	1.719
13	0.9410	0.2429	0.9794	0.2019	0.359	1.523	0.382	1.618	3.336	0.770	3.285	1.026	5.646	0.308	1.692
14	0.9453	0.2339	0.9810	0.1942	0.384	1.507	0.406	1.594	3.407	0.762	3.356	1.121	5.693	0.329	1.671
15	0.9490	0.2258	0.9823	0.1872	0.406	1.492	0.428	1.572	3.472	0.755	3.422	1.207	7.737	0.348	1.652
16	0.9523	0.2184	0.9835	0.1810	0.427	1.478	0.448	1.552	3.532	0.749	3.482	1.285	5.779	0.364	1.636
17	0.9551	0.2119	0.9845	0.1754	0.445	1.465	0.466	1.534	3.588	0.743	3.538	1.359	5.817	0.379	1.621
18	0.9576	0.2059	0.9854	0.1702	0.461	1.454	0.482	1.518	3.640	0.738	3.591	1.426	5.854	0.392	1.608
19	0.9599	0.2002	0.9862	0.1655	0.477	1.443	0.497	1.503	3.689	0.733	3.64	1.490	5.888	0.404	1.596
20	0.9619	0.1952	0.9869	0.1611	0.491	1.433	0.510	1.490	3.735	0.729	3.686	1.548	5.922	0.414	1.586

시료 크기 n	$\bar{x}$ 관리도		$\tilde{x}$ 관 리도		L.S 관리도
	A	A_2	m_3	m_3A_2	A_9
2	2.121	1.880	1.000	1.880	2.695
3	1.732	1.023	1.160	1.187	1.826
4	1.501	0.729	1.092	0.796	1.522
5	1.342	0.577	1.198	0.691	1.363
6	1.225	0.483	1.135	0.549	1.263
7	1.134	0.419	1.214	0.509	1.194
8	1.061	0.373	1.160	0.432	1.143
9	1.000	0.337	1.223	0.412	1.104
10	0.949	0.308	1.176	0.363	1.072
11	0.905	0.285	1.229	0.350	
12	0.866	0.266	1.184	0.315	
13	0.832	0.249	1.233	0.307	
14	0.802	0.235	1.193	0.280	
15	0.775	0.223	1.235	0.275	
16	0.750	0.212	1.200	0.254	
17	0.728	0.203	1.237	0.251	
18	0.707	0.194	1.206	0.234	
19	0.688	0.187	1.239	0.232	
20	0.671	0.180	1.211	0.218	

[도표 A.6] Duncan(1958)의 평균범위분포 관련표

부분군 수, g	부분군크기, m																											
	2		3		4		5		6		7		8		9		10		11		12		13		14		15	
	ν	d_2^*	ν	d_2^*	ν	d_2^*	ν	d_2^*	ν	d_2^*	ν	d_2^*	ν	d_2^*	ν	d_2^*	ν	d_2^*	ν	d_2^*	ν	d_2^*	ν	d_2^*	ν	d_2^*	ν	d_2^*
1	1.0	1.41	2.0	1.91	2.9	2.24	3.8	2.48	4.7	2.67	5.5	2.83	6.3	2.96	7.0	3.08	7.7	3.18	8.4	3.27	9.0	3.35	9.6	3.42	10.2	3.49	10.8	3.55
2	1.9	1.28	3.8	1.81	5.7	2.15	7.5	2.40	9.2	2.60	10.8	2.77	12.3	2.71	13.8	3.02	15.1	3.13	16.5	3.22	17.8	3.30	19.0	3.38	20.2	3.45	21.3	3.51
3	2.8	1.23	5.7	1.77	8.4	2.12	11.1	2.38	13.6	2.58	16.0	2.75	18.3	2.89	20.5	3.01	22.6	3.11	24.6	3.21	26.5	3.29	28.4	3.37	30.2	3.43	31.9	3.50
4	3.7	1.21	7.5	1.75	11.2	2.11	14.7	2.37	18.1	2.57	21.3	2.74	24.4	2.88	27.3	3.00	30.1	3.10	32.7	3.20	35.3	3.28	37.8	3.36	40.1	3.43	42.4	3.49
5	4.6	1.19	9.3	1.74	13.9	2.10	18.4	2.36	22.6	2.56	26.6	2.73	30.4	2.87	34.0	2.99	37.5	3.10	40.9	3.19	44.1	3.28	47.1	3.35	50.1	3.42	65.9	3.49
6	5.5	1.18	11.1	1.73	16.6	2.09	22.0	2.35	27.1	2.56	31.8	2.73	36.4	2.87	40.8	2.99	45.0	3.10	49.0	3.19	52.8	3.27	56.5	3.35	60.1	3.42	63.5	3.49
7	6.4	1.17	12.9	1.73	19.4	2.09	25.6	2.35	31.5	2.55	37.1	2.72	42.5	2.87	47.5	2.99	52.4	3.10	57.1	3.19	61.6	3.27	65.9	3.35	70.0	3.42	74.0	3.48
8	7.2	1.17	14.8	1.72	22.1	2.08	29.3	2.35	36.0	2.55	42.4	2.72	48.5	2.87	54.3	2.98	59.9	3.09	65.2	3.19	70.3	3.27	75.3	3.35	80.0	3.42	84.6	3.48
9	8.1	1.16	16.6	1.72	24.8	2.08	32.9	2.34	40.5	2.55	47.7	2.72	54.5	2.86	61.0	2.98	67.3	3.09	73.3	3.18	79.1	3.27	84.6	3.35	90.0	3.42	95.1	3.48
10	9.0	1.16	18.4	1.72	27.6	2.08	36.5	2.34	44.9	2.55	52.9	2.72	60.6	2.86	67.8	2.98	74.8	3.09	81.5	3.18	87.9	3.27	94.0	3.34	99.9	3.42	105.6	3.48
11	9.9	1.16	20.2	1.71	30.3	2.08	40.1	2.34	49.4	2.55	58.2	2.72	66.6	2.86	74.6	2.98	82.3	3.09	89.6	3.18	96.6	3.27	103.4	3.34	109.9	3.41	116.2	3.48
12	10.8	1.15	22.0	1.71	33.0	2.07	43.7	2.34	53.9	2.55	63.5	2.72	72.7	2.85	81.3	2.98	89.7	3.09	97.7	3.18	105.4	3.27	112.8	3.34	119.9	3.41	126.7	3.48
13	11.6	1.15	23.9	1.71	35.7	2.07	47.4	2.34	58.4	2.55	68.8	2.71	78.7	2.85	88.1	2.98	97.2	3.09	105.8	3.18	114.1	3.27	122.2	3.34	129.9	3.41	137.3	3.48
14	12.5	1.15	25.2	1.71	38.5	2.07	51.0	2.34	62.8	2.54	74.0	2.71	84.7	2.85	94.8	2.98	104.6	3.08	113.9	3.18	122.9	3.27	131.5	3.34	139.8	3.41	147.8	3.48
15	13.4	1.15	27.5	1.71	41.2	2.07	54.6	2.34	67.3	2.54	79.3	2.71	90.8	2.85	101.6	2.98	112.1	3.08	122.1	3.18	131.7	3.26	140.9	3.34	149.8	3.41	158.3	3.48
d_2		1.13		1.69		2.06		2.33		2.53		2.70		2.85		2.97		3.08		3.17		3.26		3.34		3.41		3.47
c.d.	0.88		1.82		2.74		3.62		4.47		5.27		6.03		6.76		7.45		8.12		8.76		9.38		9.97		10.54	

[주: $\overline{R}$은 크기가 m인 g부분군들의 평균범위이다. 그러면 $\nu(\overline{R}/d_2^*)^2/\sigma^2 \dot{\sim} \chi_\nu^2$, 여기서 자유도 $\nu = 1/\left(-2+2\sqrt{1+2(d_3/d_2)^2/g}\right)$; $d_2^* \doteq d_2(1+1/4\nu)$; c.d.=constant difference.]

[도표 A.7] 평균분석 계수표

	$H_{\alpha,k,v}$ (α=0.05)																
v \ k	3	4	5	6	7	8	9	10	11	12	13	14	15	16	17	18	19	20
3	4.18																	
4	3.56	3.89																
5	3.25	3.53	3.72															
6	3.07	3.31	3.49	3.62														
7	2.94	3.17	3.33	3.45	3.56													
8	2.86	3.07	3.21	3.33	3.43	3.51												
9	2.79	2.99	3.13	3.24	3.33	3.41	3.48											
10	2.74	2.93	3.07	3.17	3.26	3.33	3.40	3.45										
11	2.70	2.88	3.01	3.12	3.20	3.27	3.33	3.39	3.44									
12	2.67	2.85	2.97	3.07	3.15	3.22	3.28	3.33	3.38	3.42								
13	2.64	2.81	2.94	3.03	3.11	3.18	3.24	3.29	3.34	3.38	3.42							
14	2.62	2.79	2.91	3.00	3.08	3.14	3.20	3.25	3.30	3.34	3.37	3.41						
15	2.60	2.76	2.88	2.97	3.05	3.11	3.17	3.22	3.26	3.30	3.34	3.37	3.40					
16	2.58	2.74	2.86	2.95	3.02	3.09	3.14	3.19	3.23	3.27	3.31	3.34	3.37	3.40				
17	2.57	2.73	2.84	2.93	3.00	3.06	3.12	3.16	3.21	3.25	3.28	3.31	3.34	3.37	3.40			
18	2.55	2.71	2.82	2.91	2.98	3.04	3.10	3.14	3.18	3.22	3.26	3.29	3.32	3.35	3.37	3.40		
19	2.54	2.70	2.81	2.89	2.96	3.02	3.08	3.12	3.16	3.20	3.25	3.27	3.30	3.32	3.35	3.37	3.40	
20	2.53	2.68	2.79	2.88	2.95	3.01	3.06	3.11	3.15	3.18	3.22	3.25	3.28	3.30	3.33	3.35	3.37	3.40
24	2.50	2.65	2.75	2.83	2.90	2.96	3.01	3.05	3.09	3.13	3.16	3.19	3.22	3.24	3.27	3.29	3.31	3.33
30	2.47	2.61	2.71	2.79	2.85	2.91	2.96	3.00	3.04	3.07	3.10	3.13	3.16	3.18	3.20	3.22	3.25	3.27
40	2.43	2.57	2.67	2.75	2.81	2.86	2.91	2.95	2.98	3.01	3.04	3.07	3.10	3.12	3.14	3.16	3.18	3.20
60	2.40	2.54	2.63	2.70	2.76	2.81	2.86	2.90	2.93	2.96	2.99	3.02	3.04	3.06	3.08	3.10	3.12	3.14
120	2.37	2.50	2.95	2.66	2.72	2.77	2.81	2.84	2.88	2.91	2.93	2.96	2.98	3.00	3.02	3.04	3.06	3.08
∞	2.34	2.47	2.56	2.62	2.68	2.72	2.76	2.80	2.83	2.86	2.88	2.90	2.93	2.95	2.97	2.98	3.00	3.02

[도표 A.7] 평균분석 계수표(계속)

$H_{\alpha,k,v}$ 표(α=0.01)

v \ k	3	4	5	6	7	8	9	10	11	12	13	14	15	16	17	18	19	20
3	7.51																	
4	5.74	6.21																
5	4.93	5.29	5.55															
6	4.48	4.77	4.98	5.16														
7	4.18	4.44	4.63	4.78	4.90													
8	3.98	4.21	4.38	4.52	4.63	4.72												
9	3.84	4.05	4.20	4.33	4.43	4.51	4.59											
10	3.73	3.92	4.07	4.18	4.28	4.36	4.43	4.49										
11	3.64	3.82	3.96	4.07	4.16	4.23	4.30	4.36	4.41									
12	3.57	3.74	3.87	3.98	4.06	4.13	4.20	4.25	4.31	4.35								
13	3.51	3.68	3.80	3.90	3.98	4.05	4.11	4.17	4.22	4.26	4.30							
14	3.46	3.63	3.74	3.84	3.92	3.98	4.04	4.09	4.14	4.18	4.22	4.26						
15	3.42	3.58	3.69	3.79	3.86	3.92	3.98	4.03	4.08	4.12	4.16	4.19	4.22					
16	3.38	3.54	3.65	3.74	3.81	3.87	3.93	3.98	4.02	4.06	4.10	4.14	4.17	4.20				
17	3.35	3.50	3.61	3.70	3.77	3.83	3.89	3.93	3.98	4.02	4.05	4.09	4.12	4.14	4.17			
18	3.33	3.47	3.58	3.66	3.73	3.79	3.85	3.89	3.94	3.97	4.01	4.04	4.07	4.10	4.12	4.15		
19	3.30	3.45	3.55	3.63	3.70	3.76	3.81	3.86	3.90	3.94	3.97	4.00	4.03	4.06	4.08	4.11	4.13	
20	3.28	3.42	3.53	3.61	3.67	3.37	3.78	3.83	3.87	3.90	3.94	3.97	4.00	4.02	4.05	4.07	4.09	4.12
24	3.21	3.35	3.45	3.52	3.58	3.64	3.69	3.73	3.77	3.8	3.83	3.86	3.89	3.91	3.94	3.96	3.98	4.00
30	3.15	3.28	3.37	3.44	3.50	3.55	3.59	3.63	3.67	3.70	3.73	3.76	3.78	3.81	3.83	3.85	3.87	3.89
40	3.09	3.21	3.29	3.36	3.42	3.46	3.50	3.54	3.58	3.60	3.63	3.68	3.70	3.72	3.74	3.76	3.78	3.20
60	3.03	3.14	3.22	3.29	3.34	3.38	3.42	3.46	3.49	3.51	3.54	3.56	3.59	3.61	3.63	3.64	3.66	3368
120	2.97	3.07	3.15	3.21	3.26	3.30	3.34	3.37	3.40	3.42	3.45	3.47	3.49	3.51	3.53	3.55	3.56	3.58
∞	2.91	3.01	3.08	3.14	3.18	3.22	3.26	3.29	3.32	3.34	3.36	3.38	3.40	3.42	3.44	3.45	3.47	3.48

[도표 A.8] 런수 분포표

(작은 집단과 큰 집단의 크기가 각각 m, n 일 때, P{런수≤r})

(m,n) \ r	2	3	4	5	6	7	8	9	10	11	12	13	14	15	16	17	18	19	20
(2,3)	0.200	0.500	0.900	1.000															
(2,4)	0.133	0.400	0.800	1.000															
(2,5)	0.095	0.333	0.714	1.000															
(2,6)	0.071	0.286	0.643	1.000															
(2,7)	0.056	0.250	0.583	1.000															
(2,8)	0.044	0.222	0.533	1.000															
(2,9)	0.036	0.200	0.491	1.000															
(2,10)	0.030	0.182	0.455	1.000															
(3,3)	0.100	0.300	0.700	0.900	1.000														
(3,4)	0.057	0.200	0.543	0.800	0.971	1.000													
(3,5)	0.036	0.143	0.429	0.714	0.929	1.000													
(3,6)	0.024	0.107	0.345	0.643	0.881	1.000													
(3,7)	0.017	0.083	0.283	0.583	0.833	1.000													
(3,8)	0.012	0.067	0.236	0.533	0.788	1.000													
(3,9)	0.009	0.055	0.200	0.491	0.745	1.000													
(3,10)	0.007	0.045	0.171	0.455	0.706	1.000													
(4,4)	0.029	0.114	0.371	0.629	0.886	0.971	1.000												
(4,5)	0.016	0.071	0.262	0.500	0.786	0.929	0.992	1.000											
(4,6)	0.010	0.048	0.190	0.405	0.690	0.881	0.976	1.000											
(4,7)	0.006	0.033	0.142	0.333	0.606	0.833	0.954	1.000											
(4,8)	0.004	0.024	0.109	0.279	0.533	0.788	0.929	1.000											
(4,9)	0.003	0.018	0.085	0.236	0.471	0.745	0.902	1.000											
(4,10)	0.002	0.014	0.068	0.203	0.419	0.706	0.874	1.000											
(5,5)	0.008	0.040	0.167	0.357	0.643	0.833	0.960	0.992	1.000										
(5,6)	0.004	0.024	0.110	0.262	0.522	0.738	0.911	0.976	0.998	1.000									
(5,7)	0.003	0.015	0.076	0.197	0.424	0.652	0.854	0.955	0.992	1.000									
(5,8)	0.002	0.010	0.054	0.152	0.347	0.576	0.793	0.929	0.984	1.000									
(5,9)	0.001	0.007	0.039	0.119	0.287	0.510	0.734	0.902	0.972	1.000									
(5,10)	0.001	0.005	0.029	0.095	0.239	0.455	0.678	0.874	0.958	1.000									
(6,6)	0.002	0.013	0.067	0.175	0.392	0.608	0.825	0.933	0.987	0.998	1.000								
(6,7)	0.001	0.008	0.043	0.121	0.296	0.500	0.733	0.879	0.966	0.992	0.999	1.000							
(6,8)	0.001	0.005	0.028	0.086	0.226	0.413	0.646	0.821	0.937	0.984	0.998	1.000							
(6,9)	0.000	0.003	0.019	0.063	0.175	0.343	0.566	0.762	0.902	0.972	0.994	1.000							
(6,10)	0.000	0.002	0.013	0.047	0.137	0.288	0.497	0.706	0.864	0.958	0.990	1.000							
(7,7)	0.001	0.004	0.025	0.078	0.209	0.383	0.617	0.791	0.922	0.975	0.996	0.999	1.000						
(7,8)	0.000	0.002	0.015	0.051	0.149	0.296	0.514	0.704	0.867	0.949	0.988	0.998	1.000	1.000					
(7,9)	0.000	0.001	0.010	0.035	0.108	0.231	0.427	0.622	0.806	0.916	0.975	0.994	0.999	1.000					
(7,10)	0.000	0.001	0.006	0.024	0.080	0.182	0.355	0.549	0.743	0.879	0.957	0.990	0.998	1.000					
(8,8)	0.000	0.001	0.009	0.032	0.100	0.214	0.405	0.595	0.786	0.900	0.968	0.991	0.999	1.000	1.000				
(8,9)	0.000	0.001	0.005	0.020	0.069	0.157	0.319	0.500	0.702	0.843	0.939	0.980	0.996	0.999	1.000	1.000			
(8,10	0.000	0.000	0.003	0.013	0.048	0.117	0.251	0.419	0.621	0.782	0.903	0.964	0.990	0.998	1.000	1.000			
(9,9)	0.000	0.000	0.003	0.012	0.044	0.109	0.238	0.399	0.601	0.762	0.891	0.956	0.988	0.997	1.000	1.000	1.0		
(9,10)	0.000	0.000	0.002	0.008	0.029	0.077	0.179	0.319	0.510	0.681	0.834	0.923	0.974	0.992	0.999	1.000	1.0	1.0	
(10,10)	0.000	0.000	0.001	0.004	0.019	0.051	0.128	0.242	0.414	0.586	0.758	0.872	0.949	0.981	0.996	0.999	1.0	1.0	1.0

[도표 A.8] 런수 분포표(계속)

(작은 집단과 큰 집단의 크기가 m, n일 때, P{런수≤r}=α 가 되는 r)

m=n \ 100α	0.5	1	2.5	5	95	97.5	99	99.5	Mean	Var	s.d
11	5	6	7	7	16	16	17	18	12	5.24	2.29
12	6	7	7	8	17	18	18	19	13	5.74	2.40
13	7	7	8	9	18	19	20	20	14	6.24	2.50
14	7	8	9	10	19	20	21	22	15	6.74	2.60
15	8	9	10	11	20	21	22	23	16	7.24	2.69
16	9	10	11	11	22	22	23	24	17	7.74	2.78
17	10	10	11	12	23	24	25	25	18	8.24	2.87
18	10	11	12	13	24	25	26	27	19	8.74	2.96
19	11	12	13	14	25	26	27	28	20	9.24	3.04
20	12	13	14	15	26	27	28	29	21	9.74	3.12
25	16	17	18	19	32	33	34	35	26	12.24	3.50
30	20	21	22	24	37	39	40	41	31	14.75	3.84
35	24	25	27	28	43	44	46	47	36	17.25	4.15
40	29	30	31	33	48	50	51	52	41	19.75	4.44
45	33	34	36	37	54	55	57	58	46	22.25	4.72
50	37	38	40	42	59	61	63	64	51	24.75	4.97
55	72	43	45	46	65	66	68	69	56	27.25	5.22
60	46	47	49	51	70	72	74	75	61	29.75	5.45
65	50	52	54	56	75	77	79	81	66	32.25	5.68
70	55	56	58	60	81	83	85	86	71	34.75	5.89
75	59	61	63	65	86	88	90	92	76	37.25	6.10
80	64	65	68	70	91	73	96	97	81	39.75	6.30
85	68	70	72	74	97	99	101	103	86	42.25	6.50
90	73	74	77	79	102	104	107	108	91	44.75	6.69
95	77	79	82	84	107	109	112	114	96	47.25	6.87
100	82	84	86	88	113	115	117	119	101	49.75	7.05

[도표 A.9] $W = R/\sigma$ 분포표

n	평균 (d_2)	표준편차 (d_3)	$P(W \geq w) = \alpha$									
			α									
			0.999	0.995	0.990	0.975	0.950	0.050	0.025	0.010	0.005	0.001
2	1.128	0.8525	0.00	0.01	0.02	0.04	0.09	2.77	3.17	3.64	3.97	4.65
3	1.693	0.8884	0.06	0.13	0.19	0.30	0.43	3.31	3.68	4.12	4.42	5.06
4	2.059	0.8798	0.20	0.34	0.43	0.59	0.76	3.63	3.98	4.40	4.69	5.31
5	2.326	0.8641	0.37	0.55	0.66	0.85	1.03	3.86	4.20	4.60	4.89	5.48
6	2.534	0.848	0.54	0.75	0.87	1.06	1.25	4.03	4.36	4.76	5.03	5.62
7	2.704	0.833	0.69	0.92	1.05	1.25	1.44	4.17	4.49	4.88	5.15	5.73
8	2.847	0.820	0.83	1.08	1.20	1.41	1.60	4.29	4.61	4.99	5.26	5.82
9	2.970	0.808	0.96	1.21	1.34	1.55	1.74	4.39	4.70	5.08	5.34	5.90
10	3.078	0.797	1.08	1.33	1.47	1.67	1.86	4.47	4.79	5.16	5.42	5.97
11	3.173	0.787	1.20	1.45	1.58	1.78	1.97	4.55	4.86	5.23	5.49	6.04
12	3.258	0.778	1.30	1.55	1.68	1.88	2.07	4.62	4.92	5.29	5.54	6.09

[도표 A.10(a)] 자연공차 계수표(단측)

n	γ=0.90 100×(1−α)% 90%	95%	99%	γ=0.95 100×(1−α)% 90%	95%	99%	γ=0.99 100×(1−α)% 90%	95%	99%
3	4.258	5.310	7.340	6.158	7.655	10.552			
4	3.187	3.957	5.437	4.163	5.145	7.042			
5	2.742	3.400	4.666	3.407	4.202	5.741			
6	2.494	3.091	4.242	3.006	3.707	5.062	4.408	5.409	7.334
7	2.333	2.894	3.972	2.755	3.399	4.641	3.856	4.730	6.411
8	2.219	2.755	3.783	2.582	3.188	4.353	3.496	4.287	5.811
9	2.133	2.649	3.641	2.454	3.031	4.143	3.242	3.971	5.389
10	2.065	2.568	3.532	2.355	2.911	3.981	3.048	3.739	5.075
11	2.012	2.503	3.444	2.275	2.815	3.852	2.897	3.557	4.828
12	1.966	2.448	3.371	2.210	2.736	3.747	2.773	3.410	4.633
13	1.928	2.403	3.310	2.155	2.670	3.659	2.677	3.290	4.472
14	1.895	2.363	3.257	2.108	2.614	3.585	2.592	3.189	4.336
15	1.866	2.329	3.212	2.068	2.566	3.520	2.521	3.102	4.224
16	1.842	2.299	3.172	2.032	2.523	3.463	2.458	3.028	4.124
17	1.820	2.272	3.136	2.001	2.486	3.415	2.405	2.962	4.038
18	1.800	2.249	3.106	1.974	2.453	3.370	2.357	2.906	3.961
19	1.781	2.228	3.078	1.949	2.423	3.331	2.315	2.855	3.893
20	1.765	2.208	3.052	1.926	2.396	3.295	2.275	2.807	3.832
21	1.750	2.190	3.028	1.905	2.371	3.262	2.241	2.768	3.776
22	1.736	2.174	3.007	1.887	2.350	3.233	2.208	2.729	3.727
23	1.724	2.159	2.987	1.869	2.329	3.206	2.179	2.693	3.680
24	1.712	2.145	2.969	1.853	2.309	3.181	2.154	2.663	3.638
25	1.70	2.132	2.952	1.838	2.292	3.158	2.129	2.632	3.601
30	1.657	2.080	2.884	1.778	2.220	3.064	2.029	2.516	3.446
35	1.623	2.041	2.833	1.732	2.166	2.994	1.957	2.431	3.334
40	1.598	2.010	2.793	1.697	2.126	2.941	1.902	2.365	3.250
45	1.577	1.986	2.762	1.669	2.092	2.897	1.857	2.313	3.181
50	1.560	1.965	2.735	1.646	2.065	2.863	1.821	2.296	3.124

[도표 A.10(b)] 자연공차 계수표(양측)

n	γ=0.90 100×(1−α)%			γ=0.95 100×(1−α)%			γ=0.99 100×(1−α)%		
	90%	95%	99%	90%	95%	99%	90%	95%	99%
2	15.98	18.80	24.17	32.02	37.67	48.43	160.2	188.5	242.3
3	5.847	6.919	8.974	8.380	9.916	12.86	18.93	22.40	29.06
4	4.166	4.943	6.440	5.369	6.370	8.299	9.398	11.15	14.53
5	3.494	4.152	5.423	4.275	5.079	6.634	6.612	7.855	10.26
6	3.131	3.723	4.870	3.712	4.414	5.775	5.337	6.345	8.301
7	2.902	3.452	4.521	3.369	4.007	5.248	4.613	5.448	7.187
8	2.743	3.264	4.278	3.136	3.732	4.891	4.147	4.936	6.468
9	2.626	3.125	4.098	2.967	3.532	4.631	3.822	4.550	5.966
10	2.535	3.018	3.959	2.829	3.379	4.433	3.582	4.265	5.594
11	2.463	2.933	3.849	2.737	3.259	4.277	3.397	4.045	5.308
12	2.404	2.863	3.758	2.655	3.162	4.150	3.250	3.540	5.079
13	2.355	2.805	3.682	2.587	3.081	4.044	3.130	3.727	4.893
14	2.314	2.756	3.618	2.529	3.012	3.955	3.029	3.608	4.737
15	2.278	2.713	3.562	2.480	2.954	3.878	2.945	3.507	4.605
16	2.246	2.676	3.514	2.437	2.903	3.812	2.872	3.421	4.492
17	2.219	2.643	3.471	2.400	2.858	3.754	2.808	3.345	4.393
18	2.194	2.614	3.433	2.366	2.819	3.702	2.753	3.279	4.307
19	2.172	2.588	3.399	2.337	2.784	3.656	2.703	3.221	4.230
20	2.152	2.564	3.368	2.310	2.752	3.615	2.659	3.168	4.161
21	2.135	2.543	3.340	2.286	2.723	3.577	2.620	3.121	4.100
22	2.118	2.524	3.315	2.264	2.697	3.543	2.584	3.078	4.044
23	2.103	2.506	3.292	2.244	2.673	3.512	2.551	3.040	3.993
24	2.089	2.489	3.270	2.225	2.651	3.483	2.522	3.004	3.947
25	2.077	2.474	3.251	2.208	2.631	3.457	2.494	2.972	3.904
26	2.065	2.460	3.232	2.193	2.612	3.432	2.469	2.941	3.865
27	2.054	2.447	3.215	2.178	2.595	3.409	2.446	2.914	3.828
28	2.044	2.435	3.199	2.164	2.579	3.388	2.424	2.888	3.794
29	2.034	2.424	3.184	2.152	2.554	3.368	2.404	2.864	3.763
30	2.025	2.413	3.170	2.140	2.549	3.350	2.385	2.841	3.733
35	1.988	2.368	3.112	2.090	2.490	3.270	2.306	2.748	3.611
40	1.959	2.334	3.066	2.052	2.445	3.213	2.247	2.677	3.518
50	1.916	2.284	3.001	1.966	2.379	3.126	2.162	2.576	3.385
60	1.887	2.248	2.955	1.958	2.333	3.066	2.103	2.506	3.293
80	1.848	2.202	2.894	1.907	2.272	2.986	2.026	2.414	3.173
100	1.822	2.172	2.854	1.878	2.233	2.934	1.977	2.355	3.096
200	1.764	2.102	2.762	1.798	2.143	2.816	1.865	2.222	2.921
500	1.717	2.046	2.689	1.737	2.070	2.721	1.777	2.117	2.783
1000	1.695	2.019	2.654	1.709	2.036	2.676	1.736	2.068	2.718
∞	1.645	1.960	2.576	1.645	1.960	2.576	1.645	1.960	2.576

2장

02 ① $1-0.7^6$ ② $1-\dfrac{\binom{7}{3}\binom{3}{0}}{\binom{10}{0}}$

03 ① $1-0.7^{10}$ ② $1-e^{-2}$ ③ $1-P\{Z\le -3\}=1-(1-0.99865)=0.99865$

04 (1) 84.13% (2) 0.99865 (3) 0.02275

05 (1) 0.2 (2) 0.0265 (3) 0.075

3장

03 (1) 3, 3, 6 (2) 6, 5, 11 (3) 0.0171, 0.2228, 0.9829, 0.7772 (4) 군집이 있다, 추세가 없다, 혼합이 없다, 진동이 없다; 종합판정: 상하위 런수가 기대치보다 적고, P-값이 작으므로 군잡이 확인된다. 이는 작업자나 원료 등에 따라 품질수준이 차이가 남을 의미하므로 공정에 대한 시정조치가 있어야 한다.

04 (1) P_a^k (2) $1/(1-P_a)$

06 (1) $\alpha_A \doteq 0.0026$, $\alpha_B \doteq 0.0078$ (2) $\beta_A \doteq 0.8413$, $\beta_B \doteq 0.1685$

[도움말] 8점이 연이어 중심선 위에 오는 사건을 U라 하고, 8점이 연이어 중심선 아래에 오는 사건을 L이라 하자. 그러면

$$\beta_B = P((U\cup L)^c) = 1 - P(U\cup L) = 1 - [P(U) + P(L)].$$

(3) $\alpha_{AB} \doteq 0.01$

07 (1) $\alpha_A = 0.03125$, $\alpha_B = 0.000122$

(2) $\beta_A = 1 - \alpha_A$, $\beta_B = 1 - \alpha_B$

(3) $\alpha_{AB} = 1 - (1-\alpha_A)(1-\alpha_B) = \alpha_A + \alpha_B - \alpha_A\alpha_B$

08 (1) $\alpha_A = 0.019$, $\alpha_B \doteq 0.0156$

(2) $\beta_A \doteq 0.8413^7$, $\beta_B \doteq 0.1491$

(3) $\alpha_{AB} \doteq 0.0343$

4장

01 런규칙 1이 세 번, 5가 한 번, 6이 한 번 어긋남

02 미니탭의 XBARCHART와 RCHART 명령은 요약된 데이터가 아닌 원 데이터를 사용하여 관리도들을 작성해준다. 따라서 우리는 관리도를 그리기 위해 다른 방도를 찾아야 할 것이다. 다행스럽게도 우리는 ICHART 명령을 이용하여 원하는 $\bar{x}-R$ 관리도를 작성할 수 있다.

(1)

	$\bar{x}$ 관리도	$\bar{R}$ 관리도
UCL	$\bar{\bar{x}} + A_2\bar{R} = 1.4511$	$D_4\bar{R} = 0.2549$
CL	$\bar{\bar{x}} = 1.3816$	$\bar{R} = 0.1205$
LCL	$\bar{\bar{x}} - A_2\bar{R} = 1.3121$	$D_3\bar{R} = 0$

- $\bar{x}$ 관리도를 작성하고 런 규칙들을 검정해보자. 중심선 하위 런의 길이가 9이므로 런 규칙 2에 걸린다.
- R 관리도를 작성하고 런 규칙들을 검정해보자. 이번에는 아무 런 규칙에도 걸리지 않는다.

(3) (a) 0.058 (b) 0이 될 수 없다 (c) ① 0.3859 ② 0.4812 ③ 13, 이 때 새로운 관리한계선은 다음과 같다: $(LCL, UCL) = (1.3385, 1.4247)$. [참고] n이 5일 때의 관리한계선을 주어진 것으로 볼 경우, n = 144 ④ 270.13 ~ 411.63

03 (1) 0.8413 (2) 0.1587, 0.5 (3) $\bar{x}$

04 (1) 260, 2.75 (2) (105, 45, 1)

05 (1) 2, 4.564, 0 (2) 30, 31.458, 28.542 (3) 0.0027 즉 0.27%

06 (1) 14, 11.5, 10, 8.33 (2) 10.15, 9.805, 8.964, 18.974

07 (1) 4 (2) 9.5

5장

01 6번째 부분군

04 (1) 3, $3+3\sqrt{3}$, 0 (2) 11.52

06 (1) 7, 14.937, 0 (2) 0.9418 (3) 11.52

6장

02 (1) ① 1.667, 능력 충분 ② 1, 능력 부족 ③ 1.19, 능력이 빠듯함 ④ 0.716, 능력 태부족 (2) 1.667, 능력 부족

03 (1) {작업자내 변동} 범위의 일관성이 없다. (2) {작업자간 변동} 작업자의 평균수준이 비슷하므로 이 측정시스템은 부품간의 변동을 찾아내기에 적합하다. (3) %R&R(Total Variation) = 92.674, 전체 변동(5.15*SD) 중에 전체 게이지 R&R이 차지하는 비율; %R&R(Tolerance) = 19.73, 규격폭(공차) 중 전체 게이지 R&R이 차지하는 비율 (4) %PV(Total Variation) = 37.569, 전체 변동 가운데 개체(부품) 변동이 차지하는 비율; %PV(Tolerance) = 8.0, 규격폭 가운데 개체변동이 차지하는 비율 (5) NDC = $\left\lceil \frac{\sigma_{part}}{\sigma_{gage}} \times 1.41 \right\rceil = \left\lceil \frac{4.19E-03}{1.03E-02} \times .141 \right\rceil$ = 1, 측정시스템이 구별할 수 있는 공정내 집단수가 하나에 불과하므로 이 측정시스템은 공정관리에 아무 소용이 없다.

08 (2) 2.165, 2.941, 0 (3) 32.899, 34.479, 31.319 (4) 0.95, 능력 부족

09 (1) 3.769 ± 0.018 (2) 3.760 ± 0.011

10 (1) 0.9756 (2) 0.015

7장

02 (1) 33.62, 32.18 (2) 34.865, 30.935 (3) n=22

9장

01 (190, 4)

02 (116, 232, 1, 6)

10장

01 (30, 2)

11장

02 다르다(6번째 점)

03 상호작용효과: 없다, 작업자의 주효과: 있다(2번째), 온도계의 주효과: 있다(1,3번째)

12장

02 (1) $SNR = -10\log_e\left(\sum_{i=1}^{8}\frac{1}{n}\frac{1}{y_i^2}\right)$

(2) 산포제어인자: D; 평균조정인자: C; 기타인자: A, B

(3) (A, B, C, D) = (1, 1, 2, 1)

14장

01 (1) 383/7=54.7143 (2) 91/7=13 (3) 0.8080

02 (1) 1/4.1=0.2439 (2) $e^{-0.041}$=0.9598 (3) 0.0111(10만시간)=1110시간

03 (1) 3λ (2) $\dfrac{3\lambda e^{-\lambda t}-6\lambda e^{-2\lambda t}+3\lambda e^{-3\lambda t}}{3e^{-\lambda t}-3e^{-2\lambda t}+e^{-3\lambda t}}$ (3) $\dfrac{-4e^{-2\lambda t}+3e^{-3\lambda t}}{2e^{-2\lambda t}-e^{-3\lambda t}}$

찾아보기

›› 국문

ㄱ

ㄴ

ㄷ

ㄹ

ㅁ

ㅂ

ㅇ

ㅎ

▸▸ 영문

A

B

E

F

M

N

O

R

S

T

U

V

W

X

Z

기타

| 저자 약력 |

안성진
고려대학교 정경대학 통계학과 졸업
KAIST 산업공학과 (공학박사)
현: 경상대학교 정보통계학과 교수
기초과학연구소 연구원
email: ahnsj@gnu.ac.kr

MINITAB을 이용한
통계적 품질관리 (제3판)

| 저 자 안 성 진
| 발 행 인 주 정 희
| 발 행 처 자유아카데미
| 주 소 경기도 파주시 문발동 527-2
파주출판문화정보산업단지
| 전 화 031-955-1321
| F A X 031-955-1322
| 홈페이지 www.freeaca.com
| 전자우편 main@freeaca.com(대표)
editor@freeaca.com(편집)
| 등 록 제406-2003-017호, 1980. 7. 12
| 제3판1쇄 2012년 2월 28일 발행
| 정 가 38,000원

저자와의
협의하에
인지생략

ISBN 978-89-7338-935-3 93310